utb 1967

Eine Arbeitsgemeinschaft der Verlage

Böhlau Verlag · Wien · Köln · Weimar
Verlag Barbara Budrich · Opladen · Toronto
facultas · Wien
Wilhelm Fink · Paderborn
A. Francke Verlag · Tübingen
Haupt Verlag · Bern
Verlag Julius Klinkhardt · Bad Heilbrunn
Mohr Siebeck · Tübingen
Nomos Verlagsgesellschaft · Baden-Baden
Ernst Reinhardt Verlag · München · Basel
Ferdinand Schöningh · Paderborn
Eugen Ulmer Verlag · Stuttgart
UVK Verlagsgesellschaft · Konstanz, mit UVK/Lucius · München
Vandenhoeck & Ruprecht · Göttingen · Bristol
Waxmann · Münster · New York

Peter V. Zima

Moderne / Postmoderne

Gesellschaft, Philosophie, Literatur

4., korrigierte Auflage

A. Francke Verlag Tübingen

Peter V. Zima war bis 2012 ordentlicher Professor für Allgemeine und Vergleichende Literaturwissenschaft an der Alpen-Adria-Universität Klagenfurt. Er ist seit 1998 korr. Mitglied der Österreichischen Akademie der Wissenschaften in Wien, seit 2010 Mitglied der Academia Europaea in London und seit 2014 Honorarprofessor der East China Normal University in Schanghai. In der UTB-Reihe sind von ihm erschienen: Literarische Ästhetik. Methoden und Modelle der Literaturwissenschaft, 1991, 1995 (2. Aufl.); Komparatistik. Einführung in die Vergleichende Literaturwissenschaft, 1992, 2011 (2. Aufl.); Die Dekonstruktion. Einführung und Kritik, 1994, 2016 (2. Aufl.); Moderne / Postmoderne. Gesellschaft, Philosophie, Literatur, 1997, 2001 (2. Aufl.), 2014 (3. Aufl.), 2016 (4. Aufl.); Theorie des Subjekts. Subjektivität und Identität zwischen Moderne und Postmoderne, 2000, 2007 (2. Aufl.), 2010 (3. Aufl.); Was ist Theorie? Theoriebegriff und Dialogische Theorie in den Kultur- und Sozialwissenschaften, 2004; Entfremdung. Pathologien der postmodernen Gesellschaft, 2014.

Bibliografische Information der Deutschen Nationalbibliothek

Die Deutsche Nationalbibliothek verzeichnet diese Publikation in der Deutschen Nationalbibliografie; detaillierte bibliografische Daten sind im Internet über http://dnb.dnb.de abrufbar.

4., korrigierte Auflage 2016
3., überarbeitete Auflage 2014
2., überarbeitete Auflage 2001
1. Auflage 1997

Dischingerweg 5 · D-72070 Tübingen

Internet: www.francke.de
E-Mail: info@francke.de

Printed in Germany

ISBN 978-3-8252-4690-7

Dem Andenken meiner Eltern

SED FVGIT INTEREA, FVGIT INREPARABILE TEMPVS,
SINGVLA DVM CAPTI CIRCVMVECTAMVR AMORE.

Pvblivs Vergilivs Maro
(*Georgica* III, 284-285)

Inhaltsverzeichnis

Vorbemerkung zur dritten Auflage

Trotz der zahlreichen Publikationen, die suggerieren, daß wir die Postmoderne bereits hinter uns gelassen haben, kann man sich z.Z. nicht des Eindrucks erwehren, daß uns die nachmoderne Problematik noch lange beschäftigen wird: Die Pluralisierung oder Fragmentierung der Gesellschaft, die viele Beobachter für ein Merkmal der Postmoderne halten, nimmt eher zu als ab; zugleich erstarkt – von Naturkatastrophe zu Naturkatastrophe – das ökologische Bewußtsein, das in der Moderne als Erbin der Aufklärung nur schwach ausgeprägt war. Sein Erstarken scheint jedoch die menschliche Herrschaft über die Natur kaum in Frage zu stellen.

Mit zunehmender Globalisierung der Wirtschaft steigt der vom Weltmarkt ausgehende Konkurrenzdruck, der bewirkt, daß internationale Klimakonferenzen regelmäßig scheitern, weil die »Schwellenländer« alles daransetzen, um die avanciertesten Wirtschaftsmächte einzuholen, während diese nichts unversucht lassen, um an der Spitze eines immer fragwürdiger erscheinenden Fortschritts zu bleiben. Dabei bleibt der Klimaschutz auf der Strecke.

Innerhalb der verschiedenen Gesellschaften führt die intensiver werdende internationale Konkurrenz dazu, daß der Leistungsdruck in den meisten sozialen Bereichen, vor allem aber in der Wirtschaft, von Jahr zu Jahr zunimmt – und mit ihm der *Stress*, der vor einigen Jahrzehnten noch keinen Namen hatte. Er wird für Krankheiten wie *Burnout* verantwortlich gemacht, die keine rein individuellen Erscheinungen sind, sondern Symptome einer kranken Gesellschaft, die auf Gedeih und Verderb mit Wirtschaftswachstum und Naturbeherrschung liiert ist.

Aus dieser Sicht erscheint die Postmoderne als eine Radikalisierung der aufgeklärten Moderne, die schon von Adorno und Horkheimer in der *Dialektik der Aufklärung* (1944) als Herrschaft über die Natur kritisiert wurde. Ihr Buch hat insofern prophetischen Charakter, als es – lange vor Baudrillard – auf die sich abzeichnende Dominanz der Marktgesetze und des Tauschwerts aufmerksam macht. In der postmodernen Gesellschaft wird dieser zum Wert schlechthin und läßt alle anderen – religiösen, politischen, ethischen – Wertsetzungen als willkürlich, austauschbar oder indifferent erscheinen.

Die Indifferenz, die zu den Schlüsselbegriffen der vorliegenden Studie gehört, wird so zum Hauptcharakteristikum der Postmoderne: zumal sie die Kehrseite des vielbeschworenen und positiv konnotierten Pluralismus bildet. Die zahlreichen miteinander konkurrierenden Wertgemeinschaften, Werte, Stile und Lebensformen werden toleriert und (soweit es geht) vermarktet. Nach ihrer Bedeutung oder ihrem Wahrheitsgehalt wird von Außenstehenden kaum mehr gefragt.

Indifferenz als tendenzielle Austauschbarkeit von Wertsetzungen ist zwar kein Synonym für »Gleichgültigkeit«, ist aber für die sich ausbreitende Gleichgültigkeit, die seit Alberto Moravias *Die Gleichgültigen*, zu den wichtigsten Themen der Literatur (Samuel Becketts, Thomas Bernhards, Michel Houellebecqs) gehört, mitverantwortlich.

Obwohl die Postmoderne im Vergleich zur Moderne als Demokratisierungsprozeß und Anerkennung sozialer oder kultureller Mannigfaltigkeit erscheinen mag, setzt sie sich als eine von der Indifferenz dominierte Wirtschaftsgesellschaft einer doppelten Gefahr aus: Ihre immer intensivere Ausbeutung der Natur, zu der sie der ökonomische Wachstumsimperativ zwingt, kann zu einer globalen Naturkatastrophe führen; die komplementäre Ausbeutung menschlicher Ressourcen, die in der Steigerung von Leistungserwartungen zum Ausdruck kommt, kann eine drastische Zunahme ihrer Pathologien bewirken.

Die Aktualität dieses Buches, das für die dritte Auflage überarbeitet und ergänzt wurde, mag darin bestehen, daß es auf philosophischer, soziologischer und literaturwissenschaftlicher Ebene der Frage nachgeht, wie eine solche Situation entstehen konnte.

Vorwort zur zweiten Auflage

Der anhaltenden Diskussion über das Verhältnis von Moderne, Spätmoderne und Postmoderne kommt vor allem eine symptomatische Bedeutung zu. Denn selbst diejenigen, die dem Begriff »Postmoderne« mit Skepsis begegnen, werden nach den Gründen für diese international geführte Diskussion fragen wollen. Sofern sie ihre Fragen ernst nehmen, werden sie sich nicht mit Hinweisen auf neue Modeerscheinungen oder Trends begnügen, weil der Ausdruck »Postmoderne« wesentlich mehr bezeichnet als eine neue Mode.

Er ist ein Symptom für tiefgreifende Veränderungen in den europäischen und nordamerikanischen Gesellschaften, die im vorliegenden Buch im Zusammenhang mit einem graduellen Übergang von der spätmodernen zur postmodernen Problematik erklärt werden. Freilich ist dieser »Übergang« eine nur mögliche, aber keineswegs willkürliche Konstruktion. Das hier vorgeschlagene Konstrukt überschneidet sich in wesentlichen Punkten mit anderen Entwürfen, in denen ebenfalls qualitative soziokulturelle Veränderungen seit dem Zweiten Weltkrieg diagnostiziert werden: ein Niedergang der rationalistischen, faschistischen und marxistischen Großideologien, eine Atrophie des utopisch-messianischen Bewußtseins und eine immer klarer sich abzeichnende Verwandlung der Gesellschaft in eine eindimensionale Tausch- oder Wirtschaftsgesellschaft.

Während in der Spätmoderne – zwischen etwa 1850 und 1950 – bestimmte religiöse, ethische, politische und ästhetische Werte in ihrer Ambivalenz zwar kritisch reflektiert, zugleich aber im Rahmen der langen modern-aufklärerischen Tradition bestätigt, verteidigt wurden, erscheinen sie im Kontext der postmodernen Problematik als austauschbar, indifferent. Es gehört zu den Hauptanliegen des Autors zu zeigen, daß man die Postmoderne global mißversteht, wenn man sie einseitig als plurale oder pluralistische Ordnung auffaßt. Denn die drastische Pluralisierung der religiösen, ethischen, politischen und ästhetischen Wertsetzungen – der Fundamentalismen, Wahrheiten, Ideologien und Kunstauffassungen – hat u.a. zur Folge, daß diese Wertsetzungen der großen Mehrheit der nicht unmittelbar Beteiligten als partikular, willkürlich, unverbindlich und austauschbar, d.h. als indifferent erscheinen. Es käme also darauf an, in der Indifferenz als Austauschbarkeit von Wertsetzungen (nicht als Gleichgültigkeit) die Kehrseite der pluralistischen Medaille zu erkennen.

Denn nur in diesem Kontext sind die religiösen oder ideologischen Fundamentalismen, Radikalismen und Extremismen in der zeitgenössischen Gesellschaft zu verstehen: Sie reagieren als dogmatische Wertsetzungen auf die sich ausbreitende Indifferenz, die sie als Globalisierung im Weltmaßstab negiert. Dies übersieht ein Theoretiker wie Baudrillard, wenn er die Indifferenz eindimensional ohne die Ideologie (ohne die ideologischen Reaktionen auf sie) betrachtet.

Diese Reaktionen können schon deshalb nicht ausbleiben, weil in einer Zeit, in der vor allem der Konsum von Lebensmitteln immer risikoreicher wird, das »Endziel Konsum«, das von Richard Herzinger (*Die Zeit*, 2.11.2000, S. 58) als neue Utopie gepriesen wird, die Pluralismus und Toleranz gewährleistet, auf Dauer weder Gruppen noch Individuen Kohärenz, Stabilität und Kontinuität bieten kann. Denn der Konsumbereich, der alles andere als eine Ideologie ist, gehorcht blind dem Tauschgesetz, das alle qualitativen Werte negiert: von der Wasserqualität der Weltmeere und der Qualität der Lebensmittel bis zur Qualität der Bestseller, die sich in der Quantität der Millionenauflagen erschöpfen. Auf diese Reduktion der Qualitäten auf Quantität reagieren fundamentalistische, konservative, »grüne« und revolutionäre Ideologen mit Kritik, Revolte und dualistischen Dogmen.

In der vorliegenden Studie wird deshalb versucht, die postmoderne Problematik als dynamische Einheit zu verstehen, deren verschiedene Gruppierungen im Spannungsverhältnis zwischen marktbedingter Indifferenz und ideologischer Reaktion handeln.

Diese – stark schematisierende – Kurzdarstellung läßt bereits erkennen, daß die Postmoderne als »Weltanschauung«, »Ideologie«, »Wertsystem« oder »Ästhetik« nicht zu verstehen ist. Sie wird hier – wie auch die Spätmoderne – als Problematik, d.h. als Ensemble von verwandten Problemen und Fragen konstruiert, auf die Individuen und Gruppen sehr unterschiedlich, auch widersprüchlich antworten. Der Autor hofft, daß diese Konstruktion zum besseren Verständnis einiger zeitgenössischer Erscheinungen beiträgt.

Vorwort zur ersten Auflage

Die hier vorgeschlagenen Konstruktionen von Moderne, Modernismus und Postmoderne sind in einem Koordinatensystem entstanden, dessen vertikale oder historische Achse die Darstellung postmoderner Kritiken an Moderne und Modernismus ermöglichen soll, während die horizontale Achse die Dimension festlegt, die es gestattet, diese Kritiken im Rahmen der Wechselbeziehungen von Indifferenz und Ideologie, Universalismus und Partikularismus zu konkretisieren. Das von den beiden Achsen eingefaßte Feld wird – je nach Perspektive und Konstellation – als die *moderne, modernistische* oder *postmo-*

derne Problematik bezeichnet, deren relative Kohärenz nicht ihre Widersprüche und Verwerfungen verdecken sollte.

Die Komplexität der vertikalen Dimension besteht u.a. darin, daß die soziologischen und philosophischen Kritiken sich vornehmlich gegen eine neuzeitliche und aufklärerische Moderne (seit etwa 1600) richten, deren Universalismus sie als repressiv empfinden, während die literaturwissenschaftlichen und literarischen Kritiken primär den literarischen Modernismus (die ästhetische Moderne seit 1850 oder 1880) anvisieren, dem sie Esoterik, Utopismus und eine elitäre Gesinnung vorwerfen. Diese Komplexität sollte nicht dazu führen, daß die Moderne der Soziologen und Philosophen (die Moderne als Neuzeit und Aufklärung) von der ästhetischen Moderne als Modernismus durch die naive Behauptung getrennt wird, die eine habe mit der anderen nichts zu tun.

Denn der literarische *Modernismus* erweist sich bei näherer Betrachtung als eine *spätmoderne Selbstkritik der Moderne*, deren Parallelen in der Philosophie und der Soziologie nicht zu übersehen sind. Baudelaires, Huysmans', Musils, Brochs und Pirandellos Kritik an Bürgertum, Aufklärung, Rationalismus und Fortschrittsgläubigkeit entsprechen die philosophischen und soziologischen Kritiken bei Marx, den Junghegelianern, Nietzsche, Alfred und Max Weber, Tönnies, Durkheim und Simmel (s. Kap. II). Als spätmoderne Selbstkritik der Moderne geht der Modernismus, dessen Problematik auch die Kritische Theorie angehört, nahtlos in ein postmodernes Denken über, dem diese Selbstkritik nicht weit genug geht. Es ist kein Zufall, wenn Adorno von britischen und amerikanischen Autoren – zu Unrecht – als Postmodernist gelesen wird und wenn Habermas meint, Adornos Denken gleite gleichsam von selbst in den Poststrukturalismus über. (Vgl. Kap. III. 5.)

Den Postmodernisten geht die (spät-)moderne Selbstkritik nicht weit genug, weil sie Schlüsselbegriffe der Moderne wie Individuum, Subjekt, Wahrheit und Utopie, an denen so verschiedene Modernisten wie Musil, Broch, Eliot, Proust, Max Weber und Adorno noch festhielten, nicht mehr ohne weiteres akzeptieren können. Hier wird deutlich, daß die Postmoderne zwar aus der mit ihr verwandten Spätmoderne (dem Modernismus) hervorgeht, daß sie aber zugleich einen Bruch mit der modernen und modernistischen Problematik herbeiführt. Im folgenden sollen die verschiedenen Aspekte dieses Bruchs näher untersucht werden, wobei allerdings die Kontinuität zwischen Spät- und Postmoderne ebenfalls vorausgesetzt wird.

Lyotard kann nur behaupten, daß die Postmoderne keine neue Epoche sei (vgl. Kap. III), weil er die hier skizzierte Dialektik von Kontinuität und Diskontinuität nicht kennt und die modern-modernistische Vorstellung vom Anbruch des Neuen (als Innovation, Utopie oder Revolution) um jeden Preis meiden möchte. Es ist aber nicht sinnvoll, am Bild einer sich ins Endlose perpetuierenden Moderne festzuhalten, wenn deren zentrale Begriffe von Soziologen, Philosophen und Literaten angezweifelt, aufgegeben werden und die Welt vor unseren Augen eine neue, d.h. plurale, polymorphe und von der Indifferenz geprägte Gestalt annimmt.

An dieser Stelle ist die Komplexität der horizontalen Dimension tangiert: Postmoderne Soziologen, Philosophen und Schriftsteller lehnen einerseits den modernen, rationalistischen Universalismus ab, weil sie ihn nicht zu Unrecht mit dem Herrschaftsprinzip und dem Tauschwert assoziieren, und plädieren andererseits fürs Partikulare oder Plurale, das ihnen als Garant für Nichtkonformismus und Nichtidentität erscheint. In dieser Hinsicht setzen sie Adornos Partikularisierungstendenz (als Denken in Modellen und Parataxis) fort.

Ihren (sehr verschiedenen) Argumentationsmustern ist gemeinsam, daß sie den dialektischen Nexus von Partikularität, Pluralität und Indifferenz verdecken: Wo das Schöne, Wahre, Gute und Vernünftige nur in partikularisierter Form anerkannt wird – als Schönheiten, Wahrheiten, Ethiken und miteinander rivalisierende Formen der Vernunft –, besteht die Gefahr der Austauschbarkeit, der Indifferenz. Wenn ich täglich mit unzähligen kollidierenden Wahrheitsansprüchen, Moralbegriffen und Schönheitsidealen konfrontiert werde, habe ich als Nichttheoretiker oder Nichtwissenschaftler zwei Möglichkeiten: achselzuckend an diesem Überangebot vorbeizugehen oder an einer (stets ideologischen) Wahrheit festzuhalten und sie für die einzig legitime, die einzig zulässige zu erklären. Der Theoretiker jedoch hat die Möglichkeit, auf das Problem der Vielfalt oder Heterogenität dialogisch zu reagieren. (Vgl. Kap. VI.)

Indifferenz als Austauschbarkeit im Sinne des Tauschwerts kann demnach zwei konträre Reaktionen bewirken: Gleichgültigkeit und Ideologisierung. Die postmoderne Problematik wird von diesen beiden Extremen eingefaßt: von der Toleranz einer grenzenlosen Pluralisierung, die die Marktgesetze fördert, und dem ideologischen Fanatismus. Das Hauptproblem postmoderner Denker – von Rorty bis Lyotard und Bauman – scheint darin zu bestehen, daß sie die *Ambivalenz* der von ihnen befürworteten Partikularisierungs- und Pluralisierungstendenz nicht wahrnehmen; und sie nehmen sie nicht wahr, weil sie im Gegensatz zu Baudrillard den Indifferenzbegriff nicht kennen. Sie gehen zwar zu Recht davon aus, daß Partikularisierung und Pluralisierung den repressiven Mechanismen eines vom Austauschbarkeits- und Gleichschaltungsprinzip beherrschten Universalismus Widerstand leisten, übersehen aber, daß ein extremer Pluralismus der politischen, religiösen, ethischen und ästhetischen Besonderheiten ebenfalls in die Austauschbarkeit mündet und ideologische Reaktionen provozieren kann.

Dies ist der Grund, weshalb vor allem im letzten Kapitel danach gestrebt wird – sicherlich nicht zum ersten Mal in der Geschichte der Philosophie und der Sozialwissenschaften –, Besonderes und Allgemeines miteinander zu versöhnen. Eine solche Versöhnung kann noch am ehesten dort gelingen, wo keiner der Beteiligten Wesentliches aufgeben muß. Deshalb wird eine dialogische Theorie vorgeschlagen, deren Wahrheitsmomente dadurch zustandekommen, daß sie die Auseinandersetzung mit ihrem Anderen, mit einer radikal konzipierten Alterität, sucht. Erst wenn sich zwei Diskurse überschneiden, die aus grundverschiedenen Wissenschaftlergruppen und deren Soziolekten hervorgehen, kann von interdiskursiver Wahrheitssuche und einem interdiskursiven Wahrheitsmoment, an dem alle Beteiligten bis auf weiteres festhalten können, die Rede sein. (Die intersubjektive Kritik innerhalb einer ideologisch und wissenschaftlich relativ homogenen Gruppe wird durch diese Betrachtungsweise *nicht* abgewertet.)

Freilich handelt es sich hier nicht um den Wahrheitsbegriff der Platoniker, Cartesianer oder Hegelianer, weil die Wahrheitsmomente, von denen die Rede ist, eher provisorischen und heuristischen Charakter haben. Der Wahrheitsbegriff wird jedoch – zusammen mit dem Kriterium der Verallgemeinerungsfähigkeit – gegen jede Art von unverbindlichem Pluralismus und Relativismus verteidigt. Seine Verteidigung führt aber nicht dazu, daß das Andere oder Fremde geopfert wird, sondern setzt im Gegenteil die uneingeschränkte Andersartigkeit meines Gesprächspartners voraus. Denn nur sie garantiert meine selbstreflexive Einstellung und die genuin gemeinsame Wahrheitssuche.

Nun ist der Versuch, Besonderes und Allgemeines zu versöhnen, kein rein theoretisches oder spekulatives Anliegen, wie die zahlreichen politischen Kritiken an Hegel gezeigt haben. Deshalb gibt der Autor den letzten Seiten seiner Schlußbetrachtung eine politische Wende, indem er auf die Wechselbeziehung von Besonderem und Allgemeinem im europäischen Integrationsprozeß hinweist und nach dem kritischen und dialogischen Potential *fragt*, das dieser Prozeß birgt. Es handelt sich eher um eine Anregung als um eine These oder gar Theorie, denn es leuchtet ein, daß die Frage nach den kritisch-dialogischen Komponenten der europäischen Einigung eine etwas ausführlichere Antwort erheischt, die sich über Hunderte von Seiten erstrecken könnte.

Es geht auch darum, der den *status quo* perpetuierenden Negativität der (eigenen) Kritischen Theorie und einiger postmoderner Theorien abzusagen und sie durch eine Dialogizität zu ersetzen, deren Spuren sich in der – stets antinomischen und ambivalenten – europäischen Wirklichkeit bemerkbar machen. Es ist keineswegs sicher, daß diese zugleich theoretische und politische Anregung auf fruchtbaren Boden fällt: Während die einen Rhetoriken der Resignation entwikkeln, blicken die anderen hoffnungsvoll oder eingeschüchtert über den Atlantik, wo sie nach wie vor die neue Welt vermuten. Sie könnte aber längst diesseits des Atlantiks liegen: in einem Europa, das jenseits des Nationalstaates und des Hegemonieanspruchs einer »Weltsprache« eine genuin multikulturelle Gesellschaft mit mehrsprachigen Institutionen entwickelt: eine polyphone Identität und ein polyphones *Wir*. – Dies ist möglicherweise ein Denken *à rebours*, das vielen Skeptikern gegen den Strich gehen wird. Wie lange noch?

I. Moderne - Modernismus - Postmoderne: Versuch einer Begriffsbestimmung

Toute Pensée émet un Coup de Dés
Stéphane Mallarmé

Sollten die Skeptiker recht behalten, dann befaßt sich dieses Buch mit einem nichtvorhandenen Objekt, einem *proton pseudos*, das zu kommentieren sich nicht lohnt. In regelmäßigen Abständen werden nämlich Stimmen laut, die die »Postmoderne« als leere Worthülse auf den wachsenden Haufen menschlicher Irrtümer werfen oder ins Reich der Schimären verbannen. Der Einwand, die Postmoderne könne keine Schimäre sein, weil sich unzählige Autoren mit ihr befassen, denen ebenfalls ihr Gegenstand abhanden käme, überzeugt nicht, da ja bekannt ist, daß Menschen sich mit Vorliebe nebulösen Begriffen wie Vorsehung, Schicksal, Weltgeist oder *phlogiston* zuwenden. Plausibler scheint die Überlegung zu sein, daß der Begriff Postmoderne keinen nachweisbaren Gegenstand bezeichnet, sondern, wie Brian McHale richtig erkannt hat[1], eine Konstruktion ist; eine Konstruktion, könnte man hinzufügen, die für den Zustand der zeitgenössischen europäischen und nordamerikanischen Gesellschaft symptomatisch zu sein scheint.

Sie ist insofern symptomatisch, als nicht nur Vertreter der Postmoderne wie Gianni Vattimo, Zygmunt Bauman und Wolfgang Welsch in der sozialen Entwicklung Symptome einer Zeitenwende zu erkennen meinen, sondern auch Soziologen wie Alain Touraine, Anthony Giddens und Ulrich Beck, die den Postmoderne-Begriff aus verschiedenen Gründen ablehnen. Auch ein Marxist wie Fredric Jameson, der nachmoderne Tendenzen radikal kritisiert, glaubt, daß sich in der amerikanischen und westeuropäischen Gesellschaft nach dem Zweiten Weltkrieg ein globaler Wandel abzeichnet, der die Bezeichnung »Postmoderne« rechtfertigt: »The point is that we are *within* the culture of postmodernism to the point where its facile repu-

---

1 B. McHale, *Constructing Postmodernism*, London-New York, Routledge, 1992. McHale versucht, die Postmoderne auf polyphone Art, d.h. im Rahmen verschiedener »Geschichten« zu (re-)konstruieren: Kap. 1: »Telling postmodernist stories«.

diation is as impossible as any equally facile celebration of it is complacent and corrupt.«[2] Diese Einschätzung wird von den französischen Soziologen Michel Maffesoli und Brice Perrier geteilt.[3] Es kommt hinzu, daß sowohl konservative als auch gesellschaftskritische Soziologen parallel zu den Denkern der Postmoderne einen Strukturwandel unserer Gesellschaft diagnostizieren, wenn sie von der *postindustrial society* (Bell) oder der *société postindustrielle* (Touraine) sprechen.

Wenn in einem anderen Kontext Ulrich Beck der alten »Industrie- oder Klassengesellschaft«[4] die neue Risikogesellschaft gegenüberstellt, Alain Touraine und Zygmunt Bauman sich – nach Adorno und Horkheimer – von der aufklärerischen und rationalistischen Moderne global distanzieren und zahlreiche Kunstwissenschaftler in der neuesten Kunst und Literatur antimoderne oder postmoderne Trends zu erkennen meinen, dann drängt sich die Frage auf, ob das Wort Postmoderne nicht reale Veränderungen im Denken und Handeln der Menschen bezeichnet: in Philosophie, Kunst, Architektur und Politik.

Selbst wenn man von der Annahme ausgeht, daß diese Frage zu bejahen ist, wird man großen Wert darauf legen, das begriffliche Chaos zu entwirren, das die – mitunter sehr fruchtbare – Auseinandersetzung zwischen heterogenen theoretischen Positionen gestiftet hat. Dabei soll nicht versucht werden, endlich Ordnung zu schaffen und der Auseinandersetzung ein Ende zu bereiten (ein sinnloses, weil unmögliches Unterfangen), sondern im Gegenteil, die Diskussion durch Klärung bestimmter Fragen und Termini übersichtlicher und für bisher Unbeteiligte attraktiver zu gestalten.

Denn es ist sicherlich frustrierend, wenn man beispielsweise bei John O'Neill liest, daß »von Definitionen der Postmoderne nicht viel zu erwarten ist« (»nothing much is to be gained from definitions of

---

2 F. Jameson, *Postmodernism, or, The Cultural Logic of Late Capitalism*, Durham-North Carolina, Duke Univ. Press, 1991, S. 62. Siehe auch: H. Bertens, *The Idea of the Postmodern,* London-New York, Routledge, 1995, S. 10 : »One can indeed speak of the postmodern world, or at least argue that the world as such has become postmodern, that is, entered a new historical era, that of postmodernity.«

3 Vgl. M. Maffesoli, B. Perrier (Hrsg.), *L'Homme postmoderne*, Paris, F. Bourin, 2012.

4 U. Beck, *Risikogesellschaft. Auf dem Weg in eine andere Moderne*, Frankfurt, Suhrkamp, 1986, S. 25-26.

postmodernism«)[5], wenn ein Marxist wie Alex Callinicos von »the intellectual inadequacy of postmodernism«[6] spricht und der kroatische Autor Mladen Kozomara die Postmoderne nur als »Pseudobegriff« (»pseudo-pojam«) und »trügerische Perspektive« (»varljiva perspektiva«)[7] gelten läßt. Solche Diagnosen sind umso verwirrender, als andere Theoretiker wie Zygmunt Bauman, Scott Lash oder Wolfgang Welsch von der Existenz einer postmodernen Gesellschaft ausgehen und Heinrich Klotz resümierend feststellt: »So sehr der Begriff der Postmoderne zu falschen Vorstellungen geführt hat, so wenig können wir ihn heute noch durch einen besseren ersetzen.«[8]

Jedenfalls ist, wenn eine konkrete Begriffsbestimmung der Postmoderne versucht werden soll, Frank Fechner recht zu geben, der fordert: »Es ist also notwendig, auch den Begriff von Moderne, der der jeweiligen Rede von Postmoderne zugrundeliegt, aufzuhellen.«[9] Dieser Gedanke liegt den folgenden Kapiteln zugrunde, in denen die Postmoderne sowohl komplementär als auch kontrastiv zur Moderne betrachtet wird.

1. Probleme der Konstruktion: Moderne und Postmoderne als Epochen, Ideologien, Stile und Problematiken

Man muß nicht Anhänger des Radikalen Konstruktivismus sein, um zu erkennen, daß wir Wirklichkeit nur als *konstruierte* wahrnehmen: Wo der Ökologe ein wertvolles Biotop sieht, sieht der Bauer lediglich unbrauchbares Land oder gar ein Hindernis auf dem Weg zur optimalen landwirtschaftlichen Nutzung; wo der Marxist-Leninist Ausbeuter und Klassenkämpfe wahrnimmt, spricht der Liberale zuversichtlich von sozialer Marktwirtschaft; wo sich der Liebhaber der Klassik

---

5 J. O'Neill, *The Poverty of Postmodernism*, London-New York, Routledge, 1995, S. 13.

6 A. Callinicos, *Against Postmodernism. A Marxist Critique*, Cambridge, Polity, 1989, S. 6.

7 M. Kozomara, »Kriza opštih mesta: Moderna i Postmoderna«, in: *Postmoderna. Nova epoha ili zabluda*, Zagreb, Biblioteka Naprijed, 1988, S. 71.

8 H. Klotz, »Moderne und Postmoderne«, in: W. Welsch (Hrsg.), *Wege aus der Moderne. Schlüsseltexte der Postmoderne-Diskussion*, Weinheim, VCH-Verlag, 1988, S. 102.

9 F. Fechner, *Politik und Postmoderne. Postmodernisierung als Demokratisierung?*, Wien, Passagen, 1990, S. 20.

schaudernd vom Chaos abwendet, lobt der Modernist oder Postmodernist innovative oder zeitgemäße Kunst.

Die Postmoderne als »Ding an sich« gibt es nicht, sondern nur konkurrierende Konstruktionen, von denen man hofft, daß sie sich irgendwann vergleichen lassen. Zu Recht weist Brian McHale auf den »diskursiven und konstruierten Charakter der Postmoderne«[10] hin und vergleicht sie mit anderen theoretischen (und stets auch ideologischen) Konstrukten wie »die Renaissance«, »die amerikanische Literatur« oder »Shakespeare«. Denn auch der scheinbar neutrale Gegenstand »Shakespeare« wird von einem Mitglied des George-Kreises wie Friedrich Gundolf anders konstruiert als von dem marxistischen Anglisten Robert Weimann.

Dies gilt ebenso für die Begriffe »Moderne« und »Postmoderne«, deren Beschaffenheit nicht *nur* von Zufällen und individuell bedingter theoretischer Spekulation abhängt, sondern *auch* von einem *parti pris* für ideologische Positionen, die bei einem konservativen Befürworter der Postmoderne wie Peter Koslowski ganz anders geartet sind als bei den Marxisten Callinicos und Jameson oder beim Autor dieses Buches, der auch in den folgenden Ausführungen hofft, eine semiotisch und soziologisch revidierte Kritische Theorie als dialogischen Entwurf im Sinne von Bachtin weiterzuentwickeln.[11]

Es gibt hier nichts zu »entlarven«, denn es ist in jeder Hinsicht legitim, von einer konservativen, liberalen, marxistischen, feministischen oder kritisch-theoretischen Position auszugehen, um ein Objekt wie Postmoderne zu konstruieren. Gefordert wird jedoch, daß der Diskurs des Theoretikers die empirische Überprüfung und den kritischen Dialog nicht durch monologische (Identifikation mit dem Objekt, »Besitz der Wahrheit«), manichäische (hier richtig, dort falsch) und die Selbstreflexion behindernde Verfahren abblockt.[12] Allerdings fällt immer wieder auf, daß konservative (Koslowski) und marxistische (Callinicos), vor allem aber nationalsozialistische und stalinistische Diskurse zu Monolog, Manichäismus (Dualismus) und Unreflektiertheit tendieren und schon dadurch ihre Objektkonstruktionen auf theoretischer Ebene entwerten. Als Produktionsstätten von Theo-

---

[10] B. McHale, *Constructing Postmodernism*, op. cit., S. 1.

[11] Vgl. z.B.Vf., *Ideologie und Theorie. Eine Diskurskritik*, Tübingen, Francke, 1989.

[12] Vgl. Kap. VI in diesem Buch.

rien sind Ideologien also keineswegs gleichwertig oder gleich »wahr«, wie es verschiedene Varianten des Relativismus suggerieren. Auf keinen Fall kann aber eine Theorie durch Hinweise auf ihren konservativen oder marxistischen Ursprung widerlegt werden: Das zeigen die subtilen Ausführungen eines F. H. Tenbruck, die im zweiten Kapitel kommentiert werden.

Es ist naheliegend, daß »Moderne« und »Postmoderne« zunächst chronologisch als *Perioden* oder *Epochen* konstruiert werden. Denn schon das Präfix »post-« deutet an, daß von einer Zeit die Rede ist, die der Moderne *folgt* und trotz aller Affinitäten von dieser abweicht. So sieht es beispielsweise Manfred Hennen, wenn er meint, im Falle der Moderne sei »zwischen einem historischen Periodisierungsbegriff und einer umfassenden Sozialdiagnose zu unterscheiden«.[13] Im zweiten Kapitel wird sich allerdings zeigen, daß die Sozialdiagnosen immer schon eine Periodisierung als historische Klassifikation voraussetzen, und es liegt auf der Hand, daß eine solche Klassifikation nicht nur nach logischen und semiotischen, sondern auch nach ideologischen Kriterien konstituiert wird (vgl. Kap. II). Von den vertrackten Beziehungen zwischen Periodenbegriffen wie *Neuzeit, Moderne, Modernismus* und *Postmoderne* wird im nächsten Abschnitt ausführlicher die Rede sein.

Zunächst erscheint es wichtig, den Unterschied zwischen *Epoche* (*Periode*) und *Ideologie* näher zu betrachten, weil in den Auseinandersetzungen um Moderne und Postmoderne häufig unklar bleibt, ob es sich um Zeitabschnitte oder Großideologien als Wertsysteme handelt. Wenn beispielsweise Jürgen Habermas in seinem vieldiskutierten Aufsatz »Die Moderne – ein unvollendetes Projekt« (1980) die Moderne weitgehend mit dem Erbe der Aufklärung identifiziert und dabei die gegenaufklärerischen Tendenzen (etwa der Romantik) ausblendet, so verwendet er den Moderne-Begriff metonymisch, indem er eine jahrhundertelange Epoche auf einen ihrer ideellen Inhalte reduziert. (Vgl. Kap. III. 5.)[14]

---

13 M. Hennen, »Zur Betriebsfähigkeit postmoderner Sozialentwürfe«, in: G. Eifler, O. Saame (Hrsg.), *Postmoderne. Anbruch einer neuen Epoche? Eine interdisziplinäre Erörterung*, Wien, Passagen, 1990, S. 56.

14 J. Habermas, *Die Moderne – ein unvollendetes Projekt. Philosophisch-politische Aufsätze 1977-1990*, Leipzig, Reclam, 1990, S. 42.

Ähnlich, obwohl mit entgegengesetzter politischer Absicht, gehen Linda Hutcheon und Nicholas Zurbrugg vor, wenn sie im ästhetischen Bereich eine kritisch-populäre Postmoderne gegen einen elitären und konservativen Modernismus (1880–1950) ausspielen. Zurbrugg faßt die Postmoderne als »Ästhetik« (»variants of postmodern aesthetics«)[15] auf, und Hutcheon spricht von einer »ideologisch und ästhetisch motivierten Ablehnung der Vergangenheit im Modernismus« (»modernism's ideologically and aesthetically motivated rejection of the past«).[16] In beiden Fällen werden Modernismus und Postmoderne als relativ homogene ästhetische Ideologien konstruiert.

Einen ganz anderen Standpunkt nimmt der französische Marxist Henri Lefebvre ein, wenn er den Modernismus als gesellschaftliche Epoche definiert: »Um 1905 (warum dieses Datum? Wegen der ersten russischen Revolution, Symbol der nun beginnenden Periode) treten die ersten Umrisse des Modernismus und der Modernität allmählich aus dem Nebelschwaden der Geschichte hervor (...).«[17] An dieser Stelle treten die Schwierigkeiten der Begriffsbestimmung klar zutage: »Modernismus« oder »Modernität«? Während »Modernismus« von den meisten Autoren weitgehend mit der Entstehung und Entwicklung der modernen Kunst und Literatur seit 1850 (Benjamin, Adorno) oder seit 1890 (Bradbury, McFarlane) identifiziert wird, läßt Lefebvre seinen Modernismus ein halbes oder ein Vierteljahrhundert später beginnen: mit der ersten russischen Revolution. Dies mag legitim und kreativ sein, ist aber als historische Konstruktion etwas ungewöhnlich, zumal Lefebvre seine Periodisierung nicht wirklich plausibel macht.

Beginnt die ästhetisch-literarische Moderne (als Modernismus) nicht mit Baudelaire und den europäischen Revolutionen des Jahres 1848? Beginnt sie nicht mit Nietzsches Werk um 1880 – etwa mit der *Morgenröte*, die ebenso symbolträchtig ist wie die russische Revolution des Jahres 1905? Fragen dieser Art lassen zwar die Schwierig-

---

15 N. Zurbrugg, *The Parameters of Postmodernism*, Carbondale-Edwardsville, Southern Illinois Univ. Press, 1993, S. 45.

16 L. Hutcheon, *A Poetics of Postmodernism. History, Theory, Fiction*, London-New York, Routledge, 1988, S. 30.

17 H. Lefebvre, *Einführung in die Modernität. Zwölf Präludien*, Frankfurt, Suhrkamp, 1978, S. 209.

keiten erkennen, die Versuche der Begriffsbestimmung mit sich bringen, sind aber nicht dazu angetan, konkrete Ergebnisse zu zeitigen, weil einzelne Daten und Ereignisse keine tragfähige Grundlage für Konstruktionen wie »Moderne« und »Postmoderne« abgeben.

Ebenso fragwürdig sind literaturwissenschaftliche Versuche, diese beiden Einheiten vorwiegend oder ausschließlich auf *stilistischer Ebene* zu definieren. Einer der bekanntesten ist wohl Ihab Hassans Merkmalanalyse, in der die Postmoderne als ein Ensemble von stilistischen Merkmalen (im weitesten Sinne) aufgefaßt wird: Unbestimmtheit, Fragmentierung, Auflösung des Kanons, Ironie, Karnevalisierung usw. sollen für die nachmoderne Literatur besonders charakteristisch sein.[18] Den informierten Leser wird hier nicht nur die von den Romantikern besonders geschätzte Ironie stutzig machen, sondern fast alle von Hassan aufgezählten Merkmale, weil sie in den meisten modernistischen Texten nachgewiesen werden können: Ist Fragmentierung nicht für Kafka und Musil charakteristisch? Ist Karnevalisierung nicht eine der wichtigsten Stilfiguren in Dostoevskijs, Célines und Prousts Romanen? Weshalb greift Hassans Analyse nicht? Einmal deshalb, weil Hassan versucht, die Postmoderne ohne den Modernismus zu definieren und dadurch gegen Frank Fechners Regel verstößt, wonach Moderne, Modernismus und Postmoderne zusammengedacht werden sollten; aber auch deshalb, weil eine rein stilistische Analyse unzureichend ist. Sie läßt historische, gesellschaftliche, politische und philosophische Entwicklungen unberücksichtigt, ohne deren Zusammenwirken sich literarische Evolution als rein formales Geschehen in der Abstraktion auflöst (vgl. Kap. IV. 1). Dies ist der Grund, weshalb Moderne und Postmoderne hier weder rein chronologisch als Perioden noch als Ideologien oder stilistische Systeme, sondern als *Problematiken* konstruiert werden. (Vgl. Abschn. 3.)

---

18 Vgl. I. Hassan, »Postmoderne heute«, in: W. Welsch (Hrsg.), *Wege aus der Moderne*, op. cit., S. 47-56.

2. Begriffsbildung: Neuzeit, Moderne, Modernismus, Postmoderne, Posthistoire und nachindustrielle Gesellschaft

Es kann nicht darum gehen, alle Bedeutungen dieser dehnbaren und schillernden Begriffe aufzulisten und die Verwirrung weiter zu steigern. Wichtig ist zunächst, den Begriff der Moderne gegen die verwandten Begriffe »Neuzeit« und »Modernismus« abzugrenzen, zumal »Moderne« häufig als Synonym für »Neuzeit« *oder* »Modernismus« verwendet wird. Während zahlreiche soziologische und sozialphilosophische Theorien (Bauman, Giddens, Habermas, Touraine) dazu neigen, »Moderne« und »Neuzeit« (als Aufklärung und Rationalismus) ineinszusetzen, hat sich vor allem in der Kunst- und Literaturwissenschaft ein Sprachgebrauch eingebürgert, der auf eine Identifizierung von Moderne und Modernismus hinausläuft. Die Bezeichnung Wiener oder Pariser Moderne[19] meint nicht eine jahrhundertelange Entwicklung seit 1500 oder 1600, sondern die Kunst- und Literaturformen der Jahrhundertwende oder (im Falle von Paris) die literarische Entwicklung seit Baudelaire (1821–1867), die vor allem Walter Benjamin als ein Paradigma der Moderne beschrieben hat. In diesem historischen Kontext erscheinen Symbolismus, Ästhetizismus, Avantgarde und Existentialismus als Etappen einer literarischen Spätmoderne, welche die Moderne als Neuzeit und Aufklärung kritisch reflektiert. (Vgl. Kap. IV.)

Die Ineinssetzung von »Moderne« und »Neuzeit« hat eine lange philosophische Tradition, die mit dem Zerfall des Hegelschen Systems bei den Junghegelianern beginnt. In einem seiner Versuche, dieses System zu ergänzen und zu retten, spricht der Hegel-Schüler Friedrich Theodor Vischer (1807–1887) von der »großen Krisis (...), welche die moderne Zeit vom Mittelalter trennt«.[20] Anders als Hegel, der Mittelalter und Neuzeit als *eine* mittelalterlich-christliche Epoche auffaßte, sieht sich Vischer in der Mitte des 19. Jahrhunderts genötigt, die *Moderne als Neuzeit* (seit etwa 1600) als selbständige Einheit anzuerkennen. Diese Anerkennung, die der neuen Ära um 1850 in

---

[19] Vgl. G. Wunberg, S. Dietrich (Hrsg.), *Die literarische Moderne. Dokumente zum Selbstverständnis der Literatur um die Jahrhundertwende*, Freiburg, Rombach, 1998 (2. Aufl.).

[20] F. Th. Vischer, *Kritische Gänge* Bd. 4, München, Meyer & Jessen-Verlag, 1922, S. 175.

der Philosophie zuteil wird, ist kein Zufall, sondern zeugt von einer veränderten Geschichtsauffassung, die aus den Krisen des 19. Jahrhunderts hervorgeht und als spätmodern oder modernistisch im Sinne von Nietzsche und Baudelaire bezeichnet werden könnte. Mit anderen Worten: Zu Beginn der Spätmoderne oder des Modernismus *wird die neuzeitliche Moderne im Rückblick erkennbar, definierbar und kritisierbar*. (Siehe weiter unten.)

Nicht nur in der deutschen, sondern auch in der englischen Philosophie und Soziologie wird der Ausdruck »modern thought« in den meisten Fällen mit der Bedeutung »neuzeitliches Denken« versehen. So spricht beispielsweise Bertrand Russell in seiner *History of Western Philosophy* (1946) von der »modernen Philosophie« (»modern philosophy«), die das mittelalterliche Denken ablöst und aus der Säkularisierung und Verwissenschaftlichung der Gesellschaft hervorgeht.[21] Etwas konkreter periodisiert der Soziologe Giddens, wenn er die Moderne (»modernity«) erst mit der Aufklärung des 17. Jahrhunderts beginnen läßt (»from about the seventeenth century onwards«)[22], als das Werk Francis Bacons (1561–1626) zu wirken beginnt. Ähnlich äußert sich der deutsche Soziologe Tenbruck, wenn er von der »wissenschaftlichen Revolution des 17. Jahrhunderts«[23] spricht und die Säkularisierungstendenzen untersucht, die von dieser Revolution ausgehen.

Es ist wichtig, daran zu erinnern, daß der Ausdruck »Moderne als Neuzeit« nur im deutschen Sprachraum als sinnvolle Präzisierung erscheint, weil das Wort »Neuzeit« im Englischen nur mit »modern times« oder »modernity«, im Französischen nur mit »temps modernes« oder »modernité« und im Italienischen mit »età moderna« bzw. »evo moderno« wiedergegeben werden kann. Wenn aber Walter Benjamin im Anschluß an Baudelaires *modernité* von der »Moderne« spricht, so meint er nicht die Moderne als Neuzeit, sondern die Spätmoderne des 19. Jahrhunderts: den anbrechenden *Modernismus* in Kunst, Literatur und Philosophie.

---

21 B. Russell, *History of Western Philosophy*, London, Allen & Unwin, 1961, S. 479.

22 A. Giddens, *The Consequences of Modernity*, Cambridge, Polity, 1990, S. 1.

23 F. H. Tenbruck, *Die kulturellen Grundlagen der Gesellschaft. Der Fall der Moderne*, Opladen, Westdeutscher Verlag, 1990 (2. Aufl.), S. 90.

Wie verhalten sich nun *Moderne* (Neuzeit) und *Modernismus* zueinander? Der Modernismus könnte – wie im Zusammenhang mit F. Th. Vischer bereits angedeutet – als eine Zeit des kritischen Nachdenkens über die Moderne oder als ein *Reflexivwerden der Moderne* gedeutet werden.[24] »In gewisser Hinsicht war der Modernismus immer auch eine *Kritik* der Moderne (a *critique* of modernity)«[25], stellen Roy Boyne und Ali Rattansi in der Einleitung zu ihrem Sammelband *Postmodernism and Society* fest.

Sie haben insofern recht, als modernistische Philosophen und Schriftsteller wie Nietzsche, Dostoevskij, Musil, Kafka und Pirandello zentrale Gedanken der Aufklärung und des Rationalismus (z.B. den Gedanken der Wahrheit und der eindeutigen Begrifflichkeit) in Frage stellen. Diese Autoren beginnen außerdem, wie sich im fünften Kapitel zeigen wird, an der Beherrschbarkeit der Welt im Rahmen des aufklärerischen und rationalistischen Fortschrittsglaubens zu zweifeln. Sie setzen zwar die Religionskritik (Nietzsche, Kierkegaard) der Aufklärung in einem neuen Kontext fort, zweifeln aber zugleich die von den Aufklärern etablierte Autorität der Wissenschaft an und antizipieren dadurch die Wissenschaftskritik in der Postmoderne – etwa bei Lyotard, Vattimo und dem Soziologen Bauman. *Insgesamt gehört jedoch der Modernismus als Selbstkritik der Moderne noch dem modernen Zeitalter an.*

Das Wort »Modernismus« evoziert in hispanistischen Kreisen sogleich den spanisch-amerikanischen Begriff des *modernismo*, eine literarisch-ästhetische Strömung, deren Hauptvertreter Juan Ramón Jiménez (1881–1958), der Kubaner José Martí (1853–1895) und der nicaraguanische Lyriker Rubén Darío (1867–1916) sind. Es trifft keineswegs zu, wie bisweilen behauptet wird, dass der *Modernismus* mit dem europäischen und nordamerikanischen Modernismus (T. S. Eliots, Faulkners, Musils, Gides) wenig oder nichts zu tun habe. Im

---

[24] In diesem Sinne wird der Modernismus auch von Philip Tew und Alex Murray aufgefaßt. Vgl. P. Tew, A. Murray (Hrsg.), *The Modernism Handbook*, London-New York, 2009, S. 11: »From this perspective Modernism becomes a response to the Enlightenment discourses of rationality and reason (…).«

[25] R. Boyne, A. Rattansi, »The Theory and Politics of Postmodernism: By Way of an Introduction«, in: R. Boyne, A. Rattansi, *Postmodernism and Society*, London, Macmillan, 1990, S. 8.

Gegenteil, in zahlreichen Texten Marits und Daríos sind Einflüsse europäischer Modernisten (Nietzsches, D'Annunzios, Puris de Chavannes') nachweisbar und bestätigen die Vermutung, dass der *Modernismus* integraler Bestandteil der modernistischen Problematik Europas und Amerikas ist.[26]

Dies wird auch in Gilbert Azams Buch *El modernismo desde dentro* deutlich, wo einerseits der literarische *modernismo* mit modernistischen Erneuerungsversuchen im spanischen und französischen Katholizismus verknüpft wird[27], andererseits immer wieder gezeigt wird, daß der *modernismo* und die *Generación del 98* eine Einheit bilden. Azam spricht von der »inneren Kontinuität (continuidad interna), die zwischen der Neunundachtziger Generation und dem *modernismo* aufgezeigt werden kann«.[28] Diese Generation, der neben dem Philosophen und Schriftsteller Miguel de Unamuno (1864–1936) Autoren wie Azorín (José Martínez Ruiz: 1873–1967), Pío Baroja (1872–1956) und Antonio Machado (1875–1939) angehörten, ist in jeder Hinsicht als modernistisch im allgemeinen Sinn zu bezeichnen, weil sie einerseits die Krise der kulturellen Werte und des individuellen Subjekts in den Mittelpunkt ihrer Betrachtungen stellte, andererseits nachhaltig von Nietzsche, Schopenhauer, Kierkegaard sowie von europäischen und lateinamerikanischen Modernisten (Darío, Martí) beeinflußt wurde.

Wesentlich problematischer als die Verwandtschaft zwischen Modernismus und *modernismo* erscheint auf den ersten Blick die zwischen Modernismus und *Avantgarde*. Während einige Autoren von einer »Koexistenz« zweier einander fremder Strömungen sprechen, meinen andere, in den avantgardistischen Bewegungen Europas modernistische Vorboten der Postmoderne zu erkennen. So behauptet beispielsweise Matei Calinescu, Modernisten wie Proust, Kafka oder Joyce hätten »kaum etwas mit so typischen Avantgarde-Bewegungen

---

[26] Vgl. R. Gullón (Hrsg.), *El modernismo visto por los modernistas*, Barcelona, Editorial Labor, 1980. Darin vor allem: J. R. Jiménez, »El modernismo poético en España y en Hispanoamérica« sowie: R. Darío, »Un esteta italiano. Gabriele D'Annunzio« und R. Darío, »Puvis de Chavannes«.

[27] G. Azam, *El modernismo desde dentro*, Barcelona, Anthropos, 1989, Kap. II. Siehe auch: E. Rull Fernández, *Modernismo y la generación del 98*, Madrid, Playor, 1984, Kap. I-II.

[28] Ibid., S. 81.

wie Futurismus, Dadaismus oder Surrealismus zu tun«.[29] Abweichend, aber bis zu einem gewissen Grad komplementär, ist die Einschätzung von Scott Lash, der die Praxis der europäischen Avantgarden der 1920er Jahre für postmodern hält, weil die avantgardistische Kunst die auratische Autonomie des Kunstwerks zerstört und sich nicht mehr an Eliten, sondern an Massen wendet: »I take the avantgarde of the 1920s to be postmodernist«.[30] Sollte diese Einschätzung zutreffen, müßten auch Brecht, Auden und Céline der Postmoderne angehören...

Es ist hier nicht der Ort, dem vierten Kapitel vorzugreifen und Lashs Thesen zu kommentieren; vielmehr gilt es zu zeigen, daß Modernismus und Avantgarde nicht unbesehen identifiziert werden sollten. Im vierten Kapitel wird allerdings der Vorschlag gemacht, die *Avantgarden als Bestandteile des Modernismus* zu betrachten, einerseits weil avantgardistische Verfahren in modernistischen Romanen und Dramen vorkommen, andererseits weil dem Modernismus und der Avantgarde politische und existentielle Probleme gemeinsam sind.

Schon Lashs These deutet an, daß die *Postmoderne* gemeinhin als eine Erscheinung aufgefaßt wird, die über die Moderne als Neuzeit und den Modernismus als Selbstreflexion der Moderne hinausweist. Obwohl der Begriff »Postmoderne«, wie wir ihn heute kennen oder zu kennen meinen, zunächst in einer nordamerikanischen Literaturdebatte aus den Jahren 1959 und 1960 verwendet wurde (vgl. Kap. IV. 2), tauchte er schon früher in verschiedenen Kontexten auf, die Wolfgang Welsch ausführlich beschreibt. Er weist mit Recht darauf hin, daß der Begriff in der Architektur erst um 1975 aufgenommen wurde, so daß die Behauptung, er stamme aus diesem Bereich, falsch ist.

Welsch stellt fest, daß der englische Ausdruck *post-modern* zum ersten Mal um 1870 beim englischen Salonmaler John Watkins Chapman vorkommt, der sich vornimmt, über den damals modernen französischen Impressionismus hinauszugehen. Einen ganz anderen

---

29 M. Calinescu, *Faces of Modernity: Avant-Garde, Decadence, Kitsch*, Bloomington-London, Indiana Univ. Press, 1977, S. 140.

30 S. Lash, *Sociology of Postmodernism*, London-New York, Routledge, 1990, S. 158.

semantischen Inhalt erhält der vieldeutige Signifikant im Jahre 1917 bei Rudolf Pannwitz (1881–1969), einem Dichter und Philosophen, der den Menschen als »Vollender des Kosmos« zu verstehen sucht und im Anschluß an Nietzsche eine postmoderne Überwindung des Nihilismus und der Dekadenz durch den Übermenschen fordert. Wie schon Nietzsche geht es also auch diesem Philosophen um eine postmoderne Erlösung von den Gebrechen und Wirrungen der Moderne wobei »Moderne« in Pannwitz' Hauptwerken nicht so sehr »Neuzeit« bedeutet, sondern die Zeit der Krisen und der »décadence« seit 1850.[31]

In dem hier konstruierten Zusammenhang ist Welschs Hinweis auf den eher pejorativ verwendeten *postmodernismo*-Begriff des spanischen Philologen Federico de Oníz bedeutsam, der die »von 1905 bis 1914 reichende Korrekturphase« bezeichnet, »die auf den ›modernismo‹ (1896-1905) folgte, eher dieser im ›ultramodernismo‹ (1914-1932) erneut und verstärkt zum Tragen kam«.[32] Eine Parallelentwicklung im religiösen Bereich zeigt Gilbert Azam auf, der von einer engen Verflechtung zwischen literarischem und religiösem *modernismo* spricht.[33]

Für den soziologischen und politologischen Kontext ist die Auffassung der Postmoderne beim englischen Historiker und Philosophen Arnold Joseph Toynbee (1889-1975) von Bedeutung, weil sie noch in der gegenwärtigen sozialwissenschaftlichen Diskussion sporadisch wirkt. Toynbee geht von der These aus, daß das moderne nationalstaatliche Denken seit 1875 einem übernationalen, globalen Denken weicht. Obwohl diese These nicht abwegig ist, weil sie politische und kulturelle Entwicklungen im 20. Jahrhundert antizipiert, ist sie problematisch, weil sie gegenläufigen Tendenzen – etwa der Möglichkeit einer Renationalisierung des Denkens – nicht Rechnung trägt. *Globalisierungstendenzen* im ökologischen, politischen und technologischen Bereich sind zwar ein zentrales Thema der Postmoderne-

---

31 Vgl. W. Welsch, *Unsere postmoderne Moderne*, Weinheim, VCH-Verlag, 1991 (3. Aufl.), S. 12-14.

32 Ibid., S. 13.

33 G. Azam, *El modernismo desde dentro*, op. cit., S. 43.

Diskussion[34], aber die Neigung zum *Partikularismus*, die hier im Mittelpunkt stehen wird, scheint noch stärker zu sein.[35]

Diese recht disparaten Auffassungen der »Postmoderne« zeigen, wie ein vieldeutiges Wort zum Ausgangspunkt zahlreicher Objektkonstruktionen werden kann, die sich überschneiden, einander widersprechen oder gar inkommensurabel sind. Jede Theorie, jede Ideologie kann sich des Wortes bemächtigen, um es zum Gegenstand der Hoffnung, der Bewunderung oder des Hasses zu machen. Der theoretische Diskurs kann als menschliches Konstrukt derlei Impulse gar nicht vermeiden; allerdings sollte das theoretische Subjekt dafür sorgen, daß sie (selbst-)ironisch relativiert werden und als das erscheinen, was sie sind: als historisch kontingente Kräfte, denen es nicht gelingen sollte, den Diskurs zu vereinnahmen.

Vereinnahmen läßt sich der Diskurs jedesmal dann, wenn ein Begriff wie Moderne oder Postmoderne schlicht diskreditiert, d.h. mit negativen Konnotationen versehen, karikiert und verurteilt wird. Mit Recht wehrt sich Wolfgang Welsch gegen die Karikatur der Postmoderne als *Posthistoire*: »Mit diesem Theorem der ›Posthistoire‹, wie es vor allem von dem Soziologen Arnold Gehlen seit den fünfziger Jahren entwickelt wurde, hat die Postmoderne nichts gemeinsam.«[36]

Was versteht nun Gehlen unter »Posthistoire«? Er greift diesen Gedanken, den der Mathematiker und Philosoph Antoine Cournot (1861) und der Soziologe Célestin Bouglé (1901) in die Diskussion eingeführt haben[37], im Jahre 1952 auf und postuliert im Anschluß an die Rechtshegelianer und Nietzsche »das Ende der Geschichte«. Dieses Postulat ist vor dem Hintergrund einer globalen Pattsituation zu verstehen, in der die USA und die UdSSR einander und die Weltge-

---

[34] Vgl. U. Beck, *Was ist Globalisierung?*, Frankfurt, Suhrkamp, 1997.

[35] Die Neigung zum Partikularismus ist nahezu allen postmodernen Denkrichtungen – von Foucault bis Lyotard und den feministischen Autorinnen – gemeinsam.

[36] W. Welsch, *Unsere postmoderne Moderne*, op. cit., S. 17.

[37] Vgl. L. Niethammer, *Posthistoire. Ist die Geschichte zu Ende?*, Reinbek, Rowohlt, 1989. Über Cournot schreibt Niethammer: »Zieht man dessen Schriften zu Rate, so findet man den Leitbegriff ›posthistoire‹ zwar nicht, wohl aber eine verwandte Vorstellung.« (S. 26) Siehe auch: D. Kamper, »Nach der Moderne. Umrisse einer Ästhetik des Posthistoire«, in: W. Welsch (Hrsg.), *Wege aus der Moderne*, op. cit., S. 166-168: »Der Terminus ›Posthistoire‹ kommt dann bei dem Soziologen Bouglé 1901 vor.« (S. 166)

schichte mit Hilfe ihres atomaren Vernichtungspotentials scheinbar zur Unbeweglichkeit, zur Erhaltung des *status quo* verdammten: »Und wenn wir jetzt zu dem vorhin berührten Thema der beiden großen Welthälften mit ihren Basisideologien zurückkehren, dann ist vielleicht meine Folgerung wenig überraschend, wenn ich sage, daß ideengeschichtlich nichts mehr zu erwarten ist (...).« Er fügt einige Zeilen weiter hinzu, »daß die sogenannten Entwicklungsvölker keine positive dritte Ideologie finden werden«. Somit ist die Geschichte – zumindest als Ideengeschichte – an ihrem Ende angelangt: »Denn Globalideologien dieser Art einschließlich der historisch bereits überlebten, wie des Faschismus, oder der nicht zur Entwicklung gekommenen Ansätze, wie der Heilslehren von Rousseau oder Nietzsche, sind ausnahmslos europäische Resultate, das gibt es außerhalb dieses Bereiches nicht. Ich exponiere mich also mit der Voraussage, daß die Ideengeschichte abgeschlossen ist und daß wir im Posthistoire angekommen sind (...).«[38]

Im gegenwärtigen Kontext erscheint diese Schlußfolgerung, die an Daniel Bells später revidierte These vom »Ende der Ideologien«[39] erinnert, als ein voreiliger Fehlschluß. Die Pattsituation der Nachkriegszeit hat sich aufgelöst (wenn auch nicht im Wohlgefallen), und die Ideengeschichte erhält durch die Ideologisierung der islamischen Großreligion[40] gerade bei den sogenannten Entwicklungsvölkern neue Impulse, die bis nach Nordamerika und Europa reichen.

Dennoch ist Gehlens spekulative Zeitdiagnose, an die später Jean Baudrillard (vgl. Kap. II. 6) anknüpft, nicht unbrauchbar, weil die These über den Verschleiß der Großideologien (Faschismus, Nationalsozialismus, Marxismus-Leninismus) in Europa und Nordamerika weiterhin Gültigkeit beanspruchen kann und in vieler Hinsicht Jean-François Lyotards Theorie der Postmoderne antizipiert und ergänzt. Nach dem Zusammenbruch des Faschismus und angesichts eines

---

38 A. Gehlen, »Über kulturelle Kristallisation«, in: W. Welsch (Hrsg.), *Wege aus der Moderne*, op. cit., S. 141.

39 Vgl. D. Bell, *Die Zukunft der westlichen Welt. Kultur und Technologie im Widerstreit*, Frankfurt, Fischer, 1976, wo Bell seine Hauptthese aus *The End of Ideology* (1967) zurücknimmt: »Im Unterschied zu Wirtschaftsformen und veralteten Technologien verschwinden Ideologien nicht.« (S. 78)

40 Zur Unterscheidung von Religion und Ideologie siehe: Vf., *Ideologie und Theorie*, op. cit., S. 29-34.

unglaubwürdig werdenden Marxismus-Leninismus, dessen Niedergang alle anderen Heilslehren zu diskreditieren scheint, hält Lyotard »die Skepsis gegenüber den Metaerzählungen für ›postmodern‹« (»l'incrédulité à l'égard des métarécits«).[41] Lyotards Betrachtungen werden im dritten Kapitel ausführlich kommentiert; es sei aber vorweggenommen, daß die von ihm verkündete Skepsis »gegenüber den Metaerzählungen« durchaus mit Gehlens These über das Ende der Ideengeschichte vergleichbar ist[42] sowie mit Bells »Ende der Ideologien«. (Gehlen spricht zwar in der hier zitierten Passage vom »Ende der Ideengeschichte«, an anderen Stellen seines Werks ist jedoch von einem Ende der Geschichte die Rede. Insofern ist seine Position zweideutig.)[43]

Postmoderne und Posthistoire sollten zwar nicht identifiziert, d.h. verwechselt werden (in dieser Hinsicht hat Welsch recht), aber Welschs Behauptung, die beiden Begriffe hätten nichts miteinander zu tun, ist voreilig und unproduktiv, weil sie ihre Verwandtschaft ausblendet. Worin besteht diese Verwandtschaft? In der Unglaubwürdigkeit der Großideologien, die beide Begriffe zum Ausdruck bringen und die in der Nachkriegszeit – lange vor Lyotard und als Lyotard noch *militant* in der marxistischen Gruppierung *Socialisme ou barbarie* war – Soziologen wie Gehlen und Bell diagnostizierten.

---

41 J.-F. Lyotard, *Das postmoderne Wissen. Ein Bericht*, Wien, Passagen, 1986, S. 14. (*La Condition postmoderne*, Paris, Minuit, 1979, S. 7.)

42 Zum Verhältnis von »Postmoderne« und »Posthistoire« vgl. G. Vattimo, *Etica dell'interpretazione*, Torino, Rosenberg-Sellier, 1989, S. 15-18. Vattimo stellt eine Verwandtschaft fest zwischen »Postmoderne« und »Posthistoire«, zwischen Gehlens »Ende der Ideengeschichte« und Lyotards »Ende der Metaerzählungen«. Zugleich grenzt er die »Moderne«, die vom Gedanken der »Überwindung« (als Revolution oder radikale Reform) geprägt war, gegen die »Postmoderne« ab, in der die Heideggersche »Verwindung« als Verzicht auf moderne Hoffnungen und Entwürfe vorherrscht.

43 Die These über das Ende der Geschichte versucht Lutz Niethammer zu verdeutlichen, indem er »Ereignisgeschichte« und »Strukturgeschichte« unterscheidet: »Was Cournot in noch unspezifizierten Ahnungen über die Entwicklung der menschlichen Verhältnisse vorwegnimmt, ist historisch die Zurückdrängung der Ereignisgeschichte durch die Strukturgeschichte im 20. Jahrhundert.« (L. Niethammer, *Posthistoire*, op. cit., S. 29.) Gemeint ist hier die Ablösung von Ereignis und Handlung durch Struktur und System.

Etwas später scheint der eher konservative Soziologe Friedrich H. Tenbruck, der mit den Begriffen Postmoderne und Posthistoire nichts im Sinn hat, ihre Diagnose zu bestätigen. In einem 1976 (also drei Jahre vor Lyotards *La Condition postmoderne*) veröffentlichten Aufsatz bemerkt er über die Entwicklung der Wissenschaft: »Die großen Ideen, mit denen sie die Glaubensgeschichte der Moderne geschrieben hat, sind aufgebraucht.«[44] Im Gegensatz zum frühen Bell und zum französischen Skeptiker verkündet er nicht das Ende der Ideologien oder der *métarécits*, sondern hält eine Reideologisierung der Gesellschaft für möglich und komplementär dazu ein Versiegen der kulturellen Energien in der Marktwirtschaft. Die Wissenschaft mußte ihre Glaubensversprechen widerrufen, aber: »Der Widerruf dieser Versprechen schafft nicht nur ein freies Feld für schwärmerische und zerstörerische Gegenbewegungen; er müßte auch zur Austrocknung der Energien, der Phantasie, der Entschiedenheit und der Disziplin führen, die zur Grundlage unserer Kultur gehören.«[45]

Vor diesem Verlust der kulturellen Energien warnt auch Daniel Bell, der zusammen mit Alain Touraine den Begriff *nachindustrielle Gesellschaft* geprägt hat. Da dieser Terminus im zweiten Kapitel ausführlicher kommentiert wird, soll hier zum Abschluß lediglich auf seine Bedeutung für die Postmoderne-Diskussion hingewiesen werden. Er bezieht sich bei Bell zunächst auf bestimmte von der wissenschaftlichen und technologischen Entwicklung bedingte strukturelle Verlagerungen im Bereich der Produktion. Sie führen dazu, daß die Bedeutung der Güterproduktion abnimmt, während die Bedeutung der Serviceleistungen zunimmt (etwa in den Bereichen Gesundheit, Erziehung, Freizeitgestaltung); daß die Bedeutung der Berufsgruppen (Intellektuelle, Techniker) wächst, während die Arbeiterschaft an Bedeutung verliert; daß Wissenschaft und Technologie zu den wichtigsten Triebfedern wirtschaftlicher und gesellschaftlicher Innovation werden und daß neue »intellektuelle« Technologien wie Informatik auf den Plan treten.

Diese Entwicklungen haben zur Folge, daß der Kapitalismus als Industriegesellschaft seine eigene Ethik, nämlich die von Max Weber geschilderte Ausrichtung auf die Produktion, aushöhlt und durch eine

---

44 F. H. Tenbruck, *Die kulturellen Grundlagen der Gesellschaft*, op. cit., S. 137.

45 Ibid., S. 141.

dem Produktionskapitalismus feindliche Einstellung, nämlich den Hedonismus, ersetzt. Der Hedonismus begünstigt eine Individualisierung und Atomisierung der Gesellschaft sowie eine Orientierung des Einzelnen am Konsum, d.h. am Warenangebot (vgl. Kap. II. 3.).

In diesem Kontext erscheint die postmoderne Gesellschaft – ähnlich wie bei Gehlen und Tenbruck, nur aus anderen Gründen – als eine Gesellschaft, in der narzißtische Individuen nach Selbstverwirklichung streben und in der Wertsetzungen, Überzeugungen sowie ideologische oder religiöse Utopien immer mehr in den Hintergrund treten. Die Postmoderne wird also auch hier von der Krise des modernen (industriellen, kapitalistischen) Wertsystems geprägt und von der Notwendigkeit, über dieses Wertsystem kritisch nachzudenken: Sie wird reflexiv und stellt nicht nur die Moderne als Neuzeit, sondern auch die Moderne als Spätmoderne oder Modernismus systematisch in Frage. Sie ist das Bewußtsein eines sozio-historischen Übergangs, der hier auf verschiedenen Ebenen rekonstruiert werden soll.

3. Moderne, Modernismus und Postmoderne als Problematiken

Daß die zeitliche Dimension von Moderne und Postmoderne nicht schlicht unterschlagen werden kann, nur weil Lyotard behauptet, die Postmoderne sei keine neue Epoche[46], liegt auf der Hand. Denn vor allem in der Geschichtswissenschaft und in der Soziologie bezeichnen diese Begriffe soziale und kulturelle Entwicklungen, Verschiebungen, Verwerfungen und Brüche. Zugleich ist es problematisch, die Postmoderne als eine völlig neue Zeit aufzufassen, die die Spätmoderne oder den Modernismus (hier Synonyme) ablöst. Auch in unserer Zeit wirken vormoderne, moderne, modernistische und postmoderne Strömungen in Politik, Wissenschaft und Kunst zusammen, so daß es sinnlos wäre, von einer rein postmodernen Zeit seit 1950 oder 1960 zu sprechen.

Angesichts dieser globalen Ambivalenz kann die Postmoderne sowohl als Bruch mit der Moderne als auch als deren Fortsetzung mit neuen Mitteln konstruiert werden. Diesen Gedanken formuliert Diet-

[46] Vgl. J.-F. Lyotard, »Beantwortung der Frage: Was ist postmodern?«, in: W. Welsch (Hrsg.), *Wege aus der Moderne*, op. cit., S. 201.

mar Kamper ganz zu Recht als Einheit der Gegensätze: »Die beiden kontradiktorischen Thesen: die Postmoderne ist eine radikalisierte Moderne, die sich im Entscheidenden treu bleibt; die Postmoderne ist ein Verrat am Entscheidenden der Moderne, treffen also beide zu.«[47] Wesentlich ist, daß »Treue« und »Verrat« nicht dahingehend interpretiert werden, daß es zu einer Ideologisierung der beiden Schlüsselbegriffe kommt, die zur Folge hätte, daß Moderne und Postmoderne letztlich als mythische Aktanten gegeneinander ausgespielt würden.[48]

Dies geschieht, wenn beispielsweise Stephen Crook die »radikalen Prätentionen der Postmoderne« (»postmodernism's radical pretensions«)[49] pauschal mit dem Nihilismus assoziiert und sich auf Redewendungen einläßt wie »postmodernism attempts«[50], »postmodernism regards«[51], »postmodernism requires«[52] und »modernism requires«[53], die Modernismus und Postmoderne zu Kontrahenten in einer Auseinandersetzung auf Leben und Tod werden lassen. Sie werden zu einander ausschließenden Ideologien, deren Ringen um die Wahrheit auch Linda Hutcheon inszeniert, wenn sie von »the obscurity and hermeticism of modernism«[54] spricht und behaupet, »postmodernism challenges some aspects of modernist dogma«[55], wobei die literarische Moderne bedenkenlos mit Hermetismus und elitärer Gesinnung identifiziert wird – so als hätte es Auden, Brecht und Camus nie gegeben.

Moderne, Modernismus und Postmoderne sind jedoch als Ideologien, Weltanschauungen oder rivalisierende Ästhetiken kaum zu

---

47 D. Kamper, »Nach der Moderne. Umrisse einer Ästhetik des Posthistoire«, in: W. Welsch (Hrsg.), *Wege aus der Moderne*, op. cit., S. 172.

48 Zum Begriff des *mythischen Aktanten* siehe: Vf., *Ideologie und Theorie*, op. cit., S. 277-284. (Der mythische Aktant ist ein Pseudosubjekt – z.B. ›das System‹, ›die Gesellschaft‹ –, das mit Intentionen oder mit intentionalem Handeln ausgestattet wird.)

49 S. Crook, »The End of Radical Social Theory? Radicalism, Modernism and Postmodernism«, in: R. Boyne, A. Rattansi (Hrsg.), *Postmodernism and Society*, op. cit., S. 47.

50 Ibid., S. 53.

51 Ibid., S. 66.

52 Ibid., S. 68.

53 Ibid.

54 L. Hutcheon, *A Poetics of Postmodernism*, op. cit., S. 32.

55 Ibid., S. 43.

verstehen. Sie sind eher als gesellschaftliche und historische *Problematiken* aufzufassen: als *sozio-linguistische Situationen*, in denen bestimmte Antworten auf bestimmte Fragen gesucht werden, wobei Fragestellungen, die in einer besonderen Situation noch sinnvoll erschienen, im Mittelpunkt der Auseinandersetzungen standen und eine Antwort erheischten, in einer späteren Problematik an die Peripherie des intellektuellen Geschehens gedrängt werden oder gar in Vergessenheit geraten.[56]

So erregt beispielsweise die Frage nach der Identität, Entscheidungsfreiheit und Verantwortung des Individuums, die im Brennpunkt existentialistischer Betrachtungen der Zwischenkriegszeit und Nachkriegszeit stand, kaum noch die Gemüter. Sie wird von den Vertretern des Nouveau Roman achtlos beiseite geschoben. Die verwandte marxistische Frage nach der Beziehung von Taktik und Ethik, die nicht nur Lukács beunruhigte, findet aus naheliegenden Gründen kaum noch Beachtung.[57] So manchen engagierten Intellektuellen[58] mag die Tatsache, daß die stereotype Frage der 1960er Jahre: Wie viele Arbeiterkinder studieren an dieser Universität? im Zeitalter des Feminismus selten zu hören ist, melancholisch stimmen. Aber der Weltgeist ist eben nicht zimperlich.

Nicht er, sondern die Entstehung neuer Berufsgruppen, Bewegungen und politischer Eliten[59] ist für die Verlagerung der Gewichte innerhalb einer Problematik und für deren allmähliche, kaum wahrnehmbare Ablösung durch eine neue Problematik verantwortlich. Während dieser Ablösung, die alles andere als eine Mutation und zeitlich schwer eingrenzbar ist, kommen neue Fragen auf und erheischen neue Antworten. Während der Modernismus als Spätmoderne z.B. die Frage nach dem Subjekt und dessen Identität von der Romantik und dem Realismus erbte (man denke an den Bildungsroman Balzacs, Kellers, Goethes), wird diese Frage in der Postmoderne zu einer

---

[56] Vgl. Vf., »Historische Perioden als Problematiken«, in: P. V. Zima., *Komparatistische Perspektiven*, Tübingen, Francke, 2011, S. 95-101.

[57] Vgl. G. Lukács, *Taktik und Ethik*, Neuwied-Berlin, Luchterhand, 1972.

[58] Vgl. F. Furedi, *Where Have all the Intellectuals Gone?*, London-New York, Continuum, 2006 (2. Aufl.), S. 170.

[59] Zur sozialen Differenzierung des postmodernen Kunstpublikums siehe: S. Lash, *Sociology of Postmodernism*, op. cit., S. 250-254.

Randerscheinung; sie wird – zumindest tendenziell – von der Frage nach der Wirklichkeit als Umwelt abgelöst.

Frage und Antwort sind nicht konkret zu bestimmen, solange sie nicht im Rahmen einer sozio-linguistischen Situation mit bestimmten *Soziolekten* oder Gruppensprachen[60] verknüpft werden, aus denen sie hervorgehen. Während etwa die moderne (modernistische) Frage nach dem politischen Engagement des Intellektuellen nicht unabhängig von existentialistischen und marxistischen Soziolekten und Diskursen der Zwischen- und Nachkriegszeit zu verstehen ist, in denen sie gestellt wurde, sind die eher postmodernen Fragen nach der Risikoverteilung innerhalb der Gesellschaft oder nach der männlichen oder weiblichen Beschaffenheit der Sprache in den Soziolekten und Diskursen pazifistischer, ökologischer und feministischer Gruppen beheimatet. Daß sich solche Gruppen nicht lange bei der Frage nach der religiösen, politischen oder ästhetischen Identität und Verantwortung männlicher Individuen (z.B. Kierkegaards, Kafkas, Prousts oder Unamunos) aufhalten, liegt auf der Hand. Sie denken in einer anderen Problematik, die nicht nur aus gesellschaftlichen Verschiebungen, sondern auch aus neuen wirtschaftlichen, technologischen und wissenschaftlichen Entwicklungen hervorgeht.

Freilich ist auch die hier vorgeschlagene Konstruktion von Moderne, Modernismus und Postmoderne integraler Bestandteil dieser Problematik und zugleich ein Versuch, auf deren Fragen zu antworten. Mit anderen Worten: Sie gehört der sozio-linguistischen Situation an, die sie beschreiben soll. Die gewissenhaften Skeptiker, die an dieser Stelle zu einer Verschiebung des Vorhabens raten, weil sie sich mehr historische Distanz wünschen, können mit dem Hinweis auf vergangene Zeiten be(un)ruhigt werden, deren Darstellung ebenso problematisch zu sein scheint wie die von Moderne und Postmoderne. So entrüstet sich beispielsweise Anfang der 1970er Jahre der Komparatist Ulrich Weisstein über Paul Van Tieghems Versuch, Villon und Rabelais dem Mittelalter, Montaigne und die Pléiade-

---

60 Zum Begriff des Soziolekts siehe: Vf., *Textsoziologie. Eine kritische Einführung*, Stuttgart, Metzler, 1980, Kap. 3 sowie Vf., *Ideologie und Theorie*, op. cit., S. 250: Der Soziolekt kann als ein »Ensemble von wirklichen oder potentiellen Diskursen definiert werden, die von einem gemeinsamen lexikalischen Repertoire und einer gemeinsamen semantischen Grundlage ausgehen.«

Dichter (Ronsard, Du Bellay) hingegen der Renaissance zuzurechnen, die bei Van Tieghem ganze 40 Jahre währt, während sie sich bei Weisstein über drei Jahrhunderte erstreckt: vom 14. bis ins 16. Jahrhundert.[61]

Die Überlegung, daß die hier genannten Problematiken nur im Rahmen der zeitgenössischen sozio-linguistischen Situation konstruiert werden können, mündet in die Frage nach dem Standort des Diskurssubjekts oder des für die Konstruktion verantwortlichen Autors. Er geht zwar von der Kritischen Theorie der Nachkriegszeit, also von einer vorwiegend *spätmodernen* oder *modernistischen* Theorie aus, die die Moderne kritisch reflektiert, versucht aber, diese Theorie durch eine soziosemiotische und dialogische Auffassung der Kultur- und Wertproblematik zu ergänzen und weiterzuentwickeln. Folglich geht es auch darum, den Soziolekt der Kritischen Theorie in der gegenwärtigen sprachlichen Situation neu zu bestimmen und ihn zur postmodernen Problematik in Beziehung zu setzen. (Vgl. Kap. II und VI.)

Nicht zu Unrecht war im Laufe der Diskussion von postmodernen Perspektiven bei Walter Benjamin und Theodor W. Adorno die Rede[62], und die beiden amerikanischen Autoren Steven Best und Douglas Kellner sprechen sogar von »Adorno's proto-postmodern theory«.[63] Nun kann Adorno sicherlich nicht einfach der postmodernen Problematik zugeschlagen werden – und das ist auch nicht die Absicht von Best und Kellner –, aber die postmodernen Aspekte seiner Theorie sollten verhindern, daß es im folgenden zu einer dualistischen Darstellung kommt, in der die beiden Terme »Moderne« und »Postmoderne« als »Held« und »Antiheld« ideologisiert werden.

Wie können nun Moderne, Modernismus und Postmoderne als Kultur- und Wertproblematiken[64] konstruiert werden? Zunächst er-

---

[61] Vgl. U. Weisstein, *Comparative Literature and Literary Theory*, Bloomington-London, Indiana Univ. Press, 1973, S. 76.

[62] Vgl. S. Lash, *Sociology of Postmodernism,* op. cit., S. 159-161, wo von »Benjamin's postmodernist alternative« die Rede ist (S. 160).

[63] S. Best, D. Kellner, *Postmodern Theory. Critical Interrogations*, London, Macmillan, 1991, S. 225.

[64] Zur Konstruktion von Postmoderne als »Kultur« vgl. S. Best, D. Kellner, *The Postmodern Adventure. Science, Technology, and Cultural Studies at the Third Millennium*, New York-London, The Guildford Press, 2001, Kap. V: »Globaliza-

scheint es wichtig, darauf hinzuweisen, daß die Moderne als Neuzeit und die Postmoderne als Nachkriegszeit (seit etwa 1950) verschiedenen Größenordnungen angehören. Denn die Moderne, die zahlreiche Soziologen und Philosophen, wie sich zeigen wird, recht pauschal mit Aufklärung und Rationalismus identifizieren, ist zu lang und zu heterogen, um mit der Postmoderne kontrastiv verglichen werden zu können. Dies ist der Grund, weshalb im folgenden – insbesondere aber im vierten und fünften Kapitel – vor allem der *Modernismus als Spätmoderne* (1850-1950) mit der *postmodernen Problematik* konfrontiert wird.

In den nächsten beiden Kapiteln wird allerdings die Moderne als Neuzeit und Aufklärung mitberücksichtigt, weil Autoren wie Bauman, Touraine, Giddens, Lyotard und Habermas sie so auffassen – und der Last des akkumulierten Wissens wird sich niemand leichtfertig entledigen wollen. Es geht hier jedoch nicht nur um die Last einer fragwürdigen Konstruktion (hier dreieinhalb Jahrhunderte, dort 50 Jahre), sondern auch um die vertretbare These, daß die postmoderne Problematik in ihren Fragestellungen möglicherweise mit der gesamten »aufgeklärten Moderne« von Francis Bacon bis zur *Dialektik der Aufklärung* (1944), in der die moderne Vernunft durch Selbstkritik gerettet werden sollte, bricht.

Auf der Ebene der kulturellen Werte, die zugleich sprachliche Werte oder »Wortwerte« sind, erscheinen Moderne, Modernismus und Postmoderne als Konstellationen[65], die von drei zentralen Problemen strukturiert werden, auf die sich ihre politischen, psychologischen, philosophischen und ästhetisch-literarischen Fragen und Antworten beziehen: die *Ambiguität*, die *Ambivalenz* und die *Indifferenz*.

Damit ist, vorerst etwas verkürzt ausgedrückt, folgendes gemeint: Für die Philosophie und die Literatur des 18. und des frühen 19. Jahrhunderts ist eine *Ambiguität* charakteristisch, die in der Erkenntnistheorie, der philosophischen Psychologie und dem literarischen Erzählerkommentar *aufgelöst* werden kann, so daß der Gegensatz zwischen Sein und Schein, Wahr und Falsch, Gut und Böse usw. wieder-

---

tion and the Restructuring of Capital«.

65 Insofern könnte man mit R. G. Renner auch von einer »postmodernen Konstellation« sprechen. Vgl. R. G. Renner, *Die postmoderne Konstellation. Theorie, Text und Kunst im Ausgang der Moderne*, Freiburg, Rombach, 1988.

hergestellt wird. Die Wirklichkeit erscheint trotz aller Schwierigkeiten und Hindernisse erkennbar und beherrschbar. In der Literatur haben Schriftsteller wie Jane Austen, Balzac, Galdós und Gottfried Keller immer von neuem die Auflösung des Scheins in der Eindeutigkeit, im Wesen inszeniert (vgl. Kap. IV und V).

Ihre oft disparaten Anliegen und Bestrebungen werden von Hegel in seinen *Vorlesungen über die Ästhetik* zur Synthese gebracht, wo die Kunst mit der Auflösung des Scheins, der Überwindung der Ambiguität als Widerspruch und der sinnlichen Darstellung der Wahrheit beauftragt wird: »Den Schein und die Täuschung dieser schlechten, vergänglichen Welt nimmt die Kunst von jenem wahrhaften Gehalt der Erscheinungen fort und gibt ihnen eine höhere, geistgeborene Wirklichkeit. Weit entfernt also, bloßer Schein zu sein, ist den Erscheinungen der Kunst der gewöhnlichen Wirklichkeit gegenüber die höhere Realität und das wahrhaftigere Dasein zuzuschreiben.«[66] Ein letztes Mal kommt hier in einer »Ideologie der Überlegenheit der Vernunft«[67], wie Zygmunt Bauman sagt, die Zuversicht der Moderne (Neuzeit) zum Ausdruck, Täuschung, Irrationalität und Unordnung bändigen zu können. Hegels Einheit der Gegensätze ist als Überwindung der Ambiguität in der Synthese höherer Erkenntnis zu denken.

Diese Zuversicht erweist sich im Modernismus der Spätmoderne als illusorisch, und die Krise des literarischen Realismus sowie der Zerfall des Hegelschen Systems bei den Junghegelianern läuten eine Ära der *Ambivalenz* ein, die als Einheit der Gegensätze in keiner Synthese aufgeht, d. h. unaufhebbar bleibt. Gut und Böse, Wahr und Falsch, Sein und Schein sind unentwirrbar miteinander verwoben, ohne daß es möglich wäre, den Schein im Sein aufzulösen und die Ambivalenz aufzuheben.

Der Denker der Ambivalenz und spätmoderner (modernistischer) Herausforderer Hegels ist neben Dostoevskij Friedrich Nietzsche, dessen Rezeption in der Psychoanalyse und in den Romanen Musils, Svevos, Prousts, Hesses, D. H. Lawrences und Gides kein Zufall ist,

---

[66] G. W. F. Hegel, *Vorlesungen über die Ästhetik* Bd. 1, Frankfurt, Suhrkamp (Werkausgabe), 1970, S. 22.

[67] Z. Bauman, *Moderne und Ambivalenz. Das Ende der Eindeutigkeit*, Frankfurt, Fischer, 1995, S. 128.

sondern von einer fundamentalen typologischen Affinität[68] zeugt: »*Gesamt-Einsicht: der zweideutige* Charakter unsrer *modernen Welt* – eben dieselben Symptome könnten auf *Niedergang* und auf *Stärke* deuten.«[69] Nietzsches Philosophie und Kafkas Romane erteilen sowohl dem Rationalismus als auch dem Hegelianismus eine Absage, indem sie uns stets von neuem die Unauflösbarkeit des Scheins und den unzeitgemäßen Charakter des Wahrheitsbegriffs vor Augen führen. Im Gegensatz zu Hegel definiert Nietzsche – darin seiner Erkenntnistheorie treu – die Kunst »als den *guten* Willen zum Scheine«[70] und verabschiedet sich von der metaphysischen Wesenssuche.

Die *postmoderne Problematik* nimmt Nietzsche insofern vorweg, als er die Möglichkeit ins Auge faßt, daß die Ambivalenz als Einheit der Gegensätze, als Einheit unvereinbarer Werte wie Gut und Böse, Wahrheit und Lüge, in die *Indifferenz als Austauschbarkeit der Werte* ausmündet. »Es wäre sogar noch möglich«, erklärt er in *Jenseits von Gut und Böse*, »daß *was* den Wert jener guten und verehrten Dinge ausmacht, gerade darin bestünde, mit jenen schlimmen, scheinbar entgegengesetzten Dingen auf verfängliche Weise verwandt, verknüpft, verhäkelt, vielleicht gar wesensgleich zu sein.« [71] Wenn sich aber herausstellt, daß es die scheinbar entgegengesetzten Werte gar nicht gibt, weil sie in »Wahrheit« wesensgleich sind, dann bricht die Zeit der Indifferenz, der Austauschbarkeit aller Werte, an: Gut und Böse, Wahrheit und Lüge, Liebe und Haß sind kaum noch zu unterscheiden.

Komplementär zu Nietzsches Kritik des metaphysischen Gegensatzes und der metaphysischen Wahrheit verhält sich die Darstellung der Werteproblematik beim jungen Marx. Auch er nimmt die Austauschbarkeit oder Indifferenz der Werte vorweg, wenn er schreibt: »Da das Geld, als der existierende und sich bestätigende Begriff des Wertes, alle Dinge verwechselt, vertauscht, so ist es die

---

68 Zu den typologischen Beziehungen in der Literatur siehe: Vf., *Komparatistik. Einführung in die Vergleichende Literaturwissenschaft*, Tübingen-Basel, Francke, 2011 (2. Aufl.), Kap. III.

69 F. Nietzsche, *Aus dem Nachlaß der Achtzigerjahre*, in: ders., *Werke* Bd. 6, München, Hanser (Hrsg. K. Schlechta), 1980, S. 624.

70 F. Nietzsche, *Die fröhliche Wissenschaft*, in: ders., *Werke* Bd. 3, op. cit., S. 113.

71 F. Nietzsche, *Jenseits von Gut und Böse*, in: ders., *Werke* Bd. 4, op. cit., S. 568.

allgemeine *Verwechslung* und *Vertauschung* aller Dinge, also die verkehrte Welt, die Verwechslung und Vertauschung aller natürlichen und menschlichen Qualitäten. – Wer die Tapferkeit kaufen kann, der ist tapfer, wenn er auch feig ist. (...) Es [das Geld] ist die Verbrüderung der Unmöglichkeiten, es zwingt das sich Widersprechende zum Kuß.«[72]

Im Anschluß an diese Überlegungen wird hier der Übergang von der Spätmoderne zur Postmoderne und von der Ambivalenz zur Indifferenz – ebenso wie der Übergang von der Ambiguität zur Ambivalenz – mit der immer intensiver werdenden Vermittlung durch den Tauschwert, der sie begleitenden sozialen Differenzierung und der ideologischen Polarisierung erklärt. Die neuen Richtungen des postmodernen Denkens und der postmodernen Literatur sprechen offen aus, was unterschwellig schon bei Nietzsche und Marx anklingt: daß es in der spätmodernen Wirtschaftsgesellschaft keinen kulturellen (politischen, moralischen oder ästhetischen) Wert gibt, der es mit dem alle kulturellen Werte negierenden Tauschwert aufnehmen könnte, aus dem die Indifferenz als Austauschbarkeit der Werte hervorgeht.[73]

Die Postmoderne, wie sie im folgenden dargestellt wird, ist die Ära der Indifferenz: der austauschbaren Individuen, Beziehungen, Wertsetzungen und Ideologien.[74] Damit soll nicht suggeriert werden, daß es in der postmodernen Marktgesellschaft keine moralischen, ästhetischen oder religiösen Werte gibt, sondern daß diejenigen, die in ihrem Namen agieren, es im Rahmen der herrschenden Tauschwertproblematik tun.

Schließlich sei auf den in diesem Buch zentralen *Nexus von Indifferenz, Pluralisierung, Partikularisierung und ideologischer Reaktion* hingewiesen. Wo moralische, ästhetische und politische Werte, ja ganze Ideologien (z.B. die faschistische und die kommunistische) als austauschbar erscheinen, wird ihr Anspruch auf Allgemeingültigkeit

---

72 K. Marx, *Die Frühschriften* (Hrsg. S. Landshut), Stuttgart, Kröner, 1971, S. 301.

73 Vgl. A. Bammé, »Fetisch ›Geld‹«, in: P. Kellermann (Hrsg.), *Geld und Gesellschaft. Interdisziplinäre Perspektiven*, Wiesbaden, VS Verlag für Sozialwissenschaften, 2005, S. 60-65.

74 Auch Gilles Lipovetsky erblickt in der Indifferenz ein wesentliches Merkmal der Postmoderne, neigt allerdings dazu, Indifferenz und »Gleichgültigkeit« als Synonyme zu behandeln. Vgl. G. Lipovetsky, *L'Ere du vide. Essais sur l'individualisme contemporain*, Paris, Gallimard (1983), 1993, S. 58.

und Verallgemeinerungsfähigkeit radikal in Frage gestellt: Es gibt keine christliche, liberale, sozialistische oder nationale Wertsetzung mehr, die unumstritten und konsensfähig wäre.[75] Die Tendenz zur *Partikularisierung* sowie zum philosophischen, politischen und kulturellen *Pluralismus* wird daher zu einem der augenfälligsten Merkmale der postmodernen Problematik. Ideologische Reaktionen auf Indifferenz und Pluralismus sind innerhalb dieser Problematik jedoch stets möglich, ja wahrscheinlich. (Vgl. Kap. II. 5. und 6.)

Um zu vermeiden, daß die hier vorgeschlagene Objektkonstruktion, die den Übergang von der Moderne zur Spätmoderne und zur Postmoderne als einen Übergang von der Ambiguität zur Ambivalenz und von dieser zur Indifferenz darstellt, mimetisch mit der Wirklichkeit verwechselt wird, soll sie abschließend kritisch zerlegt werden. Zunächst fällt auf, daß sie auf bestimmten Relevanzkriterien und Klassifikationen gründet, die vor allem die Wertproblematik betreffen und bewirken, daß auf semantischer Ebene nach dem Dualismus der feudalen Zeit[76] Ambiguität, Ambivalenz und Indifferenz unterschieden werden. Sodann fällt die narrative Struktur dieser Konstruktion auf, in der mindestens drei Schichten einander überlagern: Die Entwicklung »von der Moderne und Spätmoderne zur Postmoderne« wird im Zusammenhang mit der parallel verlaufenden Entwicklung (Erzählung) »von der Ambiguität zur Ambivalenz, von der Ambivalenz zur Indifferenz« erklärt und diese wiederum vor dem Hintergrund der wichtigsten Entwicklungsphasen der kapitalistischen und spätkapitalistischen Gesellschaft verstanden.

Wer wie Lyotard von einer postmodernen Skepsis allen metaphysischen Metaerzählungen gegenüber durchdrungen ist und mit Musil glaubt, wir sollten uns nichts mehr erzählen lassen, wird dazu neigen, auch diese mehrschichtige Erzählung mit Skepsis zu betrach-

---

[75] Dies ist wohl einer der Gründe, weshalb ein Philosoph wie J. J. A. Mooy dem moralischen Pluralismus in der zeitgenössischen Gesellschaft eine ausführliche Studie gewidmet hat. Vgl. J. J. A. Mooy, *Over meervoudigheid in de moraal*, Amsterdam, Univ. Press, 2012, Kap. V: »De kracht van het morele relativisme« und Kap. X: »Cultuur en beschaving«.

[76] Zum Dualismus des symbolischen Denkens im Mittelalter siehe: J. Kristeva, *Le Texte du roman*, Den Haag, Mouton, 1970, S. 27: »On peut dire que le symbole est horizontalement ANTI-PARADOXAL: dans sa ›logique‹ deux unités oppositionnelles sont exclusives.«

ten. Dem Autor kann das nur recht sein, weil er nicht darauf aus ist, ideologisch zu überzeugen, d. h. seinen Diskurs und seine Konstruktionen der Wirklichkeit gleichzusetzen, sondern sie in einem offenen Dialog prüfen zu lassen (vgl. Kap. VI). Der Skeptiker sollte außerdem bedenken, daß auch Lyotard in einem verführerischen *métarécit* die Geschichte von Moderne und Postmoderne *erzählt* und daß sogar Musil uns *erzählt*, weshalb das Erzählen nicht mehr möglich ist. Es kommt nicht darauf an, die narrative Struktur theoretischer Diskurse, die Greimas und andere Semiotiker so gründlich untersucht haben, zu leugnen, sondern darauf, die erzählende Theorie als einen heuristischen Entwurf im konstruktivistischen Sinne zu verstehen.[77]

---

[77] Vgl. Vf., »Theorie als Erzählung. Die Geburt des Konstruktivismus aus dem Geiste der Spätmoderne«, in: M. Arnold, G. Dressel, W. Viehöfer (Hrsg.), *Erzählungen im Öffentlichen. Über die Wirkung narrativer Diskurse,* Wiesbaden, Springer VS, 2012, S. 317-327.

II. Moderne und Postmoderne aus soziologischer Sicht

> *La culture qu'on pourrait appeler* post-moderne *(...) n'a pas de principe central détectable; elle associe des orientations contraires, elle semble tirée à hue et à dia.*
>
> Alain Touraine
> (*Critique de la modernité*, S. 116)

> *Nous sommes dans un univers où il y a de plus en plus d'information, et de moins en moins de sens.*
>
> Jean Baudrillard
> (*Simulacres et simulation*, S. 119)

Die europäische Soziologie, die als eigenständige Wissenschaft in der zweiten Hälfte des 19. und der ersten Hälfte des 20. Jahrhunderts von Emile Durkheim, Max Weber, Alfred Weber, Ferdinand Tönnies, Georg Simmel und anderen entwickelt wurde, ist ein Denken der Krise, das aus dem *Reflexivwerden der Moderne* (vgl. Kap. I) hervorging. Ähnlich wie die Schriftsteller der Jahrhundertwende, die dem Modernismus zugerechnet werden, ähnlich wie Proust, Gide, Kafka, Svevo oder Musil, reagierten die Begründer der Soziologie auf die Krise der kulturellen Werte in der hochentwickelten Marktgesellschaft. Obwohl sie wie die Literaten sehr unterschiedliche Standpunkte einnahmen und divergierende, oft unvereinbare Lösungen vorschlugen, überschneiden sich ihre Zeitdiagnosen in vier wesentlichen Punkten, die hier hervorgehoben werden, weil sie zeitgenössische Soziologen wie Alain Touraine, Anthony Giddens, Daniel Bell und Amitai Etzioni weiterhin beschäftigen.

1. Zunächst stimmen sie in der Ansicht überein, daß die kulturellen (religiösen, ethischen, ästhetischen) Wertsetzungen moderner Gesellschaften in einem ständigen Spannungsverhältnis zu den marktwirtschaftlich orientierten Rationalisierungsprozessen stehen, deren Einfluß auf das Denken und Handeln der Individuen zunimmt. 2. Komplementär zu dieser Erkenntnis verhält sich die Einsicht in den systematischen und herrschaftlichen Charakter der fortschreitenden Rationalisierung, die, wie Max Weber sagt, ein »stählernes Gehäuse« hervorbringen könnte, das den Einzelnen seiner Initiative und die

Gruppe ihrer Sinngebungen beraubt. 3. Die vom jungen Marx so anschaulich beschriebene Vermittlung durch den Tauschwert läßt in der spätkapitalistischen Phase des Modernismus alle kulturellen Werte als fragwürdig erscheinen und führt dazu, daß das *wertrationale* Handeln tendenziell vom *zweckrationalen* Handeln[1] verdrängt wird. 4. Diese Entwicklung schwächt wiederum das von Emile Durkheim und seinen Schülern (Mauss, Fauconnet) im Zusammenhang mit der Arbeitsteilung analysierte Kollektivbewußtsein und läßt einen ungehemmten narzißtischen Individualismus entstehen, der zeitgenössische Soziologen wie Giddens, Etzioni und Lipovetsky[2] in zunehmendem Maße beschäftigt.

In der Einleitung zu diesem Kapitel kann es freilich nicht darum gehen, die vier Großthemen der spätmodernen oder modernistischen Soziologie, die zum Gegenstand einer umfangreichen Arbeit werden könnten[3], ausführlich zu kommentieren. Vielmehr kommt es darauf an, ihre Bedeutung für das Reflexivwerden der Moderne (der Aufklärung, des Rationalismus) in aller Knappheit zu schildern, um anschließend die zeitgenössischen Kritiken der Moderne konkreter, d.h. im Zusammenhang mit der Soziologie der Jahrhundertwende, darstellen zu können.

Zum ersten Punkt hat sich Max Weber in nahezu allen seinen Schriften geäußert und gezeigt, wie der Protestantismus als innerweltliche, d.h. den weltlichen Erfolg begünstigende Askese entscheidend zur Entfaltung einer kapitalistischen Rationalität und zur Säkularisierung der Religion beigetragen hat: »Die Lebensinhalte überhaupt werden nicht auf Personen, sondern auf ›sachliche‹ rationale Zwecke ausgerichtet, die Karitas selbst [wird] ein sachlicher Armenpflegebetrieb zur Mehrung des Ruhmes Gottes.«[4] Versachlichung

---

1 Zur Beziehung von Zweckrationalität und Marktgesellschaft bei K. Marx und M. Weber siehe: G. A. Di Marco, *Marx, Nietzsche, Weber*, Napoli, Guida, 1984, S. 195-211.

2 Vgl. z.B. G. Lipovetsky, *L'Ere du vide. Essais sur l'individualisme contemporain*, Paris, Gallimard (1983), 1993, Kap. III: „Narcisse ou la stratégie du vide".

3 Einige Aspekte dieser Großthemen werden in Richard Münchs *Theorie des Handelns. Zur Rekonstruktion der Beiträge von Talcott Parsons, Emile Durkheim und Max Weber*, Frankfurt, Suhrkamp, 1988 behandelt.

4 M. Weber, *Die protestantische Ethik I* (Hrsg. J. Winkelmann), Hamburg, Siebenstern-Verlag, 1973 (3. Aufl.), S. 347.

und Rationalisierung im Sinne der Zweckrationalität und des instrumentellen Handelns werden in Webers Werk als wesentliche Aspekte der europäischen und nordamerikanischen Moderne behandelt.

Nicht erst seine postmodernen Nachfahren, sondern schon Weber selbst war sich dessen bewußt, daß Säkularisierung, Rationalisierung und Versachlichung einerseits das Individuum von religiöser Vormundschaft befreien, es andererseits aber in neue Zwangslagen versetzen könnten, aus denen es nicht mehr herausfinden würde. Wenn Georg Weippert am 15. Deutschen Soziologentag davon spricht, daß Max Weber »die durchrationalisierte Beamtenbürokratie nicht nur ein Greuel ist, sondern auch eine schwere politische Gefahr«[5], so läßt er den selbstkritischen Impuls der Moderne in spätmoderner Zeit erkennen: einen Impuls, der in den postmodernen Soziologien übermächtig zu werden scheint.[6] Daß er auch ins Irrationale zielen kann, zeigt schon Webers Auffassung der charismatischen Persönlichkeit, die er für eine wirksame Kraft gegen die Bürokratisierungstendenzen hielt. Es ist eine Gegenkraft, die an Robert Musils jenseits der Ratio verortete »Utopie des anderen Zustands« erinnert, und auch daran, daß im Modernismus der Jahrhundertwende – sowohl im Roman als auch in der Soziologie – Rationalisierung und Irrationales nah beieinander wohnen.

Nirgendwo tritt die Webersche Selbstkritik der Moderne klarer zutage als in einer Diskussion über »Max Weber und das Projekt der Moderne«, die 1987 zwischen Dieter Henrich, Claus Offe und Wolfgang Schluchter stattfand. Während Henrich darauf hinweist, daß aus Webers Sicht »die Aufklärung nur unter Verzicht auf ihre rosigen Hoffnungen weitergeführt werden kann«[7], erinnert Schluchter an Webers Kritik des Fortschrittsgedankens: »Dadurch wird ja wohl der Fortschrittsbegriff, den Weber an verschiedenen Stellen seines Wer-

---

5 G. Weippert, »Einleitung zur Diskussion« (»Industrialisierung und Kapitalismus«), in: *Max Weber und die Soziologie heute. Verhandlungen des fünfzehnten deutschen Soziologentages*, Tübingen, Mohr, 1965, S. 183.

6 Vgl. J. Ellul, *Déviances et déviants dans notre société intolérante* (1992), Toulouse, Editions érès, 2013, S. 94-95. Ellul äußert sich skeptisch zu den Folgen eines ungezügelten Wirtschaftswachstums.

7 »Max Weber und das Projekt der Moderne. Eine Diskussion mit Dieter Henrich, Claus Offe und Wolfgang Schluchter«, in: Ch. Gneuss, J. Kocka (Hrsg.), *Max Weber. Ein Symposion*, München, DTV, 1988, S. 160.

kes in seiner Bedeutungsvielfalt akribisch durchleuchtete, ausgesprochen ambivalent.«[8] Er wird ambivalent, weil der Fortschritt als Rationalisierung und Naturbeherrschung das Risiko eines Rückfalls in die Barbarei mit sich führt.

Daß Rationalisierung und technischer Fortschritt auf Gedeih und Verderb mit den Marktgesetzen liiert sind, die die kulturellen Grundlagen der Gesellschaft in Frage stellen, wird immer wieder von Alfred Weber betont, der – lange vor Bell und Etzioni – die kulturellen Werte gegen den Utilitarismus der technischen Zivilisation und des Tauschwerts verteidgt: »Dann aber erst, wenn das erfolgt, wenn das Leben von seinen Notwendigkeiten und Nützlichkeiten zu einem über diesen stehenden Gebilde geworden ist, *erst dann gibt es Kultur.*«[9] Dieses Plädoyer für die Kultur und für wertrationales Handeln, das man bei Max Weber vergeblich suchte, ist für eine Situation kennzeichnend, in der die Ausrichtung auf Marktgesetz und Tauschwert von vielen nicht länger als Fortschritt, sondern als Fehlentwicklung wahrgenommen wird.

Besonders charakteristisch für diese selbstkritische Einschätzung der Moderne als Aufklärung und Fortschritt sind einige Bemerkungen von Werner J. Cahnmann zur amerikanischen Rezeption von Ferdinand Tönnies' *Gemeinschaft und Gesellschaft* (1887): »Hinzu kommt, daß die ›säkulare‹ Gesellschaft ihr Zentrum im Markt findet, wo sich die Leute treffen, ›nicht weil sie gleich, sondern weil sie verschieden sind‹. Der typischerweise mit dem Markt verbundene Wert ist die Effizienz mit einem Blick auf den erwarteten Erfolg und nicht die Ehrfurcht und Gefolgschaft gegenüber der Tradition (...).«[10] Hier wird klar, daß Modernisierung als Ökonomisierung und Individualisierung mit einem sich beschleunigenden *Säkularisationsprozeß* einhergeht, der in der Postmoderne seinen Höhepunkt erreicht.

Die von Tönnies und seinen Schülern dargestellte Herauslösung des Einzelnen aus dem Traditionszusammenhang erinnert an Durkheims Argumentation in seinem bekannten Buch *De la division du*

---

8 Ibid., S. 170.

9 A. Weber, *Ideen zur Staats- und Kultursoziologie*, Berlin, Junker und Dünnhaupt, 1927, S. 39.

10 W. J. Cahnman, »Tönnies in Amerika«, in: *Geschichte der Soziologie* Bd. 4 (Hrsg. W. Lepenies), Frankfurt, Suhrkamp, 1981, S. 94.

travail social, wo die arbeitsteilige *organische Solidarität* einerseits für bestimmte Formen der Anomie verantwortlich gemacht wird, wo andererseits jedoch unmißverständlich auf den Nexus von Differenzierung und individueller Freiheit hingewiesen wird. In der von der *mechanischen Solidarität* geprägten Gesellschaftsform, die in mancher Hinsicht Tönnies' Gemeinschaft entspricht, findet der Einzelne zwar affektive Geborgenheit unter Seinesgleichen, aber in diesem Fall ist, wie es im französischen Original heißt, »unsere Individualität nichtig«: »Mais, à ce moment, notre individualité est nulle.«[11] Obwohl Durkheim sich hütet, für eine der beiden Gesellschaftsformen – die vormoderne mechanische oder die moderne organische – ideologisch Partei zu ergreifen, erblickt er in einer demokratischen Form des Sozialismus und in der Gründung von Berufsverbänden, die das Kollektivbewußtsein stärken sollen, eine notwendige Ergänzung zum radikalen Individualismus der Marktgesellschaft. (An Durkheims Gedanken der sozialen Ausdifferenzierung knüpft neuerdings Luhmann an, wenn er die Postmoderne als eine Gesellschaft bestimmt, die aus autonomen, miteinander rivalisierenden Systemen und Sinngebilden besteht.)[12]

Der *ambivalente Charakter* der modernen Problematik, der bei nahezu allen »Klassikern« der Soziologie zutage tritt und darin besteht, daß es aus wissenschaftlicher Sicht nicht sinnvoll erscheint, sich dualistisch für oder gegen den Fortschritt, die Säkularisierung, den Markt oder den Individualismus zu entscheiden, macht sich auch bei Georg Simmel bemerkbar. Einerseits schildert er die nivellierende und destruktive Wirkung des Tauschwerts, andererseits weist er ganz zu Recht darauf hin, daß das Individuum ihm und dem Markt seine Freiheit verdankt: »Indem das Geld alle Mannigfaltigkeiten der Dinge gleichmäßig aufwiegt, alle qualitativen Unterschiede zwischen Ihnen durch Unterschiede des Wieviel ausdrückt, indem das Geld, mit sei-

---

11 E. Durkheim, *De la division du travail social*, Paris, PUF, 1960 (7. Aufl.), S. 99-100.

12 Vgl. N. Luhmann, *Gesellschaftsstruktur und Semantik. Studien zur Wissenssoziologie der modernen Gesellschaft* Bd. 4, Frankfurt, Suhrkamp, 1995, S. 174: »Dabei kann man auf die strukturelle und operative Autonomie (Geschlossenheit) der Funktionssysteme hinweisen, von denen jedes seine eigene System / Umwelt-Beschreibung und damit seine eigene Gesellschaftsbeschreibung anbietet.«

ner Farblosigkeit und Indifferenz, sich zum Generalnenner aller Werte aufwirft, wird es der fürchterlichste Nivellierer, es höhlt den Kern der Dinge, ihre Eigenart, ihren spezifischen Wert, ihre Unvergleichbarkeit rettungslos aus.«[13] Zugleich ist aber in der *Philosophie des Geldes* von der »Bedeutung der Geldwirtschaft für die individuelle Freiheit«[14] die Rede.

Die Ambivalenz und möglicherweise auch die Tragik der Moderne scheint darin zu bestehen, daß Marktgesetz, technisch-wissenschaftlicher Fortschritt, Rationalisierung und Säkularisierung die Entfaltung der Demokratie, den Wohlstand und die individuelle Freiheit einerseits ermöglichen, andererseits gefährden. Im folgenden wird gezeigt, wie dieses Spannungsverhältnis zwischen Emanzipation und Herrschaft, Fortschritt und Katastrophe in den Theorien zeitgenössischer Soziologen aussieht, von denen sich einige den *Postmoderne*-Begriff zu eigen machen (Etzioni, Bauman), während andere ihn ablehnen. Ihnen allen ist aber das kritische Nachdenken über die Moderne gemeinsam, das nur im Zusammenhang mit dem Reflexivwerden der Moderne bei den »Klassikern« der Soziologie konkret zu verstehen ist.

1. Kritiken der Moderne: Universalismus, Partikularismus und soziale Bewegung

Ambivalent im Sinne der spätmodernen Soziologie ist auch Max Horkheimers und Theodor W. Adornos Einstellung zum Prozeß der Moderne in der *Dialektik der Aufklärung* (1944), die sowohl hier als auch im nächsten Kapitel den Ausgangspunkt bildet. Die Autoren anerkennen einerseits die emanzipatorische Wirkung der Aufklärung, stellen andererseits aber das Herrschaftsprinzip in den Vordergrund, das dem aufgeklärten Rationalismus – auch in dessen neuesten Varianten – innewohnt. Ihr kritisches Projekt richtet sich nicht gegen die Aufklärung, sondern peilt deren Erneuerung an: »Die dabei an Aufklärung geübte Kritik soll einen positiven Begriff von ihr vorbereiten,

---

13 G. Simmel, *Das Individuum und die Freiheit. Essais*, Berlin, Wagenbach, 1984, S. 196.

14 G. Simmel, *Philosophie des Geldes*, Berlin, Duncker-Humblot, 1977 (6. Aufl.), S. 311.

der sie aus ihrer Verstrickung in blinder Herrschaft löst.«[15] Es geht um den Entwurf eines herrschaftsfreien Denkens, das nicht vom rationalistischen und positivistischen Prinzip der Naturbeherrschung durchwirkt ist. Es ist zugleich ein Denken, das sich der Vermittlung durch Tauschwert und Marktgesetz widersetzt, welche Individuen und Gegenstände nur als austauschbare und beherrschbare Objekte gelten läßt. Dabei tritt immer wieder die von M. Weber, Durkheim und Simmel dargestellte Ambivalenz der Moderne zutage, die gleichzeitig Befreiung und Knechtschaft verheißt: »Die Wohltat, daß der Markt nicht nach der Geburt fragt, hat der Tauschende damit bezahlt, daß er seine von Geburt verliehenen Möglichkeiten von der Produktion der Waren, die man auf dem Markte kaufen kann, modellieren läßt.«[16]

Der hier angedeutete Niedergang des Subjekts, den Adorno und Horkheimer mit der Entfaltung der Konzernwirtschaft und der Machtfülle der Gewerkschaften erklären, verläuft parallel zur Objekt- und Naturbeherrschung. »Subjekt und Objekt werden beide nichtig«[17], heißt es lapidar in der *Dialektik der Aufklärung*. Sie werden nichtig, weil die Herrschaft über das Objekt als Selbstbeherrschung und Selbstvergewaltigung schließlich das Subjekt erfaßt. Die Herrschaft über die Menschen wohnt dem aufgeklärten Rationalismus inne: »Die Aufklärung verhält sich zu den Dingen wie der Diktator zu den Menschen. Er kennt sie, insofern er sie manipulieren kann.«[18] Komplementär dazu verhält sich das Erkenntnisinteresse des Wissenschaftlers, der die Dinge manipuliert, statt sich ihnen verstehend zu nähern.

Welchen »positiven Begriff von Aufklärung« bereiten nun Horkheimer und Adorno vor? Sie entwerfen eine Theorie, die einerseits an die gesellschaftskritischen Zielsetzungen der Aufklärung anknüpft, andererseits aber Schellings These über die Kunst als »das Vorbild der Wissenschaft«[19] beherzigt und in ihre Begrifflichkeit das

---

15 M. Horkheimer, Th.W. Adorno, *Dialektik der Aufklärung*, Amsterdam, Querido, 1947, S. 10.

16 Ibid., S. 23.

17 Ibid., S. 39.

18 Ibid., S. 20.

19 Ibid., S. 31.

mimetische Moment der künstlerischen Angleichung ans Objekt aufnimmt. »Ratio ohne Mimesis negiert sich selbst«[20], heißt es rund zwei Jahrzehnte später in Adornos *Ästhetischer Theorie*, die sich – wie schon die *Dialektik der Aufklärung* – an Walter Benjamins Mimesis-Begriff orientiert.[21]

Im dritten Kapitel wird sich zeigen, daß Habermas diese selbstkritische Fortsetzung der Aufklärung als Ausrichtung der Theorie auf Mimesis und mimetische Kunst nicht akzeptiert, weil sie ihm zu begriffs- und wissenschaftsfeindlich, d. h. zu *partikularistisch* ist. Mit dieser Kritik steht er nicht allein, weil vor allem Adornos Theorie der Nachkriegszeit durch ihre Ausrichtung auf Essay, Parataxis und Mimesis einen Brückenschlag zu den Sozialwissenschaften erheblich erschwert.[22]

Habermas' Kritik hat andere Philosophen und Soziologen jedoch nicht davon abgehalten, an die Partikularisierungstendenzen in der *Dialektik der Aufklärung* anzuknüpfen und sie zu radikalisieren. Auch Alain Touraines *Critique de la modernité* geht stellenweise von Adornos und Horkheimers Frühwerk aus und kehrt immer wieder zu ihm zurück. Darin stimmt sie ungeachtet aller Unterschiede und Divergenzen mit Ulrich Becks Theorie der Risikogesellschaft überein, die trotz ihrer Skepsis die Möglichkeit einer herrschaftsfreien Moderne evoziert. Vor allem aber die feministischen Ansätze treiben die Partikularisierungstendenzen der *Dialektik der Aufklärung* auf die Spitze und stellen dadurch die Möglichkeit theoretischer Kritik, die, wie Habermas wußte, ohne eine allgemeingültige Begrifflichkeit nicht auskommt, grundsätzlich in Frage. Insgesamt zeigt sich, daß Adornos und Horkheimers Kritik der Aufklärung den Ausgangspunkt der im folgenden kommentierten Theorien bildet.

Es ist wohl kein Zufall, daß sich der Soziologe und Philosoph Zygmunt Bauman, der als Ethiker auch im nächsten Kapitel eine wichtige Rolle spielen wird, in einem Interview zwar zu Adornos und

---

20 Th.W. Adorno, *Ästhetische Theorie. Gesammelte Schriften* Bd. 7, Frankfurt, Suhrkamp, 1970, S. 489.

21 Vgl. W. Benjamin, »Über das mimetische Vermögen«, in: ders., *Gesammelte Schriften* Bd. 2. 1, Frankfurt, Suhrkamp, 1977.

22 Vgl. Vf., *Ideologie und Theorie. Eine Diskurskritik*, Tübingen, Francke, 1989, Kap. VI. 2: »Essay, Modell, Parataxis«.

Horkheimers Kritischer Theorie bekennt, Habermas aber mit Mißtrauen begegnet: »I don't like Habermas, however.«[23] Weshalb nicht? Weil Habermas, wie noch zu zeigen sein wird, den Partikularisierungstendenzen der *Dialektik der Aufklärung* eine klare Absage erteilt (wodurch er sich auch feministischer Kritik aussetzt), während Bauman diese Tendenzen noch radikalisiert und aus ihnen eine extrem partikularistische postmoderne Soziologie und Ethik ableitet.

Seine Kritik der Moderne knüpft, wenn auch nicht explizit, an Adornos und Horkheimers Ablehnung eines mit der Naturbeherrschung verquickten Rationalismus sowie an ihre Polemik gegen »die Unterwerfung alles Seienden unter den logischen Formalismus«[24] und die durch den Tauschwert vermittelte Abstraktion der Zahlen an. Bauman erscheinen begrifflicher Universalismus und universale Herrschaft als zwei Aspekte eines Problems, das es durch eine postmoderne Partikularisierung zu lösen gilt: »Ja, die Postmoderne dreht die Zeichen der Werte, die für die Moderne zentral sind, um, wie Gleichförmigkeit und Universalismus. Und sobald erst einmal wahrgenommen worden ist, daß die Vielfalt der Lebensformen unreduzierbar ist und es unwahrscheinlich ist, daß sie konvergieren, werden sie nicht nur widerstrebend akzeptiert, sondern in den Rang eines höchsten positiven Wertes erhoben, der weder in eine Lebensform aufzulösen ist, welche auf Universalität zielt, noch durch eine Form degradiert wird, die nach universaler Herrschaft strebt.«[25]

Diese antiuniversalistische Kritik der Moderne (als neuzeitliche Aufklärung) hängt nicht nur mit Baumans Lektüre der *Dialektik der Aufklärung* zusammen, sondern auch mit seiner Betroffenheit angesichts der Judenverfolgung im Europa des 20. Jahrhunderts. Für Bauman ist der moderne Jude der Unangepaßte, der Differierende schlechthin, der vom modernen Herrschaftsdenken, von Rationalismus und Universalismus, gleichgeschaltet wird. Die Gleichschaltung entspricht dem »modernen Drang, die Ambivalenz zu überwinden

---

23 Z. Bauman, *Intimations of Postmodernity*, London-New York, Routledge, 1992, S. 217.

24 M. Horkheimer, Th.W. Adorno, *Dialektik der Aufklärung*, op. cit., S. 39.

25 Z. Bauman, *Moderne und Ambivalenz. Das Ende der Eindeutigkeit*, Frankfurt, Fischer, 1995, S. 127.

und die monoseme Klarheit der Selbigkeit zu fördern«.[26] Bauman geht so weit, daß er den Universalismus und Rationalismus der Aufklärung für die Greueltaten der Nationalsozialisten und Stalinisten verantwortlich macht, ohne zu bedenken, daß der Nationalsozialismus primär als eine Negation der Aufklärung aufgefaßt werden sollte.[27]

In diesem Kontext nimmt es nicht wunder, wenn er immer wieder für das Besondere und Einmalige und einen radikalen, unzähmbaren kulturellen Pluralismus plädiert, dessen begriffliche Vereinnahmung er ablehnt. Jede Universalisierungstendenz, etwa der Versuch, bestimmte Werte oder Begriffe für allgemeingültig zu erklären, erscheint ihm als Ausfluß des Herrschaftsprinzips oder einer kulturellen Hierarchisierung, die es abzulehnen gilt. Strenggenommen, sagt Bauman, ist der Ausdruck »postmoderne Kultur« ein Oxymoron, ein Widerspruch in sich, weil die postmoderne Welt eine radikale, unaufhebbare Pluralität, Mannigfaltigkeit ist, während der Kulturbegriff stets auch die Hierarchisierung und die Tendenz zur Vereinheitlichung beinhaltet.

Die postmoderne Welt erscheint ihm wie Wolfgang Welsch (vgl. Abschn. 5) als »incurably pluralistic«[28] als »composed of an indefinite number of meaning-generating agencies«[29] und »a plethora of multiple realities and universes of meaning«.[30] Weiter kann man die Partikularisierung und die Mannigfaltigkeit schwerlich treiben. Die europäische (»westliche«) Kultur ist nur zu retten, meint Bauman, wenn sie sich selbst ihre geographische und historische Besonderheit – man könnte auch sagen: ihre Unverbindlichkeit – eingesteht.

Nicht klar durchdacht ist Baumans Behauptung, die Marktwirtschaft fördere die Mannigfaltigkeit, die Individualität. »Der Markt«, sagt er, »trat als Erzfeind der Uniformität auf.« Er fügt hinzu: »Der Markt lebt von der Vielfalt.«[31] Es trifft zwar zu, daß der Markt im Gegensatz etwa zur Planwirtschaft sowjetischen Typs das Warenan-

---

26 Ibid.
27 Ibid., S. 50-51, 317.
28 Z. Bauman, *Intimations of Postmodernity*, op. cit., S. 30.
29 Ibid., S. 35.
30 Ibid., S. 40.
31 Ibid., S. 52.

gebot jeder Art, auch das kulturelle, bereichert, aber es fällt nicht schwer, mit Pasolini[32] die Antithese aufzustellen und zu behaupten, daß der Markt vor allem mit Hilfe der kommerzialisierten Medien sprachliche, regionale und kulturelle Unterschiede einebnet und aus Individuen uniformierte Jeans-, Cola- und Hamburger-Konsumenten macht. Es käme darauf an, die Dialektik zwischen Allgemeinem und Besonderem in der Marktgesellschaft genauer zu untersuchen.

Die frühe Marktgesellschaft begünstigt, wie schon Adorno und Horkheimer wußten, die Autonomie des Individuums und der Kunst; die spätkapitalistische Gesellschaft beschleunigt allerdings die Atomisierung und Vereinheitlichung der Individuen sowie deren Freisetzung aus regionalen Verhältnissen, Klassenlagen, Gruppensolidaritäten. Dadurch hebt der Markt tendenziell wieder auf, was er hervorgebracht hat: die Einmaligkeit des Einzelnen durch die Kommerzialisierung und Vereinheitlichung der sozialen Kommunikation (vor allem in den Medien) und die Autonomie der Kunst durch deren Zur-Ware-Werden in der Kulturindustrie.

Diese Dialektik scheint Bauman nicht wahrzunehmen, wenn er einseitig die Mannigfaltigkeit der Marktgesellschaft hervorhebt, aber unabhängig davon an anderer Stelle von der »Marktabhängigkeit« der Individuen spricht, die technische, soziale, psychische und existentielle Fähigkeiten (»skills«) zerstört. Zugleich läßt er erkennen, daß die in einer solchen Gesellschaft vorherrschende Indifferenz die von Habermas aufgeworfene Frage nach politischer Legitimation in der Teilnahmslosigkeit (»lack of interest«)[33] untergehen läßt.

Das Problem besteht darin, daß sowohl extreme Partikularisierung (radikaler Pluralismus) als auch extreme Universalisierung (Einheitsdenken) in Indifferenz als Austauschbarkeit umschlagen können. In einer gesellschaftlichen Situation, in der jede politische, ethnische oder religiöse Gruppe an kulturellen Werten festhält, die nicht verallgemeinerungsfähig sind, werden alle Wertsetzungen und Wahrheiten unverbindlich, austauschbar.[34] Konsequent verabschiedet Bauman

32 Vgl. P. P. Pasolini, *Scritti corsari*, Milano, Garzanti, 1975.

33 Z. Bauman, *Intimations of Postmodernity*, op. cit., S. 99.

34 Vgl. Cl. Ollier, *L'Idéologie multiculturaliste en France. Entre fascisme et libéralisme*, Paris, L'Harmattan, 2004, S. 117.

den Wahrheitsbegriff (»project of truth«)[35], der von der Verallgemeinerungsfähigkeit lebt. Ebenso austauschbar und unverbindlich werden andere universalistische Wertsetzungen wie Freiheit, Gleichheit, Demokratie oder Wissenschaftlichkeit, wenn sie von regionalen, kulturellen und gruppenspezifischen Setzungen abgelöst werden.

Es käme darauf an, der falschen Alternative Universalismus/Partikularismus abzusagen, um die Dialektik zwischen Verallgemeinerungsfähigkeit und Besonderheit austragen zu können. Es geht nicht darum, Demokratie und Freiheit abstrakt zu verordnen, sondern um die Frage, welche konkreten Bedeutungen diese Begriffe und Werte in einer besonderen historischen Situation, in einer besonderen Kultur annehmen können. Es wird sich immer wieder zeigen, daß Verfechter einer postmodernen Politik und Ethik wie Bauman, der die Moderne aus postmoderner Sicht betrachtet (»I am defining ›modernity‹ from the perspective of the experience of ›postmodernity‹«)[36] und von der »Sinnlosigkeit moderner universalistischer Träume«[37] spricht, an diese Dialektik nicht mehr glauben. (Man sage nicht mit einigen älteren Neomarxisten: »Zu dieser Dialektik nicht mehr fähig sind ...«)

Vergleicht man Baumans postmoderne Reaktionen auf die Krise der Moderne als Aufklärung und Rationalisierungsprozeß mit den Kritiken der Moderne bei Touraine, Beck und Giddens, so werden trotz aller Differenzen und Widersprüche gemeinsame Fragestellungen und Antworten erkennbar: d.h. eine *nachmoderne Problematik*, die über die Problematik der Moderne hinausweist. Möglicherweise wären Touraine, Beck und Giddens, die sich eine selbstkritische, reflektierte und demokratisch korrigierte *Moderne* vorstellen und den Postmoderne-Begriff ablehnen[38], mit dieser Konstruktion nicht einverstanden. Es soll aber gezeigt werden, daß ihre Antworten auf die Moderne denen Baumans gar nicht unähnlich sind.

---

35 Z. Bauman, *Intimations of Postmodernity*, op. cit., S. 30.

36 Ibid., S. 102.

37 Ibid.

38 U. Beck, *Risikogesellschaft. Auf dem Weg in eine andere Moderne*, Frankfurt, Suhrkamp, 1986, S. 12: »Bei der ›*Post*moderne‹ beginnt bereits alles zu verschwimmen. (...) ›Post‹ ist das Codewort für Ratlosigkeit, die sich im Modischen verfängt.« – Es ist eines der Anliegen dieses Buches, diese Ratlosigkeit zu überwinden.

Wie die anderen Soziologen sieht Alain Touraine in der aufgeklärten Moderne zunächst einen Bruch mit traditionalistischen Gesellschaftsformen sowie die Durchsetzung des rationalistischen Prinzips, das er als *idéologie moderniste* bezeichnet und das auf der Naturbeherrschung und der Beherrschung vergesellschafteter Subjekte beruht. Touraine beruft sich einerseits auf Max Weber, andererseits auf die *Dialektik der Aufklärung*, wenn er die Moderne in großen Zügen skizziert: »Sie begründet die Herrschaft rationalisierender und modernisierender Eliten über den Rest der Welt, indem sie den Handel und die Industrie organisiert und die Kolonisation in die Wege leitet.«[39] Wie bei Bauman, Adorno und Horkheimer werden hier zusammen mit dem Rationalisierungsprozeß der Fortschrittsglaube und die modernen Formen der Herrschaft grundsätzlich in Frage gestellt.

Interessant ist, daß Touraine – wie vor ihm Foucault (vgl. Kap. III) – den ersten Modernisierungsschub im 17. Jahrhundert zu erkennen meint und das 16. Jahrhundert lobt, weil es sich von keinem »vereinheitlichenden Mythos« (»mythe unitaire«)[40] beherrschen ließ: weder vom Mythos der Vernunft noch vom Mythos des Fortschritts. Er fragt sich, ob wir am Ende des Millenniums nicht den Anfängen der Moderne im 16. Jahrhundert näher sind als ihren Triumphen in der Ära der Aufklärung und der Revolutionen.

Daß die Bejahung dieser eher rhetorischen Frage einen Bruch mit dem Fortschrittsgedanken mit sich bringt, nimmt nicht wunder. Es ist zugleich (wie schon bei Bauman) ein Bruch mit dem historischen Materialismus, den Touraine mit dem systematischen, herrschaftlichen Fortschrittsdenken identifiziert. Für Marx und Lukács, gibt er zu bedenken, ist das Proletariat kein Klassensubjekt, das in der Lage wäre, autonom zu handeln, sondern ein Vollstrecker historischer Notwendigkeit.[41] Die von Hegel geerbte Kategorie der Totalität, die den rationalistischen Universalismus mit anderen Mitteln fortsetzt, postuliert eine Identität von Vernunft, Subjekt und Geschichte. Touraine bemüht sich hingegen zu zeigen, wie Vernunft, Rationalisierung und Subjektivität auseinandertreten, und wirft dem marxistischen Sozialismus vor, »er sei der Klassensubjektivität feindlich gesinnt,

---

[39] A. Touraine, *Critique de la modernité*, Paris, Fayard, 1992, S. 46.

[40] Ibid., S. 55.

[41] Ibid., S. 103.

habe kein Verständnis für Demokratie und sorge sich weniger um soziale Gerechtigkeit als um die Verwirklichung eines historischen Schicksals«.[42] Im III. und IV. Kapitel wird gezeigt, daß einige dieser »nachmodernen« Gedanken von Camus' *L'Homme révolté* vorweggenommen werden.

Touraine scheint an die Gedankengänge Baumans und der *Dialektik der Aufklärung* anzuknüpfen, wenn er seine eigene Auffassung einer kritisch reflektierten Moderne global charakterisiert: »Die Moderne (modernité) ist nicht der Sieg des Einen (triomphe de l'Un), sondern sein Verschwinden und seine Ablösung durch die Verwaltung der schwierigen, aber notwendigen Beziehungen zwischen der Rationalisierung und der individuellen bzw. kollektiven Freiheit.«[43] Hier kommt wieder stärker die Webersche Betrachtungsweise zur Geltung: Rationalisierung und Bürokratisierung sollen durch den subjektiven Faktor, durch subjektive Initiative und Freiheit, ausgeglichen werden. Während bei Weber Subjektivität weitgehend mit dem Charismabegriff zusammenfiel, nimmt sie bei Touraine die Gestalt der *sozialen Bewegung* an.[44]

Schon in seinen früheren Arbeiten, etwa in *Pour la sociologie* (1974), erklärt er, weshalb es nicht sinnvoll ist, in der Soziologie die Sphäre der Systeme von der Sphäre der Akteure und ihrer Handlungen zu scheiden: »Wenn man ein wirtschaftliches oder politisches System analysiert, ohne die Handlungsweisen der Akteure zu berücksichtigen, wie soll man diese dann verstehen?«[45] Dem Soziologen der *action*[46] stellt sich die Gesellschaft weder als Handlung noch als System dar, sondern als ein systematisches Zusammenwirken sozialer Beziehungen: »Beziehungen zwischen Klassen, politische Einflüsse,

---

42 Ibid., S. 105.

43 Ibid., S. 107.

44 Vgl. dazu Touraines magnum opus *La Fin des sociétés*, Paris, Seuil, 2013, Kap. VI: »Subjectivation et désubjectivation«.

45 A. Touraine, *Pour la sociologie*, Paris, Seuil (»Points«), 1974, S. 33.

46 Vgl. A. Touraine, *Sociologie de l'action*, Paris, Seuil, 1965 und: ders., *Production de la société*, Paris, Seuil, 1973, Kap. II: »Le Système d'action historique« und Kap. VI: »Les Mouvements sociaux«, wo die Verknüpfung von sozialer Bewegung und utopisch-revolutionären Zielsetzungen noch zentral ist (S. 410-431), zugleich jedoch das marxistisch-leninistische Konzept der *Partei* abgelehnt wird.

Organisationsrollen, zwischenmenschliche Beziehungen sind die wichtigsten Kategorien sozialer Beziehungen.«[47]

Im Anschluß an diese Überlegungen schlägt Touraine das Modell einer kritisch reflektierten Moderne vor, das auf der Annahme gründet, daß die nachindustrielle Gesellschaft oder *société post-industrielle* in vier relativ unabhängige Sphären zerfallen ist, von denen zwei individuellen und zwei kollektiven Charakter haben: *Eros* (Sexualität) und *Konsum; Nationalismus* und *Wirtschaftsunternehmen*.

Während in der Zeit der aufgeklärten Moderne diese vier Elemente von der instrumentellen Vernunft zusammengehalten wurden, zumal die Nation als Vehikel der Modernisierung und als Garant individueller Entfaltung erschien, wendet sich in einer Zeit, die Touraine als *postmodern* bezeichnet (»*post-moderne*«)[48], das instrumentelle Denken und Handeln gleichsam gegen sich selbst. In dieser Phase treten die zerstörerischen Kräfte der Sexualität, der Konsumorientierung, des wirtschaftlichen Machtstrebens und der nationalistischen Zersplitterung in Erscheinung. Symmetrisch zu den vier Sphären der zerfallenen Moderne identifiziert Touraine vier destruktive Faktoren oder zentrifugale, antisoziale Kräfte: »das Streben nach Lust, gesellschaftlichem Status, Profit oder Macht« (»recherche du plaisir, du statut social, du profit ou de la puissance«).[49]

An dieser Stelle wird man an die eher konservativen Entwürfe der *nachindustriellen* oder *postmodernen* Gesellschaft bei Daniel Bell und Amitai Etzioni erinnert. Im Vorgriff auf den dritten Abschnitt dieses Kapitels, in dem sie ausführlicher kommentiert werden, soll darauf hingewiesen werden, daß vor allem die drei Faktoren *Profit*, *Macht* und *Lust* einen gemeinsamen Nenner haben: die Wertindifferenz des Marktes. Denn sie sind allesamt jenseits der kulturellen Sphäre der religiösen, ethischen, ästhetischen und politischen Werte sowie jenseits des noetischen Wertes der Wahrheit anzusiedeln: Eine Handlung oder Aussage, die der Profitsteigerung, dem Machtzuwachs oder der Lust dient, muß weder fromm noch gut, noch schön, noch demokratisch, noch wahr sein. Es ist daher verständlich, daß

---

47 A. Touraine, *Pour la sociologie*, op. cit., S. 61.

48 A. Touraine, *Critique de la modernité*, op. cit., S. 121. Siehe auch: A. Touraine, *La Société post-industrielle*, Paris, Denoël, 1969, Kap. I-III.

49 A. Touraine, *Critique de la modernité*, op. cit., S. 126.

Soziologen wie Touraine, Bell und Etzioni bestrebt sind, dem sozialen Handeln eine neue religiöse (Bell), ethische (Etzioni) oder politische (Touraine) Wertorientierung zu geben. Es fragt sich allerdings, ob ihre Versuche, wertrationales Handeln auf diese Art zu erneuern, nicht vorab zum Scheitern verurteilt sind, weil die Kommerzialisierung der Gesellschaft immer neue Bereiche erfaßt und die Ausrichtung auf kulturelle Werte schwächer zu werden scheint.

Touraines Lösungsvorschlag für die postindustrielle und postmoderne Krise ist deshalb wichtig, weil er für die gesamte soziologische Postmoderne-Diskussion charakteristisch ist. Wie Ulrich Beck, wie Habermas und einige feministische Autorinnen verspricht sich Touraine vom Auftreten neuer Kollektivsubjekte im Bereich der *Lebenswelt* (Habermas) eine radikale Erneuerung der Moderne jenseits der instrumentellen Vernunft durch politisch, ökologisch und kulturell motiviertes Handeln. Die Moderne, die bisher nur eine halbierte Moderne war, weil sie in Fortschrittsdenken, Rationalisierung und Naturbeherrschung aufging, soll nun »die Spannung zwischen Rationalisierung und Subjektivierung« (»la tension entre la rationalisation et la subjectivation«)[50] austragen.

Wie stellt sich Touraine die neuen gesellschaftlichen Subjekte konkret vor? Er spricht im Zusammenhang mit seinem zentralen Begriff des *mouvement social* von Frauenbewegungen, von ökologischen Bewegungen, von der polnischen Arbeiterbewegung *Solidarność*. Komplementär dazu definiert er das Subjekt als soziale Bewegung: »Das Subjekt existiert ausschließlich als *soziale Bewegung*, als Herausforderung der Ordnungslogik, ob diese nun eine utilitaristische Form annimmt oder einfach nach sozialer Integration strebt.«[51] Das Subjekt ist keine Klasse im marxistisch-hegelianischen Sinn, weil es nicht den Heilsauftrag einer historischen Vernunft zu erfüllen hat, sondern als Bewegung spontan auf den Zerfall der aufgeklärten, rationalistischen Moderne reagiert. Es ist folglich eine Reaktion auf postmoderne Zustände: »Was man Postmoderne nennt und was ich als extreme Zerfallsform des rationalisierenden Modells der Moderne bezeichnet habe, ist das, wogegen das Subjekt aufbegehrt.«[52] Dem

50 Ibid., S. 255.

51 Ibid., S. 273.

52 Ibid., S. 292.

Subjekt als Bewegung fällt nicht die Aufgabe zu, die Bereiche *Eros, Konsum, Nationalismus* und *Wirtschaftsunternehmen* wieder zu vereinigen, sondern zwischen ihnen jenseits der instrumentellen Vernunft zu vermitteln.

Durch politisches, vermittelndes Handeln soll das Kollektivsubjekt den auch von Habermas analysierten Faktoren Macht und Geld Widerstand leisten[53] und dabei das *individuelle Subjekt* stärken: »Das Subjekt kommt sowohl im Kampf gegen die Apparate als auch durch den Respekt des Anderen als Subjekt zustande; die soziale Bewegung ist das kollektive Handeln zur Verteidigung des Subjekts gegen die Macht der Ware, des Wirtschaftsunternehmens und des Staates.«[54] Touraine fügt hinzu: »Kein Subjekt ohne soziales Engagement (...).«[55] Man wird hier trotz aller Differenzen an die neomarxistischen Entwürfe bei André Gorz, Serge Mallet und Lucien Goldmann erinnert, in denen es ebenfalls darum ging, in der Nachkriegsgesellschaft ein neues Subjekt – die neue Arbeiterklasse (*la nouvelle classe ouvrière*) – auszumachen, das in der Lage wäre, der Kommerzialisierung, der Verdinglichung und der Bürokratie die Stirn zu bieten.[56]

Man wird aber auch an Ulrich Becks *Risikogesellschaft* erinnert, die jenseits der von Klassenkämpfen geprägten kapitalistischen Industriegesellschaft liegt, weil sie nicht mehr ausschließlich vom instrumentellen Denken, von Naturbeherrschung, Wirtschaftswachstum und Fortschrittsideologie dominiert wird, sondern vom Zweifel an allen diesen Prinzipien. Wie bei Bauman und Touraine wird die Moderne bei Beck sich selbst zum Thema, wird *reflexiv*: »Es geht also nicht mehr oder nicht mehr ausschließlich um die Nutzbarmachung der Natur, um die Herauslösung des Menschen aus traditionalen Zwängen, sondern es geht auch und wesentlich um Folgeprobleme der technisch-ökonomischen Entwicklung selbst. Der Modernisie-

---

53 Vgl. A. Touraine, *Comment sortir du libéralisme?*, Paris, Fayard, 1999, S. 65, wo von der »Bildung neuer gesellschaftlicher Akteure« die Rede ist.

54 Ibid., S. 331.

55 Ibid.

56 Vgl. z.B.: A. Gorz, *Zur Strategie der Arbeiterbewegung im Neokapitalismus*, Köln-Wien, Europäische Verlagsanstalt, 1967 und komplementär dazu: ders., *Abschied vom Proletariat. Jenseits des Sozialismus*, Köln-Wien, Europäische Verlagsanstalt, 1980.

rungsprozeß wird ›*reflexiv*‹, sich selbst zum Thema und Problem.«[57] Es wird sich zeigen, daß dieses Reflexivwerden der Moderne, das die Begründer der Soziologie eingeleitet haben, auch bei Giddens zentral ist.

Obwohl Beck seinem Selbstverständnis nach kein postmoderner Autor ist und die Risikogesellschaft nicht als postmoderne, sondern eher spätmoderne und nachindustrielle Gesellschaft auffaßt, ist Frank Fechner recht zu geben, der bemerkt: »Auslösende Funktion für die Postmoderne ist das Aufbrechen der cartesianischen Logik des abendländischen Denkens durch die ökologischen und technologischen Gefährdungen der Gattung Mensch. In diesem Sinne kann Ulrich Becks ›Risikogesellschaft‹ als postmodernistische Krisendiagnose bezeichnet werden.«[58] Letztere wird in Becks *Weltrisikogesellschaft* in den Kontext der Globalisierung eingebettet.[59] Wie sieht nun diese Diagnose aus?

Wie Bauman und Touraine stellt Beck den aufgeklärten Universalismus, die Allgemeingültigkeit der wissenschaftlich-instrumentellen Vernunft grundsätzlich in Frage: »Dies ist meine *These*: Der Ursprung der Wissenschafts- und Technikkritik und -skepsis liegt nicht in der ›Irrationalität‹ der Kritiker, sondern in dem *Versagen* der wissenschaftlich-technischen Rationalität angesichts wachsender Risiken und Zivilisationsgefährdungen.«[60] Er zeigt, daß nicht nur die Moderne als ganze, sondern innerhalb der Moderne auch die Wissenschaft reflexiv wird, weil sich das Bewußtsein von Modernisierungsrisiken »gegen den *Widerstand* der wissenschaftlichen Rationalität durchgesetzt«[61] hat.

Das Reflexivwerden der Wissenschaft, das eine Demystifizierung der wissenschaftlichen Ratio und des Wissenschaftlers einleitet, kommt u. a. dadurch zustande, daß Vertreter ökologischer, pazifisti-

---

57 U. Beck, *Risikogesellschaft*, op. cit., S. 26.

58 F. Fechner, *Politik und Postmoderne. Postmodernisierung als Demokratisierung?*, Wien, Passagen, 1990, S. 43.

59 Vgl. U. Beck, *Weltrisikogesellschaft. Auf der Suche nach der verlorenen Sicherheit*, Frankfurt, Suhrkamp, 2007, Kap. X: »Globale Ungleichheit, lokale Verwundbarkeit: Die Konfliktdynamiken ökologischer Gefahren sind nur im Rahmen des methodologischen Kosmopolitismus zu erfassen und zu erforschen«.

60 U. Beck, *Risikogesellschaft*, op. cit., S. 78.

61 Ibid., S. 79.

scher oder gewerkschaftlicher Bewegungen mit Hilfe von Wissenschaftlern und mit wissenschaftlichen Argumenten gegen die etablierten Wissenschaften aufbegehren. Beck spricht in diesem Zusammenhang von »*Formen der Verwissenschaftlichung des Protestes gegen Wissenschaft*«.[62] Dadurch wird der Begriff der Wissenschaftlichkeit gespalten und seines cartesianischen Universalanspruchs entledigt. Wer im Namen *der* Wissenschaft spricht, muß darauf gefaßt sein, daß seine Widersacher sich auf eben diese Wissenschaft berufen, um ihn zu widerlegen, oder daß sie im Rahmen von konkurrierenden wissenschaftlichen Theorien den Gegenbeweis antreten.

Nicht nur der Glaube an Wissenschaft und Fortschritt ist erschüttert, sondern auch der Glaube an tradierte Werte und Institutionen wie die Familie, die Geschlechterrollen, die Gewerkschaften und den Klassenbegriff. Beck zeigt, daß durch fortschreitende Vermarktung, radikale Individualisierung und klassenübergreifende ökologische Risikoverteilung nicht nur die Familie ausgehöhlt, sondern auch die soziale Klasse im marxistischen Sinne aufgelöst wird. Während der klassenübergreifende Charakter ökologischer Katastrophen und ökologischer Risiken die von den Marxisten beschworene Klassensolidarität schwächt, weil einige Wirtschaftszweige von bestimmten Risiken profitieren, andere hingegen von ihnen bedroht werden (z.B. die Braunkohlegewinnung), führen wirtschaftlicher Konkurrenzkampf und die Individualisierung von Gesellschaftslagen zum Zerfall männlicher und weiblicher Rollenmuster, zum Zerfall der Kleinfamilie und zur Isolierung des Einzelnen. Fazit: »Die Grundfigur der *durchgesetzten* Moderne ist – zu Ende gedacht – der oder die *Alleinstehende*.«[63]

Dieser Gedanke, daß die gesellschaftlich und kulturell fundierten Formen der Solidarität einer wirtschaftlich bedingten Individualisierung und Atomisierung zum Opfer fallen, ist nicht eben neu, weil er in der Vergangenheit von so verschiedenen Soziologen wie David Riesman in den USA und Lucien Goldmann in Frankreich entwickelt wurde.[64] In dem hier konstruierten Kontext ist er deshalb

---

[62] Ibid., S. 262.

[63] Ibid., S. 199.

[64] Vgl. D. Riesman, *Die einsame Masse. Eine Untersuchung der Wandlungen des amerikanischen Charakters*, Hamburg, Rowohlt, 1970 und L. Goldmann, *Soziologie des Romans*, Frankfurt, Suhrkamp, 1984, S. 17-40.

wichtig, weil er sowohl von Beck als auch von Anthony Giddens aufgegriffen wird.

Beide sind der Meinung, daß die neue Ethik der *Selbstverwirklichung*, deren Konturen in verschiedenen zeitgenössischen Gesellschaften erkennbar werden, nicht mit einem platten Egoismus verwechselt werden sollte: »Diese neuen Wertorientierungen werden daher auch leicht als Ausdruck von Egoismus und Narzißmus (miß-)verstanden. Damit wird jedoch der Kern des Neuen, der hier hervorbricht, verkannt.«[65] Bei Giddens wird deutlich, woraus dieser Kern besteht: aus einer reflexiven Suche nach dem eigenen Ich (»reflexive project of self-identitiy«)[66] in einer durch Risiken und Anomien verunsicherten Gesellschaft (siehe weiter unten).

Becks Antwort auf die Probleme der Risikogesellschaft ist allerdings nicht die Selbstfindung des Einzelnen, sondern *Demokratisierung*. Es geht darum, Entscheidungsprozesse in Wirtschaft, Wissenschaft und Politik »öffentlich zugänglich zu machen, und zwar nach den Regeln, die im Rezeptbuch der Moderne dafür vorgesehen sind: *Demokratisierung*«.[67] Diese Forderung nach mehr Demokratie ist konkret nur zu verstehen, wenn Becks Darstellung des Verhältnisses von industrieller und nachindustrieller Gesellschaft (oder Risikogesellschaft) mitberücksichtigt wird. Die Industriegesellschaft, die sich primär an der Naturbeherrschung und der Vermehrung des Reichtums orientierte, hat viele ihrer Versprechen wie demokratische Entscheidungsfindung oder Gleichbehandlung von Mann und Frau nicht eingelöst. Es käme darauf an, diese Versprechen in einer nachindustriellen Gesellschaft ernst zu nehmen.

In diesem Punkt trifft sich der Soziologe Beck mit dem Philosophen Wolfgang Welsch, der die Postmoderne als *Verwirklichung* moderner Demokratisierungsprojekte auffaßt: »Postmoderne ist so der Zustand, in dem die Moderne nicht mehr reklamiert werden muß, sondern realisiert wird.«[68] Es wird jedoch nicht klar, wie in einer von

---

65 U. Beck, *Risikogesellschaft*, op. cit., S. 157.

66 A. Giddens, *Modernity and Self-Identity. Self and Society in the Late Modern Age*, Cambridge, Polity, 1991, S. 178.

67 U. Beck, *Risikogesellschaft*, op. cit., S. 365.

68 W. Welsch, *Unsere postmoderne Moderne*, Weinheim, VCH, 1991 (3. Aufl.), S. 36.

Großbanken, Wirtschaftskonzernen, Wirtschaftsmafien und Parteibürokratien dominierten Welt Pluralismus und demokratische Kontrolle verwirklicht werden sollen.

Becks Antwort auf diese Frage erinnert an die Antworten Touraines: Wie der französische Soziologe beruft er sich auf die sozialen Bewegungen: »In diesem Sinne sind die neuen sozialen Bewegungen (Umwelt, Frieden, Frauen) einerseits Ausdruck der neuen Gefährdungslagen in der Risikogesellschaft und der aufbrechenden Widersprüche zwischen den Geschlechtern; andererseits ergeben sich ihre Politisierungsformen und Stabilitätsprobleme aus Prozessen der *sozialen Identitätsbildung* in enttraditionalisierten, individualisierten Lebenswelten.«[69]

Anders als Touraine, der dazu neigt, die soziale Bewegung zu verherrlichen und sie mit der Entstehung einer neuen Gesellschaftsordnung zu assoziieren (»une société nouvelle«)[70], ist bei Beck ein skeptischer Unterton nicht zu überhören: »*Soziale Bewegungen* – bedeuten, einmal wörtlich genommen, Kommen und Gehen. Vor allem Gehen. Die Selbstauflösung ist ihr führendes Mitglied.«[71] Im Lichte dieser Skepsis, die von der raschen Auflösung zahlreicher Bewegungen (von der 1968er Bewegung bis zu den Friedensbewegungen der 70er Jahre) bestätigt und gesteigert wird, büßen Touraines Thesen einen Teil ihrer Glaubwürdigkeit ein.

So ist es wohl zu erklären, daß Anthony Giddens, der die zeitgenössische Gesellschaft als *late modernity*, als späte oder radikalisierte Moderne, verstehen möchte, nicht so sehr eine Veränderung durch soziale Bewegungen ins Auge faßt, sondern ein gesellschaftliches Szenario, in dem es vorrangig darauf ankommt, das Streben der Individuen nach Selbstverwirklichung auf die lebens- und überlebenspolitischen Bedürfnisse der Gesellschaft abzustimmen. Von der Lebenspolitik (»life-politics«) heißt es in *Modernity and Self-Identity*: »Es ist eine Politik der Selbstverwirklichung in einer reflexiv geordneten Umgebung, in der diese Reflexivität Ich und Körper mit Systemen

---

69 U. Beck, *Risikogesellschaft*, op. cit., S. 120.

70 A. Touraine, *Critique de la modernité*, op. cit., S. 294.

71 U. Beck, *Gegengifte. Die organisierte Unverantwortlichkeit*, Frankfurt, Suhrkamp, 1988, S. 99.

von globalem Ausmaß verknüpft.«[72] Dies ist eine recht vage Behauptung, die – im Kontext interpretiert – bedeutet, daß das Streben von Gruppen und Individuen nach Selbstverwirklichung moralisch akzeptabel sein muß (»morally justifiable forms of life«)[73], d.h. nicht mit den Interessen der Gesellschaft und der Menschheit kollidieren darf. Konkret: Der Einzelne sollte einen neuen Lebensstil ins Auge fassen, der Verschwendung und Umweltzerstörung ausschließt. Anders als Touraine und Beck setzt Giddens (wie schon Locke und John Stuart Mill) beim Individuum an: wohl in der Hoffnung, daß sich das Projekt der Selbstverwirklichung auf die globalen Problemlösungsstrategien der Gesellschaft abstimmen läßt. Es ist eine recht vage Hoffnung, die eher von der Hilflosigkeit zeitgenössischer Sozialwissenschaft als von luzider Kritik und Analyse lebt.[74]

In den hier kommentierten und miteinander verglichenen Theorien der Gesellschaft kristallisiert sich eine Zeitdiagnose heraus, die in einigen Punkten zusammengefaßt werden kann:

1. Seit der Entstehung der modernen Soziologie, die sich parallel zu den selbstreflexiven und selbstironischen Romanen Musils, Svevos, Brochs, Pirandellos und Prousts entwickelt hat[75], setzen sich Sozialwissenschaftler kritisch mit der aufgeklärten, rationalistischen und rationalisierenden Moderne auseinander. Bei Autoren wie Max Weber, Alfred Weber, Georg Simmel und Emile Durkheim mündet diese Kritik bisweilen in Skepsis oder Kulturpessimismus.

2. In der zeitgenössischen Soziologie mehren sich die Versuche, einem modernen Denken abzusagen, das der Naturbeherrschung und einem aufgeklärten Rationalismus huldigt, der das Besondere, Singuläre dem Allgemeinen zu opfern scheint.

3. Zugleich wird eine Ablösung der auf Naturbeherrschung und Disziplinierung gegründeten Industrie- und Klassengesellschaft durch eine nachindustrielle Risikogesellschaft, eine postindustrielle Gesell-

---

72 A. Giddens, *Modernity and Self-Identity*, op. cit., S. 214.

73 Ibid., S. 215.

74 Dazu H.-J. Heinrichs Rez. von A. Giddens' *Konsequenzen der Moderne*, Frankfurt, Suhrkamp, 1995 in der *NZZ* vom 13./14. Mai 1995, S. 99: »Wobei er den Grad an Entfremdung und Fremdenfeindlichkeit in unserer Gesellschaft maßlos unterschätzt.«

75 Zur Parallelentwicklung von Soziologie und Roman siehe: Vf. *Ideologie und Theorie*, op. cit., Kap. X. 3.

schaft (Touraine, Bell) oder eine postmoderne Gesellschaft (Bauman, Welsch) festgestellt.

4. Diese postmoderne Gesellschaft wird vor allem von Bauman (aber auch von Lyotard und Welsch) als eine Welt des radikalen Pluralismus und der multikulturellen Polyphonie aufgefaßt. Daß dieser Pluralismus in Indifferenz ausmünden kann, wird immer wieder von Touraine hervorgehoben.

5. Es ist gleichzeitig (sowohl bei Beck als auch bei Giddens) eine Welt des extremen Individualismus, der Anomie und Entfremdung[76], die durch das Streben nach Selbstverwirklichung und durch narzißtische Tendenzen gekennzeichnet ist.

6. Die hier kommentierten Soziologen sind sich darin einig, daß die modernen oder postmodernen Probleme (Rationalisierung, Bürokratisierung, Fragmentierung, Umwelt) noch am ehesten durch eine radikale und umfassende Demokratisierung zu lösen sind. Während bei Bauman und Giddens der Akzent eher auf Pluralismus und individueller Selbstverwirklichung liegt, heben Beck und vor allem Touraine die Bedeutung sozialer Bewegungen (der Kollektivsubjekte) hervor. (Hier zeigt sich, daß die Behauptung, der Subjektbegriff sei überholt, barer Unsinn ist und nur von denjenigen geglaubt werden kann, die sich einseitig von Foucault, Derrida oder Lyotard »ernähren«.)

Im folgenden kommt es nicht so sehr darauf an, andere Standpunkte und Meinungen darzustellen, *sondern der Frage nachzugehen, wie feministische, marxistische und konservative Theorien auf die hier skizzierte Problematik reagieren.* Denn wenn es zutrifft, daß die Fragestellungen der »klassischen« Soziologie und die vier Ansätze Baumans, Touraines, Becks und Giddens' die wichtigsten Themen der Moderne-Postmoderne-Diskussion umreißen, dann sollte es möglich sein, die feministischen, konservativen und marxistischen Reaktionen auf diese Themen sowohl im soziologischen als auch im sozialen Kontext besser zu verstehen. Dies ist der Grund, weshalb hier die Zeitdiagnose anhand von vier verschiedenen, aber komplementären Betrachtungsweisen ausführlicher dargestellt wurde.

---

[76] Vgl. Vf., *Entfremdung. Pathologien der postmodernen Gesellschaft*, Tübingen-Basel, Francke, 2014, Kap. III. 4: »Anomie als Entfremdung«.

2. Feministische und ökofeministische Kritiken

Die feministischen Ansätze werden der soziologischen Zeitdiagnose nicht nur deshalb angeschlossen, weil sie sich mit den von Bauman, Touraine, Beck und Giddens behandelten Themen auseinandersetzen, sondern auch deshalb, weil sie wie die Soziologen von einer radikalen Kritik der Naturbeherrschung, des Rationalismus und der Aufklärung ausgehen. Dies unterscheidet sie von den meisten Marxisten, denen ein Abschied von der Industriegesellschaft als Klassengesellschaft und der historischen Vernunft schwerfällt. Es wird sich zeigen, daß die Marxisten zwar *mit* den Feministinnen die Herrschaftsstrukturen kritisieren, zugleich jedoch *gegen* die Feministinnen (und Soziologen wie Bauman) die historische Teleologie und den Anspruch der Vernunft auf universelle Geltung verteidigen.

Trotz solcher Auseinandersetzungen, in denen Feminismus und Marxismus bisweilen als homogene Einheiten erscheinen, sollte die wachsende Heterogenität feministischer und marxistischer Standpunkte nie außer acht gelassen werden. Im folgenden soll deshalb einerseits die starke Partikularisierungstendenz hervorgehoben werden, die die meisten Varianten des Feminismus von marxistischen und soziologischen Theorien unterscheidet, andererseits das feministische Streben nach Solidarität und der ihr entsprechenden Verallgemeinerungsfähigkeit von Gesellschaftskritik. Es wird kaum jemanden überraschen, daß diese beiden Tendenzen – Partikularisierung einerseits und Verallgemeinerungsfähigkeit von Kritik andererseits – für die Widersprüche und Spannungen innerhalb der feministischen Theorien verantwortlich sind.

Charakteristisch für viele feministische Diskurse ist einerseits eine Gesellschafts- und Zivilisationskritik im Sinne der *Dialektik der Aufklärung*, andererseits die postmoderne These, daß sich diese Kritik nicht primär gegen den Kapitalismus, sondern das männliche Herrschaftsprinzip richten sollte. In Françoise d'Eaubonnes *Feminismus oder Tod* geht die Zivilisationskritik gleichsam von selbst in eine Kritik der Männerherrschaft über: »Die erste Verantwortliche ist die hyperurbane und hyperindustrialisierte technologische Zivilisation, die in rasender, unaufhaltsamer Fahrt dem Profit nachjagt, wie das brennende Rad, das die Gallier die Hügel hinunterrolllen ließen; aber das taten sie, um durch Dunsthitze die Felder zu befruchten, während unsere technologische Kultur den nährenden Boden mit ihrem Rad versengt.«[77] Verursacht wird die nahende Katastrophe nicht so sehr durch Profit und Marktgesetz, sondern durch die jahrtausendealte Herrschaft des männlichen Geschlechts: »In der Umweltzerstörung und in der Übervölkerung prallen die Widersprüche des Kapitalismus hart aufeinander, wenngleich diese Probleme weit über den Rahmen des Kapitalismus hinausgehen und der Sozialismus sie genausogut kennt, weil dort wie hier der Sexismus die herrschende Macht ist.«[78]

Sieht man sich diesen metapherngesegneten Diskurs genauer an, so stellt man nicht nur fest, daß er von mythischen Aktanten[79] wie »technologische Zivilisation« und »Sexismus« beherrscht wird, sondern daß ihm zugleich ein historischer Anspruch auf universelle Geltung innewohnt: Die treibende Kraft der technischen Zivilisation, die in unaufhaltsamem Fortschritt Natur und Menschheit zerstört, ist der herrschende Sexismus. Diesem mythischen Aktanten werden hier anscheinend (freilich nur implizit) die von Weber und Durkheim untersuchten Prozesse der Rationalisierung und Arbeitsteilung zusammen mit Marxens Prinzip der Klassenherrschaft subsumiert. Nicht diese ideologie- und diskurskritische Erkenntnis soll hier jedoch im Mittelpunkt stehen, sondern der rationalistische Anspruch dieser Rhetorik, die gegenwärtigen Verhältnisse monokausal und universalistisch aus dem Sexismus ableiten zu können.

Gerade dieser Anspruch wird nämlich von Feministinnen zurückgewiesen, die die essentialistischen und universalistischen Konzepte »traditioneller« philosophischer Theorien in Frage stellen, weil diese Konzepte männliche Vorstellungen und Erkenntnisinteressen stillschweigend in verallgemeinerungsfähige Konstanten verwandeln.

Nancy Fraser und Linda Nicholson distanzieren sich zunächst von Lyotards postmoderner Ablehnung aller verallgemeinerungsfähigen Theoreme und Begriffe (vgl. Kap. III), wenn sie für eine theoretisch fundierte Gesellschaftskritik plädieren. Eine wirksame Kritik männlicher Herrschaft, erklären sie, mache »ein breites Spek-

---

[77] F. d'Eaubonne, *Feminismus oder Tod. Thesen zur Ökologiedebatte*, München, Vlg. Frauenoffensive, 1981 (4. Aufl.), S. 190.

[78] Ibid., S. 195.

[79] Zur Definition und Funktion des *mythischen Aktanten* siehe: Vf. *Ideologie und Theorie*, op. cit., Kap. VIII. 2.

trum von Methoden und theoretischen Gattungen« erforderlich und »setze zumindest umfassende narrative Darstellungen der Veränderungen von sozialen Organisationen und Ideologien«[80] voraus. Dennoch streben sie eine Gesellschaftskritik ohne philosophische Fundierung an (»postmodern-feminist paradigm of social criticism without philosophy«)[81] und stellen sich einen postmodernen Feminismus vor, der dem rationalistischen, hegelianischen und marxistischen Universalismus absagt: »Im übrigen wäre eine postmodern-feministische Theorie nicht-universalistisch. Sollte ihre Betrachtungsweise kultur- oder epochenübergreifend sein, so wäre sie eher komparatistisch als universalistisch und eher an Veränderungen und Kontrasten interessiert als an ›allgemeinen Gesetzen‹.«[82] Plausibel ist eine solche Kritik am Universalismus schon deshalb, weil sich in der Vergangenheit Autorinnen wie die Psychologin Carol Gilligan[83] über religiöse, kulturelle und ethnische Unterschiede zwischen Frauen (»differences among women«)[84] hinwegsetzten und dadurch unglaubwürdig wurden.

Die Hauptschwäche von Frasers und Nicholsons Argumentation besteht wohl darin, daß die Autorinnen die Dialektik von Allgemeinem und Besonderen ausblenden, statt sie auszutragen. Wie Françoise d'Eaubonne, der sie diskursiv weit überlegen sind, setzen sie allgemeingültige Erklärungsprinzipien – nämlich Herrschaft und Sexismus – voraus, lehnen zugleich aber den Universalismus in Philosophie und Sozialwissenschaft ab. Im nächsten Kapitel wird zwar deutlich, daß dieses Problem nicht ohne weiteres zu lösen ist (wie schon Adorno wußte, als er das »Denken in Modellen« durch Parataxis ablöste), aber die Autorinnen hätten zumindest ihre eigenen universalistischen Prämissen reflektieren können.

---

80 N. Fraser, L. Nicholson, »Social Criticism without Philosophy: An Encounter between Feminism and Postmodernism«, in: *Theory, Culture and Society (Postmodernism)*, Bd. 5, Nr. 2-3, 1988, S. 380-381.

81 Ibid., S. 390.

82 Ibid., S. 390-391.

83 Vgl. C. Gilligan, *In a Different Voice: Psychological Theory and Women's Development*, Cambridge (Mass.), Harvard Univ. Press, 1982.

84 Vgl. N. Fraser, L. Nicholson, »Social Criticism without Philosophy«, op. cit., S. 389.

Daß die Abkehr vom Universalismus und die in verschiedenen Varianten auftretenden Partikularisierungstendenzen zwei komplementäre Antworten der Feministinnen auf die postmoderne Problematik sind, läßt auch Anna Yeatmans Buch *Postmodern Revisionings of the Political* (1994) erkennen. In Australien und Neuseeland entstanden, stellt dieses Buch vor allem ethnische Partikularismen in den Vordergrund. Dabei scheint Yeatman noch weniger Skrupel als Fraser und Nicholson zu haben, wenn es um den prekären Nexus von Besonderem und Allgemeinem geht.

Ausgehend von Lyotards fragwürdigem Satz, daß es nicht *die* Vernunft, sondern nur verschiedene »Vernünfte« (*reasons*) gibt, verabschiedet sie sich von der historischen Vernunft der Rationalisten, Hegelianer und Marxisten: »Da es keine Vernunft im Singular gibt, verliert die utopische Vorstellung, daß die Vernunft eine herrschaftsfreie Gesellschaft herbeiführen könnte, all ihre Glaubwürdigkeit.«[85] Aus dieser Sicht erscheint der postmoderne Widerstand gegen Naturbeherrschung, Rationalisierung und Universalismus als ein Widerstand gegen die Moderne und als deren Verabschiedung. »Zunächst«, sagt Yeatman, »stellt die Postmoderne die moderne Konstruktion der historischen Zeit als *linearen* Fortschritt in Frage.«[86]

Hier wird deutlich, daß Feministinnen und Sozialwissenschaftler, die versuchen, im Rahmen der postmodernen oder nachindustriellen Problematik zu denken, mit den tradierten Argumentationsmustern der Moderne – individuelle Autonomie, Überwindung der Klassengegensätze durch das Proletariat oder Wahrheitsgehalt der Kunst – nichts mehr anfangen können. Wie sehen nun Yeatmans Antworten auf die nachmoderne Problematik aus?

Sie faßt diese Antworten in acht Thesen zusammen, die hier etwas verkürzt wiedergegeben werden: 1. eine dekonstruktive Einstellung zu den von uns geerbten modernen und modernistischen Traditionen; 2. eine nachuniversalistische Art des Theoretisierens, in der sich Stimmen von Minderheiten gegen die unvermeidlichen Universalisierungstendenzen der Theorie durchsetzen; 3. das Bewußtsein, daß binäre Konstruktionen von Differenzen provisorisch und ambiva-

---

[85] A. Yeatman, *Postmodern Revisionings of the Political*, New York-London, Routledge, 1994, S. 7.

[86] Ibid., S. 8.

lent sind, weil Grenzen das Verschiedene nicht nur trennen, sondern auch verbinden; 4. ein Perspektivismus, der relational, nicht relativistisch aufzufassen ist; 5. ergänzend dazu das Bewußtsein, daß das Theoretisieren historisch kontingent ist; 6. die Annahme, daß Theoretiker sich im Hinblick auf institutionalisierte intellektuelle Autoritäten und reale oder potentielle Öffentlichkeiten in einer besonderen, kontingenten Situation befinden; 7. Hervorhebung der Subjektivität des Theoretikers und 8. die Auffassung der Sprache als materielles, aktives und produktives System.

Man wird immer wieder an Zygmunt Bauman erinnert, der, wie sich gezeigt hat, ebenfalls die unauflösbare Partikularität theoretischer Standpunkte und die Heterogenität kultureller Perspektiven betont. Yeatmans Thesen scheinen in einer Feststellung von Steven Best über die Differenz von Moderne und Postmoderne zu konvergieren: »So werten die Postmodernisten in diametralem Gegensatz zu modernen Ansichten Inkommensurabilität und Fragmentierung als befreiende Prinzipien auf.«[87] Wie stellt sich die Feministin diese Befreiung vor?

Sie geht von der Forderung nach einer »*politics* of representation«[88] aus, einer Politik, die die Frage nach der diskursiven Darstellung der Wirklichkeit in den Vordergrund stellt: »Wessen Darstellungen setzen sich durch? Wem fällt die Autorität zu, Wirklichkeit darzustellen? Oder anders gefragt: Wer muß zum Schweigen verurteilt werden, damit solche Darstellungen sich durchsetzen?«[89] In diesem Kontext, sagt Yeatman, verlieren die von Popper vorgeschlagene kritische Überprüfung von Aussagen innerhalb der Wissenschaftlergemeinschaft und Habermas' Streben nach Konsens ihre Legitimität, weil »Konsens von der systematischen Ausschließung jener abhängt, die Dissens anmelden würden, wenn sie die ihnen aberkannte Stimme hätten«.[90]

Abermals wird hier die kritisch-rationalistische (Popper) und hermeneutische (Habermas) Forderung nach intersubjektiver Über-

---

87 S. Best, »Foucault, Postmodernism, and Social Theory«, in: D. R. Dickens, A. Fontana (Hrsg.), *Postmodernism and Social Inquiry*, London, UCL Press, 1994, S. 29.

88 A. Yeatman, *Postmodern Revisionings of the Political*, op. cit., S. 31.

89 Ibid.

90 Ibid.

prüfbarkeit und Verallgemeinerungsfähigkeit durch radikale Partikularisierung in Frage gestellt. Dies ist einerseits verständlich, weil sowohl Popper als auch Habermas (aus ganz verschiedenen Gründen) vom abstrakten Kriterium der *Intersubjektivität* ausgehen und dabei sowohl die kulturellen als auch die ideologischen Komponenten der Subjektivität ausblenden[91]; es ist andererseits eine grobe Vereinfachung der Problematik, weil Yeatman nicht bedenkt, daß die formale Logik einen Rahmen für elementare Verständigung abgibt und die Umgangssprache als letzte Metasprache die Überwindung des ideologischen Partikularismus ermöglicht (aber nicht gewährleistet).[92]

Da der sprachlich-diskursive Gegensatz zwischen Universalismus und Partikularismus in nahezu allen Kapiteln dieses Buches zur Sprache kommt und eher ein philosophisches als ein soziologisches Problem ist, wird er hier nur soweit kommentiert, als er für Yeatmans Argumentation wichtig ist. Er ist für sie deshalb wichtig, weil sie zeigen möchte, daß nicht nur Frauen, sondern auch ethnisch-kulturelle Minderheiten aus dem von Männern dominierten politischen, wissenschaftlichen und philosophischen Konsens ausgeschlossen werden.

Deshalb setzt sie sich für ein oppositionelles Denken ein, das auf der Wahrnehmung von ethnischen und kulturellen *Unterschieden* gründet und es strikt ablehnt, diese Unterschiede durch falsche (d.h. rationalistische, hegelianische oder marxistische) Verallgemeinerungen einzuebnen. Dabei beruft sie sich auf ihre Erfahrungen mit den Ureinwohnern Australiens und Neuseelands: »Der Ausgangspunkt dieser unterdrückten Gruppen ist die Annahme, daß Perspektiven spezifisch sind: ein Maori-Standpunkt, ein Pakeha (...)-Stand-

---

91 Vgl. Vf., »Framework ist kein Mythos. Zur Karl R. Poppers Thesen über wissenschaftliche Kommunikation«, in: H. Albert, K. Salamun (Hrsg.), *Mensch und Gesellschaft aus der Sicht des Kritischen Rationalismus*, Amsterdam-Atlanta, Rodopi, 1993, S. 320-321, sowie Kap. VI in diesem Buch und Vf., *Was ist Theorie? Theoriebegriff und Dialogische Theorie in den Kultur- und Sozialwissenschaften*, Tübingen-Basel, Francke, 2004, Kap. IV.

92 Zur Rolle der Umgangssprache als letzter Metasprache siehe: K. O. Apel, *Transformation der Philosophie*, Bd. 2 (*Das Apriori der Kommunikationsgemeinschaft*), Frankfurt, Suhrkamp, 1976, S. 341-342.

punkt. Es gibt keine privilegierten Universalpositionen – keinen göttlichen Blick.«[93]

Diese durchaus richtige Erkenntnis wird aber extrem heterogene Gruppen wie europäische, amerikanische und japanische Wissenschaftler und Ökologen (»Green-Peace-Aktivisten«) nicht daran hindern, sich mit Polynesiern und Maoris auf *politischer* Ebene über die Schädlichkeit von Atomtests zu *verständigen*. Es kann auch angenommen werden, daß sich die Physiker und Informatiker unter den Polynesiern und Maoris auf *wissenschaftlicher* Ebene problemlos mit europäischen oder koreanischen Physikern und Informatikern verständigen können (das geschieht regelmäßig). Daß die Verständigung im Bereich der *Sozialwissenschaften*, wo die kulturellen, sprachlichen und ideologischen *frameworks*, die Popper nicht wahrhaben will[94], eine wichtige Rolle spielen und die Kommunikation erheblich behindern können, oft problematisch ist, muß zugegeben werden. Aber auch in diesem Bereich ist Kommunikation – wie sich im letzten Kapitel zeigen wird – nicht vorab zum Scheitern verurteilt.

Yeatmans Hauptproblem besteht darin, daß sie die verschiedenen diskursiven Ebenen – Alltagssprache, Politik, Wissenschaft, Sozialwissenschaft etc. – nicht unterscheidet und einem Perspektivismus das Wort redet, der in einen radikalen Partikularismus mündet. Wie sich dieser Partikularismus zu den auch von Yeatman als unvermeidlich erkannten Verallgemeinerungstendenzen der Sozialwissenschaften verhält, wird nicht klar. In diesem Punkt reproduziert sie die zentrale Schwachstelle der feministischen Argumentation, die schon bei Nancy Fraser und Linda Nicholson sichtbar wurde.

Daß es sich um eine problematische Stelle handelt, wird bei Honi Fern Haber klar, die in *Beyond Postmodern Politics* (1994) die Partikularisierungstendenzen der Postmoderne global kritisiert. Ihr erscheint die einseitige Hervorhebung des Unterschiedes und der radikalen geschlechtsspezifischen oder kulturellen Heterogenität als eine akute Bedrohung der sozialen *Solidarität* und *Subjektivität*. Auf beide Faktoren ist die Frauenbewegung, die Frauen verschiedener Rassen

---

93 A. Yeatman, *Postmodern Revisionings of the Political*, op. cit., S. 87.

94 Vgl. K. R. Popper, »The Myth of the Framework«, in: E. Freeman (Hrsg.), *The Abdication of Philosophy. Philosophy and the Public Good. Essays in Honour of P. A. Schilpp*, Open Court, Illinois, 1976.

und Kulturkreise vereinigen soll, angewiesen. Ohne sie, sagt die Autorin, sind »oppositional politics«[95] vorab zum Scheitern verurteilt.

Angesichts solcher Argumente nimmt es nicht wunder, wenn sie sich auf die universellen Aspekte der Sprache besinnt und gegen Feministinnen wie Yeatman auf die Notwendigkeit hinweist, Differenzen fallweise – nicht systematisch – zu überwinden, um politisches Handeln und die Bildung von kollektiven Subjekten zu ermöglichen. Sie hebt sogar (im Zeitalter der Dekonstruktion) die Bedeutung der Struktur hervor: »Da es zur Beschaffenheit der Sprache gehört, Strukturen hervorzubringen, ist die Unterdrückung von Unterschieden (repression of difference) eine Tatsache, über die wir uns nicht hinwegsetzen können.«[96] Hier wird auch deutlich, daß Gesellschaftskritik und oppositionelles Handeln den *Wahrheitsbegriff* als Universalbegriff *par excellence* voraussetzen: keine Kritik ohne Wahrheitssuche. (Vgl. Kap. III und VI.)

Der zu Recht kritisierte Partikularismus zersetzt soziale Solidarität und feministische Subjektivität nicht nur durch extreme Differenzierung, wie Honi Fern Haber richtig sieht, sondern auch durch die von ihm bewirkte Indifferenz, die die Autorin nicht wahrnimmt, die aber die Kehrseite der Differenzierung ist. Wo die Kommunikation zusammenbricht, weil jede soziale Gruppe ihre Einmaligkeit hervorkehrt, werden im extremen Pluralismus Ansichten und Positionen austauschbar, indifferent: Sie werden bestenfalls kulinarisch genossen wie die »ethnic restaurants« in den USA; schlimmstenfalls rufen sie Gewaltanwendung hervor. Auf diese Möglichkeit weist Touraine hin, wenn er von einem Multikulturalismus spricht, der »von Segregation und Rassismus geprägt ist« (»chargé de ségrégation et de racisme«).[97]

Wie sieht nun das Verhältnis von Feminismus und Postmoderne aus? Wahrscheinlich nicht so, wie Linda Hutcheon es sich vorstellt, wenn sie die beiden Terme ideologisiert, als weltanschauliche Positionen hypostasiert: »Die Feminismen sind weder mit dem postmo-

---

95 H. Fern Haber, *Beyond Postmodern Politics*, New York-London, Routledge, 1994, S. 114. Dazu auch: K. Fullbrook, »Whose Postmodernism?«, in: J. Dowson, S. Earnshaw (Hrsg.), *Postmodern Subjects / Postmodern Texts*, Amsterdam-Atlanta, Rodopi, 1995.

96 Ibid., S. 115.

97 A. Touraine, *Critique de la modernité*, op. cit., S. 231.

dernen Denken vereinbar noch ein Beispiel dieses Denkens, wie manche Kritiker behaupten; höchstens bilden sie gemeinsam eine mächtige Kraft (powerful force), die die Richtung ändern könnte, die (die männliche) Postmoderne eingeschlagen hat (...).«[98] Richtig ist, daß es nicht *den* Feminismus, sondern viele heterogene Feminismen (Marxismen, Psychoanalysen) gibt, die nicht gegen eine mythische, männliche Postmoderne zu Felde ziehen, sondern im Rahmen einer nachmodernen *Problematik* Antworten auf noch offene Fragen suchen.

Die Tatsache, daß sich sowohl Fragen als auch Antworten mit denen der Soziologen in wesentlichen Punkten überschneiden (Partikularismus als Antwort auf den Universalismus der Moderne, Ablehnung des Partikularismus im Hinblick auf Subjektkonstitution und Gesellschaftskritik), bestätigt die Vermutung, daß der Ausdruck »postmoderne Problematik« sinnvoll sein könnte. Im folgenden wird sich herausstellen, daß eher konservative Soziologen wie F. H. Tenbruck, Daniel Bell und Amitai Etzioni ähnliche Fragen aufwerfen und trotz aller ideologischen Differenzen mit vergleichbaren Antworten aufwarten.

3. Eine konservative Postmoderne?

Habermas, der, wie im nächsten Kapitel deutlich wird, die Postmoderne weitgehend mit den konservativen und aufklärungsfeindlichen Ideologien der Nachkriegsgesellschaft identifiziert, hat diese Frage schon beantwortet. Dennoch lohnt es sich, sie zu wiederholen, weil nach dem bisher Gesagten die Vermutung naheliegt, daß die konservativen Antworten mit gesellschaftskritischen (Bauman), feministischen (Yeatman) und marxistischen (O'Neill) konkurrieren und kollidieren. Schon deshalb erscheint es wenig hilfreich, die Postmoderne als homogene Ideologie auf Konservatismus (Habermas) oder »männliches Denken« (Hutcheon) festzulegen. Interessanter und theoretisch in jeder Hinsicht ergiebiger ist die Erkenntnis, daß in verschiedenen ideologisch-theoretischen Perspektiven ähnliche Probleme wahrgenommen werden.

---

98 L. Hutcheon, *The Politics of Postmodernism*, London-New York, Routledge, 1989, S. 142.

Allerdings bildet die konservative Soziologie (Politologie) – ähnlich wie der Feminismus und der Marxismus – innerhalb der postmodernen Problematik einen besonderen Komplex von Fragestellungen, der im Spannungsverhältnis zwischen Markt und Ideologie angesiedelt werden kann. Wie die Marxisten und einige Feministinnen beobachten auch die zum Konservatismus tendierenden Soziologen die fortschreitende Vermarktung aller Lebensbereiche (von der Medizin und dem Sport bis zur Kunst) mit Sorge. Mit Barry Smart, der alles andere als konservativ ist, stellen sie eine »Kommerzialisierung der Informations- und Kommunikationsmedien«[99] fest und würden möglicherweise sogar dem Marxisten Fredric Jameson beipflichten, wenn dieser im Anschluß an Baudrillard von einer postmodernen Gesellschaft spricht, in welcher der Tauschwert alle Gebrauchswerte überwuchert.[100]

Zu diesem Problem bemerkt beispielsweise Koslowski, dessen Ausführungen sich streckenweise wie Ideologisierungen von Alfred Webers Soziologie anhören: »Die Normen der Wirtschaft bewegen sich außerhalb der Kultur (...).«[101] Er fügt hinzu: »Das ökonomisch-technische Paradigma neigt dazu, die kulturelle Sinn- und Bedeutungshaltigkeit menschlicher Praxis zu unterschätzen und auszublenden.«[102] So ist es zu verstehen, daß die hier kommentierten Soziologen dazu neigen, den wertzersetzenden Prozeß der Modernisierung und Vermarktung durch neue Wertsetzungen zu kompensieren: durch religiöse und moralische, d.h. ideologische Erneuerung.

Recht nuanciert argumentiert Friedrich H. Tenbruck, der im Gegensatz zu Koslowski und Etzioni das Wort *Postmoderne* zwar nicht verwendet, die Entfaltung der Moderne aber in einer Perspektive darstellt, welche an die von Bauman, Touraine und Yeatman erinnert. Ihm erscheint die Aufklärung als zugleich universalistisch und missionarisch (als universalistisch und imperialistisch, würden Bauman

---

99 B. Smart, *Modern Conditions. Postmodern Controversies*, London-New York, Routledge, 1992, S. 57.

100 F. Jameson, *Postmodernism, or, the Cultural Logic of Late Capitalism*, Durham, Duke Univ. Press, 1993 (4. Aufl.), S. 18.

101 P. Koslowski, *Die postmoderne Kultur. Gesellschaftlich-kulturelle Konsequenzen der technischen Entwicklung*, München, Beck, 1988, S. 104.

102 Ibid., S. 99.

und die Feministinnen sagen): »Was immer Sozialwissenschaftler heute über die sozialen Ursprünge des *modernen Säkularismus* sagen mögen – er war das Ergebnis der Mission eines universalistischen Wahrheitskonzepts, das mit der Aufklärung in die Welt gekommen war und sich in der Wissenschaftsreligion des 19. Jahrhunderts systematisierte.«[103]

Zu dieser Wissenschaftsreligion gehört bei Tenbruck – wie bei Bauman und Touraine – auch der Marxismus-Leninismus oder der Kommunismus, der es für seine Pflicht ansieht, »universale Weltkirche zu sein«.[104] Hier wird klar, daß innerhalb der postmodernen Problematik nicht so sehr die für Anarchisten und Existentialisten wichtigen Frühschriften von Karl Marx in den Vordergrund treten, sondern die ökonomistischen oder zentralistischen Deutungen von Marxens Lehre, für die einerseits Theoretiker wie Karl Kautsky, andererseits die Marxisten-Leninisten verantwortlich sind. Diese Erkenntnis könnte dazu führen, daß man Aufklärung und Marxismus, vor allem angesichts ihrer Selbstkritik bei Rousseau und im Neomarxismus, nicht länger auf einen metaphysischen Universalismus festlegt, sondern sie eher heuristisch als kritische und dialogische Theorien auffaßt, die nicht Wahrheiten verkünden, sondern nach der Möglichkeit von Wahrheit fragen. (Siehe den nächsten Abschn. und Kap. III.)

Die von Tenbruck skizzierte Alternative zielt allerdings in eine andere Richtung, die für die gesamte postmoderne Problematik kennzeichnend ist. Nach der vom Soziologen diagnostizierten Selbstentzauberung der Wissenschaft (»der Glaube an ihre Legitimationskraft ist geschwunden«)[105] scheint nur noch eine Absage an den aufgeklärten Universalismus in Frage zu kommen. Sie mündet wie bei Bauman und einigen Feministinnen in den Partikularismus, in dem Tenbruck – nicht zu Unrecht – die neue Entwicklungstendenz zu erkennen meint: »Nur eine *Alternative* wäre denkbar: daß der Gedanke der universalistischen Wahrheit am Ende wieder aus der Welt käme, so wie er einmal in sie hineingekommen ist. Auf solchen Pluralismus, in dem die

---

[103] F. H. Tenbruck, *Die kulturellen Grundlagen der Gesellschaft. Der Fall der Moderne*, Opladen, Westdeutscher Vlg., 1990 (2. Aufl.), S. 104.

[104] Ibid., S. 117.

[105] Ibid., S. 137.

Wahrheit sich auf dem Platz einer wie immer definierten praktischen und faktischen Richtigkeit einzelner Aussagen bescheiden müßte, deuten viele Anzeichen hin. Denn seit langer Zeit sind wieder Lehren offensichtlich erfolgreich, welche sich nicht an universalistischen Wahrheitskriterien orientieren. Es sind auch nicht nur religiöse Sekten und Kulte, welche sich rein für das anbieten, was sie sind, ohne nach anderen Bekenntnissen zu fragen. Auch durch die neue Jugendkultur weht mächtig der partikularistische Zug (...).«[106] Die ausführliche Wiedergabe dieser Passage ist deshalb lohnend, weil Tenbruck hier in wenigen Sätzen wesentliche Aspekte der postmodernen Zeitdiagnose zusammenfaßt.

Aus ihr leitet er die Erkenntnis ab, daß Wissenschaft keine Werte beweisen kann, weil »im doppelten Universalismus von Freiheit und Rationalität (...) kein Fundament zu entdecken«[107] ist. Daher lautet Tenbrucks konkrete Alternative: Rückkehr zu den als gültig erlebbaren und erfahrbaren Werten: »Die Wissenschaft hat gemeint, über die Rangordnung von Werten könne nur mittels rationaler Beweise entschieden werden. Aber das Gegenteil ist richtig. Werte erweisen sich in ihrem Rang und in ihrer Gültigkeit nur dort, wo sie, in ihrer Fähigkeit, Erfahrung zu verarbeiten, erfahren werden.«[108] Eine Rückkehr zur kulturellen Erfahrung des Alltags mag zwar sinnvoll sein, aber ein Verzicht auf rationale Überprüfung von Werten (eine Überprüfung, die ganz zu Recht von Hans Albert gefordert wird)[109] ist geradezu gefährlich: Soll etwa der Wert der »reinen Rasse« Werten wie »Freiheit«, »Gerechtigkeit« und »Menschlichkeit« gleichgestellt werden? Soll es unmöglich sein, über die Verallgemeinerungsfähigkeit dieser Werte zu diskutieren?[110]

---

106 Ibid., S. 118.

107 Ibid., S. 121. Dazu auch: F. H. Tenbruck, »Der Fortschritt der Wissenschaft als Trivialisierungsprozeß«, in: *Kölner Zs. für Soziologie und Sozialpsychologie* 18, 1975.

108 Ibid.

109 Vgl. H. Albert, *Traktat über kritische Vernunft*, Tübingen, Mohr, 1980 (4. Aufl.), S. 72: Albert wendet sich ausdrücklich gegen Werbers »Auffassung von der *Kritikimmunität sogenannter letzter Voraussetzungen*«.

110 Vgl. Vf., *Ideologie und Theorie*, op. cit., Kap. XII, wo die Frage nach der Verallgemeinerungsfähigkeit der Werte aufgeworfen wird.

Wie fragwürdig eine Ideologisierung der Wertproblematik sein kann, zeigen die Schriften von Peter Koslowski, der einerseits dem Universalismus und Rationalismus der Aufklärung absagt und die Herrschaft des Menschen über die Natur kritisiert, andererseits den radikalen Pluralismus von Postmodernisten wie Bauman, Lyotard und Welsch ablehnt, weil er in ihm einen neuen Polytheismus zu erkennen meint. Zwar hat die französische Postmoderne den latenten Totalitarismus hegelianischer und marxistischer Philosophien aufgezeigt: »Ihre Gefahr ist jedoch, daß sie dem Abgleiten des postmodernen Wissens in die Beliebigkeit eines Polytheismus Vorschub leistet.«[111] Koslowski kommt es, wie schon seinerzeit Chateaubriand, darauf an, diesen Polytheismus durch eine postmoderne Romantisierung des Christentums zu überwinden.[112]
Tatsächlich spielt er im Rahmen eines dualistischen, monologischen und von mythischen Aktanten dominierten Diskurses die Romantik gegen die Aufklärung aus: »Die Romantiker erscheinen uns heute als die eigentlichen Realisten, die den Problemdruck der Moderne und den problematischen Charakter der gesellschaftlichen Modernisierung seit der Industrialisierung schärfer gesehen haben als die reduktionistischen ›Realisten‹ und Aufklärer.«[113] Wer hier mit »Realisten« gemeint ist, bleibt unklar: Wahrscheinlich alle, die anderer Meinung sind.

Wohin dieser Diskurs führt, zeigt Koslowskis nächster Schritt, der einen Anschluß der Postmoderne, die »eine spirituelle und religiöse Signatur«[114] aufweist, an das Mittelalter vollzieht. Nicht diese Romantisierung der Postmoderne, an der Chateaubriand und Novalis Gefallen fänden, erscheint dem Autor restaurativ, sondern Habermas' Projekt der Moderne, »weil es Vergangenes, nämlich den Linkshege-

---

111 P. Koslowski, »Supermoderne oder Postmoderne? Dekonstruktion und Mystik in den zwei Postmodernen«, in: G. Eifler, O. Saame (Hrsg.), *Postmoderne. Anbruch einer neuen Epoche? Eine interdisziplinäre Erörterung*, Wien, Passagen, 1990, S. 86.

112 Vgl. F. R. de Chateaubriand, *Génie du christianisme* Bd. 2, Paris, Garnier-Flammarion, 1966, S. 248.

113 P. Koslowski, *Die Postmoderne Kultur*, op. cit., S. 19.

114 Ibid., S. 20.

lianismus, am Leben zu erhalten versucht«.[115] Romantik und Mittelalter hingegen sind hochaktuell.

Angesichts solcher Argumentationsmuster nimmt es nicht wunder, daß Koslowski den von Bauman, Lyotard, Welsch oder Yeatman verkündeten Pluralismus nicht goutiert: »Vielfalt ist nicht der Sinn unserer Kultur, sondern die Folge der Erfüllung eines wichtigeren Zweckes.«[116] Dieser höhere Zweck scheint eine ideologische oder religiöse Normalisierung der Gesellschaft zu sein, die in dem hier entworfenen Zusammenhang als ideologische Reaktion auf den marktbedingten Pluralismus zu deuten ist: »Das Christentum ist normale Religion in Deutschland, das Christentum als ganzes, nicht eine seiner Konfessionen.«[117]

Der hellenistisch-christliche Charakter der neuzeitlichen europäischen oder deutschen Kultur soll nicht in Frage gestellt werden; als fragwürdig erscheint aber ein präskriptiver Diskurs, der monologisch eine bestimmte Normativität verkündet und dabei Dichotomien und mythische Aktanten einsetzt: »Gegen das moderne Axiom ›Die Relationen bestimmen die Substanz und das Selbst‹ setzt die postmoderne Kultur die Selbst-Deutung ›Das Selbst ist eine unteilbare und ursprüngliche Substanz‹.«[118] Nicht der Idealismus dieses Satzes ist ideologisch, sondern der hier konstruierte Dualismus zwischen einer funktionalistischen Moderne und einer christlichen Postmoderne sowie der mythische Aktant »postmoderne Kultur«, den Koslowski als real handelnde Instanz auftreten läßt.

Obwohl Koslowski kaum zu einem besseren Verständnis von Moderne und Postmoderne beiträgt, weil er im Gegensatz zu Tenbruck beide Begriffe stark ideologisiert und Tenbrucks vorsichtige Argumentation durch ideologische Plädoyers ersetzt, ist sein Diskurs interessant, weil er – wie die anderen soziologischen Diskurse – von der postmodernen Problematik Zeugnis ablegt. Er tut es zunächst dadurch, daß er bekannte postmoderne Schlüsselbegriffe wie *soziale Bewegung* (Touraine, Beck) und *Selbstfindung* (*Ichsuche*) einbringt: »Die neuen sozialen Bewegungen sind eine Reaktion auf die Krise

---

115 Ibid.

116 Ibid., S. 152.

117 Ibid., S. 156.

118 Ibid., S. 51.

der Moderne und deren Verlust an kultureller Kontextualität.«[119] An Giddens' Darstellung der »spätmodernen« (*late modern*) Gesellschaft erinnern bei Koslowski postmoderne Programmpunkte wie »Wiederentdeckung des Selbst« und »Aufgabe der Selbstfindung«.[120]

Nicht unwichtig, weil für die Postmoderne-Diskussion symptomatisch, ist seine Erkenntnis, daß extremer Pluralismus und Partikularismus jederzeit in Indifferenz umschlagen können: »Bei gleicher Gültigkeit aller Lebensordnungen und -deutungen in einer Gesellschaft herrscht nicht Toleranz, sondern Gleichgültigkeit in kulturellen Fragen.«[121] Auch hier zeigt sich, daß die postmoderne Gesellschaft sowohl aus konservativer als auch aus marxistischer und feministischer Sicht als kollektive Gratwanderung zwischen Toleranz und Indifferenz darstellbar ist. (Dazu ausführlicher Abschn. 5.)

Um einen Sturz in die marktbedingte Indifferenz zu verhindern, plädiert Koslowski für eine religiöse und ethische Erneuerung der Wirtschaftsgesellschaft. Er spricht von der Notwendigkeit einer »größere(n) Gemeinsamkeit des Ethos«[122] in postmoderner Zeit und erklärt: »Wirtschaftsethik ist der Versuch, gegen diese Entwicklung eine neue Einheit zwischen Wirtschaft und Kultur, Arbeitswelt und Lebenswelt zu schaffen.«[123]

Dieser Versuch evoziert die Vorhaben der beiden amerikanischen Soziologen Daniel Bell und Amitai Etzioni, deren Diagnosen sich zwar erheblich unterscheiden, die aber mit Koslowski die Ansicht vertreten, daß die entfesselten Markt- und Konsummechanismen nur noch durch religiöse und ethische Erneuerung zu bändigen sind. Auch sie lassen erkennen, daß die Marktgesetze einerseits zur Ausbreitung der Indifferenz beitragen, andererseits ideologische Reaktionen auf diese Indifferenz provozieren: feministische und ökologische Rettungsversuche, religiöse Erneuerung oder Besinnung auf ethische Werte (»moralische Wiederaufrüstung«, »morele herbewapening«, wie es vor Jahren bei Philips genannt wurde).

---

119 Ibid., S. 68.

120 Ibid., S. 54-55.

121 Ibid., S. 155.

122 Ibid., S. 98.

123 Ibid., S. 104.

Symptomatisch für die postmoderne Dialektik von Indifferenz und Ideologie ist Daniel Bells Kritik der spätkapitalistischen Ordnung, deren Entfaltung die Gesinnung zu zerstören droht, die sie ermöglicht hat. Im Mittelpunkt von Bells bekanntem Buch *Die nachindustrielle Gesellschaft* steht die Webersche These über die »innerweltliche Askese« des Protestantismus, die zur Triebfeder rationalen Handelns und wirtschaftlicher Erfolgssuche wird. Diese These erscheint Bell als eine treffende Darstellung der traditionellen Industriegesellschaft, deren Grundvoraussetzungen in der nachindustriellen Neuordnung der Nachkriegszeit (der 60er Jahre) ausgehöhlt werden. Die innerweltliche Askese, die das Funktionieren der kapitalistischen Wirtschaft gewährleistet hat, wird durch Akzentverschiebungen innerhalb des spätkapitalistischen Systems erheblich geschwächt.

Insgesamt können fünf Faktoren identifiziert werden, die für diese Entwicklung verantwortlich sind: 1. eine Schwerpunktverlagerung von der Güterproduktion in den Bereich der Dienstleistungen in der Wirtschaft; 2. ein entsprechendes Wachstum im gesellschaftlichen Sektor von freien und technischen Berufen begleitet vom Niedergang des Proletariats; 3. die wachsende Bedeutung der Wissenschaft für gesellschaftliche Innovationsschübe und gesellschaftspolitische Programmatik; 4. Zukunftsorientierung im Sinne einer Steuerung des technischen Fortschritts; 5. Entstehung einer neuen »intellektuellen Technologie« oder einer »organisierten Komplexität«[124], wie Bell sagt, im Sinne der Kybernetik und der Informatik.

In dem hier entworfenen Zusammenhang kommt es nicht so sehr auf die von Bell dargestellte Entwicklung von Wissenschaft, Technologie und Technokratie an, sondern vor allem auf die beiden ersten Punkte, in denen es um die Entstehung neuer Gesellschaftsschichten geht, die sich nicht mehr vorwiegend an der *Produktion* als Güterproduktion orientieren, sondern am *Konsum*, am *Warenangebot*. Diese Neuorientierung hat weitreichende Folgen, zu denen die Spaltung der Gesellschaft in einen wirtschaftlich-technologischen und einen kulturellen Bereich gehört. Während die traditionelle Industriegesellschaft Bell als ein integriertes System von Kultur, Charakterstruktur und Wirtschaft erscheint (was sie jedoch nicht ist), stellt

---

[124] Vgl. D. Bell, *Die nachindustrielle Gesellschaft*, Frankfurt-New York, Campus, 1989, S. 32.

sich ihm die nachindustrielle Gesellschaft als eine von Konsum und Amüsement beherrschte, hedonistische Welt dar.

Bells Erklärung fällt, wie bereits angedeutet, dialektisch-ironisch aus: »Die Ironie des Schicksals aber wollte es, daß all dies vom Kapitalismus selbst unterminiert wurde, der durch Massenproduktion und Massenkonsum die protestantische Ethik zerstörte und an ihrer Stelle eifrig eine hedonistische Lebensweise förderte.«[125] Diese Entwicklung führt eine Spaltung der Gesellschaft herbei: »Denn während das System im Hinblick auf die Organisation von Produktion und Arbeit nach wie vor Vorsorge, Fleiß und Selbstdisziplin, Hingabe an die Karriere und den Erfolg verlangt, fördert es im Konsumbereich die Haltung des *carpe diem*, d.h. Verschwendung, Angeberei und die zwanghafte Jagd nach Amüsement.«[126] Beiden Bereichen ist allerdings das Fehlen einer »transzendentalen Ethik« gemeinsam.

Es ist aufschlußreich zu beobachten, wie sich Bells Zeitdiagnose an dieser Stelle mit der Touraines überschneidet. Man wird sich noch erinnern, daß Touraine im Zusammenhang mit der »zerfallenen Moderne« vom »Streben nach Lust, gesellschaftlichem Status, Profit oder Macht« sprach (vgl. Abschn. 1). Die beiden Soziologen ergänzen einander insofern, als Bell Touraines These weiterdenkt und behauptet, die hedonistische Kultur der nachindustriellen Gesellschaft sei antibürgerlich und dem ästhetischen Modernismus des 19. Jahrhunderts verpflichtet.

Verkürzt ausgedrückt: Die Flucht in die Mode (als Dandytum) und in die *paradis artificiels* (Baudelaire), die mitten im 19. Jahrhundert einigen wenigen vorbehalten war, ist heute eine kollektive Erscheinung. Bell spricht sogar vom »Sieg des Modernismus« in der zeitgenössischen Gesellschaft und spielt in seinem Buch *Cultural Contradictions of Capitalism* (1976) die leistungsorientierte Moderne gegen den Modernismus als zerfallene oder späte Moderne aus. Nicht zu Unrecht bemerkt John O'Neill, »Bells Auffassung der Postmoderne [laufe] auf eine Ablehnung der gesamten Moderne hinaus bis auf deren Puritanismus als eine der bürgerlichen Kultur und Industrie entsprechende Ethik«.[127]

---

125 Ibid., S. 363.

126 Ibid.

127 J. O'Neill, »Religion and Postmodernism: The Durkheimian Bond in Bell and

Es fragt sich allerdings, ob die Industriegesellschaft des 19. Jahrhunderts tatsächlich, wie Bell meint, ein integriertes System von Wirtschaft und Kultur war. So verschiedene Denker wie Marx und Alfred Weber haben immer wieder, jeder auf seine Art, auf das Spannungsverhältnis von Wirtschaft und Kultur hingewiesen. Es kommt hinzu, daß die Konsumorientierung, wie Veblen in seiner Theorie der *leisure class* und des Geltungskonsums (*conspicuous consumption*) gezeigt hat[128], bereits im Kapitalismus des 19. Jahrhunderts angelegt war. Aufgrund der von Bell beschriebenen Prozesse öffnet sich die Konsum- und Freizeitsphäre immer größeren Gruppen, so daß die Konsumorientierung global mit der Profitorientierung konkurrieren kann. Beide Orientierungen gehen aber aus der Marktwirtschaft hervor und werden vom Tauschwert beherrscht (als Profitstreben und als Verlangen nach Waren), der tendenziell alle Kulturwerte negiert.

Bell zeigt, wie dies geschieht, wenn er die Zerstörung der protestantischen Ethik durch die Entwicklung des Kapitalismus schildert. Er faßt diese Entwicklung allerdings als eine Auseinandersetzung zwischen zwei Ideologien auf, zwischen der individualistisch-puritanischen und der hedonistischen, ohne zu bedenken, daß schon das Profitstreben des 19. Jahrhunderts aufgrund seiner durch den Tauschwert vermittelten Indifferenz alle kulturellen Werte, auch die protestantische Ethik, tendenziell negierte. Schon deshalb sind seine Plädoyers für eine ethische und religiöse Erneuerung der nachindustriellen (»modernistischen«) Gesellschaft wenig überzeugend.[129] Mit Koslowskis Rhetorik haben seine nuancierten Ausführungen eines gemeinsam: den Versuch, der Wirtschaftsgesellschaft eine andere als nur wirtschaftliche Ausrichtung zu geben.

Daß dies ein postindustrielles oder postmodernes Anliegen ist, bestätigt die auf Ethik und Gemeinschaft ausgerichtete Soziologie Amitai Etzionis. Etzioni, der in den 1960er Jahren den *Postmoderne*-Begriff im Anschluß an C. Wright Mills verwendet[130] und die Post-

---

Jameson«, in: *Theory, Culture and Society (Postmodernism)*, Bd. 5, Nr. 2-3, 1988, S. 495.

128 Vgl. T. B. Veblen, *Theorie der feinen Leute. Eine ökonomische Untersuchung der Institutionen* (1899), Frankfurt, Fischer, 1993 (4. Aufl.).

129 Siehe die Kritik von J. O'Neill an Bell in: »Religion and Postmodernism«, op. cit., S. 496-497.

130 C. Wright Mills hat – meines Wissens – das Wort »postmodern« in die soziologi-

moderne nach dem Zweiten Weltkrieg beginnen läßt, stellt sich in *The Active Society* (1968) eine nachmoderne Gesellschaft vor, die ihre eigene Entwicklung vollkommen beherrscht. Er versucht, eine Theorie dieser Gesellschaft zu entwerfen, die er als »theory of societal self-control«[131] bezeichnet.

Wie sieht nun eine postmoderne, aktive Gesellschaft, die sich »selbst im Griff hat«, aus? Es ist zunächst eine Gesellschaft, die im Gegensatz zu vergangenen Gesellschaften ihre eigenen Wertsetzungen ernst nimmt, d.h. ihre Werte nicht nur durch Lippenbekenntnisse ritualisiert, sondern verwirklicht. Etzioni gibt zwar zu, daß die technischen, technologischen und wissenschaftlichen Errungenschaften der Moderne nicht rückgängig gemacht werden können, möchte sie aber zur Aktivierung der Gesellschaft im Übergang von der Moderne zur Postmoderne einsetzen. Diese stellt er in großen Zügen wie folgt dar: »Ein umfassenderes Wissen und Bewußtsein, eine stärkere Beteiligung am öffentlichen Leben, eine Abnahme der Versessenheit auf materielle Vorteile und Belohnungen und ein Anwachsen wirksamer sozialer Kontrollen – all dies macht eine stärkere Ausrichtung auf Symbole und eine bescheidenere Rolle für Gegenstände im gesellschaftlichen Leben erforderlich.«[132] Dieser Diskurs, der im Gegensatz zu Bells Kritik keine Aufwertung der protestantischen Ethik intendiert, ist, wie die anderen konservativen Diskurse der Postmoderne, antiutilitaristisch, antihedonistisch, antirationalistisch und bis zu einem gewissen Grad auch antiindividualistisch. Wie Tenbruck, Koslowski und Bell geht es auch Etzioni um eine Neubesinnung auf kulturelle Werte, um Ethik.

Daß diese Ethik z.T. Kants Philosophie verpflichtet ist, lassen sowohl die früheren als auch die späteren Arbeiten Etzionis erkennen,

---

sche Diskussion eingeführt und nicht, wie W. Welsch meint, A. Etzioni: »In der Soziologie«, schreibt Welsch, »taucht der Ausdruck ›postmoderne Gesellschaft‹ erstmals 1968 bei Amitai Etzioni auf.« (W. Welsch, *Unsere postmoderne Moderne*, op. cit., S. 26.) Vgl. C. Wright Mills, *The Sociological Imagination*, Oxford, U. P., 1959, Harmondsworth, Penguin, 1980, S. 184: »We are at the ending of what is called The Modern Age. (...) Now The Modern Age is being succeeded by a postmodern period.«

131 A. Etzioni, *The Active Society. A Theory of Societal and Political Processes*, London, Collier-Macmillan, N.Y., The Free Press, 1968, S. 6.

132 Ibid., S. 8.

in denen der Autor sich dafür einsetzt, daß die Menschen einander nicht als Mittel, sondern als Zwecke behandeln. Die aktive, postmoderne Gesellschaft definiert er als eine »Assoziation von Mitgliedern, die einander als Zwecke behandeln und Nichtmitglieder so, als wären sie Mitglieder«.[133] Dieses Plädoyer für wertrationales, ethisches Handeln soll offensichtlich dazu beitragen, die entfesselten Marktmechanismen einer Postmoderne zu bändigen, die einerseits die Chance hat, eine »aktive Gesellschaft« zu werden, andererseits von ihrem eigenen Wirtschaftssystem bedroht wird: »Der ›Massen‹-Sektor ist angewachsen, und die Rolle des Staates und des Marktes hat zugenommen; Kollektive sind schwächer, weniger umfassend, weniger durchdringend und, wie wir sehen werden, weniger authentisch.«[134] Wie in den anderen Soziologien der Postmoderne (und der Spätmoderne) tritt auch hier der Gegensatz zwischen Markt und Kultur (Wertsystem) zutage.

Angesichts dieses Gegensatzes kommt es Etzioni auf zwei Faktoren an: auf die Intensivierung der gesellschaftlichen Planung und auf die Stärkung des Kollektivbewußtseins und des Wettbewerbs. Mit Hilfe neuer Technologien und Techniken soll einerseits die Kontrolle wirtschaftlicher und gesellschaftlicher Entwicklungen und ihrer Einwirkungen auf Mensch und Umwelt verbessert, andererseits die demokratische Konsensbildung erleichtert werden. Indem er ein Junktim zwischen »more control *and* more consensus-building«[135] herstellt, will Etzioni verhindern, daß sich (wie in totalitären Staaten) Planung von demokratischer Konsensbildung abkoppelt. Experten und Expertenkulturen, sagt er, sollten stärker in demokratische Entscheidungsprozesse eingebunden werden.

Nicht nur dieser Gedanke erinnert an die Gesellschaftstheorien Becks und Touraines, sondern auch die Idee der *sozialen Bewegung*, die Etzioni für einen wesentlichen Faktor der demokratischen Kontrolle hält.[136] Nicht nur sie soll – wie bei Touraine – die Subjektivität in einer bürokratisierten Gesellschaft stärken, sondern auch die Ausrichtung auf kollektive ethische Werte. Man wird an Bell, Koslowski

---

133 Ibid., S. 14.
134 Ibid., S. 441.
135 Ibid., S. 485.
136 Ibid., S. 525.

und Touraine erinnert, wenn Gerard Kelly von Etzionis Werk sagt: »Das Ziel ist eine Stärkung des moralischen Empfindens (sense of morality) und des Pflichtbewußtseins in einer Gesellschaft, von der Etzioni glaubt, daß sie auf fatale Weise durch ein Übermaß an individuellen Rechten und durch Selbstsucht untergraben wurde.«[137]

In Etzionis neueren Werken wird deutlich, daß seine Argumentation schon immer auf zwei Ebenen verlief: auf der Ebene die von der Frage nach dem, *was der Fall ist*, beherrscht wird, und auf der Ebene, auf der die Frage, *was geschehen soll*, dominiert. Da die beiden Ebenen oft ineinandergreifen, ist es nicht immer einfach, die beiden Fragestellungen zu unterscheiden. Wenn beispielsweise Etzioni der von Adam Smith beeinflußten individualistisch-utilitaristischen Methode (die er als die »neoklassische« bezeichnet) vorwirft, kollektive und normativ-ethische Faktoren auszublenden, so kann angenommen werden, daß sich seine gemeinschaftliche (»communitarian«) Ideologie in seinen methodologischen Überlegungen niederschlägt: »Die neoklassische Annahme, daß das Individuum der Entscheidungsträger ist, wird hier insofern verändert, als wir annehmen, daß soziale Kollektive (...) die eigentlichen Entscheidungsträger sind.«[138] Daß diese Methode, die, wie Etzionis gründliche Analysen zeigen, durchaus fruchtbar sein kann, der Romantik näher steht als der Aufklärung, wird vom Autor selbst erkannt, wenn er bemerkt: »Die hier vorgestellte Sichtweise ist ein Mittelweg zwischen den zwei ›Ideal‹-Typen der Aufklärung und der Romantik, obwohl sie der romantischen Sichtweise näher steht als der der Aufklärung.«[139]

---

137 G. Kelly, »Off-the-self sociology«, in: *The Times Higher*, 24. 3. 95, S. 21. – Siehe auch die anonymen Kommentare in *The Economist*, 18. 3. 95, »Mr. Etzioni and his followers appeal to a combination of popular anxieties about the future and nostalgia for a partly imaginary past.« (S. 16) Und: »Anthony Giddens, professor of Sociology at Cambridge University, criticises Mr. Etzioni for blaming the decline of social cohesion and personal responsibility on a surfeit of rights, rather than on the true culprit, which for Mr. Giddens is the corrosive effect of market forces.« (S. 43) – In beiden Kommentaren tritt der konservative Charakter von Etzionis Ansatz in Erscheinung.

138 A. Etzioni, *Jenseits des Egoismusprinzips. Ein neues Bild von Wirtschaft, Politik und Gesellschaft*, Stuttgart, Schäffer-Poeschel, 1994, S. 25.

139 Ibid., S. 41.

Neben der Aktualisierung einer bestimmten Romantik fällt im gesamten Werk Etzionis das Streben nach Ideologisierung soziologischer Fragestellungen auf. Der Wille zur Ideologie nimmt in der programmatischen Schrift *The Spirit of Community* extreme Formen an: Ausgehend von der eher banalen Hypothese, daß »Rechte Pflichten voraussetzen« (»rights presume responsibilities«)[140], setzt Etzioni dem radikalen Individualismus der amerikanischen Gesellschaft seinen »Kommunitarismus« entgegen und fordert seine Leser im Geiste der postmodernen Bewegungen auf: »Be a Communitarian: Join the Movement.«[141] An anderer Stelle setzt er sich für eine »Stärkung der Gemeinschaftselemente in den Städten und Vorstädten«[142] ein und plädiert unerschrocken für »shared heroes or values«[143], die den kulturellen Pluralismus zügeln sollen. In solchen Fällen trifft sich sein Diskurs als Ideologie mit dem eines Koslowski. Beide Diskurse sind insofern für die postmoderne Problematik symptomatisch, als sie erkennen lassen, wie stark das *ideologische Bedürfnis* in einer Zeit der Indifferenz und des radikalen Pluralismus sein kann.

Hier kristallisiert sich das – provisorische – Bild einer konservativen Postmoderne-Auffassung in der Soziologie heraus: Wir haben es mit einem Denken zu tun, das angesichts der Säkularisierung, Verwissenschaftlichung, Technologisierung und Kommerzialisierung der zeitgenössischen Gesellschaft für eine kulturelle, religiöse oder ethische Erneuerung und eine Stärkung des Gemeinschaftssinns (der Kollektive) plädiert, die schon Durkheim am Herzen lagen, wie Franck-Patrick Le Crest zeigt.[144]

Obwohl eine pauschale Verurteilung dieses Denkens aus »ideologischen« Gründen für den Theoretiker nicht in Frage kommt, ist es wichtig, auf ein idealistisches Element hinzuweisen, das die hier kommentierten Ansätze miteinander verbindet: Sie vernachlässigen die wirtschaftlichen Faktoren, die seit Jahrhunderten in einem sich

---

140 A. Etzioni, *The Spirit of Community. Rights, Responsibilities and the Communitarian Agenda*, London, Fontana, 1995, S. 9.

141 Ibid., S. 18.

142 Ibid., S. 122.

143 Ibid., S. 148.

144 F.-P. Le Crest, *Actualité du concept d'anomie. Le mal de l'infini*, Paris, L'Harmattan, 2013, Kap. IV: »Emile Durkheim, une sociologie de l'intégration normative, critique du ›mal de l'infini‹ l'anomie« (vor allem S. 146-155).

beschleunigenden Tempo[145] das Kollektivbewußtsein schwächen und entscheidend zum Zerfall religiöser, moralischer und politischer Wertsysteme beitragen. Sie vernachlässigen zugleich die z.T. virulenten ideologischen Reaktionen auf diesen Zerfallsprozeß, die für eine säkularisierte Wirtschaftsgesellschaft kennzeichnend und jederzeit möglich sind. Sie vernachlässigen sie, weil sie selbst innerhalb, am Rande oder schon außerhalb des wissenschaftlichen Spektrums (Koslowski) ideologische Reaktionen dieser Art *sind*: Reaktionen auf die Indifferenz des Marktes, der Technologie und der Naturwissenschaften. Hier zeigt sich, wie wichtig es ist, daß Theorien ihre – stets unvermeidlichen – ideologische Grundlagen systematisch reflektieren.

Insgesamt wird deutlich, daß es nicht sinnvoll ist, die Postmoderne mit ihren konservativen (»neuromantischen«) Komponenten zu identifizieren, wie es etwa Habermas tut. Die Postmoderne ist keine konservative Ideologie, sondern eine komplexe Problematik, der auch feministische, gesellschaftskritische und sogar marxistische Ansätze angehören – wobei zu berücksichtigen ist (und das sollte hier hervorgehoben werden), daß sich die konservativen, feministischen und gesellschaftskritischen Diskurse in wesentlichen Punkten *überschneiden*.

4. Marxistische Kritik: Für und wider die »Postmoderne«

Die marxistischen Reaktionen auf die postmoderne Problematik sind heterogen, weil es keinen einheitlichen Marxismus gibt – ebensowenig wie einen einheitlichen Existentialismus oder Feminismus. Während ein Autor wie John O'Neill die von ihm drastisch simplifizierte Postmoderne zwar ablehnt, zugleich aber auf die postmoderne Problematik reagiert, indem er einen nicht-prometheischen, »orphischen« Marxismus entwirft, versuchen Fredric Jameson, vor allem aber Alex Callinicos und Terry Eagleton, die Postmoderne im Rahmen überlieferter marxistischer Argumentationsmuster zu denken. Dabei kommt es immer wieder zu Verkürzungen und Verzerrungen, weil die Post-

---

[145] Vgl. H. Rosa, *Beschleunigung. Die Veränderung der Zeitstrukturen in der Moderne*, Frankfurt, Suhrkamp, 2005, Kap. VIII: »Beschleunigung und Wachstum: Externe Triebkräfte sozialer Beschleunigung«.

moderne nicht als Problematik, sondern als Ideologie oder als neues, relativ homogenes Wertsystem wahrgenommen wird.

Daß die Postmoderne weder Ideologie noch einheitliches Wertsystem ist, sondern eine *offene Problematik* oder eine sich wandelnde *sozio-linguistische Situation*, läßt gleichsam *malgré lui* John O'Neill erkennen, wenn er sie zunächst pauschal verurteilt, dann aber einem »orphischen Marxismus« das Wort redet, der insofern auf die Postmoderne reagiert, als er sich von der historischen und revolutionären Teleologie der Moderne verabschiedet.

Zunächst macht sich O'Neill einige der hier kommentierten soziologischen Zeitdiagnosen zu eigen, wenn er auf die globale Ambivalenz der spätkapitalistischen Gesellschaft hinweist, in deren Kultur widersprüchliche Kräfte wie Manipulation, Vereinnahmung des Einzelnen und Emanzipation zusammenwirken: »Eine solche Kultur wird durch die Einheit der Gegensätze gekennzeichnet, d.h. ihre Fähigkeit, Gegensätze miteinander verschmelzen zu lassen und Sentimentalität und Gleichgültigkeit, Ausbeutung und Emanzipation zu kombinieren, den politischen Prozeß zu psychologisieren und zugleich ihre disziplinierende Politisierung der Psyche und ihre therapeutische Kultur zu vertiefen.«[146] Diese Zweideutigkeit postmoderner Kultur, die, wie sich zeigen wird, auch ein Marxist wie Michael Ryan als emanzipatorische Chance wahrnimmt, soll einem humanistischen Marxismus die Möglichkeit bieten, sein kritisches Potential zu entfalten.

O'Neill, der der postmodernen Kritik Foucaults und Lyotards an Rationalismus und Herrschaftsdenken weitgehend zustimmen kann, lehnt zusammen mit Althussers szientistischer Marx-Interpretation[147] alle rationalistischen Varianten des Marxismus ab und leugnet sogar die von Habermas aufgezeigte szientistische und technizistische Tendenz in Marxens Werk.[148] Seinen »orphischen« Entwurf leitet er mit einer Kritik am marxistischen Szientismus ein: »Der Marxismus selbst hat den Szientismus und einen kruden Prometheismus praktiziert. Meine Neuformulierung des marxistischen Humanismus wertet seine Gesellschaftlichkeit (civilty) seinem Industrialismus gegenüber

146 J. O'Neill, *The Poverty of Postmodernism*, London, Routledge, 1995, S. 22.

147 Ibid., S. 95.

148 Ibid., S. 4.

auf.«[149] Trotz aller Absagen an die Postmoderne, die er in O'Neills Schriften findet, fallen dem informierten Leser zwei postmoderne Gedanken auf: die Kritik am Szientismus (Bauman, Tenbruck) und die Absage an den Industrialismus (Touraine, Beck). Dieser Marxismus erscheint demnach nicht so sehr als Alternative zu einer postmodernen Ideologie, sondern als intergraler Bestandteil der postmodernen sprachlichen Situation.

Wie sehr sich O'Neill Bestandteile postmoderner Theorien und Ansichten zu eigen macht, zeigt auch seine Offenheit für dekonstruktivistische und feministische Ideen, die er für seinen orphischen, d.h. nicht-herrschaftlichen, nicht-szientistischen Marxismus reklamiert. Marx erscheint ihm als ein Dekonstruktivist *avant la lettre*, der lange vor der Dekonstruktion binäre Gegensätze wie Geist / Körper, männlich / weiblich oder Individuum / Gesellschaft anzweifelte. Es fragt sich allerdings, ob hier nicht auf recht oberflächliche Art eine materialistische Dialektik des 19. Jahrhunderts den nietzscheanischen Dekonstruktionen des 20. Jahrhunderts angeglichen wird.

Ähnliches geschieht in Michael Ryans *Marxism and Deconstruction* (1982), wo versucht wird, Marxens und Derridas Kritik der Metaphysik als ein gemeinsames Anliegen erscheinen zu lassen, und wo behauptet wird, die Dekonstruktion ermögliche eine radikale Kritik der kapitalistisch-patriarchalen Institutionen im Rahmen des Marxismus.[150]

O'Neill faßt nicht so sehr eine Allianz mit der Dekonstruktion, sondern eher mit der Phänomenologie und der phänomenologischen Soziologie von Alfred Schütz ins Auge. Es überrascht kaum, daß der Begriff der *Lebenswelt*, den schon Habermas kritisch gegen die entfremdenden Systeme »Macht« und »Geld« wandte, im Mittelpunkt seiner Betrachtungen steht. Denn es geht primär darum, im Anschluß an die ethnomethodologische Tradition und die Sprachphilosophie Peter Winchs den szientistischen Anspruch der Soziologie, umfassende Metasprache zu sein, zurückzuweisen und den *common sense*

---

149 Ibid., S. 94.

150 Vgl. M. Ryan, *Marxism and Deconstruction. A Critical Articulation*, Baltimore-London, The Johns Hopkins U.P., 1982, S. 21. (Zur ausführlichen Kritik an Ryan siehe: Vf., *Die Dekonstruktion. Einführung und Kritik*, Tübingen-Basel, Francke, 1994, Kap. VII. 3.)

zusammen mit der Alltagssprache zu rehabilitieren. Es sei eine der Grundaufgaben der Wissenssoziologie, sagt O'Neill, »über die *Kommunikations*grundlagen zwischen Alltagsvernunft und wissenschaftlicher Rationalität nachzudenken«.[151] Dies geschieht mit dem Ziel, die Übersetzbarkeit der Alltagssprache und des *common sense* in Wissenschaftssprachen zu erforschen und zu erleichtern.

Von einer solchen Kommunikation zwischen Wissenschaft und Alltagswissen verspricht sich O'Neill eine bessere demokratische Kontrolle von Expertengruppen (»political accountability to which experts must be held«)[152], die Umwandlung der Gesellschaft in eine »kommunikative Gemeinschaft« (»communicative community«)[153] und die »Entkolonialisierung« der Lebenswelt durch kommunikative Demokratisierung. Dieser postmodern-marxistische Entwurf erinnert einerseits an die Demokratisierungsvorschläge bei Touraine und Beck (Kontrolle der Experten, der Wissenschaft), läßt andererseits aber die Frage offen, wie sich angesichts der mächtigen Rationalisierungs- und Bürokratisierungstendenzen in der zeitgenössischen Gesellschaft demokratische Kontrollen dieser Art entfalten können.[154] Es kommt hinzu, daß O'Neill – in angelsächsischer Tradition stehend – den *common sense* völlig unkritisch betrachtet und nicht bedenkt, daß er ein bewährtes und von Politikern reichlich genutztes Vehikel für Vorurteile, Stereotypen und andere Ideologeme ist, die eine kritische Soziologie *reflektieren* sollte.

Im Gegensatz zu O'Neill und Ryan ist der amerikanische Marxist Fredric Jameson nicht bereit, seinen Diskurs mit lebensweltlichen und anderen »orphischen« Theoremen zu versetzen. Er geht seit seinem 1984 erschienenen Artikel »Postmodernism or the Cultural Logic of Late Capitalism« im Anschluß an den Marxisten Ernest Mandel von der These aus, daß der marktwirtschaftliche Kapitalismus der liberalen Ära vom Monopolkapitalismus der Jahrhundertwende abge-

---

151 J. O'Neill, *The Poverty of Postmodernism*, op. cit., S. 160.

152 Ibid., S. 182.

153 Ibid., S. 185.

154 Vgl. dazu die Organisationssoziologie von Philippe Bernoux, die die organisatorischen Zwänge in Betrieben und in der Verwaltung zutage treten läßt: Ph. Bernoux, *La Sociologie des organisations. Initiation théorique suivie de douze cas pratiques*, Paris, Seuil (1985), 2009 (Neuausgabe), Kap. VIII: »Les nouvelles sociologies des organisations«.

löst wird und sich nach dem Zweiten Weltkrieg in eine multinationale, globalisierte Konzernwirtschaft verwandelt. Jameson lehnt Bells Begriff der »postindustriellen Gesellschaft« ab und versucht, seine Auffassung vom *multinationalen Kapitalismus* zu konkretisieren.

Der alle Lebensbereiche umfassende zeitgenössische Kapitalismus vereinnahmt auch die letzten »Enklaven vorkapitalistischer Organisationsformen«, die er bislang zwar toleriert, aber ausgebeutet hat: »Man kann in diesem Zusammenhang von einer neuen und historisch einmaligen Durchdringung und Kolonialisierung der Natur und des Unbewußten sprechen, die sich sowohl in der Vernichtung der vorkapitalistischen Landwirtschaft durch die ökologische Umwälzung als auch im Aufstieg der Medien und der Werbeindustrie manifestiert. Deutlich geworden ist wohl, daß meine eigene Periodisierung der Kulturentwicklung in ›Realismus‹, ›Moderne‹ und ›Postmoderne‹ von Mandels dreistufigem Modell inspiriert ist und bestätigt wird.«[155] (Man kann nur hoffen, daß diese Art von Tautologie – »inspiriert ist und bestätigt wird« – für den dialektischen Diskurs nicht typisch ist.)

Es zählt sicherlich zu Jamesons Verdiensten, daß er sich nicht auf ein vereinfachendes chronologisches Schema verläßt, sondern die postmoderne Kulturform als ein Ensemble von kulturellen Phänomenen auffaßt, das im Laufe der 1950er und 60er Jahre zu einer *Dominanten* wird. Es handelt sich also um eine Konzeption, in der die Postmoderne weder auf eine Ideologie noch auf eine Stilrichtung unter vielen reduziert, sondern als eine sich allmählich durchsetzende Konstellation von verwandten Kulturmustern verstanden wird: »eine Konzeption, die es ermöglicht, die Präsenz und die Koexistenz eines Spektrums ganz verschiedener, jedoch einer bestimmten Dominanz untergeordneter Elemente zu erfassen.«[156] Diese Dominanz ist die Vermittlung durch den Tauschwert, die Jameson ohne die ideologischen Reaktionen denkt.

Im Vergleich zu dem hier vorgeschlagenen *Problematik*-Begriff hat zwar Jamesons Konzept der *Epoche mit einer Dominanten* den

---

[155] F. Jameson, »Postmoderne – zur Logik der Kultur im Spätkapitalismus«, in: A. Huyssen, K. R. Scherpe (Hrsg.), *Postmoderne. Zeichen eines kulturellen Wandels*, Reinbek, Rowohlt, 1986, S. 78-79.

[156] Ibid., S. 48.

Vorteil, daß es die Postmoderne auf Anhieb als einheitliches Gebilde erscheinen läßt: als verdinglichte Konstellation. Es hat zugleich aber den Nachteil, daß es die heterogenen ideologischen Antworten auf die postmoderne Problematik nicht erfaßt. Weshalb kann ein bestimmter Feminismus zugleich mit Koslowskis konservativer Ideologie und O'Neills »orphischem Marxismus« als Antwort auf postmoderne Probleme aufgefaßt werden? Diese Frage ist kaum im Rahmen eines Ansatzes zu beantworten, in dem etwa behauptet wird, daß die Postmoderne von einem Verlust der historischen Dimension gekennzeichnet wird. Denn diese Diagnose trifft weder auf die konservative noch auf die orphisch-marxistische Position zu.

Allerdings kann Jameson nicht vorgeworfen werden, er lasse es bei Negativurteilen wie »Verlust des historischen Bewußtseins« bewenden. Denn er faßt die »postmoderne Konstellation« (Renner) als eine ambivalente Situation auf, in der verdinglichende und affirmative mit emanzipatorischen Tendenzen konkurrieren. Aus der Sicht der Kritischen Theorie kristallisiert sich trotz des ambivalenten Gesamtbildes eine Übermacht der verdinglichenden Faktoren heraus.

Zu ihnen gehört das, was Jameson als »die neue Oberflächlichkeit« bezeichnet, die sich, wie er meint, »sowohl auf die zeitgenössische Theorie als auch auf die gesamte neue Kultur des Bildes oder des Simulakrums erstreckt«.[157] Diese These, die einerseits Baudrillards Vision von einer eindimensionalen, rein phänomenalen Mediengesellschaft (vgl. Abschn. 6), andererseits das hier entwickelte Indifferenz-Theorem bestätigt, wird von Jameson später konkretisiert, wenn er bemerkt, daß »die Kultur des Simulakrums in einer Gesellschaft entsteht, in der der Tauschwert sich in dem Maße durchgesetzt hat, daß sogar die Erinnerung an den Gebrauchswert getilgt wird«.[158]

Diese globale Entwicklung hat in Jamesons Modell mindestens drei weitere negative Folgen: Es macht sich ein Verlust des historischen Bewußtseins bemerkbar, wobei die historische Perspektive tendenziell von einer räumlichen verdrängt wird, weil vor allem die Medien dazu neigen, das historische Nacheinander durch Fragmentierung und ein unvermitteltes Nebeneinander (»unexpected juxtaposi-

---

[157] Ibid., S. 50.

[158] F. Jameson, *Postmodernism, or, the Cultural Logic of Late Capitalism*, op. cit., S. 18.

on«)[159] zu ersetzen. Diese mediale Einwirkung auf das Bewußtsein hat wiederum zur Folge, daß Empfindungen und Gefühle sehr labil geschichtet und nicht mehr personengebunden sind, weil sie in dem von den Medien geschaffenen Raum der »Weltereignisse« und der »Weltkultur« frei flottieren. Dies führt zu dem Schluß, daß das postmoderne Bewußtsein in einem von modernen Technologien beherrschten Raum gefangen ist, aus dem es nicht auszubrechen vermag.

Jamesons Gesamturteil hört sich wie eine Synthese aus Marcuse und Baudrillard an: »Die Bilderkultur bringt, indem sie die alten Wunschbilder, Stereotype und Texte transformiert, praktisch jeden Glauben an eine bestimmbare Zukunft und ein kollektives Ziel zum verschwinden.«[160] Anders ausgedrückt: Die Verdinglichung des Bewußtseins durch die kommerzialisierten Medien läßt die »zweite Dimension«, die Fähigkeit, das verdinglichte Sein zu durchschauen und Alternativen ins Auge zu fassen, verschwinden. Diese Entwicklung läuft auf eine Entmachtung und Entmündigung individueller und kollektiver Subjekte hinaus, die Jameson ebenso fürchtet wie Touraine, Beck und Etzioni.

Trotz dieser negativen Aspekte der Postmoderne hält Jameson an der Marxschen Dialektik fest, derzufolge der Kapitalismus »als Katastrophe *und* als Fortschritt«[161] zu denken sei. Der Fortschritt scheint in der noch nicht ausgeschöpften Möglichkeit zu bestehen, die Medien durch Demokratisierung und Didaktisierung »umzufunktionieren«, so daß sie zumindest teilweise eine orientierende (»kartographische«) und kritische Funktion erfüllen. Daher plädiert Jameson für »eine Ästhetik nach dem Muster einer für unsere Wahrnehmung und Erkenntnis orientierenden Kartographie – eine pädagogisch-politische Kultur, die das Subjekt mit einem neuen und erweiterten Sinn für seinen Standort im Weltsystem ausstattet (...)«.[162] Eine solche Ästhetik dürfe nicht auf traditionelle oder nationale Produktionsstufen re-

---

159 Ibid., S. 371.

160 F. Jameson, »Postmoderne – zur Logik der Kultur im Spätkapitalismus«, op. cit., S. 91.

161 Ibid., S. 92.

162 Ibid., S. 99.

gredieren, sondern müsse der postmodernen Wirklichkeit des multinationalen Kapitalismus Rechnung tragen.

Insgesamt wird klar, daß auch hier – trotz aller Ablehnung der Postmoderne – marxistische Antworten auf *postmoderne Probleme* gesucht werden: Ähnlich wie Touraine und Beck geht Jameson der Frage nach, wie die Subjekte angesichts einer global werdenden Verdinglichung gestärkt werden könnten; anders als der französische und der deutsche Soziologe verknüpft er das Projekt der Demokratisierung nicht so sehr mit dem Begriff der *sozialen Bewegung*, sondern mit dem in Anlehnung an Brecht entwickelten Konzept einer *pädagogisch-politischen Kultur* im postmodernen Maßstab. So wohlgemeint Vorschläge dieser Art auch sein mögen, sie klingen angesichts der postmodern perfektionierten »psychotechnischen Behandlung der Massen«, von der Adorno sprach, eher harmlos.

Die marxistische Auseinandersetzung mit der Postmoderne wird von Alex Callinicos in *Against Postmodernism* (1989) auf den Punkt gebracht, wenn er den Erfolg postmoderner Modeerscheinungen mit dem Scheitern des realen Sozialismus und der Revolution verknüpft: » Postmoderne und Revolution stehen aber in enger Beziehung zueinander. Nicht nur weil der Glaube an eine postmoderne Epoche mit der Ablehnung einer machbaren oder wünschenswerten Revolution einhergeht, sondern weil die Einsicht in das Scheitern der Revolution dazu beitrug, daß sich dieser Glaube weitgehend durchgesetzt hat.«[163] Hier wird eine Ansicht bestätigt, die auch Christopher Norris und Marxisten wie Terry Eagleton[164] (vgl. Kap. IV. 1) vertreten: daß das Scheitern des sozialistischen Experiments im Laufe der 1980er Jahre der Postmoderne zu jener Dominanz verhalf, die ihr Jameson bescheinigt. Die verunsicherten und enttäuschten Intellektuellen des Jahres 1968 (etwa Lyotard) hält Callinicos für die wichtigste treibende Kraft der Postmoderne: Ihre Abkehr vom revolutionären Marxismus, die er als eine *trahison des clercs* interpretiert[165], erscheint ihm als die eigentliche Wende zur Postmoderne.

---

[163] A. Callinicos, *Against Postmodernism. A Marxist Critique*, Cambridge, Polity, 1989, 1994, S. 9.

[164] Vgl. Ch. Norris, *The Truth about Postmodernism*, Oxford, Blackwell, 1993, S. 288 sowie T. Eagleton, *The Illusions of Postmodernism*, Oxford, Blackwell, 1996.

[165] Vgl. A. Callinicos, *Against Postmodernism*, op. cit., S. 171.

Im Gegensatz zu O'Neill und Jameson, die durchaus Verständnis für die nachmoderne Kritik an der Aufklärung zeigen, hat Callinicos nur Hohn für liberale Kritiker wie Bauman übrig, die meinen, »daß jede Art von globaler sozialer Veränderung schnurgerade in den Gulag führt«.[166] Er selbst versucht, Bells Theorie der *nachindustriellen Gesellschaft* zu widerlegen, indem er einerseits behauptet, daß die Zunahme der »white-collar workers« nicht aus dem Anwachsen des Dienstleistungssektors ableitbar ist, andererseits die Ansicht vertritt, daß die wirtschaftlich benachteiligten »white-collar workers« durchaus der Arbeiterklasse zuzurechnen sind. Er fügt hinzu, daß im Zuge der Industrialisierung der Dritten Welt eine »industrial working class on a global scale«[167] entsteht. Wir sind hier wieder bei den alten Fundamentalfragen angelangt, mit denen sich Marxisten seit fast 150 Jahren herumschlagen: Was macht eine soziale Klasse aus? Wann können wir von einer Klasse »für sich« und nicht nur »an sich« sprechen? Ist die neue Arbeiterklasse (Gorz, Mallet, Goldmann) eine Klasse oder nicht etc.?

Nicht zu Unrecht merkt Callinicos kritisch zu Jamesons Theorie an, daß sie den multinationalen Kapitalismus zu pauschal behandelt und den »Boom« der 1960er Jahre mit dem Beginn einer neuen Phase in der Entwicklung des Kapitalismus identifiziert, dabei aber die Rezession der Jahre 1974-75 ausblendet. Offensichtlich geht es Callinicos primär darum, die marxistische Zyklentheorie zu restaurieren. Daß er der postmodernen Problematik nicht ganz entgeht, obwohl er die Postmoderne als Ideologie ablehnt, zeigt er am Ende seiner Betrachtung, wo er sich – allerdings in einem anderen Kontext als Touraine oder Beck – auf »new labour movements« wie *Solidarność*, die Arbeiterpartei Brasiliens, die Arbeiterbewegung Südkoreas etc. beruft.

Im Gesamtkontext wird deutlich, daß einige Antworten der Marxisten durchaus im Rahmen der postmodernen Problematik zu verstehen sind, zumal dann, wenn sie sich gegen den abstrakten Universalismus und Historismus wenden, die einigen älteren Varianten des Marxismus eigen waren. Andere marxistische Reaktionen, vor allem die eines Callinicos, sind lediglich als Zeichen einer sprach-

---

[166] Ibid., S. 22.
[167] Ibid., S. 125.

lichen Beharrungstendenz zu deuten, von der sich der marxistische Diskurs nur mit Mühe zu befreien scheint.

5. Pluralismus, Indifferenz und Ideologie

Nicht nur die marxistischen, sondern auch die soziologischen Interpretationen der Nachmoderne – etwa die Touraines und Bells – entfalten eine »Logik der Zerfalls«, indem sie die Widersprüche der Moderne in den Mittelpunkt ihrer Betrachtungen stellen: Verwaltung und Freiheit, Rationalisierung und Solidarität, Arbeitsethos und Konsumorientierung, Marktgesetz und Kultur werden als unversöhnliche Gegensätze aufgefaßt, die den Zusammenhalt moderner Gesellschaftssysteme akut bedrohen. Es ist jedoch gut zu wissen, daß nicht alle zeitgenössischen Soziologen und Philosophen die nachmodernen Entwicklungen mit so viel Skepsis betrachten.

Sowohl Verfechter einer dynamischen Moderne wie der Soziologe Richard Münch als auch Theoretiker der Postmoderne wie Wolfgang Welsch scheinen trotz aller Divergenzen in der Ansicht übereinzustimmen, daß die zeitgenössische Gesellschaft keineswegs dem Zerfall nahe ist, sondern sich unablässig und möglicherweise in beschleunigtem Rhythmus weiterentwickelt. Während Münch, der den Postmoderne-Begriff für überflüssig hält, eine *Interpenetration* der vier wesentlichen Elemente der Moderne – *individuelle Freiheit, Rationalität, aktive Weltgestaltung* und *Solidarität* – für möglich und wünschenswert hält, stellt sich Welsch eine postmoderne Moderne vor, die er als qualitative Erneuerung der modernen Ordnung auffaßt.

Anregend sind diese beiden Ansätze deshalb, weil sie die Möglichkeit erkennen lassen, das Objekt auch anders und ohne apokalyptische Konnotationen zu konstruieren. Recht hat jedenfalls Münch, wenn er es ablehnt, die Moderne mit einer ihrer Erscheinungen, dem Kapitalismus des 19. Jahrhunderts, dem Industrialismus oder dem Bauhaus-Funktionalismus, zu identifizieren: »All diese Erscheinungen waren Kinder der Moderne, die heute schon längst zu Greisen geworden oder gestorben sind und durch andere Generationen verdrängt und abgelöst wurden.«[168] Er scheint Callinicos' Befund, daß

---

[168] R. Münch, *Die Kultur der Moderne* Bd. 1. *Ihre Grundlagen und ihre Entwicklung in England und Amerika*, Frankfurt, Suhrkamp, 1993, S. 13.

der Niedergang des realen Sozialismus dem postmodernen Denken einen starken Auftrieb gab, weil »der Sozialismus konservativ wird und die Rolle der Progression an neue Bewegungen abgeben muß«[169], teilweise zu bestätigen.

Münch zeigt sich recht zuversichtlich, daß die Interpenetration der vier von ihm genannten Faktoren für eine dynamische Kontinuität der Moderne sorgen wird: »Während die Rationalisierungstheorie, wie von Max Weber konsequent zu Ende gedacht, im völligen Skeptizismus hinsichtlich der zukünftigen Möglichkeit von individueller Freiheit und sozialer Ordnung endet, zeigt die Theorie der Interpenetration zugleich einen Weg zur Verknüpfung von Freiheit, Rationalität, sozialer Ordnung und aktiver Weltgestaltung in einer voluntaristischen Ordnung auf.«[170]

Es soll hier nicht erörtert werden, ob Münchs Entwurf tatsächlich aus Webers spätmoderner Sackgasse hinausführt. Wichtiger scheint nach der Lektüre der Werke Baumans, Becks, Touraines und Bells die Frage zu sein, ob Münch die von diesen Soziologen aufgezeigten Widersprüche und Krisen nicht wahrnimmt und weshalb die mit wachsender Arbeitslosigkeit, Protestfreudigkeit und Kriminalität konfrontierten Politiker nicht längst begonnen haben, die Theorie der Interpenetration zu praktizieren. Wahrscheinlich haben sie – von den eigenen Terminkalendern gehetzt – Münchs Arbeiten noch nicht zur Kenntnis genommen.

Obwohl er den Postmoderne-Begriff keineswegs für überflüssig hält, weil er die Moderne in einer neuen, postmodernen Ordnung aufheben (bewahren) möchte, geht Wolfgang Welsch mit ähnlicher Zuversicht an das Problem heran wie Münch. Aus ganz anderen Gründen als der Weber-Schüler und Weber-Kritiker Münch lehnt er es ab, die Widersprüche und fatalen Neigungen der Moderne in den Mittelpunkt des Geschehens zu stellen, weil er in der postmodernen Entwicklung eine Verwirklichung moderner Versprechen sieht. Erst die Postmoderne wird seiner Ansicht nach den modernen Pluralismus voll verwirklichen und den Demokratisierungsprozeß zu Ende füh-

---

169 Ibid.

170 R. Münch, *Die Struktur der Moderne. Grundmuster und differentielle Gestaltung des institutionellen Aufbaus der modernen Gesellschaften*, Frankfurt, Suhrkamp, 1992, S. 27.

ren: »Pluralität ist der Schlüsselbegriff der Postmoderne. Sämtliche als postmodern bekannt gewordene Topoi – Ende der Meta-Erzählungen, Dispersion des Subjekts, Dezentrierung des Sinns, Gleichzeitigkeit des Ungleichzeitigen, Unsynthetisierbarkeit der vielfältigen Lebensformen und Rationalitätsmuster – werden im Licht der Pluralität verständlich.«[171]

Welsch wird nicht müde, die Radikalisierung dieser Pluralität für die nachmodernen Gesellschaftstypen zu reklamieren und zu beteuern, kulturelle Vielfalt sei bereits in der Moderne angelegt gewesen. Zu Recht beruft er sich auf Max Webers Feststellung, die moderne Welt sei durch einen »Polytheismus der Werte« gekennzeichnet, und stellt fest: »Auch im gesellschaftlichen Aspekt ist evident, daß die Postmoderne die Moderne fortsetzt, ja in radikalisierter Form einlöst. Denn schon für die moderne Gesellschaft wurde Pluralität – das Kennzeichen der Postmoderne – verbindlich wie für keine andere vor ihr.«[172] Wie die Philosophen Lyotard und Rorty, von denen im nächsten Kapitel ausführlicher die Rede sein wird, widersetzt sich Welsch allen totalisierenden Tendenzen und einer Betrachtungsweise, die darauf aus ist, die verschiedenen miteinander kollidierenden Standpunkte umfassend auf einen Nenner zu bringen.

Freilich ist er sich der Gefahr bewußt, daß ein undifferenzierter Pluralismus unversehens in Indifferenz umschlagen könnte. Dies ist wohl der Grund, weshalb er immer wieder versucht, das von ihm vertretene plurale Denken gegen Oberflächlichkeit und Indifferenz abzugrenzen. Es sei schlicht gedankenlos, erklärt er, die Postmoderne mit Indifferentismus und einem »gleichmacherischen ›anything goes‹«[173] zu verwechseln. Dennoch nimmt er das Risiko wahr, das von einer »neuen Beliebigkeit« ausgeht, wenn er bemerkt: »Eine neue Beliebigkeit wäre keineswegs besser als der alte Imperialismus. Und Postmoderne darf heute nicht, indem sie dem letzteren sich entgegensetzt, der ersteren verfallen.«[174] Darf nicht, soll nicht. Wer wird sie daran hindern, zumal Welsch selbst – ähnlich wie Jameson – die postmoderne Neigung zu Oberflächlichkeit und Beliebigkeit auf-

---

171 W. Welsch, *Unsere postmoderne Moderne*, op. cit., S. XV.

172 Ibid., S. 189.

173 Ibid., S. 322.

174 Ibid., S. 323.

zeigt? Exorzismus ist keine Lösung, weil er umfassende soziologische Analysen nicht ersetzt.

Vor allem verdeckt er das, was Peter L. Berger und andere Autoren als »das Unbehagen in der Modernität« bezeichnen: »das Unbehagen, das direkt oder indirekt der technisierten Wirtschaft entstammt«[175] und das in postmoderner Zeit eher zunimmt. Der Pluralismus-Befürworter Welsch setzt sich allzu leichtfertig über Bergers Zeitdiagnose hinweg, die lautet: »Es gibt ferner ein Unbehagen, daß speziell der Pluralisierung der sozialen Lebenswelten entstammt.«[176] Mit einer Apologie des Pluralismus ist es also nicht getan.

Einer der Gründe, weshalb hier die Soziologie der Postmoderne zusammen mit nachmodernen Soziologien kommentiert wurde, war die Überlegung, daß eine soziologische Analyse der Gesamtproblematik, die bei Welsch entschieden zu kurz kommt[177], den Rahmen abgibt, in dem die philosophischen und literaturwissenschaftlichen Argumente konkret zu verstehen sind. Und diese Analyse hat – was das Pluralismus-Problem angeht – zu folgenden Einsichten geführt: 1. Der Pluralismus ist (wie der Individualismus, die Demokratisierung, die Säkularisierung und die Rationalisierung) nicht von der Marktwirtschaft zu trennen, deren Gesetze gegenwärtig alle sozialen Bereiche erfassen und die Autonomie der Kultur radikal in Frage stellen. 2. Durch die starke Partikularisierungstendenz, die mit der Pluralisierung der Gesellschaft und deren ideologischer Zersplitterung einhergeht, erscheinen religiöse, politische, ethische und ästhetische Wertsetzungen zunehmend als trivial: als austauschbar. 3. Schließlich setzt sich – zumindest tendenziell – der Universalwert durch, der alle besonderen kulturellen Werte negiert, den aber alle als Produzenten oder Konsumenten spontan anerkennen oder anerkennen müssen: der wertindifferente Tauschwert.

Welschs Problem besteht u.a. darin, daß er *In-Differenz* nicht als *Austauschbarkeit* trivialisierter Wertsetzungen auffaßt, sondern auf *eine* ihrer *Wirkungen* reduziert: auf Oberflächlichkeit und Gleichgültigkeit. Indifferenz als soziologischer und soziosemiotischer Begriff

---

175 P. L. Berger, B. Berger, H. Kellner, *Das Unbehagen in der Modernität*, Frankfurt-New York, Campus, 1975, S. 157.

176 Ibid., S. 159.

177 Vgl. W. Welsch, *Unsere postmoderne Moderne*, op. cit., S. 26-31 und S. 189-192.

meint jedoch nicht die Gleichgültigkeit einzelner Individuen, sondern die Erkenntnis zahlreicher Laien und Wissenschaftler, daß Werte, die ihnen möglicherweise gar nicht gleichgültig sind, nicht mehr überzeugen, weil sie mit unzähligen anderen Werten konkurrieren müssen und tendenziell austauschbar werden. Die meisten Konsumenten, die mit Paketen beladen an Zeugen Jehowahs und demonstrierenden Umweltschützern zur nächsten U-Bahn-Station eilen, werden sich weder über das Seelenheil noch über die zu heilende Umwelt abfällig äußern, aber die einzige dringende Frage, die ihnen allen *gemeinsam* ist, ist die Frage nach ihrem Kontostand. Der Tauschwert als Universalwert bleibt der Postmoderne auf jeden Fall erhalten, auch wenn ihre Vertreter keine Universalansprüche mehr gelten lassen.

Max Weber, der vom »Polytheismus der Werte« sprach, antizipierte die *moderne* Tendenz zur Indifferenz, als er schrieb: »Das Verflachende des ›Alltags‹ in diesem eigentlichsten Sinn des Wortes besteht ja gerade darin, daß der in ihm dahinlebende Mensch sich dieser teils psychologisch, teils pragmatisch bedingten Vermengung todfeindlicher Werte nicht bewußt wird und vor allem: auch gar nicht bewußt werden *will*, daß er sich vielmehr der Wahl zwischen ›Gott‹ und ›Teufel‹ und der eigenen letzten Entscheidung darüber: welcher der kollidierenden Werte von dem einen und welcher von dem anderen regiert werde, entzieht.«[178] Diese Unmöglichkeit oder Unfähigkeit zu wählen und aktives Subjekt zu sein, ist eine *gesellschaftliche Situation*, die hier mit dem Begriff *In-Differenz* umschrieben wird und die nicht auf Gleichgültigkeit als persönliche Einstellung oder Eigenschaft zu reduzieren ist. (Zur Beziehung von Ambiguität, Ambivalenz und Indifferenz siehe vor allem Abschn. 6 und Kap. IV.)

Diese Überlegungen sollten daher nicht im Sinne einer Trivialprophezeiung interpretiert werden, derzufolge schließlich »allen alles egal sein wird«. Im Gegenteil: die hier skizzierte Problematik bringt eine soziale *Anomie* im Sinne von Durkheim mit sich, auf die Individuen und Gruppen vor allem in Krisenzeiten mit *ideologischem Dualismus* reagieren können, der im Gegensatz zur Indifferenz steht und sie dialektisch ergänzt. Die Nachmoderne sollte folglich nicht als ein ideologiefreies Zeitalter des verwirklichten Pluralismus aufgefaßt

---

[178] M. Weber, *Soziologie. Universalgeschichtliche Analysen. Politik*, Stuttgart, Kröner, 1973, S. 272.

werden, sondern als eine Zeit verschärfter ideologischer Auseinandersetzungen. In einer Gesellschaft, in der tradierte religiöse, moralische und politische Werte ihre Kraft und ihre Bedeutung für die Subjektkonstitution einbüßen, wächst die individuelle und kollektive Anfälligkeit für ideologischen Fanatismus.[179]

Daß Welsch sich über die ideologischen Reaktionen auf Indifferenz und Pluralismus keine Gedanken macht, trägt wesentlich zur Bekräftigung seiner postmodernen Zuversicht bei, die streckenweise bukolische Züge annimmt. Seine Feststellung, »daß eine adäquate Praxis der Pluralität nicht leicht sein wird«[180], kann angesichts der Ausführungen in diesem Kapitel bestenfalls als Euphemismus gelesen werden. Münchs Theorie der Moderne als Interpenetration von Individualismus, Rationalisierung, Solidarität und Aktivismus verhält sich insofern komplementär zu Welschs Ausführungen, als sie das sich anhäufende Konfliktpotential ebenfalls ausblendet. Beide Autoren setzen sich über die Probleme des Individuums hinweg, das aus der pluralen Welt des Tauschs und der Anomie in den subjektkonstituierenden und richtungsweisenden Dualismus der Ideologie flüchtet.

6. Der Fall Baudrillard: Indifferenz ohne Ideologie

Baudrillard ist deshalb ein Fall (und diese abschließende Betrachtung eine Art Fallstudie), weil sein Werk wesentliche Aspekte der postmodernen Problematik bündelt und der im vorigen Abschnitt angesprochenen Indifferenz eine extreme Form gibt. Im Gegensatz zu Münch und Welsch, die eher das Demokratisierungspotential der spätmodernen oder nachmodernen Gesellschaft hervorheben und die Gefahren, die der durchorganisierte Kapitalismus birgt, übersehen, stellt Baudrillard die *Indifferenz* als Austauschbarkeit von Werten, Emotionen und Eindrücken in den Mittelpunkt seiner Betrachtungen. Sie wird – zusammen mit dem *Zeichentausch* und der *Simulation* – zum Kernbegriff seiner Theorie der *Postmoderne als Posthistoire.*

In *L'Illusion de la fin* kommen beide Begriffe vor und können als Synonyme oder Fastsynonyme gelesen werden: »Produktion,

---

179 Vgl. Vf. »Ideologie. Funktion und Struktur«, in: H. Bay, Ch. Hamann (Hrsg.), *Ideologie nach ihrem »Ende«. Gesellschaftskritik zwischen Marxismus und Postmoderne*, Opladen, Westdeutscher Verlag, 1995, S. 73-75.

180 W. Welsch, *Unsere postmoderne Moderne*, op. cit., S. 322.

Markt, Ideologie, Profit, Utopie (der Profit ist selber eine Utopie), all das war modern, die kapitalistische Konkurrenzwirtschaft war modern – die unsere, irreal und spekulativ, die nicht einmal die Idee von Produktion, Profit und Fortschritt hat, ist nicht mehr modern, sondern postmodern (elle est post-moderne).«[181] Schon an dieser Stelle wird klar, daß in Baudrillards Denken Mannheims Schlüsselbegriffe *Ideologie* und *Utopie* einem verschollenen modernen Zeitalter angehören und in der Postmoderne nicht wiederbelebt werden können. Diese Postmoderne wird von Baudrillard auch als »notre posthistoire«[182] bezeichnet, weil er, wie noch zu zeigen sein wird, von dem Gedanken ausgeht, daß durch die totale Mediensimulation im Spätkapitalismus Ereignis, Politik und Geschichte aufgehoben werden. Darin stimmt er mit dem von ihm beeinflußten Jameson überein.

Dies ist wohl der Grund, weshalb Wolfgang Welsch, der die Postmoderne streckenweise als pluralistische Idylle denkt, den Soziologen aus Nanterre als »Leitfigur des diffusen, Differenzen löschenden Postmodernismus«[183] aus der heilen Welt einer postmodernen Vielfalt kurzerhand in den Orkus der Posthistoire verbannt: »Baudrillard – so erklärt sich das – ist kein Denker der Postmoderne, sondern variiert eine andere und ältere Diagnose, die der Posthistoire.«[184] Posthistoire und Postmoderne werden wie sich schon im ersten Kapitel gezeigt hat, dualistisch gegeneinander abgegrenzt: »Demgegenüber ist das Theorem der Postmoderne von grundsätzlich anderem Zuschnitt. Der Unterschied zum Posthistoire-Lamento ist essentiell, und nichts ist irreführender, als Postmoderne und Posthistoire in einen Topf zu werfen.«[185]

Es ist zweifellos richtig, daß der Eintopf als theoretisches Rezept nicht zu empfehlen ist; es fragt sich aber, ob es sinnvoll sei, sowohl den konservativen Koslowski (vgl. Abschn. 3) als auch den Denker der Indifferenz von der pluralistischen Idylle fernzuhalten, statt sie

---

[181] J. Baudrillard, *Die Illusion des Endes oder der Streik der Ereignisse*, Berlin, Merve, 1994, S. 61. Siehe auch: J. Baudrillard, *Simulacres et simulation*, Paris, Galilée, 1981, S. 229.

[182] J. Baudrillard, *L'Illusion de la fin ou La Grève des événements*, Paris, Galilée, 1992, S. 112.

[183] W. Welsch, *Unsere postmoderne Moderne*, op. cit., S. 153.

[184] Ibid., S. 152.

[185] Ibid., S. 153.

(wie es hier geschieht) als konträre Standpunkte in die postmoderne Problematik zu integrieren. Wäre Koslowskis Konservatismus nicht als ideologische Antwort auf die von Baudrillard analysierte Indifferenz zu verstehen? Gibt die Indifferenz nicht den Rahmen ab, in dem nationalistische, liberale, fundamentalistische, feministische und konservative Ideologien gegeneinander antreten?

So sieht Baudrillard es nicht: Er geht von dem Grundgedanken aus, daß nach dem Scheitern des Marxismus-Leninismus und der Mai-Revolte des Jahres 1968 das Politische und die politische Ideologie keine Rolle mehr spielen, weil sich der Tauschwert als reiner Zeichenwert (schließlich als »fraktaler Wert«: s. weiter unten) restlos verselbständigt und alle Gebrauchswerte als Referenten jenseits des Tausches, also die ganze Wirklichkeit überzieht, verdeckt. In dieser Situation verschwinden Politik und Ideologie als selbständige Faktoren, weil der gesamte Bereich der materiellen und kulturellen Gebrauchswertproduktion von der Vermittlung durch den Tauschwert erfaßt und der Abstraktion oder Simulation des Tauschprinzips überantwortet wird.

In diesem Zusammenhang spricht Baudrillard von einer »Involution des Politischen« und einer »Resorption des Politischen«[186] und stellt in *Simulacres et simulation* fest, daß die politisch-ideologischen Gegensätze in der Indifferenz als Austauschbarkeit der Werte und Standpunkte aufgehoben werden: »Verschwunden ist die Gegnerschaft der Gegner, die Wirklichkeit der unvereinbaren Anliegen, der ideologische Ernst des Krieges.«[187] In einer noch nie dagewesenen globalen Komplizenschaft verwalten europäische Kommunisten und Sozialisten den Kapitalismus, und die kommunistischen Regierungen Chinas und Vietnams tragen trotz des scheinbaren amerikanisch-vietnamesischen Antagonismus zu seiner Entfaltung bei.

In diesem vom Tauschwert dominierten Kontext ist auch die marxistische Ideologie oder Politik zur Atrophie verurteilt. In *La Gauche divine*, einer Chronik der französischen Politik der Jahre 1977-1984, schildert Baudrillard, wie die französische Linke den Kapitalismus verwaltet und die Revolution systematisch verhindert, statt sie durchzuführen. Angesichts solcher Stagnation, die zur »Aus-

---

186 J. Baudrillard, *Die göttliche Linke*, München, Matthes & Seitz, 1986, S. 19.

187 J. Baudrillard, *Simulacres et simulation*, op. cit., S. 64.

zehrung« des Marxismus *als* Politik führt, spricht er im apokalyptischen Ton vom »Schluß mit dem großen marxistischen Versprechen«[188], und in einem rhetorischen Rundumschlag vom Ende des Subjekts, der Revolution und der Geschichte. In *La Gauche divine*, wo der Spielraum der französischen Regierung im Rahmen von EU, OECD, GATT und NATO mit keinem Wort erwähnt wird, ist von einer »Liquidierung der Geschichte« und einem »Ende der Geschichte«[189] die Rede.

Die Vermutung liegt nahe, daß wir es bei Baudrillard (ähnlich wie bei Deleuze und Lyotard: vgl. Kap. III) mit einer apokalyptischen Stimmung zu tun haben, die bei zahlreichen Pariser Intellektuellen aus dem Scheitern der 68er Mairevolte und dem Niedergang der marxistischen Metaerzählung hervorging. Baudrillard, der in seinen ersten Schriften – ähnlich wie Foucault und Lyotard – auf eine Revolte der benachteiligten Minderheiten und Randgruppen hoffte[190], verabschiedet sich später von diesem Residualmarxismus und wendet sich einem nietzscheanischen Denken zu, das zusammen mit der Ideologie jede Art von Ideologie- und Gesellschaftskritik für obsolet erklärt, weil Baudrillard meint, daß die soziale Wirklichkeit (als Sphäre des Gebrauchswerts und der Produktion und als Grundlage der Kritik) nicht mehr wahrgenommen wird: Ihr Sein löst sich im Schein des Tauschwerts auf.

Weshalb kann Baudrillards soziologisches Erkenntnismodell als nietzscheanisch bezeichnet werden, und wie sieht es konkret aus? Sein Denken ist wie das der postmodernen oder poststrukturalistischen Philosophen Deleuze, Lyotard und Derrida negativ als Antiplatonismus und vor allem als Antihegelianismus aufzufassen. Nicht zu Unrecht spricht Christopher Norris im Zusammenhang mit Baudrillard von einem »inverted Platonism«[191], einem »umgedrehten Platonismus«, der das Sein durch den Schein, die wahre Erkenntnis

---

188 J. Baudrillard, *Die göttliche Linke*, op. cit., S. 18.

189 Ibid., S. 77.

190 Vgl. J. Baudrillard, *Le miroir de la production*, Paris, Galilée, 1975, S. 99: »Ces révoltes n'ont pas le profil de la lutte de classes. Mais le capitalisme évolue et avec lui ses lignes de faille.«

191 Ch. Norris, »Lost in the Funhouse: Baudrillard and the Politics of Postmodernism«, in: R. Boyne, A. Rattansi (Hrsg.), *Postmodernism and Society*, London, Macmillan, 1990, S. 121.

(als *noesis* oder *epistemè*) durch die Rhetorik und das Signifikat durch den Signifikanten ersetzt.

Es ist zugleich ein umgedrehter Hegelianismus, der nur noch die Erscheinungen wahrnimmt und die Frage nach dem Wesenszusammenhang kurzerhand durchstreicht. Die dialektische Frage der Hegelianer Lukács, Goldmann und Henri Lefebvre, wie der »Schein und die Täuschung dieser schlechten, vergänglichen Welt«[192] auch im Spätkapitalismus noch durchbrochen oder aufgelöst werden könnte, ersetzt Baudrillard durch einen »Rausch an der bloßen Oberfläche«[193], wie er selbst im Zusammenhang mit der Mode sagt. Anschließend zitiert er Nietzsches bekannten Text, der die Oberflächlichkeit der Griechen rühmt: »O diese Griechen! Sie verstanden sich darauf, zu *leben*! Dazu tut not, tapfer bei der Oberfläche, der Falte, der Haut stehnzubleiben, den Schein anzubeten, an Formen, an Töne, an Worte, an den ganzen Olymp des Scheins zu glauben! Diese Griechen waren oberflächlich – aus Tiefe ...«[194]

Auch Baudrillard nimmt sich vor, oberflächlich aus Tiefe zu sein: denn er glaubt nicht mehr an die Möglichkeit, das Wesen oder die Wirklichkeit hinter den Erscheinungen zu erkennen. Seine Darstellung der epistemologischen Verschiebung, zu der es seiner Ansicht nach im Übergang vom 19. zum 20. Jahrhundert kommt, ist ein großangelegter *métarécit* im Sinne von Lyotard (vgl. Kap. III. 2) und zeugt von einem wachsenden Agnostizismus, der zugleich ein Nietzscheanismus ist: »Die eigentliche Revolution des 19. Jahrhunderts, der Moderne, ist die radikale Zerstörung des Scheins, die Entzauberung der Welt und deren Auslieferung an die Gewalt der Interpretation und der Geschichte. (...) Die zweite Revolution, die des 20. Jahrhunderts, der Postmoderne, die ein ungeheurer Prozeß der Sinnzerstörung ist, ist der vorausgegangenen Zerstörung des Scheins ebenbürtig. Wer mit dem Sinn zuschlägt, wird durch den Sinn erschlagen.«[195] Im Anschluß an diese – durchaus historische – Interpretation der bei-

---

[192] G. W. F. Hegel, *Vorlesungen über die Ästhetik I*, Frankfurt, Suhrkamp (Werkausgabe), 1970, S. 22.

[193] J. Baudrillard, *Der symbolische Tausch und der Tod*, München, Matthes & Seitz, 1982, S. 135.

[194] Ibid. (F. Nietzsche, *Werke* Bd. 4, München, Hanser, 1980, S. 1061.)

[195] J. Baudrillard, *Simulacres et simulation*, op. cit., S. 229.

den letzten Jahrhunderte stellt Baudrillard fest, daß die dialektische und die kritische Szene leer sind: »La scène dialectique, la scène critique sont vides. Il n'y a plus de scène.«[196]

Wo die Wirklichkeit (Hegels Wesen) vom Schein überwuchert oder aufgesogen wurde, dort verschwindet der Archimedische Punkt, von dem aus man den Schein kritisieren könnte. Dies ist wohl der Grund, weshalb in Baudrillards Werk das Wort *disparition* zusammen mit der »Furie des Verschwindens« (auf deutsch in *Simulacres et simulation*, S. 231) so häufig vorkommt. Zugleich mit der Wirklichkeit verschwinden der Sinn, die Wahrheit, das Soziale, die Geschichte und das Individuum. »Beyond everything«, ein Titel, den ein englischer Kollege seinem »nächsten Buch« geben wollte, resümiert in gewisser Hinsicht Baudrillards Gesamtanliegen.

Wie sieht nun diese »Furie des Verschwindens« in seinem sozio-semiotischem Modell aus? In seinen Werken aus den 60er und 70er Jahren – *Le Système des objets* (1968) und *Pour une critique de l'économie politique du signe* (1972) – geht er von der durchaus plausiblen Grundthese aus, daß in der spätkapitalistischen Gesellschaft die Vermittlung durch den Tauschwert alle Lebensbereiche erfaßt, so daß es immer schwieriger wird, Gebrauchswerte überhaupt wahrzunehmen, Gebrauchswert und Tauschwert zu unterscheiden. Während Marx und die Marxisten den Prozeß der zunehmenden Vermittlung zwar bemerken, aber weiterhin an der für sie wesentlichen Unterscheidung von Gebrauchswert und Tauschwert festhalten, hebt Baudrillard den die Kritik der Politischen Ökonomie strukturierenden Unterschied (Gegensatz) auf: »Dort, wo die marxistische Analyse am überzeugendsten ist, dort tritt auch ihre Schwäche zutage: nämlich in der Unterscheidung von Tauschwert und Gebrauchswert.«[197] Aus seiner Sicht verflüchtigt sich das Objekt in der Marktgesellschaft im funktionalen Zusammenhang des Warentausches und wird zu einem einfachen Zeichen für den Tauschwert.[198]

---

196 Ibid., S. 230.

197 J. Baudrillard, *Le Miroir de la production*, op. cit., S. 10.

198 Vgl. dazu: W. Hoebig, *Bedürftigkeit – Entfremdung der Bedürfnisse im Kapitalismus*, Berlin, Max-Planck-Institut für Bildungsforschung, 1984, S. 263: »Das Kapital ist zwar gleichgültig gegen den Gebrauchswert, nichtsdestotrotz aber nur Kapital, solange es Gebrauchswerte produziert.« Dies ist der entscheidende Ein-

Im Anschluß an Marxens Kritik der Politischen Ökonomie, aber in subversiver Absicht, entwirft Baudrillard in *Pour une critique de l'économie politique du signe* ein dreistufiges Modell, das veranschaulichen soll, wie sich im Laufe der gesellschaftlichen Entwicklung der Gebrauchswert im Tauschwert auflöst, und das in *La Transparence du Mal* durch eine vierte Stufe ergänzt wird: Einem »natürlichen« Stadium (»stade naturel«) des Gebrauchswerts folgt ein »kommerzielles Stadium« (»stade marchand«) des Tauschwerts und diesem ein »strukturales Stadium« (»stade structural«) des Tauschwerts als Zeichenwert. Diesem dritten Stadium »entsprach ein Code, und der Wert entfaltete sich hier unter Bezugnahme auf ein Ensemble von Modellen«[199], d.h. daß er nicht mehr auf konkrete Objekte als Referenten zu beziehen ist. Das letzte oder »fraktale« Stadium beschreibt Baudrillard folgendermaßen: »Im vierten Stadium, dem fraktalen oder vielmehr viralen oder noch besser bestrahlten Stadium des Werts, gibt es überhaupt keinen Bezugspunkt mehr, der Wert strahlt in alle Richtungen, in alle Lücken, ohne irgendeine Bezugnahme auf irgend etwas, aus reiner Kontiguität.«[200] Dies ist der Grund, weshalb er immer wieder von »la valeur« ganz allgemein spricht und stets den sich verselbständigenden und alles überwuchernden Tauschwert meint, der *als solcher* nicht mehr wahrnehmbar ist.

Im »strukturalen« und »fraktalen« Stadium des Monopol- und Staatsmonopolkapitalismus werden Gebrauchswert und Tauschwert, die Marx, der den »stade marchand« des Konkurrenzkapitalismus beschrieb, noch auseinanderhalten konnte, ununterscheidbar. Schon in *Pour une critique de l'économie politique du signe* ist von einer »logique déterminante de la valeur d'échange«[201] die Rede sowie von einer »généralisation de la valeur d'échange«.[202] Der materielle Schein bedeckt alles und macht jedes Fragen nach einem Jenseits des Scheins, nach der Wirklichkeit, zunichte.

---

wand gegen Baudrillard.

199 J. Baudrillard, *Transparenz des Bösen. Ein Essay über extreme Phänomene*, Berlin, Merve, 1992, S. 11.

200 Ibid.

201 J. Baudrillard, *Pour une critique de l'économie politique du signe*, Paris, Gallimard, 1972, S. 94.

202 Ibid., S. 101.

Dem Schein des Tauschwerts entspricht auf linguistischer und semiotischer Ebene der Signifikant, dessen unhinterfragbare Materialität und Vieldeutigkeit die Frage nach dem Signifikat als Sinn oder Wahrheit (als Sinnpräsenz, würde Derrida sagen) gegenstandslos erscheinen läßt. Analog zum Tauschwert heißt es vom Signifikanten: »Signifikat (und Referent) sind nur ein *Effekt* des Signifikanten (...).«[203] Dieser Gedanke, den Baudrillard mit Barthes, Derrida und anderen Autoren der Tel-Quel-Gruppe, auf die er sich beruft[204], teilt, ist ein nietzscheanischer Versuch, den Schein als Unmöglichkeit von Begrifflichkeit, Sinn, Realität und Wahrheit der gesellschaftlichen Totalität gleichzusetzen.

Diese Erkenntnis wird von Baudrillard in *Le Crime parfait* thesenhaft zusammengefaßt: »So verwirklicht sich die Prophezeiung: Wir leben in einer Welt, in der die ureigenste Funktion des Zeichens darin besteht, die Wirklichkeit verschwinden zu lassen und zugleich dieses Verschwinden zu tarnen (masquer en même temps cette disparition). Die Kunst tut in der heutigen Zeit nichts anderes. Die Medien tun nichts anderes.«[205] Dieses Verschwinden der Wirklichkeit, das völlig unbemerkt vor sich geht, bezeichnet Baudrillard als »crime parfait«, als »perfektes Verbrechen«. (Damit greift er einen Ausdruck aus *De la séduction* auf, wo das diskret-spurlose Auftreten von Kierkegaards Verführer als »crime parfait« erscheint.)[206]

Als Synthese von wirklichkeitsverdeckendem Tauschwert und referenzlosem Signifikanten faßt er das Simulakrum der Medien auf: Im Anschluß an Marshall McLuhans These, derzufolge das Medium selbst als Nachricht fungiert (»medium is message«), versucht er nachzuweisen, daß im System der Medien die Sinneinheiten selbstreferentiell werden wie die Signifikanten, wie der Tauschwert. Als Pro-

---

203 Ibid., S. 164.

204 Vgl. ibid., S. 190 und 195 sowie: J. Baudrillard, M. Guillaume, *Figures de l'altérité*, Paris, Ed. Descartes, 1992, S. 58: »C'est ce que Barthes expliquait bien dans *L'Empire des signes*; cette possibilité de jouer, de transmuter tout en apparence.« (Zu Barthes' Nietzscheanismus siehe: Vf., *Literarische Ästhetik. Methoden und Modelle der Literaturwissenschaft*, Tübingen-Basel, Francke, 1995 [2. Aufl.], Kap. VII.1.)

205 J. Baudrillard, *Le Crime parfait*, Paris, Galilée, 1995, S. 18.

206 Vgl. J. Baudrillard, *De la séduction*, Paris, Galilée, 1979, S. 137. (*Von der Verführung*, München, Matthes & Seitz, 1992, S. 139.)

duktion von Simulakren, die weder einen Ursprung noch eine Wirklichkeit zulassen, bezieht sich das Medium ausschließlich auf sich selbst und läßt dadurch eine *Hyperrealität* entstehen: »Das Hyperreale ist ein viel weiter fortgeschrittenes Stadium, in dem sogar der Widerspruch zwischen dem Realen und dem Imaginären ausgelöscht ist.«[207]

Die Hyperrealität kommt dadurch zustande, daß die Simulakra, aus denen sie sich zusammensetzt, auf keine Wirklichkeit mehr bezogen werden können. In *Simulacres et simulation* unterscheidet Baudrillard vier Arten von *Bildern* (*images*): Bilder, die eine tieferliegende Wirklichkeit (»réalité profonde«) widerspiegeln; Bilder, die diese Wirklichkeit maskieren und entstellen; Bilder, die die Abwesenheit einer solchen Wirklichkeit maskieren, und schließlich Bilder ohne jeglichen Bezug zur Wirklichkeit oder reine Simulakra.[208] »Der Übergang von Zeichen, die etwas verdecken, zu Zeichen, die darüber hinwegtäuschen, daß es gar nichts gibt (qu'il n'y a rien), ist der entscheidende Wendepunkt«[209], heißt es dort.

Auffallend ist die Analogie zwischen diesen vier Bildkategorien und den vier Stadien der Vermittlung durch den Tauschwert: Die erste Kategorie entspricht dem »natürlichen Stadium des Gebrauchswerts«; die zweite dem »kommerziellen Stadium«, dem »capitalisme marchand«, in dem es zu erheblichen Verzerrungen kommt; die dritte dem »strukturalen Stadium« des Monopolkapitalismus, in dem sich der Wirklichkeitsbezug allmählich auflöst; und die vierte entspricht schließlich dem »stade fractal« des staatlich organisierten Kapitalismus, in dem jeder Wirklichkeitsbezug verlorengeht.

Tatsächlich handelt es sich nicht um eine einfache Analogie, sondern darum, daß die Welt der Medien als Welt der Simulakren und der Simulation dem postmodernen Soziologen als eine Welt erscheint, die auf allen Ebenen durch den Tauschwert als Zeichenwert vermittelt ist: »Das Zeitalter der Simulation wird überall eröffnet durch die Austauschbarkeit von ehemals sich widersprechenden oder dialektisch einander entgegengesetzten Begriffen. Überall die gleiche *Genesis der Simulakren*: die Austauschbarkeit des Schönen und Häß-

---

[207] J. Baudrillard, *Der symbolische Tausch und der Tod*, op. cit., S. 114.

[208] J. Baudrillard, *Simulacres et simulation*, op. cit., S. 17.

[209] Ibid.

lichen in der Mode, der Linken und der Rechten in der Politik, des Wahren und Falschen in allen Botschaften der Medien, des Nützlichen und Unnützen auf der Ebene der Gegenstände, der Natur und der Kultur auf allen Ebenen der Signifikation.«[210] Hier wird deutlich, was ein Simulakrum im Sinne von Baudrillard ist: Nicht eine Illusion, die früher oder später an der Wirklichkeit zerschellt, sondern etwas Unwirkliches, Schimärenhaftes, das die Stelle des Wirklichen einnimmt und ohne Folgen mit seinem Widerpart vertauscht werden kann.

Mit der für ihn charakteristischen Rhetorik des *sweeping statement* treibt Baudrillard seine Indifferenz-Theorie auf die Spitze, wenn er schreibt: »Alles wird unentscheidbar, das ist die charakteristische Wirkung der Herrschaft des Codes, die auf dem Prinzip der Neutralisierung und der Indifferenz beruht. Das ist das allgemeine Bordell des Kapitals, das kein Bordell der Prostitution ist, sondern ein Bordell der Substitution und der Kommutation.«[211] Zugleich bricht er dieser Theorie die Spitze ab, weil er, ausgehend von der Grundstruktur seines Diskurses, nämlich von der *Aufhebung des Gegensatzes Gebrauchswert/Tauschwert*, die Möglichkeit preisgibt, Wahres und Falsches zu unterscheiden: »Alles wird unentscheidbar ...« Dies ist aber das Ende der wissenschaftlichen Theorie: Denn wo die Indifferenz als Austauschbarkeit total ist, dort ist es auch ziemlich gleichgültig, ob Marx, Althusser, Baudrillard oder Francis Fukuyama den Kapitalismus richtig interpretiert – es werden ohnehin nur Trugbilder getauscht. Deshalb sollte Baudrillard auch auf seinen Lieblingsausdruck »en réalité« (»in Wirklichkeit«) verzichten: Wo die Wirklichkeit von der totalen Simulation verdeckt wird, kann sie auch nicht als Referent des Diskurses in Anspruch genommen werden.

Dennoch muß man sich hüten, Baudrillards Theorie als »unwissenschaftlich«, »elitär« (M. Billig)[212] oder als »leere Rhetorik«

---

210 J. Baudrillard, *Der symbolische Tausch und der Tod*, op. cit., S. 20-21.

211 Ibid., S. 21. Siehe auch: *Die Illusion des Endes*, op. cit., S. 99: »Das Fernsehen trichtert uns Gleichgültigkeit, Distanziertheit, Skepsis und bedingungslose Apathie ein.«

212 M. Billig, »Sod Baudrillard! Or Ideology Critique in Disney World«, in: H. W. Simons, M. Billig (Hrsg.), *After Postmodernism. Reconstructing Ideology Critique*, London, Sage, 1994.

kurzerhand zu verabschieden. Gerade für die Moderne-Postmoderne-Diskussion ist sie wichtig, weil sie das von Lyotard, Bauman und Welsch ausgeklammerte Indifferenz-Problem als wesentliche Dimension der postmodernen Problematik erkennen läßt. *Ohne die von Baudrillard in allen Einzelheiten – und vor allem im Bereich der Medien – analysierte Indifferenz als Austauschbarkeit der Wertsetzungen und Positionen ist die Postmoderne nicht zu verstehen*. Baudrillard erregt soviel Unmut und ruft so viele Aggressionen hervor, weil die liberalen, konservativen und sozialistischen Ideologen nicht glauben, nicht zugeben können, daß es mit ihren Werten so weit gekommen ist.

Dies ist aber der springende Punkt, den Baudrillard selbst vernachlässigt, wenn er vom »Ende der Idee«, »fin de l'idée«[213] und der Ideologie (des Politischen überhaupt) spricht. Die Ideologie büßt ihre Funktion keineswegs ein, weil sie gerade innerhalb der postmodernen Problematik wesentlich dazu beiträgt, daß Individuen, Gruppen und Organisationen als Subjekte handlungsfähig bleiben. In einem von der Indifferenz als Austauschbarkeit dominierten Zusammenhang sind die ideologischen Reaktionen (etwa auf Baudrillards Indifferenz-Postulat)[214] noch stärker ausgeprägt als im Zeitalter der modernen Ambiguität oder der modernistischen (spätmodernen) Ambivalenz: Die Ära der Indifferenz ist – wie Touraine im Hinblick auf das Thema »Nation« immer wieder betont (Abschn. 1) – zugleich die der Ideologien, die Baudrillard zusammen mit den Subjekten und den politischen Ereignissen für bloße Simulakra hält.

Aus diesem Grund ist der hier verwendete Indifferenz-Begriff nicht der Baudrillards: denn er wird in Wechselbeziehung zur modernen Ambiguität und zur spätmodernen Ambivalenz definiert, aus denen die Indifferenz hervorgeht, sowie *im Gegensatz zum dualistischen Diskurs der Ideologie, der seit dem Anbruch der modernen Ära*

---

213 J. Baudrillard, *Die Illusion des Endes*, op. cit., S. 69. (*L'Illusion de la fin*, op. cit, S. 66.)

214 Vgl. z.B. den Kommentar von S. Best und D. Kellner, die auf Baudrillards Indifferenzpostulat mit einer marxistischen Kritik reagieren und von seiner »transpolitical indifference« sprechen: »Baudrillard's imaginary is thus a highly abstract sign fetishism which abstracts from social relations and political economy (...).«, in: S. Best, D. Kellner, *Postmodern Theory. Critical Interrogations*, London, Macmillan, 1991, S. 142 und S. 138.

auf Ambiguität, Ambivalenz und Indifferenz reagiert. Der Zerfall der alten Großideologien, der wesentlich zur Entstehung postmoderner Rhetoriken beitrug, schließt neue Ideologisierungen (fundamentalistische, ökologische, feministische, nationalistische) nicht aus, sondern ebnet ihnen den Weg.

Der Grund, weshalb Baudrillard die Ideologie als »discours de sens«[215], der dem Sinn nachspürt, nicht ernst nehmen kann, ist bekannt: Indem er den Gegensatz zwischen Gebrauchswert und Tauschwert annulliert, statt ihn dialektisch weiterzudenken, begibt er sich der Möglichkeit, das *Andere des Tauschwerts* (als *Signifikant* und *Kode*, wie er sagt) zu bezeichnen.

Es ist zwar richtig, daß der Tauschwert in der zeitgenössischen Gesellschaft in nahezu alle Lebensbereiche eingedrungen ist, aber es ist unzulässig, die gesellschaftliche Dynamik auf ihre Marktgesetze einzuengen, weil man aufhört, sie zu verstehen. Wolfgang Fritz Haug bemerkt zwar als Marxist und unabhängig von Baudrillard: »Vom Tauschwertstandpunkt aus ist der Gebrauchswert nur Köder«.[216] Aber er wird sich hüten, ausschließlich diesen Standpunkt einzunehmen und ihm alle anderen Standpunkte zu opfern. Dies ist der entscheidende Unterschied zwischen Baudrillard einerseits und dem Marxismus oder der Kritischen Theorie andererseits.

Denn ohne die *Setzung* des Gebrauchswerts (es handelt sich wie immer um eine diskursive Konstruktion: sowohl im Marxismus als auch in der Kritischen Theorie) ist selbst die spätkapitalistische Wirtschaft nicht zu verstehen. Ihr Funktionieren wirkt vollends opak, wenn nicht angenommen werden kann, daß sich Käufer trotz aller Warenästhetik, trotz aller Werbegags auch am *Gebrauchswert* orientieren.[217] Der Grund, weshalb viele japanische und nun auch koreani-

---

[215] J. Baudrillard, *De la séduction*, op. cit., S. 78. (*Von der Verführung*, op. cit., S. 78: *Sinndiskurs*.)

[216] W. F. Haug, *Kritik der Warenästhetik*, Frankfurt, Suhrkamp, 1976 (5. Aufl.), S. 15.

[217] Ganz zu Recht merkt Klaus Kraemer zu Jean Baudrillards Auflösung des Gebrauchswerts kritisch an, daß dieser »unhintergehbar« ist: »Waren im allgemeinen und massenmedial erzeugte Kulturwaren im besonderen besitzen einen unhintergehbaren symbolischen Gebrauchswert, der erst im Prozeß der alltagsweltlichen Rezeption und ›Konsumtion‹ generiert wird.« Im Gegenzug zu Baudrillards Theorie unterscheidet er einen funktionalen und einen symbolischen Gebrauchswert:

sche Produkte wie Computer und Fotoapparate auf dem Markt erfolgreicher sind als die der europäischen oder amerikanischen Konkurrenz, ist sicherlich nicht nur in ihrer Verpackung oder Aufmachung zu suchen, sondern in ihrer Leistungsfähigkeit als Gebrauchswerte *und* im relativ niedrigen Preis. In den Augen eines Computer- oder Fotokunden, der sich für die Speicherkapazität eines Computers oder die Genauigkeit eines Belichtungsmessers interessiert, muß das *Verhältnis* von Gebrauchswert und Tauschwert annähernd stimmen.

Möglicherweise gibt es Kunden, die sich einen Apparat mit großem Teleobjektiv oder eine kleine Kamera mit *élégance* anschaffen, weil der Gegenstand im Zeichensystem des Tauschkodes (*code*, Baudrillard) etwas konnotiert. Es ist wohl kein Zufall, daß das Tauschobjekt, dem sich Baudrillard in seinem Frühwerk mit Vorliebe widmet, das Auto[218] ist: Der rote Sportwagen ist mythisch kodiert und kann gegen Sozialprestige, Geschwindigkeitsrausch, Eros und Tod getauscht werden. Aber nicht alle Käufer sind gleich dumm, und sie sind nicht immer achtzehn Jahre alt. Hätte Baudrillard trotz Pariser Hektik nicht die Mühe gescheut, in empirische Niederungen herabzusteigen und Käufer von Computern oder Kameras systematisch zu befragen, hätte er feststellen können, daß in diesem Bereich der Gebrauchswert noch ein ernstzunehmender Faktor ist und die Simulakra des Markt- und Werbekodes eine eher untergeordnete Rolle spielen. Baudrillard aber erscheint die simulierte Welt der Werbung als die gesellschaftliche Ganzheit schlechthin.

Natürlich hat er als postmoderner Postmarxist für empirische Sozialforschung nur Verachtung übrig und wendet sich statt der Empirie dem Mythos zu. Nicht der Gebrauchswert kommt für ihn als Alternative zur gegenwärtigen Hyperrealität des Tauschwerts und des Simulakrums in Frage, sondern (im Jahre 1976) der *symbolische Tausch* der archaischen oder mythischen Gesellschaften: der nicht-

---

»Während der funktionale Gebrauchswert einen konkret-praktischen Nutzen stiftet, dient der symbolische Gebrauchswert der Distinktion und dem ästhetischen Selbstausdruck des Rezipienten.« (K. Kraemer, »Schwerelosigkeit der Zeichen? Die Paradoxie des selbstreferentiellen Zeichens bei Baudrillard«, in: R. Bohn, D. Fuder [Hrsg.], *Baudrillard. Simulation und Verführung*, München, Fink, 1994, S. 68.)

218 Vgl. J. Baudrillard, *Das System der Dinge. Über unser Verhältnis zu den alltäglichen Gegenständen*, Frankfurt, Campus, 1991, S. 171-193.

kommerzielle Tausch als Gabe und Gegengabe, als Großzügigkeit jenseits von Akkumulation und Produktion. Gerd Bergfleth faßt bündig zusammen, worum es geht: »Der symbolische Tausch ist das absolut Andere in Baudrillards Universum: das Prinzip einer *universellen Subversion*, das das Prinzip der universellen Simulation umkehren und aufheben soll. Die Andersartigkeit beinhaltet zunächst eine vollkommen andere Tauschform, die ökonomisch nicht mehr gefaßt werden kann: die Form der Generosität, die keine Äquivalenz kennt und keinen Wert bildet, die aber dafür auf dem Weg der Reziprozität den sozialen Zusammenhalt garantiert. Das Modell des symbolischen Tauschs ist der *soziale Tausch* der Primitiven, wie er sich im Gabentausch konkretisiert.«[219]

Es geht hier offensichtlich um die Aufwertung einer vorkapitalistischen Lebensform, die in einer scheinbar ausweglosen Situation einem zum Tode geweihten hyperrealen System als Alternative gegenübergestellt wird. Ähnlich wie der Marxist Goldmann, der die archaische *menschliche Gemeinschaft* (*communauté humaine*) in die nachkapitalistische Zukunft projizierte[220], versucht Baudrillard, den archaischen Mythos gegen das für ihn unerträglich gewordene System ins Feld zu führen. Der Unterschied zwischen dem Marxisten und dem Postmarxisten besteht darin, daß Goldmanns *communauté humaine* dem Leben und der Zukunft zugewandt war, während Baudrillards symbolischer Tausch mit dem Tode solidarisch ist: »Seine nihilistische Verendung besorgt das System schon selbst, indem es simulativ alles entwertet, aber sein wahres Ende, das auch die Entwertung noch ›entwertet‹, erfordert etwas ganz anderes und tritt erst in Sicht mit dem Opfercharakter des symbolischen Tauschs.«[221] Dieser Opfercharakter, der sich als *Todestausch* verwirklicht, kommt nach Baudrillard am klarsten im Terrorismus zum Ausdruck: Der Terrorist opfert die Geisel und wird zugleich selbst geopfert. »In ei-

219 G. Bergfleth, »Baudrillard und die Todesrevolte«, in: J. Baudrillard, *Der symbolische Tausch und der Tod*, op. cit., S. 370-371.

220 Vgl. L. Goldmann, *Mensch, Gemeinschaft und Welt in der Philosophie Immanuel Kants*, Zürich, Europa Verlag, 1945 sowie: Vf., *Goldmann. Dialectique de l'immanence*, Paris, Ed. Universitaires, 1973, S. 121-124.

221 G. Bergfleth, »Baudrillard und die Todesrevolte«, op. cit., S. 376.

nem System«, sagt er, »das zum Weiterleben auffordert und das das Leben kapitalisiert, ist der Todestrieb die einzige Alternative.«[222]

Es wäre sicherlich ungerecht, Baudrillards Werk pauschal als eine Apologie des gewaltsamen Todes und des Terrors zu lesen, zumal er sich in den 1980er und 90er Jahren von dem 1976 erschienenen Buch distanziert hat.[223] Aber gerade Vertretern der Kritischen Theorie, die mit Adorno das gesamte Gesellschaftssystem für das »Unwahre« halten und in der Negativität verharren, muß während der Lektüre von Baudrillards Werk klar werden, daß die absolute Negation der Wirklichkeit als Hyperrealität oder falscher Totalität entweder folgenlos bleibt (was schon Sartre in seiner Kritik an Mallarmé wußte)[224] oder zu Verzweiflung und Gewaltanwendung führt.

Dies ist der Grund, weshalb hier im letzten Kapitel dieser Art von Negativität eine Absage erteilt wird. An ihre Stelle tritt die Frage eines unverbesserlichen Rationalisten, welche Auswege und Möglichkeiten sich uns in der gegenwärtigen Situation noch bieten. Sollte einst kein Ausweg mehr sichtbar sein, ist dies als Tatsache zur Kenntnis zu nehmen: ohne postmarxistische Mythenbildung, die bestenfalls den Vorteil hat, alles angenehm zu vernebeln.

Einen wesentlichen Beitrag zur sprachlichen Nebelbildung leistet Baudrillards Diskurs, der einerseits wichtige Erkenntnisse im Bereich der Indifferenzthematik zutage fördert, andererseits jedoch der Indifferenz als Tauschprinzip zum Opfer fällt, weil er unablässig Behauptungen und Thesen produziert, die umkehrbar, vieldeutig oder immun gegen Kritik (im Sinne des Kritischen Rationalismus) sind. Im folgenden sollen sieben diskursive Verfahren näher betrachtet werden, die für diesen Diskurs charakteristisch sind und ihn als theo-

---

222 J. Baudrillard, *Der symbolische Tausch und der Tod*, op. cit., S. 280.

223 Baudrillards Einstellung zum Terrorismus ist ambivalent: Einerseits sieht er im Terrorismus eine Alternative zum totalitär werdenden »System«; andererseits lehnt er den Terrorismus ab, weil er in ihm einen »unfreiwilligen Komplizen des Systemganzen« (»complice involontaire de l'ensemble du système«) zu erkennen meint: *Simulacres et simulation*, op. cit., S. 233-234. Da er nicht mehr an die Wahrheit glauben kann, befürwortet er die »theoretische Gewalt« (»violence théorique«) – was immer das auch sein mag.

224 Vgl. J.-P. Sartre, »L'engagement de Mallarmé«, in: *Obliques Sartre*, 1979, S. 194: »Mais, en relisant ›Hérodiade‹, il s'aperçoit tout à coup que la négation universelle équivaut à l'absence de négation.«

retische (soziologische oder sozialwissenschaftliche) Argumentation in Frage stellen: 1. *Totalisierung als Übertreibung*; 2. *Immunisierungsverfahren und Monolog*; 3. *Polysemie*; 4. *Metaphorik*; 5. *Assoziation*; 6. *mythische Aktanten*; 7. *apokalyptische Teleologie der Gesamtstruktur*.

Freilich kann hier keine Gesamtdarstellung angestrebt werden; es geht lediglich darum, anhand von einigen Beispielen zu zeigen, wie fragwürdig Baudrillards Argumentationsweise bisweilen ist.

1. *Totalisierung und Übertreibung* bewirken immer wieder eine Umkehrbarkeit des Arguments. »Alles strebt danach, in einen Kreislauf einzutreten, getauscht und austauschbar zu werden und schließlich zu erlöschen«[225], heißt es etwa in *Oublier Foucault*. Ebenso plausibel erscheint die Antithese: Alles strebt nach Einmaligkeit, Unverwechselbarkeit und Ewigkeit. 2. Baudrillard ist ein Meister der *Immunisierung*, etwa wenn er in *Simulacres et simulation* dogmatisch feststellt, »die Abschreckung schließt den Krieg aus« (»la dissuasion exclut la guerre«).[226] Gegenargumente werden vorab monologisch ausgegrenzt. Unwiderlegbar ist auch die apokalyptische Prophetie in *L'Illusion de la fin*, »daß eines Tages alles zusammenbrechen wird«. (»Un jour tout va craquer«.)[227] An anderen Stellen dieses Buches behauptet er allerdings, daß die Geschichte so weitergehen wird wie bisher, weil sich alles im Kreis bewegt: »L'Histoire n'aura pas de fin.«[228] Welche Behauptung gilt nun? Wahrscheinlich gelten beide gleichzeitig, da ja alles austauschbar ist. 3. Polysemie ist eines der Hauptmerkmale von Baudrillards Diskurs: »Die zeitgenössische Revolution ist die der Ungewißheit, der Unschärfe.« (»La révolution contemporaine est celle de l'incertitude.«)[229] Darauf kann sich jeder Leser seinen eigenen Reim machen. 4. Wie seine postmodernen Kollegen pflegt Baudrillard einen sehr großzügigen, fast poetischen Umgang mit der *Metapher*. Über die Vereinigung des »paradiesischen«

---

225 J. Baudrillard, *Oublier Foucault*, München, Raben Verlag, 1978, S. 54.

226 J. Baudrillard, *Simulacres et simulation*, op. cit., S. 57.

227 J. Baudrillard, *Die Illusion des Endes*, op. cit., S. 111. (*L'Illusion de la fin*, op. cit., S. 103.)

228 Ibid., S. 50: »... daß die Geschichte kein Ende haben wird.« (Ibid., S. 47.)

229 J. Baudrillard, *Transparenz des Bösen*, op. cit., S. 51. (*La Transparence du mal*, Paris, Galilée, 1990, S. 49.)

Westeuropas mit dem »höllischen« Osteuropa schreibt er: »Dadurch ist die Barriere zwischen Hölle und Paradies fließend geworden. Und dieses Mal ist die Verflüssigung allgemein: Es ist immer die Hölle, die das Paradies überflutet.« (»Désormais, la barrière qui séparait l'enfer du paradis a été liquidée. Et, dans ce cas, bien entendu, la liquéfaction est générale, et c'est toujours l'enfer qui submerge le paradis.«)[230] Daß Prognosen über die Eingliederung des östlichen Mitteleuropas in das westeuropäische System schwierig und riskant sind, soll nicht geleugnet werden; aber Baudrillards biblische Metaphorik kann weder Soziologen noch Politologen als besonders hilfreich erscheinen. 5. Baudrillard ist auch ein Meister der *Assoziation*, und es ist erstaunlich, wie es ihm immer wieder gelingt, weit auseinanderliegende Bereiche rhizomartig miteinander zu verknüpfen: »Aids, Börsenkrach, elektronische Viren und Terrorismus sind nicht austauschbar, aber sie sind irgendwie miteinander verwandt.« (»Le Sida, le krach, les virus électroniques, le terrorisme, ne sont pas interchangeables, mais ils ont un air de famille.«)[231] Es ist zwar ermutigend zu hören, daß nicht *alles* austauschbar ist, aber auch das von Baudrillard verwendete vieldeutige Wort »Ansteckung« (»contagion«) vermag den Börsenkrach und die Viren nicht zusammenzubringen. 6. Eine besondere (oft alles beherrschende) Rolle fällt in Baudrillards Diskurs dem *mythischen Aktanten* zu (einer Instanz, die kein Sozialwissenschaftler mit intentionalem Handeln ausstatten würde). Die Geschichte, das System, die Welt, die Medien oder die Gesellschaft handeln wie die Sonne oder der Mond im Märchen: »Irgendwann in den 80er Jahren des 20. Jahrhunderts hat die Geschichte eine Kehrtwendung gemacht.« (»Quelque part dans les années 80 du XXe siècle, l'histoire a pris son virage dans l'autre direction.«)[232] Es fehlt nur noch der Zusatz, daß diese Richtung Jupiter nicht behagte und er die Geschichte auspeitschen ließ. 7. Schließlich wird Baudrillards gesamter Diskurs von einer *apokalyptischen Teleologie* durchzogen,

---

[230] J. Baudrillard, *Die Illusion des Endes*, op. cit., S. 77. (*L'Illusion de la fin*, op. cit., S. 72.)

[231] J. Baudrillard, *Transparenz des Bösen*, op.cit., S. 45. (*La Transparence du mal*, op. cit., S. 44.)

[232] J. Baudrillard, *Die Illusion des Endes*, op. cit., S. 23. (*L'Illusion de la fin*, op. cit., S. 23.)

die in dem schon zitierten Satz »tout va craquer« klar zum Ausdruck kommt und in seinem Hauptwerk über den symbolischen Tausch und den Tod aus nahezu allen Kapiteln spricht: Sowohl die totale Simulation als auch der symbolische Tausch führen zum Tod.

Ähnlich wie bei Bauman und anderen Postmodernisten ist die apokalyptische Stimmung bei Baudrillard als Reaktion oder Überreaktion auf die unerfüllten Hoffnungen der Moderne zu verstehen. Von ihr heißt es in *Le Crime parfait*: »Die gesamte Moderne hatte die Ankunft dieser Wirklichkeit zum Ziel, die Befreiung der Menschen und der wirklichen Energien, die die Welt objektiv und jenseits aller Illusionen (...) verändern würde. Heute ist die Welt in einem Sinne real geworden, der alle unsere Hoffnungen übersteigt.«[233] Dies ist ironisch gemeint: Alle unsere Hoffnungen sind zwar verwirklicht, zugleich aber pervertiert worden; der Traum wurde zum Alptraum.

Baudrillard, der, wie sich gezeigt hat, alles andere als Empiriker ist, hält sich nicht lange bei Einzelheiten auf. Deshalb geht er auch nicht den Fragen nach, ob die zeitgenössische europäische Gesellschaft ein kritisches Potential birgt und wie dieses Potential aktiviert werden könnte. Solche Fragen wären im apokalyptischen Diskurs der totalen Negation und Todessehnsucht nichts als sinnlose Fremdkörper. Dies ist wohl der Grund, weshalb er sowohl in seinem *Amerika*-Buch als auch in *Le Crime parfait* nur Hohn für die europäische Politik übrig hat. Er spricht von der Unfähigkeit Europas, »ein föderatives Ereignis« (»événement fédéral«)[234] herbeizuführen, und behauptet, daß die Moderne, die die Europäer nur dachten, in den USA verwirklicht wurde. In *Le Crime parfait* wirft er schließlich »Europa« (einem mythischen Aktanten) vor, in Sarajewo unauffindbar zu sein: »l'Europe introuvable«.[235]

Europa, das noch keine Regierung hat und daher nicht voll handlungsfähig ist, ist u.a. auch deshalb unauffindbar, weil es zu viele Apokalyptiker vom Schlage Baudrillards gibt, die am europäischen Einigungsprozeß gar nicht interessiert sind. Deshalb soll im letzten

---

233 J. Baudrillard, *Le Crime parfait*, op. cit., S. 96.

234 J. Baudrillard, *Amerika*, München, Matthes & Seitz, 1987, S. 119. (*Amérique*, Paris, Grasset-Fasquelle, 1986, S. 82: In Wirklichkeit ist *Amérique* das Buch eines desillusionierten Europäers über Europa.)

235 J. Baudrillard, *Le Crime parfait*, op. cit., S. 187.

Kapitel gezeigt werden, daß dieser Prozeß eine kritische Dimension hat, die als Alternative zu Negativität und Todessehnsucht durchaus in Frage kommt. Die Geschichte geht sicherlich nicht zu Ende, und die Zukunft Europas hat möglicherweise gerade erst begonnen.

III. Postmoderne Philosophien als Kritiken der Moderne

Die Utopie der Erkenntnis wäre, das Begriffslose mit Begriffen aufzutun, ohne es ihnen gleichzumachen.

Theodor W. Adorno

(*Negative Dialektik*, S. 19)

We have become so open-minded that our brains have fallen out.

Richard Rorty

(*Objectivity, Relativism, and Truth*, S. 203)

Jean-François Lyotard mag noch so oft behaupten, daß die Postmoderne nicht als neue Epoche oder gar als neues Zeitalter, sondern als eine der Moderne innewohnende kritische Gegenbewegung aufzufassen sei[1]; sein aufmerksamer Leser, der noch Foucault, Deleuze und Vattimo im Gedächtnis hat, wird den Verdacht nicht los, daß die auch von Wolfgang Welsch beschworene Kontinuität von der Moderne zur Postmoderne einen Bruch verdeckt.[2] Immerhin ist in Lyotards Werk an zahlreichen Stellen von einer sich ausbreitenden »Skepsis gegenüber den Metaerzählungen«[3], von einem »Niedergang« (»déclin«)[4] dieser Großerzählungen die Rede und auch davon, daß die Postmoderne das Ende des Volkes als Souverän einläutet: »Die Postmoderne ist auch das Ende des Volkes als König der Ge-

---

1 J.-F. Lyotard, *Postmoderne für Kinder. Briefe aus den Jahren 1982-1985*, Wien, Passagen, 1987, S. 26.

2 Vgl. W. Welsch, *Unsere postmoderne Moderne*, Weinheim, VCH-Verlag, 1991 (3. Aufl.), S. 82-85: »Und daher bedeutet meine Grundthese, daß die Postmoderne eigentlich die Radikalmoderne dieses Jahrhunderts sei (...).« (S. 84) Dazu aber auch: G. Vattimo, *Die transparente Gesellschaft*, Wien, Passagen, 1992, S. 11: »Vor allem sprechen wir von der Postmoderne, weil wir die Moderne hinsichtlich einiger ihrer wesentlichen Aspekte als beendet erachten.«

3 J.-F. Lyotard, *Das postmoderne Wissen*, Graz-Wien, Böhlau-Passagen, 1986, S. 14.

4 J.-F. Lyotard, *Postmoderne für Kinder*, op. cit., S. 35.

schichten.«[5] Immer wieder erscheint die Postmoderne bei Lyotard als ein Neubeginn, als ein Bruch mit dem alten Denken.

Selbst wenn man mit Historikern und Hermeneutikern die »Gleichzeitigkeit des Ungleichzeitigen«[6] wahrnimmt und vor den postmodernen Regungen der Moderne, vor allem des Modernismus als Spätmoderne, die Augen nicht verschließt, wird man erfahren wollen, welchen Bruch das Präfix *post* bezeichnet: nicht nur in Lyotards Werk, sondern auch bei Autoren wie Eco, Rorty und Vattimo. Dieser Bruch tritt klarer in Erscheinung, wenn man die hier konstruierte philosophische Problematik mit der soziologischen des vorigen Kapitels vergleicht.

Wie im soziologischen Bereich, wo Bauman, Beck, Touraine und Giddens von »Fortschrittsautomatik, Klassen, Leistungsprinzip«[7] und vom »evolutionary narrative«[8] der Industriegesellschaft Abschied nehmen, zeichnet sich auch in der Philosophie eine Wende ab, weil Autoren wie Foucault, Lyotard oder Deleuze die Denkschemata der Moderne – als Aufklärung und Rationalismus, als Hegelianismus und Marxismus – nicht nur kritisch zerlegen, sondern in Übereinstimmung mit Benjamin, Adorno und Horkheimer mit dem Herrschaftsprinzip verknüpfen: mit Machtausübung und Unterwerfung. Dabei erscheint Subjektivität nicht als individuelle Freiheit, sondern als Unterwerfung im Sinne von Foucault und Althusser (*sujet* als *subiectum*, d.h. als *assujettissement*). Dieser nachmoderne Gedankengang scheint weitgehend das fortschrittsfeindliche Fazit der *Negativen Dialektik* zu bestätigen: »Das Ichprinzip imitiert sein Negat. Nicht ist, wie der Idealismus über die Jahrtausende es einübte, obiectum subiectum; wohl jedoch subiectum obiectum.«[9]

Die Kritik dieser Unterwerfung, deren verschiedene Formen Foucault mit fast fanatischer Akribie erforscht, mündet schon bei Adorno in eine Abrechnung mit dem idealistischen (rationalistischen,

---

5 Ibid., S. 36.

6 Vgl. H.-G. Gadamer, *Wahrheit und Methode*, Tübingen, Mohr-Siebeck, 1975 (4. Aufl.), S. 115.

7 U. Beck, *Risikogesellschaft. Auf dem Weg in eine andere Moderne*, Frankfurt, Suhrkamp, 1986, S. 10.

8 A. Giddens, *The Consequences of Modernity*, Cambridge, Polity Press, 1990, S. 5.

9 Th.W. Adorno, *Negative Dialektik*, Frankfurt, Suhrkamp, 1966, S. 179.

hegelianischen) Universalismus, den Adorno, ähnlich wie der Lyotard der *Economie libidinale* (1974), aus dem Tauschwert ableitet: »Die universale Herrschaft des Tauschwerts über die Menschen, die den Subjekten a priori versagt, Subjekte zu sein, Subjektivität selber zum bloßen Objekt erniedrigt, relegiert jenes Allgemeinheitsprinzip, das behauptet, es stifte die Vorherrschaft des Subjekts, zur Unwahrheit.«[10] Diese Absage an das Universalprinzip im Namen einer lädierten Partikularität und im Namen der Natur verbindet nicht nur die nachmodernen Kritiken der Moderne mit denen der Kritischen Theorie, sondern auch die postmoderne Philosophie mit der zeitgenössischen Soziologie.

Wie die Soziologen, die als Erben M. Webers und G. Simmels die Auswirkungen des wissenschaftlichen, technologischen und technischen Fortschritts eher mit Krisenerscheinungen als mit dem Gedanken an eine fortschreitende Befreiung der Menschheit verbinden, zweifeln die Philosophen die großen legitimierenden Metaerzählungen des Christentums, der Aufklärung und des hegelianischen Marxismus an, den sie – ähnlich wie seinerzeit Camus – als säkularisierte Eschatologie ablehnen. »Die Bolschewiken dachten, sie hätten ein Blatt der Geschichte gewendet«[11], bemerkt Foucault und läßt den illusorischen Charakter des marxistischen Historismus erkennen.

Wo der Begriff der Universalgeschichte als legitimierender Instanz zerfällt, dort erscheint auch der Glaube an verallgemeinerungsfähige Begriffe der Moderne wie »Menschheit«, »menschliche Natur«, »Menschenrechte«, »Wahrheit« oder »Wahrheitsgehalt« zweifelhaft. Wie die Soziologen, die die besonderen Interessen der Bewegungen, Randgruppen und Individuen gegen eine total werdende Verwaltung der Gesellschaft verteidigen, um eine *action critique* im Sinne von Touraine zu ermöglichen[12], solidarisieren sich die Philosophen mit dem Partikularen: dem nicht Integrierbaren, nicht Sub-

---

10 Ibid., S. 178.

11 M. Foucault, »La Mort du père« (1975), in: ders., *Dits et écrits II*, Paris, Gallimard, 1994, S. 734.

12 Vgl. A. Touraine, *Production de la société*, Paris, Seuil, 1973, S. 486: »*L'étude des classes et des mouvements sociaux nous oriente vers la connaissance de la société: celle du changement social et des actions critiques vers celle de l'Etat.* Les deux démarches sont complémentaires et opposées, comme le sont les mouvements sociaux et les actions critiques.«

sumierbaren, dem Ausgestoßenen und Ausgegrenzten, das nicht im Generalnenner des Universallogos aufgeht. Vor allem Deleuze und Lyotard setzen sich – und darin stimmen sie mit Bauman, tendenziell auch mit Touraine und Beck überein – für einen radikalen Pluralismus der Minderheiten ein, für ein »Patchwork der Minderheiten«, wie Lyotard sagt, das keiner allgemeinen Regel unterworfen werden kann.

Nun ist aber dieser radikale Pluralismus, der das idiosynkratische Partikulare privilegiert, nicht unproblematisch, wie sich schon im vorigen Kapitel gezeigt hat: Wo die zahlreichen, miteinander kollidierenden Partikularismen keiner übergeordneten Einheit subsumierbar sind und Celans »wir wissen nicht, was gilt« zum einzigen negativen Maßstab wird, dort wird das Relativismus-Problem wieder aktuell, dort drängt sich die seit Mannheims Wissenssoziologie nicht verstummte Frage nach der Austauschbarkeit der miteinander verwandten, verfeindeten oder inkommensurablen Positionen auf. Im Gegensatz zu Mannheim, dessen Ansatz immer wieder in den Relativismus abgleitet, weil die »freischwebenden Intellektuellen« der ihnen zugesprochenen kognitiven Universalfunktion kaum gerecht werden können[13], mündet die Partikularisierungstendenz der Kritischen Theorie nicht zwangsläufig in einen extremen Pluralismus der Indifferenz als Austauschbarkeit, weil Adorno und Horkheimer stets an bestimmten Begriffen und Werten wie Autonomie, Individualität, Wahrheit und Vernunft festhielten, deren Verallgemeinerungsfähigkeit sie voraussetzten.

---

[13] Schon Alexander von Schelting wies auf Mannheims erkenntnistheoretisches Grundproblem hin: Wie sollen die verschiedenen Aspektstrukturen oder Weltanschauungen kritisiert, bewertet und miteinander verglichen werden, wenn es keine von allen anerkannte Wahrheit gibt? »Wie soll diese Abschätzung (bzw. jene Einigung) möglich sein, wenn es keinen außerhalb der partikularen ›Aspektstrukturen‹ liegenden Standpunkt mit eigenen überpartikularen Geltungskriterien geben kann?« Auch die Beurteilung der Aspektstrukturen vom Standort der »freischwebenden Intelligenz« aus hat für Schelting nur Sinn, wenn es eine »objektiv gültige wissenschaftliche Erkenntnis« gibt, die allen Beteiligten als Bezugspunkt gilt. Siehe: A. von Schelting, »Die Grenzen der Soziologie des Wissens«, in: V. Meja, N. Stehr (Hrsg.), *Der Streit um die Wissenssoziologie* Bd. 2, Frankfurt, Suhrkamp, 1982, S. 843-848.

Im Falle von Deleuze, Lyotard, Foucault und Rorty wird man jedoch stets von neuem an die ausweglose Situation von Musils Protagonistin Diotima erinnert: »Jedesmal, wenn Diotima sich beinahe schon für eine solche Idee entschieden hätte, mußte sie bemerken, daß es auch etwas Großes wäre, das Gegenteil davon zu verwirklichen.«[14] Was soll nun in der Postmoderne verwirklicht werden, deren Vertreter neben dem Pluralismus und der Partikularität auch der Kontingenz aller Perspektiven das Wort reden? Weshalb sollte man Rortys »liberale Demokratie«[15], für die der amerikanische Pragmatist aus verständlichen Gründen plädiert, Lyotards antikapitalistischem »Patchwork der Minderheiten« oder Etzionis »communitarian politics« vorziehen? Wäre es nicht »auch etwas Großes«, das Gegenteil davon (wovon auch immer) zu verwirklichen? Und so bliebe alles beim alten, wobei die Indifferenz der Marktgesellschaft die immer schon vorausgesetzte Grundlage der Orientierungslosigkeit wäre.

Die Gefahr der Inkommensurabilität und Austauschbarkeit der vielen heterogenen Partikularismen ist wohl einer der Gründe, weshalb der postmoderne Pluralist und Lyotard-Schüler Wolfgang Welsch alles unternimmt, um aus dem extremen Pluralismus postmoderner Philosophie herauszufinden und den Sturz in die Indifferenz zu vermeiden. Zu Deleuzes und Guattaris Rhizom-Metapher (vgl. Abschn. 3) bemerkt er: »Insofern stellt das rhizomatische Denken den gesuchten Denktypus dar, der die paradoxe Aufgabe erfüllt, Heterogenität und Übergang, die anscheinend nicht zusammengedacht werden können und doch zusammengedacht werden müssen, auch tatsächlich zusammenzubringen.«[16] Welschs Konzept der »transversalen Vernunft« könnte als ein großangelegter Versuch aufgefaßt werden, den postmodernen Pluralismus und Partikularismus durch partielle und das Singuläre bewahrende Universalisierung gegen eine indifferente Heterogenität abzugrenzen und zu retten. Von ihm soll nicht nur im vierten Abschnitt, sondern vor allem im letzten Kapitel die Rede sein. Statt eines transversalen Denkens im Sinne des Rhi-

---

14 R. Musil, *Der Mann ohne Eigenschaften* Bd. 1, Reinbek, Rowohlt, 1978, S. 229.

15 R. Rorty, *Eine Kultur ohne Zentrum. Vier philosophische Essays*, Stuttgart, Reclam, 1993, S. 46.

16 W. Welsch, *Vernunft. Die zeitgenössische Vernunftkritik und das Konzept der transversalen Vernunft*, Frankfurt, Suhrkamp, 1995, S. 362.

zoms wird dort eine dialogische Lösung angepeilt und die Dialektik zwischen Besonderem und Allgemeinem auf diskursiver Ebene konkretisiert.[17]

Die im folgenden vorgeschlagene Konstruktion der postmodernen philosophischen Problematik ist nicht so sehr als ein Ensemble von Einzeldarstellungen aufzufassen, sondern – wie schon der vorausgegangene soziologische Entwurf – als ein Versuch, Heterogenes zu strukturieren und gemeinsame Fragestellungen oder Tendenzen aufzuzeigen. Dies bedeutet, daß – *for the better or for the worse* – eher Ähnlichkeiten und Gemeinsamkeiten als Gegensätze oder Widersprüche hervorgehoben werden.

Wie alle Schemata ist diese Konstruktion leicht dekonstruierbar: indem man beispielsweise mit Hilfe von einschlägigen Selektionen und Aktantenmodellen[18] nachweist, daß die hier kommentierten Ansätze kaum etwas miteinander zu tun haben. Ein solcher Nachweis ist allerdings jenem unverbindlichen Partikularismus verpflichtet, der hier durchgehend kritisiert wird. Im Gegenzug zu solch dekonstruktivem Nominalismus soll dargetan werden, daß die gemeinsamen Elemente stärker ausgeprägt sind, als die heterogenen Hintergründe der einzelnen Ansätze vermuten lassen: Nicht das einzelne Werk soll dargestellt werden, sondern die postmoderne Problematik. Sie »gibt« es zwar nicht im Sinne eines naiven Realismus, ihre (Re-)Konstruktion ist aber dennoch nicht willkürlich, zumal Nietzsches Genealogie immer wieder als ihr zentraler Bezugspunkt erscheint.

1. Nietzsches Erben

Nahezu alle wichtigen Themen der hier kommentierten postmodernen Philosophien werden von Friedrich Nietzsches Werk antizipiert, sofern es als eine Reaktion auf den europäischen Idealismus gelesen wird: auf dessen Kernbegriffe wie Geschichte, Notwendigkeit, Subjekt, Wesen, Wahrheit, Totalität, Dialektik und Arbeit. Alle diese

---

[17] Zum Problem des *interdiskursiven Dialogs* siehe auch: Vf., *Ideologie und Theorie. Eine Diskurskritik*, Tübingen, Francke, 1989, Kap. XII sowie Vf., *Was ist Theorie? Theoriebegriff und Dialogische Theorie in den Kultur- und Sozialwissenschaften*, Tübingen-Basel, 2004, Kap. XIII und XIV.

[18] »Aktantenmodell« im Sinne von A. J. Greimas, J. Courtés, *Sémiotique. Dictionnaire raisonné de la théorie du langage*, Paris, Hachette, 1979, S. 3-4.

Begriffe werden von Nietzsche – zusammen mit der Begrifflichkeit als solcher – genealogisch ausgehöhlt, ausgezehrt. Wenn er beispielsweise versucht, die scheinbare Notwendigkeit der geschichtlichen Entwicklung aus dem Zufall, das Wesen aus dem Schein und die Wahrheit aus den akkumulierten Figuren der Rhetorik abzuleiten, diskreditiert er die ehrwürdigen Termini des Idealismus. Denn was ist schon »Wahrheit«, wenn sie lediglich aus einer tradierten, angelernten, aber unreflektierten Metaphorik besteht?

Zu den Schlüsselbegriffen des deutschen Idealismus gehört spätestens seit Hegel die *Geschichte* als teleologische Entwicklung der Menschheit, die von einem göttlichen oder säkularisierten Subjekt wohlwollend, richtend oder strafend begleitet wird. Aus Nietzsches Sicht wird sie unzeitgemäß. Was ist am Philosophen rückständig? – fragt er und antwortet: »Daß er *weiß*, was wahr ist, was Gott ist, was das Ziel ist, was der Weg ist ...«[19] Ein moderner Philosoph wie Hegel mag dies alles noch gewußt haben, spätmodernen oder modernistischen Philosophen wie Sartre oder Adorno kamen Zweifel, und die Postmodernen geben unumwunden zu, daß sie die Frage nach Wahrheit, Weg und Ziel nicht mehr beschäftigt. Sie haben aufgehört, rückständig zu sein.

Aus nahezu allen ihren Texten spricht offen oder unterschwellig die Skepsis der historischen Teleologie und der hegelianisch-marxistischen Geschichtsauffassung gegenüber. Gianni Vattimo beispielsweise definiert die postmoderne Zeit und die Bedeutung des Präfix *post* mit Hinweisen auf die gegenwärtige Unmöglichkeit oder Undenkbarkeit der Hegelschen Aufhebung und der Marxschen Überwindung bestehender gesellschaftlicher Verhältnisse. Die dialektische Überwindung wird durch die Heideggersche *Verwindung* verdrängt, die von Nietzsche stammt: »Der erste Philosoph, der von Verwindung spricht, auch wenn er sich natürlich nicht dieses Wortes bedient, ist nicht Heidegger, sondern Nietzsche. Man kann mit Recht behaupten, daß die philosophische Postmoderne im Werk Nietzsches entsteht (...).«[20]

Lyotard projiziert diese philosophische Problematik in ihren politisch-historischen Zusammenhang, wenn er in *Moralités postmoder-*

---

19 F. Nietzsche, *Werke* Bd. 6 (Hrsg. K. Schlechta), München, Hanser, 1980, S. 702.

20 G. Vattimo, *Das Ende der Moderne*, Stuttgart, Reclam, 1990, S. 178-179.

nes die Zurücknahme der dialektischen Überwindung mit dem Zusammenbruch des sozialistischen Systems in Mittel- und Osteuropa verknüpft. Ihm erscheint der Marxismus als letzte metaphysische Teleologie der Geschichte: »Der Marxismus, der letzte Sproß des Christentums und der Aufklärung, scheint seine ganze kritische Kraft eingebüßt zu haben. Er ist mit der Berliner Mauer gefallen.«[21] Auch Kritiker postmoderner Philosophie nehmen diesen Kontext wahr und erinnern an Bells (widerrufene) These über das »Ende der Ideologien«.[22] Selbst wenn man aus soziologischen Gründen am Ideologiebegriff festhält[23], wird es zusehends schwieriger, die gesellschaftliche Entwicklung mit Comte und Hegel als lineare oder dialektische (widersprüchliche) Entfaltung zu immer höheren Stadien zu denken.

Dabei setzt sich auch Nietzsches Einsicht durch, die er möglicherweise den Junghegelianern verdankt, »wie wenig Vernunft, wie sehr der Zufall unter den Menschen herrscht«.[24] Im Anschluß an den deutschen Philosophen wertet Gilles Deleuze den *Zufall* der *Notwendigkeit* gegenüber auf, postuliert die Notwendigkeit des Zufalls und die aus ihm hervorgehende *Vielfalt*. In einem Kommentar zu Mallarmés *Un coup de dés* ruft er mit Nietzsche zu einer Bejahung des Zufalls auf: »Denn ebensowenig wie das Eine das Viele unterdrückt oder verneint, unterdrückt oder hebt die Notwendigkeit den Zufall auf. Nietzsche identifiziert den Zufall mit dem Vielen, den Fragmenten, den Gliedern, dem Chaos: dem Chaos der Würfel, die man schüttelt und wirft. *Nietzsche macht aus dem Zufall eine Bestätigung, eine Bejahung*.«[25] In Deleuzes Nietzsche-Buch heißt es ergänzend: »Oder man behauptet, wie Nietzsche sagt, die Notwendigkeit des Zufalls. Dionysos ist Spieler. Der wahre Spieler macht aus dem Zufall einen Gegenstand der Bejahung (...).«[26] Zufall und Spiel, Fragment und Vielheit: Dies sind die Begriffe eines neuen Denkens, das nach dem

---

21 J.-F. Lyotard, *Moralités postmodernes*, Paris, Galilée, 1993, S. 68.

22 Vgl. D. Bell, *Die Zukunft der westlichen Welt. Kultur und Technologie im Widerstreit*, Frankfurt, Fischer, 1976, S. 78: »Im Unterschied zu Wirtschaftsformen und veralteten Technologien verschwinden Ideologien nicht.«

23 Vgl. Vf., *Ideologie und Theorie*, op. cit., Kap. I.

24 F. Nietzsche, *Werke* Bd. 5, op. cit., S. 323.

25 G. Deleuze, *Nietzsche und die Philosophie*, Hamburg, Europäische Verlagsanstalt, 1991, S. 32.

26 G. Deleuze, *Nietzsche*, Paris, PUF, 1992 (9. Aufl.), S. 36.

Zusammenbruch des hegelianischen Marxismus nicht mehr nach den Gesetzen des historischen Prozesses Ausschau hält.

Ein solches Denken ist nicht länger der progressiv-kumulativen Auffassung der Geschichte verpflichtet, die Aufklärern, Rationalisten und Dialektikern noch als selbstverständlich erschien. Es fühlt sich eher von Nietzsches zirkulärer Metapher der *ewigen Wiederkehr* angezogen, die Lyotard mit der Zirkulationssphäre des Tauschwerts, Vattimo hingegen mit der Wirkung der Medien assoziiert, die den Menschen das Gefühl der Gleichzeitigkeit und der Wiederkehr vermitteln. In Lyotards *Des dispositifs pulsionnels* wird unmißverständlich auf den Nexus von »ewiger Wiederkehr« und Kapitalzirkulation hingewiesen: »Man sieht hier, was uns Nietzsche heute bedeutet. *Die geregelte Wiederkehr ist das Kapital* (*Le Retour réglé, c'est le Kapital.*).«[27] Die Produktion für den Markt erscheint ihm – nicht zu Unrecht – als »*métamorphose* sans fin et sans but«, als »*Metamorphose* ohne Ende und ohne Ziel«.[28] Vattimo bezieht sich wiederum auf das Erleben des Alltags, wenn er behauptet: »Der Fortschritt wird zur Routine (...).«[29] Bekanntlich ist auch die Routine als Wiederkehr des Immergleichen darstellbar.

Sie ist mit der Intentionalität eines sozialen oder transzendentalen *Subjekts*, das für die Erfüllung einer Teleologie verantwortlich wäre, unvereinbar. Der Tod des göttlichen Subjekts bei Nietzsche hat bei den meisten postmodernen Denkern den Tod des menschlichen Subjekts zur Folge, das im Rahmen der marxistischen Diskurse noch hoffen konnte, die göttliche Vorsehung durch historische Praxis zu ersetzen.

Michel Foucault, den H. Fink-Eitel mit Recht als »Doppelgänger Nietzsches«[30] bezeichnet, stellt Hegel und Marx gemeinsam auf den Kopf, wenn er in seinem wichtigen Aufsatz über Nietzsches »Genealogie« die Geschichte nicht als Selbstverwirklichung des göttlichen oder menschlichen Subjekts, sondern als dessen Selbstauflösung betrachtet: »Wird sie genealogisch ausgerichtet, dann hat die Geschichte nicht den Zweck, die Wurzeln unserer Identität zutage zu fördern,

---

27 J.-F. Lyotard, *Des dispositifs pulsionnels*, Paris, Galilée (1973), 1994, S. 218.

28 Ibid., S. 219.

29 G. Vattimo, *Das Ende der Moderne*, op. cit., S. 12.

30 H. Fink-Eitel, *Foucault zur Einführung*, Hamburg, Junius, 1992 (2. Aufl.), S. 89.

sondern im Gegenteil: sie aufzulösen; sie bewirkt nicht, daß wir den einzigen Ursprung, aus dem wir hervorgegangen sind und zu dem wir den Metaphysikern zufolge wie in unsere erste Heimat zurückkehren werden, zu Gesicht bekommen; sie läßt alle Brüche (discontinuités) zutage treten, die uns durchziehen.«[31] An anderer Stelle ist von einer »dissociation systématique de notre identité«[32] die Rede.

Es ist, als hätte sich in dieser Passage der Philosoph Foucault vorgenommen, in einem Nietzsche-Kommentar sein gesamtes Programm einer »Archäologie des Wissens« und einer »Genealogie der Macht« in komprimierter Form zusammenzufassen. Denn er zeigt, wie in einer gesellschaftlichen Situation, in der sich das Telos der Geschichte als eitle Schimäre erweist, individuelle und kollektive Subjektivität nicht mehr als Einheit denkbar ist. Nur noch ihre Zerfallsprodukte, ihre Brüche und Fragmente sind darstellbar. In diesem Zusammenhang spricht Vattimo von einer »finitezza del soggetto« und einem »sfondamento«: einer »Endlichkeit des Subjekts« und einer »Aufhebung des Grundes«.[33]

Innerhalb der postmodernen philosophischen Problematik, die – wie die soziologische und die literarische – von einer starken Partikularisierungstendenz durchzogen wird, tritt der physische Körper als menschliches Leben an die Stelle des metaphysischen Subjekts. In seinen wichtigsten Untersuchungen über den Wahnsinn (*Histoire de folie à l'âge classique*, 1961), die Kriminalität (*Surveiller et punir*, 1975) und die Sexualität (*Histoire de la sexualité I*, 1976) geht es Foucault in erster Linie um die politische und wissenschaftliche Verwaltung des menschlichen Körpers und um die Frage, wie aus dieser Verwaltung, die stets Machtausübung ist, Subjektivität *hervorgeht*. Wie wird der Einzelne als *physis* von Macht und Verwaltung (von der Ideologie, würde Althusser sagen) zu dem gemacht, was er ist: zum empfindenden, denkenden und handelnden Subjekt? Dabei wird

---

31 M. Foucault, »Nietzsche, la généalogie, l'histoire«, in: ders., *Dits et écrits II*, op. cit., S. 154.

32 Ibid. – Foucault erklärt: »L'histoire, généalogiquement dirigée, n'a pas pour fin de retrouver les racines de notre identité, mais de s'acharner au contraire à la dissiper (...).«

33 G. Vattimo, *Al di là del soggetto. Nietzsche, Heidegger e l'ermeneutica*, Milano, Feltrinelli (1981), 1991 (4. Aufl.), S. 111. (*Jenseits vom Subjekt*, Graz-Wien, Passagen, 1986, S. 136.)

die im Idealismus stets freie und verantwortliche Subjektivität tendenziell auf ihre Körperlichkeit reduziert. »Aus Nietzsches Sicht wurde die moderne Kultur vor allem durch fehlende Vitalität gekennzeichnet«[34], bemerkt José-Gilherme Merquior und fügt hinzu: »Was sie aus Foucaults wie auch aus Adornos oder Marcuses Sicht charakterisiert, ist ihr Zwangscharakter.«[35]

Foucaults Position erscheint ihm in diesem Zusammenhang als ein Plädoyer für den malträtierten Körper: »Unsere Freiheit ist unser physisches Leben, das nicht von den gesellschaftlichen Regeln kolonisiert wurde.«[36] Diese Deutung mag eine Übertreibung sein, die bestenfalls noch für den ersten Band von *Histoire de la sexualité* gilt, nicht jedoch für die beiden folgenden Bände, in denen es u.a. um die Selbstverwirklichung *innerhalb* bestimmter sozialer Normen- und Wertesysteme geht. Sie ist dennoch brauchbar, weil sie die postmoderne Abkehr von Vernunft und Wahrheit erkennen läßt, die bei Foucault mit einer Hinwendung zur Körperlichkeit einhergeht. Nicht zufällig steht am Beginn von *Surveiller et punir* das qualvolle Martyrium des erfolglosen Königsmörders Damiens aus dem Jahr 1757, das den physischen Aspekt der Unterdrückung sinnfällig machen soll: »Le corps des condamnés«, lautet der Titel des ersten Kapitels.

Dieser Partikularisierungstendenz als Ausrichtung auf die *physis* entsprach schon bei Nietzsche ein radikaler Zweifel an den komplementären Begriffen *Wesen* und *Wahrheit*, die universelle Geltung beanspruchten und den Kern des Platonismus, später des deutschen Idealismus, ausmachten. Nietzsche glaubt nicht (mehr), daß sich irgendein Wesen hinter den Erscheinungen verbirgt: »Was ist mir jetzt ›Schein‹! Wahrlich nicht der Gegensatz irgendeines Wesens – was weiß ich von irgendwelchem Wesen auszusagen, als eben nur die Prädikate seines Scheins!«[37] Die Frage ist, in welcher sprachlichen Situation (in welcher *Episteme*, würde Foucault sagen), Nietzsches Polemik gegen das Wesen, das von Plato bis Hegel die Jahrhunderte überdauert hat, überhaupt möglich ist. Die Antwort könnte lauten: Die *Entdeckung der Sprache* als Grundlage der Begriffsbildung er-

---

34 J. G. Merquior, *Foucault ou le nihilisme de la chaire*, Paris, PUF, 1986, S. 118.

35 Ibid.

36 Ibid., S. 117.

37 F. Nietzsche, *Werke* Bd. 3, op. cit., S. 73.

möglicht seit Nietzsche und Heidegger die Kritik an den tradierten Termini der Metaphysik. Dazu bemerkt Foucault: »Die Rolle, die früher die Geschichte gespielt hat, fällt jetzt der Sprache zu.«[38] Mit Wittgenstein und Winch kann jederzeit gefragt werden: Aus welchem Sprachspiel ist dieser Begriff hervorgegangen? Welche sprachlichen Figuren konstituieren ihn?

Im Rahmen dieser Problematik stellt der Postmodernist Vattimo fest: »Es gibt keine Befreiung jenseits der Erscheinungen in einem vermeintlichen Reich des eigentlichen Seins (...).«[39] Diese nietzscheanische These wird an zahlreichen Stellen von Gilles Deleuzes Werk ergänzt und abgewandelt, wo der Leser von *Nietzsche et la philosophie* beispielsweise erfährt, daß aus der Sicht des Künstlers Wahrheit und Schein zusammenfallen: »Wahrheit ist Schein.«[40] Bei Deleuze zerfällt die Wahrheit in unzählige lokale Wahrheiten, die je nach Kontext und Interesse variieren können: »Wir haben die Wahrheiten, die wir verdienen, je nach dem, wo wir uns aufhalten, zu welcher Stunde wir wachen, in welchem Element wir uns befinden.«[41] Es gibt keine Wahrheit mehr im Sinne von Plato, Kant oder Hegel, sondern nur kontingente Wahrheiten, deren zeitliche und räumliche Relativität von postmodernen Denkern wie Deleuze, Lyotard und Rorty immer wieder hervorgehoben wird.

In diesem Kontext kann sich Richard Rorty auf Nietzsche berufen, um die realistische Auffassung der Wahrheit, d.h. die Auffassung, daß der wahre Gedanke dem Wesen der Wirklichkeit am nächsten ist und daher als objektiv bezeichnet werden kann, in Frage zu stellen. Zwischen Denken und Wirklichkeit gibt es keinerlei Konvergenz, und die Wahrheit erscheint ihm wie Nietzsche als ein Zufallsprodukt sprachlicher Traditionen und rhetorischer Konventionen, die nicht mehr als solche wahrgenommen werden: »Nach Nietzsches Auffassung besteht der menschliche Charakter seine Probe, wenn er sich als fähig erweist, mit dem Gedanken zu leben, daß es keine Konvergenz gibt. Er will, daß wir uns mit dem Gedanken abfinden, die Wahrheit sei nichts weiter als ›ein bewegliches Heer von Metaphern,

---

38 M. Foucault, »Débat sur la poésie«, in: ders., *Dits et écrits I*, op. cit., S. 400.

39 G. Vattimo, *Jenseits vom Subjekt*, op. cit., S. 16.

40 G. Deleuze, *Nietzsche und die Philosophie*, op. cit., S. 113.

41 Ibid., S. 125.

Metonymien, Anthropomorphismen, kurz eine Summe von menschlichen Relationen, die, poetisch und rhetorisch gesteigert, übertragen, geschmückt wurden und die nach langem Gebrauch einem Volke fest, kanonisch und verbindlich dünken‹.«[42] Versprachlichung als Lokalisierung und Partikularisierung des Wahrheitsbegriffs: Wenn Wahrheit rein konventionellen Charakter hat, d.h. an Ort und Zeit gebunden ist, kann sie auch keine universelle Geltung beanspruchen, weil sie Ausdruck von besonderen Konstellationen und Machtverhältnissen ist.

Zusammen mit der begrifflichen Wahrheit wird von den postmodernen Nietzscheanern das rationalistische und marxistisch-hegelianische Ideal einer allgemeingültigen wissenschaftlichen Erkenntnis verabschiedet. Als Erben Nietzsches suchen sowohl Rorty als auch Deleuze die wahren Empfindungen eher im Bereich der Kunst als in der Welt der Wissenschaft. Schon Nietzsche wertete in der *Fröhlichen Wissenschaft* und einigen anderen Schriften die Kunst (vor allem die Musik) der von positivistischen Idealen beseelten Wissenschaft des 19. Jahrhunderts gegenüber auf: »Hätten wir nicht die Künste gutgeheißen und diese Art von Kultus des Unwahren erfunden: so wäre die Einsicht in die allgemeine Unwahrheit und Verlogenheit, die uns jetzt durch die Wissenschaft gegeben wird (...), gar nicht auszuhalten.«[43]

An diese Kritik des begrifflichen Denkens knüpft Rorty an, wenn er den postmodernen »Textualismus« (»textualism«) gegen das Wissenschaftsideal der metaphysischen Tradition ausspielt und behauptet, »der Textualismus des 20. Jahrhundert [wolle] die Literatur in den Mittelpunkt stellen und sowohl Wissenschaft als auch Philosophie bestenfalls als literarische Gattungen behandeln« (»treat both science and philosophy as, at best, literary genres«).[44] Dem entspricht, wie sich noch zeigen wird, Deleuzes Versuch, kreative Momente im ästhetischen Sinne in den philosophischen Diskurs aufzunehmen,

---

42 R. Rorty, *Solidarität oder Objektivität? Drei philosophische Essays*, Stuttgart, Reclam, 1988, S. 30.

43 F. Nietzsche, *Werke* Bd. 3, op. cit., S. 113.

44 R. Rorty, *Consequences of Pragmatism*, Minneapolis, Univ. of Minnesota Press (1982), 1994 (6. Aufl.), S. 141.

sowie Derridas Wunsch, die Trennungslinie zwischen Philosophie und Literatur zu tilgen.

Wo der Anspruch des philosophischen oder wissenschaftlichen Denkens erlischt, Wirklichkeitswahrnehmung durch Erkenntnis von Wesen und Wahrheit zu vereinheitlichen, dort zerfällt Hegels Kategorie der *Totalität* in *Vielheit* und *Heterogenität*. In Deleuzes Kommentaren erscheint Dionysos als tragische Gestalt, als Garant des Schöpferischen und der Vielfalt: »Dionysos bejaht alles, was in Erscheinung tritt, ›noch das herbste Leiden‹, und erscheint in allem, das bejaht wird. Die vielfältige, pluralistische Bejahung ist das Wesen des Tragischen.«[45] Etwas später spricht Deleuze von der Freude an der Vielfalt: »die Freude am Vielen, die vielfältige Freude.«[46] Er beschließt sein Buch mit einer bündigen Zusammenfassung von Nietzsches Werk, das sich ihm als ein vitales Denken des Werdens, der Vielfalt, des Zufalls und des Spiels darstellt: »Darin, daß das Viele, das Werden, der Zufall Objekte reiner Bejahung sein mögen, ist der Sinn der Philosophie Nietzsches formuliert.«[47] Der Praktiker dieses Denkens ist der *Spieler*, der sich auf den reinen Zufall verläßt: auf den *coup de dés*.

Als Gegenspieler und Spielverderber tritt der Dialektiker auf, der Hegelianer oder Marxist, der weder Zufall noch Spiel anerkennen will, sondern die Gesetze des historischen Fortschritts aus der gesellschaftlich notwendigen *Arbeit* ableitet. Die *Dialektik* erscheint Deleuze als begriffliches, theoretisches, »reaktives« und folglich lebensfeindliches Denken, das auf Gedeih und Verderb mit der christlichen Heilslehre verwoben ist: »Zunächst macht die Dialektik, in Reaktion gegen das Leben, das Denken des theoretischen Menschen aus, der das Leben zu bewerten, zu beschränken, zu beurteilen trachtet.«[48] Er fügt hinzu, daß die Dialektik »die eigentlich christliche Ideologie«[49] ist. Der Gegensatz, von dem er ausgeht und zu dem er am Ende seiner Abhandlung zurückkehrt, ist der zwischen Hegel und Nietzsche: »Zwischen Hegel und Nietzsche ist jeder Kompromiß ausgeschlos-

---

45 G. Deleuze, *Nietzsche und die Philosophie*, op. cit., S. 22.

46 Ibid.

47 Ibid., S. 212.

48 Ibid., S. 211.

49 Ibid.

sen.«[50] Insofern haben Douglas Kellner und Steven Best recht, wenn sie schreiben, daß Deleuze in Nietzsches Werk eine Alternative zum dialektischen Denken findet.[51]

Dies gilt allerdings nicht nur für Deleuze, sondern für die meisten postmodernen Philosophen, die auf die Verwerfungen rationalistischer Naturbeherrschung und Fortschrittsgläubigkeit, auf den Niedergang des Marxismus-Leninismus und auf die »Entgeschichtlichung der Erfahrung«[52] reagieren, indem sie die großen Metaerzählungen und deren Begrifflichkeit kritisch zerlegen. Zu Zielscheiben ihrer Kritik werden die hier kommentierten Schlüsselbegriffe *Geschichte, Notwendigkeit, Subjekt, Wesen, Wahrheit, Totalität, Wissenschaft, Arbeit* und *Dialektik*. Als Alternativen erscheinen ihnen stark partikularisierte (Nicht-)Begriffe wie *ewige Wiederkehr (Verwindung), Zufall, Körper, Sprache (Figur), Macht, Vielfalt, Kunst, Spiel* – und ein Denken, das auf das Partikulare, das Einmalige und Unvertauschbare ausgerichtet ist.

Dieser Ausrichtung gehorcht auch die spätmoderne Dialektik Adornos als Selbstkritik der Moderne. Sie unterscheidet sich insofern von den hier kommentierten Ansätzen, als sie in keiner Phase ihrer Entwicklung bereit war, begriffliche Erkenntnis dem nichtbegrifflichen Partikularen zu opfern: »Die Utopie der Erkenntnis wäre, das Begriffslose mit Begriffen aufzutun, ohne es ihnen gleichzumachen.«[53] Indem die Postmodernen sich weigern, die Dialektik zwischen Begriff und Begriffslosigkeit, Allgemeinem und Besonderem auszutragen, begeben sie sich der Möglichkeit, über das Partikulare hinauszugehen und heterogene Positionen miteinander zu vermitteln. Die unvermittelte Heterogenität aber mündet in die Indifferenz des Tauschwerts, gegen dessen Gleichschaltungsmechanismen Lyotard – mit Adorno – unermüdlich das Besondere verteidigt.

Im folgenden soll die hier im Zusammenhang mit Nietzsches Philosophie skizzierte postmoderne Problematik im sozialphilosophischen, erkenntnistheoretischen, ethischen und ästhetischen Bereich

---

[50] Ibid., S. 210.

[51] S. Best, D. Kellner, *Postmodern Theory. Critical Interrogations*, London, Macmillan, 1991, S. 82.

[52] G. Vattimo, *Das Ende der Moderne*, op. cit., S. 15.

[53] Th.W. Adorno, *Negative Dialektik*, op. cit., S. 19.

entfaltet werden. Dabei wird sich zeigen, daß neben Nietzsche auch Hume und vor allem Kant nicht unwesentlich auf die sich in der gesamten Problematik durchsetzende Partikularisierungs- und Pluralisierungstendenz eingewirkt haben.

2. Postmoderne Sozialphilosophie und das Ende der Metaerzählungen: Von Foucault, Deleuze und Lyotard zu Vattimo und Rorty

Wer seit Jahren die postmodernen Debatten über das »Ende der Metaerzählungen« verfolgt, der mag sich bisweilen verwundert fragen, weshalb Albert Camus nicht als der eigentliche Initiator dieser Auseinandersetzungen erkannt und genannt wird. Möglicherweise hängt diese Zurückhaltung mit der Forderung des Kulturmarktes nach Innovation, Originalität und Überraschungseffekt zusammen. Denn wie ist es sonst zu erklären, daß Lyotard uns Ende der 1970er Jahre umständlich *erzählt*, weshalb die großen Metaerzählungen ihre Glaubwürdigkeit eingebüßt haben, ohne auch nur mit einem Wort Camus' radikale nietzscheanische Kritik an der Legitimität eben dieser – christlichen und marxistischen – Großerzählungen zu erwähnen?

Dieses Schweigen ist noch am ehesten mit Pierre Bourdieus Theorie des kulturellen Kapitals zu erklären: Wäre Lyotard, der sich kulturbeflissen auf Autoren wie Kuhn, Gödel, Frege, Luhmann und sogar die Kritische Theorie beruft, so ungeschickt gewesen, gleich im Vorwort zu erklären, er wolle eine der zentralen Thesen weiterentwickeln, die im Jahre 1951 der bei Schülern und Studenten so beliebte Albert Camus formuliert hat, wäre *La Condition postmoderne* (1979) kaum auf fruchtbaren Boden gefallen.

Albert Camus aber schreibt in *L'Homme révolté* (1951) über die christliche Erzählung: »Von diesem Augenblick an wird die Natur Geschichte, und bedeutsame Geschichte; die Idee menschlicher Ganzheit ist geboren. Von der frohen Botschaft bis zum jüngsten Gericht hat die Menschheit keine andere Aufgabe, als sich den ausdrücklich moralischen Absichten eines im voraus geschriebenen Berichtes anzupassen« (»d'un récit écrit à l'avance«).[54] Wie später bei

---

[54] A. Camus, *Der Mensch in der Revolte*, Reinbek, Rowohlt, 1980, S. 58. (*L'Homme révolté*, in: ders., *Essais*, Paris, Gallimard, Bibl. de la Pléiade, 1965, S. 478.)

Lyotard und Deleuze erscheint schon bei Camus der Marxismus als säkularisierte Form der christlichen Teleologie: »Marx führte in die entchristlichte Welt die Sünde und die Strafe, diesmal jedoch der Geschichte gegenüber, wieder ein.«[55]

Camus, der als Philosoph der Kontingenz, des Zufalls und des Absurden in vieler Hinsicht die Problematik postmoderner Philosophen vorwegnimmt, ist von diesen auch deshalb nicht als Vorläufer (an-)erkannt worden, weil er sich auf den Menschen bezieht und nicht auf die »Struktur«, die »Konstruktion« oder den »Signifikanten«. Von seinen postmodernen Nachfahren trennt ihn das sprachliche Moment – manche würden sagen: der sprachliche Paradigmenwechsel.

Mit Michel Foucault verbindet ihn der Gedanke, daß der Mensch als *physis*, als körperliches Individuum, nicht als vernunftbegabtes Subjekt zu verstehen ist, das gleichsam spontan nach universell anerkannten Werten wie Wahrheit oder Gerechtigkeit strebt. Er wird vielmehr von den Mechanismen und Techniken verschiedener Machtapparate zum Subjekt geformt und zur Rechenschaft gezogen: und zwar im Rahmen einer christlichen, rationalistischen oder marxistischen Großerzählung, die ihn als verantwortliches Subjekt im Extremfall mit seinem Leben bezahlen läßt. In seinem Roman *L'Etranger* führt Camus dem Leser vor Augen, wie sein Protagonist Meursault, der aufgrund eines *naturbedingten Zufalls* einen Araber erschießt, von der Justiz mit Hilfe eines manichäisch strukturierten christlichen Diskurses zum Verbrecher stilisiert und seines Lebens beraubt wird.

Foucault beruft sich – wie vor ihm Camus – auf Nietzsche, um den humanistischen, christlichen und hegelianisch-marxistischen Historismus als Zwangsmechanismus zu zerlegen, um in *Les Mots et les choses* (1966) zu zeigen, daß vor allem der Marxismus als Humanismus der humanwissenschaftlichen Episteme des 19. Jahrhunderts angehört, die den Menschen selbst als Subjekt-Objekt zum Gegenstand des Wissens und der Erkenntnis gemacht hat. Auf die klassische (rationalistische) Episteme, die auf die sprachliche Taxonomie und die Entsprechung von Sprache und Wirklichkeit ausgerichtet ist,

---

[55] A. Camus, *Der Mensch in der Revolte*, op. cit., S. 196.

folgt die moderne Episteme der Humanwissenschaften: »Denn die ganze Konfiguration des Wissens hat sich geändert, und sie [die Humanwissenschaften] sind nur in dem Maße entstanden, in dem mit dem Menschen ein Wesen erschienen ist, das vorher nicht im Feld der *episteme* existierte.«[56] Dieses Erscheinen des Menschen geht jedoch einher – im Marxismus, in der Soziologie, in der Psychoanalyse – mit seiner Unterwerfung und Zerstückelung durch die arbeitsteiligen *Disziplinen*.

Im Gegensatz zu Camus, der als Philosoph des Absurden und der Freiheit hoffen konnte, den Menschen von den christlichen und humanistischen Diskursen zu befreien, versucht Foucault – von *Histoire de la folie* bis zum ersten Band von *Histoire de la sexualité* – zu zeigen, wie das Individuum als Körper vom etablierten Wissen normativ manipuliert, d.h. normalisiert und zum Subjekt (*sujet, sub-iectum*) gemacht wird. In *Histoire de la folie* wird einerseits dargetan, wie im Frankreich des 17. Jahrhunderts die Sexualität innerhalb der Institution Familie reglementiert wird und wie andererseits die zeitgenössische Psychoanalyse den Patienten zwar aus moralischen Zwängen freisetzt, ihn zugleich aber der Allmacht des Analytikers unterwirft. Von Freud wird gesagt: »Jedoch hat er dagegen die Struktur, die die ärztliche Gestalt einhüllte, ausgebeutet, indem er deren thaumaturgische Kräfte erweitert und dem Arzt den quasi göttlichen Status der Allmächtigkeit verliehen hat.«[57]

Da das Wissen dem Nietzscheaner Foucault stets als Machtausübung erscheint, kann es weder als selbstlose Wahrheitssuche noch als herrschaftsfreie Verständigung zwischen Subjekten (im Sinne von Habermas) aufgefaßt werden, sondern eher als Herrschaft über den Einzelnen und seinen Körper. Foucaults Gedankenspiel mit dem Ende des Menschen in der Schlußbetrachtung von *Les Mots et les choses* ist in diesem Kontext zu lesen: Den Menschen gibt es nicht mehr, seit er von seinen eigenen Wissenschaften zergliedert und in das gentechnisch manipulierbare Kontinuum der Lebewesen eingereiht wurde. Dazu bemerkt Roddey Reid: »Möglicherweise wohnen

---

[56] M. Foucault, *Die Ordnung der Dinge*, Frankfurt, Suhrkamp, 1980 (3. Aufl.), S. 436.

[57] M. Foucault, *Wahnsinn und Gesellschaft. Eine Geschichte des Wahns im Zeitalter der Vernunft*, Frankfurt, Suhrkamp, 1969, S. 535.

wir jetzt schon dem endgültigen Tod des Menschen bei, der vom ›medizinischen Humanismus‹ konstruiert und eingeordnet wird.«[58] (Der Ausdruck »humanisme médical« stammt von Foucault: *Les Mots et les choses*, S. 398.)

Hier wird deutlich, daß Foucault die Marxsche These über die Selbstbefreiung des Menschen durch Bewußtwerdung und historische Praxis, durch eine Verwandlung des *An-Sich-Seins* in ein *Für-Sich-Sein*, umkehrt: Indem der Mensch sich selbst zum Gegenstand wird, liefert er sich dem anonymen Machtapparat der Wissenschaften aus. Er erscheint in diesem Zusammenhang nicht so sehr als selbstbewußt agierendes Subjekt, sondern als manipulierte Körperlichkeit. Es kommt zu einer postmodernen Partikularisierung, von der auch bei Habermas die Rede ist: »Und die Humanwissenschaften interessieren ihn von Anbeginn nur als Medien, die in der Moderne den unheimlichen Prozeß dieser Vergesellschaftung, nämlich die Vermachtung konkreter, leibvermittelter Interaktionen, verstärken und vorantreiben.«[59] Im Gegensatz zu Foucault hebt Habermas die universalistischen Tendenzen der Sozialwissenschaften hervor: etwa ihren kommunikativen Charakter und ihren Beitrag zu intersubjektiver Verständigung. (Vgl. Abschn. 5.)

Es bleibt zu fragen, welche politischen Konsequenzen Foucaults Idee der Geschichte, seine Kritik der großen Metaerzählungen und seine Auffassung des Wissens als Macht nach sich ziehen. Vor allem aus den postum veröffentlichten *Dits et écrits* geht deutlich hervor, daß Foucault (wie vor ihm Camus) von der historischen Praxis der Marxisten-Leninisten, der Maoisten und der Trotzkisten der 1970er Jahre nichts hielt.[60] Ihm erschienen alle diese Bewegungen als Handlanger des humanwissenschaftlichen Machtapparats, der eine Selbstverwirklichung des Einzelnen verhindert.

---

[58] R. Reid, »Corps clinique, corps génétique«, in: L. Giard (Hrsg.), *Michel Foucault. Lire l'œuvre*, Grenoble, J. Millon, 1992, S. 126.

[59] J. Habermas, *Der philosophische Diskurs der Moderne. Zwölf Vorlesungen*, Frankfurt, Suhrkamp, 1985 (2. Aufl.), S. 285.

[60] Vgl. z.B. M. Foucault, »Lettre à quelques leaders de la gauche«, 1977, in: ders., *Dits et écrits III*, op. cit., S. 388-389 sowie: »La torture, c'est la raison«, in: ders., *Dits et écrits III*, op.cit., S. 398: »L'importante tradition du socialisme est à remettre fondamentalement en question, car tout ce que cette tradition socialiste a produit dans l'histoire est à condamner.«

Seine Sympathien galten eher den Randgruppen der Gesellschaft, die dem von ihm mit akribischer Genauigkeit beschriebenen Machtmechanismen Widerstand leisten. Insofern mögen S. Best und D. Kellner recht behalten, wenn sie resümierend feststellen: »Dem modernen Begriff der Makropolitik, demzufolge kollidierende Kräfte um die Herrschaft über eine zentrale Machtquelle kämpfen, die in Wirtschaft und Staat verborgen ist, stellt Foucault ein postmodernes Konzept der Mikropolitik gegenüber, demzufolge zahlreiche lokale Gruppierungen diffuse und dezentrierte Machtformen herausfordern, die über die ganze Gesellschaft verteilt sind.«[61] Anders als im Marxismus-Leninismus (etwa in Lenins *Staat und Revolution*), wo es um die Eroberung der Staatsmacht ging, nicht um deren Zerstörung, geht es in Foucaults, Deleuzes und Lyotards Sozialphilosophie um die pluralisierende Zersetzung der Macht.

Foucaults Betrachtungsweise ist insofern einseitig, als sie den gesellschaftlichen Faktor Macht weitgehend mit Gefängnis und Klinik identifiziert und demokratische Erscheinungsformen der Macht ausblendet. Man muß kein Anhänger von Parsons oder Luhmann sein, um zu wissen, daß Macht und Geld Medien individuellen und kollektiven Handelns sind, die destruktiv oder kreativ eingesetzt werden können. Auch der »grüne« Minister, der gegen Walfischfang und Atomstrom agiert, übt Macht aus; auch die Wissenschaftler, die die Gründung einer europäischen Universität befürworten und Lobbies organisieren, üben Macht aus. Sich generell gegen die Macht auszusprechen ist ebenso sinnlos, wie gegen das korrumpierende Geld zu wettern: »Macht« und »Geld« verkommen in solchen Fällen zu mythischen Aktanten.

Genau dies tut aber Foucault, wenn er in einem bekannten Interview mit Deleuze (»Les Intellectuels et le pouvoir«, 1972) alle sozialen Funktionen anprangert, die irgendwie mit dem Faktor Macht verquickt sind: »Jeder Kampf entfaltet sich um ein bestimmtes Machtzentrum, wie z.B. einen kleinen Chef, einen Hausmeister, einen Gefängnisdirektor, einen Richter, einen Gewerkschaftsverterter, einen Chefredakteur. Diese Zentren namhaft machen, denunzieren, davon öffentlich sprechen – das ist bereits Kampf.«[62]

---

61 S. Best, D. Kellner, *Postmodern Theory*, op. cit., S. 56.

62 M. Foucault, »Die Intellektuellen und die Macht« (Gespräch zwischen Michel

Es kann jedoch nicht darum gehen, Machtzentren zu denunzieren (ein sinnloses Unterfangen), sondern Macht- und Funktions*miß-brauch* durch Personen. Denn die Alternative zum Rechtsstaat ist nicht, wie Foucaults Diskurs bisweilen suggeriert, eine glückselige Anarchie, sondern die Machtübernahme durch eine oder mehrere Mafien – möglicherweise gemeinsam mit Armee und Geheimdienst.

Bei Foucault geht es – zumindest in den 70er Jahren – um einen globalen Kampf gegen die Macht *tout court*: »Die Frauen, die Gefangenen, die Soldaten, die Kranken in den Spitälern, die Homosexuellen kämpfen nun in jeweils verschiedener Form gegen die jeweiligen Formen von Macht, Zwang und Kontrolle, denen sie ausgeliefert sind.«[63] Foucault fügt zwar (1972) hinzu, daß solche Bewegungen »mit der revolutionären Bewegung des Proletariats verbunden«[64] sind, beeilt sich aber (wie Deleuze: siehe weiter unten) zu erklären, daß der Kampf sich nicht in der »Form der Totalisierung«[65] vollzieht und daß der Intellektuelle im Gegensatz zum marxistischen Intellektuellen, im Gegensatz zum »organischen Intellektuellen« Gramscis[66] niemanden mehr vertritt, nicht mehr im Namen der Massen spricht: denn er hat aufgehört, »ein Subjekt, ein repräsentierendes oder repräsentatives Bewußtsein zu sein«.[67]

In dieser politischen Situation, in der, wie Lyotard sagt, »jeder auf sich selbst zurückgeworfen ist«[68], ist möglicherweise der Rückzug des späten Foucault in die Privatsphäre der »Sorge um sich« zu erklären. In der Endphase seines Schaffens ist es ihm nicht so sehr um die *contestation* der Macht durch nachmoderne Bewegungen zu tun, sondern um die Frage nach dem richtigen Leben des Einzelnen, »um

---

Foucault und Gilles Deleuze), in: W. Seitter (Hrsg.), *Von der Subversion des Wissens*, Frankfurt-Berlin-Wien, Ullstein, 1978, S. 136.

63 Ibid., S. 139.

64 Ibid.

65 Ibid.

66 Vgl. A. Gramsci, *Philosophie der Praxis. Eine Auswahl*, Frankfurt, Fischer, 1967, S. 410: »Das Charakteristikum des neuen Intellektuellen darf nicht mehr die Eloquenz sein (...); er muß sich vielmehr aktiv als Konstrukteur, Organisator, ›permanenter Überzeuger‹, aber nicht als bloßer ›Redner‹ ins praktische Leben mischen (...).«

67 M. Foucault, »Die Intellektuellen und die Macht«, in: W. Seitter (Hrsg.), *Von der Subversion des Wissens*, op. cit., S. 129.

68 J.-F. Lyotard, *Das postmoderne Wissen*, op. cit., S. 54.

die Frage nach sich (...), nach seiner Abhängigkeit und seiner Unabhängigkeit, nach seiner allgemeinen Form und nach dem Band, das man zu den anderen knüpfen kann und muß, nach den Prozeduren, durch die man Kontrolle über sich ausübt, und nach der Weise, in der man die volle Souveränität über sich herstellen kann«.[69]

Diese »Sorge um sich«, die Christopher Norris veranlaßt hat, von einem »fast-schizophrenen« (»near-schizophrenic«) Philosophen zu sprechen, der sich einerseits für die Unterdrückten einsetzt, andererseits in einen dem Dandysmus vergleichbaren Kult des *Ich* flüchtet[70], wurde von anderen als liberale Neigung gedeutet, die insofern Foucaults frühere Arbeiten fortsetzt, als sie sich gegen die Fremdbestimmung des Subjekts wendet und die Frage nach den Möglichkeiten individueller Autonomie aufwirft.[71] Es wird sich zeigen, daß sich Foucaults nachmoderne Suche in diesem *einen* Punkt mit der Rortys trifft.

Gilles Deleuze, dessen intellektuelle Entwicklung Foucaults Werk viele Impulse verdankt, geht in seinen Kritiken der Moderne von vier zentralen Gedanken aus: der Nichtigkeit der großen metaphysischen Erzählungen, der daraus resultierenden Aufwertung des Besonderen oder Singulären, der Aufwertung des Lebens im Sinne von Nietzsche und der Aufwertung der noetischen und politischen Vielheit. In seinem Buch über Foucault schlägt er eine Brücke von Nietzsche zum Denken des französischen Philosophen, wenn er bemerkt: »Der Übermensch hat nie etwas anderes bedeuten sollen als: *im Menschen selbst* gilt es, das Leben zu befreien, da der Mensch

---

69 M. Foucault, *Die Sorge um sich. Sexualität und Wahrheit 3*, Frankfurt, Suhrkamp, 1986, S. 305.

70 Vgl. Ch. Norris, *The Truth about Postmodernism*, Oxford, Blackwell, 1993, S. 70: »In short: there is an near-schizophrenic splitting of roles between (1) Foucault the ›public‹ intellectual, thinking and writing on behalf of those subjects oppressed by the discourses of instituted power / knowledge, and (2) Foucault the avowed aesthete, avatar of Nietzsche and Baudelaire, who espouses an ethos of private self-fashioning and an attitude of sovereign disdain toward the principles and values of enlightened critique.«

71 Vgl. A. Barry, T. Osborne, N. Rose (Hrsg.), *Foucault and Political Reason. Liberalism, Neo-Liberalism and Rationalities of Government*, London, UCL Press, 1996, S. 8: »The task, according to Foucault, was not to denounce the idea of liberty as a fiction, but to analyze the conditions within which the practice of freedom has been possible.«

selbst eine Weise darstellt, es einzusperren. Das Leben wird zum Widerstand gegen die Macht, wenn die Macht das Leben zu ihrem Objekt macht.«[72] Auch bei Deleuze wird der Unterschied von Macht und Herrschaft eingeebnet, und Macht erscheint dem Leser als eine jener mythischen Windmühlen, gegen die postmoderne Don Quijotes vergeblich anrennen. Dabei wird die moderne Macht weitgehend mit der des Kapitalismus identifiziert.

Gilles Deleuzes und Félix Guattaris umfangreiches Werk über Kapitalismus und Schizophrenie – *L'Anti-Œdipe* (1972-73) und *Mille Plateaux* (1980) – ist ein großangelegter Versuch, Nietzsches, Wilhelm Reichs und Michel Foucaults Denken zu einer Kritik des modernen Kapitalismus zu bündeln, die nicht mehr von Marxens Kritik der Politischen Ökonomie ausgeht, sondern von einer Ökonomie der Libido, die in der Gesellschaft allgegenwärtig ist, so daß alle Gegenstände und soziale Positionen als Gegenstände des Verlangens *libidinal besetzt* werden können. Im Gegenzug zur Psychoanalyse, die das sexuelle Verlangen auf den ödipalen Kontext der Kleinfamilie eingrenzt, entwickeln sie eine *Schizo-Analyse*, die das Verlangen auf alle Sphären der Gesellschaft ausdehnt und gegen die kapitalistische Organisation sowie deren Machtstrukturen zu wenden sucht. Diese »Streuung« des Verlangens geht auf Nietzsches »Willen zur Macht«, Foucaults Idee einer »produktiven Macht«, die Wahrheit und Subjektivität konstituiert, auf Lacans Theorie einer polymorphen Libido[73] und auf Derridas Metapher der »dissémination« oder »Streuung« zurück.

Deleuzes und Guattaris Analyse einer im kapitalistischen System produzierten Schizophrenie, die aus den widersprüchlichen libidinösen Orientierungen und Objektbesetzungen in der Marktgesellschaft hervorgeht, ist nicht einfach als Diagnose einer kollektiven Krankheit zu lesen, sondern wie auch Lyotards *Economie libidinale* (1974) als Versuch, das kritische Potential dieser Krankheit zu mobilisieren. Im extrem opaken Textkorpus des *Anti-Œdipe* wird immerhin eines klar: Das Verlangen ist vorab sozialisiert und hat Soziales zum Gegenstand: »Die Wunschmaschinen sind nirgendwo anders als in den gesellschaftlichen Maschinen, so daß die Konjunk-

---

[72] G. Deleuze, *Foucault*, Frankfurt, Suhrkamp, 1987, S. 129.

[73] Vgl. J. Lacan, *Ecrits II*, Paris, Seuil, 1971, S. 162-163.

tion der decodierten Ströme in der kapitalistischen Maschine die Tendenz zeigt, die freien Figuren einer universellen Libido zu entbinden.«[74] In dieser von W. Reich inspirierten Passage[75] kommt die Hoffnung zum Ausdruck, daß das im kapitalistischen System freigesetzte Verlangen oder Begehren die Subjekte befreit und schließlich entscheidend zur Sprengung des Systems beiträgt.

Wovon soll das subjektive Verlangen aber befreit werden? Es soll von den Zwangsmechanismen der ödipalen Sozialisierung innerhalb der bürgerlichen Familie erlöst werden; denn innerhalb dieser Familie werden aufgrund bestimmter Machtverhältnisse Subjekte produziert, die sich dem Wirklichkeitsprinzip (*ananke*), der Autorität, der Askese und letztlich dem Todestrieb (*thanatos*) unterwerfen und tendenziell faschistoid sind. Indem die Freudsche Psychoanalyse von der ödipalen Situation innerhalb der bürgerlichen Kleinfamilie ausgeht, erklärt sie ihr Einverständnis mit dem bürgerlich-kapitalistischen System. Sie wird nicht nur im Rahmen eines pseudomarxistischen Diskurses, sondern auch im Namen Nietzsches als neue Religion oder Priestertrug attackiert: »Die Psychoanalyse übernimmt die Ausbildung eines neuen Typs von Priester, eines Pädagogen des schlechten Gewissens: es macht einen krank, aber es heilt einen auch wieder.«[76]

Deleuze und Guattari sagen auch wie: Es kommt darauf an, einerseits die libidinösen Besetzungen der Macht und den Nexus zwischen Macht und Unbewußtem, andererseits das befreiende Potential der in der gesamten Gesellschaft verstreuten Libido, die zur Sprengung des Systems drängt, zu untersuchen. Während die Autoren in *Anti-Œdipe* noch versuchen, die unzähligen unberechenbaren *Schizo-Subjekte* gegen das System zu mobilisieren, erhoffen sie sich in *Mille Plateaux* (1980) eine globale Befreiung von nomadischen Gruppen: von Ausgestoßenen, Einwanderern, Homosexuellen, Wahnsinnigen etc. Sie sollen an die Stelle des marxistischen Gesamtsubjekts treten:

---

74 G. Deleuze, F. Guattari, *Anti-Ödipus. Kapitalismus und Schizophrenie I*, Frankfurt, Suhrkamp, 1974, S. 390.

75 Zur Beziehung zwischen Sexualität, Ideologie und Familie bei Wilhelm Reich siehe: Y. Buin, *L'Œuvre européenne de Reich*, Paris, Editions Universitaires, 1972, Kap. II, S. 93-98: »Idéologie familiale«.

76 G. Deleuze, F. Guattari, *Anti-Ödipus*, op. cit., S. 429.

»Ein Stamm in der Wüste und kein universelles Subjekt im Umkreis des umfassenden Seins.«[77]

Schon der Titel *Mille Plateaux* deutet an, worum es geht: um eine Pluralisierung (und zugleich Partikularisierung) des revolutionären Widerstands oder mit den Worten von S. Best und D. Kellner: »a sustained celebration of difference and multiplicity«.[78] Diesen pluralisierten Widerstand schildert Deleuze in dem schon erwähnten Gespräch mit Foucault, in dem auch er die totalisierende Kritik ablehnt: »Diese globale Politik der Macht stößt nun auf lokale Gegenstöße, auf aktive und präventive Verteidigungsmaßnahmen. Wir haben das nicht zu totalisieren (...). Unsere Aufgabe ist es vielmehr, Basisgruppen zu bilden und zwischen ihnen ein ganzes System von Querverbindungen herzustellen.«[79]

Deleuzes Zusatz »das ist sehr schwierig« ist einerseits überflüssig, läßt andererseits aber die Ratlosigkeit postmoderner Philosophie erkennen: Denn auch Philosophen wie Deleuze oder Lyotard muß sich letztlich die Frage aufdrängen, ob denn ein System, das Ein- und Auswanderungen überdauert, das dem Faschismus und der Weltrevolution getrotzt hat, von Randgruppen, die an seiner Peripherie agieren, wirklich destabilisiert werden kann. Fruchtbarer scheinen in diesem Zusammenhang einschlägige soziologische Untersuchungen (Touraine, Beck) über die Bedeutung zeitgenössischer sozialer Bewegungen zu sein. (Vgl. Kap. II. 1.)

Die von den Intellektuellen des Quartier Latin nicht erwartete Robustheit des Kapitalismus läßt, wie sich gezeigt hat, auch Lyotard an den Metaerzählungen der Aufklärung und vor allem des Marxismus zweifeln. Charakteristisch für seine politische Position in den 80er und 90er Jahren sind die einführenden Bemerkungen zum 13. Kapitel von *Moralités postmodernes* (1993): »Die heutige Welt bietet das Schauspiel eines imperialistischen, liberalen Kapitalismus nach seinem Sieg über seine letzten beiden Herausforderer (challengers),

---

[77] G. Deleuze, F. Guattari, *Tausend Plateaus. Kapitalismus und Schizophrenie*, Berlin, Merve, 1992, S. 521.

[78] S. Best, D. Kellner, *Postmodern Theory*, op. cit., S. 97.

[79] G. Deleuze, in: M. Foucault, G. Deleuze, »Die Intellektuellen und die Macht«, in: W. Seitter, *Von der Subversion des Wissens*, op. cit., S. 135.

den Faschismus und den Kommunismus: So spräche der Marxismus, wenn er nicht tot wäre.«[80]

In dieser Zeitdiagnose klingen unterschwellig zwei Gedanken an, die trotz aller Brüche und Verwerfungen, die es aufweist, Lyotards gesamtes politisches Denken begleiten: Der Zweifel an der Brauchbarkeit der großen marxistischen Erzählung (»Vom Feudalismus zum Kapitalismus, vom Kapitalismus zum Sozialismus«) und die Frage, die ihn mit Adorno verbindet, ob die »Zukunft verbaut« und das System unüberwindlich sei.

Schon die Tatsache, daß Lyotards Mitgliedschaft in der von Cornelius Castoriadis angeführten marxistischen Bewegung *Socialisme ou Barbarie* von kurzer Dauer war, läßt die unter Pariser Intellektuellen in den späten 1960er und frühen 70er Jahren verbreitete Skepsis dem hegelianisch-marxistischen *métarécit* gegenüber erkennen.[81] Als Alternative zur marxistischen Kritik erschien Lyotard – und dies ist der Grund, weshalb seine Position im Anschluß an die von Deleuze und Guattari kommentiert wird – eine Politik der libidinalen Kräfte, der affektiven Intensitäten und des Verlangens. Wie Deleuze und Guattari in *L'Anti-Œdipe* und *Mille plateaux* versucht er in *Dérive à partir de Marx et Freud* (1973), *Des dispositifs pulsionnels* (1973) und *Economie libidinale* (1974), der Libido eine subversive Wende zu geben: sie dysfunktional von den in der kapitalistischen Produktionsweise erwünschten Zielsetzungen (*goal-attainments*, Parsons) abzukoppeln und für subversive Zwecke freizusetzen: »Man muß das Auftauchen dieser Dispositive im gesellschaftlichen Körper genauso auffassen wie die Libidobesetzungen des erotischen Körpers: unvereinbar, zufallsbedingt, gleichzeitig, unterbrochen.«[82]

Lyotards revolutionäre Hoffnung würde Daniel Bell als Perversion erscheinen: Während Bell bedauert, daß die jungen Generationen der Bohème folgen und ihre »Libido« vorwiegend in den Kon-

---

80 J.-F. Lyotard, *Moralités postmodernes*, op. cit., S. 171.

81 Davon zeugt u.a. das Buch von Jean-Marie Benoist *Marx est mort*, Paris, Gallimard, 1970.

82 J.-F. Lyotard, *Dérive à partir de Marx et Freud*, Paris, Galilée (1973), 1994, S. 21. Hier ist im Vorwort zur ersten Ausgabe im Anschluß an die Euphorie des Jahres 1968 von einem Verzicht auf die Rentabilität zugunsten einer »intensité affective« und einer Steigerung der libidinalen Kräfte die Rede: »décuplement de la puissance libidinale«. (S. 20)

sum statt in die Produktion investieren (vgl. Kap. II), plädiert Lyotard für einen Rückzug der Libido aus dem Produktionsbereich und für einen »désir schizo«, ein »schizophrenes Verlangen«[83], welches so diffus ist, das es alles zum Gegenstand haben kann und die kapitalistische Ordnung aushöhlt.[84]

Auch Marx ist ihm zu puritanisch und wird in *Economie libidinale* kritisiert: »Will Marx einen (in)organischen Körper, unterwirft ihn sein Verlangen einem genitalen Modell? Wir wollen ein schizophrenes Modell und einen prekären Körper. Will Marx, daß gezahlt wird? Wir fordern alles gratis. Beschuldigt Marx? Wir sprechen frei. Marx–das Proletariat leidet und fordert? Wir lieben fröhlich jedes Ding, das sich uns bietet.«[85] Diese Alternative zum Marxschen Denken erinnert nicht nur an den Mai 1968, sondern auch an Nietzsche: Tatsache ist, daß Lyotards Frühschriften nicht so sehr als Versuche gelesen werden sollten, Marxismus und Psychoanalyse zur Synthese zu bringen, sondern als Plädoyers für einen nietzscheanischen, dionysischen Vitalismus, der auch bei Foucault, vor allem aber bei Deleuze und Guattari, zur Triebfeder nachmodernen Denkens wird.

Lyotards Bruch mit diesem von Nietzsche, Wilhelm Reich, Foucault und Deleuze inspirierten Denken in *Rudiments païens* (1977) und *Instructions païennes* (1977) sollte nicht über eine Kontinuität hinwegtäuschen, die postmodernen Charakter hat und von der generellen Tendenz zur Partikularisierung gewährleistet wird. Schon in *Dérive à partir de Marx et Freud* ergänzten einander die Ausrichtung des Diskurses auf die partikulare individuelle Libido und die strikte

---

83 J.-F. Lyotard, *Economie libidinale*, Paris, Minuit, 1974, S. 124.

84 Dies scheint Christa Bürger zu übersehen, wenn sie Lyotard »seine affirmative Einstellung« zur gesellschaftlichen Wirklichkeit vorwirft und anschließend feststellt: »Anarchisch ist die gesamtgesellschaftliche Verfassung, Lyotard aber sucht die Anarchie gerade auf der Ebene, wo sie der Kapitalismus nicht zuläßt, derjenigen der individuellen Entfaltung.« (Ch. Bürger, »Moderne als Postmoderne: Jean-François Lyotard«, in: Ch. Bürger, P. Bürger [Hrsg.], *Alltag, Allegorie und Avantgarde*, Frankfurt, Suhrkamp, 1987, S. 131-132.) Denn Lyotard erhofft (wahrscheinlich zu Unrecht), was Bell (ebenfalls zu Unrecht) befürchtet: daß die kommenden Generationen ihre Energien statt in die Produktion in den Konsum investieren werden. Von einer Individualisierung des Problems kann nicht die Rede sein. Hier zeigt sich, wie wichtig es ist, den französischen und den soziologischen Kontext zu berücksichtigen.

85 J.-F. Lyotard, *Economie libidinale*, op. cit., S. 124.

Ablehnung der universellen Vernunft der Aufklärer und Marxisten. Diese Vernunft wird – anders als bei Adorno und Horkheimer, die ihr emanzipatorisches Potential erkennen, – einseitig auf die Machterhaltung im Kapitalismus und die universelle Vermittlung durch den Tauschwert festgelegt. Von ihr heißt es dort, sie sei schon an der Macht im Kapitalismus: »Raison et pouvoir, c'est tout un.« (»Vernunft und Macht sind eins.«)[86] Die Vernunft erscheint nicht nur als repressive, sondern zugleich auch als gleichschaltende Kraft, die alle Unterschiede einebnet.

Für das Verschiedenartige und irreduzibel Plurale tritt aber Lyotard – ähnlich wie Foucault und Deleuze – in seinen späteren Arbeiten ein. Allerdings setzt er in dieser Phase nicht so sehr das kritische Instrumentarium Nietzsches, sondern das Kants ein, wobei er sich vor allem auf die *Kritik der Urteilskraft* beruft, in der eher die Brüche zwischen den verschiedenen Formen unserer Erkenntnis als die Kontinuitäten hervorgehoben werden. In *La Condition postmoderne* (1979), *Le Différend* (1983) und anderen Arbeiten der späten 70er und frühen 80er Jahren geht er von einer stark partikularisierenden Interpretation der *Kritik der Urteilskraft* und der Sprachphilosophie Wittgensteins aus, um die unaufhebbare *Heterogenität* der gesellschaftlichen Interessen, Sprachen und Erkenntnisinteressen nachzuweisen. (Vgl. Abschn. 5.)

Ausgehend von der bekannten Prämisse, die ihn mit Foucault und Deleuze verbindet, daß »der Rekurs auf die großen Erzählungen (...) ausgeschlossen«[87] ist, stellt er die nicht unplausible These auf, daß Konflikte zwischen kollidierenden Gruppeninteressen und Gruppensprachen nicht im Rahmen eines übergreifenden, umfassenden Metadiskurses geschlichtet werden können, weil sie inkommensurabel sind. In dieser Situation zeichnen sich aus Lyotards Sicht nur zwei Möglichkeiten ab: Entweder wird die Unvereinbarkeit der Gruppensprachen (und Interessen) dadurch negiert, daß eine oder mehrere Sprachen dem Machtanspruch einer übergeordneten Sprache subsumiert werden, oder aber die Inkommensurabilität der Sprachen wird anerkannt und bewahrt. Im ersten Fall geschieht ein *Unrecht* (*tort*,

---

86 J.-F. Lyotard, *Dérive à partir de Marx et Freud*, op. cit., S. 17.

87 J.-F. Lyotard, *Das postmoderne Wissen*, op. cit., S. 175.

Lyotard), im zweiten Fall wird die *Paralogie* als sprachliche Inkommensurabilität praktiziert und eine Art Gerechtigkeit hergestellt.

Wichtig ist Lyotards Überlegung, daß der Konflikt zwischen heterogenen sozialen Sprachspielen im Sinne von Wittgenstein ein *Widerstreit* oder *différend* ist, der nicht durch Anwendung einer übergeordneten Sprache oder Sprachregel geschlichtet, d.h. in einen *Rechtsstreit* oder *litige* verwandelt werden kann, ohne daß ein *Unrecht* oder *tort* geschieht: »Ein Unrecht entsteht, wenn man dieselbe Urteilsregel auf verschiedene Diskursarten zugleich anwendet, ›um ihren Widerstreit gleichsam als Rechtsstreit zu schlichten (...). Ein Unrecht resultiert daraus, daß die Regeln der Diskursart, nach denen man urteilt, von denen der beurteilten Diskursart(en) abweichen‹.«[88] Man könnte auch sagen: »von denen der *ver*urteilten Diskursarten«, denn in den universalistisch organisierten Rechtssystemen Europas oder der USA geschieht es häufig, daß Diskurse von ethnischen, sprachlichen oder religiösen Minderheiten aufgrund einer heteronomen sprachlichen Beurteilung vorab verurteilt werden.

Die erkenntnistheoretischen Folgen dieser Thesen sollen im fünften Abschnitt ausführlicher erörtert werden. Hier geht es primär um die gesellschaftlichen Konsequenzen des von Lyotard verkündeten sprachlichen und politischen Partikularismus. Sie hat Jacob Rogozinski in *Témoigner du différend* in einer polemisch-kritischen Frage knapp zusammengefaßt: »Aber wie kann man eine ›Gerechtigkeit der Vielheiten‹ (›justice des multiplicités‹) ohne eine ›Vielheit der Gerechtigkeiten‹ denken?«[89] Die Koexistenz von zahlreichen heterogenen Gerechtigkeiten, zwischen denen die Autoren von *Politics, Postmodernity and Critical Legal Studies* dialektisch zu vermitteln suchen[90], ist insofern problematisch, als die kollidierenden Standpunkte

---

88 G. Warmer, K. Gloy, *Lyotard. Darstellung und Kritik seines Sprachbegriffs*, Aachen, Ein-Fach-Verlag, 1995, S. 27.

89 J. Rogozinski, »Lyotard: le différend, la présence«, in: *Témoigner du différend. Quand phraser ne se peut. Autour de Jean-François Lyotard*, Paris, Osiris, 1989, S. 64.

90 Vgl. C. Douzinas, P. Goodrich, Y. Hachamovitch, *Politics, Postmodernity and Critical Legal Studies. The Legality of the Contingent*, London-New York, Routledge, 1994, S. 24: »The law is necessarily committed to the form of universality and abstract equality; but a just decision must also respect the requests of the contingent incarnate and concrete other, it must pass through the ethics of alterity in

einander in der Indifferenz als Austauschbarkeit aufheben. Diese Indifferenz ist ambivalent und hat nicht nur Gleichgültigkeit (»Toleranz«), sondern auch Terror zur Folge: Wo es keine verallgemeinerungsfähigen Maßstäbe gibt, muß der Andere oder das Inkommensurable bald als sinnlos, bald als identitätszerstörend und folglich bedrohlich erscheinen. Die Versuchung von Gruppen und Individuen, im Indifferenzzusammenhang des radikalen Pluralismus in der monologischen Ideologie Zuflucht zu suchen (vgl. Kap. II. 5), sollte nicht unterschätzt werden.

Das gewalttätige Moment ist Lyotards Soziaphilosophie insofern eingeschrieben, als er – ähnlich wie Deleuze und Guattari – zu einem Aufstand der Partikularismen gegen alles Universelle aufruft: gegen den Platonismus, den er mit dem Kapitalismus identifiziert, gegen die Vernunft als Auswuchs der Staatsmacht, gegen alles zentralisierende, »phallokratische« Denken.[91] Die Kräfte, die er gegen Staat, Kapital, Vernunft und Universalismus mobilisieren möchte, sind weitgehend mit Foucaults, Deleuzes und Guattaris rebellierenden Gruppen identisch: »Diese Bewegung der Zersplitterung betrifft nicht nur die Nationen, sondern auch die Gesellschaften: wichtige neue Gruppierungen treten auf, die in den offiziellen Registern bisher nicht geführt wurden: Frauen, Homosexuelle, Geschiedene, Prostituierte, Enteignete, Gastarbeiter...; je stärker sich die Kategorien vermehren, desto komplizierter und schwerfälliger wird deren zentralisierte Verwaltung; dann wächst die Tendenz, seine Geschäfte selbst in die Hand zu nehmen, ohne all die Vermittlungen des ZENTRUMS zu passieren, oder sie zynisch kurzzuschließen – wie im Fall von Geiselnahmen.«[92] Es versteht sich von selbst, daß Lyotard keine Geiselnahmen befürwortet; er setzt jedoch eine lange französische Tradition fort, deren Protagonisten sich vom Anarchisten Proudhon bis zum Surrealisten Breton gegen den rationalistisch-absolutistischen Zentralismus auflehnen.[93]

---

order to respond to its own embeddedness in justice.« Dialektische Vermittlungsversuche dieser Art, die für eine postmoderne Rechtswissenschaft charakteristisch sind, würde man bei Lyotard vergeblich suchen.

91 Zum Begriff des *Logozentrismus* und des *Phallogozentrismus* siehe: Vf., *Die Dekonstruktion. Einführung und Kritik*, Tübingen-Basel, Francke, 1994, S. 36-40.

92 J.-F. Lyotard, *Das Patchwork der Minderheiten*, Berlin, Merve, 1977, S. 38-39.

93 Zur anarchistischen Tendenz im französischen Denken siehe: P. Ansart, *Nais-*

Seine postmoderne Revolte, die an die literarischen Revolten Werner Schwabs, Thomas Bernhards und Felix de Azúas erinnert (vgl. Kap. V. 7), dehnt Lyotard auch auf die *sozialen Bewegungen* aus: »Die Frauenbewegung könnte versucht sein, dieser Angleichung der Frauen an die Männer durch Radikalisierung des Unterschieds zu widerstehen; sie könnte die Intuition, das Pathos und die Unverantwortlichkeit, die man den Frauen nachsagt, einklagen und zu Waffen in ihrem Aufstand gegen den Phallokratismus machen.«[94] In dieser Passage fällt zweierlei auf: Im Rahmen der postmodernen Problematik wertet Lyotard – wie die Soziologen Touraine und Beck (Kap. II) – die soziale Bewegung auf; im Gegensatz zu den Soziologen, die theoretisch-empirisch und eher deskriptiv verfahren, befrachtet der postmoderne Philosoph die Frauen zusammen mit den Randgruppen der Prostituierten, Homosexuellen und Gastarbeiter mit metaphysischen Erwartungen, die Georg Lukács' Mystifizierungen des Proletariats in *Geschichte und Klassenbewußtsein* (1923) gar nicht unähnlich sind. In Lyotards Denken wird die subversive, dekonstruierende und negierende Tätigkeit nicht nur zum Selbstzweck, sondern tendenziell auch zu einer neuen Metaphysik, die es in dieser Form bei einem Soziologen wie Ulrich Beck nicht gibt.

Wie sehr Heterogenität und Pluralismus zu neuen Werten innerhalb der postmodernen Problematik werden, läßt auch Gianni Vattimos Werk erkennen. Ausgehend von der allen hier kommentierten Denkern gemeinsamen These von »der Unmöglichkeit, Geschichte als einheitlichen Verlauf zu denken«[95], und von der komplementären These der *Verwindung*, die besagt, daß die revolutionäre Utopie der *Überwindung* von der Pseudoverwirklichung in der Massenkultur (vgl. Abschn. 7) aufgelöst wurde, verwandelt er die moderne Utopie der Universalkultur und des universellen Menschen in *Heterotopie*, d.h. in »vielfältige Gemeinschaften, die sich in formalen Modellen und unterschiedlichen Mythen manifestieren, ausdrücken und erkennen«.[96]

---

sance de l'anarchisme. Essai d'une explication sociologique du proudhonisme, Paris, PUF, 1970.

94 J.-F. Lyotard, *Das Patchwork der Minderheiten*, op. cit., S. 64.

95 G. Vattimo, *Die transparente Gesellschaft*, op. cit., S. 92.

96 Ibid., S. 92-93.

Allerdings wird Vattimo, der sich wie Lyotard auf einen »unaufhaltbaren Prozeß der Vervielfältigung und Pluralisierung«[97] beruft, mit der für alle Postmodernen unangenehmen Frage konfrontiert, wie denn mit der gewaltsamen »Gemeinschaft der Wagner hörenden Nazis beziehungsweise jener der sich vielleicht auf Gewaltsamkeiten und Vandalismen vorbereitenden Rocker«[98] umzugehen sei. Seine Antwort fällt spärlich aus: »Indem wir behaupten, daß sich die von Kant gedachte Universalität für uns nur in der Form von Vielfältigkeit verwirklicht, können wir die ausdrücklich als solche erlebte Pluralität in legitimer Weise als normatives Kriterium annehmen.«[99]

Es ist gar nicht so sicher, daß wir das können, weil Vattimos Annahmen widersprüchlich und unsauber sind: Der postmoderne Philosoph kann eine allgemein verbindliche Norm, nämlich die des Pluralismus, aufgrund seiner partikularisierenden Prämissen (kein Begriff, kein Wert gilt universell) gar nicht postulieren. Zu diesem argumentativen Widerspruch gesellt sich ein sozialer: Der Philosoph muß die einander befehdenden Diskurse und Interessen akzeptieren, ohne metadiskursiv deren Verallgemeinerungsfähigkeit und Legitimität beurteilen zu können. Ein Pluralismus, der die Frage nach der Verallgemeinerungsfähigkeit von Interessen und Werten ausblendet, erweist sich als Pseudokriterium.

Dies ist auch Rortys Problem. Wie Foucault, Deleuze, Lyotard und Vattimo geht der amerikanische Philosoph von dem postmodernen Grundgedanken aus, daß die Wirklichkeit nicht mehr im Rahmen der großen Metaerzählungen des Christentums, der Aufklärung und des Marxismus darstellbar ist. Als Kritiker Hegels, als Erbe Nietzsches und vor allem der amerikanischen Pragmatisten Dewey und James attackiert Rorty unermüdlich die rationalistische und hegelianische These, derzufolge der Entwicklung der Menschheit bestimmte erkennbare Gesetzmäßigkeiten zugrunde liegen: »Die Kulturevolution, die Evolution der Rechtfertigungsforderungen, richtet sich bei ihrem Fortschreiten genausowenig nach einem Gesetz wie die biologische Evolution, die Evolution der Forderungen nach Le-

---

97 Ibid., S. 93.

98 Ibid., S. 95.

99 Ibid.

bensraum. Das Fortschreiten beider ist eine unbestimmte Folge von Zufällen, die manchmal Glück bringen und manchmal nicht.«[100]

Es kann hier nicht darum gehen, nach der Dialektik von Zufall und Notwendigkeit zu fragen, um zu zeigen, daß der Niedergang Österreich-Ungarns oder der Sowjetunion strukturell bedingt war und folglich nicht als Verkettung von Zufällen darstellbar ist; es geht vielmehr um die Erkenntnis, daß Rorty von ähnlichen Prämissen ausgeht wie die anderen Philosophen (Niedergang der historischen Metaerzählungen) und dabei zu politischen Ergebnissen gelangt, die den anderen postmodernen Ansätzen einerseits diametral widersprechen, sie andererseits jedoch durch die auch für Rorty charakteristische Partikularisierungs- und Pluralisierungstendenz bestätigen. Ingesamt wird deutlich, daß die Reaktionen der verschiedenen Autoren auf die postmoderne Problematik trotz bedeutender Divergenzen frappierende Ähnlichkeiten aufweisen.

Auf den ersten Blick scheint Rortys liberaler Pragmatismus, der immer wieder zu einer Apologie der liberal-kapitalistischen Marktwirtschaft verkommt, mit der antikapitalistischen Rhetorik der französischen Philosophen unvereinbar zu sein. Rorty spricht vom »unumgänglichen Ethnozentrismus, zu dem wir alle verurteilt sind«[101], und beruft sich (zu Unrecht)[102] auf Hegel, um Kants Universalismus durch einen historischen Relativismus und Partikularismus abzulösen: »Die kantianische Identifizierung mit einem zentralen, transkulturellen und ahistorischen Ich wird also ersetzt durch eine quasi hegelianische Identifizierung mit der als historisches Produkt verstandenen eigenen Gemeinschaft.«[103] Diese eigene Gemeinschaft umschreibt Rorty mit einem Ausdruck, auf den Rive-Gauche-

---

[100] R. Rorty, *Hoffnung statt Erkenntnis. Eine Einführung in die pragmatische Philosophie*, Wien, Passagen, 1994, S. 35.

[101] R. Rorty, *Solidarität oder Objektivität?*, op. cit., S. 29.

[102] Zu Rortys Pseudohegelianismus bemerkt ganz zu Recht Allen Hance: »With Hegel, the transcendental turn does not result in insouciant pragmatism with its conception of truth as what society lets us say. It results, rather, in the elaboration of a phenomenological ontology.« (A. Hance, »Pragmatism as Naturalized Hegelianism: Overcoming Transcendental Philosophy?«, in: H. J. Saatkamp [Hrsg.], *Rorty and Pragmatism. The Philosopher Responds to his Critics*, Nashville-London, Vanderbilt Univ. Press, 1995, S. 108.)

[103] R. Rorty, *Solidarität oder Objektivität?*, op. cit., S. 85.

Philosophen wie Deleuze und Lyotard mit Abscheu und Verachtung reagieren würden: »us postmodernist bourgeois liberals«.[104] An anderer Stelle verdeutlicht er: »The only ›we‹ we need is a local and temporary one: ›we‹ means something like ›us twentieth-century Western social democrats‹.«[105] Angesichts von Rortys großzügigem Umgang mit Terminologien nimmt es nicht wunder, daß Bezeichnungen wie »bourgeois liberals« und »social democrats« unter der Hand zu Synonymen werden.

Rortys Partikularisierung, die ihn trotz aller politischen Differenzen mit den französischen Philosophen verbindet, läuft auf ein Paradoxon hinaus: Einerseits leugnet er in Übereinstimmung mit den Pragmatikern Dewey und James die Möglichkeit, universelle kognitive und politische Maßstäbe zu finden, die auch jenseits der liberaldemokratischen Gesellschaften gelten würden; andererseits neigt er dazu, die liberale Demokratie (»western liberal democracy«) zur allgemein verbindlichen Norm zu erheben. Der erste Teil des Paradoxons wird durch die lapidare Feststellung illustriert, »daß es keine Probleme gibt, die die Generationen zu einer einzigen Art namens ›Menschheit‹ zusammenbinden.«[106] Der zweite Teil des Paradoxons wird durch die Erhebung der bürgerlich-liberalen (nicht der sozialdemokratischen) Ordnung zum *summum bonum* und zum obersten Maßstab veranschaulicht: »Bourgeois liberalism seems to me the best example of this solidarity we have yet achieved, and Deweyan pragmatism the best articulation of it.«[107]

Diese Apologie des Liberalismus, dessen Solidarität die Arbeitslosen aller Länder seit dem 19. Jahrhundert genießen, wird durch die strikte Ablehnung aller Metadiskurse (vor allem der marxistischen)[108] untermauert, die den Liberalismus in Frage stellen könnten: »Entgegenkommen und Toleranz dürfen nicht so weit gehen, daß man sich bereit erklärt, in jeder Terminologie zu formulieren, die der Ge-

---

[104] R. Rorty, *Objectivity, Relativism, and Truth. Philosophical Papers Volume I*, Cambridge, Univ. Press (1991), 1995, S. 199.

[105] Ibid., S. 214.

[106] R. Rorty, *Kontingenz, Ironie und Solidarität*, Frankfurt, Suhrkamp, 1992, S. 47.

[107] R. Rorty, *Consequences of Pragmatism*, op. cit., S. 207.

[108] Ibid.

sprächspartner zu verwenden wünscht, und jedes Thema ernst zu nehmen, dessen Diskussion er vorschlägt.«[109]

Anders als Lyotard, der den *Widerstreit* (*différend*) austragen und *Unrecht* (*tort*) vermeiden möchte, schließt der Liberale Rorty bestimmte Diskurse vorab aus. Es klingt recht zynisch, wenn er von der liberalen Gesellschaft sagt, sie habe dafür zu sorgen, daß Dichter und Revolutionäre »anderen das Leben nur durch Worte, nicht durch Taten erschweren«.[110] Breton und Marinetti hätten ihn für diese Aussage möglicherweise geohrfeigt. Gar nicht so unrecht hat die amerikanische Feministin Honi Fern Haber, wenn sie resümierend feststellt: »His politics makes room for solidarity only by imposing a form of terror (...).«[111]

Das gewalttätige Moment geht bei Rorty wie schon bei Lyotard (obwohl aus ganz anderen politischen Gründen) aus der Partikularisierungstendenz hervor: Indem Rorty alle universalistischen Kriterien ablehnt und sich weigert, die »Menschheit als Einheit«[112] (Agnes Heller) zu betrachten, sperrt er sich gegen die banale, aber richtige Einsicht, daß es, um es mit seinen eigenen Worten zu sagen, sehr wohl »Probleme gibt, die die Generationen zu einer einzigen Art namens ›Menschheit‹ zusammenbinden«: nämlich Umweltprobleme auf Weltebene (z.B. die Abholzung der tropischen Regenwälder, siehe U. Becks Begriff der globalen Risikogesellschaft in Kap. II), die Vermeidung von Kriegen und Atomkatastrophen, die im Interesse des Liberalen, des Marxisten und des Fundamentalisten ist, sowie der Kampf gegen Hunger, Krankheit und Tod. Rorty fehlt – wie allen postmodernen Philosophen – Habermas' Begriff der *Verallgemeinerungsfähigkeit der Interessen*, dem man den Begriff der *Verallgemeinerungsfähigkeit der Werte* hinzufügen könnte.[113]

---

109 R. Rorty, *Solidarität oder Objektivität?*, op. cit., S. 102.

110 R. Rorty, *Kontingenz, Ironie und Solidarität*, op. cit., S. 110.

111 H. Fern Haber, *Beyond Postmodern Politics. Lyotard, Rorty, Foucault*, London-New York, Routledge, 1994, S. 44.

112 A. Heller, *Philosophie des linken Radikalismus. Ein Bekenntnis zur Philosophie*, Hamburg, VSA-Verlag, 1978, S. 129. Siehe auch die luzide Kritik an Rorty in: N. Geras, *Solidarity in the Conversation of Humankind: The Ungroundable Liberalism of Richard Rorty*, London, Verso, 1995, vor allem Kap. I. Geras zeigt u.a., daß Rorty selbst universalhumanistische Annahmen machen muß.

113 Zum Verhältnis von Interessen und Werten im Hinblick auf ihre Verallgemeine-

Es ist jedoch für die postmoderne Problematik charakteristisch, daß sie die Frage nach der Verallgemeinerungsfähigkeit von Interessen und Werten ausschließt und zugleich die Partikularisierung bis zur Trennung von privaten und öffentlichen Anliegen treibt. Besonders klar tritt diese Tendenz in der folgenden Passage zutage, aus der eindeutig Rortys liberal-individualistische Ideologie spricht: »Viele Passagen bei Foucault (...) sind Beispiele für das, was Bernard Yack die ›Sehnsucht nach totaler Revolution‹ und ›die Forderung, daß unsere Autonomie in unseren Institutionen verkörpert werde‹, genannt hat. Gerade diese Art Verlangen, meine ich, sollte unter Bürgern einer liberalen Demokratie dem Privatleben vorbehalten sein.«[114] Dieser Rückzug in die private Unverbindlichkeit ist nicht nur ein Symptom der dem radikalen Pluralismus zugrundeliegenden Indifferenz, sondern ist auch für die Attitüde einer amerikanischen Campus-Philosophie kennzeichnend, die in wohlfahrenden akademischen Oasen gedeiht: abgeschirmt gegen die kommerzialisierte Wirklichkeit zerfallender Städte (wie Detroit) und einander befehdender Ethnien.

Es nimmt nicht wunder, daß diese Philosophie die »Selbsterschaffung« des Einzelnen schließlich aller öffentlichen Anliegen entledigt und in die Privatsphäre bannt: »Wir sollten Schluß mit dem Versuch machen, Selbst-Erschaffung und Politik zu kombinieren, besonders, wenn wir Liberale sind.«[115] Dieser Satz ist auch deshalb aufschlußreich, weil er als Kurzdarstellung von Foucaults intellektuellem Werdegang gedeutet werden könnte: von der Revolte gegen die Macht und ihre Wahrheiten zu einer »Sorge um Sich«, die in dem hier skizzierten Zusammenhang als der partikularisierenden Weisheit letzer Schluß erscheinen mag.

3. Postmoderne Erkenntnistheorie I: Foucault, Deleuze, Vattimo und Rorty

Angesichts der starken Partikularisierungstendenzen, die sich im Denken der hier kommentierten Autoren bemerkbar machen, mag es verwegen erscheinen, von einer postmodernen Erkenntnistheorie zu sprechen, da Erkenntnistheorie häufig mit einem Streben nach All-

rungsfähigkeit siehe: Vf., *Ideologie und Theorie*, op. cit., Kap. XII. 3.

114 R. Rorty, *Kontingenz, Ironie und Solidarität*, op. cit., S. 116-117.

115 Ibid., S. 201.

gemeingültigkeit assoziiert wird. Rorty, der – wohl zu Unrecht – den gegen ihn gerichteten Relativismus-Vorwurf zurückweist, stellt unumwunden fest, ein Pragmatist wie er habe überhaupt keine Erkenntnistheorie: »Da er *keine* Erkenntnistheorie vertritt, vertritt er a fortiori keine relativistische.«[116] Berücksichtigt man parallel zu dieser Aussage die Tatsache, daß Foucault im Jahre 1983 (also ein Jahr vor seinem Tod) erstaunt nach der Bedeutung des Wortes Postmoderne fragte (»Qu'est-qu'on appelle la postmodernité? Je ne suis pas au courant.«)[117], so wird man geneigt sein, die hier angekündigte Rekonstruktion einer postmodernen Erkenntnistheorie als Luftschloßarchitektur und eitle Schimäre zu belächeln.

Dazu ist folgendes zu sagen: Im vorigen Abschnitt hat sich immer wieder herausgestellt, daß Macht- und Gesellschaftskritik in eine Kritik der Erkenntnis(formen) mündet. Wird nun Erkenntnistheorie nicht als objektivistische Erkenntnismetaphysik definiert, die Rorty unermüdlich attackiert, sondern als Erkenntnis*kritik*, dann erscheint es auch sinnvoll, von einer Erkenntnistheorie Rortys zu sprechen. Diese wird im Rahmen der postmodernen Problematik insofern von Foucaults Kritik ergänzt, als auch sie nach der historischen Bedingtheit und den historischen Entstehungsbedingungen von Erkenntnis, Vernunft und Wahrheit fragt: »Qu'en est-il de l'historie de la raison?« (»Wie sieht eine Geschichte der Vernunft aus?«)[118], fragt Foucault und schlägt in einem Kurzkommentar zur Kritischen Theorie eine »critique rationnelle de la rationalité« (eine »rationale Kritik der Rationalität«)[119] vor.

Entscheidend ist also nicht, daß Rorty sich selbst für einen »postmodernist bourgeois liberal« (s.o.) hält, während Foucault mit dem Wort »Postmoderne« nichts anzufangen weiß. Denn trotz seiner kategorischen Feststellung »je n'ai jamais été structuraliste« (»ich war nie Strukturalist«)[120] wurde sein Werk Ende der 1960er Jahre von so

---

116 R. Rorty, *Solidarität oder Objektivität?*, op. cit., S. 16.

117 M. Foucault, »Structuralisme et poststructuralisme« (1983), in: ders., *Dits et écrits IV*, op. cit., S. 446.

118 Ibid., S. 438.

119 Ibid., S. 440. – In diesem Interview nähert Foucault seine Vernunftkritik der der Kritischen Theorie an: »Or il est certain que si j'avais pu connaître l'école de Francfort, si je l'avais connue à temps, bien du travail m'aurait été épargné (...).«

120 Ibid., S. 435.

verschiedenen Geistern wie Jean Piaget und Günther Schiwy nicht völlig grundlos zum Strukturalismus gerechnet.[121] Entscheidend ist vielmehr, daß wesentliche Aspekte von Foucaults, Rortys, Vattimos und Deleuzes Denken als heterogene und doch verwandte *Reaktionen auf die postmoderne Problematik* darstellbar sind.

Wie sieht diese Problematik im erkenntnistheoretischen oder erkenntniskritischen Bereich aus? 1. Zunächst zeigt sich, daß alle hier kommentierten Kritiken auf den gesellschaftlich bedingten und im vorigen Abschnitt dargestellten *Zerfall der großen Metaerzählungen* reagieren. Insofern ist die Erkenntnistheorie aus der Sozialphilosophie ableitbar: Es erscheint nicht mehr möglich, Kernbegriffe der Philosophie wie Vernunft und Wahrheit im Rahmen einer rationalistischen, hegelianischen oder marxistischen Metaerzählung zu definieren und ihre Allgemeingültigkeit vorauszusetzen. 2. Alle Erkenntnisformen, alle Vernunft- und Wahrheitsbegriffe werden gleichsam *von außen betrachtet*, so daß ihre Geltungsansprüche auf einen besonderen historischen und kulturellen Kontext eingeschränkt werden. Dadurch kommt es zu einer drastischen *Pluralisierung* und *Partikularisierung* dieser Begriffe. 3. Das menschliche Subjekt erscheint nicht länger als autonome Instanz, die die Wahrheit kontemplativ oder auf dem Wege der gesellschaftlichen Praxis erkennt, sondern als *von Machtapparaten konstituiertes sub-iectum* (Unterworfenes), dessen »Wahrheit« als Erkenntnis und als individuelle Identität die Wahrheit der machtausübenden Instanzen ist. 4. Werden Vernunft und Wahrheit als plurale und partikulare Erkenntnisformen erkannt und in Frage gestellt, bleibt keine andere Lösung, als aus der Not eine Tugend zu machen, und die Pluralität oder Partikularität aller unserer Erkenntnisformen zu verkünden. Dabei wird philosophische Erkenntnis ihres Universalanspruchs entledigt: Sie muß sich entweder mit einer Rolle als *Rhizom-Denken* (Deleuze, Guattari), als *pensiero debole*, d.h. *schwaches Denken* (Vattimo) abfinden, oder sie wird von Philosophen wie Deleuze, Derrida und Rorty der Literatur angenähert: dem kreativen Schreiben.

---

[121] Vgl. J. Piaget, *Le Structuralisme*, Paris, PUF (Que sais-je?), 1974, Kap. VII sowie G. Schiwy, *Der französische Strukturalismus*, Reinbek, Rowohlt, 1970 (4. Aufl.), Kap. II.

Insgesamt erscheint die postmoderne Problematik als eine sprachliche Situation, deren Akteure nach dem Zusammenbruch des rationalistischen Fortschrittsglaubens und des offiziellen Marxismus das Gefühl haben, daß jeder Einzelne auf sich selbst gestellt ist, weil keine Erkenntnis universelle Geltung beanspruchen kann. Es käme darauf an, mit Foucault auch diese Problematik kritisch »von außen« zu betrachten, statt in ihr aufzugehen.

Als Erbe Nietzsches und Kritiker Hegels hält es Foucault nicht mehr für möglich, die Entwicklung der Gesellschaft als sinnerfüllten, von einer bestimmten Notwendigkeit angetriebenen und auf ein historisches Ziel ausgerichteten Prozeß zu verstehen. Wo der Rationalist Comte und der Dialektiker Marx eine kumulative oder widersprüchliche Entwicklung zu immer höheren Stadien zu erkennen meinten, sieht Foucault vor allem *Diskontinuität, Bruch* und *Zufall*. In *L'Ordre du discours* (1971) weist er unmißverständlich den rationalistischen und hegelianischen Gedanken an das »kontinuierliche Ablaufen einer idealen Notwendigkeit«[122] von der Hand.

Komplementär dazu werden in *La Pensée du dehors* (1986) die *membra disiecta* des von Nietzsche destruierten dialektischen Denkens vorgeführt. Reflexion, Widerspruch, Aufhebung und Einheit des Subjekts werden nach dem Zerfall des dialektischen *récit* unglaubwürdig, und der Philosoph hält Ausschau nach Alternativen: »Nicht die Reflexion, sondern das Vergessen; nicht der Widerspruch, sondern die tilgende Infragestellung (la contestation qui efface); keine Versöhnung, sondern Wiederholung (ressassement); kein Geist, der mühsam seine Einheit sucht, sondern eine unendliche, von außen herangetragene Zersetzung; keine Wahrheit, die am Ende der Tage

---

[122] M. Foucault, *Die Ordnung des Diskurses*, Frankfurt, Fischer, 1991, S. 38. – Daß das historische Denken, das Foucault mit einem besonderen Vernunfttyp verknüpft, uns wieder entfremdet werden könnte, betont Georges Canguilhem, dem Foucaults *épistémologie* als Wissenschaftstheorie wesentliche Impulse verdankt: »Da aber dieses Hervortreten der Geschichte sowohl als Diskurs wie auch als Seinsweise des Empirischen nach Foucaults Darstellung das Zeichen eines Bruchs ist, legt sich der Schluß nahe, daß irgendein neuerlicher Bruch, der womöglich schon begonnen hat, uns das geschichtliche Denken auch wieder entfremden – ja, vielleicht undenkbar machen? – wird.« (G. Canguilhem, M. Foucault, *Der Tod des Menschen im Denken des Lebens*, Hrsg. M. Marques, Tübingen, Edition Diskord, 1988, S. 24.)

aufleuchtet, sondern das Rinnen und die Ohnmacht einer Sprache, die schon immer begonnen hat.«[123] Dieser Kommentar zu Maurice Blanchots nietzscheanischem Werk kann stellvertretend für Foucaults eigene Einschätzung der hegelianisch-marxistischen Dialektik gelesen werden.

Die Entwicklung unserer Erkenntnis erscheint ihm nicht als kumulativer, auf ein historisches Telos ausgerichteter Prozeß, sondern als eine Geschichte von Brüchen. Es ist wohl sein größtes Verdienst, im Anschluß an Nietzsches Genealogie gezeigt zu haben, daß menschliches Denken nicht auf platonisch-cartesianische Art aus der spontanen Kontemplation autonomer Subjekte ableitbar ist, sondern aufgrund von bestimmten historischen Macht- und Diskurskonstellationen *zustande kommt*, die nicht in eine lineare oder dialektische Erzählung als *métarécit* integrierbar, sondern gleichsam *von außen* (*du dehors*) zu betrachten und zu relativieren sind. Dies hat zur Folge, daß Wahrheit und Vernunft nicht mehr universell oder transkulturell in einem historischen Kontinuum gelten, sondern *kontextgebunden, partikular* sind.[124]

Foucault gehe es darum, bemerkt Christiane Sinding, die »falschen Kontinuitäten« (»fausses continuités«) traditioneller Ideengeschichten als solche zu erkennen, die »die wirkliche Produktion neuer Wissensmodi verdecken«.[125] Diese Produktion sei nur einer »Wissenschaft diskursiver Organisationen« (»science des organisations discursives«)[126] zugänglich, wie Jacques Revel sagt, der im Zusammenhang mit Foucaults *Naissance de la clinique* (1963) von einer

---

123 M. Foucault, *La Pensée du dehors*, Paris, Fata Morgana, 1986, S. 23.

124 Der Nexus zwischen Nietzscheanismus und Partikularismus tritt klar zutage, wenn Foucault bemerkt, daß die verschiedenen Ensembles oder Systeme, in denen unser Denken entsteht, »nicht als Universalien analysiert werden, denen die Geschichte mit ihren besonderen Umständen gewisse Modifizierungen beibringt«. Nur die Besonderheit und die Erscheinung läßt er gelten, nicht das Wesen: »In der Analyse jener Positivitäten sind gewissermaßen reine Singularitäten zu erfassen: nicht die Inkarnation einer Wesenheit, nicht die Individualisierung einer Spezies.« (M. Foucault, *Was ist Kritik?*, Berlin, Merve, 1992, S. 35-36.)

125 Ch. Sinding, »La Méthode de la clinique«, in: L. Giard (Hrsg.), *Michel Foucault. Lire l'œuvre*, op. cit., S. 94.

126 J. Revel, »Le Moment historiographique«, in: L. Giard (Hrsg.), *Michel Foucault. Lire l'œuvre*, op. cit., S. 94.

»streng strukturalistischen Vorgehensweise«[127] spricht. Hier ist nicht die Frage entscheidend, ob Foucaults *Konstruktion* des Denkens tatsächlich »die *wirkliche* Produktion neuer Wissensmodi« erkennbar macht, oder ob Jean Piaget recht hat, wenn er Foucaults Darstellung der humanwissenschaftlichen *Episteme* als diskursiver Anordnung für völlig willkürlich hält.[128]

Wichtig ist, daß in Werken wie *Histoire de la folie, Les Mots et les choses* und *L'Archéologie du savoir* die Vernunft mitsamt ihren Wahrheiten »genealogisch« gleichsam von außen betrachtet und dabei relativiert, partikularisiert und pluralisiert wird. So erscheint etwa in *Wahnsinn und Gesellschaft* die Wechselbeziehung zwischen Wahnsinn und Vernunft als wechselseitige *Abhängigkeit*, die gewaltsame Ausgrenzung des Wahnsinns durch eine bestimmte, historisch partikulare Vernunft hingegen als Selbstbegrenzung und Selbstverstümmelung: »In einem bestimmten Sinne ist der Wahnsinn nichts: der Wahnsinn der Menschen nichts angesichts der höchsten Vernunft, die allein über das Sein verfügt (...). Die Vernunft aber ist nichts, weil diejenige, in deren Namen man den menschlichen Wahnsinn anprangert, sich, wenn man schließlich zu ihr gelangt, nur als ein Taumel herausstellt, in dem die Vernunft schweigen muß.«[129]

Indem sie sowohl im Bereich der Erkenntnis als auch auf institutioneller Ebene den »blinden« Wahnsinn ausschließt, blendet sich die Vernunft im »klassischen Zeitalter« des 17. Jahrhunderts schließlich selbst. Während die Renaissance dem Wahnsinn noch seherische Gaben zusprach, schließt der Rationalismus des 17. Jahrhunderts ihn als Fremdkörper aus und beraubt dadurch die Vernunft ihres Anderen und ihres Vermögens, das Andere zu denken. Dazu bemerkt Arlette Farge: »Das tragische Element des Wahnsinns, eine Quelle des Wissens und der Wahrheit, verschwindet im Dunkeln.«[130] Nicht zu Unrecht spricht in diesem Zusammenhang René Major von der »Vernunft des Wahnsinns bei Foucault« (»la raison de la folie chez Fou-

---

127 Ibid.

128 J. Piaget, *Le Structuralisme*, op. cit., S. 112-113.

129 M. Foucault, *Wahnsinn und Gesellschaft*, op. cit., S. 54.

130 A. Farge, »Michel Foucault et les archives de l'exclusion (›La vie des hommes infâmes‹)«, in: *Penser la folie. Essais sur Michel Foucault*, Paris, Galilée, 1992, S. 66.

cault«).[131] Denn Foucault wirft dem klassischen Rationalismus vor, die Vernunft durch Ausgrenzung des Wahnsinns gleichsam halbiert zu haben.

Dieser Vorwurf erinnert einerseits an die Kritik der Vernunft in Horkheimers und Adornos *Dialektik der Aufklärung*, in der die Austreibung der *Mimesis* aus dem mit dem Herrschaftsprinzip verquickten Rationalismus beklagt wird[132]; andererseits läßt er Foucaults *Partikularisierung des Vernunftbegriffs* erkennen. Nicht von einer universellen oder sich in der Geschichte verwirklichenden Vernunft ist bei ihm die Rede, sondern von der besonderen Vernunft des Klassizismus, die den Wahnsinn systematisch ausgegrenzt hat und die im 19. Jahrhundert von einem ganz anderen Vernunfttyp abgelöst wird: dem historistischen der Humanwissenschaften, die den Menschen als Subjekt und Objekt entdecken. In *Les Mots et les choses* ist von einer *Mutation* die Rede, »die sich am Ende des achtzehnten Jahrhunderts in der ganzen abendländischen *episteme* vollzogen hat«.[133] Jenseits dieser Episteme beginnt etwas Neues: eine andere Vernunft, eine andere Wahrheit. Beide Begriffe können aus Foucaults Sicht nur im *Plural* oder als »pluralisierte« erscheinen, wie Paul Rabinow es ausdrückt: »His is a constant pluralizing and decapitalizing of all the great concepts, first principles, and fundamental grounds that our tradition has produced.«[134]

Diese Pluralisierung, die sich von epistemischem Bruch zu epistemischem Bruch vollzieht, wird in *Les Mots et les choses* von einer visuellen Metaphorik begleitet oder gar konstituiert, die das Zeitbewußtsein rationalistischer und dialektischer Darstellung in räumliches Bewußtsein verwandelt. Wie in einigen Romanen Robbe-Grillets (*La*

---

[131] R. Major, »Crises de la raison, crises de la folie ou ›la folie‹ de Foucault«, in: *Penser la folie*, op. cit., S. 125.

[132] Foucault selbst rückt seine Kritik der Aufklärung in die Nachbarschaft zur Kritischen Theorie: »Und das Problem der *Aufklärung* (wie es für das deutsche Denken seit Mendelssohn, Kant und über Hegel, Nietzsche, Husserl, die Frankfurter Schule usw. wichtig gewesen ist) kann nun in Frankreich in einer bemerkenswerten Nachbarschaft zu den Arbeiten der Frankfurter Schule aufgegriffen werden.« (M. Foucault, *Was ist Kritik?*, op. cit., S. 22.)

[133] M. Foucault, *Die Ordnung der Dinge*, op. cit., S. 258.

[134] P. Rabinow, »Introduction«, in: P. Rabinow (Hrsg.), *The Foucault Reader*, New York, Pantheon Books, 1984, S. 14.

Jalousie, Topologie d'une cité fantôme) beschreibt ein anonymer Beobachter das jähe, unvermittelte Auftreten neuer Konstellationen, ohne es erklären zu können.[135] Der Mensch erscheint als »unterworfener Souverän, betrachteter Betrachter«[136], und etwas später ist von der »frische(n) Evidenz des Menschen«[137] die Rede, die uns heute noch den Blick auf die historische Begrenztheit und Endlichkeit des Menschen als Subjekt und Objekt der Erkenntnis verstellt. Sollte, wie im vorigen Abschnitt angedeutet wurde, der Mensch als Objekt tatsächlich einer neuen Rationalität oder Vernunft zum Opfer fallen, die ihn jenseits aller humanistischen und anthropozentrischen Weltbilder in einem biologisch-genetischen Kontinuum auflöst, so befänden wir uns unversehens in einer neuen Episteme, die jenseits der Moderne läge.

In Foucaults Retrospektive erscheint die Moderne als Zeitalter des Humanismus und der Humanwissenschaften als vergangenes Zeitalter, als abgeschlossene Episteme: »Aber auf noch fundamentalere Weise hat unsere Kultur die Schwelle, von der aus wir unsere Modernität erkennen, an dem Tag überschritten, an dem die Endlichkeit in einem unbeendbaren Bezug zu sich selbst gedacht worden ist.«[138] Das nachmoderne Zeitalter, das sich in Foucaults Werk abzeichnet, ist eine Konstellation in welcher der Fragmentierung der Geschichte und der mit ihr einhergehenden Vielzahl von Wahrheiten die Pluralisierung oder Zerstückelung der Subjekte entspricht. Es ist möglicherweise auch eine Zeit der austauschbaren Wertsetzungen und Orientierungen oder eine »Zeit des Vergessens«[139], wie B.

---

135 Insofern hat Lucien Goldmann nicht ganz unrecht, wenn er den Strukturalisten (er hätte sagen sollen: den Rationalisten seit Bachelard) vorwirft, daß sie Strukturen nur beschreiben, ohne sie funktional (im Hinblick auf Subjekte und Interessen) erklären zu können. Vgl. L. Goldmann, Th.W. Adorno, »Discussion extraite des actes du second colloque international sur la sociologie de la littérature tenu à Royaumont«, in: *Revue de l'Institut de Sociologie* 3-4, 1973, S. 541.

136 M. Foucault, *Die Ordnung der Dinge*, op. cit., S. 377.

137 Ibid., S. 388.

138 Ibid., S. 384.

139 Vgl. B. Schmidt, *Postmoderne – Strategien des Vergessens*, Frankfurt, Suhrkamp, 1994 (4. Aufl.). Was derzeit verschwindet, »ist die Möglichkeit, zwischen Gleichzeitigkeit und Ungleichzeitigkeit zu unterscheiden«. (S. 191: Kommentar von G. Raulet zu Schmidts Ansatz.)

Schmidt sagt, in der Faschisten zu Radikaldemokraten werden und der Kommunist von gestern der Kapitalist von heute ist.

Es ist aus Foucaults Sicht jedenfalls eine Zeit, in der die Einheit des Subjekts und seiner Erkenntnis von einer Archäologie negiert wird, die nur in Brüchen und Diskontinuitäten denkt: »Die Instanz des schöpferischen Subjekts als *raison d'être* eines Werkes und Prinzip seiner Einheit ist ihr fremd.«[140] (Obwohl eine Kritik an Foucaults aus *Les Mots et les choses* stammendem *Episteme*-Begriff und an seinem *Archäologie*-Begriff nicht in die Thematik dieses Kapitels gehört, sollte angemerkt werden, daß Foucault die Möglichkeit einer Dialektik von Kontinuität und Diskontinuität gar nicht ins Auge faßt.[141] Brüche und Verwerfungen schließen Kontinuitäten jedoch nicht aus, wie die russische Revolution von 1917 zeigt: Zahlreiche Elemente des Zarenregimes – etwa der zentralisierte Verwaltungsapparat – wurden in die neue Konstellation hinübergerettet und sind bis heute erhalten geblieben. Foucaults eigenes Werk kann gewiß als radikaler Bruch mit dem französischen Rationalismus gelesen werden; zugleich setzt es aber – vor allem durch die Rezeption Canguilhems –Bachelards Rationalismus und seine Theorie der *epistemologischen Einschnitte* (*coupures épistémologiques*) fort: Auch das Denken in Brüchen hat seine Kontinuität.)[142]

An Foucaults Werk fasziniert Gilles Deleuze vor allem eines: die genealogische, nietzscheanische Rückführung des Universellen auf das Partikulare: der Wahrheit auf die Macht und das Spiel, des Subjekts auf die reglementierte Körperlichkeit des Einzelnen und des Denkens auf das Leben. Was Bianca Rosenthal von Camus und Nietzsche sagt, gilt in vieler Hinsicht auch für Foucault und Deleuze: »Beider Denken ist auf das Diesseits gerichtet, das Leben selbst ist für sie höchster Wert.«[143] Das Leben, der Körper und nicht der Geist als Streben nach selbstloser, objektiver Erkenntnis, nach Wahrheit.

---

140 M. Foucault, *Archäologie des Wissens*, Frankfurt, Suhrkamp, 1981, S. 199.

141 Vgl. Vf., »Anwesenheit und Abwesenheit des Werks. Zu Foucaults Subjekt- und Werkbegriff«, in: K.-M. Bogdal, A. Geisenhanslüke (Hrsg.), *Die Abwesenheit des Werkes. Nach Foucault*, Heidelberg, Synchron, 2006, S. 184-189.

142 Vgl. z.B.: G. Bachelard, *La Philosophie du non*, Paris, PUF, 1983 (9. Aufl.), S. 32-33.

143 B. Rosenthal, *Die Idee des Absurden: Friedrich Nietzsche und Albert Camus*, Bonn, Bouvier, 1977, S. 16.

Erkenntnis und Wahrheit werden von beiden nachmodernen Philosophen als Instrumente der Machtausübung (Foucault) oder der Selbstverwirklichung (Deleuze) aufgefaßt. Zum Nexus von Macht und Wahrheit schreibt Deleuze in seinem Buch über Foucault: »Es existiert kein Wahrheitsmodell, das nicht auf einen Typus von Macht wiese, kein Wissen und auch keine Wissenschaft, die nicht Ausdruck oder stillschweigende Voraussetzung einer sich entfaltenden Macht wären.«[144]

Deleuze, der Foucaults Werk natürlich nicht objektiv darstellt, sondern in Übereinstimmung mit seinen eigenen Interessen neu konstruiert, partikularisiert den Wahrheitsbegriff nicht nur durch dessen Verflechtung mit der Macht; auch der nietzscheanische Begriff des *Spiels* trägt wesentlich zu einer Auffassung der Wahrheit als lokaler, persönlicher und zufallsbedingter Größe bei. »Man kann in der Tat sagen, daß es ›Wahrheitsspiele‹ oder vielmehr Prozeduren des Wahren gibt. Die Wahrheit ist untrennbar mit einer Prozedur verbunden, die sie etabliert (...)«[145], bemerkt er zu Foucaults *Surveiller et punir*.

Deleuze selbst sieht es so ähnlich: Auch ihm stellt sich die Wahrheit »von außen«, »du dehors« dar: d.h. sie wird wie bei Foucault partikularisiert und zugleich pluralisiert. Nicht von *der* platonisch-hegelianischen Wahrheit, die alle anderen Wahrheiten umfaßt, ist bei ihm die Rede, sondern von Einzelwahrheiten, die ein jeder für sich *erschafft* und vor sich zu verantworten hat. Deleuze faßt den postmodernen Partikularisierungs- und Pluralisierungstrend in einer prägnanten Formel zusammen, wenn er feststellt: »Unterhalb des Universellen gibt es Spiele von Singularitäten.«[146] Aus dieser Sicht betrachtet, nimmt sein gesamtes Denken klare Konturen an.

Sein frühes Interesse für David Humes Empirismus erscheint in diesem Zusammenhang nicht als reiner Zufall, sondern als Vorspiel zu einer nietzscheanischen Philosophie, die sich später sowohl gegen

---

[144] G. Deleuze, *Foucault*, op. cit., S. 59.

[145] Ibid., S. 90. So sieht es Foucault allerdings auch. Nicht der Unterschied zwischen Illusion und Ideologie oder Wahrheit und Ideologie interessiert ihn, sondern: »Man möchte wissen, welche Verbindungen, welche Verschränkungen zwischen Zwangsmechanismen und Erkenntniselementen aufgefunden werden können (...).« (M. Foucault, *Was ist Kritik?*, op. cit., S. 31.) Wissen und Wahrheit werden also in einer besonderen Machtkonstellation als diskursiver Anordnung generiert.

[146] G. Deleuze, *Foucault*, op. cit., S. 126.

Platos Ideenlehre als auch gegen Hegels Historisierung der Idee wendet. Daß die Totalität bei Hume »nur eine Ansammlung« ist (»la totalité n'est qu'une collection«)[147], faßt Deleuze später in einem nietzscheanischen Kontext als Ermutigung auf, der Hegelschen Totalität, die alle Widersprüche bändigt, abzusagen und die Aufhebung des Widerspruchs oder der Disparität auszuschließen. In *Logique du sens* (1969) ergreift er gegen Plato Partei für die Zyniker und Stoiker und spricht sich unmißverständlich für eine Philosophie der Oberflächen aus, die auf die Unterscheidung von Wesen und Erscheinung ein für allemal verzichtet: »Nichts hinter dem Vorhang außer unbenennbaren Gemischen. (...) Der Sinn erscheint und spielt sich auf der Oberfläche ab (...).«[148] Ähnlich hat es Nietzsche in der *Götzendämmerung*, in den bekannten ironischen Bemerkungen über »Die ›Vernunft‹ in der Philosophie«, ausgedrückt: »Die ›scheinbare‹ Welt ist die einzige: die ›wahre‹ Welt ist nur *hinzugelogen*...«[149]

Deleuze radikalisiert diese Erkenntnis, indem er sie mit dem Empirismus, dem Nominalismus und Nietzsches Dionysos-Mythos verknüpft. Die Sprengkraft dieser explosiven Mischung zerstört alle verallgemeinerungsfähigen Begriffe wie Wesen, Wahrheit oder Subjekt und verwandelt die erkennbare Welt in ein disparates Mit- und Gegeneinander von individuellen Einzelfällen, von »nomadischen Singularitäten«.[150] In einer solchen Welt wird jede Suche nach einer überindividuellen, unpersönlichen Wahrheit unvorstellbar, sinnlos: »Die Wahrheit wird nicht in den Hintergrund gedrängt (...), sondern als Vielfalt aufgefaßt.«[151] Und: »Die Fragen sind dem Philosophen nicht vorgegeben, aber sie gehen auch nicht aus Lücken oder einem Zustand der Unwissenheit hervor: Sie werden erschaffen.«[152]

Tatsächlich entwirft der Nietzscheaner Deleuze in polemischem Gegensatz zu Plato und Hegel eine anti-objektivistische, schöpferische Philosophie, die zugleich eine Philosophie der vitalistischen

---

[147] G. Deleuze, *Empirisme et subjectivité*, Paris, PUF (1953), 1993 (5. Aufl.), S. 21.

[148] G. Deleuze, *Logik des Sinns*, Frankfurt, Suhrkamp, 1993, S. 168.

[149] F. Nietzsche, *Werke* Bd. 4, op. cit., S. 958.

[150] G. Deleuze, *Logik des Sinns*, op. cit., S. 140.

[151] F. Zourabichvili, *Deleuze. Une philosophie de l'événement*, Paris, PUF, 1994, S. 26.

[152] Ibid.

Schöpfung ist. Während bei Foucault die Partikularisierung des Denkens zum Teil durch dessen Bindung an den *Machtfaktor* erfolgt, kommt sie bei Deleuze durch die Bindung an das Schöpferische, an die *Kreativität* zustande, die von Nietzsches »Willen zur Macht« abgeleitet wird.

Auf die selbstgestellte Frage, weshalb er über Humes Empirismus schrieb, antwortet Deleuze: »Weil der Empirismus dem englischen Roman gleicht. Es handelt sich weder darum, einen philosophischen Roman zu schreiben, noch darum, einem Roman Philosophie einzuflößen. Vielmehr darum, Philosophie als Romancier zu treiben, Romancier in der Philosophie zu sein.«[153] Diese Annäherung der Philosophie an die Literatur ist innerhalb der postmodernen Problematik insofern bedeutsam, als sie ein Abrücken vom begrifflichen Universalismus der Moderne und eine komplementäre Aufwertung des Nicht-Begrifflichen, des nicht Verallgemeinerungsfähigen signalisiert. Es wird sich zeigen, daß diese Tendenz auch bei Vattimo und vor allem bei Rorty Oberhand gewinnt.

Was soll man sich nun unter einem »Romancier in der Philosophie« vorstellen? Er ist weder Vermittler zwischen der Welt der reinen Ideen und einer Welt des Scheins noch Sprachrohr des Weltgeistes oder irgendeiner anderen Objektivität. Eher ist er Schöpfer einer eigenen, nur möglichen Welt, die nicht durch Vergleiche mit anderen Welten zu überprüfen oder gar zu widerlegen ist. »Denken ist Schöpfung, nicht Wille zur Wahrheit«[154], bemerkt Deleuze und beruft sich dabei auf Nietzsche. Wenn er mit Guattari die philosophische Tätigkeit als »Konstruktivismus« bezeichnet (»die Philosophie ist Konstruktivismus«)[155], so ist nicht der Radikale Konstruktivismus gemeint, auch nicht der Paul Lorenzens[156], sondern der schöpferisch-künstlerische Akt des Philosophen, der eine eigene Sprache erfindet, welche es ihm gestattet, Begriffe zu prägen, die für ihn *spezifisch* sind und ihn als originellen Autor von allen anderen Philosophen unterscheiden. Nicht objektive oder intersubjektive Erkenntnis ist das Ziel der Philosophen (Deleuze hält nichts von theoretischen Diskussio-

---

153 G. Deleuze, C. Parnet, *Dialoge*, Frankfurt, Suhrkamp, 1980, S. 61.

154 G. Deleuze, F. Guattari, *Was ist Philosophie?*, Frankfurt, Suhrkamp, 1996, S. 63.

155 Ibid., S. 42.

156 Vgl. P. Lorenzen, *Konstruktive Wissenschaftstheorie*, Frankfurt, Suhrkamp, 1974.

nen), sondern der Versuch, ein wichtiges Ereignis als gedankliches Abenteuer herbeizuführen: »Die Philosophie besteht nicht darin zu wissen, nicht die Wahrheit treibt sie an, sondern Kategorien wie das Interessante, das Bemerkenswerte oder das Wichtige: sie entscheiden über Gelingen oder Scheitern.«[157]

Deleuze und Guattari vergleichen philosophische Begriffe mit Romanhelden, von denen man als Leser Originalität und Einmaligkeit erwartet: »Eine große Romanfigur muß ein *Original* sein, ein *Einzigartiges*, sagte Melville; eine Begriffsperson ebenso. Auch wenn sie *antipathisch* ist, muß sie bemerkenswert sein; auch wenn er abstößt, muß ein Begriff interessant sein.«[158] Zur Veranschaulichung wird Nietzsches »schlechtes Gewissen« angeführt: ein durchaus unsympathischer Begriff und ein Antiheld der Philosophie, aber ein Begriff, ohne den Nietzsche als Philosoph nicht mehr denkbar ist. So verschmelzen Denker mit ihren eigenen Gedanken, werden zu wandelnden Begriffen wie Hegel-Weltgeist, Marx-Proletariat und Heidegger-Sein. Darin sind sie Shakespeares Hamlet, Cervantes' Don Quijote und Prousts Marcel gar nicht unähnlich. »Der Philosoph ist die Idiosynkrasie seiner Begriffspersonen (personnages conceptuels)«[159], erklären Deleuze und Guattari. Sind sie nicht selbst Träger von sympathisch-unsympathischen Begriffen wie *anti-œdipe, rhizome* oder *schizo-analyse* geworden?

Es wäre sicherlich falsch, Habermas' Vorwurf, Derrida reduziere die Philosophie auf Literatur[160], gegen Deleuze und Guattari zu wenden. Denn sie grenzen das begriffliche Denken der Philosophie eindeutig gegen das nichtbegriffliche der Kunst ab: »Die Kunst denkt nicht weniger als die Philosophie, aber sie denkt in Affekten und

---

157 G. Deleuze, F. Guattari, *Was ist Philosophie?*, op. cit., S. 95.

158 Ibid. – In diesem Zusammenhang sind auch die Essays in *Critique et clinique* aufschlußreich, wo Deleuze zu zeigen versucht, daß die amerikanischen Romanciers (z.B. Melville) nicht als Psychologen, sondern als Propheten schreiben und den Regeln herkömmlicher Vernunft zuwiderhandeln. Er nennt sie die »Schiffbrüchigen der Vernunft«, »les naufragés de la raison«. (G. Deleuze, *Critique et clinique*, Paris, Minuit, 1993, S. 105.)

159 G. Deleuze, F. Guattari, *Was ist Philosophie?*, op. cit., S. 73. (*Qu'est-ce que la philosophie?*, Paris, Minuit, 1991, S. 62.)

160 Vgl. J. Habermas, *Der philosophische Diskurs der Moderne*, op. cit., S. 219-247.

Perzepten (affects et percepts).«[161] (Freilich drängt sich hier die Frage auf, wie *originell* diese Abgrenzung ist und wie sie sich von den traditionellen Unterscheidungen der Philosophie – Kunst spricht die Sinne an, Philosophie das begriffliche Vermögen – abhebt.)

Dennoch kommt es – auch ohne eine Auflösung von Philosophie in Literatur – zu einer drastischen Partikularisierung und Pluralisierung des begrifflichen Denkens. Es ist kein Zufall, sondern ein Symptom der Partikularisierung, daß Deleuze und Guattari nichts von philosophischen Diskussionen halten.[162] Denn es ist kaum möglich, zwischen heterogenen philosophischen Romanen, in denen originelle Begriffshelden agieren, begrifflich zu vermitteln, zu kommunizieren. Die Gesprächspartner sprechen nie von derselben Sache, erklären Deleuze und Guattari und fügen hinzu: »Man befindet sich niemals auf derselben Ebene«.[163]

Der einzige Kommunikationsmodus, den sie sich vorstellen können, ist der eines *Rhizomdenkens*, in dem autonome oder gar autarke Gedankenwelten gleichsam unterschwellig oder unterirdisch aufeinander bezogen werden. Jede dieser Gedankenwelten ist ein Einzelfall, ein einmaliges *Ereignis* (*événement*), das nicht begrifflich definierbar und folglich auch nicht mit Hilfe von übergeordneten Begriffen auf andere Ereignisse beziehbar ist. Als Alternative zum begrifflichen Denken, das dem Baum gleicht, der alles auf den Stamm zurückführt, konzentriert, stellen sich Deleuze und Guattari ein *rhizomatisches Denken* vor (gr. *rhiza* = Wurzel), das sich wie eine phantastische Wurzel in alle Richtungen ausbreitet und sich möglicherweise mit anderen Denkformen (zufällig) kreuzt.

Dennoch ist ein Rhizom nicht einfach als Wurzel zu denken: »Ein Rhizom ist als unterirdischer Strang grundsätzlich verschieden von großen und kleinen Wurzeln. Zwiebel- und Knollengewächse sind Rhizome. Pflanzen mit großen und kleinen Wurzeln können in ganz anderer Hinsicht rhizomorph sein (...).«[164] Daß die Rhizom-

---

161 G. Deleuze, F. Guattari, *Was ist Philosophie?*, op. cit., S. 75. (*Qu'est-ce que la philosophie?*, op. cit., S. 64.)

162 Vgl. ibid., S. 35-36.

163 Ibid., S. 36.

164 G. Deleuze, F. Guattari, *Tausend Plateaus. Kapitalismus und Schizophrenie*, Berlin, Merve, 1992, S. 16.

Metapher nicht zu einem eindeutig definierbaren Begriff werden kann, versteht sich im postmodernen Partikularisierungszusammenhang fast von selbst. Dennoch scheint eine begriffliche Annäherung möglich zu sein, weil die Autoren das Rhizom (natürlich *malgré eux*) als »Prinzip der Konnexion und der Heterogenität« *definieren* und erklären: »Jeder Punkt eines Rhizoms kann (und muß) mit jedem anderen verbunden werden.«[165]

Das Rhizom ist also als Versuch aufzufassen, in einem bestimmten Zusammenhang alles mit allem – auch die entferntesten Elemente – in Verbindung zu setzen. Das beste Beispiel für ein gelungenes Rhizom (philosophische Theorien illustrieren sich am besten selbst) ist wohl Deleuzes und Guattaris umfangreiches Werk *Mille plateaux*, in dessen Einleitung die folgende Formel aufgestellt wird: »RHIZOMATIK = SCHIZOANALYSE = STRATOANALYSE = PRAGMATIK = MIKROPOLITIK.« (»RHIZOMATIQIUE = SCHIZO-ANALYSE = STRATO-ANALYSE = PRAGMATIQUE = MICRO-POLITIQUE.«)[166] Es geht also darum, Sprache, Unbewußtes und Politik rhizomatisch miteinander zu verweben, ohne von einem dominanten Faktor (als »Baumstamm«) oder einer umfassenden Struktur (*structure à dominante* im Sinne von Althusser) auszugehen.

Daß das Rhizom-Gewebe keine begriffliche Hierarchie im Sinne von Comtes System oder Hegels Totalität ist, läßt Deleuzes Auffassung des *Ereignisses* (*événement*) erkennen, das nur rhizomatisch als einmaliges, aufblitzendes Moment zwischen Vergangenheit und Zukunft zu erfassen ist. Es kann nicht vergegenwärtigt und definiert (eingegrenzt) werden, weil es sich endlos zwischen Vergangenheit und Zukunft aufspaltet: »stets in Vergangenheit-Zukunft verdoppelt«.[167] Nur das Rhizom vermag als mobiles Gewebe das einmalige Ereignis, das begrifflich nicht zu fixieren ist, erscheinen zu lassen: »Die Wissenschaft insgesamt operiert immer deutlicher ereignisbezogen, statt wie bisher struktural. Statt Axiomatiken zu konstruieren,

---

165 Ibid.

166 G. Deleuze, F. Guattari, *Tausend Plateaus*, op. cit., S. 38. (*Mille Plateaux. Capitalisme et schizophrénie*, Paris, Minuit, 1980, S. 33.)

167 G. Deleuze, *Logik des Sinns*, op. cit., S. 189. Das Ereignis ist das nie gegenwärtige, das sich stets dem Zugriff der Sinngebung entzieht.

zieht sie Linien und Verläufe, erkundet und macht sie Sprünge. Das Verschwinden der Baumschemata zugunsten rhizomatischer Bewegungen ist darauf ein Hinweis.«[168] Der Leser, der erfahren möchte, von welcher Wissenschaft die Rede ist und wie ihre Vertreter genau verfahren, kommt nicht auf seine Kosten. Aber dies ist zweifellos der Preis, den wir für den Bruch mit der Moderne, d.h. mit Rationalismus und Dialektik, zu zahlen haben.

Die entscheidenden Impulse von Deleuzes Denken, seine Zurückweisung des platonisch-idealistischen Objektivismus und des rationalistischen Ideals der intersubjektiven Überprüfung (der Diskussion), führen zusammen mit seiner Annäherung der Philosophie an die Kreativität der Kunst und seiner Auflösung der hierarchisierenden Begrifflichkeit im Rhizom-Denken zu dem, was Manfred Frank als den »Zerfall des Universalitäts-Anspruchs von Vernunft«[169] bezeichnet.

Von diesem Zerfall zeugen auch die wesentlichen Komponenten von Richard Rortys Philosophie, die ihre eindeutige Absage an Platonismus, Rationalismus und Objektivismus ebenfalls durch eine Ästhetisierung und »Literarisierung« der Philosophie ergänzt. Obwohl es unzulässig wäre, den Vertreter des amerikanischen Pragmatismus und den revoltierenden Denker der *Schizoanalyse* auf eine Position festzulegen, erscheint es im Rahmen der hier vorgeschlagenen Konstruktion in jeder Hinsicht sinnvoll, die partikularisierenden und pluralisierenden Tendenzen in Rortys Werk aufzuzeigen und (jenseits aller Rhizom-Spekulationen) mit entsprechenden Tendenzen bei Foucault und Deleuze zu verknüpfen.

Denn Foucaults Gedanke, daß Wissen nicht universell, d.h. transhistorisch und transkulturell gelten kann, weil es aus epochenspezifischen Macht- und Diskurskonstellationen hervorgeht, wird innerhalb der postmodernen Problematik nicht nur von Deleuzes Antiplatonismus und Antirationalismus ergänzt, sondern auch von Rortys Kritik des platonischen, rationalistischen und kantianischen Objektivismus. Wissen, Erkenntnis und Wahrheit sind zeit- und kulturgebunden: »Nach Ansicht des Pragmatisten dagegen ist ›Wissen‹ oder ›Erkenntnis‹ – ebenso wie ›Wahrheit‹ – schlicht ein Lob, das

[168] G. Deleuze, C. Parnet, *Dialoge*, op. cit., S. 74.

[169] M. Frank, *Was ist Neostrukturalismus?*, Frankfurt, Suhrkamp, 1984, S. 14.

man den Überzeugungen spendet, die man für derart gerechtfertigt erachtet, daß eine weitere Rechtfertigung zur Zeit nicht vonnöten sei.«[170] »Zur Zeit« ist hier der wesentliche Zusatz, denn Rorty ist überzeugt, wie sich schon im vorigen Abschnitt gezeigt hat, daß der platonische oder kantianische Universalanspruch der Erkenntnis nicht zu halten ist. »Wir sollten Deweys pragmatische Fragen: ›Welcher Gemeinschaft Zielsetzungen soll ich teilen?‹, ›was für eine Person möchte ich sein?‹ Kants Fragen ›was soll ich tun?‹, ›was darf ich hoffen?‹, ›was ist der Mensch?‹ «[171] vorziehen.

Rorty, der mit voreiliger Geste und auf erstaunlich oberflächliche Art die noch offene Diskussion über anthropologische Konstanten und kulturelle Universalien abschließt[172], verurteilt sich selbst zu jenem liberal-bürgerlichen (amerikanischen) Ethnozentrismus, von dem im vorigen Abschnitt die Rede war. Eine selbstkritische ethnozentrische Partikularisierung als »Anti-Anti-Ethnozentrismus« erscheint ihm als der Weisheit letzter Schluß: »Anti-Anti-Ethnozentrismus behauptet nicht, daß wir in unserer Monade oder Sprache gefangen sind, sondern nur, daß die großzügig mit Fenstern ausgestattete Monade, in der wir leben, keine engeren Beziehungen zur menschlichen Natur oder den Anforderungen der Vernunft unterhält, als die fast fensterlosen Monaden, die uns umgeben.«[173]

Selbst auf metaphorischer Ebene ist nicht klar, weshalb eine Monade mit zahlreichen Fenstern keinen besseren Überblick ermöglichen sollte als eine Monade, die kaum Fenster hat. Noch fragwürdiger erscheint Rortys Argumentation auf begrifflicher Ebene: Es ist nicht einzusehen, weshalb eine Wissenschaftlergemeinschaft, die das Ökosystem der Erde untersucht, nicht rationaler (d.h. im *Interesse* der gesamten Menschheit) argumentieren sollte, wenn es um die Abholzung der Regenwälder geht, als Vertreter einer Diktatur, Mitglieder einer Mafia-Organisation oder Angehörige eines Stammes, der die

---

170 R. Rorty, *Solidarität oder Objektivität?*, op. cit., S. 17.

171 R. Rorty, »Dewey between Hegel and Darwin«, in: H. J. Saatkamp (Hrsg.), *Rorty and Pragmatism*, op. cit., S. 15.

172 Vgl. R. Rorty, *Kontingenz, Ironie und Solidarität*, op. cit., S. 95. Zum Vergleich: E. Holenstein, *Menschliches Selbstverständnis*, Frankfurt, Suhrkamp, 1985, S. 125.

173 R. Rorty, *Objectivity, Relativism, and Truth*, op. cit., S. 204.

Erde für den Mittelpunkt des Alls hält. Es ist einfach, mit vagen Vorstellungen wie »menschliche Natur« abzurechnen, solange man sich auf die Universalien-Debatte nicht einläßt und die Frage nach der Verallgemeinerungsfähigkeit von Interessen gar nicht stellt.

In einer solchen Situation bleibt nichts anderes übrig, als sich »zum Beenden der Suche nach universeller Geltung«[174] zu entschließen und im Anschluß an Nietzsche die reine *Kontingenz* zu verkünden: »Wenn wir mit Davidson das Verständnis von Sprache als etwas, das sich mit der Welt deckt, aufgeben, dann können wir den springenden Punkt in Blooms und Nietzsches Behauptung erkennen, daß der kraftvoll Schaffende, die Person, die Worte benutzt wie noch nie einer vor ihr, am besten die *eigene* Kontingenz zu schätzen wisse.«[175] Die Entdeckung der Kontingenz im biologischen (Maturana), semiotischen (Prieto) oder soziologischen (Bourdieu) Konstruktivismus *kann* dazu führen, daß wir unsere Erkenntnisse als Konstruktionen auffassen, deren kritische (intersubjektive) Überprüfung etwas über ihren Wahrheits- und Wirklichkeitsgehalt aussagt. Sie *muß* nicht zur Folge haben, daß wir das Argumentieren und das begrifflich-wissenschaftliche Denken durch Literatur und »Textualität« ersetzen.

Genau dies tut aber Rorty, wenn er – ähnlich wie Deleuze – die begriffliche Allgemeinheit durch sprachliche »Schöpfung« (»création«, Deleuze) ersetzt. Während das 19. Jahrhundert versuchte, die Naturwissenschaft durch eine philosophische Wissenschaft zu ersetzen, will – Rorty zufolge – »der Textualismus (textualism) des 20. Jahrhunderts die Literatur in den Mittelpunkt stellen und sowohl die Wissenschaft als auch die Philosophie bestenfalls als literarische Gattungen behandeln«.[176] Was sich Rorty genau unter Literatur vorstellt,

---

[174] R. Rorty, *Kontingenz, Ironie und Solidarität*, op. cit., S. 121.

[175] Ibid., S. 60. – Es *muß* aber nicht »der kraftvoll Schaffende« sein: es kann auch der radikale Konstruktivist im Sinne von Maturana, Varela, Glasersfeld oder Watzlawick sein. (Vgl. P. Watzlawick, P. Krieg [Hrsg.], *Das Auge des Betrachters. Beiträge zum Konstruktivismus*, München-Zürich, Piper, 1991, darin vor allem: E. von Glasersfeld, »Abschied von der Objektivität«.)

[176] R. Rorty, *Consequences of Pragmatism*, op. cit., S. 141. Siehe auch: R. Rorty, *Kontingenz, Ironie und Solidarität*, op. cit., S. 98: »Meiner Meinung nach wäre der Kulturheld eines liberalen Gemeinwesens im Idealfall Blooms ›starker Dichter‹, nicht der Krieger, der Priester, der ›logische‹, ›objektive‹ Naturwissen-

wird im folgenden Zusatz klar: »Unter ›Literatur‹ verstehe ich die Bereiche der Kultur, die selbstkritisch (self-consciously) auf den Konsens über ein umfassendes kritisches Vokabular und somit auf die Argumentation verzichten (forgo argumentation).«[177] Weiter kann man den Partikularisierungsprozeß schwerlich treiben: Deleuze und Guattari waren trotz ihres virulenten Antiuniversalismus noch bestrebt, die *concepts* (*Begriffe*) der Philosophie von den *percepts* (*Wahrnehmungen*) der Kunst zu unterscheiden.

Wie dem Literaturkritiker und Dekonstruktivisten Geoffrey H. Hartman erscheint auch Rorty Jacques Derridas Textexperiment *Glas* (*Totenglocke*) als *das* Modell postmoderner Textualität: »Es ist keine Kleinigkeit, dergleichen aufs Papier zu bannen, doch was wir in *Glas* vorfinden, ist kein Neuland, sondern die realistische Darstellung eines Standorts, auf dem wir schon seit einiger Zeit hausen.«[178] Es wäre sicherlich lohnend, den Gebrauch des Wortes *wir* in Rortys Diskurs näher zu untersuchen: Dabei würde sich möglicherweise herausstellen, daß er mit diesem Pronomen zwar ausschließlich den liberalen amerikanischen Pragmatisten meint, es aber so verwendet, daß tendenziell alle anderen mitgemeint sind.

Auf Derridas Standort »hausen« nicht alle erdenklichen zeitgenössischen Philosophen, sondern nur diejenigen unter ihnen, die sich wie Rorty und die anderen Postmodernen auf Nietzsche oder gar auf die Romantik berufen, um ihrer Absage an die Universalvernunft des Rationalismus Nachdruck zu verleihen. Rorty stellt ohne Umschweife und ohne lange mit William James und John Dewey zu beratschlagen, den gesamten Pragmatismus in den romantischen Traditionszusammenhang: »Doch wenn man wie ich selbst den Pragmatismus als Nachfolgebewegung der Romantik ansieht, wird man diesen Vernunftbegriff als eines der Hauptangriffsziele betrachten.«[179] Nicht nur mit seiner Vernunftkritik knüpft Rorty an Schelling und Friedrich Schlegel an, sondern auch mit seinem Versuch, Kunst und Literatur

---

schaftler.« – Selbst eine oberflächliche Auseinandersetzung mit dem Radikalen Konstruktivismus hätte Rorty darüber belehrt, daß der heutige Naturwissenschaftler (als Konstruktivist) vom Objektivismus recht weit entfernt ist.

177 R. Rorty, *Consequences of Pragmatism*, op. cit., S. 142.

178 R. Rorty, *Eine Kultur ohne Zentrum*, op. cit., S. 135.

179 Ibid., S. 46.

zu den privilegierten Erkenntnismodi des 20. Jahrhunderts zu machen. Denn in seinem bekannten Aufsatz »Über die Unverständlichkeit« verkündet schon Schlegel, »daß (er) die Kunst für den Kern der Menschheit halte«.[180]

An dieser Stelle drängt sich die Frage auf, ob aus dem Gegensatz Rationalismus/Romantik nicht eine bessere Objektkonstruktion hervorgehen würde als aus dem Gegensatz Moderne / Postmoderne. Sind dic hicr kommentierten Philosophien nicht eher als Neuauflagen romantischer Theorien zu verstehen? Hätte die Romantik-Hypothese nicht zudem den Vorteil, statt einer extrem heterogenen und selbstkritischen Moderne (Aufklärung, Kantianismus, Hegelianismus, Marxismus), die Toulmin beschreibt[181], einen konkreten Kontrahenten der postmodernen Neuromantiker, nämlich den Rationalismus der Aufklärung, ins Treffen zu führen? Die Hypothese ist deshalb fragwürdig, weil Philosophen wie Foucault, Deleuze, Lyotard und Derrida als Nietzscheaner, nicht jedoch als Romantiker zu verstehen sind: ebensowenig wie die Soziologen Bauman, Touraine oder Beck (vgl. Kap. II). Sie zeigt jedoch, wie problematisch der philosophische und soziologische Begriff einer Moderne ist, die sich im Gegensatz zur Postmoderne über Jahrhunderte erstreckt und – rein chronologisch betrachtet – auch die Romantik als Vorbotin der Spätmoderne und des literarischen Modernismus umfaßt.

Was die verschiedenen postmodernen Philosophien miteinander verbindet, ist nicht so sehr ein altes romantisches Erbe, sondern eine durchaus neue Partikularisierungs- und Pluralisierungstendenz, die Gianni Vattimo mit der Metapher des *schwachen Denkens* (*pensiero debole*) umschreibt. Er stellt sich wie Foucault, Deleuze, Lyotard und Rorty ein Denken vor, das auf allen Ebenen auf Eindeutigkeit und Vereinheitlichung verzichtet und sich ohne Vorbehalte dem Spiel der Vielfalt hingibt. Er faßt die wesentlichen Aspekte postmoderner Philosophie zusammen, wenn er im Anschluß an Nietzsche feststellt, daß die Unterscheidung von Sein und Schein Trug ist: »Es gibt jedoch eine Freiheit als Mobilität zwischen den ›Erscheinungen‹, die aller-

---

180 F. Schlegel, »Über die Unverständlichkeit«, in: ders., *Kritische Ausgabe* Bd. 3, Paderborn, Schöningh, 1967, S. 364.

181 Vgl. S. Toulmin, *Kosmopolis. Die unerkannten Aufgaben der Moderne*, Frankfurt, Suhrkamp, 1994, S. 211-224.

dings, wie Nietzsche uns zeigt, nicht mehr diesen Namen tragen: Nun, da ›die wahre Welt zur Fabel geworden ist‹, gibt es kein wahres Sein mehr, das sie zu Lüge und Falschheit degradieren könnte.«[182]

Wenn diese Diagnose zutrifft, wird es schwierig, zwischen den zahlreichen Erscheinungen zu entscheiden, und das Subjekt wird nicht nur der Vielfalt, sondern auch der Indifferenz als Austauschbarkeit der Erscheinungen überantwortet. Es gerät in eine Situation, welche an die von Alberto Moravias Romanheld Marcello Clerici erinnert. Am Ende der Romanhandlung muß der Mitläufer erkennen, daß »alles zugleich gerecht und ungerecht war« (»tutto era stato al tempo stesso giusto e ingiusto«) und daß er sich ebensogut für eine andere Ideologie als die faschistische hätte entscheiden können (»che avrebbe potuto fare cose tutte diverse«).[183]

Vattimo und die Postmodernen sehen das natürlich ganz anders und lassen die Pluralisierung des Subjekts (als *schizo-sujet*, Deleuze oder *soggetto debole*, Vattimo) als desen Befreiung erscheinen. Vattimo stellt sich den postmodernen Menschen (»uomo post-moderno«) als ein Individuum (!) vor, das seine eigene Vielheit akzeptiert hat: »Individualität als Vielfalt« (»individualità come molteplicità«).[184] Die Frage, die sich im Abschnitt über die »Postmoderne Ethik« stellen wird, lautet: wie ein solches Subjekt (»gespaltenes Subjekt«, »soggetto scisso«, sagt Vattimo) für irgendeine Handlung verantwortlich sein kann.

Parallel dazu stellt sich jetzt schon die Frage, ob das »schwache Denken« der Postmoderne tatsächlich, wie Vattimo meint, die beste Antwort auf eine mit dem Herrschaftsanspruch verquickte instrumentelle Vernunft sei. Dazu schreibt Wolfgang Welsch: »Vattimo und Rovatti bestreiten also weder die Pluralisierung als solche noch die Feststellung, daß sie zu einer Schwächung der Vernunft geführt hat,

---

[182] G. Vattimo, *Jenseits vom Subjekt*, op. cit., S. 16. – Zu Nietzsches Auffassung der Kritik bemerkt Vattimo: »Ihr Problem ist nicht, sich aus der Welt der Erscheinungen zu befreien (...), sondern einen Gesichtspunkt zu erlangen, von dem aus der Gesamtprozeß zu überblicken ist, in dem sich die Erscheinungen konstituieren, zur Geltung bringen und entwickeln.« (G. Vattimo, *Friedrich Nietzsche*, Stuttgart, Metzler, 1992, S. 43.)

[183] A. Moravia, *Il Conformista*, Milano, Bompiani (1951), 1976, S. 266.

[184] G. Vattimo, *Jenseits vom Subjekt*, op. cit., S. 63. (*Al di là del soggetto*, op. cit., S. 49.)

nur mahnen sie, dies alles nicht mehr von einem Ideal der Stärke aus zu beurteilen, sondern aus der neuen Perspektive der Schwäche zu betrachten.«[185]

Schwaches, partikularisierendes und pluralisierendes Denken mag sympathisch wirken, weil es sich für die Benachteiligten und die Minderheiten einsetzt; es erscheint fragwürdig, sobald sich herausstellt, daß es sich ganz bewußt von den Sozialwissenschaften und deren Terminologien abwendet und dadurch zu Marginalität und Folgenlosigkeit verurteilt. Im nächsten Abschnitt soll der antibegriffliche und antitheoretische Affekt dieses Denkens auf sprachlicher Ebene näher betrachtet und kritisiert werden.

Denn als Alternative zur herrschenden Vernunft *und* zum »schwachen Denken« ist auch eine dialogische Theorie vorstellbar, die aus den Erkenntnissen der Sozialwissenschaften hervorgeht. Schwaches Denken ist insofern ambivalent, als es durch den Verzicht auf Begrifflichkeit und Theorie *auch* ideologische Verblendung bewirken kann: »Mit stärkstem Licht kann man die Welt auflösen. Vor schwachen Augen wird sie fest, vor noch schwächeren bekommt sie Fäuste, vor noch schwächeren wird sie schamhaft und zerschmettert den, der sie anzuschauen wagt«[186], sagt der Autor der »kleinen Literatur«, der »littérature mineure«.

4. Erkenntnistheorie II: Sprache, Begriff, Partikularität – von Deleuze und Derrida zu Vattimo

Eine Darstellung postmoderner Erkenntnistheorie wäre unvollständig, wenn sie nicht die »sprachliche Wende« in Betracht zöge, die ganz wesentlich zur Stärkung der neuromantischen und vor allem nietzscheanischen Partikularisierungs- und Pluralisierungstendenzen beitrug. Die beiden Werke von Gilles Deleuze, *Différence et répétition* (1968) und *Logique du sens* (1969), die fast gleichzeitig erschienen sind, ergänzen einander insofern, als das erste Buch den Partikularismus des zweiten auf sprachlich-begrifflicher Ebene konkretisiert. Zugleich verweist es auf Jacques Derridas *différance*-Begriff, der im selben Zeitraum wie Deleuzes *différence* entstanden ist.

---

185 W. Welsch, *Vernunft*, op. cit., S. 195.

186 F. Kafka, in: *Das Kafka-Buch*, Frankfurt, Fischer, 1965, S. 248.

In *Logique du sens* geht es u.a. darum zu zeigen, daß das *Ereignis* begrifflich nicht zu fassen ist, weil es sich endlos zwischen Vergangenheit und Zukunft spaltet, so daß seine *Sinnpräsenz* nicht herbeigeführt werden kann. Komplementär dazu wird in *Différence et répétition* erläutert, weshalb Wiederholung (eines Wortes, Begriffs, Ereignisses) niemals Wiederholung des Selben sein kann, weil die wiederholten Elemente von keinem ihnen allen gemeinsamen Begriff als Ursprung oder Sinnpräsenz eingefaßt werden.

Um diese These zu veranschaulichen, unterscheidet Deleuze zwei Arten der Wiederholung: die platonische und die nietzscheanische. Während die platonische Wiederholung auf der Idee des *Selben* oder des unveränderlichen *Originals* gründet, geht der nietzscheanische Gedanke der Wiederholung von der reinen Differenz aus, die nicht Differenz im Hinblick auf ein unveränderliches Original ist, sondern Bewegung, Abweichung.

Deleuze stellt die platonische Unterscheidung von Original und Kopie radikal in Frage und nimmt sich eine »Umkehrung des Platonismus« vor: »Die Aufgabe der modernen Philosophie wurde definiert: als Umkehrung des Platonismus (renversement du platonisme).«[187] Allerdings bedeutet *renversement* nicht nur »Umkehrung«, sondern auch »Umsturz«, denn: »Die heraklitische Welt rumort im Platonismus«.[188] Man könnte an dieser Stelle weiter ausholen und durchaus im Sinne von Deleuze hinzufügen: die nietzscheanische Welt ist Platos Idealismus eingeschrieben und schickt sich an, sein System zu sprengen.

Tatsächlich behauptet Deleuze – ähnlich wie Derrida in *La Dissémination* (1972) –, daß ein bestimmter Antiplatonismus im Platonismus selbst enthalten ist: »Unter den ungewöhnlichsten Passagen bei Plato, die den Antiplatonismus im Herzen des Platonismus offenbaren, gibt es diejenigen, die nahelegen, daß das Differente, das Unähnliche, das Ungleiche, kurz: das Werden, sehr wohl nicht bloß Mängel sein könnten, die das Abbild affizieren, als Preis für seinen zweitrangigen Charakter, als Ausgleich für seine Ähnlichkeit, sondern daß sie selbst Urbilder sind, schreckliche Urbilder des Pseudos,

---

[187] G. Deleuze, *Differenz und Wiederholung*, München, Fink, 1992, S. 87. (*Différence et répétition*, Paris, PUF [1968], 1993, [7. Aufl.], S. 82.)

[188] Ibid., S. 87.

in denen sich die Macht des Falschen entfaltet.«[189] Anders gesagt: Einige Äußerungen in Platos Werk wecken Zweifel an der Existenz eines mit sich selbst identischen Originals oder eines mit sich selbst identischen Begriffs, von dem alle differierenden oder ähnlichen Einheiten als mehr oder weniger treue oder abweichende Kopien abgeleitet werden könnten.

Das platonische Verhältnis von Erscheinung und Wesen, Urbild und Abbild wird von Deleuze nicht so sehr umgekehrt oder umgestülpt (wobei das Wesen zu einem Derivat der Erscheinung würde), sondern nietzscheanisch eingeebnet, so daß schließlich die »Welt des Scheins« mit der Wirklichkeit zusammenfällt und der Gegensatz von *phainomenon* und *noumenon* aufgehoben wird. Zugleich zerfällt der Gegensatz von *Urbild* oder *Original* einerseits und *Abbild* oder *Simulakrum* andererseits, und die Welt der Simulakren erscheint – wie beim Nietzscheaner Baudrillard – als die einzig denkbare.

Die voneinander abweichenden Simulakren können nicht auf ein gemeinsames Urbild als Original oder Ursprung bezogen werden, sondern nur auf die Differenzen, die zwischen ihnen herrschen: »Das Trugbild ist jenes System, in dem sich das Differente mittels der Differenz selbst auf das Differente bezieht.«[190] Mit anderen Worten: Nur die Unterschiede sind wahrnehmbar und kein Oberbegriff, der allen Simulakren gemeinsam wäre; der es uns gestatten würde, sie einer begrifflich definierbaren *Einheit* zu subsumieren und diese als Sinngegenwart oder Sinndarstellung aufzufassen.

Sowohl in *Différence et répétition* als auch in *Logique du sens* wendet sich Deleuze gegen die platonisch-hegelianische Neigung zur Vereinheitlichung und Identitätsbildung. Als *bad guys* treten wie in allen postmodernen Philosophien die »Kategorien der Repräsentation, die in der Vorbedingung des Selben, des Einen, des Identischen und des Gleichen verkörpert sind«[191], auf. Die Wiederholung als Wiederholung des Nicht-Gleichen, Nicht-Identischen und Vielfältigen ist Nietzsches »ewige Wiederkehr«, so wie sie auf recht eigenwillige Art von Deleuze aufgefaßt wird: »Die ewige Wiederkunft läßt nicht das

---

189 Ibid., S. 167-168.

190 Ibid., S. 346.

191 Ibid., S. 165.

Selbe und das Ähnliche wiederkehren, sondern leitet sich selber aus einer Welt der reinen Differenz ab.«[192]

Es versteht sich fast von selbst, daß einer Welt der reinen Differenz nur ein vielfältiges Subjekt im Sinne von Vattimo und Lyotard entsprechen kann. Wie bei Vattimo ist auch bei Deleuze die Welt des Scheins eine Welt der Vielfalt, der Abweichung und des Zufalls: »Das Subjekt der ewigen Wiederkehr ist nicht das Selbe, sondern das Differente, nicht das Ähnliche, sondern das Unähnliche, nicht das Eine, sondern das Viele, nicht die Notwendigkeit, sondern der Zufall.«[193] Nietzscheanisch und antiplatonisch oder antihegelianisch ist in dieser Passage nicht nur die Rhetorik der Vielfalt, sondern auch die Aufwertung des Zufalls der Notwendigkeit gegenüber: eine Tendenz, die schon die Junghegelianer als Vorläufer Nietzsches eingeleitet haben.[194]

Deleuze, der in *Logique du sens* behauptet, daß das Vielfältige als Vielfältiges bejaht werde, wie auch das Verschiedene als Verschiedenes Freude bereite[195], wird von Wolfgang Welsch allerdings so verstanden, daß er die Andersheit nicht absolut setzt (wie Lyotard in der Paralogie), sondern für ihre »transversale« Verknüpfung plädiert: »Es gilt, Andersheiten verstehen zu können, die nicht radikal different sind, sondern zugleich Momente von Gleichheit einschließen.«[196] Es bleibt jedoch Deleuzes, Guattaris und Welschs Geheimnis, wie das *Rhizom* als verbindendes oder vermittelndes Denken, das in *Mille plateaux* völlig vage als »azentrisches, nicht hierarchisches und asignifikantes System ohne General« und »einzig und allein durch eine Zirkulation von Zuständen«[197] umschrieben wird, irgendeine vermittelnde Funktion erfüllen soll.

Zwar gibt es Versuche in Deleuzes Werk, die disparaten Einheiten der gefeierten Vielfalt wieder zusammenzuführen (etwa wenn von

---

192 Ibid., S. 164.

193 Ibid., S. 165.

194 So wirft beispielsweise der Junghegelianer F. Th. Vischer Hegel vor, er setze die Identität von Natur und Geist voraus und vernachlässige den Traum, den Zufall und alles Partikulare: F. Th. Vischer, »Der Traum«, in: ders., *Kritische Gänge* Bd. 4, München, Meyer und Jessen, 1922, S. 482-483.

195 G. Deleuze, *Logik des Sinns*, op. cit., S. 340.

196 W. Welsch, *Vernunft*, op. cit., S. 356.

197 G. Deleuze, F. Guattari, *Tausend Plateaus*, op. cit., S. 36.

einem »Einklang durch Diskordanz«[198] in Kants Theorie des Erhabenen die Rede ist), aber die generelle Stoßrichtung seiner Argumentation ist unübersehbar: Sie stemmt sich gegen den Universalanspruch der Begrifflichkeit, ja gegen den Begriff als solchen. Es geht in einem ersten Schritt darum, die Differenz ohne Begriff zu denken, es geht »um die Explikation der Möglichkeit von begrifflosen Differenzen«.[199] In einem zweiten Schritt soll gezeigt werden, wie das Differente und Vielfältige die begriffliche Darstellung sprengt. Von der Idee, die er vom Begriff unterscheidet, sagt Deleuze, sie befreie die Differenz in »positiven Systemen, in denen sich das Differente auf das Differente bezieht, wobei sie aus Dezentrierung, Disparität und Divergenz jeweils Gegenstände von Bejahung macht, die den Rahmen der begrifflichen Repräsentation aufbrechen«.[200] Angesichts dieses begriffsfeindlichen Affekts, dessen Aufwertung des mythischen Aktanten der *différence* nicht nur eine drastische Partikularisierung des Denkens zur Folge hat, sondern einer schlichten Absage an den Begriff gleichkommt, sind die von Welsch beschworenen »Momente der Gleichheit« in Deleuzes Denken nur schwer vorstellbar. Denn das »Gleiche« und »Ähnliche«, das von Deleuze – wie sich gezeigt hat – systematisch geleugnet wird, ist nur als Begriffliches denkbar.

Im Gegensatz zu Adorno, der sich vornahm, »über den Begriff durch den Begriff hinauszugelangen«[201], ohne die Ratio der Mimesis zu opfern, sind postmoderne Autoren durchaus gewillt, die philosophische Begrifflichkeit durch Literarisierung der Philosophie oder durch Rhetorik als Zusammenspiel von Tropen zu ersetzen. Dies gilt nicht nur für Deleuze, Rorty und Lyotard, der in *Economie libidinale* jede Art von Theoriebildung ablehnt[202], sondern auch für Derrida, dem in *De la grammatologie* der Begriff als notwendiges Übel erscheint, der es dem Dekonstruktivisten gestattet, die metaphysische *Maschine* (*machine*) zu zerlegen, zu dekonstruieren. Aus postmoderner Sicht fördert der Begriff nicht die Erkenntnis, sondern behindert

198 G. Deleuze, *Differenz und Wiederholung*, op. cit., S. 190.
199 Ibid., S. 338.
200 Ibid., S. 359.
201 Th.W. Adorno, *Negative Dialektik*, op. cit., S. 25.
202 Vgl. J.-F. Lyotard, *Economie libidinale*, op. cit., S. 294-295.

sie, weil es ihn *strenggenommen* nicht gibt: weil er sich bei näherer Betrachtung als gegenwärtiger Sinn oder *Sinnpräsenz*, d.h. als Illusion, auflöst.

Ähnlich wie bei Deleuze, dessen nietzscheanische Wiederholung niemals das Selbe, sondern immer nur ein Anderes, ein Divergierendes oder *Differentes* als Simulakrum auftreten läßt, wird bei Derrida Wiederholung als *itérabilité*, d.h. als endlose *Sinnverschiebung* aufgefaßt. Im Gegensatz zur anglo-amerikanischen Sprechakttheorie Austins und Searles, im Gegensatz zu rationalistischen Semiotikern wie Greimas, die von einer »platonischen« Wiederholung als *itérativité* (Greimas) ausgehen, die wesentlich zur Sinnkonstitution beiträgt, behauptet Derrida, daß Wiederholung primär sinnzersetzend wirkt. Die Wiederholung eines und desselben Wortes im Text oder in einer bestimmten Kommunikationssituation trägt nicht zu seiner eindeutigen Definition bei, sondern hat eine Sinnverschiebung zur Folge, die nicht eingrenzbar ist, weil sie – wie bei Deleuze – nur Differenzen erkennen läßt, nicht aber einen gegenwärtigen Sinn. (Vgl. Kap. IV. 5.)

In Frage gestellt wird hier Saussures platonisch-cartesianische Vorstellung von einem *transzendentalen Signifikat*, das nur als Sinngegenwart denkbar ist. Doch die Annahme einer Sinngegenwart, die Saussures Konstruktion des Sprachsystems zugrunde liegt, geht Derrida zufolge aus der rationalistischen Illusion hervor, daß es möglich sei, die Bedeutung eines einzelnen Elements im Rahmen des Systems als geschlossener Totalität vollständig zu bestimmen. Das Sprachsystem aber, das dem historischen Wandel unterliegt, ist offen, und der Strukturalist Saussure, der ganz zu Recht annimmt, daß die Bedeutung eines Wortes wie *Literatur, Schrift* oder *Text* nicht an und für sich existiert, sondern nur *ex negativo* durch Differenz zu »benachbarten« oder semantisch »verwandten« Wörtern zustande kommt, übersieht, daß diese Differenz nicht Abweichung von einem transzendentalen Signifikat (einem Original im Sinne von Deleuze) ist, sondern endlose Sinnverschiebung.

Derrida bezeichnet diese Sinnverschiebung mit dem Neologismus *différance* (vom frz. Verb *différer = sich unterscheiden, abweichen; verschieben, vertagen*), um auszudrücken, daß die Unterscheidung von *Literatur* und *Schrift*, von *Schrift* und *Text* nicht durch

Bezugnahme auf die Sinngegenwart eines oder mehrerer Signifikate fixiert werden kann, sondern zu einer endlosen Verschiebung des Sinnes führt. Sie beschreibt er als unabschließbare Bewegung von einem *Signifikanten* (*signifiant*) zum nächsten: »Und wenn die Bedeutung des Sinns (in der allgemeinen Bedeutung des Wortes Sinn, nicht aber von Bezeichnung) unendliches Einbegriffensein ist? Die unbestimmte Rückverweisung eines Signifikanten auf einen Signifikanten? Wenn seine Kraft eine gewisse reine und unendliche Mehrdeutigkeit ist, die dem bezeichneten Sinn keinen Aufschub und keine Ruhe läßt, die ihn in seiner eigenen *Ökonomie* auffordert, zum Zeichen zu werden und sich selbst *aufzuschieben*? Außer im *Livre irréalisé* von Mallarmé gibt es keine Selbstidentität des Geschriebenen.«[203]

An dieser Stelle kehrt die Argumentation zu Deleuze zurück: Es gibt nur die Differenz als Abweichung oder Verschiebung, und sie kann durch kein mit sich selbst identisches *Signifikat* als Ursprung oder Originalbegriff begründet werden. Wie Deleuze argumentiert Derrida in der Nachfolge Nietzsches: Es gibt kein (platonisches) Wesen als Signifikat oder Begriff, sondern nur das unabschließbare Zusammen*spiel* von vieldeutigen Signifikanten im Bereich der Erscheinungen, des Scheins. Zugleich bezieht er sich auf Heidegger, der im Zusammenhang mit der Differenz von Sein und Seiendem von einer »Lichtung des sich verhüllend Verschließenden«[204] spricht, um anzudeuten, daß das Sein »aus der Differenz«[205] als solcher zu denken sei.

Sowohl Derrida als auch Deleuze greifen Nietzsches und Heideggers Kritik der europäischen Metaphysik auf und wenden sich von einem Denken ab, das als begriffliches, subsumierendes und definierendes unauflöslich mit dem Herrschaftsprinzip verwoben ist. Beide stellen diesem Denken das partikulare Nichtbegriffliche gegenüber, das zugleich das Vielfältige ist: Im Zusammenspiel der Signifikanten, das Derrida so anschaulich beschreibt, steht nicht nur das Besondere als Signifikant, als begrifflich unauflösbare phonetische Einheit im Mittelpunkt, sondern auch die Vieldeutigkeit des Textes,

---

203 J. Derrida, *Die Schrift und die Differenz*, Frankfurt, Suhrkamp, 1976, S. 44-45.

204 M. Heidegger, *Identität und Differenz*, Pfullingen, Neske (1957), 1990 (9. Aufl.), S. 57.

205 Ibid.

die zur Vielfalt der miteinander konkurrierenden, einander widersprechenden Interpretationen einlädt.

Man könnte ein solches Sprach- und Textverständnis auf den ersten Blick als spätmodern oder modernistisch im Sinne von Adorno bezeichnen, da es sich auf allen Ebenen und mit allen (auch fragwürdigen) Mitteln »gegen das gewalttätig Unwahre einer subsumierenden, von oben her aufgestülpten Form«[206] wehrt. Es geht jedoch weit über die Moderne und über Adornos kritische Intentionen hinaus, wenn es den Begriff ausschließlich zur Subversion des begrifflichen Diskurses und der Theorie einsetzt. Denn bei Adorno sind Mimesis, Begriff, Theorie, Subjekt und Wahrheit – d.h. Besonderes und Allgemeines – nicht voneinander zu trennen. »In schroffem Gegensatz zum üblichen Wissenschaftsideal bedarf die Objektivität dialektischer Erkenntnis nicht eines Weniger sondern eines Mehr an Subjekt«[207], heißt es modernistisch in der *Negativen Dialektik*. Diese Einstellung, die von der Weigerung geprägt ist, Begrifflichkeit, Theorie und Subjektivität aufzugeben, ist nicht nur Deleuze und Derrida, sondern auch dem postmodernen Vattimo fremd.

Von Deleuze und Derrida heißt es in *Le avventure della differenza*: »Von Anfang an hat die Differenz für Deleuze dieselbe Bedeutung wie für Derrida: Sie bedeutet in der Tat, daß jede vorgebliche Unmittelbarkeit immer schon Verdoppelung eines Originals ist, das es nicht gibt.«[208] Im postmodernen und dekonstruktivistischen Kontext, in dem Wiederholung zwangsläufig mit Sinnverschiebungen einhergeht, klingt Vattimos Annahme, daß *Differenz* (*differenza*) bei Deleuze und Derrida dieselbe Bedeutung hat, überraschend naiv. Sie zeigt aber, daß keine Argumentation, die sich nicht selbst der Inkohärenz überantworten und zerstören will, ohne begriffliche Verallgemeinerung oder Vereinheitlichung auskommt.

Im Gegensatz zu Adorno, auf dessen partikularisierende Dialektik[209] er sich immer wieder bezieht, aber in Übereinstimmung mit

---

206 Th.W. Adorno, »Kleine Proust-Kommentare«, in: ders., *Noten zur Literatur II*, Frankfurt, Suhrkamp, 1961, S. 95.

207 Th.W. Adorno, *Negative Dialektik*, op. cit., S. 48.

208 G. Vattimo, *Le avventure della differenza. Che cosa significa pensare dopo Nietzsche e Heidegger*, Milano, Garzanti, 1980, S. 159.

209 Vgl. Vf., *L'Ecole de Francfort. Dialectique de la particularité*, Paris (1974),

Deleuze und Derrida, will Vattimo die Notwendigkeit dieser Verallgemeinerung nicht wahrhaben. Er sieht nur die Sinnverschiebung und die Zerstörung der Sinngegenwart, wenn er von der »Absetzung der Endgültigkeit der Gegenwart« (»de-stituzione della definitività della presenza«)[210] spricht und die Differenz ausschließlich als »sfondamento«, d.h. als »Durchschlagung«[211] zu verstehen sucht.

Komplementär zur Sinnzersetzung, zur Abschaffung der Sinngegenwart (*présence du sens*, Derrida) verhält sich bei Vattimo der Zerfall des Subjekts, der schon im vorigen Abschnitt zur Sprache kam und von Peter Caravetta in einem Artikel über Vattimo als »decline and eventual disappearance of subject and subjectivity«[212] umschrieben wird. Vattimo selbst beruft sich auf Nietzsches Kritik des Subjekts und spricht von dessen »Zerstörung in der Entwicklung der analytischen Psychologie unseres Jahrhunderts«.[213] Auch die avantgardistische Kunst erscheint ihm als dekonstruktive Kraft (»la portata destrutturante dell'arte«)[214], der das Subjekt als Einheit und Identität zum Opfer fällt.

Im Anschluß an diese Überlegungen faßt er im Rahmen einer *radikalen Hermeneutik* (*ermeneutica radicale*) und parallel zur Zersetzung des metaphysischen Sinns den Zerfall des Subjekts als dessen Freisetzung aus seiner eigenen Unterjochung auf: »Die Welt der symbolischen Formen – die Philosophie, die Kunst, die Gesamtheit der Kultur – bewahrt sich insofern eine gewisse Autonomie der technologischen Rationalität gegenüber, als sie der Ort ist, an dem sich das Subjekt angesichts einer Technik, die es befähigt, sich der Welt zu bemächtigen, als unterworfenes Subjekt (soggetto-assoggettato), als letzte Inkarnation der Herrschaftsstrukturen zer-setzt (dis-pone), disloziert, destrukturiert.«[215] Mit anderen Worten: Der Philosophie fällt die Aufgabe zu, der technischen und technologischen Herrschaft

---

L'Harmattan, 2005 (erw. 2. Aufl.), wo die Partikularisierungstendenz im Mittelpunkt der Darstellung steht.

210 G. Vattimo, *Le avventure della differenza*, op. cit., S. 8.

211 Ibid., S. 9.

212 P. Caravetta, »On Gianni Vattimo's Postmodern Hermeneutics«, in: *Theory, Culture, and Society* 2-3, Juni 1988, S. 395.

213 G. Vattimo, *Le avventure della differenza*, op. cit., S. 54.

214 Ibid., S. 109.

215 Ibid., S. 121.

des Subjekts über das Objekt durch eine systematische Zersetzung des Subjekts zu widerstehen.

Es hat sich gezeigt, daß dieser geplanten Zersetzung des Subjekts bei Vattimo, Derrida und Deleuze eine Auflösung des Begriffs in der Differenz (Deleuze, Vattimo) oder der *différance* (Derrida) entspricht. Beide Zerfallsprozesse werden als Subversionen der politischen und technisch-technologischen Herrschaft aufgefaßt, die schon Heidegger als moderne Erscheinungsform der abendländischen Metaphysik zu erklären suchte.

Daß die Zersetzung des Begriffs und der Subjektivität letztlich in planes Einverständnis mit der Gewalt der Gegenwart umschlagen muß, haben die postmodernen Dekonstruktivisten nicht bedacht. Denn ohne Begriff und Subjektivität ist, wie Adorno wußte, die von den Postmodernisten immer noch intendierte Gesellschaftskritik schier undenkbar: Wer Begrifflichkeit und Subjektivität zerstückelt, bestätigt lediglich die mediale und intermediale Zerstückelung des Einzelnen in der Konzerngesellschaft und beraubt ihn zusammen mit seiner Erfahrung seiner Kontinuität und seiner kritischen Fähigkeiten: »Weil sie in sich allgemein ist, und soweit sie es ist, reicht individuelle Erfahrung auch ans Allgemeine heran«[216], schreibt Adorno. Ohne dieses Allgemeine, das dem Besonderen innewohnt, brechen Kritik und Widerstand zusammen. Deshalb soll im nächsten Abschnitt versucht werden, die Dialektik zwischen dem Besonderen und dem Allgemeinen in einer kritischen Auseinandersetzung mit Lyotard und Habermas konsequent auszutragen.

5. Erkenntnistheorie III: Lyotard vs. Habermas

Der im folgenden entwickelte Grundgedanke ist in wenigen Worten zusammenzufassen: Lyotards partikularisierende und Habermas' universalisierende Reaktionen auf die postmoderne Problematik sollen in dem hier konstruierten Kontext kritisiert und dialektisch miteinander verknüpft werden. Es soll gezeigt werden, daß Lyotards Entwurf einer extremen Partikularität die kritische Subjektivität letztlich ebenso negiert wie Habermas' Plädoyer fürs Allgemeine. In beiden Fällen mündet die Argumentation in einen Zustand, den beide Denker

[216] Th.W. Adorno, *Negative Dialektik*, op. cit., S. 54.

um jeden Preis vermeiden wollten: in die In-Differenz als Austauschbarkeit der Positionen, der Rollen, der Individuen.

An dieser Stelle erscheint es sinnvoll, zum Ausgangspunkt des zweiten Abschnitts zurückzukehren: zur Kritik der Metaerzählungen in der Postmoderne. Während Lyotard und andere postmoderne Denker, wie sich gezeigt hat, die Metaerzählungen des Christentums, der Aufklärung und des Marxismus-Leninismus für unglaubwürdig halten und daher nicht glauben können, daß eine Verständigung im Rahmen dieser Metaerzählungen ins Auge gefaßt werden kann, spricht Habermas vom »unvollendeten Projekt der Moderne«. Mit diesem Ausdruck plädiert er keineswegs für eine unbekümmerte Fortsetzung der Aufklärung, deren mit dem Herrschaftsprinzip liierter Rationalismus von Adorno und Horkheimer in der *Dialektik der Aufklärung* einer radikalen Kritik unterzogen wurde. Er setzt sich eher für eine Erneuerung des aufklärerischen *Emanzipationsgedankens* ein, den auch Adorno und Horkheimer nie preisgegeben hatten.

Während sich aber Adorno mit der Ausrichtung des Denkens auf Essay, Modell und Parataxis Habermas zufolge auf den Poststrukturalismus zubewegt[217], schlägt er selbst den Weg einer kommunikativen Erneuerung der Vernunft ein: »Der motivbildende Gedanke ist die Versöhnung der mit sich selbst zerfallenen Moderne, die Vorstellung also, daß man ohne Preisgabe der Differenzierungen, die die Moderne sowohl im kulturellen wie im sozialen und ökonomischen Bereich möglich gemacht haben, Formen des Zusammenlebens findet, in denen wirklich Autonomie und Abhängigkeit in ein befriedetes Verhältnis treten; daß man aufrecht gehen kann in einer Gemeinsamkeit, die nicht die Fragwürdigkeit rückwärtsgewandter substantieller Gemeinschaftlichkeiten an sich hat.«[218] Den Weg der Versöhnung weist eine Universalpragmatik, die das emanzipatorische Potential der Sozialwissenschaften ausschöpft, statt sich wie Adornos Theorie am autonomen Kunstwerk zu orientieren.

---

[217] J. Habermas, »Dialektik der Rationalisierung«, in: ders., *Die neue Unübersichtlichkeit*, Frankfurt, Suhrkamp, 1985, S. 172: »Wenn man Adornos *Negative Dialektik* und *Ästhetische Theorie* ernstnimmt und sich auch nur einen Schritt von dieser Beckettschen Szene entfernen will, dann muß man so etwas wie ein Poststrukturalist werden.«

[218] Ibid., S. 202.

Lyotards Reaktion auf die postmoderne Problematik überschneidet sich in manchen Punkten mit der Adornos (vgl. Abschn. 7), ist aber Habermas' Entwurf diametral entgegengesetzt. Während Habermas mit seiner Universalpragmatik als Theorie des kommunikativen Handelns nach Versöhnung, Verständigung und Konsens strebt, um die postmodernen Erscheinungen der Fragmentierung und Isolierung zu überwinden, will Lyotard gerade zeigen, weshalb ein Konsens gar nicht möglich ist.

In diesem Fall geht er nicht so sehr von Nietzsche, sondern von Kant aus, und zwar von dessen *Kritik der Urteilskraft*, die auf dem Gedanken gründet, daß die verschiedenen Typen der Vernunft (die reine, die praktische und die ästhetische) heterogen sind, dennoch aber miteinander verknüpft, aufeinander bezogen werden können. Auf die Frage, ob er nun Kantianer sei, antwortet Lyotard schon in *Instructions païennes*: »Wenn Sie wollen, aber im Sinne der dritten Kritik. Ich meine nicht den Kant des Begriffs oder des moralischen Gesetzes, sondern den der Einbildungskraft, der sich von der Krankheit des Wissens (maladie du savoir) und der Regel geheilt hat und zum Heidentum der Kunst und der Natur übergegangen ist.«[219] Hier wird klar, daß Lyotards Kantianismus von einem latenten Nietzscheanismus durchzogen wird, der an den Camus' erinnert: Es gilt, das Einmalige und Lebendige mit Hilfe von Kunst und Natur gegen die abstrakte Allgemeinheit der Gesetze und Regeln in Schutz zu nehmen.

Wir haben es mit einer stark partikularisierenden Kant-Lektüre zu tun, die vor allem die Brüche zwischen den verschiedenen Vernunft- und Diskurstypen in Erscheinung treten läßt, die von Kant aufgezeigten Verbindungen und Übergänge zwischen ihnen hingegen bagatellisiert oder vernachlässigt. Daß dies nicht im Sinne von Kant ist, bestätigt Wolfgang Welsch: »Gegen die Kantische Akzentuierung führt Lyotard das moderne ›Zerbersten von Sprache in Familien von heteronomen Sprachspielen‹ ins Feld.«[220] Welsch fügt hinzu: »In dieser Auffassung sieht sich Lyotard durch den heutigen Weltzustand

---

[219] J.-F. Lyotard, *Instructions païennes*, Paris, Galilée, 1977, S. 36.

[220] W. Welsch, *Vernunft*, op. cit., S. 333.

bestätigt. Verbindungen werden wohl hergestellt, aber nur durch die ›blind kalkulierende Vernunft‹ des ›Kapitals‹ (...).«[221]

Dies ist das eigentliche Problem, das nur im politischen und sozialphilosophischen Kontext (vgl. Abschn. 2) zu verstehen ist: Im Gegensatz zu Habermas, der nach den verheerenden ideologischen Auseinandersetzungen der Weimarer Republik und der deutschen Nachkriegszeit einen demokratischen Konsens anstrebt, lehnt der Pariser Intellektuelle alles ab, was als Versöhnung mit der Staatsräson gedeutet werden könnte. Sein Gegner ist das alle Differenzen aufhebende Kapital, dessen Universalismus der des Tauschwerts ist: »Auf diese Weise verlangt der ökonomische Diskurs des Kapitals keineswegs das politisch-deliberative Dispositiv, das die Heterogenität der Diskursarten zuläßt. Eher das Gegenteil: er verlangt deren Unterdrükkung.«[222] Die Partikularisierungs- und Pluralisierungstendenz in Lyotards Denken ist primär als Reaktion auf die abstrakte Allgemeinheit der Marktgesetze (des »Weltmarktes«) zu verstehen. Zugleich ist sie auch eine Revolte gegen den zentralistischen französischen Staat, von dem Jean-Marie Vincent im Jahre 1979 – als *La Condition postmoderne* erscheint – sagt: »Der zeitgenössische Staat ist sehr wohl der Moloch der dem Kapital dient, das die menschliche Materie zermalmt und knetet.«[223] Wo so gedacht wird, dort erübrigt sich jede Suche nach Kommunikation und Konsens.

Dies ist der Grund, weshalb Lyotard in *La Condition postmoderne* (etwa zwei Jahre nach dem Gespräch in *Instructions païennes*, 1977) seinen partikularisierenden Kantianismus durch Wittgensteins *Sprachspiel*-Begriff ergänzt, um die unaufhebbare Heterogenität gesellschaftlicher Sprache, die er mit Inseln eines Archipels vergleicht, plausibel zu machen. Ausgehend von Wittgensteins Gedanken, daß jedes Sprachspiel autonom ist, weil es spezifischen Regeln gehorcht, stellt Lyotard die These auf, »daß es weder eine mögliche Vereinheitlichung noch eine Totalisierung der Sprachspiele in einem Metadiskurs gibt«.[224] Schon in diesem Stadium sollte kritisch angemerkt werden, daß Lyotard diese These anscheinend nicht auf sich selbst

221 Ibid., S. 334.

222 J.-F. Lyotard, *Der Widerstreit*, München, Fink, 1989 (2. Aufl.), S. 293.

223 J.-M. Vincent, *Les Mensonges de l'Etat*, Paris, Le Sycomore, 1979, S. 130.

224 J.-F. Lyotard, *Das postmoderne Wissen*, op. cit., S. 109.

anwendet, weil er, wie sich soeben gezeigt hat, Kants und Wittgensteins doch sehr heterogene Diskurse zu kombinieren sucht und weil er in einem totalisierenden Metadiskurs erläutert, weshalb die *méta-récits* des Christentums, der Aufklärung und des Marxismus, die er stillschweigend zu *einer* Klasse zählt, unglaubwürdig werden.

Lyotard, der, wie sich im zweiten Abschnitt gezeigt hat, behauptet, daß die heteronome Anwendung von Sprachregeln auf einen fremden Diskurs ein *Unrecht* oder *tort* zeitigt, weil zwischen heterogenen Sprachspielen ein *Widerstreit* oder *différend* herrscht, der nicht nach der Art des *Rechtsstreits* (*litige*) zu schlichten ist, tut Unrecht in großem Maßstab, wenn er christliche, rationalistische und marxistische Diskurse *einer Klasse subsumiert* und abqualifiziert. Seine frühen Versuche, die marxistische Terminologie mit der Freuds und vor allem W. Reichs zu kombinieren, zeugt auch nicht gerade von einem übermäßigen Respekt vor der Besonderheit der Sprachspiele und der von ihm bevorzugten *Paralogie*, die er nicht näher definiert: »Eine genaue Begriffsdefinition der ›Paralogie‹ wird von Lyotard im *Postmodernen Wissen* nicht gegeben. Er umschreibt sie grob mit ›offene(r) Systematik‹, dem ›Lokale(n)‹, der ›Antimethode‹.«[225]

Lyotards Definitionen der besonderen Sprachen und Sprachhandlungen, die er für heterogen, ja für inkommensurabel hält, sind zwar ausführlicher als die der Paralogie; aber viel klarer sind sie nicht. Ist in *La Condition postmoderne* noch von heterogenen *Sprachspielen* im Sinne von Wittgenstein die Rede, so wird dieser Begriff in *Le Différend* (1983) und späteren Publikationen von den Bezeichnungen *Satz* (*phrase*), *Satz-Regelsystem* (*régime de phrases*), *Diskurs* (*discours*), *Diskursarten* (*genres de discours*) abgelöst. Wie sich diese Bezeichnungen zu Wittgensteins Sprachspiel verhalten, ist nicht klar; klar ist lediglich, daß Lyotards Kombination von Kants und Wittgensteins Terminologien auf Partikularisierung abzielt: »Die Prüfung der Sprachspiele konstatiert und bekräftigt, wie die Kritik der Vermögen, die Trennung der Sprache von sich selbst. Die Sprache ist ohne Einheit, es gibt nur Sprachinseln, jede wird von einer anderen Ordnung beherrscht, keine kann in eine andere übersetzt werden.«[226]

---

225 G. Warmer, K. Gloy, *Lyotard*, op. cit., S. 21-22.

226 J.-F. Lyotard, *Grabmal des Intellektuellen*, Wien-Graz-Köln, Passagen, 1985, S. 70.

Es ist nicht einfach, eine so extreme These gegen Kritik zu verteidigen, zumal in der Alltagssprache immer wieder wirtschaftliche in politische, politische in bildungspolitische und diese in ethische Diskurse übersetzt werden; zumal Lyotard selbst, wie sich gezeigt hat, heterogene Diskurse aufeinander bezieht und miteinander verschmelzen läßt.

Kritik setzt aber voraus, daß der kritisierte Gegenstand so exakt wie möglich dargestellt wird; und das ist im Falle von Lyotard nicht einfach. Denn er erklärt nicht genau, wie sich ein Sprachspiel von einem Satz-Regelsystem und dieses von einem Diskurs oder einer Diskursart unterscheidet. Ein Vergleich zwischen Wolfgang Welschs recht einleuchtender Darstellung und dem, was Lyotard selbst vorbringt, veranschaulicht die Schwierigkeiten. Zum Unterschied von Satz-Regelsystemen und Diskursarten bemerkt Welsch: »Satz-Regelsysteme sind beispielsweise: Argumentieren, Erkennen, Beschreiben, Erzählen, Fragen, Zeigen. Sie geben Regeln für Sätze und Sprachhandlungen vor. (...) Beispiele von Diskursarten sind: einen Dialog führen, Unterrichten, Recht sprechen, Werben. Sie sind komplexer gebaut als Satz-Regelsysteme. In ihnen kommen jeweils Sätze unterschiedlicher Satz-Regelsysteme vor. Überdies sind die Diskursarten final strukturiert.«[227] Abgesehen davon, daß auch Argumentationen und Erzählungen final, d.h. ziel- oder zweckbezogen strukturiert sind, zeichnen sich schon in Welschs scheinbar klarer Zusammenfassung Probleme ab, die damit zusammenhängen, daß Lyotards Begriffe zwar anhand von Beispielen veranschaulicht, aber nicht definiert werden: Könnten die hier als komplexer apostrophierten Diskursarten des Dialogs, der Rechtsprechung und des Unterrichts nicht den noch komplexeren diskursiven Modi (also: Oberbegriffen) des Argumentierens, Erkennens und Erzählens subsumiert werden? Greimas beispielsweise analysiert den juristischen Diskurs als einen narrativen Diskurs unter vielen.[228]

227 W. Welsch, *Vernunft*, op. cit., S. 314-315.

228 Vgl. A. J. Greimas, »Analyse sémiotique d'un discours juridique«, in: ders., *Sémiotique et sciences sociales*, Paris, Seuil, 1976, S. 84. Vom Sprecher heißt es dort u.a., daß er im Rahmen der natürlichen Sprache spricht und verschiedene – juristische, wirtschaftliche, politische – Diskurse kombiniert: »(...) réalise un mélange fort complexe des éléments appartenant aux discours juridique, économique, poli-

Diese Überlegungen sind insofern wichtig, als Lyotard in *Le Différend* die Verwirrung noch steigert, indem er von einer »wirtschaftlichen« und einer »akademischen Diskursart« spricht (»genre du discours économique«, »genre du discours académique«) und anschließend die universalistischen Diskurse (»discours universalistes«) erwähnt, mit denen die großen Metaerzählungen des Fortschritts, des Sozialismus, des Überflusses, des Wissens gemeint sind.[229] Man muß kein fanatischer Rationalist oder Logiker sein, um auf den Gedanken zu kommen, daß »Dialog« oder »Unterricht« einer anderen *Klasse* angehören als die »wirtschaftliche Diskursart«, der Fortschrittsglaube oder der Sozialismus.

Begriffliche Unschärfen dieser Art erschweren die kritische Auseinandersetzung mit Lyotard erheblich, weil nicht immer klar ist, worauf sich seine Unvereinbarkeits- oder Widerstreitsthese bezieht. Vielen wird einleuchten, daß Argumentieren und Erzählen heterogenen Regeln gehorchen und daß Rechtsprechung und Werbung nicht ohne weiteres kombinierbar sind (obwohl jede Werbung ihre juristischen Aspekte hat). Man wird Lyotard jedoch kaum folgen können, wenn er als radikaler Kantianer »die Invasion einer Diskursart durch eine andere, vor allem der Ethik und des Rechts durch das Kognitive«[230], ablehnt. Denn wie sollen Recht und Rechtswissenschaft ohne begriffliche Argumentation überhaupt zustandekommen?

Eines zumindest ist klar: Ein *Satz* (*phrase*), der einer bestimmten Diskursart angehört, die bestimmten *Verkettungsregeln* (*règles d'enchaînement*) gehorcht, kann nicht mit dem Satz einer anderen Diskursart fortgesetzt werden, die sich nach ganz anderen Regeln richtet: »Wo immer jemand eine Gesprächsfortführung wählt, die mit einem Wechsel der Diskursart verbunden ist, entstehe deshalb ein Konflikt um die Zulässigkeit dieser Fortsetzung. Dieser Konflikt sei – eben, weil Verkettungsregeln fehlen – im Grunde nicht entscheidbar.«[231] Es handelt sich also um einen sprachlichen Widerstreit, der

---

tique.« Wenn dieser intertextuelle *mélange* nicht möglich oder zulässig wäre, müßten wir aufhören zu sprechen.

229 J.-F. Lyotard, *Der Widerstreit*, op. cit., S. 11. (*Le Différend*, Paris, Minuit, 1983, S. 11 und S. 256.)

230 J.-F. Lyotard, *Moralités postmodernes*, op. cit., S. 121.

231 G. Warmer, K. Gloy, *Lyotard*, op. cit., S. 97-98.

nicht als Rechtsstreit zu schlichten ist, weil eine übergeordnete Metasprache fehlt (nicht anerkannt wird).

Diese Partikularisierung des Sprach- und Dialogbegriffs erscheint insofern sinnvoll, als es sowohl aus erkenntnistheoretischer als auch aus wissenschaftsgeschichtlicher Sicht problematisch ist, einen Diskurs mit den Kriterien und der Terminologie eines anderen zu beurteilen: So sollte beispielsweise ein vernünftiger Vertreter der Kritischen Theorie den Kritischen Rationalismus (Poppers, Alberts) nicht mit dem Argument konfrontieren, er sei »undialektisch«, und ein vernünftiger Vertreter des Kritischen Rationalismus wird der Kritischen Theorie nicht vorwerfen, ihre Aussagen seien »nicht falsifizierbar«.

Dies bedeutet aber keineswegs, wie Lyotard annehmen könnte, die Diskurse der Kritischen Theorie und des Kritischen Rationalismus seien inkommensurabel und ihr Verhältnis sei nur als Widerstreit darstellbar. Denn in wesentlichen Punkten – etwa in Teildefinitionen des Ideologiebegriffs – überschneiden sich diese beiden Diskurse; weichen aber in anderen ebenso wesentlichen Punkten voneinander ab. Es käme darauf an, diese Wechselbeziehung von Abweichung und Übereinstimmung dialogisch durchzuhalten, statt pauschal von Widerstreit und Unvereinbarkeit zu sprechen.

Lyotard treibt die Partikularisierung auf die Spitze (und *ad absurdum*), wenn er unterstellt, daß der Widerstreit den Diskursarten innewohnt, weil jede von ihnen heterogene Sätze, die verschiedenartigen Satz-Regelsystemen angehören, miteinander kombiniert: »Die Diskursarten bestimmen Spieleinsätze, sie unterwerfen die Sätze unterschiedlicher Regelsysteme einer einzigen Zweckbestimmung: In der juridischen Rhetorik sind die Frage, das Beispiel, die Beweisführung, der Erzählakt, der Ausruf heterogene Mittel, um jemanden zu überzeugen. Daraus folgt nicht, daß der Widerstreit zwischen den Sätzen ausgeschlossen bleibt.«[232] Dies ist aber eine Unterstellung, die Lyotard nicht plausibel macht: Weshalb sollten verschiedene Aspekte der juristischen Rhetorik – die Frage, die Argumentation, der Ausruf, die Erzählung – in einem Widerspruch oder gar Widerstreit zueinander stehen? Wäre in dem Fall der literarische Text, den Lyotard

232 J.-F. Lyotard, *Der Widerstreit*, op. cit., S. 58.

stets mit Wohlwollen betrachtet, der aber alle erdenklichen Satz-Regelsysteme und Diskursarten narrativ kombiniert, nicht das inkarnierte Unrecht?

Die Unterstellung kommt einerseits dadurch zustande, daß Lyotard um jeden Preis das Partikulare hervorheben will, andererseits dadurch, daß er den Subjektbegriff ablehnt und deshalb übersieht, daß jede diskursive Struktur mitsamt ihrer Teleologie und ihren sprachlichen Kombinationen von einer subjektiven Intention getragen wird: von einem Individuum oder einer Gruppe (Organisation)[233]. Lyotard sieht es umgekehrt: Die Heterogenität der Sprache, ihrer Diskurse und Satz-Regelsysteme bewirkt die Auflösung der Subjektivität und des Subjektbegriffs: »Jedes vorgebliche Individuum ist in verschiedene Partner aufteilbar und wahrscheinlich aufgeteilt (...).«[234]

Dieser These widerspricht jedoch Lyotards gesamtes Werk, in dem nicht nur unzählige Satz-Regelsysteme und Diskursarten subjektiv kombiniert, sondern auch Diskurse auf sehr »strittige« Art in ein großangelegtes teleologisches Schema gezwängt werden. Ein im zweiten Abschnitt bereits zitierter Text aus *Moralités postmodernes* lautet: »Die heutige Welt bietet das Schauspiel eines imperialistischen, liberalen Kapitalismus nach seinem Sieg über seine letzten beiden Herausforderer, den Faschismus und den Kommunismus: So spräche der Marxismus, wenn er nicht tot wäre.«[235] Selbst wenn man annimmt, daß der erste Satz aus einem neomarxistischen Diskurs stammen könnte, wird man *mit Lyotard* gegen den zweiten Satz Einspruch erheben, weil er ein Unrecht, ein *tort* verursacht: er gehört einer anderen Diskursart an als der erste.

Das Problem besteht nun darin, daß nahezu alle Kommentare Lyotards heterogene Diskurse auf Metaebene manipulieren, kombinieren und häufig zurechtstutzen. Selbstverständlich ist das unvermeidlich, wenn man Theorien in einem historischen und sozialen Kontext erklären und kritisieren will; aber angesichts dieser Tatsache sollte Lyotard nicht auf einem extremen Partikularismus beharren, zu dessen Widerlegung ihn sein eigener Diskurs zwingt.

---

233 Vgl. Vf., *Theorie des Subjekts. Subjektivität und Identität zwischen Moderne und Postmoderne*, Tübingen-Basel, 2010 (3. Aufl.), Kap. V.

234 J.-F. Lyotard, *Moralités postmodernes*, op. cit., S. 125.

235 Ibid., S. 171.

Daß seine Partikularisierungs- und Pluralisierungsversuche selbst widersprüchlich sind, fällt auch Manfred Frank auf, der zu Recht darauf hinweist, daß schon die Feststellung eines Widerstreits oder *différend* einen Metastandpunkt voraussetzt, der gleichsam *über* den kollidierenden Positionen anzusiedeln ist: »Sobald von einem ›tort‹ die Rede ist, wird Geltung für das Urteil über die agonale Natur des Streits unterstellt.«[236] Er fügt hinzu: »So wie Identifikation, soll sie nicht-trivial sein, eine Verschiedenheit wenigstens in einem Aspekt (...) voraussetzt, so würde umgekehrt auch Widerspruch nicht festgestellt werden können, wenn die Entgegengesetzten in allen Merkmalen sich unterschieden. Also kann kein ›différend‹ total sein. Da die Vollständigkeit und totale Unvermittelbarkeit des Streits aber die Definition des ›différend‹ ausmachen, muß man weitergehen und sagen: ein ›différend‹, so wie ihn Lyotard bestimmt, ist logisch unmöglich.«[237]

Man könnte nun Manfred Franks Einwand radikalisieren und sagen: Es ist wahrscheinlicher, daß ein Widerstreit zwischen Diskursen ausbricht, die miteinander verwandt sind, als zwischen einander völlig fremden Diskursarten. Der von Lyotard als Beispiel angeführte »Widerstreit zwischen Arbeitskraft und Kapital« (»le différend entre la force de travail et le capital«)[238] spielt sich zwischen Diskursen mit verwandten Terminologien ab, wobei der zentrale Terminus der »öffentliche oder private Besitz der Produktionsmittel« ist. Nicht vom fernen Buddhismus fühlt sich die Katholische Kirche herausgefordert, sondern von den christlichen Altkatholiken und Protestanten, die fast dieselbe Sprache sprechen.

Lyotard meint jedoch *auch* das völlig fremde, das einem abstrakten Universalismus untergeordnet wird: etwa die kolonisierte afrikanische oder amerikanische Kultur, die der Menschenrechtserklärung des Jahres 1789 subsumiert wird. Dies ist allerdings ein ganz anderer Fall als der Widerstreit zwischen Arbeit und Kapital, weil diesmal tatsächlich behauptet werden kann, daß eine gemeinsame Sprache

---

236 M. Frank, *Die Grenzen der Verständigung. Ein Geistergespräch zwischen Lyotard und Habermas*, Frankfurt, Suhrkamp, 1988, S. 61.

237 Ibid., S. 79.

238 J.-F. Lyotard, *Der Widerstreit*, op. cit., S. 28. (*Le Différend*, op. cit., S. 25.)

weitgehend fehlt. (Hier zeigt sich, daß Lyotards Versuche, den *différend* zu veranschaulichen, diesen eher »dekonstruieren«.)

Es ist jedoch richtig, daß ein Unrecht geschieht, wenn eine fremde Kultur und ein fremdes Rechtssystem der eigenen Kultur untergeordnet werden. Dennoch sollte man nicht annehmen, daß es sich um eine radikale Heterogenität oder Inkommensurabilität im Sinne von Lyotard handelt. Denn ein Widerspruch oder Widerstreit zwischen Kulturen ist nur vorstellbar, wenn diese – wie Arbeit und Kapital – einander etwas zu sagen haben, das zum Konflikt führt: etwa in Form eines Verbots von Menschenopfern. Selbst wenn das Wort »Mensch« in den kollidierenden Kulturen verschiedene Bedeutungen und Konnotationen mit sich führt, ist es nicht völlig unübersetzbar, weil es denselben Referenten bezeichnet: nämlich den, der gerade geopfert werden soll.[239] Insofern hat Manfred Frank recht mit seiner Behauptung, kein *différend* könne total sein; und Lyotards Antwort, Frank verwende einen zu allgemeinen Sprachbegriff, während er selbst die *natürliche Sprache* (*langue naturelle*) meine[240], zielt ins Leere, weil gerade natürliche Sprachen übersetzbar sind, während Mythen und Ideologien sich gegen die Übersetzung in andere Mythen und Ideologien sperren.

Indem Lyotard an seiner Heterogenitäts- und Inkommensurabilitätsthese festhält, vermittelt er das Bild eines extrem fragmentierten und pluralisierten Indifferenzzusammenhangs, in dem die gegeneinander sich abkapselnden Partikularismen nur zwei Einstellungen ermöglichen: die der völligen Gleichgültigkeit und die des Terrors als Negation des Andersartig-Unverständlichen – *jenseits von Kommunikation.* Dieser Zustand stimmt aber weitgehend mit dem des *genre économique* und der kapitalistischen Ordnung überein, gegen die sich Lyotard auflehnt, wenn er gegen ihren abstrakten und gleichschaltenden Tauschwert-Universalismus die »Heterogenität der Satz-Regelsysteme und Diskursarten«[241] ins Feld führt. *Extreme Partikula-*

---

239 Zum Problem der Übersetzbarkeit / Unübersetzbarkeit siehe: Vf., »Der unfaßbare Rest. Übersetzung zwischen Dekonstruktion und Semiotik«, in: J. Strutz, P. V. Zima (Hrsg.), *Literarische Polyphonie. Übersetzung und Mehrsprachigkeit in der Literatur*, Tübingen, Narr, 1996, S. 30-32.

240 J.-F. Lyotard, *Moralités postmodernes*, op. cit., S. 118.

241 Vgl. J.-F. Lyotard, *Der Widerstreit*, op. cit., S. 299.

risierung schlägt in Indifferenz als Austauschbarkeit um. Im folgenden soll gezeigt werden, daß Habermas' Universalpragmatik, aus entgegengesetzter Richtung kommend, ebenfalls zur Indifferenz tendiert. Erst eine konsequent ausgetragene Dialektik zwischen Besonderem und Allgemeinem könnte der Indifferenz entgehen.

Lyotard wird dem Problem durchaus gerecht, wenn er zu Habermas' Konsens-Theorie bemerkt: »Diese Konzeption beruht aber auf der Gültigkeit der Emanzipationserzählung.«[242] Anders gesagt: Habermas' Universalismus ist nur im Rahmen einer großen Metaerzählung denkbar, die sich narrativ auf das Telos einer emanzipierten Menschheit zubewegt. Freilich argumentiert auch Lyotard – wie sich gezeigt hat – im Rahmen einer als allgemeingültig apostrophierten *Meta*erzählung, die auf Partikularisierung und Heterogenität abzielt: Das ist sein Widerspruch.

Wie sieht nun Habermas' Emanzipationserzählung aus? Eine prägnante Zusammenfassung findet sich in seinem bekannten Aufsatz »Die Moderne – ein unvollendetes Projekt« (1980): »Nach wie vor scheiden sich die Geister daran, ob sie an den Intentionen der Aufklärung, wie gebrochen auch immer, festhalten, oder ob sie das Projekt der Moderne verloren geben, ob sie zum Beispiel die kognitiven Potentiale, soweit sie nicht in technischen Fortschritt, ökonomisches Wachstum und rationale Verwaltung einfließen, so eingedämmt sehen wollen, daß eine auf erblindete Traditionen verwiesene Lebenspraxis davon nur ja unberührt bleibt.«[243] In komprimierter Form enthält diese Passage die wesentlichen Elemente von Habermas' Denken, dessen Entwicklungsphasen hier unberücksichtigt bleiben müssen: Habermas gehört eindeutig zu denen, die an einem selbstkritischen Begriff von Aufklärung festhalten wollen, um das kognitive und emanzipatorische Potential dieser Denkrichtung, die synekdochisch der Moderne gleichgesetzt wird, in der zeitgenössischen Gesellschaft verwirklichen zu können. In der zitierten Passage klingt bereits seine Kritik der Moderne als Differenzierungs- und Rationalisierungsprozeß an: eine Kritik, die von Durkheims, M. Webers und Simmels Theorien moderner Gesellschaften ausgeht. (Vgl. Kap. II.)

---

242 J.-F. Lyotard, *Das postmoderne Wissen*, op. cit., S. 175.

243 J. Habermas, *Die Moderne – ein unvollendetes Projekt. Philosophisch-politische Aufsätze 1977-1990*, Leipzig, Reclam, 1990, S. 42.

Wie die hier genannten Soziologen der »Krise« betrachtet Habermas die moderne soziale Entwicklung als einen funktionalen Differenzierungsprozeß[244], der u.a. dazu führt, daß Gesellschaften nicht mehr aufgrund von archaischen oder feudalen Verwandtschaftsbeziehungen funktionieren, sondern in zunehmendem Maße von *Systemen* wie *Politik, Wirtschaft, Finanz* und *Strategie* beherrscht werden. Obwohl Habermas die moderne Rationalisierung als Differenzierungsprozeß durchaus positiv bewertet, weil sie den Einzelnen aus traditionsvermittelter Bevormundung freisetzt, hebt er auch ihre Kehrseite hervor: die Gefahr, daß die Systeme ausschließlich das »zweckrationale Handeln« (M. Weber) und die »instrumentelle Vernunft« (Horkheimer) fördern, die dem »technischen Fortschritt«, dem »ökonomischen Wachstum« und der »rationalen Verwaltung« zugute kommen, dadurch aber das verständigungsorientierte, kommunikative Handeln zur Atrophie verurteilen.

Das »Kapital« erscheint hier also nicht als der absolute Bösewicht wie bei Lyotard, weil es wesentlich zur Herauslösung der Individuen aus feudaler Verstrickung beiträgt, es stellt aber dennoch eine Gefahr dar, weil es menschliche Verständigung oder Kommunikation tendenziell durch die *verdinglichenden* Medien *Macht* und *Geld*, d.h. durch eine »Kolonialisierung der Lebenswelt«, ersetzt.

Habermas reagiert auf dieses zugleich moderne und postmoderne Problem, indem er zwei Kernbegriffe einführt: *Lebenswelt* und *kommunikatives Handeln*. Es geht hier weder um diese Begriffe als solche noch um die zahlreichen Kontroversen, die sie ausgelöst haben, sondern um ihre Bedeutung für die *Postmoderne*-Problematik und den *Universalitätsanspruch*, den Habermas aus ihnen ableitet.

Im Anschluß an den transzendentalen, überhistorischen Lebensweltbegriff der Husserlschen Phänomenologie, der den intersubjektiv erfahrenen und sich in der Praxis bewährenden Wirklichkeitszusammenhang meinte[245], schlägt Habermas einen soziologischen Begriff vor, der sich »aus den *strukturellen Komponenten* von *Kultur* (kulturellem Wissensvorrat), *Gesellschaft* (legitimen Ordnungen) und *Per-*

---

[244] Vgl. G. Simmel, *Über sociale Differenzierung*, Leipzig, Duncker und Humblot, 1890.

[245] Zu Husserls Lebenswelt-Begriff vgl. S. Rinofner-Kreidl, *Edmund Husserl. Zeitlichkeit und Intentionalität*, Freiburg-München, Alber, 2000, S. 598-602.

sönlichkeit (persönlichen Kompetenzen) zusammensetzt (...).«[246] Daß dieser Begriff vom Willen zu Kommunikation und Konsens beseelt ist, geht aus seiner eigenen Definition hervor: »An dieser Stelle kann ich den *Begriff der Lebenswelt* zunächst als Korrelat zu Verständigungsprozessen einführen. Kommunikativ handelnde Subjekte verständigen sich stets im Horizont einer Lebenswelt. Ihre Lebenswelt baut sich aus mehr oder weniger diffusen, stets unproblematischen Hintergrundüberzeugungen auf.«[247] Zu Recht spricht Antje Linkenbach von der Lebenswelt als »einem Begriff für Gesellschaft unter ihrem *verständigungsorientierten Aspekt*«.[248]

Es ist amüsant zu beobachten, wie bei Habermas Lyotards Gesellschafts- und Erkenntnistheorie auf den Kopf gestellt wird: Während Lyotard Gesellschaft und Sprache als fragmentierte Welten von hermetischen Gruppen und Diskursen auffaßt, zwischen denen Verständigung kaum möglich ist, leitet Habermas seine Theorie des kommunikativen Handelns aus einem konsensorientierten Gesellschaftsbegriff ab: »Ich führe lieber den Begriff der *Lebenswelt* als Komplementärbegriff zum kommunikativen Handeln ein und begreife kommunikatives Handeln als das *Medium*, über das sich die symbolischen Strukturen der Lebenswelt *reproduzieren*.«[249] Der Lebenswelt-Begriff bildet also eine Garantie nicht nur für Verständigung, sondern auch für Verallgemeinerung: für die Allgemeingültigkeit von Orientierungen und Normen, die allen Angehörigen der Lebenswelt gemeinsam sind.

Um den Nexus von Kommunikation und Lebenswelt bei Habermas zu verstehen, ist es wichtig, die Tatsache zu berücksichtigen, daß er zwei Lebenswelt-Begriffe verwendet: einen *formalpragmatischen*, der eine Idealisierung in transzendental-phänomenologischem Sinne ist, und einen *soziologischen*, der der konfliktreichen Wirklichkeit Rechnung trägt. Den Kritikern, die ihm vorwerfen, sich unter le-

---

246 A. Linkenbach, *Opake Gestalten des Denkens. Jürgen Habermas und die Rationalität fremder Lebensformen*, München, Fink, 1986, S. 253.

247 J. Habermas, *Theorie des kommunikativen Handelns I. Handlungsrationalität und gesellschaftliche Rationalisierung*, Frankfurt, Suhrkamp, 1981, S. 107.

248 A. Linkenbach, *Opake Gestalten des Denkens*, op. cit., S. 253.

249 J. Habermas, *Vorstudien und Ergänzungen zur Theorie des kommunikativen Handelns*, Frankfurt, Suhrkamp, 1986 (2. Aufl.), S. 546.

bensweltlicher Kommunikation eine realitätsferne Idylle vorzustellen, antwortet er mit einer sauberen *Trennung* von formalpragmatischer und soziologischer Auffassung: »Das Mißverständnis, ich sei kategorial genötigt, Dissens- und Machtphänomene aus der Lebenswelt auszuschließen, geht, wie ich vermute, wiederum auf die Verwechslung des formalpragmatischen mit dem soziologischen Lebensweltbegriff zurück. (...) Aber soziologisch betrachtet gehören natürlich auch strategische Interaktionen zu der als Lebenswelt konzeptualisierten Gesellschaft.«[250] Hier geht es vorerst nicht um die Frage, wie legitim eine solche Trennung ist, die das Ideal der Gemeinsamkeit unvermittelt der konfliktträchtigen Wirklichkeit gegenüberstellt[251], sondern um die Frage, welche Funktion sie in Habermas' Diskurs erfüllt.

Sie gestattet es ihm, den Begriff der *idealen Sprechsituation* aus dem *formalpragmatischen Lebensweltbegriff* abzuleiten: d.h. aus einer Lebenswelt, die Konflikte, widersprüchliche Interessen und »Machtphänomene« nicht kennt. Die ideale Sprechsituation wird von Gesprächs- oder Diskursteilnehmern *unterstellt*, weil Habermas annimmt, daß jede Kommunikationssituation im Idealfall einen gemeinsamen Verständigungswillen *voraussetzt* und »daß wir in jedem Diskurs wechselseitig eine ideale Sprechsituation *unterstellen*«.[252]

Was soll nun konkret unterstellt werden? Wie sieht die ideale Sprechsituation im einzelnen aus? 1. Sie unterscheidet sich qualitativ von wirklichen Kommunikationssituationen des Alltags. 2. Sie ist frei von herrschaftlichen Zwängen und setzt die argumentative Chancengleichheit der am Gespräch Beteiligten voraus. 3. Sie setzt die Aus-

---

250 J. Habermas, »Entgegnung«, in: A. Honneth, J. Joas (Hrsg.), *Kommunikatives Handeln. Beiträge zu Jürgen Habermas' »Theorie des kommunikativen Handelns«*, Frankfurt, Suhrkamp, 1986, S. 372-373.

251 Mit dem dialektischen Begriff der *Vermittlung* scheint der Kantianer Habermas auf Kriegsfuß zu stehen: Denn einerseits ist die ideale Sprechsituation ohne die reale (materielle, ideologische) Subjektivität der Gesprächs- oder Diskursteilnehmer schier undenkbar, wenn diese sich nicht in Geister verwandeln sollen; andererseits koexistieren auch in der realen Sprechsituation strategische, ideologische *und* kommunikative Elemente: Ohne Willen zur Verständigung keine gemeinsame Strategie.

252 J. Habermas, »Vorbereitende Bemerkungen zu einer Theorie der kommunikativen Kompetenz«, in: J. Habermas, N. Luhmann, *Theorie der Gesellschaft oder Sozialtechnologie –Was leistet die Systemforschung?*, Frankfurt, Suhrkamp, 1971, S. 136.

tauschbarkeit der vorhandenen Dialogrollen voraus. 4. Sie läßt nur den Zwang des besseren Arguments zu. 5. Sie wird in jeder realen Kommunikationssituation von den Beteiligten immer schon »kontrafaktisch unterstellt«.

Unübersehbar ist der diesem Kriterienkatalog zugrundeliegende Universalismus, der nur um den Preis einer idealistischen Abstraktion zu haben ist. Diese Abstraktion geht einerseits aus der hier skizzierten formalpragmatischen Lebenswelt hervor und gründet andererseits auf »vier universalen Sprechaktklassen«[253], die Habermas im Anschluß an Searle und die amerikanische Sprechakttheorie zur Grundlage der in die Lebenswelt eingebetteten idealen Sprechsituation macht: die Kommunikativa, die auf Verständlichkeit zielen, die Konstativa, die sich auf die Wahrheit beziehen, die Expressiva, die Wahrhaftigkeit ausdrücken, und die Regulativa, die unter dem Geltungsanspruch der Richtigkeit stehen.

Entscheidend ist, daß alle diese Sprechakte sowohl bei Habermas als auch bei Searle die Form von *Sätzen* annehmen. Den Sprechakt stellt Habermas im Anschluß an Searle folgendermaßen dar: »Ein Sprechakt erzeugt die Bedingungen dafür, daß ein Satz in einer Äußerung verwendet werden kann; aber gleichzeitig hat er selbst die Form eines Satzes.«[254] Anders ausgedrückt: Ein Sprechakt ist ein Satz unter dem Aspekt seiner *kommunikativen* oder *pragmatischen* Funktion.

Obwohl viele Sätze recht eindeutig Fachsprachen oder ideologischen Sprachen zugeordnet werden können (etwa der Satz: »Die Partei ist die Vorhut des Proletariats«), weil sie konkrete Funktionen in bestimmten Diskursen erfüllen, sind die meisten Sätze, solange sie isoliert betrachtet werden, neutral. Sätze wie »Habermas führt den Ausdruck *ideale Sprechsituation* ein« oder »Im Jahre 1917 brach in Rußland abermals eine Revolution aus« sind (im Gegensatz zu einem Satz wie: »Im Jahre 1917 läutete die Oktoberrevolution die endgültige Überwindung der kapitalistischen Verhältnisse ein«) ideologisch neutral, weil sie im Prinzip von allen Diskursen als *semantisch-narrativen Strukturen*[255] ohne Anführungszeichen aufgenommen

---

[253] H. Gripp, *Jürgen Habermas*, Paderborn, Schöningh, 1984, S. 49.

[254] J. Habermas, »Vorbereitende Bemerkungen zu einer Theorie der kommunikativen Kompetenz«, op. cit., S. 103.

[255] Der Diskurs wird hier im Anschluß an die Semiotik von A. J. Greimas als trans-

werden können. Sie verlieren ihre Neutralität, sobald sie in einen marxistischen, liberalen oder dekonstruktivistischen Diskurs eingefügt und durch die übergeordneten semantisch-narrativen Verfahren funktionalisiert und monosemiert werden. Ihre Funktionalisierung und Monosemierung erfolgt im Diskurs in Übereinstimmung mit den Intentionen eines kollektiven (Partei, Gewerkschaft, Konzern) oder individuellen Subjekts, das sich als solches im Diskurs konstituiert und zu erkennen gibt.[256]

Da Habermas, der mit dem Wort *Diskurs* ein metakommunikatives Gespräch meint[257], den Diskurs als semantisch-narrative, transphrastische Einheit nicht kennt, ist er genötigt, sich den Kommunikationsvorgang als Austausch von *neutralisierbaren und universalisierbaren Sätzen vorzustellen, die in die hier erwähnten vier universalen Sprechaktklassen eingeteilt werden können.* Dies bedeutet aber, daß der Diskurs als semantisch-narrative, die Sätze integrierende und die Subjektivität konstituierende Ebene ausfällt: »Die Erzeugung von Sätzen nach Regeln der Grammatik ist ja etwas anderes als eine Verwendung von Sätzen nach pragmatischen Regeln, welche die Infrastruktur von Sprechsituationen überhaupt bilden.«[258] In dieser Darstellung wird übersehen, daß die »Verwendung von Sätzen nach pragmatischen Regeln« nicht nur den Regeln der natürlichen Sprache und der Kommunikationssituation gehorcht, sondern auch den Normen von *Gruppensprachen* (*Soziolekten*) und den aus ihnen hervorgehenden Diskursen als teleologisch ausgerichteten, semantisch-narrativen Strukturen.

Kurzum: Die »Infrastruktur von Sprechsituationen« wird nicht *nur* von pragmatischen Regeln der Alltagssprache gebildet, sondern

---

phrastische, semantisch-narrative Struktur aufgefaßt, für die ein individuelles oder kollektives Aussagesubjekt als *sujet d'énonciation* verantwortlich ist und deren Dynamik durch das Zusammenwirken von Aktanten als *sujets d'énoncé* zustandekommt.

256 Die *relative Kohärenz* juristischer, politischer oder wissenschaftlicher Diskurse zeugt von der Gegenwart eines kollektiven oder individuellen Aussagesubjekts, das eine bestimmte Absicht verfolgt.

257 Vgl. J. Habermas, *Moralbewußtsein und kommunikatives Handeln*, Frankfurt, Suhrkamp, 1983, S. 76.

258 J. Habermas, *Vorstudien und Ergänzungen zur Theorie des kommunikativen Handelns*, op. cit., S. 387.

auch von Soziolekten und Diskursen, die ihren *besonderen* (fachsprachlichen, ideologischen, religiösen) Regeln gehorchen. Das heißt, daß jede in einer Gesellschaft stattfindende Kommunikation, in der Richtigkeit, Wahrheit, Wahrhaftigkeit und Verständlichkeit thematisiert werden, eine Beziehung zwischen *Diskursen* (indirekt zwischen Gruppen und ihren *Soziolekten*) *voraussetzt* und daß die diskursive Struktur, in der sich Subjektivität artikuliert, nicht aus der *Voraussetzungssituation*, in der Verständigung stattfindet, ausgeblendet werden kann. Das heißt zugleich, daß wir eine konfliktfreie, unverzerrte Verständigung niemals voraussetzen können.

In einem Punkt ist Lyotard jedenfalls recht zu geben: Diskurse gehen aus heterogenen Satz-Regelsystemen hervor, und es ist nicht ohne weiteres möglich, sich über diese Heterogenität hinwegzusetzen. Gerade dies tut aber Habermas, wenn er für die ideale Sprechsituation die »argumentative Chancengleichheit«, die »Austauschbarkeit der Dialogrollen« sowie den »Zwang des besseren Arguments« reklamiert: »Die Konsensustheorie der Wahrheit beansprucht, den eigentümlich zwanglosen Zwang des besseren Argumentes durch formale Eigenschaften des Diskurses zu erklären (...).«[259] Da aber am Diskurs als metakommunikativem Gespräch (Habermas) stets heterogene Diskurse als transphrastische, semantisch-narrative Strukturen beteiligt sind, stellt sich sogleich die Frage nach der beurteilenden Instanz: Welcher Diskurs soll als Metadiskurs entscheiden, daß ein Argument einem anderen vorzuziehen sei – und nach welchen Kriterien?

Nur weil Habermas den semiotischen Diskursbegriff (Diskurs als transphrastische, semantisch-narrative Struktur) nicht kennt, kann er den sich abzeichnenden *Widerstreit* ignorieren und den konsenssuchenden Gesprächsteilnehmern eine Universalsprache verordnen, die nicht nur die Austauschbarkeit von Dialogrollen oder den »Rollentausch«[260] voraussetzt, sondern auch eine rigorose Monosemie: »Verschiedene Sprecher dürfen den gleichen Ausdruck nicht mit verschiedenen Bedeutungen benutzen.«[261] Wer, welcher herrische Universaldiskurs soll es ihnen verbieten? Wenn ich *meinen* Diskursbegriff

---

259 Ibid., S. 161.

260 Ibid., S. 532.

261 J. Habermas, *Moralbewußtsein und kommunikatives Handeln*, op. cit., S. 97.

nicht verwenden darf, kann ich meine Absichten nicht artikulieren und mit Habermas nicht über *seinen* Diskursbegriff sprechen. Indem Habermas einen abstrakten Universalismus dekretiert, negiert er die diskursive Subjektivität der Gesprächsteilnehmer und opfert ihre Besonderheit der Indifferenz als Austauschbarkeit von Rollen und Sprechakten.

Seine Auffassung einer idealen Sprechsituation ist bestenfalls auf eine homogene Gemeinschaft oder Gruppe anwendbar, die einer archaischen Lebenswelt entsprechen mag, jedoch nichts mit der hochdifferenzierten und ideologisch heterogenen postmodernen Gesellschaft gemein hat: »Die kommunizierten Bedeutungen sind für alle Mitglieder der Sprachgemeinschaft grundsätzlich identisch.«[262] Diese Beschreibung mag auf die sprachliche Situation eines polynesischen Stammes im 18. oder 19. Jahrhundert zutreffen, nicht aber auf eine Gruppe von europäischen oder amerikanischen Politikern, Wissenschaftlern oder Journalisten. Deshalb hat John B. Thompson recht, wenn er bemerkt, daß Habermas in seinen Darstellungen der idealen Sprechsituation die wesentlichen Probleme ausblendet: »bypasses the most pressing problems«.[263]

Zu diesen Problemen gehören selbstverständlich Lyotards *différend* und der stets drohende *tort*, der sich einstellt, sobald ideologische oder psychische Idiosynkrasien mit Habermas sogleich als Pathologien disqualifiziert und dem abstrakten Universalismus geopfert werden.[264] Wer Lyotards und Habermas' Argumente systematisch verglichen hat, den überkommt das Gefühl eines Reisenden, der im Pariser Durcheinander in den Zug eingestiegen ist und in einer deutschen Provinzstadt wieder aussteigt: Hier ist die Welt noch in Ordnung. Hier sprechen noch alle dieselbe Sprache. Und: »Aus der Reihe wird hier nicht getanzt«[265], wie Jürgen Becker sagt. Das ist zwar eine Karikatur, aber die fiktive Bahnfahrt zeigt, wie weit Partikularismus

---

262 J. Habermas, »Der Universalitätsanspruch der Hermeneutik«, in: ders., *Kultur und Kritik*, Frankfurt, Suhrkamp, 1973, S. 283.

263 J. B. Thompson, »Universal Pragmatics« in: J. B. Thompson, D. Held (Hrsg.), *Habermas. Critical Debates*, London, Macmillan, 1982, S. 297.

264 Habermas' Auffassung sprachlicher »Deformationen« und »Pathologien« ist repressiv im Sinne von Foucault und Lyotard. Siehe z.B.: »Der Universalitätsanspruch der Hermeneutik«, op. cit., S. 287-293

265 J. Becker, *Felder, Ränder, Umgebungen*, Frankfurt, Suhrkamp, 1983, S. 63.

und Universalismus voneinander entfernt sind. Gemeinsam ist ihnen allerdings die *Austauschbarkeit* des Beliebig-Partikularen und des universalistisch Gleichgeschalteten.

Im letzten Kapitel soll versucht werden, Besonderes und Allgemeines dialektisch miteinander zu verknüpfen: nicht mit Hilfe eines *Rhizoms* oder der von Welsch vorgeschlagenen *transversalen Vernunft*, sondern mit Hilfe eines *interdiskursiven Dialogs*, der einerseits auf dem Gedanken gründet, daß Diskurse, in denen sich Subjektivität von Gruppen und Individuen konstituiert, ideologisch heterogen sind, der andererseits aber die Gemeinsamkeiten und die *Verallgemeinerungsfähigkeit* (Habermas) dieser Diskurse berücksichtigt. Ziel der Argumentation ist ein sozialwissenschaftlicher (soziologischer und semiotischer) *Dialogbegriff*, der Besonderes und Allgemeines, Dissens und Konsens dialektisch vermittelt und darüberhinaus auch politische Komponenten aufweist.

6. Ethik: Von Lyotard und Bauman zu Rorty

Ethische Probleme wurden sowohl im vorigen Abschnitt als auch im Zusammenhang mit der Sozialphilosophie indirekt angesprochen. Wie in der Sozialphilosophie und der Erkenntnistheorie oszilliert der Zeiger der postmodernen Uhr zwar zwischen dem Besonderen und dem Allgemeinen, bleibt in der Regel aber beim Besonderen stehen. »Man muß aber nicht über die diskursive Vernunft hinausgehen, um, wie Adorno es versuchte, eine ›Kohärenz‹ jenseits des Systemzwangs, eine Form der Individuierung jenseits des starren Identitätszwangs zu denken«[266], schreibt Albrecht Wellmer. Man muß nicht, aber man kann; und postmoderne Denker wie Lyotard, Bauman und Rorty sind der Meinung, daß eine Ethik, die sich an die diskursive Vernunft hält, den Einzelnen dem begrifflichen Systemzwang opfert.

Es geht wieder um jenen Systemzwang, der von den großen Metaerzählungen des Christentums, der Aufklärung und des Marxismus ausgeht und oftmals bewirkt, daß Einzelinteressen und Idiosynkrasien der Allgemeinheit geopfert werden. Lyotards ethische Frage lautet nun: Wie sieht *Verantwortung* nach dem Niedergang oder Zerfall der

---

[266] A. Wellmer, *Zur Dialektik von Moderne und Postmoderne*, Frankfurt, Suhrkamp, 1993 (5. Aufl.), S. 96.

Universalidee aus? Seine Antwort fällt nicht besonders originell aus. Denn sie ist ein Plädoyer für die Toleranz der so oft beschworenen Vielfalt: »Die Vielheit der Verantwortlichkeiten, ihre wechselseitige Unabhängigkeit oder gar Unverträglichkeit, verpflichten diejenigen, die sie, ob groß oder klein, übernehmen werden, zu Geschmeidigkeit, Toleranz und ›Wendigkeit‹.«[267]

Solche Argumente wirken partikularisierend, weil sie Heterogenität und Dissens voraussetzen und die Anwendung eines allgemeinen Gesetzes, einer allgemeinen Maxime im Sinne von Kant, ausschließen. In *Moralités postmodernes*, wo er die Invasion der Ethik durch das Kognitive ablehnt (vgl. Abschn. 5), spricht er sich für die Autonomie des ethischen Bereichs aus, d.h. gegen den rationalistischen und auch kantianischen Gedanken, daß allgemeingültige ethische Prinzipien aus der (praktischen) Vernunft ableitbar sind: »Wenn das Gesetz erkennbar wäre, würde sich die Ethik in einem kognitiven Verfahren auflösen.«[268] Zugleich wäre das Besondere zerstört, auf das Lyotards gesamte Ethik und sein Gerechtigkeitsbegriff ausgerichtet sind. Es fragt sich allerdings, ob es der Definition und der Intention nach einen Gerechtigkeitsbegriff geben kann, der sich am Partikularen orientiert.

Denn Gerechtigkeit ist stets – und nicht erst von Kant, sondern schon von Plato und neuerdings von John Rawls – primär als ein *verallgemeinerungsfähiges Prinzip* definiert worden: So hält beispielsweise John Rawls eine Gesellschaftsordnung für gerecht, der jedes Mitglied zustimmen könnte, auch wenn es noch nicht weiß, welche Stellung es innerhalb der Ordnung einnehmen wird.[269] Die Zustimmung soll also unabhängig von den gesellschaftlichen, kulturellen, sprachlichen und psychischen Idiosynkrasien des Einzelnen erfolgen. Von einem vergleichbaren Universalismus zeugt die diskursethische Umformulierung von Kants kategorischem Imperativ

---

[267] J.-F. Lyotard, *Grabmal des Intellektuellen*, op. cit., S. 18.

[268] J.-F. Lyotard, *Moralités postmodernes*, op. cit., S. 121. (Siehe auch: *Der Widerstreit*, op. cit., S. 207: »Eine ›Kluft‹ [...] trennt jeden deskriptiven Satz [die kritische Metasprache der Deduktion eingeschlossen] vom präskriptiven Satz.« Diese Behauptung ist nicht plausibel; schließlich ist die folgende syntaktische Sequenz denkbar: »Der Fluß ist verschmutzt, er muß gereinigt werden.«)

[269] Vgl. J. Rawls, *Eine Theorie der Gerechtigkeit*, Frankfurt, Suhrkamp, 1979.

bei Habermas: »Statt allen anderen eine Maxime, von der ich will, daß sie ein allgemeines Gesetz sei, als gültig vorzuschreiben, muß ich meine Maxime zum Zweck der diskursiven Prüfung ihres Universalitätsanspruchs allen anderen vorlegen. Das Gewicht verschiebt sich von dem, was jeder (einzelne) ohne Widerspruch als allgemeines Gesetz wollen kann, auf das, was alle in Übereinstimmung als universale Norm anerkennen wollen.«[270] Eine solche Norm kann es in Lyotards Diskurs gar nicht geben, weil er die radikale Heterogenität der Sprach- und Gerechtigkeitsnormen postuliert.

Da er im Gegensatz zu Kant, Rawls und Habermas nicht in der Lage und auch nicht gewillt ist, die Anwendung einer universellen Norm offensiv zu vertreten, entwirft er ein defensives Gerechtigkeitskonzept, in dem es primär darum geht, »vom Widerstreit Zeugnis abzulegen«, (»témoigner du différend«).[271] Lyotard plädiert für eine »defensive Praxis« (»pratique défensive«)[272], die nicht die Verwirklichung einer anderen Gesellschaftsordnung anpeilt, sondern die Aufdeckung von Unrecht. Zur Verantwortung in der zeitgenössischen Gesellschaft gehört die Entschlossenheit, »die Streitfälle zu entdekken, zu achten und ihnen Achtung zu verschaffen«.[273]

Dieses Prinzip (sofern es eines ist) bezieht sich freilich nicht nur auf den sprachlichen Widerstreit zwischen Diskursen und Satz-Regelsystemen, der das Hauptproblem von *Le Différend* bildet[274], sondern auch auf die Verteidigung von minoritären Interessen in einer Gesellschaft, die von der Vereinheitlichung durch das universalisierende Kapital bedroht wird. »Wir müssen (il nous faut) uns ununterbrochen für die Rechte der Minderheiten, die Frauen, die Kinder, die Homosexuellen, den Süden, die Dritte Welt, die Armen, die Bür-

---

270 J. Habermas, *Moralbewußtsein und kommunikatives Handeln*, op. cit., S. 77.

271 J.-F. Lyotard, in: »Débat«, in: *Témoigner du différend*, op. cit., S. 119.

272 J.-F. Lyotard, *Moralités postmodernes*, op. cit., S. 66.

273 J.-F. Lyotard, *Der Enthusiasmus. Kants Kritik der Geschichte*, Wien, Passagen, 1988, S. 115.

274 Daß *Le Différend* kein rein sprachphilosophisches Werk ist, sondern auch das Problem der Gerechtigkeit zum Gegenstand hat, wird u.a. in einem Gespräch zwischen Lyotard, van Reijen und Veerman deutlich: »*Le Différend* re-establishes what is at stake in justice as *Au juste* had summarily but not (...) falsely indicated.« (W. van Reijen, D. Veerman, »An Interview with Jean-François Lyotard«, in: *Theory, Culture, and Society* 2-3, 1988, S. 301.)

gerrechte, das Recht auf Kultur und Erziehung, die Rechte der Tiere, der Umwelt usw. einsetzen.«[275] In wessen Namen spricht aber Lyotard, wenn er allgemeine Maximen im Sinne von Kant, Rawls oder Habermas ablehnt? Worauf bezieht sich die Redewendung »wir müssen« / »il nous faut«?

Sollte sich herausstellen, daß er nur in seinem eigenen Namen spricht, weil er die emanzipatorischen Erzählungen der Aufklärung, des Marxismus und der Kritischen Theorie nicht mehr anerkennen kann, dann ist nicht einzusehen, weshalb man sich nicht für ganz andere Gruppen einsetzten sollte: etwa die Bauern, die Fischer oder den Landadel, der ja auch eine kleine, marginalisierte Minderheit in der französischen Gesellschaft ist. In einem spätmarxistischen Diskurs, der die pejorative Bezeichnung »Lumpenproletariat« verdrängt hat, mag es sinnvoll erscheinen, sich für die von Lyotard genannten Gruppen einzusetzen, weil sie nicht willkürlich gewählte Partikularitäten sind, sondern Opfer der Unterdrückung, die in einem emanzipatorischen *métarécit* die verallgemeinerungsfähigen Interessen einer sich befreienden Menschheit vertreten.

Ähnlich universalistisch äußert sich Adorno zur Stellvertreterrolle des Künstlers: »Der Künstler, der das Kunstwerk trägt, ist nicht der je Einzelne, der es hervorbringt, sondern durch seine Arbeit, durch passive Aktivität wird er zum Statthalter des gesellschaftlichen Gesamtsubjekts.«[276] Die Partikularisierung ist bei Adorno schon so weit fortgeschritten, daß die Anliegen des Gesamtsubjekts nur noch vom Künstler als Statthalter vertreten werden; sie ist noch nicht an dem Punkt angelangt, an dem Begriffe wie Gesamtsubjekt und Statthalterfunktion undenkbar werden.

Dies ist bei Lyotard der Fall, und Jacob Rogozinski hat durchaus recht, wenn er bemerkt: »Es kommt nun nicht mehr darauf an, das Gerechte zu legitimieren, sondern Unrecht in Worte zu fassen.«[277] Aber sogar dieses ethische Minimalanliegen muß scheitern, da man ja das Unrecht nicht in Worte fassen kann, ohne einen *métarécit* zu be-

---

[275] J.-F. Lyotard, *Moralités postmodernes*, op. cit., S. 66.

[276] Th.W. Adorno, »Der Artist als Statthalter«, in: ders., *Noten zur Literatur I*, Frankfurt, Suhrkamp, 1958, S. 194-195.

[277] J. Rogozinski, »Lyotard: le différend, la présence«, in: *Témoigner du différend*, op. cit., S. 64.

gründen, d.h. ohne neues Unrecht zu tun: »Unsere Hypothese ist«, fährt Rogozinski fort, »daß das Eindringen der ethischen Frage den Widerstreit in *Le Différend* einführt – daß es ihn von sich selbst trennt und explodieren läßt.«[278] Mit anderen Worten: Die im vorigen Abschnitt dargestellte erkenntnistheoretische Aporie, die darin besteht, daß *différends* und *torts* nur in einem neues Unrecht stiftenden *méta-récit* artikuliert werden können, wiederholt sich auf ethischer Ebene: Lyotard ist genötigt, die widersprüchlichen Anliegen heterogener Minderheiten begrifflich zu bündeln, um das ihnen angetane *Unrecht* (als Abstraktion und Verallgemeinerung) metasprachlich auszudrükken.

Daß sein Verzicht auf Verallgemeinerung in Willkür und Austauschbarkeit mündet, zeigt eine Bemerkung im Vorwort zu *Des dispositifs pulsionnels* aus dem Jahre 1979: »Ist nun alles erlaubt? Alle schönen Kniffe sind es.«[279] Er beeilt sich hinzuzufügen, daß kein Kniff als schön gelten soll (»qu'aucun coup ne puisse passer pour beau«), wenn er die Betroffenen mit dem Tod bedroht. Demnach könnte ein Kniff immer noch ganz schön sein, wenn er die Betroffenen nur ihres Eigentums beraubt – oder ihres Stimmrechts. Letztlich scheint doch alles erlaubt zu sein, wo sich die verbindliche Verallgemeinerung in Partikularismen und folglich in der Indifferenz auflöst: Denn was für den einen ein schöner Kniff ist, ist für den anderen eine unverantwortliche Tat oder gar ein Verbrechen.

Der Auflösung der Verallgemeinerung ist die des verantwortlichen Subjekts homolog: Wo es weder ein allgemeingültiges Gesetz noch ein homogenes Subjekt gibt, das nicht nur im Diskurs, sondern auch in der Handlungsabfolge erkennbar ist, dort kann es keine Verantwortung geben. (Vgl. Abschn. 2.)

Wie sehr der Verzicht auf Verallgemeinerung einen Verzicht auf Begrifflichkeit und Klarheit nach sich zieht, läßt Zygmunt Bauman in seinem von Lyotard beeinflußten Buch *Postmodern Ethics* (1993) erkennen. Mit Lyotard geht Bauman von einer Kritik der emanzipatorischen Erzählung aus und radikalisiert diese Kritik (wie sich schon im vorigen Kapitel, Abschn. 1 gezeigt hat), indem er behauptet, die Metaerzählungen der Aufklärung und des Marxismus seien aufgrund

---

278 Ibid., S. 65.

279 J.-F. Lyotard, *Des dispositifs pulsionnels*, op. cit., S. 19.

ihrer vereinheitlichenden Tendenzen für die Konzentrations- und Arbeitslager der Nationalsozialisten und Stalinisten verantwortlich. Der modernen *Grand idea* der Emanzipation wurden Millionen geopfert: »Die gegenwärtige Grausamkeit ist lediglich eine Verkleidungsform des kommenden Guten.«[280] Nach dieser Maxime hätten Rationalisten, Faschisten und Marxisten-Leninisten gehandelt.

Angesichts einer so einseitigen Einschätzung der emanzipatorischen Diskurse, die die Bedeutung der Aufklärung und des gewerkschaftlich orientierten Marxismus für die Demokratisierung und Humanisierung der Gesellschaft sowie die von Toulmin rekonstruierte Selbstkritik der Moderne[281] völlig außer acht läßt, nimmt es nicht wunder, daß Bauman jede Art von Universalismus mit Mißtrauen, ja mit Feindseligkeit betrachtet und auch an den begrifflichen Grundlagen der Verallgemeinerung rüttelt. Er stellt sich eine begriffslose Moral vor, die auf vorgesellschaftlichen Impulsen gründet: »Die Idee einer Universalmoral kann, sofern sie überhaupt noch lebensfähig ist, nur in angeborenen, vorsozialen (pre-social) moralischen Impulsen, die der gesamten Menschheit eigen sind, verankert sein (...), oder in ähnlich gemeinsamen Elementarstrukturen des menschlichen In-der-Welt-Seins, die ebenfalls vor allen sozialen Einflüssen liegen (...).«[282] Diese Überlegungen, die an Rousseaus Vorstellung vom unverdorbenen Naturmenschen erinnern, setzen »vorsoziale moralische Impulse« voraus, ohne der Frage nachzugehen, ob Moral nicht immer schon ein soziales Produkt sei. Selbst wenn es vorgesellschaftliche Impulse geben sollte, so ist keineswegs sicher, daß sie auf Gemeinsamkeit und Menschlichkeit ausgerichtet sind.

Mit Lyotard trifft sich Bauman, wenn er versucht, eine Moral jenseits der begrifflich ausdrückbaren Regel zu entwerfen, und alles unternimmt, um der Formalisierung und Verallgemeinerung einen Riegel vorzuschieben: »Die Moral des moralischen Subjekts hat demzufolge keinen Regelcharakter. Man könnte sagen, daß Moral das ist, was sich gegen Kodifizierung, Formalisierung, Sozialisierung und Universalisierung *resistent* zeigt (*resists*).«[283]

---

280 Z. Bauman, *Postmodern Ethics*, Oxford, Blackwell, 1993, S. 225.

281 Vgl. S. Toulmin, *Kosmopolis*, op. cit., Kap. V.

282 Z. Bauman, *Postmodern Ethics*, op. cit., S. 43.

283 Ibid., S. 54.

Angesichts dieses partikularistischen Verzichts auf begriffliche Verallgemeinerung nimmt es nicht wunder, daß Baumans Ethik eine Ethik der Unsicherheit und der Unzufriedenheit mit sich selbst ist: »*The moral self is a self always haunted by the suspicion that it is not moral enough.*«[284] Er zitiert Wladyslaw Bartoszewski, der zur Verantwortung des Einzelnen angesichts des nationalsozialistischen Terrors bemerkt: »Nur diejenigen, die ihre Hilfsbereitschaft mit dem Leben bezahlten, könnten sagen, sie hätten genug getan.«[285] Der Wahrheitsgehalt dieses Paradoxons besteht wohl darin, daß er jede voreilige Selbstzufriedenheit ausschließt. Er ist aber keineswegs aus vorgesellschaftlichen Impulsen ableitbar, die ambivalent sind und primär auf Selbsterhaltung zielen (nicht auf Moral), sondern eher aus kantianischen oder christlichen Imperativen: »Handle so, daß dein Mitmensch auch als Selbstzweck und nicht als Mittel behandelt wird.« Oder: »Setze dich – notfalls mit dem Leben – dafür ein, daß alle deine Mitmenschen auch als Kinder Gottes behandelt werden.« Baumans eigenes Paradoxon besteht darin, daß er einerseits verallgemeinerungsfähige Postulate aufstellt (etwa die Bereitschaft zur Selbstaufopferung), sie andererseits aber weder gesellschaftlich noch begrifflich, sondern nur affektiv fundieren möchte.

Affektiv fundiert ist auch sein Plädoyer für eine Moral der Andersheit, die sich an Emmanuel Lévinas' Theorie der Alterität[286] orientiert. Sie hält Bauman für die postmoderne Ethik *par excellence* und erklärt: »Wenn die Postmoderne ein Rückzug aus den Sackgassen ist, in die uns die radikal verfolgten Ambitionen der Moderne geführt haben, dann wäre postmoderne Ethik eine Ethik, die den Anderen als Nachbarn wieder aufnimmt (one that readmits the Other as a neighbour) (...).«[287] Es ist jedoch nicht notwendig, wie Bachtin immer wieder gezeigt hat[288], Alterität begriffslos und unter Verzicht auf Verallgemeinerung zu denken.

---

284 Ibid., S. 80.

285 Ibid.

286 Vgl. E. Lévinas, *Ethik und Unendliches. Gespräche mit Philippe Nemo*, Wien, Passagen, 1996 (3. Aufl.).

287 Z. Bauman, *Postmodern Ethics*, op. cit., S. 84.

288 Vgl. M. M. Bachtin, »K metodologii gumanitarnych nauk« (»Zur Methodologie der Humanwissenschaften«), in: ders., *Estetika slovesnogo tvorčestva*, Moskva, Iskusstvo, 1979 sowie: T. Todorov, »Bakhtine et l'altérité«, in: *Poétique* 40, 1979.

Im Gegenteil: Im letzten Kapitel soll gezeigt werden, daß die Ausrichtung auf Alterität (auf das Andere, das Fremde) politisch und rational fundiert werden sollte, weil sie nur in dieser Form ein gemeinsames Überleben der Menschheit als Einheit gewährleistet. Die rationale Überlegung lautet: Ich kann selbst nur überleben, wenn ich den Anderen als Selbstzweck behandle und soweit verstehe, daß ich gemeinsam mit ihm die wirtschaftlichen, politischen und ökologischen Probleme der Menschheit bewältigen kann.

Wie Lyotard erkennt Bauman die Bedrohung einer affektiv fundierten Moral durch die Indifferenz der Marktgesetze und spricht von einem »ban on emotional engagement, indifference to qualitative difference«.[289] Als Beispiel für diese affektive Atrophie führt er den Touristen an, der ihm als »in Zahlen aufgelöst, austauschbar, entpersönlicht«[290] erscheint. Angesichts einer solchen – wahrscheinlich richtigen – Diagnose erscheint es kaum sinnvoll, Ethik auf vorsoziale Affekte und Impulse zu gründen: Denn gerade diese Affekte und Impulse werden von der Tourismus- und Kulturindustrie skrupellos manipuliert. Was not tut, ist eine zugleich politische und ethische *Theorie* der *Alterität* und des *Dialogs*, die beide Begriffe auf die gesellschaftliche und institutionelle Ebene projiziert. Sie soll im letzten Kapitel skizziert werden.

Im zweiten Abschnitt hat sich bereits gezeigt, daß Richard Rorty zwar von liberalen Prämissen ausgeht und politisch ganz anders auf die postmoderne Problematik reagiert als Lyotard, daß er sich aber in seinem Plädoyer für Partikularisierung und Pluralisierung immer wieder mit dem französischen Philosophen trifft.[291] Er trifft sich auch mit Bauman, wenn er es ablehnt, Ethik rational-begrifflich zu begründen. Statt dessen beruft er sich auf eine von allen Menschen intuitiv geteilte Schmerzempfindlichkeit, die Baumans »vorsozialen moralischen Impulsen« und bis zu einem gewissen Grad auch Lyotards »defensiver Praxis« (s.o.) analog ist.

---

289 Z. Bauman, *Postmodern Ethics*, op. cit., S. 159.

290 Ibid., S. 242.

291 Vgl. R. Rorty, »Le Cosmopolitisme sans émancipation (en réponse à Jean-François Lyotard)«, in: *Critique* 456, 1985, wo der Partikularismus als gemeinsames Anliegen der beiden Philosophen erscheint.

Von der liberalen Ironikerin, die sich mit ihrem Ethnozentrismus selbstironisch abgefunden hat, sagt er: »Sie meint, daß sie nicht durch eine gemeinsame Sprache, sondern *nur* durch Schmerzempfindlichkeit mit der übrigen Spezies humana verbunden ist, besonders durch die Empfindlichkeit für die Art Schmerz, die die Tiere nicht mit den Menschen teilen – Demütigung.«[292] Sie glaubt nicht an eine »allen gemeinsame Wahrheit« oder an ein »gemeinsames Ziel«, sondern nur an die »von allen geteilte selbstsüchtige Hoffnung (...), daß die eigene Welt – die kleinen Dinge ringsum (...) – nicht zerstört werde«.[293]

Es lohnt sich, diese Aussagen, die für die postmoderne Philosophie und Problematik besonders charakteristisch sind, genauer zu betrachten. Zunächst fällt auf, daß jede Art von Begrifflichkeit (»gemeinsame Sprache«, »gemeinsame Wahrheit«, »gemeinsames Ziel«) gemieden und durch Affekte ersetzt wird: Schmerzempfindlichkeit, Demütigung, Hoffnung. Nun steht aber keineswegs fest, daß diese Affekte anthropologische Konstanten sind (die Rorty ohnehin ablehnt: vgl. Abschn. 2) und allen dasselbe bedeuten: Europäische Feudalherren, Tuareg und Beduinen haben ganz andere Vorstellungen von Schmerz und Demütigung als ein amerikanischer *Businessman.* Der Kursverfall von Aktien, der ihn möglicherweise in den Selbstmord treibt, läßt sie kalt. Sie empfinden u.U. Schmerz, wenn ihr Glaube und ihre Ehre in Gefahr sind.[294] Rortys »selbstsüchtige Hoffnung«, die »eigene Welt«, die Welt der »kleinen Dinge« um uns herum, konservieren zu können, kann den Revolutionären dieser Welt nur als kleinbürgerliche Hysterie erscheinen. Kurzum: Die Affekte, die er im Gegensatz zu Begriffen für verallgemeinerungsfähig hält, sind die seiner liberalen, postmodernen Gesellschaft. Das hätte der deklarierte Ethnozentriker eigentlich ahnen können.

Entscheidend ist, daß Rorty Habermas' »Konsens in bezug auf das, was allgemein menschlich sei«[295], für überflüssige Metaphysik

---

[292] R. Rorty, *Kontingenz, Ironie und Solidarität*, op. cit., S. 158.

[293] Ibid.

[294] Zu den Formen des Ehrempfindens in verschiedenen Kulturen siehe: L. Vogt, A. Zingerle (Hrsg.), *Ehre. Archaische Momente in der Moderne*, Frankfurt, Suhrkamp, 1994, darin vor allem: J. Nowosadtko, »Betrachtungen über den Erwerb von Unehre. Vom Widerspruch ›moderner‹ und ›traditionaler‹ Ehren- und Unehrenkonzepte in der frühneuzeitlichen Ständegesellschaft«.

[295] R. Rorty, *Kontingenz, Ironie und Solidarität*, op. cit., S. 144: Zu Rortys Kritik an

hält und zusammen mit diesem Konsens auch Zielsetzungen der gesamten Menschheit als Schimären verabschiedet: »Wer die Menschenrechtskultur durch rationale, philosophische Grundlagen fundieren will, behauptet, daß das, was den Menschen gemeinsam ist, mehr Gewicht hat als derart zufällige Faktoren wie Rasse oder Religion. Denjenigen, die diese These vertreten, fällt es jedoch schwer, genau darzulegen, worin diese Gemeinsamkeit besteht.«[296] Rortys Schlußfolgerung: Man solle »die philosophische Suche nach der Gemeinsamkeit einfach aufgeben«.[297]

So einfach ist es nun nicht; denn schon im sozialphilosophischen Zusammenhang hat sich gezeigt, daß es durchaus gemeinsame Zielsetzungen gibt: etwa Umweltschutz, Schutz vor Krankheiten und Epidemien, Schutz vor Kriegen und nuklearen Katastrophen usw. Man könnte den Demokratisierungsprozeß hinzufügen, der, wie Habermas immer wieder betont, zugleich ein Rationalisierungsprozeß ist. Für Diktatoren und Oligarchien mag er nicht attraktiv sein, er ist aber im Interesse der Mehrheiten (wie die Demokratie-Bewegung in Burma / Myanmar und der »Arabische Frühling« zeigen).

Vor allem bei Rorty wird deutlich, wie politisch fragwürdig die postmoderne Partikularisierungstendenz ist: Sie diskreditiert die emanzipatorische Praxis, die ohne die zugleich philosophische und sozialwissenschaftliche Frage nach den verallgemeinerungsfähigen Interessen der Menschheit zur Orientierungslosigkeit verurteilt ist. Wenn er nicht tot wäre, wie Lyotard sagt, würde der Marxismus Rortys Philosophie als reaktionär kritisieren. Die Defizite dieser Art von Philosophie könnten aber auch zu seiner baldigen Wiederauferstehung beitragen.

Ein grundsätzlicher Widerspruch postmoderner Ethik sollte hier aufgezeigt werden: Diese ist als Ethik genötigt, die Frage nach allgemeingültigen Grundsätzen aufzuwerfen, lehnt es aber ab, diese Grundsätze begrifflich zu formulieren und regrediert ins Affektiv-Partikulare. Der Widerspruch besteht darin, daß man einerseits das Allgemeine (den vorsozialen moralischen Impuls Baumans, die

---

Habermas und Lyotard siehe auch: R. Rorty, »Habermas and Lyotard on Postmodernity«, in: *Praxis International* 4/1, 1984, S. 32-44.

[296] R. Rorty, *Hoffnung statt Erkenntnis*, op. cit., S. 86.

[297] Ibid.

Schmerzempfindlichkeit Rortys) anpeilt, andererseits aber den Begriff, der allein das Allgemeine vermitteln könnte, aufgibt. Dadurch werden Positionen bezogen, die willkürlich und austauschbar erscheinen. Dieser Widerspruch ist dem Dilemma postmoderner Erkenntnistheorien homolog: dem Versuch, partikularisierend und begriffslos allgemeine Erklärungen und Prinzipien zu formulieren.

7. Ästhetik: Die Heterotopie und das Erhabene, die Allegorie und die Aporie

Die postmoderne Ästhetik entspricht insofern der postmodernen Ethik, Erkenntnistheorie und Sozialphilosophie, als sie die Begriffslosigkeit, die Vielfalt und das Heterogene zur Grundlage hat. Allerdings sollte man sich davor hüten, von der simplifizierenden Annahme auszugehen, daß es *eine* postmoderne Ästhetik gibt: Es gibt sie ebensowenig wie *eine* postmoderne Sozialphilosophie, Erkenntnistheorie oder Ethik. Es sollte jedoch möglich sein, aus den durchaus heterogenen Ästhetiken Vattimos, Lyotards und de Mans – wie aus den Soziologien oder Erkenntnistheorien – gemeinsame Anliegen und Tendenzen herauszulesen, die sich aus der umfassenden postmodernen Problematik erklären. Vattimo stimmt zwar weitgehend mit Lyotard überein, wenn es gilt, die ästhetische Utopie als Vereinheitlichung der Menschheit im kantianischen oder neukantianischen Sinne[298] zusammen mit dem autonomen und harmonischen Kunstwerk abzulehnen; er weicht aber radikal von ihm ab, wenn er den ästhetischen Pluralismus der Massen- und Konsumgesellschaft als Abschied von den totalisierenden Utopievorstellungen der Moderne und als *Heterotopie* begrüßt.

Vattimos Auffassung dieser Heterotopie ist im Zusammenhang mit seiner Lyotardschen Kritik an den modernen Metaerzählungen und seinem von Heidegger stammenden Begriff der *Verwindung* zu verstehen. Wie schon im zweiten Abschnitt angedeutet wurde, geht Vattimo im Anschluß an Nietzsches Gedanken der »ewigen Wiederkehr« von der These aus, daß die zahlreichen Utopieentwürfe des Rationalismus, des Marxismus, der Avantgarden und zuletzt der 68er Bewegung nicht realisiert wurden, sondern sich in der zeitgenössi-

[298] Vgl. G. Vattimo, *Die transparente Gesellschaft*, op. cit., S. 91.

schen Heterotopie aufgelöst haben. Aus historischer Sicht stellt sich dieser Prozeß als eine *Verwindung* dar, die die von den Revolutionären angepeilte *Überwindung* der gesellschaftlichen Zustände (das *dépassement* der Pariser Mai-Bewegung) gleichsam verdrängt oder neutralisiert: »Es ist nun genau der Unterschied zwischen Verwindung und Überwindung, der uns helfen kann, das ›post‹ der Postmoderne philosophisch zu bestimmen.«[299] Inwiefern? Insofern, als die modernen und modernistischen (z.B. avantgardistischen) Hoffnungen auf eine Ablösung der bürgerlichen durch eine radikal andere Gesellschaft nicht in Erfüllung gingen, so daß die Moderne nicht nur als »unvollendetes« (Habermas), sondern zugleich als nicht-realisierbares oder gar unerwünschtes Projekt erscheint.

Dies bedeutet nicht, wie Welsch richtig gesehen hat[300], daß Vattimo sich gegen die Moderne oder für einen Bruch mit ihr ausspricht; es bedeutet lediglich, daß er die modernen Utopien, allen voran die Utopie der Überwindung, für illusorisch oder gar für gefährlich hält. Zwar sind nicht die totalitären, nach Einheit strebenden Utopien der Rationalisten, Marxisten oder Futuristen verwirklicht worden, sagt Vattimo, es wurden jedoch die Pluralisierungs- und Partikularisierungsversprechen der Moderne und des Modernismus (als Spätmoderne) eingelöst: »Ist die Idee einer zentralen Rationalität der Geschichte erst einmal aufgehoben, explodiert die Welt der generalisierten Kommunikation wie eine Vielfalt ›lokaler‹ Rationalitäten – ethnischer, sexueller, religiöser, kultureller oder ästhetischer Minderheiten –, die nun das Wort ergreifen (...).«[301] Vattimo spricht von einem »Befreiungsprozeß der Differenzen«.[302]

Im ästhetischen Bereich entspricht diesem Differenzierungsprozeß die *Heterotopie*, die die utopischen Hoffnungen des Ästhetizismus, der Avantgarden und der 68er Bewegungen ablöst. Es handelt sich folglich nicht »um eine reine und einfache Verwirklichung der Utopie, sondern um ihre verzerrte und veränderte Verwirklichung: die ästhetische Utopie kann nur als Entfaltung von *Heterotopie* erfol-

---

299 G. Vattimo, *Das Ende der Moderne*, op. cit., S. 178.

300 Vgl. W. Welsch, *Unsere postmoderne Moderne*, op. cit., S. 138.

301 G. Vattimo, *Die transparente Gesellschaft*, op. cit., S. 21.

302 Ibid.

gen«.[303] Diese Heterotopie ist ästhetische Vielfalt: eine radikale Pluralisierung der Gesellschaft, die nicht eine, sondern unzählige Schönheiten anerkennt und sich aus zahlreichen, miteinander konkurrierenden ästhetischen Gemeinschaften zusammensetzt, in denen grundverschiedene Kriterien, Normen und Werte gelten.

Am Zustandekommen der Heterotopie hat die europäische Massenkultur durchaus teil, ja sie erscheint Vattimo als ihre treibende Kraft: »Die Massenkultur hat, indem sie alles ›Schöne‹ den Werten jener Gemeinschaft, nämlich der europäischen bürgerlichen Gesellschaft, die sich als privilegierte Trägerin des Menschlichen verstand, zugesprochen hat, keineswegs zu einer Nivellierung der ästhetischen Erfahrung geführt; sie hat vielmehr in explosiver Weise die Vielfalt des ›Schönen‹ hervorgehoben, indem sie durch die anthropologische Forschung sowohl verschiedene Kulturen, wie auch interne ›Subsysteme‹ eben gerade der westlichen Kultur zu Wort kommen ließ.«[304]

Daß die kommerzialisierte Massenkultur keine Nivellierung der ästhetischen Erfahrung bewirkt, klingt zwar beruhigend, ist aber keineswegs sicher. Statt apodiktisch zu behaupten, hätte sich der Fürsprecher der Postmoderne ausführlicher mit Adornos Kommentaren zum infantil-regressiven Charakter der Unterhaltungsmusik[305] auseinandersetzen sollen. Er hätte sich auch fragen können, ob Umberto Ecos subtil konstruierter, aber doch auf den kulturindustriellen Geschmack ausgerichteter Erstlingsroman *Il nome della rosa* durch die Verfilmung nicht vollends nivelliert wird: und zwar so, daß er sich mit dem Mittelalter-Klischee deckt, mit dem die Werbung die Kulturkunden lockt.

Diese Überlegung ist deshalb wichtig, weil Vattimo (wie Baudrillard) ganz zu Recht von der Annahme ausgeht, daß in der gegenwärtigen Situation die ästhetische Sphäre nicht mit der des Kunstwerks zusammenfällt. Nicht nur von der »Marginalisierung der Literatur«[306], sondern von der Marginalisierung der Kunst insgesamt

---

303 Ibid., S. 94.

304 Ibid., S. 91-92.

305 Vgl. Th.W. Adorno, *Einleitung in die Musiksoziologie. Zwölf theoretische Vorlesungen*, Reinbek, Rowohlt, 1968, S. 28.

306 Vgl. H. Gamper, »›Keiner wagt mehr seine Person daran‹. Zur Situation der Literaturwissenschaft nach vollendeter Marginalisierung der Literatur«, in: F. Gries-

könnte die Rede sein: in einer Gesellschaft, in der sich Happening, *body art*, Cyberpunk und Werbung die Welt des Ästhetischen teilen. In dieser Welt erscheint die »Kunst der Kunstwerke« als nur eine Möglichkeit unter vielen: »Wenn auf der einen Seite die Kunst in ihrer traditionellen Bedeutung, als Kunst der Kunstwerke, zur Ordnung zurückkehrt, verschiebt sich andererseits in der Gesellschaft der Sitz der ästhetischen Erfahrung: zwar nicht im Sinne des generalisierten Designs und einer universellen gesellschaftlichen Hygiene der Formen und auch nicht als ästhetisch-revolutionäre Befreiung des Daseins im Sinne Marcuses, sondern als Entfaltung der Möglichkeit des ästhetischen Produkts – wir sagen nicht ohne weiteres des Kunstwerks – ›Welt zu schaffen‹ und Gemeinschaft zu erzeugen.«[307]

Vattimo hätte sagen sollen: Welten zu schaffen und Gemeinschaften zu erzeugen, denn die ästhetische Sphäre wird ihm zu einer Vielzahl heterogener Gemeinschaften, von denen die eine Klassik verehrt, die andere für Cyberpunk schwärmt, die dritte Rockveranstaltungen zum Mittelpunkt ihres Lebens macht, während die vierte zwischen den Gattungen oszilliert. Diese Heterotopie mag man als Befreiung von präskriptiven Ästhetiken und Kanonisierungen auffassen – oder aber mit Karel Teige als »Jahrmarkt der Kunst«[308] oder Jahrmarkt der Gefühle: als Kulturindustrie. Die schwer aufzulösende Ambivalenz besteht wohl darin, daß der kompetente Betrachter dieses Geschehens durchaus in der Lage ist, das »Richtige« für sich herauszusuchen, während der inkompetente Konsument hilflos der »psychotechnischen Behandlung«[309] durch die Medien ausgeliefert ist.

Genau an dieser Stelle setzt Lyotards – in mancher Hinsicht adornianische – Kritik einer konsumierbaren Postmoderne ein, die er mit dem »Transavantgardismus« des italienischen Architekten Achille Bonito Oliva und einiger amerikanischer Künstler und Architekten wie Charles Jencks identifiziert. In *L'Inhumain* bittet er den Leser, diese »transavantgardistische« Postmoderne nicht mit dem zu ver-

---

heimer, A. Prinz (Hrsg.), *Wozu Literaturwissenschaft?*, Tübingen, Francke, 1991 sowie T. Eagleton, *After Theory*, London, Penguin, 2004.

307 G. Vattimo, *Die transparente Gesellschaft*, op. cit., S. 90.

308 Vgl. K. Teige, *Jarmark umění* (Hrsg. J. Brabec, O. Hilmerová, K. Chvatík), Praha, Československý Spisovatel, 1964.

309 Der Ausdruck »psychotechnische Behandlung« stammt von Adorno: Th.W. Adorno, *Noten zur Literatur I*, op. cit., S. 193.

wechseln, was er selbst als »la condition postmoderne« bezeichnet, und fügt hinzu, daß der Transavantgardismus »unter dem Vorwand, das Erbe der Avantgarden zu bewahren, ein gutes Mittel, es zu verschleudern«, ist.[310] »Insofern diese Art Postmoderne über Kritiker, Konservatoren, Galerien und Sammler einen starken Druck auf die Künstler ausübt, richtet sie lediglich die bildnerische Forschung auf den gegebenen Stand der ›Kultur‹ aus und nimmt den Künstlern hinsichtlich der Frage des Undarstellbaren ihre Verpflichtung ab. Diese Frage ist in meinen Augen allerdings die einzige, die im kommenden Jahrhundert den Einsatz von Leben und Denken lohnt.«[311]

Seit einem Jahrhundert, sagt Lyotard an anderer Stelle, haben die Künste nicht mehr das Schöne, sondern das Undarstellbare als *Erhabenes* (*sublime*) zum Gegenstand.[312] Man könnte nun geneigt sein anzunehmen, daß Lyotard die postmoderne Ästhetik, wie sie von Vattimo, Eco und Jencks konzipiert wird, nämlich als »Transavantgarde« und konsumierbare Schönheit(en) für jedermann, durch eine *modernistische* Ästhetik des Undarstellbaren und Unnahbaren ersetzt.

Diesem Irrtum verfällt Peter Bürger, der tatsächlich meint, Lyotard spiele seine Ästhetik des Undarstellbaren oder Erhabenen gegen Olivas und Jencks' »kämpferische Antimoderne« aus und müsse »sich zugleich von der ästhetischen Postmoderne absetzen«.[313] Der Irrtum setzt sich aus drei Elementen zusammen: aus der simplifizierenden Annahme, daß es nur *eine* postmoderne Ästhetik, nämlich die Olivas, Jencks' u.a., gibt; aus dem komplementären Gedanken, daß jemand, der diese Ästhetik ablehnt, ein Gegner postmoderner Ästhetik ist (also ein Modernist); schließlich aus der Unkenntnis von Lyotards wichtigster ästhetischer Schrift der Frühphase *Discours, figure* (1971) und von seinen *Leçons sur L'Analytique du sublime* (1991), die von *L'Enthousiasme* (1986) und *L'Inhumain* (1988) angekündigt werden.[314]

---

310 J.-F. Lyotard, *Das Inhumane*, Wien, Passagen, 1989, S. 220.

311 Ibid., S. 221.

312 Ibid., S. 231.

313 P. Bürger, »Eine Ästhetik des Erhabenen«, in: Ch. Bürger, »Moderne als Postmoderne: Jean-François Lyotard«, in: Ch. Bürger, P. Bürger (Hrsg.), *Postmoderne: Alltag, Allegorie und Avantgarde*, Frankfurt, Suhrkamp, 1987, S. 138.

314 Freilich konnte Bürger, dessen Text im Jahre 1987 erschien, *L'Inhumain* und vor allem die *Leçons sur L'Analytique du sublime* nicht kennen, aber die Lektüre von

Wir haben es jedoch nicht mit *einer* postmodernen Ästhetik, sondern mit verschiedenen postmodernen (und natürlich auch modernen) Reaktionen auf die hier skizzierte Problematik zu tun. Zwar distanziert sich Lyotard wie Vattimo von den großen Metaerzählungen und hält wie der italienische Philosoph an der Heterogenität, der Partikularität und der Begriffslosigkeit fest; er lehnt aber eine Heterotopie ab, die in seinen Augen auf eine Integration des Ästhetischen in den Kulturbetrieb des Spätkapitalismus hinausläuft. Dies ist der Grund, weshalb er den Leser bittet, seine Postmoderne nicht mit der Olivas und Jencks' (sowie Vattimos oder Ecos) zu verwechseln (zu Eco vgl. Kap. IV. 2). Man sollte diesen Abgrenzungsversuch analog zur Heterogenität des Modernismus als Spätmoderne sehen und sich an Adornos Abgrenzungsversuche gegenüber Brecht, Lukács und Sartre erinnern.

Komplementär sind Lyotards und Vattimos Entwürfe einer postmodernen Ästhetik insofern, als Lyotard nicht nur die Heterotopie als Heterogenität des Gesellschaftlich-Ästhetischen wahrnimmt, sondern diese Heterogenität als Widersprüchlichkeit, ja als *Widerstreit* und *Aporie in den ästhetischen Bereich selbst* projiziert. Der »Widerstreit« ist nicht nur ein postmoderner, weil partikularisierender und pluralisierender Schlüsselbegriff; er ist zugleich der Kernbegriff von Lyotards Werk, der *in nuce* schon in seiner *Thèse d'Etat*, in *Discours figure*, angelegt ist.

In dieser Frühschrift geht es um die aporetische Aufgabe, über die Malerei zu sprechen, jedoch im Bewußtsein der Unmöglichkeit, sie zu verbalisieren, in Worte zu fassen. Ausgehend von der postmodernen These *avant la lettre*, daß »die abendländische Ratio die Kunst zusammen mit dem Traum tötet«[315] (die von Junghegelianern wie F. Th. Vischer und vor allem von Nietzsche angekündigt wird), bemerkt Lyotard: »Das Gemälde soll nicht gelesen werden, wie die Semiologen heute sagen; Klee meinte, es müsse *abgeweidet* werden (qu'il est

---

Discours, figure (1971) hätte ihm gezeigt, daß Lyotards postmoderne Theorie des Widerstreits von seiner frühen Ästhetik angekündigt wird. Davon zeugen auch die von W. Welsch und Ch. Pries herausgegebenen Aufsätze in *Ästhetik im Widerstreit. Interventionen zum Werk von Jean-François Lyotard*, Weinheim, VCH-Verlag, 1991.

315 J.-F. Lyotard, *Discours, figure*, Paris, Klincksieck, 1971, S. 14.

à *brouter*) (...).«[316] Im Anschluß an Lévinas' Philosophie der Alterität nimmt sich der Autor vor, uns die unübersetzbare und nichtreduzierbare Alterität der Farben vor Augen zu führen; all das, was begrifflich nicht zu fassen ist: »Man will, daß die Worte die Vorherrschaft der Figur *ausdrücken* (que les mots *disent* la prééminence de la figure), man will das Andere der Bedeutung *bezeichnen* (signifier l'autre de la signification).«[317]

Hier zeichnet sich zum ersten Mal ein Spannungsverhältnis ab, das Lyotard später als *Widerstreit* oder *différend* bezeichnen wird: Zwischen Farbe und Wort, Figur und Begriff sind keine markierten Übergänge erkennbar. »He has poised the visible figure against discourse itself«[318], schreibt John McGowan über den Autor von *Discours, figure*. Wer wie Hegel[319] das Bild begrifflich zu erfassen sucht, könnte man, von *Le Différend* auf *Discours, figure* zurückblickend, sagen, macht sich eines *tort* schuldig. Folglich kann der Diskurs über die Malerei nur ein sich selbst dekonstruierender Diskurs sein, der auch auf das *Ich* als begrifflich vereinheitlichende Instanz verzichtet.

Gleichsam als Erinnerung an diesen ersten postmodernen Entwurf, der das radikal Andere und Inkommensurable anvisierte, greift Lyotard in den 1980er Jahren Kants Begriff des *Erhabenen* wieder auf, um eine zeitgemäße Ästhetik des Heterogenen, sich selbst Widersprechenden zu entfalten: eine Ästhetik, die durchaus an den Modernismus und die Avantgarde anknüpft, beide aber im Rahmen der postmodernen Problematik aktualisiert. Tatsächlich stellt Lyotard die Postmoderne als permanente Wiedergeburt des Modernismus, nicht als dessen Ende dar: Freud, Duchamp, Bohr, Gertrude Stein, aber schon Rabelais, Sterne und andere erscheinen ihm als Vertreter der Postmoderne, weil sie in ihren Werken das Paradoxe und Inkommensurable hervortreten lassen.[320]

---

316 Ibid.

317 Ibid., S. 18.

318 J. McGowan, *Postmodernism and its Critics*, Ithaca-London, Cornell Univ. Press, 1991, S. 182.

319 Vgl. G. W. F. Hegel, *Vorlesungen über die Ästhetik* Bd. 3, Frankfurt, Suhrkamp, 1970, S. 43 und S. 94-95.

320 Vgl. J.-F. Lyotard, *Grabmal des Intellektuellen*, op. cit., S. 86.

Diese Art von Projektion des gegenwärtigen Diskussionsstandes in die Vergangenheit war auch für die russischen Formalisten kennzeichnend: Auch sie (Šklovskij) erblickten in Sterne einen Vorläufer der futuristischen Avantgarde und des Verfremdungsprinzips. Analog verfahren Derrida und de Man, wenn sie zu zeigen versuchen, wie sich Rousseaus Text selbst dekonstruiert. In keinem dieser Fälle geht es darum, Sterne als postmodernen bzw. futuristischen Autor, Rousseau als Dekonstruktivisten zu lesen; sondern darum, die gegenwärtige Problematik durch Rückgriff auf eine Tradition zu legitimieren und zu konkretisieren.

Postmodern und neoavantgardistisch aktualisiert, erscheint das Erhabene Lyotard als *ästhetische Ausdrucksform des Widerstreits*: »Der Widerstreit ist ausweglos. Aber er kann als solcher, als Widerstreit, gefühlt werden. Darin besteht das erhabene Gefühl.«[321] Wie ist nun das Erhabene als Widerstreit zu verstehen? »*Erhaben* ist das, was durch seinen Widerstand gegen das Interesse der Sinne unmittelbar gefällt«[322], schreibt Kant und fügt hinzu: »Das Schöne bereitet uns vor, etwas, selbst die Natur, ohne Interesse zu lieben; das Erhabene, es, selbst wider unser (sinnliches) Interesse, hochzuschätzen.«[323] Anders gesagt: Das Erhabene ist *widersprüchlich*, weil es einerseits Bewunderung und Wohlgefallen einflößt, andererseits durch unvergleichliche Größe oder Kraft Furcht und Schrecken verbreitet. Kant spricht von »drohenden Felsen«, von »am Himmel sich auftürmenden Donnerwolken«, von »Vulkane(n) in ihrer ganzen zerstörenden Gewalt«.[324] An diese Überlegungen knüpft Lyotard an, wenn er *das Erhabene als Widerstreit zwischen dem von der Vernunft Denkbaren und dem sinnlich, im Rahmen einer Form Vorstellbaren auffaßt*.

Die Auseinandersetzung zwischen der Vernunft, die das Erhabene als Absolutes und Endloses, d.h. als Idee, zu denken vermag, und der mit dem Verstand liierten Einbildungskraft stellt Lyotard allegorisch dar: »Anstelle des Verstandes betritt also die Vernunft die ›Szenerie‹. Sie fordert das einbildende Denken heraus: mach das Absolute, das ich begrifflich vorstelle, durch deine Formen präsent! Die

---

[321] J.-F. Lyotard, *Die Analytik des Erhabenen*, München, Fink, 1994, S. 257.
[322] I. Kant, *Kritik der Urteilskraft*, Stuttgart, Reclam, 1971, S. 171.
[323] Ibid.
[324] Ibid., S. 160.

Form ist nun aber Begrenzung (...). Sie kann das Absolute nicht darstellen.«[325] Der Widerstreit zwischen Vernunft und Einbildungskraft als sinnlicher Wahrnehmung besteht darin, daß das Unendliche im mathematischen Sinne und das Ungeheure im dynamischen Sinne zwar von der Vernunft gedacht, von der Einbildungskraft jedoch nicht erfaßt werden können: Die Millionen Lichtjahre, die uns von fernen Galaxien trennen, sind zwar mathematisch denkbar, aber schier unvorstellbar.

Deshalb spricht Lyotard von einem »Widerstreit von Endlichem und Unendlichem«[326], der insofern nicht zu schlichten ist, als Vernunft und Einbildungskraft grundverschiedene Auffassungsmodi sind, die auf keinen gemeinsamen Nenner gebracht und mit keinem gemeinsamen Maßstab gemessen werden können: Die Legitimität des einen ist nicht die des anderen.[327] Der postmoderne Charakter des Erhabenen ist also in dessen widersprüchlicher und aporetischer Struktur zu suchen, die keine begriffliche Vereinheitlichung im Sinne von Hegels Aufhebung zuläßt und das *Subjekt* als einheitliche oder vereinheitlichende Instanz grundsätzlich in Frage stellt.

Während das Schöne als harmonisches und verallgemeinerungsfähiges Wohlgefallen zur Vereinheitlichung und Subjektkonstitution ohne Begriff beiträgt, wird das Erhabene für die Subjektivität zur Zerreißprobe. Vom Subjekt, das er in Anführungszeichen setzt, sagt Lyotard: »Der Geschmack versprach ihm ein schönes Leben, das Erhabene droht ihm mit dem Tod.«[328] Denn das Erhabene verknüpft nicht nur zwei heterogene Erkenntnisarten (Vernunft und Einbildungskraft), sondern auch konträre Empfindungen: Lust und Schrek-

---

325 J.-F. Lyotard, *Die Analytik des Erhabenen*, op. cit., S. 141.

326 Ibid., S. 171.

327 In diesem Zusammenhang spricht Christine Pries von einem »Scheitern der Einbildungskraft«: »Dieser Wechsel von Unlust zu Lust ist jedoch nicht als bloßer dialektischer Umschlag des Negativen ins Positive zu verstehen, denn das Scheitern der Einbildungskraft und die es begleitende Unlust bleiben im Lustgefühl präsent (und das ist entscheidend). Kant spricht von einem ›schnellwechselnden Abstoßen‹ und ›Anziehen‹, um auf die Verquickung der beiden Gefühlsmomente hinzuweisen.« (Ch. Pries, »›Königsberger Avantgarde‹, oder: Wie modern war Immanuel Kant?«, in: W. Welsch, Ch. Pries [Hrsg.], *Ästhetik im Widerstreit. Interventionen zum Werk von Jean-François Lyotard*, Weinheim, VCH-Verlag, 1991, S. 156.)

328 J.-F. Lyotard, *Die Analytik der Erhabenen*, op. cit., S. 163.

ken, Bewunderung und Furcht. Zwischen diesen einander ausschließenden Empfindungen wird das Subjekt hin- und hergerissen. Vom Erhabenen sagt Lyotard weiter: »Dieses ist eine Rührung, eine gewaltsame Rührung, die der Unvernunft nahe ist und das Denken zu äußerster Lust und Unlust drängt – von der freudigen Begeisterung bis zum Schrecken (...).«[329] In *L'Enthousiasme*, wo er im Anschluß an Kant das Gefühl der Begeisterung mit dem Erhabenen verknüpft, erscheint die historisch-revolutionäre Begeisterung einerseits als »extremer Modus des Erhabenen«[330], andererseits als »am Rande des Wahnsinns«[331] angesiedelt. Das Oszillieren zwischen Lust und Leid, Jubel und Schrecken, Begeisterung und Wahnsinn bewirkt schließlich die Auflösung der Subjektivität, die uns in Zeiten gesellschaftlicher Umbrüche und Revolutionen stets von neuem vor Augen geführt wird.

Zugleich zeigt sich – und hier kehrt die Darstellung an den Anfang des Kapitels zurück –, wie nah Vernunft und Unvernunft, Vernunft und Wahnsinn beieinanderwohnen: Die Forderung der Vernunft, die Einbildungskraft möge das Erhabene sinnlich darstellen, grenzt an Wahnsinn, schlägt in Wahnsinn um. Dem postmodernen Versuch, Wahnsinn und Vernunft zusammenzudenken, statt sie rationalistisch voneinander zu trennen, liegt der Gedanke zugrunde, daß das scheinbar vernünftige Ganze in Wirklichkeit vom Wahnsinn beseelt ist und daß nur ein Denken, das sich am widersprüchlichen und aporetischen Erkenntnismodus des Erhabenen orientiert, in der Lage ist, den Spätkapitalismus zu fassen. Lyotard spricht von der Komplizenschaft (connivence) zwischen Kapitalismus und Avantgarde im Bereich der Innovation und stellt fest: »Es ist etwas Erhabenes in der kapitalistischen Ökonomie.« (»Il y a du sublime dans l'économie capitaliste.«)[332]

Der modernen und postmodernen Kunst und Literatur fällt in dieser Situation die fast unmögliche Aufgabe zu, das »Undarstellbare« (»l'imprésentable«, Lyotard) darzustellen: »Vielleicht ist das

---

329 Ibid., S. 251.

330 J.-F. Lyotard, *Der Enthusiasmus*, op. cit., S. 60.

331 Ibid., S. 63.

332 J.-F. Lyotard, *Das Inhumane*, op. cit., S. 184. (*L'Inhumain*, Paris, Galilée, 1988, S. 116.)

Erhabene die Weise künstlerischer Sensibilität, die die Moderne kennzeichnet.«[333] An anderer Stelle sagt Lyotard vom Kapitalismus, seine Ästhetik sei nicht die des Schönen, sondern die des Erhabenen.[334] Wenn diese Einschätzung zutrifft, dann können Kunst und Ästhetik im Zeitalter des Spätkapitalismus, den Fredric Jameson für die Entfaltung der Postmoderne verantwortlich macht[335], nur dem Widerstreit und der Aporie des Erhabenen gehorchen. Dabei erscheint die postmoderne Kunst nicht als konsumorientierte Revision der Avantgarden im Sinne von Eco, sondern als deren Fortsetzung und Radikalisierung.

Das übersieht Peter Bürger, wenn er meint, Lyotard setze sich von der »postmodernen Ästhetik« ab (s.o.). Lyotard entwirft vielmehr – als Alternative zu einer konsumorientierten und kulturindustriellen Postmoderne im Sinne von Jencks, Oliva und Eco – eine postmoderne Ästhetik, die den Modernismus und die Avantgarde radikalisiert, *ohne jedoch deren politisch-utopische Orientierungen zu übernehmen*, die nur im Rahmen der großen Metaerzählungen vorstellbar sind. Daß Lyotards Ästhetik des Erhabenen ihrem Selbstverständnis nach postmodern ist, zeigt ihre enge Bindung an den Begriff des Widerstreits, der als Grundgedanke der *Condition postmoderne* innewohnt, wo von *paralogie, agonistique langagière* und *hétéromorphie des jeux de langages* die Rede ist. (Geht man davon aus, daß der *Widerstreit* als Schlüsselbegriff von Lyotards Postmoderne auch seine Ästhetik des Erhabenen prägt, so kann man diese Ästhetik nicht als modern bezeichnen. In diesem Fall wäre der Hauptvertreter der Postmoderne nicht postmodern.)

Im literarischen Bereich entspricht diese Ästhetik noch am ehesten den experimentellen Texten der Neoavantgarde, von denen im vorletzten Kapitel ausführlicher die Rede sein wird: den Experimenten Pynchons, Ransmayrs, Azúas, Robbe-Grillets und Wieners. Ihnen ist einerseits der Verzicht auf politische und ästhetische Utopien im Sinne von Brecht oder Proust gemeinsam, andererseits der

333 Ibid., S. 166.

334 Vgl. J.-F. Lyotard, *Grabmal des Intellektuellen*, op. cit., S. 81.

335 Vgl. F. Jameson *Postmodernism, or, the Cultural Logic of Late Capitalism*, Durham, Duke Univ. Press, 1991.

Versuch, dem Leser die Zerrüttung tradierter Wirklichkeits- und Subjektbegriffe vor Augen zu führen.

»Jahrhunderte beten das ziel hernieder und eines tages ist es dann da, da kann man es betrachten es ist angekommen.«[336] Mit diesem Satz ist der *métarécit* für Oswald Wiener zu Ende. Das Subjekt folgt: »ich will etwas sagen, mir fehlen nur die worte, der anlass, aber auch was ich sagen will.«[337] Lyotards und Wieners ästhetische Antworten schließen andere Reaktionen auf die postmoderne Problematik – etwa die Vattimos, Ecos oder Jencks' – nicht aus, sondern ergänzen sie, wie der Vergleich zwischen Lyotard und Vattimo erkennen ließ.

Auf eine ganz andere Art wird die Ästhetik des Erhabenen von Paul de Mans Literaturtheorie ergänzt, die auf die beiden Schlüsselbegriffe der Allegorie und der Aporie ausgerichtet ist. Da der Aporiebegriff am Ende des nächsten Kapitels näher betrachtet wird (Abschn. 4), sollen hier die Allegorie und ihr Verhältnis zum Symbol im Mittelpunkt stehen. Es sei vorweggenommen, daß de Man sowohl mit dem Allegorie- als auch mit dem Aporiebegriff auf Lyotards Problematik des Erhabenen zielt: nämlich auf einen unaufhebbaren sprachlichen und ästhetischen Widerspruch, der die Grundlagen der Subjektivität erschüttert. Wenn Lyotard schreibt: »Die Elemente sind ungleichartig, aber ihre Einheit ist notwendig: Das eine kann nicht ohne das andere gedacht werden«[338], so faßt er in wenigen Worten Paul de Mans »aporetische« Textlektüren und die Widersprüchlichkeit seines Allegoriebegriffs zusammen.

Lyotards kantianischem Gegensatz zwischen dem vereinheitlichenden *Schönen* und dem alle Einheit sprengenden *Erhabenen* entspricht de Mans Gegensatz zwischen *Symbol* und *Allegorie*. Das Symbol betrachtet er als vereinheitlichende Figur, die das Ideelle und das Materielle, Idee und Welt in harmonischer Totalität zusammenführt. De Man denkt in diesem Zusammenhang vor allem an die klassizistische Totalität Hegels, die in der altgriechischen Skulptur als Synthese von Geist und Materie unmittelbar zum Ausdruck kommt. Ohne auf Hegels Symbolbegriff einzugehen, der keine vollkommene

336 O. Wiener, *Die Verbesserung von Mitteleuropa*, Reinbek, Rowohlt (1969), 1985, S. XIX.

337 Ibid., S. XIII.

338 J.-F. Lyotard, *Die Analytik des Erhabenen*, op. cit., S. 112.

Einheit im klassischen Sinne bezeichnet, sondern sich primär auf die altägyptische Architektur bezieht, in der »der Charakter des Symbolischen gerade darin bestand, die Seele der Bedeutung mit ihrer leiblichen Gestalt immer nur *unvollendet* zu vereinigen«[339], definiert de Man Hegels Ästhetik als eine Ästhetik des Symbols. »Hegel, then, is a theoretician of the symbol«[340], bemerkt er und will damit zum Ausdruck bringen, daß Hegels Ästhetik (ganz unabhängig von seinem Symbolbegriff) eine Theorie der Vereinheitlichung, der Totalisierung und Harmonisierung im Sinne des klassischen Ideals ist.

Dieses Ideal hält de Man für ideologieträchtig, weil es als Bestandteil der europäischen (platonisch-hegelianischen) Metaphysik wesentlich dazu beiträgt, daß der Sinn vergegenwärtigt wird und die Wirklichkeit als sinnerfüllte Totalität erscheint. Hegel ist für Paul de Man *der* Autor der großen Metaerzählung: »Wir sind Hegelianer«, erklärt er, »wenn wir versuchen, die Beziehungen zwischen den verschiedenen Darstellungsweisen systematisch zu erfassen, oder wenn wir versuchen, die historische Periodisierung als progressive oder regressive, kollektive oder individuelle Entwicklung aufzufassen.«[341] Paul de Man ist natürlich als radikaler Vertreter der amerikanischen Dekonstruktion kein Hegelianer, sondern ein unversöhnlicher Kritiker des Hegelschen *métarécit* und der »symbolischen« Ästhetik.

Diese ist insofern eine Ideologie, als sie Kunst und Literatur zu Monumenten nationalen Denkens hochstilisiert und dadurch dem politischen Mißbrauch aussetzt. In seiner Einleitung zu de Mans Schriften aus den Jahren 1953-1978 stellt Lindsay Waters die »ästhetische Ideologie« (»aesthetic ideology«) in wenigen Worten dar: »Es ist eine Ideologie, die fordert, daß die Literatur von einem Erkenntnissubjekt beherrscht wird, das dem Text einen Sinn und eine Moral zuspricht. Es ist eine Ideologie, welche die Literatur in ein Monument verwandelt, indem sie sie als ein Symbol der Zivilisation darstellt.«[342]

---

339 G. W. F. Hegel, *Vorlesungen über die Ästhetik* Bd. 1, op. cit., S. 546.

340 P. de Man, »Sign and Symbol in Hegel's Aesthetics«, in: *Critical Inquiry* 8, 1982, S. 765.

341 Ibid., S. 763.

342 L. Waters, in: P. de Man, *Critical Writings. 1953-1978*, Minneapolis, Univ. of Minnesota Press, 1989, S. LVIII.

Auch hier erscheint das Symbol als vereinheitlichende Figur mit ideologischer Funktion.

Im Kontext der Postmoderne und der Dekonstruktion ist es kaum überraschend, daß de Man dem *Symbol*, das mit dem *Schönen* Lyotards, mit Derridas *Sinnpräsenz* und Deleuzes *Original* teilweise übereinstimmt, eine dekonstruktive, sinnzersetzende Figur gegenüberstellt: die *Allegorie*. Im Anschluß an einen Vergleich von Walter Benjamins und Paul de Mans Allegoriebegriff bemerkt Romano Luperini, daß »das Symbol als Einheit von Schein und Wesen dargestellt wird, während die Allegorie deren Spaltung hervortreten läßt (...).«[343] Da sich im Schein kein Wesen mehr zu erkennen gibt, kann das Subjekt nicht hoffen, die Welt des Scheins (die nach Nietzsche die einzige ist) mit seinen abstrakten Begriffen zu erfassen.

Nach Benjamin, dem anderen Theoretiker der sinnzersetzenden Allegorie, deckt de Man die Diskrepanz zwischen Subjekt und Objekt auf. Die Wirklichkeit kann nicht vom Subjekt erfaßt werden, weil eine unüberbrückbare Kluft zwischen Ideenwelt und Dingwelt, zwischen Subjekt und Objekt sichtbar wird. Hier tritt zunächst das kantianische und antihegelianische Element in den Vordergrund: Das Subjekt konstruiert seine Gegenstände in Raum und Zeit und kann nicht von Hegels Grundgedanken ausgehen, daß der Begriff der Wirklichkeit innewohnt, so daß diese mit dem Subjekt identifizierbar wird. Aber auch das eigentlich dekonstruktivistische Element macht sich bemerkbar: Die Konstruktionen des Subjekts entsprechen nicht mehr der Wirklichkeit, dem Objekt; und sie widersprechen einander, weil weder Wirklichkeit noch Subjekt einheitlich sind. Deshalb meint de Man, *alle* literarischen Texte als widersprüchliche, aporetische Strukturen auffassen zu müssen: als *Allegorien ihrer Unlesbarkeit*.

Diese Unlesbarkeit faßt er zugleich als unüberbrückbare Kluft zwischen Subjekt und Objekt, zwischen theoretischem Diskurs und literarischer Figur auf. In seinem Kommentar wird die Darstellung dieser Kluft und des Gegensatzes zwischen Symbol und Allegorie selbst zur Allegorese: »Während das Symbol die Möglichkeit einer Identität oder Identifikation postuliert, bezeichnet die Allegorie in

---

[343] R. Luperini, »Per una rivalutazione dell'allegoria: da Benjamin a de Man«, in: M. D'Ambrosio (Hrsg.), *Il testo, l'analisi, l'interpretazione*, Napoli, Liguori, 1995, S. 70.

erster Linie eine Distanz in bezug auf ihren eigenen Ursprung, und indem sie dem Wunsch und der Sehnsucht nach dem Identischwerden entsagt, richtet sie sich als Sprachform in der Leere dieser zeitlichen Differenz ein. Damit bewahrt sie das Ich vor einer illusionären Identifikation mit dem Nicht-Ich, das nun erst, wenn auch unter Schmerzen, ungeschmälert als Nicht-Ich erkannt wird.«[344] Hier wird deutlich, daß sich de Man recht weit von der gängigen Definition der Allegorie als »bildhafter Darstellung eines Begriffs oder eines Vorgangs«, die sich auch Hegel größtenteils zu eigen macht, entfernt.

Dieser Umstand ist noch am ehesten im Rahmen der hier konstruierten postmodernen Problematik zu erklären: Wie Deleuze, Derrida und vor allem Lyotard läßt de Man nichts unversucht, um die rationalistische und hegelianische These, derzufolge Mensch, Geschichte und Text sinnvolle Totalitäten sind, umzukehren. Literarische Texte erscheinen ihm als aporetische De-Konstrukte, welche die Geschichte ihres eigenen Sinnzerfalls erzählen. Insofern ist de Mans Allegorie durchaus als *semantische Abwandlung von Lyotards Begriff des Erhabenen* zu lesen, der ebenfalls den Sinnzerfall als unaufhebbaren Widerspruch oder Aporie meint.

Wie sehr Lyotards Auffassung des Symbolischen als ideologischer Figur mit de Mans Symbolbegriff übereinstimmt, lassen seine Überlegungen zu Hildegard Brenners Studie zur nationalsozialistischen Kulturpolitik und zu Hans Jürgen Syberbergs Filmen erkennen, die der Frage nachgehen, »wie die neuromantischen und symbolischen Formen, die von Kulturkommissaren und kollaborierenden Künstlern in der Malerei und vor allem der Musik durchgesetzt wurden, die negative Dialektik (...) blockieren mußten (...).«[345] Die Negativität der utopischen Erwartung wurde durch die ideologische Erwartung des »Volkes«, des »Führers« oder »Siegfrieds« depraviert. Die Ästhetik des Erhabenen, schließt Lyotard, wurde auf diese Art neutralisiert und in eine Politik des Mythos verwandelt. Er hätte im Anschluß an Benjamin und de Man statt »Politik

---

344 P. de Man, *Die Ideologie des Ästhetischen* (Hrsg. Ch. Menke), Frankfurt, Suhrkamp, 1993, S. 104.

345 J.-F. Lyotard, *Das Inhumane*, op. cit., S. 183.

des Mythos« (»politique du mythe«)[346] auch »ästhetische Ideologie« sagen können.

Hier zeigt sich, daß es sowohl Lyotard als auch de Man nicht einfach um eine Umkehrung rationalistischer und hegelianischer Thesen über Sinnkonstitution als Totalität zu tun ist, sondern auch um Ideologiekritik. Diese Ideologiekritik unterscheidet sich allerdings in wesentlichen Punkten von der Negativität der Kritischen Theorie Adornos und Horkheimers: Während diese Theorie ihre kritischen Momente unauflöslich mit dem Wahrheitsbegriff, dem Subjektbegriff und der Hoffnung auf eine humanere Zukunft verband, tendiert die destruktive Negativität der Postmodernen dazu, die beiden kritischen Schlüsselbegriffe aufzugeben und die Hoffnung gegenstandslos zu machen.[347]

Ihre Vorliebe für Heterogenität und Partikularität als Begriffslosigkeit führt die auch bei Adorno stark ausgeprägte Partikularisierungstendenz postmodern *ad absurdum*: Wo der Begriff als kritisch-analytisches Instrument nicht mehr zur Verfügung steht, dort muß auch das Subjekt als kritische Instanz abdanken. Zu Recht weist Albrecht Wellmer darauf hin, daß »die Desintegration des Subjekts in der spätindustriellen Gesellschaft« für Adorno und Horkheimer »einen Vorgang der *Regression*«[348] bedeutete. Die Negativität der Allegorie und des Erhabenen wäre nur sinnvoll, wenn sie vom individuellen Subjekt kritisch und zukunftsträchtig eingesetzt werden könnte. In ihrer postmodernen Form wird sie zu einer leeren Negation, die als Sinnzerfall oder Aporie (vgl. Kap. IV. 4) jederzeit in Indifferenz umschlagen kann.

In diesem Zusammenhang überrascht es kaum, daß Paul de Man Moderne und Modernismus nicht historisch als Hoffnung oder Zukunftsversprechen auffaßt, sondern nietzscheanisch als »ewige Wiederkehr« des Gleichen: »Paul de Mans Kommentare zum ›Modernismus‹ lassen erkennen, daß dieser Begriff nicht einmalig eine bestimmte Periode bezeichnet, sondern eine rekurrente, sich stets wie-

---

346 Ibid. (*L'Inhumain*, op. cit., S. 115-116.)

347 Vgl. Vf., »The Subject, the Beautiful and the Sublime. Adorno and Lyotard between Modernism and Postmodernism«, in: A. Eysteinsson, V. Liska (Hrsg.), *Modernism*, Amsterdam-Atlanta, J. Benjamins, 2007, S. 149-152.

348 A. Wellmer, *Zur Dialektik von Moderne und Postmoderne*, op. cit., S. 74-75.

derholende und sich zersetzende Bewegung ist, die dem Selbstverständnis einer jeden Periode im Hinblick auf vorausgegangene Perioden entspricht. Wenn de Man recht hat, dann ist der Terminus ›postmodern‹ eine Tautologie oder ein Oxymoron, da ja kein Schriftsteller oder Kritiker jemals das Moderne im Sinne des authentisch Selbstgeborenen erreicht, geschweige denn überwindet.«[349]

De Man muß aber nicht recht haben, und im nächsten Kapitel soll – wie im ersten und zweiten – die Frage nach dem *Übergang* von einer modernen und modernistischen zu einer postmodernen Gesellschafts- und Literaturform gefragt werden. Denn es erscheint aus sozialwissenschaftlicher Sicht eher unwahrscheinlich, daß gesellschaftliche und literarische Entwicklung nietzscheanisch als »ewige Wiederkehr« zu deuten ist: Die Entstehung der Europäischen Union wäre auf diese Art sicherlich nicht zu verstehen – es sei denn, daß sie als Wiedergeburt des Römischen oder gar des Heiligen Römischen Reiches betrachtet wird; aber derlei Spekulationen haben nichts mit Sozialwissenschaft zu tun. Es käme darauf an (vgl. Kap. VI), den Anspruch sozialwissenschaftlicher Theorie gegen die Rhetoriken der Postmoderne zu verteidigen.

[349] J. H. Miller, *Theory now and then*, New York-London, Harvester-Wheatsheaf, 1991, S. 210.

IV. Modernismus und Postmoderne: Die literaturwissenschaftliche Debatte

Der moderne Mensch stellt, biologisch, einen Widerspruch der Werte dar, er sitz zwischen zwei Stühlen, er sagt in einem Atem Ja und Nein.

Friedrich Nietzsche
(*Werke IV*, S. 938)

Sur ce point donc, n'étant plus ni dans le beau ni dans le laid, mais dans l''impossibilité d'en juger, nous sommes condamnés à l'indifférence.

Jean Baudrillard
(*La Transparence du mal*, S. 26)

Der Titel deutet bereits an, daß sich die Problematik auf literaturwissenschaftlicher Ebene verschiebt, weil hier nicht so sehr der Gegensatz zwischen Moderne und Postmoderne die Diskussion beherrscht, sondern der zwischen *Modernismus* und Postmoderne. Anders als die meisten Philosophen und Soziologen, die sich durch die Krise der Moderne als Modernisierung, Rationalisierung und Aufklärung herausgefordert fühlen, setzen sich Literaturwissenschaftler vorwiegend mit der Frage nach dem Verhältnis von Modernismus (als literarischer Spätmoderne: vgl. Kap. I) und Postmoderne auseinander. Sofern dieser literarische Modernismus *als ein Reflexivwerden und als Selbstkritik der Moderne* in den Werken von Baudelaire, Dostoevskij, Joyce, D. H. Lawrence, Thomas Mann, Hesse, Kafka, Pirandello oder Camus aufgefaßt wird, kann er nicht der Moderne der Soziologen und Philosophen gleichgesetzt werden, die als Rationalisierungs- und Aufklärungsprozeß im 16. oder 17. Jahrhundert beginnt. Das ist auch das Hauptargument in Matei Calinescus *Faces of Modernity*, wo die ästhetische Moderne (»modernity as an aesthetic concept«)[1] der Moderne als Rationalisierungsprozeß gegenübergestellt wird.

1 M. Calincescu, *Faces of Modernity: Avant-Garde, Decadence, Kitsch, Postmodernism*, Bloomington-London, Indiana Univ. Press, 1977, Kap. I.

Im Anschluß an diese Unterscheidung von Moderne und Modernismus (als spätmoderner Selbstkritik der Moderne) erscheint es in jeder Hinsicht konsequent, symmetrisch vorzugehen und im literaturwissenschaftlichen Kontext von Postmodernismus zu sprechen. Dieser Terminus hat zwar den Vorteil, daß er spezifischer ist, weil er der besonderen Problematik der Literaturwissenschaft Rechnung trägt; er hat zugleich aber den Nachteil, daß er suggeriert, postmoderne Literatur und Literaturwissenschaft seien als Reaktionen auf die Moderne als Rationalisierung und Aufklärung nicht zu verstehen: sie seien ausschließlich im Gegensatz zum Modernismus zu betrachten.

Eine solche Verkürzung der Perspektive führt unweigerlich dazu, daß wesentliche Aspekte postmoderner Literatur ausgeblendet werden: vor allem die Tatsache, daß sie die modernistische Kritik am Rationalismus, am Hegelianismus, am Vernunft- und Subjektbegriff weiterführt und radikalisiert. Prousts und Musils Rationalismuskritik, Camus' Kritik der metaphysischen *métarécits* und Pirandellos extremer Konstruktivismus gehen in die postmoderne Schreibweise ein, die sich als radikal gewandelter Modernismus abermals gegen die Moderne richtet. Sie tut es, indem sie Nietzsches und Heideggers Kritik der Metaphysik (des Subjekts, der Begrifflichkeit, der Wahrheit), die bei Musil, Lawrence und Gide ins Fiktionale übergeht, auf die Spitze treibt. Deshalb wird hier weiterhin von Postmoderne und nicht von Postmodernismus die Rede sein; der Modernismus als Spätmoderne wird allerdings den Platz der Moderne einnehmen.

Man könnte nun einen ersten Definitionsversuch im literarischen und literaturwissenschaftlichen Bereich mit der These wagen, *daß die postmoderne Literatur gegen die metaphysischen Reste der Moderne im Modernismus aufbegehrt.* Diese Einschätzung erscheint insofern plausibel, als postmoderne Autoren immer wieder mit dem Anspruch auftreten, mit metaphysischen Residuen des Modernismus wie Subjekt, Wahrheit, Form, Utopie und Autonomie (des Individuums, der Kunst) radikal aufzuräumen. Für die existentiellen Probleme Malraux', Sartres oder Camus' haben *nouveaux romanciers* wie Robbe-Grillet oder Ricardou nicht mehr als ein mitleidiges Lächeln übrig.

Obwohl postmoderne Autoren wie Maurice Roche sich leichten Herzens von den – weiterhin ungelösten – metaphysischen Problemen der Moderne und des Modernismus verabschieden, scheinen sie die immer intensiver verlaufenden Modernisierungs- und Rationalisierungsprozesse weder mit Angst noch mit Sorge zu erfüllen. Romanciers wie Eco oder Robbe-Grillet zeigen keine Berührungsängste im kulturindustriellen Bereich, und der ehemalige *nouveau romancier* beteiligt sich sogar mit marktgerechten *ciné-romans,* seit einiger Zeit auch mit lesbarer Prosa[2], an der kommerziellen Kulturproduktion. Obwohl diese Ausrichtung auf Technik, Markt und Kulturindustrie längst nicht für alle postmodernen Autoren kennzeichnend ist, zeugt sie von einer Tendenz, die im Modernismus nicht so stark ausgeprägt war: von dem Willen, ohne metaphysischen Ballast auf dem »Jahrmarkt der Kunst«[3], wie Teige sagt, zu reüssieren.

Sollte sich diese Tendenz durchsetzen, wäre einer der modernistischen Alpträume (Mallarmés, Huysmans', Hesses und Adornos) verwirklicht: Modernisierung ohne moderne und modernistische Kritik, Modernisierung in der Indifferenz. Wo die letzten Reste der Metaphysik über Bord geworfen werden, ist ein solches Szenario denkbar, weil der Verzicht auf den Wahrheitsbegriff auch den von ihm ableitbaren Begriff der Kritik zerfallen läßt. Dieser Möglichkeit gewahr, beschloß Adorno seine *Negative Dialektik* mit dem bekannten Satz: »Solches Denken ist solidarisch mit Metaphysik im Augenblick ihres Sturzes.«[4]

Angesichts dieser Kontinuität des technischen Modernisierungsprozesses, der die frühe Moderne mit der Postmoderne zu verbinden scheint, stellt sich abermals die von Soziologen, Philosophen

---

2 Vgl. A. Robbe-Grillet, *Le Miroir qui revient*, Paris, Minuit, 1984 sowie *Les Derniers jours de Corinthe*, Paris, Minuit, 1994. (Beide Texte haben autobiographischen und autointerpretativen Charakter.)

3 Vgl. K. Teige, *Jarmark umění* (Hrsg. J. Brabec, O. Hilmerová, K. Chvatík), Praha, Československý Spisovatel, 1964. Teige geht von der These aus, daß es in der bürgerlichen, kapitalistischen Gesellschaft neben der kommerziellen und der akademischen nur eine authentische Kunst gibt, die er aus der revoltierenden schwarzen Romantik ableitet: die Kunst der Avantgarden, die zugleich mit dem Kapitalismus die Kluft zwischen intellektueller und populärer Kunst überwinden will. Die bestehende volkstümliche Kunst betrachtet er als »Opium fürs Volk« (»opium pro lid«, S. 49). Teige kam nicht auf den Gedanken, die Kluft könnte durch eine Umkehrung der von ihm herbeigesehnten Verhältnisse überwunden werden: durch den Sieg des Kapitalismus und das Verschwinden der Intellektuellen und der Avantgarden.

4 Th.W. Adorno, *Negative Dialektik*, Frankfurt, Suhrkamp, 1966, S. 398.

und Literaturwissenschaftlern aufgeworfene Frage, ob es denn nicht sinnvoller wäre, die Postmoderne als einen weiteren Modernisierungsschub innerhalb der Moderne zu sehen. Sie ist schwer zu beantworten, solange man nicht über den literarischen Bereich hinausgeht, und Ihab Hassan mag recht haben, wenn er mit einer Gegenfrage antwortet: »Kurzum, können wir die Postmoderne in der Literatur überhaupt verstehen, ohne daß wir versuchen, die Konturen einer postmodernen Gesellschaft wahrzunehmen (...)?«[5]

Eben weil es prekär ist, Begriffen wie *Moderne, Modernismus* und *Postmoderne* ausschließlich literaturimmanent gerecht werden zu wollen, wurde diesem Buch ein soziologisches Kapitel vorangestellt, das in großen Zügen die gesellschaftliche Problematik skizziert. In ihm hat sich einerseits gezeigt, daß Welschs These über die Verwirklichung des modernen Pluralismus in der Postmoderne nicht unplausibel ist; andererseits wurde jedoch klar, daß die Kehrseite des Pluralismus die von Simmel, Touraine, Etzioni und Jameson kommentierte Indifferenz ist, die zusammen mit dem als metaphysisch apostrophierten Wahrheitsbegriff die Möglichkeit von Gesellschafts- und Kunstkritik in Frage stellt. Sollte diese Einschätzung zutreffen, so wäre ein wesentlicher Aspekt der Moderne überwunden oder unwiederbringlich verloren, und wir hätten es in der Gesellschafts- und Kunstentwicklung mit einem »qualitativen Sprung« zu tun.

Jameson spricht vom Schwinden der kritischen Distanz[6], und Jochen C. Schütze ergänzt diese Diagnose, wenn er die Auflösung der für die Moderne und den Modernismus charakteristischen Kritikentwürfe Kants und Gadamers in der Postmoderne schildert: »Statt der ›Kritik des Lebens‹ soll die Kunst der sensorischen ›Erweiterung des Lebens‹ dienen. Sie liefert keine Kulturkritik, ist vielmehr zur Komplizenschaft mit den Ikonen der herrschenden Konsumwelt bereit.«[7] In einem anderen Zusammenhang stellt Jochen K. Schütze fest,

---

5 I. Hassan, *The Postmodern Turn. Essays in Postmodern Theory and Culture*, Ohio, State Univ. Press, 1987, S. 90.

6 F. Jameson, »Postmoderne – Zur Logik der Kultur im Spätkapitalismus«, in: A. Huyssen, K. R. Scherpe (Hrsg.), *Postmoderne. Zeichen eines kulturellen Wandels*, Reinbek, Rowohlt, 1986, S. 94.

7 J. C. Schütze, »Aporien der Literaturkritik – Aspekte der postmodernen Theoriebildung«, in: A. Huyssen, K. R. Scherpe, *Postmoderne*, op. cit., S. 201.

daß »Indifferenz die Signatur postmoderner Erfahrung ist«[8], und zeigt in einem Kommentar zu Baudrillards Werk, daß komplementär zur Kunst die Theorie ihre kritische Dimension einbüßt: »Heute wäre es dagegen naiv (...), der Theorie einen anderen als jenen spielerisch-opportunistischen Standpunkt im Umgang mit den Dingen abzuverlangen. Die Zeit der vernünftigen Gegenentwürfe zum unvernünftigen Weltlauf, der verändernden oder rettenden geistigen Eingriffe ist vorbei.«[9] Auch diese Diagnose läßt vermuten, daß in Kunst und Gesellschaft etwas qualitativ Neues in Erscheinung tritt, das die Kontinuität von Moderne, Modernismus und Postmoderne grundsätzlich in Frage stellt.

Im folgenden sollen im Anschluß an die gesellschaftliche Problematik des zweiten und die philosophische Problematik des dritten Kapitels literaturwissenschaftliche Antworten auf die Postmoderne kommentiert werden. Eine mögliche Antwort ist die hier vorgeschlagene textsoziologische Konstruktion einer literarischen Moderne, die vom Problem der Ambivalenz beherrscht wird, und einer Postmoderne, die zu Indifferenz, Pluralismus und Partikularismus tendiert. Diese Konstruktion wird sowohl diesem als auch dem fünften Kapitel zugrunde gelegt.

1. Konstruktionsversuche

An Versuchen, den literarischen oder ästhetischen Modernismus gegen die Postmoderne (den Postmodernismus) abzugrenzen, fehlt es nicht. Sie sind so heterogen, daß es schwerfällt, sie systematisch zu ordnen, um Vergleiche zu ermöglichen. Trotz aller Schwierigkeiten können – gleichsam metakonstruktiv – drei Konstruktionstypen unterschieden werden:

1. Einige Autoren versuchen mit durchaus plausiblen Argumenten, die stilistischen Merkmale moderner und postmoderner Texte aufzulisten und aufeinander zu beziehen (Fokkema, Hassan).
2. Andere (Hutcheon, Zurbrugg) folgen dem politischen Impuls und spielen eine weltoffene und demokratische Postmoderne gegen einen

---

[8] J. K. Schütze, »Von der mangelnden Fremdheit des Anderen«, in: A. Berger, G. E. Moser (Hrsg.), *Jenseits des Diskurses. Literatur und Sprache in der Postmoderne*, Wien, Passagen, 1994, S. 59.

[9] Ibid., S. 58-59.

Modernismus aus, den sie als konservativ und elitär darstellen. Ihnen stehen, wie zu erwarten war, die Verteidiger des Modernismus gegenüber (Eagleton, Jameson), deren Diskurse mit denen der Postmodernisten strukturell übereinstimmen (dafür oder dagegen), aber mit umgekehrten Vorzeichen versehen sind.

3. Eine dritte Gruppe von Autoren geht behutsamer vor und versucht, Modernismus und Postmoderne als Komplexe von Fragestellungen, d.h. als Paradigmata im Sinne von Kuhn, zu betrachten (Quinones, McHale).

Entscheidend ist, daß die beiden ersten Gruppen innerhalb der postmodernen Problematik denken und auf deren Entwicklungen reagieren, ohne den Gesamtkontext dieser Problematik zu reflektieren, während die dritte Gruppe durchaus reflexiv vorgeht und sich bemüht, ihre eigene gesellschaftliche und sprachliche Situation einzubeziehen. Während Fokkema, Hassan, Hutcheon und Zurbrugg dazu neigen, Modernismus und Postmoderne als relativ homogene Poetiken oder ästhetisch-politische Ideologien aufzufassen, tragen Autoren wie McHale der Heterogenität und Polyphonie dieser Erscheinungen Rechnung. Da Pluralismus und Heterogenität ohnehin zu den meiststrapazierten Schlagworten der Postmoderne gehören, erscheint es angebracht, zunächst auf ihre Bedeutung für die Moderne-Postmoderne-Diskussion einzugehen.

Malcolm Bradbury mag grundsätzlich recht haben, wenn er bemerkt, daß das Wort Modernismus »eine Collage von verschiedenen Tendenzen und Bewegungen in sich vereinigt«[10], daß es in jedem Land etwas anderes bedeutet (»one country's modern was not another's«)[11] und daß wir folglich von »Modernismen« und »Postmodernismen« sprechen sollten.

Diesem im Grunde recht bequemen Nominalismus schließt sich Matei Calinescu an, der Jameson für einen Vulgärmarxisten hält und ihm vorwirft, Disparates essentialistisch einebnen zu wollen.
Calinescu meint – ähnlich wie Welsch – im Pluralismus den Stein der Weisen zu erkennen: »Eine pluralistische Methodologie weist nicht

---

10 M. Bradbury, »Modernisms/Postmodernisms«, in: I. Hassan, S. Hassan (Hrsg.), *Innovation / Renovation. New Perspectives on the Humanities*, Madison-London, Univ. of Wisconsin Press, 1983, S. 316.

11 Ibid., S. 315.

nur handfeste Vorteile in der Auseinandersetzung mit einem so vielschichtigen Phänomen wie Literatur auf, sondern könnte zugleich die beste Verteidigung gegen den Geist (ghost) der Totalität sein, von dem alle theatralisch-ideologischen Schemata besessen sind.«[12] Diese Polemik gegen den »Geist der Totalität« ist selbst postmodern und nur im Rahmen der postmodernen Problematik zu verstehen.

Calinescus Plädoyer für Pluralität, das nicht – wie es bei ihm geschieht – in eine Ideologie des Pluralismus übergehen sollte, ist insofern berechtigt, als es nach dem Zerfall des realen Sozialismus und des sozialistischen Realismus nicht sehr verdienstvoll wäre, den Modernismus (und die Postmoderne) mit Georg Lukács als »abstrakte Widerspiegelung« und »literarische Dekadenz«[13] zu verurteilen. Nicht nur in der Soziologie und in der Philosophie, sondern auch in der Literaturwissenschaft sollte die Vielfalt der modernen und der postmodernen Problematik berücksichtigt werden. Dies ist allerdings nicht so aufzufassen, daß literaturwissenschaftliche Theorie einer postmodernen Unverbindlichkeit überantwortet wird, in der Bradburys Einsicht in die Heterogenität des Phänomens zu der Weisheit letztem Schluß wird.

Denn es ließe sich unschwer zeigen, daß Moderne, Modernismus und Postmoderne nicht nur national divergieren, sondern auch *innerhalb* einzelner Nationalkulturen – etwa der englischen, der deutschen oder der spanischen – sehr unterschiedlich definiert werden, weil z.B. Malcolm Bradbury und James McFarlane in ihrem Buch *Modernism 1890-1930* den Modernismus ganz anders eingrenzen als David Lodge, der die literarische Postmoderne 1916 beginnen läßt[14], weil Ador-

---

12 M. Calincescu, »Introductory Remarks: Postmodernism, the Mimetic and Theatrical Fallacies«, in: M. Calincescu, D. W. Fokkema (Hrsg.), *Exploring Postmodernism*, Amsterdam-Philadelphia, J. Benjamins, 1987, S. 14.

13 Vgl. G. Lukács, »Franz Kafka oder Thomas Mann?«, in: G. Lukács, *Die Gegenwartsbedeutung des kritischen Realismus, Werke* Bd. 4, Neuwied-Berlin, Luchterhand, 1971, S. 550.

14 Vgl. M. Bradbury, J. McFarlane (Hrsg.), *Modernism 1890-1930*, Sussex-New Jersey, Harvester Press-Humanities Press, 1978, S. 31: »Although (...) it is impossible to fix on any one particular time as the start of the Modern movement, 1880 is taken as the point where the Enlightenment's ›critical intelligence‹ had combined with Romanticism's ›exploring sensibility‹ to stimulate the work of the first generation of truly modern writers, all owing something to Flaubert and Baudelaire (...).«

nos ästhetische Moderne (seit 1850) mit Habermas' »Projekt der Moderne« recht wenig zu tun hat (sie stimmt in mancher Hinsicht mit dem anglo-amerikanischen Modernismus überein) und weil – wie sich im ersten Kapitel gezeigt hat – auch der spanische *Modernismo* von widersprüchlichen Definitionen (mit oder ohne die *Generación del 98*) zerrissen wird.

Angesichts dieser Mannigfaltigkeit ist es verständlich, daß Douwe W. Fokkema Modernismus und Postmodernismus in der Literatur zunächst als Perioden im Gegensatz zu Romantik, Realismus und Symbolismus zu konstruieren versucht. »Eines der wesentlichen Phänomene in der Literaturgeschichte«, sagt er, »ist der Wandel der Normensysteme: die Ablösung der Romantik durch den Realismus, des Realismus durch den Symbolismus und des Modernismus durch den Postmodernismus sind wichtige Ereignisse in der Literaturgeschichte.«[15] Gegen Fokkemas Periodisierungskonzept ist nichts einzuwenden, zumal auch hier im nächsten Abschnitt der Modernismus als eine Reaktion auf Realismus und Romantik aufgefaßt wird. Problematisch ist hingegen sein Versuch, Modernismus und Postmoderne als ästhetische Normensysteme und *soziale Kodes* darzustellen (er spricht von einem »sociocode of Modernism«)[16], weil er die Heterogenität der modernistischen und postmodernen Problematiken ausblendet.

Wenn er beispielsweise den modernistischen Kode von Autoren wie Thomas Mann, Gide, Proust, Larbaud, Joyce, Aldous Huxley, Virginia Woolf und Pirandello mit Hilfe von vier Schlüsselbegriffen – *Textoffenheit (the text as not being definite), epistemologischer Zweifel (epistemological doubt), metasprachlicher Kommentar (metalingual comment)* und *Berücksichtigung der Leserrolle (respect for the idiosyncrasies of the reader)* – zu beschreiben versucht, so erfaßt er zwar wesentliche Textmerkmale, ebnet jedoch die ästhetischen Gegensätze zwischen Gide, Proust und Joyce ein, die z.T. unvereinbaren Normen folgten. Die Entschärfung dieser Gegensätze ist kein Zufall, sondern hängt damit zusammen, daß Fokkema trotz des

---

15 D. W. Fokkema, *Literary History, Modernism, and Postmodernism*, (The Harvard University Erasmus Lectures, Spring 1983), Amsterdam-Philadelphia, J. Benjamins, 1984, S. 5.

16 Ibid., S. 12.

Terminus *sociocode* den Nexus zwischen Text und Gesellschaft unberücksichtigt läßt.

Denn die gesellschaftlichen, politischen Gegensätze zwischen Autoren wie Proust und Joyce erklären ja gerade, *weshalb* sie verschiedenen ästhetischen und stilistischen Normen folgten; sie erklären auch die ästhetischen und philosophischen Divergenzen zwischen modernen Existentialisten wie Sartre und Camus, die in einen politischen Konflikt mündeten. Wie kann man Prousts, Sartres, Camus', Hesses und Kafkas Ästhetiken verstehen, wenn man ihre divergierenden Bewertungen des Natur-, des Subjekt-, des Rationalitäts- und des Herrschaftsproblems ausklammert?

Auch die Unterschiede zwischen postmodernen Autoren wie Eco, Robbe-Grillet, Jürgen Becker oder Werner Schwab sind nicht unabhängig von der politischen Heterogenität der Postmoderne zu verstehen: Während Becker mit der Sprache spielt und in mancher Hinsicht das avantgardistisch-modernistische Experiment fortsetzt, schreibt Eco den konsumierbaren, film- und marktgerechten Text; fernab von beiden inszeniert Schwab in seinen Dramen die ästhetisch-politische Revolte gegen eine eindimensional gewordene Gesellschaft. Auch die postmoderne Literatur geht also nicht im statischen Schema eines Normensystems oder eines Kodes auf. Kurzum: bei Fokkema fehlt die gesellschaftliche Dynamik der einander bekämpfenden Gruppen, Schulen, Bewegungen und Ideologien, die eine moderne oder postmoderne Problematik ausmachen.

Insofern ist Ihab Hassan recht zu geben, wenn er die Frage nach dem gesellschaftlichen Kontext der Postmoderne aufwirft (s.o.). Er selbst geht dieser Frage leider nicht nach, und sein bekannter Versuch, eine Merkmalanalyse der postmodernen Literatur durchzuführen, scheitert u.a. daran, daß er wie Fokkema die sozialen Komponenten unberücksichtigt läßt oder an die Peripherie des literarischen Geschehens relegiert.

Er geht zunächst – in *The Dismemberment of Orpheus* (1971) – von dem plausiblen Gedanken aus, daß im Verlauf der literarischen Evolution alle Formen und Gattungen in Frage gestellt werden, so daß die Literatur sich auf einen Zustand zubewegt, in dem ihre Sprache verstummt. Hassan spricht in diesem Zusammenhang von einer

»literature of silence«[17], die ihren Ursprung im Modernismus hat und in der Postmoderne zur Dominanten wird. Nicht zu Unrecht meint er, im Übergang vom Existentialismus zum Nouveau Roman die sich ausbreitende Stille wahrzunehmen. Vom Existentialismus sagt er: »Zwischen Nihilismus und Heiligkeit schwankt das moderne Ich und fahndet nach dem Sinn des Lebens.«[18] Im Nouveau Roman scheint dieses Spannungsverhältnis zu verschwinden und die Frage nach dem Sinn zu verstummen: »Bei Sartre bleibt der Humanismus am Rande der Vernunft erhalten; bei Robbe-Grillet verurteilt der *chosisme* die gewöhnliche Stimme zum Schweigen, indem er die Bedeutung der Vernunft negiert.«[19]

Eine thematische Darstellung dieser Art, die das Verstummen der Literatur (*silence*) zum Gegenstand hat, ist sicherlich nicht unergiebig, zumal sie sich mit den von anderen Autoren vorgelegten Ergebnissen und mit wesentlichen Argumenten dieses Kapitels überschneidet. Sie hat aber den entscheidenden Nachteil, daß sie die hier skizzierte und im nächsten Kapitel konkretisierte gesellschaftliche Heterogenität von Modernismus und Postmoderne nicht erkennen läßt und sowohl den Modernismus als auch die Postmoderne als homogene ästhetische Systeme darstellt, die sie nicht sind.

Während der Modernismus mit formalistisch-hypotaktischem Bewußtsein verknüpft wird, erscheint der Postmodernismus Hassan als spielerisch, parataktisch und dekonstruktionistisch: »Erscheint uns der Modernismus größtenteils als hieratisch, hypotaktisch und formalistisch, so fallen uns im Gegensatz dazu die spielerischen, parataktischen und dekonstruktionistischen Züge des Postmodernismus auf.«[20] So ergibt sich letztlich ein recht manichäisches Gesamtbild, in dem den negativ konnotierten Aspekten des Modernismus die positiv konnotierten Aspekte des Postmodernismus gegenübergestellt werden: form / antiform; purpose / play; design / chance; hierarchy / anarchy; mastery-logos / exhaustion-silence; distance / participation; creation-

---

17 I. Hassan, *The Dismemberment of Orpheus. Toward a Postmodern Literature*, New York, Oxford Univ. Press, 1971, S. 7.

18 I. Hassan, *Radical Innocence: Studies in the Contemporary American Novel*, Princeton, Univ. Press, 1961, S. 19.

19 I. Hassan, *The Dismemberment of Orpheus*, op. cit., S. 23.

20 I. Hassan, *The Postmodern Turn*, op. cit., S. 91.

totalisation / decreation-deconstruction; synthesis / antithesis; presence / absence; centering / dispersal; hypotaxis / parataxis; root-depth / rhizome-surface; signified / signifier; metaphysics / irony etc.[21]

Obwohl sie hier unvollständig wiedergegeben wird, läßt diese Merkmalanalyse ihren problematischen Charakter erkennen: Musil beispielsweise, den Hassan zusammen mit Lawrence, Rilke, Mann, Pound und Eliot zum *Modernismus* zählt, müßte im Rahmen seines Schemas als postmoderner Autor par excellence erscheinen, weil seine Schreibweise von Zufall, Dekonstruktion, Antithese, Abwesenheit, Streuung, Parataxis und Ironie geprägt ist. Dies gilt übrigens auch für andere moderne Autoren wie Svevo, Pirandello, Hesse, Döblin, Broch und Céline.[22]

Hassans Schematisierung hat u.a. zur Folge, daß er in *Paracriticism*, wo er einen kurzen Abstecher in die Politik macht, die Frage aufwirft, ob die meisten Modernisten –Yeats, Pound, Rilke, Eliot, Claudel, Lawrence, Proust, Faulkner und Wyndham Lewis – nicht etwa Konservative oder gar Kryptofaschisten waren. Vorsichtshalber fügt er hinzu, daß Thomas Mann, Hemingway und Gide Ausnahmen sind und daß erst der Zweite Weltkrieg Schriftsteller wie Brecht, Camus, Grass und Mailer hervorbrachte. Nicht erwähnt werden von ihm Bernanos, der vom offiziellen Katholizismus abgelehnt wurde, der Malraux der marxistischen Phase, Hermann Hesse, Alfred Döblin, Lorca, Kafka, Hašek, Krleža, Svevo, der frühe Joyce (den Hassan noch zum Modernismus rechnet) und Auden. Hier zeigt sich, daß Modernismus und Postmoderne nicht als homogene Ästhetiken oder politische Ideologien darstellbar sind.

Gegen diese Erkenntnis scheint sich auch Linda Hutcheon zu sperren, die im Gegensatz zu Hassan und Fokkema immer wieder auf die gesellschaftlichen und politischen Komponenten modernistischer und postmoderner Werke eingeht. In viel stärkerem Ausmaß als Hassan versucht sie, Modernismus und Postmoderne in der Literatur als zwei konträre ideologische Systeme zu denken: »Postmoderne Fiktion war darauf aus, die modernistische Ideologie der künstlerischen

---

21 Ibid., S. 91-92.

22 Zur Verwechslung postmoderner und modernistischer Merkmale siehe: U. Schulz-Buschhaus, »Critica e recupero dei generi – Considerazioni sul ›Moderno‹ e sul ›Postmoderno‹«, in: *Problemi* 101, 1995, S. 5.

Autonomie, des individuellen Ausdrucks sowie die bewußte Scheidung der Kunst von Massenkultur und Alltag in Frage zu stellen.«[23] So sehr diese Behauptung dem Gegensatz zwischen dem konservativen Modernisten Eliot und dem kommunikationsfreudigen Postmodernisten Eco gerecht wird, so unsinnig hört sie sich an, wenn man gesellschaftskritischen Modernisten wie dem frühen Dos Passos, Brecht, Hesse und Hašek postmoderne Autoren wie Calvino, Claude Simon und Jürgen Becker gegenüberstellt. Becker zum Beispiel, den auch Hassan zur Postmoderne zählt, wurde immer wieder eine apolitische oder gar konservative Gesinnung vorgeworfen.[24]

Solche Überlegungen scheinen Linda Hutcheon, die den Modernismus mit einem »hermetischen, ahistorischen Formalismus und Ästhetizismus«[25] identifiziert, fremd zu sein. Sie spricht von einem »romantic and modernist heritage of non-engagement«[26], als hätte es Sartre, Lorca, Brecht, Isherwood, Hašek oder Hemingway nie gegeben; sie neigt dazu, den gesamten Modernismus mit Eliots konservativer, elitärer Gesinnung zu identifizieren und dabei Namen wie Pound, Céline und Yeats hervorzuheben. Es ist amüsant zu beobachten, wie in Hutcheons Text Thomas Mann immer wieder als Vertreter einer konservativen Ästhetik zitiert wird, während der Name Heinrich Mann völlig fehlt, und wie Bertolt Brecht, der im Image eines grob vereinfachten konservativen Modernismus nicht so recht aufgehen will, schließlich für die populäre Postmoderne reklamiert wird.[27]

Ähnlich manichäisch geht es in Nicholas Zurbruggs *The Parameters of Postmodernism* zu, wo der amerikanische Komponist John Cage zum wahren Exponenten der postmodernen Gesinnung, des nach ihm benannten *C-effects*, wird. Ihm, dem einsamen Helden, stehen die Antihelden des *B-effects* gegenüber, europäische Apokalyptiker, die jede Art von Lernfähigkeit eingebüßt haben und die Zei-

---

23 L. Hutcheon, *The Politics of Postmodernism*, London-New York, Routledge, 1989, S. 15.

24 Vgl. z.B. L. Kreutzer (Hrsg.), *Über Jürgen Becker*, Frankfurt, Suhrkamp, 1972, darin vor allem die Gespräche mit M. Leier, K. Schöning und Ch. Linder.

25 L. Hutcheon, *A Poetics of Postmodernism. History, Theory, Fiction*, London-New York, Routledge, 1988, S. 88.

26 Ibid., S. 179.

27 Ibid., S. 218-221. »Brecht's theater and postmodernist art« werden dort in einem Atemzug genannt.

chen der Postmoderne nur als Symptome des kulturellen Niedergangs zu deuten vermögen: »European theorists such as Benjamin, Barthes, Bürger, Baudrillard, Bonito Oliva, and Bourdieu.«[28] Es fällt einem europäischen Intellektuellen schwer, auf Anhieb den gemeinsamen Nenner zu erkennen, der die Schriften dieser Autoren miteinander verbinden soll (außer dem Buchstaben B) – aber das hängt sicherlich mit der von Zurbrugg diagnostizierten apokalyptischen Verblendung zusammen.

Für Zurbruggs Argumentationsweise, die sich in wesentlichen Punkten mit der Hutcheons überschneidet, ist die Schlußbetrachtung in seinem Buch besonders charakteristisch: »Die B-Effekt-Denker der postmodernen Kultur mögen überzeugt sein, daß Innovation, Individualität und eigenständige Kreativität logisch unmöglich sind. Das ist ihr Problem. Jemandem, der in den 90er Jahren lebt, wird es produktiver erscheinen, der positiven Zeitgemäßheit von C-Effekt-Denkern wie Cage zu folgen (...).«[29] Wie bei Hutcheon stoßen hier konservative Modernisten mit fortschrittlichen und kreativen Postmodernisten zusammen.

Anregend ist hingegen Zurbruggs Verknüpfung von postmoderner Kunst und elektronischer Technologie, weil sie, ohne daß sich Zurbrugg dessen bewußt wäre, postmoderne Kreativität mit moderner – also vormodernistischer – Rationalisierung und Fortschrittsgläubigkeit verbindet: »Postmoderne kollektive Kunstgattungen variieren von high-tech multimedialen Experimenten zu halbschamanistischen Riten.«[30] Um das Subjekt brauchen sich die Apokalyptiker nicht zu sorgen: »Kurzum, das Subjekt lebt und gedeiht in der postmodernen Kultur, obwohl es etwas fragmentierter ist als bisher und oft etwas *elektronischer* als seine modernistischen Vorfahren.«[31] Postmoderne ist also auch als Fortschritt denkbar – nicht nur als Kritik an ihm.

So leicht sind aber die Apokalyptiker – zumindest die marxistischen – nicht zu beruhigen, zumal sie wie ihre Kontrahenten Hut-

---

28 N. Zurbrugg, *The Parameters of Postmodernism*, Carbondale-Edwardsville, Southern Illinois Univ. Press, 1993, S. XI.

29 Ibid., S. 166-167.

30 Ibid., S. 39.

31 Ibid., S. 40.

cheon und Zurbrugg im Rahmen eines dualistischen Diskurses denken, in dem die Entrüstung vorprogrammiert ist. Bei Jameson fallen die ästhetischen Urteile über die Postmoderne noch relativ mild aus, weil er als Brecht-Leser meint, der populären Ausrichtung der zeitgenössischen Kunst- und Stilrichtungen zustimmen zu können: »Was das Kulturelle angeht, so schreibe ich als recht begeisterter Konsument der Postmoderne.«[32] Wörtlich: »The music is not bad to listen to, or the poetry to read (...).«[33] Beispiele, die dieses Werturteil konkretisieren, plausibel machen könnten, fehlen leider. Insgesamt fällt jedoch die postmoderne Kunst unter das Verdikt der Warenproduktion: »Ästhetische Produktion ist integraler Bestandteil der allgemeinen Warenproduktion geworden.«[34] Diese These mag in ihrer Allgemeinheit zwar richtig sein und wird im folgenden auch ernst genommen; sie wird aber wichtigen Werken der Postmoderne – z.B. Robbe-Grillets *Dans le labyrinthe* oder Calvinos *Se una notte d'inverno un viaggiatore* – nicht gerecht. Solche Werke sind eher als Reaktionen *auf* die Kulturwarenproduktion zu verstehen denn als ihre Ausdrucksformen.

Weitaus unversöhnlicher und polemischer als Jameson tritt der Marxist Terry Eagleton als Kritiker postmoderner Literatur und Kunst auf. Was den Modernismus in seinen Augen wertvoll und erhaltenswert macht, ist seine Suche nach Sinn und Wahrheit. In der Postmoderne wird diese Suche durch ein wertneutrales Streben nach Macht und Geld verdrängt: »Die seichten, stillosen, enthistorisierten, affektlosen Oberflächen postmoderner Kultur sollen nicht Entfremdung bedeuten, denn als solcher setzt der Begriff der Entfremdung insgeheim einen Traum von Authentizität voraus, den die Postmoderne nicht verstehen kann.«[35] Es ist zwar richtig, daß es keine Gesellschaftskritik ohne Wahrheitsbegriff und Sinnfindung geben kann,

---

32 F. Jameson, *Postmodernism, or, the Cultural Logic of Late Capitalism*, Durham, Duke Univ. Press, 1991, S. 298.

33 Ibid.

34 F. Jameson, »Postmoderne – Zur Logik der Kultur im Spätkapitalismus«, in: A. Huyssen, K. R. Scherpe (Hrsg.), *Postmoderne*, op. cit., S. 48.

35 T. Eagleton, *Against the Grain. Selected Essays*, London-New York, Verso, 1986, S. 132. Daß Eagletons Perspektive sozialistisch ist, läßt sein Buch *The Illusions of Postmodernism,* Oxford, Blackwell 1996, S. IX erkennen: »Throughout this study, I have judged postmodernism from a broadly socialist perspective (...).«

dies darf aber nicht bedeuten, daß postmoderne Kunst und Literatur stillos und enthistorisiert sein müssen. Möglicherweise zeugen sie lediglich von der Schwierigkeit, gegenwärtig Werte zu setzen und Sinn zu verkünden. Sie sollten deshalb nicht bagatellisiert oder gar verurteilt werden.

Anders als Hutcheon, Zurbrugg und die Marxisten, die *innerhalb* der postmodernen Problematik agieren und sich für oder wider bestimmte Aspekte dieser Problematik aussprechen, versuchen Autoren wie Ricardo J. Quinones und Brian McHale, Modernismus und Postmoderne als noetische Systeme oder Paradigmen zu denken, in denen bestimmte Fragen oder Aussagen möglich sind, andere hingegen nicht (mehr). Die Auffassungen dieser Autoren nähern sich denen Thomas S. Kuhns und Michel Foucaults, die ebenfalls erfahren möchten, was zu einem bestimmten Zeitpunkt innerhalb bestimmter noetischer Systeme erfahrbar, denkbar und sagbar ist.[36]

Diese Betrachtungsweise unterscheidet sich insofern vorteilhaft von der »ideologisierenden« Hutcheons, Zurbruggs, Jamesons und Eagletons, als sie es uns ermöglicht, Modernismus und Postmoderne als komplexe, heterogene Systeme zu denken – nicht als Stilrichtungen, Ästhetiken oder Ideologien. Sie stimmt in mancher Hinsicht mit dem hier vorgeschlagenen Konstrukt der *Problematik* überein. Allerdings umfaßt die literarische Problematik, die im letzten Teil dieses Kapitels entworfen und im fünften Kapitel konkretisiert wird, auch gesellschaftliche und philosophische Aspekte, die bei den hier genannten Autoren fehlen.

So versucht beispielsweise Quinones in *Mapping Literary Modernism* die Entstehung des Modernismus, zu dessen Vorläufern er Dostoevskij und Nietzsche rechnet, im Zusammenhang mit einer Verschiebung im gesellschaftlichen Wertsystems Europas und Nordamerikas zu erklären: »Literary Modernism was part of a significant shift in values.«[37] Dieser *shift* wird durch die Krise der bürgerlich-humanistischen, der liberalen Werte bewirkt und von Autoren wie D. H. Lawrence oder Thomas Mann dargestellt. Auf die Krise reagieren modernistische Schriftsteller mit kosmopolitischer Gesinnung, Viel-

---

36 Vgl. M. Foucault, *Die Ordnung der Dinge*, Frankfurt, Suhrkamp, 1974.

37 R. J. Quinones, *Mapping Literary Modernism. Time and Development*, Princeton, Univ. Press, 1985, S. 23.

falt (*diversity*) und Fragmentierung (*fragmentation*).[38] (Es sei hier kurz daran erinnert, daß Hassan die Moderne mit Hilfe von Merkmalen wie *hierarchy, totalisation* und *synthesis* zu beschreiben versucht.) Kurzum, bei Quinones erscheint der Modernismus einerseits als Selbstkritik der Moderne (etwa des seit der Renaissance herrschenden Individualismus), andererseits als eine neue Konstellation von Problemen, Fragen und Antworten.

Ein vergleichbares Denkmuster kristallisiert sich bei Brian McHale heraus, der – in dieser Hinsicht genauer als Quinones – Modernismus und Postmoderne als noetische Systeme auffaßt. Während im Modernismus *epistemologische* Fragestellungen dominieren, ist die Postmoderne vorwiegend als *ontologisches* System zu denken. »The dominant of modernist fiction is epistemological (...), the dominant of postmodernist fiction is ontological«[39], stellt er fest. Charakteristisch für den epistemologisch strukturierten Modernismus sind folgende Fragen: »Wie kann ich diese Welt, der ich angehöre, interpretieren?« – »Was kann ich wissen?« – »Wer weiß es, und wie zuverlässig ist sein Wissen?« – »Wo liegen die Grenzen des Erkennbaren?« Im Gegensatz dazu lauten die ontologischen Fragen der Postmoderne: »Was ist dies für eine Welt?« – »Was soll in dieser Welt gemacht werden?« – »Welches von meinen Ichs soll es tun?« – »Was ist eine Welt?« – »Welche Welten gibt es, wie sind sie beschaffen, und wie unterscheiden sie sich?« usw.[40]

Während der Erzähler von Prousts *Sodome et Gomorrhe* etwa im Zusammenhang mit Charlus' und Jupiens Homosexualität vorwiegend Fragen epistemologischer Art aufwirft, dominieren in Robbe-Grillets *La Maison de rendez-vous* Fragen, die die Beschaffenheit der fiktiven Welt(en) betreffen. Wichtig ist McHales Überlegung, daß die extreme epistemologische Unsicherheit, die vor allem den späteren Modernismus kennzeichnet, schließlich in ontologische Instabilität

---

38 Quinones spricht von der »Modernist capacity to exploit and develop the virtues of cosmopolitanism, diversity and fragmentation«. (S. 27) Damit stellt er grundsätzlich Hassans Schema in Frage, das diese Merkmale für die Postmoderne reklamiert.

39 B. McHale, *Constructing Postmodernism*, London-New York, Routledge, 1992, S. 9-10.

40 Ibid.

und Pluralität umschlägt: »Werden epistemologische Fragen weit genug entwickelt, so schlagen sie (tip over) in ontologische Fragestellungen um.«[41] Es fragt sich allerdings, ob es in allen Fällen möglich ist, dieses etwas abstrakte, aber sicherlich brauchbare Modell anzuwenden: »Was ist das für eine Welt?« – »Was soll in dieser Welt gemacht werden?« – Sind das nicht ontologische Fragen, die immer wieder von Josef K. im *Prozeß*-Roman, von K. im *Schloß*-Roman und von Gregor Samsa in *Die Verwandlung* aufgeworfen werden? Ist Kafka am Ende ein postmoderner Autor?

Unabhängig von der Beantwortung dieser Frage, die auch im Zusammenhang mit James Joyce gestellt wird[42], sind sich die hier kommentierten Autoren einig, daß Modernismus und Postmoderne internationale und interkulturelle Erscheinungen sind, die im Rahmen einer Nationalphilologie nicht erfaßt werden können. Daß Linda Hutcheon dazu neigt, den Modernismus mit T. S. Eliots Werk und dem konservativen New Criticism zu identifizieren, wurde bereits erwähnt und gilt in noch stärkerem Maße für David Lodges Analysen, die sich fast ausschließlich an britischen und amerikanischen Werken orientieren. Diese Einseitigkeit des Textkorpus hat u.a. zur Folge, daß der Modernismus als Reaktion auf den Tod Gottes und als pessimistisches Weltbild erscheint und mit der Ansicht identifiziert wird, »daß die Welt eine Einöde ist (wasteland), ein Ort sinnlosen Leidens, erfolgloser Kommunikation und zerschellter Illusionen«.[43] Diese Darstellung, die von Eliots *Wasteland* geprägt ist, ist zwar auf zahlreiche Werke des Modernismus anwendbar, trifft in dieser Form aber weder auf Gides *Nourritures terrestres* noch auf Brechts Episches Theater,

---

41 Ibid., S. 11. Vgl. auch: B. McHale, *Postmodernist Fiction*, London-New York, Routledge, 1987, S. 11: »In postmodernist texts, in other words, epistemology is *backgrounded*, as the price for foregrounding ontology.«

42 Während Hassan Joyces *Portrait of the Artist as a Young Man* für modernistisch, *Finnegans Wake* hingegen für postmodern hält (*The Postmodern Turn*, op. cit., S. 88), läßt McHale die Grenze zwischen Modernismus und Postmoderne quer durch den *Ulysses*-Roman verlaufen: »Split roughly down the middle, its first half has long served as a norm for ›High Modernist‹ poetics, while only recently have we begun to regard its second half as normatively postmodernist.« (*Constructing Postmodernism*, op. cit., S. 10.)

43 D. Lodge, *The Modes of Modern Writing: Metaphor, Metonymy, and the Typology of Modern Literature*, London, Edward Arnold, 1977, S. 157.

noch auf die avantgardistischen Bewegungen Europas zu, die im folgenden zur modernistischen Problematik gerechnet werden.

Lodge ist auch mit Skepsis zu begegnen, wenn er sich – möglicherweise um seine literarische Einseitigkeit zu kompensieren – dafür einsetzt, daß die Definition des Modernismus die Grenzen einzelner Kunstgattungen überschreiten soll: »must be sought beyond boundaries of the arts«.[44] Denn gerade die Architektur, die immer wieder als Paradebeispiel für postmoderne Reaktionen auf die funktionalistische Moderne angeführt wird, zeigt, daß »Moderne«, »Modernismus« und »Postmoderne« in verschiedenen Kunstbereichen sehr heterogene Bedeutungen angenommen haben. Le Corbusiers utilitaristische und rationalistische Moderne der Zwischenkriegszeit ist genau das Gegenteil des literarischen Modernismus dieser Zeit: Sie ist die von den Modernisten Baudelaire, Huysmans, Döblin und Hesse kritisierte Moderne, die auch modernistischen Soziologen wie Simmel, Durkheim und Alfred Weber zum Problem wird. (Vgl. Kap. I.)[45]

Wie problematisch es ist, Literatur, Architektur und andere Kunstformen einem abstrakten Moderne- oder Modernismusbegriff zu subsumieren, zeigt David Harveys Studie *The Condition of Postmodernity*, in welcher der Architektur eine modellbildende Rolle zufällt. Es ist zwar richtig, daß der Modernismus nach 1848, wie Harvey sagt, in vieler Hinsicht ein Stadtphänomen (»urban phenomenon«)[46] war, aber *gegen* dieses Stadtphänomen begehrten die modernistischen Literaten gerade auf. Schon deshalb ist es nicht legitim, das literarische Experiment dem technisch-architektonischen anzugleichen, wie Harvey es tut, wenn er etwas pauschal von »the experience of space and time in Western capitalism«[47] spricht und die technizistische Ideologie der italienischen Futuristen sowie Ezra Pounds »thirst

---

44 Ibid., S. 74-75.

45 Aus Le Corbusiers Buch *Quand les cathédrales étaient blanches* (Paris, Plon, 1937, Denoël-Gonthier, 1971) spricht der ungebrochene Optimismus des modernen Architekten, den Musil karikiert und Hesse verteufelt hätte: »Aujourd'hui aussi le monde recommence (...). Nous y sommes aujourd'hui: le monde à mettre en ordre, à mettre en ordre sur des décombres, comme une fois déjà, quand les cathédrales étaient blanches, sur les décombres de l'antiquité.« (S. 7-8)

46 D. Harvey, *The Condition of Postmodernity*, Oxford, Blackwell, 1990, S. 25.

47 Ibid., S. 29.

for machine efficiency«[48] in den Mittelpunkt seiner Betrachtungen stellt: Sie sind nur *ein* Aspekt des Modernismus, nur *eine* seiner Antworten.

Kurzum: es ist nicht möglich, die literarische Problematik aus der heterogenen Problematik der Architektur oder anderer Kunstformen abzuleiten. Obwohl eine alle Kunstformen umfassende Konstruktion von Modernismus und Postmoderne durchaus wünschenswert und möglich ist, scheint es angesichts der Heterogenität der Kunstentwicklungen, Definitionen und Perspektiven in der gegenwärtigen Situation sinnvoller zu sein, die Konstruktion der modernistischen und postmodernen Problematik auf den Bereich der verbalen Kommunikation zu beschränken: auf Literatur, Philosophie und Soziologie, die als Diskurse im sprachlichen Medium unmittelbar aufeinander einwirken.

2. Die Problematiken des Modernismus und der Postmoderne: Ambiguität, Ambivalenz und Indifferenz

Die literarische und literaturwissenschaftliche Diskussion hat hier auch deshalb einen »paradigmatischen« Stellenwert, weil eine der gegenwärtigen (pejorativen) Bedeutungen des Wortes »Postmoderne« in den Jahren 1959-60 entstanden ist, als die amerikanischen Literaturwissenschaftler Irving Howe und Harry Levin[49] die Nachkriegsliteratur als »postmodern« abqualifizierten. In ihren Augen erreichte sie nicht mehr das Niveau der großen Meister der Moderne: Eliots, Thomas Manns, Prousts. »Es blieb Leslie Fiedler, mir und anderen überlassen«, erinnert sich Ihab Hassan, »den Begriff in den 60er Jahren mit voreiliger Zustimmung und sogar einem Körnchen Bravur zu verwenden.«[50] Vor allem Fiedler faßt, wie noch zu zeigen sein wird, die postmoderne Schreibweise als einen Brückenschlag von der anerkannten zur populären Literatur auf.

Im literarischen Bereich dreht John Barth ebenfalls den Spieß gegen Apologeten der Hochmoderne wie Howe und Levin um, wenn

---

48 Ibid., S. 33.

49 Siehe z.B. I. Howe, »Mass Society and Post-Modern Fiction«, in: *Partisan Review* 26, 1959, S. 420-436, sowie H. Levin, »What was Modernism«, in: ders., *Refractions. Essays in Comparative Literature*, New York, Columbia, 1966.

50 I. Hassan, *The Postmodern Turn*, op. cit., S. 86.

er in seinen berühmt gewordenen Artikeln »The Literature of Exhaustion« (1967) und »The Literature of Replenishment: Postmodernist Fiction« (1980) in der modernistischen Tradition eine gewisse Blutarmut diagnostiziert und postmoderne Alternativen entwirft. Die schroffe Ablehnung der realistischen Erzählung, der Illusionsbildung, der bürgerlichen Vernunft und der Moral der Mittelklasse durch die Modernisten sei zu einseitig, denn: »Zusammenhanglosigkeit, Collage, Irrationalismus, Antiillusionismus, Selbstreflexion, Selbstreferentialität, olympische Attitüden in der Politik und ein moralischer Pluralismus, der sich der moralischen Entropie nähert – sind auch nicht die ganze Wahrheit.«[51]

Als Programm der literarischen Postmoderne schlägt Barth eine Überwindung der Kluft vor, die sich zwischen modernistischer Literatur und bürgerlichem Alltag aufgetan hat, und faßt eine Synthese zwischen den erzählerischen Konventionen des 19. und den Experimenten des 20. Jahrhunderts ins Auge: »Mein idealer postmoderner Autor lehnt weder völlig ab noch imitiert er bloß seine modernistischen Eltern des 20. oder seine vormodernistischen Großeltern des 19. Jahrhunderts.«[52] Ohne radikal mit dem modernistischen Experiment zu brechen, besinnt sich dieser Autor auf den Wert der vormodernistischen Romantradition, die in der volkstümlichen Kultur der Mittelklasse beheimatet ist (»whose historical roots are famously and honorably in middle-class popular culture«).[53]

Dieses Plädoyer für eine Erneuerung der Literatur durch Rückgriff auf bewährte Erzählformen mag konservativ anmuten; es antizipiert aber Umberto Ecos drei Jahre später erschienene *Nachschrift zum Namen der Rose*, in der die Erschöpfung des Modernismus als Avantgarde verkündet wird: »Es kommt jedoch der Moment, da die Avantgarde (also die Moderne) nicht mehr weitergehen kann (...). Die postmoderne Antwort auf die Moderne besteht in der Einsicht und Anerkennung, daß die Vergangenheit, nachdem sie nun einmal nicht zerstört werden kann, da ihre Zerstörung zum Schweigen führt, auf neue Weise ins Auge gefaßt werden muß: mit Ironie, ohne Un-

---

51 J. Barth, »The Literature of Replenishment. Postmodernist Fiction«, in: *Atlantic Monthly*, Januar 1980, S. 70.

52 Ibid., S. 71.

53 Ibid., S. 70.

schuld.«[54] Auch hier führt also der Weg aus der Sackgasse des Modernismus zurück zu tradierten Erzählmustern.

In dieser sprachlichen Situation, in der die einen sich enttäuscht von einer inhaltsleeren oder marktkonformen Literatur abwenden, während andere eine Postmoderne zelebrieren, die sich mit bürgerlichen Konventionen und den Gepflogenheiten der Kulturindustrie versöhnt, ist die Versuchung groß, flugs Partei für die einen oder die anderen zu ergreifen oder gar mit gezücktem Marx-, Lukács- oder Adorno-Schwert eine Attacke gegen das rote Tuch der Postmoderne zu reiten. Das tut beispielsweise Terry Eagleton, wenn er die postmoderne Literatur pauschal mit Verdinglichung und affirmativer Ideologie identifiziert. Linda Hutcheons Gegenangriff (»Postmodernism does not, as Terry Eagleton asserts ...«)[55] läßt nicht auf sich warten, und der Taubstummendialog zwischen Brecht, Lukács und Anna Seghers erlebt eine Neuauflage in postmodernem Gewand.

Es ist auch denkbar, daß »der Modernismus« und »der Postmodernismus« überhaupt nichts tun, weil sie komplexe und heterogene Systeme im Sinne von McHale sind, die allmählich, durch eine Verschiebung innerhalb der literarischen und gesellschaftlichen Problematik, aus der Romantik und dem Realismus hervorgehen. Dies meint z.T. auch Rolf Günter Renner, wenn er erklärt: »Die Frage nach dem Verhältnis der Termini *modern* und *postmodern* kann schon von daher auf keine Epochenbestimmung im üblichen literaturwissenschaftlichen Sinn zielen, sondern muß von vornherein die Beschreibung einer Konstellation von Diskursen und Erfahrungen ins Auge fassen, die bereits in der Moderne entstehen, gleichwohl deren Grenzen markieren.«[56]

Dazu ist zweierlei zu sagen: Es ist sicherlich ergiebiger, Modernismus und Postmoderne als Konstellationen von Diskursen und Erfahrungen zu denken, als zu versuchen, sie auf Ideologien, Ästhetiken oder Stilistiken festzulegen: Was hier mit Problematik ausgedrückt wird, überschneidet sich in einigen Punkten mit Renners (Benjamins, Adornos) Auffassung der Konstellation. Es sollte jedoch er-

---

54 U. Eco, *Nachschrift zum »Namen der Rose«*, München, DTV, 1986, S. 78.

55 L. Hutcheon, *A Poetics of Postmodernism*, op. cit., S. 159.

56 R. G. Renner, *Die postmoderne Konstellation. Theorie, Text und Kunst im Ausgang der Moderne*, Freiburg, Rombach, 1988, S. 25.

gänzt werden, daß Modernismus und Postmoderne – vor allem angesichts der von Soziologen beschriebenen gesellschaftlichen Umschichtungen – sehr wohl historisch-chronologisch als Epochen darstellbar sind: unter der Voraussetzung allerdings, daß auch Epochen wie Romantik oder Realismus nicht einfach als Ästhetiken oder Stilrichtungen, sondern als Problematiken oder Konstellationen gedacht werden. Auch die Romantik, die Quinones und Gerald Gillespie[57] für die eigentliche Vorgängerin und Kontrahentin des Modernismus halten, erscheint bei näherer Betrachtung als ein komplexes System von ideologischen und ästhetischen Positionen, in dem Shelleys Anarchismus und Chateaubriands oder Novalis' Konservatismus kollidieren. Insofern hätte Renner seine Position offensiver vertreten und behaupten können, daß auch die älteren literaturwissenschaftlichen Epochen als Konstellationen aufzufassen sind.

Der Realismus, aus dem in den meisten literaturgeschichtlichen Betrachtungen der Modernismus hervorgehen soll[58], ist, vor allem, wenn er im Gegensatz zum altersstarren Klassizismus oder zu einer sich auflösenden Romantik beschrieben wird, als gesellschaftskritische oder gar revolutionäre Bewegung darstellbar. Stephan Kohl übertreibt nicht, wenn er vom »engen Zusammenhang« spricht, »den man damals zwischen Demokratie, der Revolution von 1848 und Realismus sah«.[59] Dennoch hat man den europäischen Realismus des öfteren einer konservativen Gesinnung geziehen: nicht nur in Anbetracht von Balzacs legitimistischer Tendenz, sondern auch im Hinblick auf C. F. Meyers historistische Flucht aus der Moderne, die mit Spielhagens bisweilen radikalem Liberalismus nicht auf einen Nenner zu bringen ist. Auch der Realismus ist also nicht als einheitliche Ideologie oder Ästhetik darstellbar.

Gemeinsam scheint den Realisten die Annahme zu sein, daß es möglich ist, die Wirklichkeit mimetisch wiederzugeben und die

---

57 Vgl. G. Gillespie, *Echoland. Readings from Humanism to Postmodernism*, Bruxelles-Bern-Berlin, Peter Lang, 2006, S. 17.

58 Vgl. A. Eysteinsson, *The Concept of Modernism*, Ithaca-London, Cornell Univ. Press, 1990, S. 5: »Realism is therefore a key term that in various ways highlights the social background against which modernism receives its significance as a ›negative‹ practice, or as a poetics of the nonorganic text.«

59 S. Kohl, *Realismus: Theorie und Geschichte*, München, Fink, 1977, S. 84.

Zweideutigkeit oder *Ambiguität*, die den kognitiven oder ästhetischen Darstellungsversuchen Widerstand leistet, zu überwinden. In dieser Hinsicht waren sie Hegelianer, und Hegel wird von John E. Smith zu Recht als philosophischer Realist definiert: »In dieser Hinsicht war Hegel durch und durch Realist: Was wir erkennen, sind die Dinge selbst, ihre Eigenschaften, Einheiten, Beziehungen. Für Hegel ist das Wirkliche nicht *hinter* oder *jenseits*, sondern in dem von uns Wahrgenommenen enthalten.«[60] Wie die Realisten – obwohl in einem anderen Kontext – glaubt Hegel an die Möglichkeit, Zweideutigkeiten und Widersprüche, die sich unserer Erkenntnis entgegenstellen, durch ein synthetisierendes Denken zu überwinden.

Parallel dazu nimmt sich Balzac vor, »ein mehr oder weniger treuer Maler« (»peintre plus ou moins fidèle«)[61] seiner Gesellschaft zu sein und stellt seinen Roman *Les Paysans* als eine gesellschaftskritische Studie dar: »Ich beobachte die Entwicklung meiner Epoche, und ich veröffentliche dieses Werk.« (»J'étudie la marche de mon époque, et je publie cet ouvrage.«)[62] Die Möglichkeit, eine Epoche erzählerisch-mimetisch darzustellen, setzt allerdings die Erkennbarkeit der Situationen, Figuren und Handlungen voraus. Sie ist in der *Comédie Humaine* insofern gegeben, als Autor und Erzähler in der Ansicht übereinstimmen, daß kognitive, ethische und psychische Zweideutigkeiten aufgelöst werden können, so daß schließlich die Wahrheit – Hegel würde sagen: das Wesen hinter den Erscheinungen – zutage tritt.

Gleich zu Beginn der *Illusions perdues* nimmt sich der Erzähler vor, Mme de Bargeton, eine der Hauptfiguren des Romans, zu erklären: »comprendre Mme de Bargeton, un des personnages les plus importants de cette histoire«.[63] Wenige Seiten später wird dieses erzählerische Vorhaben mit Erfolg abgeschlossen: Mme de Bargeton wird vom »scharfsinnigen Beobachter« (»perspicace observateur«) ihrem Wesen nach erkannt: als Liebende ohne Geliebten, »enfin

60 J. E. Smith, »Hegel's Critique of Kant«, in: J. J. O'Malley et al. (Hrsg.), *Hegel and the History of Philosophy*, Den Haag, Nijhoff, 1974, S. 118.

61 H. de Balzac, *La Comédie humaine* Bd. 1, Paris, Seuil, 1965, S. 52.

62 H. de Balzac, *Les Paysans*, Paris, Gallimard (Livre de poche), 1968, S. 19.

63 H. de Balzac, *Illusions perdues*, Paris, Gallimard (Livre de poche), 1962, S. 39.

l'amour sans l'amant«.[64] Um ja keine Zweifel aufkommen zu lassen, wird dieser Befund vom Erzähler bestätigt: »Et c'était vrai.«[65] Von solch realistischer Zuversicht können die modernen und postmodernen Erzähler Kafkas, Becketts oder Robbe-Grillets nur träumen.

Tatsächlich gehen die Realisten von der Annahme aus, daß ihre Erzähler in der Lage sind, die Dinge so darzustellen, wie sie sind, so daß sich eine Reflexion über die Kontingenz des Erzählerstandpunkts erübrigt. »Erlaubt ist ausschließlich die fortschreitende epische Darstellung unter völliger Ausschaltung des Erzählers«[66], bemerkt Stephan Kohl im Zusammenhang mit Spielhagen. Diese Einstellung ist auch die des italienischen Veristen Giovanni Verga, der in seiner Einleitung zu *L'amante di Gramigna* nach einer wahren und realistischen Darstellung strebt, die uns die Gegenwart des Erzählersubjekts vergessen läßt: Das Kunstwerk »wird das Siegel des wirklichen Ereignisses tragen« (»avrà l'impronta dell'avvenimento reale«) und wird uns »als *aus sich selbst entstanden* erscheinen« (»sembrerà *essersi fatta da sé*«).[67] Es fällt auf, daß hier zusammen mit der Frage nach der Kontingenz des Erzählerdiskurses die Frage nach der Konstruktion der Wirklichkeit ausgeblendet wird.

Diese ontologische Zuversicht geht dem späten Realismus verloren: »Im Werk Raabes zeigt sich beispielhaft für den deutschen Realismus des 19. Jahrhunderts, wie die Überzeugung von einer erkennbaren Weltharmonie mehr und mehr von Zweifeln bedroht wird und die Darstellung eines ›Zusammenhangs der Dinge‹ nur als subjektive Setzung gelingt.«[68] In diesem Kommentar von Stephan Kohl zeichnet sich die aus dem Realismus hervorgehende Problematik des Modernismus ab: Die von Hegel und den Realisten epistemologisch und ästhetisch überwundene *Ambiguität* erscheint von nun an als extreme *Ambivalenz*, deren Aufhebung in einer logischen, phänomenologischen oder ästhetischen Synthese nicht mehr möglich ist. Zugleich wird die poetische oder erzählerische Konstruktion der Wirklichkeit

---

64 Ibid., S. 48.

65 Ibid.

66 S. Kohl, *Realismus*, op. cit., S. 107.

67 G. Verga, »Introduzione a *L'amante di Gramigna*«, in: P. Pullega, *Leggere Verga. Antologia della critica verghiana*, Bologna, Zanichelli, 1973, S. 361.

68 S. Kohl, *Realismus*, op. cit., S. 111.

als solche, d.h. als »subjektive Setzung«, sichtbar: als kontingente *conjecture* im Sinne von Popper, die der Widerlegung, der *refutation* durch Ereignisse und Gegenentwürfe, ausgesetzt ist.

Der Denker der extremen Ambivalenz ist, wie sich gezeigt hat, Friedrich Nietzsche, dessen Antihegelianismus und Antirealismus auf die wichtigsten modernen Autoren nachhaltig eingewirkt haben. Seine Umwertung aller Werte führt eine Ambivalenz als *coincidentia oppositorum* herbei, die sich nicht nur im ethischen und ästhetischen, sondern auch im erkenntnistheoretischen Bereich auswirkt: »Kann man nicht *alle* Werte umdrehn? und ist Gut vielleicht Böse? und Gott nur eine Erfindung und Feinheit des Teufels? Ist alles vielleicht im letzten Grunde falsch?«[69]

In Zweifel gezogen wird Hegels und der Realisten Allerheiligstes, nämlich unsere Vernunft: »Daß die Welt *nicht* der Inbegriff einer ewigen Vernünftigkeit ist, läßt sich endgültig dadurch beweisen, daß jenes *Stück Welt*, welches wir kennen – ich meine unsre menschliche Vernunft –, nicht allzu vernünftig ist.«[70] Diese Art von Selbsterkenntnis, die den »endgültigen Beweis« nur ironisch, d.h. negativ auffassen kann, wirkt sich auch auf unser logisches Vermögen aus: »Woher ist die Logik im menschlichen Kopfe entstanden? Gewiß aus der Unlogik, deren Reich ursprünglich ungeheuer gewesen sein muß. Aber unzählig viele Wesen, welche anders schlossen, als wir jetzt schließen, gingen zugrunde: es könnte immer noch wahrer gewesen sein! Wer zum Beispiel das ›Gleiche‹ nicht oft genug aufzufinden wußte, in betreff der Nahrung oder in betreff der ihm feindlichen Tiere, wer also zu langsam subsumierte, zu vorsichtig in der Subsumption war, hatte nur geringere Wahrscheinlichkeit des Fortlebens als der, welcher bei allem Ähnlichen sofort auf Gleichheit riet.«[71]

Diese Passage ist nicht nur deshalb wichtig, weil sie die abendländische Logik dem Zweifel der extremen Ambivalenz aussetzt (Logik als Unlogik), sondern weil sie den Nexus von *Ambivalenz, Kon-*

---

69 F. Nietzsche, *Menschliches allzu Menschliches*, in: ders., *Werke* Bd. 2, München, Hanser, 1980, S. 440.

70 Ibid., S. 873.

71 F. Nietzsche, *Die fröhliche Wissenschaft*, in: ders., *Werke* Bd. 3, op. cit., S. 118-119.

tingenz und *Partikularisierungstendenz* erkennen läßt, der zu den wichtigsten Komponenten der modernistischen Problematik gehört (vgl. Kap. III). Die Logik haben nach Nietzsche diejenigen erfunden, die aus Angst oder Hunger zu schnell subsumierten, allzu großzügig klassifizierten. Wenn diese Argumentation, die jedem Cartesianer und Hegelianer zum Alptraum werden muß, zutrifft, dann ist unsere Logik kontingent, weil zufallsbedingt und partikular: nicht verallgemeinerungsfähig.

Komplementär zu diesen Überlegungen Nietzsches verhalten sich Baudelaires religionskritische Betrachtungen, in denen Religion und Prostitution, Heiliges und Profanes, Christentum und Heidentum, Wahrheit und Aberglaube miteinander in einem vom Willen zum Sakrileg beseelten Diskurs verknüpft werden:

> Analyse des contre-religions, exemple: la prostitution sacrée.
> Qu'est-ce que la prostitution sacrée?
> Excitation nerveuse.
> Mysticité du paganisme.
> Le mysticisme, trait d'union entre le paganisme et le christianisme.
> Le paganisme et le christianisme se prouvent réciproquement.
> La révolution et le culte de la Raison prouvent l'idée du sacrifice.
> La superstition est le réservoir de toutes les vérités.[72]

Es ist frappierend, wie in Anlehnung an Benjamin Constant[73], aber lange vor Nietzsche die *coincidentia oppositorum* der extremen Ambivalenz im französischen Kontext praktiziert wird: »Der Aberglaube ist das Reservoir aller Wahrheiten«, sagt der Dichter und antizipiert Nietzsches bekannte These über den »Trieb zur Metaphernbildung«[74], der bei ihm als Grundlage (oder eher *mise en abîme*) der metaphysischen Wahrheit erscheint. Bei beiden Autoren fällt der Wahrheitsbegriff einerseits der Zusammenführung der Gegensätze,

---

72 Ch. Baudelaire, »Mon cœur mis à nu«, in: ders., *Œuvres complètes* Bd. 1, Paris, Gallimard, Bibl. de la Pléiade, 1975, S. 678.

73 Vgl. B. Constant, *De la religion considérée dans ses sources, ses formes et ses développements*, Paris, 1824, Bd. 1, S. 350.

74 F. Nietzsche, »Über Wahrheit und Lüge im außermoralischen Sinne«, in: ders., *Werke* Bd. 5, op. cit., S. 319.

von der auch Walter Benjamin im Zusammenhang mit Baudelaire spricht[75], andererseits der aus ihr resultierenden Partikularisierungstendenz zum Opfer. Wo die Wahrheit bald als Zufallsprodukt des Aberglaubens, bald als das Ergebnis einer zufallsbedingten Metaphernbildung erkannt wird, dort ist ihre Kontingenz besiegelt, weil ihr Anspruch auf Allgemeingültigkeit hinfällig wird.

Wie sieht nun die Ambivalenz, die Bachtin im Zusammenhang mit Dostoevskij so anschaulich darstellt, als strukturierendes Prinzip moderner Literatur aus? Bevor die modernistische Problematik in großen Zügen und gleichsam als *modèle réduit* des fünften Kapitels dargestellt wird, sollen einige ihrer Schlüsselbegriffe wie Ambivalenz, Ironie, Kontingenz und Subjektkrise anhand von Robert Musils Drama *Die Schwärmer* konkretisiert werden. Das erscheint auch deshalb sinnvoll, weil die Probleme des Modernismus zumeist an Romantexten verdeutlicht werden: im nächsten Kapitel und auch bei Alan Wilde, der in seiner bekannten Studie *Horizons of Assent* (1981) den modernen Text durch die aus der Ambivalenz hervorgehende *absolute Ironie* (*absolute irony*) charakterisiert: »The confusions of the world are shaped into an equal poise of opposites: the form of an unresolvable paradox.«[76] Musils Drama *Die Schwärmer* läßt klarer als andere Texte des Modernismus die Verflechtung von Ambivalenz, Ironie, Kontingenz und Partikularisierungstendenz erkennen.

Die Hauptakteure dieses Dramas sind deshalb schwer zu bestimmen, weil sie wandelnde Beweise für Nietzsches These sind, daß Gut und Böse, Wahrheit und Lüge miteinander »verwandt, verknüpft, verhäkelt, vielleicht gar wesensgleich sind« (vgl. Kap. I). Am Ende des dritten Aufzugs tritt ihre Ambivalenz – diesmal auch im psychoanalytischen Sinne als »gleichzeitige Anwesenheit einander entgegengesetzter Strebungen«[77] – besonders kraß in Erscheinung. Anselm

---

[75] Vgl. W. Benjamin, *Charles Baudelaire. Ein Lyriker im Zeitalter des Hochkapitalismus*, Frankfurt, Suhrkamp, 1974, S. 99: »Wenn der Sprachgeist von Baudelaire irgendwo dingfest zu machen ist, so in dieser brüsken Koinzidenz.«

[76] A. Wilde, *Horizons of Assent: Modernism, Postmodernism, and the Ironic Imagination*, Baltimore-London, The Johns Hopkins Univ. Press, 1981, S. 10.

[77] J. Laplanche, J.-B. Pontalis, *Das Vokabular der Psychoanalyse*, Frankfurt, Suhrkamp, 1986 (7. Aufl.), S. 55-58.

scheint den ihm überlegenen Thomas gleichzeitig zu lieben und zu hassen:

REGINE: Was wütest du gegen ihn! Er haßt dich nicht mehr als er jeden hassen muß, aber er liebt dich viel mehr.
THOMAS: Mich liebt er?! Hergekommen, um Maria zu entwenden!
REGINE: Dich liebt er wie einen Bruder, der stärker ist als er.
ANSELM *hat sich mühsam aufgerichtet:* Ich hasse dich. Wohin ich gehen wollte, immer warst du zuvor.[78]

Kurz vor Ende des zweiten Aufzugs wird uns noch einmal die Verwandtschaft der Gegensätze vor Augen geführt, und ihre von Nietzsche angekündigte Wesensgleichheit erscheint möglich. Von Anselm erfahren wir in ironischer Perspektive, daß in seinem Innersten Wahres und Falsches ineinander übergehen:

THOMAS: Er hat einen falschen Selbstmord versucht. Aber wahres Gefühl und falsches sind wohl am Ende beinahe das gleiche.
REGINE: Es gibt Menschen, die wahr sind hinter Lügen und unaufrichtig vor der Wahrheit.
THOMAS: Man findet einen Gefährten und es ist ein Betrüger! Man entlarvt einen Betrüger und es ist ein Gefährte![79]

Der ambivalente Charakter, der in den *Schwärmern* auf Schritt und Tritt inszeniert wird, ist zugleich ein Möglichkeitsmensch im Sinne des *Mannes ohne Eigenschaften.* Anselm, Thomas, Maria und Regine sind stets nach allen Seiten offen, und Thomas beschreibt treffend ihre Einstellung, wenn er sagt, »daß das, was wirklich geschieht, ganz unwichtig ist neben dem, was geschehen könnte«.[80] Diese selbstironische Betrachtungsweise macht ihn zu einem Geistesverwandten Ulrichs, der die geronnene Welt der Wirklichkeitsmenschen, der Realisten, durch seinen Möglichkeitssinn wieder in Fluß bringt. Von beiden gilt, was der Erzähler des Romanfragments von den Möglich-

---

78 R. Musil, *Die Schwärmer*, in: ders., *Gesammelte Werke* Bd. 6, hrsg. von A. Frisé, Reinbek, Rowohlt, 1978, S. 378.

79 Ibid., S. 379.

80 Ibid., S. 330.

keitsmenschen allgemein sagt: »Solche Möglichkeitsmenschen leben, wie man sagt, in einem feineren Gespinst, in einem Gespinst von Dunst, Einbildung, Träumerei und Konjunktiven (...).«[81] Hier ist zugleich von der Welt der Schwärmer die Rede, die nicht nur von unverwirklichten Möglichkeiten und vom Traum, sondern auch von der Kontingenz beherrscht wird. »Zufällig hat nicht er, sondern Thomas Maria geheiratet«[82], erläutert Regine die Rolle des Zufalls dem entrüsteten Fräulein Mertens, das wie der Universitätsprofessor Josef rationalistisch-realistisch denkt, klar umrissene Eigenschaften besitzt und den Ambivalenzzusammenhang nicht durchschaut.

Dieser liegt nicht nur der »absoluten Ironie« (Wilde), sondern auch der Kontingenz als Unverantwortlichkeit und der Verdoppelung des Subjekts zugrunde. In Musils Drama wird das Subjekt immer wieder der Kontingenz ausgeliefert. Es hat als kulturelle Instanz längst auf den noetischen Herrschaftsanspruch der Aufklärung und des Realismus (Mimesis) verzichtet, weil es nicht mehr in der Lage ist, die Zweideutigkeit als Ambivalenz rational-analytisch aufzulösen oder hegelianisch in höheren Synthesen zu überwinden. Dadurch wird sowohl der Wahrheits- als auch der Realitätsbegriff für dieses Subjekt problematisch, das der Kontingenz und dem naturwüchsigen Zufall vergeblich Widerstand leistet. In einer solchen Situation zerbröckelt der kulturelle Firnis, die soziale Subjektivität löst sich auf, und die beiden rivalisierenden Akteure Anselm und Thomas stehen einander als animalische Individuen gegenüber.

THOMAS: (...) Denn nun ist es wie in der Welt der Hunde. Der Geruch in deiner Nase entscheidet. Ein Seelengeruch! Da steht das Tier Thomas, dort lauert das Tier Anselm. Nichts unterscheidet sie vor sich selbst, als ein papierdünnes Gefühl von geschlossenem Leib und das Hämmern des Bluts dahinter. Habt ihr kein Herz, das zu begreifen?! Jagt es uns nicht in den Tod oder – einander in die Arme?![83]

---

[81] R. Musil, *Der Mann ohne Eigenschaften*, in: ders., *Gesammelte Werke* Bd. 1, op. cit., S. 16.

[82] R. Musil, *Die Schwärmer*, op. cit., S. 320.

[83] Ibid., S. 360.

Wesentliche Aspekte der modernen Literatur treten in dieser Passage zutage: Ambivalenz, Kontingenz, Austauschbarkeit (der Rollen, der Subjekte) und Naturwüchsigkeit als Schwächung des »Kultur-Überichs« (im Sinne von Freud). An dieser Stelle des Dramas hat sich die Subjektivität zeitweise aufgelöst, und die reine, nichtsozialisierte Individualität wird sichtbar. Es gehört jedoch zu der besonderen (essayistischen, a-dramatischen)[84] Dynamik des Dramas, daß der Zerfall der Subjektivität im Grenzbereich zwischen Natur und Kultur, Traum und Wachen, Zufall und Absicht wieder zurückgenommen, d.h. subjektiv reflektiert und überwunden wird.

Aus Musils Drama *Die Schwärmer* könnten die wichtigsten Elemente der modernistischen Problematik abgeleitet werden. Sie sollen hier im Anschluß an Brian McHales Konstruktionsversuch mit epistemologischen und ontologischen Fragestellungen verknüpft werden, die andeuten, daß es sich nicht um eine homogene ideologische Taxonomie handelt, sondern um offene Probleme, auf die verschiedene Autoren im Namen von heterogenen Ästhetiken und Ideologien übereinstimmend, komplementär oder widersprüchlich reagieren. Entscheidend ist, daß es sich um *verwandte Probleme* handelt, die trotz ihrer Offenheit eine strukturelle Einheit bilden:

Das Bewußtsein von der Widersprüchlichkeit oder **Ambivalenz** der Werte, Normen, Handlungen und Aussagen; **ableitbare Stilbegriffe:** *Paradoxie* (Wilde), *kompositorische Parataxis* (Proust), *Konstruktivismus* (Pirandello), *agnostischer Erzähler* (Joyce), *Karnevalisierung* (Céline), *Verfremdung* (Brecht), *Essayismus* (Musil), *Ironie* (Svevo), *extreme Polysemie* (Kafka). **Probleme:** *Einheit der Gegensätze* (Fragen: Was ist gut, was ist böse? Was ist richtig, falsch, wahr, unwahr?); *die komplementäre Kritik am Wahrheitsbegriff* (Fragen: Was ist wahr? Was ist Wahrheit?); *der Zweifel am* (Comteschen, Hegelschen) *System und an der Möglichkeit, die Entwicklung der*

[84] Wie Essayismus und Zweideutigkeit (Ambivalenz) zusammenhängen, zeigt Bianca Cetti Marinoni in ihrem Buch über *Die Schwärmer: Essayistisches Drama. Die Entstehung von Robert Musils Stück »Die Schwärmer«*, München, Fink, 1992, S. 59: »Es wird sich hier lohnen, daran zu erinnern (...), daß eine solche Form des Dramas dem programmatischen Essayismus entspricht, in dem Musil gerade seit dem Beginn der Arbeit an den *Schwärmern* eine Modalität des Widerstands gegen die Eindeutigkeit des Begriffssystems sieht.«

Menschheit in einem großangelegten Makrosyntagma darzustellen (Fragen: Wer spricht? Wer erzählt? Mit welcher Absicht und Kompetenz?); *die Kritik an der narrativen Syntax: an der anekdotischen Erzählung in der modernen Prosa oder an der »vorwärtsdrängenden Handlung« im Drama* (Fragen: Wer erzählt? Welchen Herrschaftsanspruch erhebt er?); *das Bewußtsein von einer Krise des individuellen und des kollektiven Subjekts* (Fragen: Wer sind wir? Wer bin ich? Wer ist er?); *die Betonung der Kontingenz und des Zufalls der Notwendigkeit gegenüber* (Fragen: Was ist gegeben, was konstruiert? Worin besteht die Notwendigkeit, die Wahrheit der Konstruktion?); *das Auseinandertreten von Subjekt und Objekt sowie das Unbehagen in Gesellschaft und Kultur* (Fragen: Ist die Wirklichkeit als Objekt erkennbar? In was für einer Wirklichkeit leben wir? Ist die Natur als das »Andere« der Kultur erkennbar? Ist eine andere Wirklichkeit – auf ästhetischer, onirischer, politischer Ebene – denkbar?); *die Darstellung der Natur als Befreiung* (Breton, Hesse) *oder Gefährdung* (Kafka, Sartre) *des Subjekts* (Fragen: Ist die Natur eine Befreiung von der Kultur und vom Kultur-Überich? Ist die Natur eine Bedrohung der Kultur und des Subjekts als deren Produkt?)

Wesentlich ist, daß dieser Problem- und Fragenkomplex sehr heterogene Problemlösungen und Antworten ermöglicht, die von Brechts avantgardistischem Realismus und Audens politischem Engagement bis zu Eliots Konservatismus und Wyndham Lewis' oder Marinettis Faschismus reichen. Dadurch wird die Einseitigkeit und reduktionistische Vereinheitlichung vermieden, die etwa Leon Surettes *The Birth of Modernism* prägt: eine in vieler Hinsicht anregende Studie, die aber die Entstehungsgeschichte des gesamten Modernismus auf die Werke von Ezra Pound, T. S. Eliot und W. B. Yeats ausrichtet. So, ist es wohl zu erklären, daß der Autor zu dem Schluß kommt: »Der Modernismus war stilistischer Strenge sowie dem metaphysischen und epistemologischen Absolutismus verpflichtet.«[85] Er fügt hinzu: »Modernism was classically severe (...), occult or mystical.«[86] Diese Charakteristik mag auf Eliot, Pound und Yeats zutreffen; für Autoren wie Céline, Brecht, Svevo, Pirandello, Döblin und Hašek

---

85 L. Surette, *The Birth of Modernism. Ezra Pound, T. S. Eliot, W. B. Yeats, and the Occult*, Montreal-Kingston-London, McGill-Queen's Univ. Press, 1993, S. 286.

86 Ibid.

gilt sie keineswegs. Um Einseitigkeiten dieser Art zu vermeiden, wird im Anschluß an die Problematik des Modernismus die Problematik der literarischen Postmoderne kontrastiv definiert:

Das Bewußtsein von der Austauschbarkeit oder **Indifferenz** der Werte, Regungen, Handlungen, Aussagen; **ableitbare Stilbegriffe:** *Pluralismus, Entdifferenzierung der Stile* (Pynchon), *radikaler Konstruktivismus* (Ricardou), *extreme Formen der Intertextualität und der Polyphonie* (Cl. Simon), *Anachronismus als Gleichzeitigkeit des Ungleichzeitigen* (L. Goytisolo), *konkurrierende Erzählerstandpunkte* (Butor), *Auflösung der Gattungsgrenzen* (Jürgen Becker), *Karnevalisierung* (Th. Bernhard), *Verfremdung* (W. Schwab), *extreme Polysemie* (Robbe-Grillet), *lineares Erzählen* (Eco), *Rückkehr zu tradierten Erzählformen* (Süskind), *systematische Thematisierung der Leserrolle* (Calvino); **Probleme:** *Austauschbarkeit der Wertsetzungen* (Fragen: Weshalb ist für die einen gut, was für die anderen böse ist? Weshalb bezeichnen die einen als wahr, was die anderen als unwahr oder falsch bezeichnen?); *Ablehnung des metaphysischen Wahrheitsbegriffs durch Partikularisierung* (Fragen: Wie entstehen Wahrheitsbegriffe? Wahrheit für wen?); *Ablehnung der historischen Makrosyntagmen, der métarécits* (Fragen: Welche Funktion erfüllen diese narrativen Strukturen? Welchen Interessen dienen sie?); *das Spiel mit der narrativen Syntax und der dramatischen Handlung* (Fragen: Wer erzählt? Wie wirkt die Erzählung, die Handlung?); *das Spiel mit der Subjektivität* (Fragen: Sind wir nicht sie? Bin ich nicht er?); *Kontingenz und Konstruktion jenseits des Wahrheitsanspruchs und der ästhetischen, metaphysischen und politischen Wertsetzungen* (Fragen: Wie wirkt die Konstruktion auf Leser, Zuschauer?); *Zweifel an der Subjekt-Objekt-Dialektik, tendenzielle Aufgabe der Gesellschafts- und Kulturkritik* (Fragen: Wozu Gesellschaftskritik? Ist Kritik ohne metaphysischen Wahrheitsbegriff möglich? Wozu Utopie? Ist Utopie nicht gefährlich?); *Darstellung der Natur als eines ökologischen Problems* (Fragen: Wer rettet die Natur? Was bedeutet Herrschaft über die Natur?)

Vergleicht man die beiden unvollständigen Modelle der modernistischen und der postmodernen Problematik, so sind folgende Schlüsse im Rahmen einer offenen Struktur (im Sinne der Prager Strukturalisten) *möglich*:

1. Es ist nicht sinnvoll, Modernismus und Postmoderne ausschließlich auf stilistischer Ebene zu definieren, weil stilistische Merkmale erst im Gesamtzusammenhang der Ambivalenz- oder Indifferenz-Problematik eine konkrete Bedeutung annehmen. Während der *Verfremdung* im modernistischen Kontext eine kognitiv-kritische Bedeutung zukommt (Kafka, Brecht) dient sie in der Postmoderne entweder dem ästhetischen Genuß (Eco: »Naturalmente, un manoscritto«, »Natürlich, ein Manuskript«) oder der Provokation (W. Schwab) ohne Wahrheitsgehalt.

2. Modernismus und Postmoderne sind beide stilistisch und politisch heterogen; dem Modernismus wird allerdings durch das Aufbegehren seiner Autoren gegen die bürgerliche Gesellschaftsordnung (von Auden und Brecht bis Huysmans, Céline, Breton und Marinetti) eine Einheit zuteil, die im gemeinsamen Nenner der universalistisch fundierten Gesellschafts*kritik* zum Ausdruck kommt. Dieses kritisch-utopische Moment, das die Affinität zwischen Modernismus und Kritischer Theorie erklärt, wird in der Postmoderne deutlich abgeschwächt – ohne ganz zu verschwinden. (Kritik ist hier im Sinne der Kritischen Theorie als wertsetzender und wahrheitssuchender Diskurs aufzufassen, nicht als rein destruktive Negation.)

3. Die sprachlich-stilistische Heterogenität der postmodernen Literatur ist im Zusammenhang mit den komplementären Schlüsselbegriffen *Indifferenz* und *Pluralismus* zu erklären: Beides ist möglich: sowohl das extrem avantgardistische Experiment (Becker, Schwab) als auch das konventionelle (genießbare) Erzählen, das zu verurteilen immer schwieriger wird, weil die Ideologien, in deren Namen man es verurteilen könnte, von Tag zu Tag schwächer werden.

Was den – stets konstruierten – Übergang vom Modernismus zur Postmoderne angeht, so zeichnen sich, abgesehen von der Kontinuität der Problematik, die immer wieder betont wird[87], folgende Verschiebungen ab, die als »shifts in sensibility, practices and discourse formations«[88], wie Huyssens sagt, noch am ehesten im Zusammenhang

---

[87] Vgl. L.H. Hoek, »Indifférence, outrance et participation, dispositifs postmodernistes«, in: A. Kibédi Varga (Hrsg.), *Littérature et postmodernité*, Groningen, CRIN 14, 1986, S. 35.

[88] A. Huyssens, in: D. Harvey, *The Condition of Postmodernity*, op. cit., S. 39.

mit der soziologischen und der philosophischen Problematik (Kap. II und III) konkret zu verstehen sind: Im Indifferenzzusammenhang wird nicht länger nach dem Guten und Wahren gefragt, die dem Betrachter – gleichsam anthropologisch – »von außen« als partikular erscheinen. Sie sind »kulturabhängig«, sagt er.

Prousts Suche nach der Kunst und Kafkas Suche nach dem Gesetz werden in Robbe-Grillets *Dans le labyrinthe* durch eine Suche ohne Objekt, ohne Telos ersetzt. Die großen metaphysischen Erzählungen werden nicht – wie bei Musil oder Broch – angezweifelt und zerlegt, sondern abgelehnt und durch das spielerische Experiment mit der traditionellen (Eco, Süskind) oder verfremdeten (Barth, Robbe-Grillet) Erzählung ersetzt. Komplementär dazu verhält sich das Spiel mit der Subjektivität in Roman (Süskind) und Drama (W. Schwab). Wie die modernen Autoren reflektieren die postmodernen ihre literarischen Konstruktionen, aber anders als Mallarmé, Sartre in *La Nausée* oder Proust in der *Recherche* verknüpfen sie keinen Wahrheitsanspruch mit diesen Konstruktionen, deren Partikularität und Kontingenz offen zugegeben werden.

Postmoderne Texte wollen nicht primär gesellschaftskritisch wirken, sondern sind 1. einerseits als radikale Experimente ohne kritische Zielsetzungen im Sinne der alten Avantgarde aufzufassen (Calvino, Robbe-Grillet, Butor, Becker, Pynchon); 2. sie sind andererseits lesbare, konsumierbare Erzählungen, die populäre Tradition und Experiment kombinieren (Eco, Süskind, Fowles); 3. sie sind zugleich ideologische (feministische, ökologische oder konservative) Reaktionen auf die Indifferenzproblematik (Marge Piercy, Ernest Callenbach), die – wie sich gezeigt hat – stets zu manichäischen Gegenentwürfen herausfordert; 4. sie sind schließlich ästhetisch-politische Revolten gegen eine Gesellschaftsordnung, die als sinnlos und nihilistisch erfahren wird.

Diese vier Texttypen (es gibt sicherlich noch mehr) werden im fünften Kapitel ausführlicher dargestellt; hier soll zum Abschluß ein Text näher betrachtet werden, der dem vierten Typ zu entsprechen scheint und als Pendant zu Robert Musils Drama gelesen werden kann: Werner Schwabs »Variationskomödie« *Mesalliance. Aber wir ficken uns prächtig* (1992).

In diesem Theaterstück werden Fragen nach der Wahrheit, der Identität des Subjekts oder der wahren Geschichte *undenkbar*. »Das ist der Grund-Fauxpas, der falscheste Ansatz für meine Stücke«, erklärt Schwab in einem Interview. »Da gibt's keine Geschichten zu erzählen. Geschichte und Schicksal interessieren mich nicht.«[89] Wenn Schwab an anderer Stelle bemerkt, daß die Zeit der großen Tragödien vorbei ist, und feststellt: »Es gibt nur mehr die kleinen Schrotttragödien«[90], könnte jemand auf den Gedanken kommen, daß hier Howes und Levins Kritik an einer blutarmen Postmoderne aktualisiert wird. Schwab aber bekennt sich freimütig zum *Schrott*, weil er mit der Tradition der großen Gattungen nichts im Sinn hat.

Sein Theater ist nicht nur ein Antitheater im Sinne von Musils Drama *Die Schwärmer*, in dem dramatische Handlung und Spannung parodiert werden; es ist eine Revolte gegen die sprachliche Vereinnahmung durch die Gesellschaft: »Am Anfang war die Grundidee einfach die, daß die Leute nicht sprechen, sondern gesprochen werden. Das ist ein streng ideologischer Ansatz: Da geht es um Zweifel an irgendwelchen Ich-Formationen, um sogenannten freien Willen et cetera.«[91] Auf die Frage des Journalisten, ob das nicht ein ideologiekritisches Anliegen sei, antwortet Schwab, indem er die Partikularität seines Vorhabens offen zugibt: »Schon, aber der Unterschied ist der, daß es bei mir nicht mit dem Anspruch verbunden ist, daß es über meine Hirngrenzen hinausgeht.«[92] Es klingt antimodern und antibrechtianisch, wenn er hinzufügt: »Demokratie hat doch im Theater und der Kunst nichts verloren.«[93]

Wie sieht nun Schwabs Revolte ohne Gesellschaftskritik und Wahrheitssuche aus? »Sprache, sonst gar nix«[94], sagt Schwab und schreibt einen Text, in dem jeder Satz verfremdet ist, so daß zu keinem Zeitpunkt der »universalistische« Gedanke aufkommen kann, eine Aussage könnte ernst gemeint sein – oder gar »authentisch«:

---

[89] W. Schwab, »Vernichten, ohne sich anzupatzen« (Interview mit R. Koberg und K. Nüchtern), in: *Falter* 40/92, S. 4.

[90] Ibid., S. 5.

[91] Ibid., S. 4.

[92] Ibid.

[93] Ibid.

[94] Ibid., S. 3.

FRAU PESTALOZZI: (...) Und wenn Johannes und Johanna schwarzlaunig leuchten, dann erkennen sie uns als hartnäckig residuale Speckschwarten, die kein Recycling mehr verdient haben. Dabei studieren die Zwillinge die Humanmedizin.[95]

Die Antwort von Herrn Pestalozzi als Kritik am deutschen Existentialismus verstehen zu wollen wäre nicht nur ein modernistisches Mißverständnis, sondern lächerlich:

HERR PESTALOZZI: (...) Und dabei ist uns mein persönlicher Lebensjaspers beileibe kein eindeutiger Salatkopf. Ontologische Äquilibristik, falls du das mit einem Fettrand deiner Existenz heranverstehen kannst an deinen Kalbskopf. Karl Jaspers ... mein Kerlfreund Jaspers, eine vieldeutige Behausung als Behauptung, eine hart zu knackende, steinharte Existenznuß.[96]

Hier wird nicht nur der Existentialismus, sondern jeder vernünftige, deutende Diskurs über ihn der Verfremdung, der Karnevalisierung und der Lächerlichkeit preisgegeben:

FRAU PESTALOZZI: (...) Du hast dir wieder als jaspervasallistischer Totalpädagoge das heideggersche Fieberthermometer in deinen Jaspersarsch gesteckt, ha, und jetzt ist dein deutschstämmiger Fetzenarsch wieder vollkommen derangiert.[97]

Trotz der konventionellen Thematik des Dramas – ein älteres Grazer Ehepaar erwartet die Zwillinge Johannes und Johanna, die zu ihrer Geburtstagsfeier, einem Grillfest, eintreffen sollen – werden die sprachlichen Konventionen so stark übertrieben, daß von der Sprache nichts übrig bleibt als Sprachzerstörung. Diese Wirkung entspricht der Absicht des Autors, dessen letzte Regieanweisung lautet: »SPRACHE: Wie widerlich die Sprache sich durch sich verdeutlicht,

---

95 W. Schwab, *Mesalliance. Aber wir ficken uns prächtig*, in: ders., *Königskomödien*, Graz-Wien, Droschl, 1992, S. 125.

96 Ibid., S. 126.

97 Ibid., S. 127.

verteidigt, vernichtet.«[98] Der moderne Anspruch auf Verallgemeinerungsfähigkeit und Kritik wird hier endgültig preisgegeben, und die Komödie scheint nach dem von Günther A. Höfler zitierten Motto »stop making sense« abzulaufen.[99]

Im dritten und vierten Akt des Dramas, wo der Inzest von Johannes und Johanna metaphorisch-metonymisch für die Karnevalisierung der fiktionalen Welt und deren Sprache steht, wird die Subjektivität zusammen mit allen Gegensätzen und Sinnsetzungen aufgehoben:

JOHANNES: (*dreht das Licht ganz auf*) Alles ist glückhaft abgehaßt. Der Boden ist fertigzertreten. Die Mikroorganismen organisieren sich minderwertig wieder ohne michdich. Wir haben Geburtstag. Wir haben Geburtstag in einer Weise, die vielfach möglich sein wird und keine einzelne Weise mehr sein müssen wird. Der Ekel hat sich freundlich aufgeregt in uns.[100]

Angesichts dieser Verschmelzung der Sinneinheiten und der Subjekte in der In-Differenz erscheinen Musils modernistische Fragen nach Liebe und Haß und nach ihrer möglichen Koexistenz in einer Person irrelevant. Der Irrelevanz überantwortet werden auch Sartres Frage nach der authentischen Handlung oder der *mauvaise foi* sowie Mallarmés, Georges und Adornos Frage nach der wahren Sprache. Die einzige Sprachkritik, die Schwab gelten läßt, ist die alle Sprachkritik aufhebende Sprachzerstörung. Diese Lösung spricht nicht unbedingt gegen ihn, eher gegen den Zustand der Sprache in postmoderner Zeit.[101]

---

98 Ibid., S. 123.

99 Vgl. G. A. Höfler, »›Stop making sense‹. Werner Schwabs Pop-Stück ›Mesalliance aber wir ficken uns prächtig‹ – ein postmodernes Volksstück?«, in: A. Berger, G. E. Moser (Hrsg.), *Jenseits des Diskurses. Literatur und Sprache in der Postmoderne*, Wien, Passagen, 1994, S. 330: »Auch im Hinblick auf diese Schreibhaltung, die mit der Kurzformel ›Stop making sense‹ erfaßt werden kann, läßt die Pop-Kultur grüßen: diesmal von den Dada-Adepten *Talking Heads*.« – In diesem Zusammenhang vgl. auch: G. E. Moser, »Die Funktion der Sprache in der österreichischen postmodernen Literatur« im selben Band, S. 244-249.

100 W. Schwab, *Mesalliance*, op. cit., S. 167.

101 Vgl. R. Kacianka, P. V. Zima (Hrsg.), *Krise und Kritik der Sprache. Literatur zwischen Spätmoderne und Postmoderne*, Tübingen-Basel, Francke, 2004, S. 9-10.

Schwabs *Mesalliance* läßt freilich nur *einen* Aspekt der literarischen Postmoderne erkennen, deren Vielseitigkeit im fünften Kapitel ansatzweise dargestellt werden soll. Das Drama ist insofern typisch, als es kontrastiv zu Musils *Die Schwärmer* die Umschichtungen innerhalb der sprachlichen, ästhetischen und epistemologischen Problematik zutage treten läßt.

3. Avantgarde, Popkultur und postmoderne »Entdifferenzierung«

Um das Verhältnis von Avantgarde und Postmoderne zu verstehen, erscheint es sinnvoll, von zwei Überlegungen auszugehen: Werner Schwabs sprachliche und ästhetische Revolte ist weder als modernistisch noch als avantgardistisch zu bezeichnen, weil sie sich keine gesellschaftskritischen oder utopischen Ziele setzt. Dadurch unterscheidet sie sich von Brechts Epischem Theater und historischen Avantgarden wie Surrealismus, Futurismus (Marinetti *und* Chlebnikov) oder dem tschechischen Poetismus, die mit dem revolutionären Anspruch auftraten, zur Umwälzung der gesellschaftlichen Verhältnisse beizutragen. Die zweite Überlegung betrifft die Heterogenität der modernistischen Problematik: Nur wer den Modernismus auf einen seiner Aspekte wie Konservatismus, geschlossene Form oder Autonomieästhetik reduziert, wird einen Gegensatz zwischen ihm und der Avantgarde konstruieren können.

Dies tut nach Matei Calinescu beispielsweise Douwe Fokkema, wenn er behauptet, »der modernistische Kode (the Modernist code) heb(e) sich schroff vom koexistierenden Kode des Surrealismus ab«.[102] Es soll gezeigt werden, daß sich dieser schroffe Gegensatz bei näherem Hinsehen auflöst und daß der Surrealismus – zusammen mit den futuristischen Avantgarden und dem Poetismus – ein wesentlicher Aspekt der modernistischen Problematik ist.

Ähnlich wie Fokkema, obwohl in einem gesellschaftskritischen Zusammenhang, argumentiert Peter Bürger, wenn er die Avantgarde nicht zu Unrecht als Kritik an der Autonomieästhetik der modernen

---

[102] D. W. Fokkema, *Literary History, Modernism, and Postmodernism*, op. cit., S. 33. Siehe auch: M. Calinescu, *Faces of Modernity. Avant-Garde, Decadence, Kitsch*, op. cit., S. 140.

Kunst auffaßt. Indem die moderne Kunst sich – wie Adorno gesehen hat – hermetisch vor der verwalteten Kommunikationsgesellschaft verschließt, verurteilt sie sich selbst zur Ohnmacht: »Der avantgardistische Protest, dessen Ziel es ist, Kunst in Lebenspraxis zurückzuführen, enthüllt den Zusammenhang von Autonomie und Folgenlosigkeit.«[103] Die Avantgarde kann hier insofern als Selbstkritik der Kunst und als ein Versuch, sie in die Lebenspraxis *zurückzuführen*, aufgefaßt werden, als der Kunst im Mittelalter oder im spanischen *Siglo de Oro* sehr wohl eine gesellschaftliche Rolle zufiel. Erst die moderne Kunst (der Modernismus) treibt die Autonomiebewegung auf die Spitze und konstituiert das einzelne Kunstwerk – zumindest tendenziell – als hermetische Einheit, die mit der sozialen Welt primär negativ, nämlich durch Sinnverweigerung, kommuniziert.

Aus dieser Selbstisolierung moderner Kunst versucht die Avantgarde auszubrechen, indem sie Kunst gleichsam »von außen« als Institution (funktional) betrachtet und sie zu einer revolutionären Umgestaltung der Lebenspraxis verpflichtet. Dabei setzt sie die Feindschaft des Ästhetizismus der bürgerlichen Ordnung gegenüber in die Tat um.[104] Bürger geht so weit, daß er den Praxisbezug der Avantgarde mit der Referentialität verknüpft: »Im avantgardistischen Werk verweist das Einzelzeichen nicht primär auf das Werkganze, sondern auf die Wirklichkeit.«[105] Diese semiotisch etwas naive Ansicht verdankt Bürger dem Umstand, daß er von Kunst allgemein spricht, und Duchamps *ready mades*, Bretons *Nadja* sowie Magrittes Bilder in einem Atemzug nennt. Nun ist aber nicht einzusehen, weshalb gerade der onirisch organisierte *Nadja*-Text kein *sekundäres modellierendes System* im Sinne von Lotman sein, sondern unmittelbar auf die Wirklichkeit verweisen sollte. Hier werden erste Zweifel an Bürgers Erklärungsmodell wach, zumal auch die Vermutung aufkommt, daß es sinnvoller sein dürfte, Literatur und die anderen Kunstformen *in einem ersten Schritt* separat zu behandeln, weil sie – wie die Formalisten und die Prager Strukturalisten wußten – heterogenen Gesetzen gehorchen.

---

103 P. Bürger, *Theorie der Avantgarde*, Frankfurt, Suhrkamp, 1974, S. 29.

104 Ibid., S. 67: »Es ist wichtig zu sehen, daß die Avantgardisten dabei ein wesentliches Moment des Ästhetizismus übernehmen.«

105 Ibid., S. 126.

Im Anschluß an seine Überlegungen zur Avantgarde faßt Bürger postmoderne Versuche, die Kluft zwischen Kunst und Gesellschaft, Höhenkammliteratur und populärer Lektüre zu schließen, »als Einbruch der avantgardistischen Problematik in die Kunst der Moderne«[106] auf. »Die Tabus«, erklärt er, »die die werkorientierte Moderne aufgerichtet hat, werden erneut in Frage gestellt: War die Moderne der 1950er und frühen 60er Jahre geprägt durch das Streben nach Reinheit des künstlerischen Mediums, so scheint heute geradezu das Unreine programmatischen Stellenwert zu erhalten.«[107] Freilich neigt Bürger dazu, die Moderne (den literarischen Modernismus) mit der »strengen Moderne« zu identifizieren, die »das Semantische als ein der Reinheit des Ästhetischen Fremdes«[108] ausgrenzt. Diese Charakteristik trifft jedoch eher auf den semantikfeindlichen Dadaismus und die »transmentale Sprache« der russischen Futuristen als auf Werke des »klassischen« Modernismus wie Thomas Manns *Doktor Faustus* oder Prousts *Recherche* zu ...

Auch hier haben wir es also mit dem Problem der einseitigen, reduktionistischen Definition der Moderne (des Modernismus) zu tun. Dies mag der Grund sein, weshalb sich Bürger gezwungen sieht, an anderer Stelle zwei »Modernen« zu unterscheiden: »Diese werkzentrierte Moderne konnte aber kulturell nur dominant werden um den Preis der Verdrängung jener anderen, zu ihr querstehenden Moderne: den historischen Avantgardebewegungen.«[109] Könnte es nicht sein, daß es doch nur *eine* widersprüchliche modernistische Problematik gibt und daß Bürger trennt, was dialektisch zusammengedacht werden sollte? Man wird die Frage am Ende dieser Betrachtung klarer beantworten können (siehe auch: Kap. V. 3).

Zunächst ist wichtig, daß Andreas Huyssen an Peter Bürgers Thesen über Avantgarde und Postmoderne anknüpft, indem er sie auf den nordamerikanischen Kontext bezieht. Dabei gelingt es ihm, sie zu

---

106 P. Bürger, »Vorbemerkung«, in: Ch. Bürger, P. Bürger (Hrsg.), *Postmoderne: Alltag, Allegorie und Avantgarde*, Frankfurt, Suhrkamp, 1987, S. 11.

107 Ibid.

108 Ibid.

109 P. Bürger, »Das Verschwinden der Bedeutung. Versuch einer postmodernen Lektüre von Michel Tournier, Botho Strauß und Peter Handke«, in: P. Kemper (Hrsg.), *»Postmoderne« oder der Kampf um die Zukunft*, Frankfurt, Fischer, 1988, S. 297.

konkretisieren, weil er zeigt, wie die Literatur des Modernismus, die in der amerikanischen Nachkriegsgesellschaft institutionalisiert und kanonisiert wurde, zu einer hegemonialen Höhenkammliteratur wird, die die Nachkriegsgeneration mit avantgardistischen Mitteln bekämpft. Er vertritt die These, »daß sich die amerikanische Postmoderne der sechziger Jahre als eine späte und doch eigenständige Phase jener historischen Avantgardebewegungen lesen läßt, die in Europa schon im Zeitalter Hitlers und Stalins liquidiert worden waren.«[110] Er fügt hinzu: »Nur in den Vereinigten Staaten konnte der Bezug auf die historische Avantgarde Europas als Kampfmittel gegen den klassischen Modernismus dienen, wie er im angelsächsischen Raum definiert worden war (...).«[111]

Entscheidend ist das Ende des Satzes, das erkennen läßt, daß die amerikanische Neo-Avantgarde nicht gegen den gesamten Modernismus aufbegehrt, was von Huyssens auch bestätigt wird[112], sondern gegen eine seiner konservativen Varianten, die in den USA der 1950er und 60er Jahre übermächtig wurde. Um das Bild zu vervollständigen, hätte Huyssens darauf hinweisen können, daß gerade in den 60er Jahren einer der bedeutendsten Vertreter des Modernismus in den USA von der rebellierenden Jugend intensiv rezipiert wurde: Hermann Hesse.

Hier wird deutlich, daß Bürger dazu neigt, eine konservative Variante der ästhetischen Moderne mit deren gesamter Problematik zu identifizieren und, wie Astradur Eysteinsson in einer luziden Studie bemerkt, aus dem Ästhetizismus abzuleiten: »Es mag sein, daß es Bürger gelingt, große Teile der ästhetizistischen oder symbolistischen Literatur seinen Begriffen des ›klassischen‹ oder ›organischen‹ Werkes zu subsumieren, aber er nennt keinen triftigen Grund, weshalb wir die Werke von Joyce, Kafka, Pound oder anderer bedeutender Modernisten dem ästhetizistischen Bereich einverleiben sollten.«[113] Tatsächlich lassen sich die Werke von Autoren wie Hesse, Auden, Sartre, Lorca, Moravia, Céline und Heinrich Mann nicht in Bürgers

110 A. Huyssen, »Postmoderne – eine amerikanische Internationale?«, in: A. Huyssen, K. R. Scherpe (Hrsg.), *Postmoderne*, op. cit., S. 18.

111 Ibid.

112 Vgl. ibid., S. 18-19.

113 A. Eysteinsson, *The Concept of Modernism*, op. cit., S. 177.

Konzept der ästhetischen (ästhetizistischen?) Moderne einfügen. Denn der Zola-Leser Heinrich Mann, den niemand aus dem Repertoire des Modernismus wird streichen wollen, schrieb: »Sie haben es leicht gehabt, die Literaten Frankreichs, die, von Rousseau bis Zola, der bestehenden Macht entgegentraten: sie hatten ein Volk.«[114]

Wer wie Eysteinsson, Lethen und der Autor dieses Buchs den Modernismus als *heterogene Einheit* wahrnimmt, hat die Möglichkeit, das Verhältnis von Modernismus und Avantgarde folgendermaßen aufzufassen: »In diesem Fall ist ›Modernismus‹ sicherlich der umfassende Terminus, während sich der Avantgarde-Begriff nachweislich eines genügend großen Freiraums *innerhalb* des Modernismus-Konzepts erfreut. Zugleich kann sich nichts Modernistisches der Einwirkung der Avantgarde entziehen.«[115] Die Avantgarde erscheint in diesem Kontext als ein radikalisierter Modernismus (»more radical, norm-breaking aspects of modernism«)[116], von dem hier noch die Rede sein wird.

Ganz anders schätzt im Anschluß an Bürgers These über die Postmoderne »als Einbruch der avantgardistischen Problematik in die Kunst der Moderne« Scott Lash die Rolle der Avantgarde ein. Er radikalisiert die These und faßt historische Avantgarden als postmoderne Bewegungen auf: »I take the avant-garde of the 1920s to be postmodernist.«[117] Der Vorwurf, den Eysteinsson an Bürgers Adresse richtet, nämlich daß er die Manifeste und andere Schlüsseltexte der Avantgarden (des Surrealismus, des Futurismus) nicht analysiert, trifft auch Scott Lash: »Surrealist spokesperson André Breton«[118] wird zwei- oder dreimal ausschließlich nach einem gewissen Donald Kuspit zitiert; Marinetti, Chlebnikov und Nezval fehlen ganz.

Dennoch ist Scott Lashs Betrachtungsweise anregend, weil sie drei Aspekte aufweist, die für die Postmoderne-Diskussion von Be-

---

114 H. Mann, *Geist und Tat*, München, DTV, 1963, S. 8-9.

115 A. Eysteinsson, *The Concept of Modernism*, op. cit., S. 177. Dazu auch: H. Lethen, »Modernism Cut in Half: the Exclusion of the Avant-Garde and the Debate on Postmodernism«, in: D. W. Fokkema, H. Bertens (Hrsg.), *Approaching Postmodernism*, Amsterdam-Philadelphia, Benjamins, 1986, S. 233-238.

116 Ibid.

117 S. Lash, *Sociology of Postmodernism*, London-New York, Routledge, 1990, S. 158.

118 Ibid., S. 168.

deutung sind: den Gedanken, daß im Gegensatz zur modernistischen Kunst, die dem Gesetz der ästhetischen, stilistischen und sozialen *Differenzierung* gehorcht, die Kunst der Postmoderne vom Prinzip der *Entdifferenzierung* beherrscht wird; den Gedanken, daß aufgrund von bestimmten gesellschaftlichen Veränderungen auch das postmoderne Publikum entdifferenziert wird, so daß die Homogenität der modernen Kulturöffentlichkeit (des Bildungsbürgertums, der *notables*) zerfällt; schließlich den Gedanken, daß die postmoderne Entdifferenzierung von den Avantgarden und Walter Benjamin angekündigt wird, die Scott Lash ganz oder teilweise der Postmoderne zurechnet. Fangen wir mit dem letzten Gedanken an und kehren zum ersten zurück, wenn die Beziehung von Avantgarde, populärer Kultur und Entdifferenzierung zur Sprache kommt.

Ausgehend von P. Bürgers fragwürdiger Behauptung, Adornos Autonomieästhetik sei anti-avantgardistisch (als ob die französischen Surrealisten und die russischen Futuristen nicht ihre ästhetische Autonomie gegen die Marxisten verteidigt hätten)[119], erklärt Scott Lash die Kontroverse zwischen Adorno und Benjamin mit Hinweisen auf Adornos Modernismus und auf Benjamins Bruch mit der auratischen Ästhetik der Hochmoderne (»his break with a high modernist and auratic aesthetic«).[120] Abgesehen davon, daß man Audens, Joyces, Svevos und Sartres Ästhetiken beim besten Willen nicht als »auratisch« bezeichnen kann, scheint Scott Lash Wesentliches entgangen zu sein: Die Tatsache, daß Benjamin die »Zertrümmerung der Aura« für ein modernes (modernistisches) Phänomen hält, das für Baudelaires Dichtung kennzeichnend ist: »Er [Baudelaire] hat den Preis bezeichnet, um welchen die Sensation der Moderne zu haben ist: die Zertrümmerung der Aura im Chockerlebnis. Das Einverständnis mit dieser Zertrümmerung ist ihn teuer zu stehen gekommen. Es ist aber das Gesetz seiner Poesie.«[121]

In dieser Situation hätte Scott Lash zwei Möglichkeiten, seine Argumentation zu retten: Er könnte behaupten, schon Baudelaire sei ein postmoderner Dichter gewesen und Ecos Prophezeiung erfüllen,

---

119 Vgl. Y. Janin, »Préliminaires à une étude sociologique du surréalisme«, in: *Cahiers de philosophie*, November 1966.

120 S. Lash, *Sociology of Postmodernism*, op. cit., S. 169.

121 W. Benjamin, *Charles Baudelaire*, op. cit., S. 149.

bei so großzügiger Auslegung werde die Postmoderne bald bei Homer angelangt sein.[122] Das tut er zum Glück nicht, sondern bestätigt die Doxa, derzufolge Baudelaire ein Vorbote des Modernismus ist: »Baudelaire, arguably the godfather of aesthetic modernism (...).«[123] Die zweite Möglichkeit, von der er auch keinen Gebrauch macht, wäre ein Rückzug auf die *Hochmoderne* (*high modernism*), von der bei ihm die Rede ist: Der Modernismus, könnte er sagen, verdanke zwar seine Entstehung einem großstädtischen, anti-auratischen Impuls, der zur Reproduzierbarkeit des Kunstwerks und zum Ausstellungswert tendiert, er habe sich aber – ausgerechnet an der Schwelle zum 20. Jahrhundert – zur auratischen Autonomie bekehrt. Diese Argumentation wäre schwer nachvollziehbar, weil Scott Lash die Rückkehr zur auratischen Kunst innerhalb des Modernismus nicht erklärt (nicht erklären kann) und weil zahlreiche Autoren des *high modernism* (Joyce, Svevo, Hesse, Céline, Sartre) im Rahmen einer auratischen Autonomieästhetik nicht zu verstehen sind.

Es kommt hinzu, daß Benjamin als Vorbote der Postmoderne nicht überzeugend auftreten kann: nicht nur, weil er, wie Adorno bemerkt, das Verschwinden der Aura mit Nostalgie betrachtet (was man mit L. Wawrzyn bestreiten kann)[124], sondern vor allem deshalb, weil sein Messianismus, seine revolutionäre Gesinnung und sein Plädoyer für ein »proletarisches Kindertheater« nicht in einer eindimensionalen Postmoderne aufgehen, die das revolutionäre Bewußtsein als Anachronismus erscheinen läßt.

An dieser Stelle wird jedoch deutlich, weshalb Scott Lash Benjamin und die Surrealisten für die Postmoderne reklamiert: »Die Surrealisten und Benjamin sprachen von der Zerstörung der (modernistischen und auratischen) Trennung von Kunst und Leben.«[125] Lash, der selbst zum Marxismus und zu einer entdifferenzierten, populären Kunst tendiert, braucht – *im Rahmen der postmodernen Problematik* – Vorläufer, die seine Abwendung von einem als autonomistisch und elitär apostrophierten Modernismus marxistisch und avantgardistisch

---

[122] Vgl. U. Eco, *Nachschrift zum »Namen der Rose«*, op. cit., S. 77.

[123] S. Lash, *Sociology of Postmodernism*, op. cit., S. 172.

[124] Vgl. L. Wawrzyn, *Walter Benjamins Kunsttheorie. Kritik einer Rezeption*, Darmstadt, Luchterhand, 1973, S. 33-35.

[125] S. Lash, *Sociology of Postmodernism*, op. cit., S. 167.

legitimieren. Auch hier wird der Modernismus recht einseitig auf »Autonomieästhetik« und »elitäre Gesinnung« festgelegt.

Lashs Alternative lautet: Entdifferenzierung der Formen und Stile, Ausrichtung auf Gesellschaft und populäre Kultur. Wiederum ist Benjamin sein liebster Bürge: »Benjamins Aufwertung der populären Kulturprodukte, die Kritik in einer ästhetischen Dimension ermöglicht, die ins Gesellschaftliche integriert ist, entspricht einer *post*modernistischen Ästhetik.«[126] Diese postmodernistische Ästhetik lebt, wie eingangs bereits angedeutet wurde, von der Entdifferenzierung des Publikums und der Kunstwerke, für die sich Marxisten der 1960er und 70er Jahre ebenfalls einsetzten.

Lash geht von dem Gedanken aus, daß die historische Avantgarde auch deshalb gescheitert ist, weil das Kunstpublikum der Zwischenkriegszeit zu spezialisiert, zu homogen war. Die »nachindustriellen Mittelklassen« (»post-industrial middle classes«)[127] erscheinen ihm als kulturell heterogene Gruppierungen, die die postmoderne Stilmischung oder Intertextualität goutieren könnten. Freilich handelt es sich um gutsituierte Schichten, um eine »›Yuppified‹ post-industrial bourgeoisie«[128], wie er sagt, die mit Gesellschaftskritik und Revolution nichts im Sinn hat.

Aufgrund ihrer Ambivalenz und ihres Entdifferenzierungspotentials könnte postmoderne Kunst allerdings auch auf die Arbeiterklasse einwirken und ihre Angehörigen zu mehr Pluralismus und Toleranz erziehen: »Dann wäre Toleranz für andere rassenspezifische, ethnische, geschlechtsspezifische und sexuelle Identitäten bei Angehörigen der Arbeiterklasse wahrscheinlicher; vielleicht auch die Bereitschaft, innerhalb einer notgedrungen pluralistischen – und wenn sie gedeihen soll – linken politischen Kultur mitzuwirken.«[129] Wie sich diese wachsende Toleranz zu Marxens und Benjamins revolutionärem Projekt verhält, in dem Pluralismus nicht vorgesehen war, wird hier nicht klar; aber Marx und Benjamin brauchten sich nicht mit postmodernen Problemen herumzuschlagen, die anscheinend alle Energien des englischen Soziologen in Anspruch nehmen.

---

126 Ibid., S. 156.

127 Ibid., S. 20.

128 Ibid., S. 21.

129 Ibid., S. 30.

Er mag recht haben, wenn er im Anschluß an seine soziologischen Analysen eine systemerhaltende von einer fortschrittlichen Postmoderne unterscheidet (dieser Gedanke wäre auch seiner Modernismus-Kritik zugute gekommen) und die fortschrittliche Variante mit Offenheit, Toleranz und Pluralismus assoziiert. Vor allem ist ihm zuzustimmen, wenn er auf die Herrschaft des Tauschwerts und der Verdinglichung in der postmodernen Kultur hinweist: »So drückt Postmodernisierung in vieler Hinsicht auch den Triumph des Zur-Ware-Werdens nicht nur in der Massenkultur, sondern auch in der vormals auratischen und potentiell kritischen Kultur der Eliten aus.«[130]

So weit denken die Apologeten einer postmodernen Volkskultur freilicht nicht, wenn sie eine pseudodemokratische Rhetorik entfalten und für die »Überbrückung der Kluft zwischen Elite- und Massenkultur«[131] plädieren. Mit gespielter Naivität zelebriert Leslie A. Fiedler die Vermarktung der Kultur als Heldentat, wenn er über amerikanische Pop-Romanciers schreibt: »Sie fürchten nicht den Kompromiß des Marktplatzes, ganz im Gegenteil, sie wählen dasjenige Genre, das sich der Exploitation durch die Massenmedien am ehesten anbietet, den Western, Science-fiction and Pornographie.«[132] Daß kulturindustrielle Verlage darüber befinden, »was geht« und was nicht, daß sie den Autoren nicht nur die Aufmachung ihrer Bücher, sondern auch ihre Schreibweise diktieren, die sich an marktgängigen Stereotypen zu orientieren hat[133], scheint Fiedler nicht zu stören.

Er betont den subversiven Charakter des Pop-Art, der seiner Ansicht nach »eine Bedrohung für alle Hierarchien«[134] darstellt. Welche Hierarchien der Pop-Art in den USA aufgebrochen hat, verrät uns Fiedler indessen nicht: sicherlich nicht die der systemerhaltenden Gewerkschaften; möglicherweise nur die Professorenhierarchien,

---

130 Ibid., S. 52.

131 L. A. Fiedler, »Überquert die Grenze, schließt den Graben! Über die Postmoderne«, in: W. Welsch (Hrsg.), *Wege aus der Moderne. Schlüsseltexte der Postmoderne-Diskussion*, Weinheim, VCH-Verlag, 1988, S. 62.

132 Ibid.

133 Vgl. z.B. F. Ruloff-Häny, *Liebe und Geld. Der moderne Trivialroman und seine Struktur*, Stuttgart, Artemis, 1976.

134 L. A. Fiedler, »Überquert die Grenze, schließt den Graben!«, op. cit., S. 68.

über die sich Fiedler mokiert, weil nun neben Mallarmé und Faulkner im Seminar auch Pop-Roman und Pornographie gelesen werden.

An Fiedler knüpft Jim Collins an, wenn er postmoderne Kunst und Literatur als ein Experiment definiert, das nicht etwas Neues anstrebt, sondern dadurch erneuernd wirkt, daß es alle, auch die einander widersprechenden Stilarten in sich aufnimmt: »incorporates the heterogeneity of those conflicting styles«.[135] Dieser Heterogenität der Stile und Schreibweisen entspricht ein postmodern entdifferenziertes Publikum, und Collins spricht von der »Zersplitterung der einheitlichen Öffentlichkeitssphäre in zahlreiche Leserschaften« (»multiple reading publics«).[136]

Der Gedanke, daß diese ästhetische und kulturelle Pluralität eine kulturindustriell organisierte Scheinpluralität sein könnte, die unzählige ideologische und kommerzielle Stereotypen endlos variiert, kommt bei Collins nicht auf. Er betont im Anschluß an Fiedler den kritisch-subversiven Charakter der Massenkultur: »Der Wunsch, die Texte der Massenkultur und ihre Dekodierung als Ausdrucksformen von Widerspruch, Ambivalenz und allgemeiner Unzufriedenheit (all-purpose discontent) zu sehen, markiert eine wesentliche Abweichung von den elitären Denunziationen der Frankfurter Schule.«[137] Schließlich trägt diese Rhetorik ihr eigenes theoretisches Unvermögen zur Schau: denn wenn Massenkultur lediglich ein *all-purpose discontent* artikuliert, bewirkt sie keine Veränderung, weder im Bewußtsein des Einzelnen noch in der Gesellschaftsstruktur. Im Gegenteil: Als *Ventilsitte* (G. Simmel) wirkt sie systemerhaltend. An keiner Stelle seines Buches zeigt Collins konkret, *wie* populäre Gattungen subversiv oder kritisch wirken und auf welche Gruppen.

Modernismus und Avantgarde, die von den hier kommentierten Autoren gegeneinander ausgespielt wurden, bilden – wie A. Eysteinsson richtig gesehen hat – eine heterogene Einheit, weil sie durch das gemeinsame gesellschaftskritische Anliegen zusammengehalten werden. Dieses Anliegen ist zugleich ein Erbe der Romantik, der, wie

---

135 J. Collins, *Uncommon Cultures. Popular Culture and Post-Modernism*, New York-London, Routledge, 1989, S. 115.

136 Ibid., S. 7.

137 Ibid., S. 19.

Aleksandar Flaker in *Poetika osporavanja*[138] zeigt, die europäischen Avantgarden wesentliche Impulse verdanken. Wenn Marcel Proust die mondäne Konversation des Faubourg Saint-Germain auf sprachlicher Ebene kritisiert, so folgt er trotz seiner prononcierten Autonomieästhetik demselben romantischen Impuls wie André Breton, der sich in den Manifesten des Surrealismus von der Welt der bürgerlichen Konventionen distanziert. Der Surrealist aber reicht dem Modernisten die Hand, wenn er sich auf die Romantiker Nerval und E. T. A. Hoffmann beruft, das Unbewußte (Prousts »mémoire involontaire«) erforscht und den Menschen gleich auf der ersten Seite des Manifests von 1924 als »endgültigen Träumer« (»l'homme, ce rêveur définitif«)[139] charakterisiert.

Ein solcher Träumer ist auch Harry Haller in Hermann Hesses Roman *Der Steppenwolf*, und seine Träume sind – wie schon Ende der 70er Jahre bemerkt wurde[140] – surrealistisch: Das zeigt u.a. die »Hochjagd auf Automobile«, eine onirische Szene aus dem Magischen Theater, in der der »einfachste surrealistische Akt« André Bretons (nämlich mit dem Revolver in der Hand auf die Straße zu gehen und wahllos in die Menge zu schießen) praktiziert wird.

Aber Hesse, der in seinem Roman mit einer Annäherung der hohen Kultur an die Popkultur experimentiert, geht es nicht nur um Experimente, Gags und Tricks, sondern auch und vor allem um Gesellschaftskritik im konkretesten Sinne, im Sinne der Kritischen Theorie. Gleich zu Beginn des Romans ist von den argen Tagen der inneren Leere und Verzweiflung die Rede, »an denen uns, inmitten

---

138 Vgl. A. Flaker, *Poetika osporavanja. Avangarda i književna ljevica*, Zagreb, Školska knjiga, 1982, S. 50-51: Flaker weist auf die romantischen Elemente des slowenischen Futuristen Srečko Kosovel hin und stellt anschaulich zwei Richtungen dar, die die Kosovel-Rezeption einschlagen kann: eine romantische und eine avantgardistische. In diesem Zusammenhang erscheint es gar nicht so absurd, den slowenischen Romantiker Prešeren als *einen* Vorläufer der slowenischen Avantgarde zu betrachten.

139 A. Breton, *Manifestes du surréalisme*, Paris, Gallimard (»idées«), 1969, S. 11.

140 Vgl. Vf. »Krise des Subjekts als Krise des Romans. Überlegungen zur ›Kritischen Theorie‹ und den Romantexten Prousts, Musils, Kafkas und Hesses«, in: *Romanistische Zf. für Literaturgeschichte*, 1, 1978, S. 71-75. Unabhängig davon haben J. Link und U. Link-Heer auf die Verwandtschaft des *Steppenwolf*-Romans mit Tiefenpsychologie und Surrealismus hingewiesen: J. Link, U. Link-Heer, *Literatursoziologisches Propädeutikum*, München, Fink, 1980, S. 462.

der zerstörten und von Aktiengesellschaften ausgesogenen Erde, die Menschenwelt und sogenannte Kultur in ihrem verlogenen und gemeinen blechernen Jahrmarktsglanz auf Schritt und Tritt wie ein Brechmittel entgegengrinst (...).«[141]

Wer diese spätmoderne oder modernistische Kritik am scheiternden Projekt der Modernisierung ausblendet, kann nur Zerrbilder des Modernismus entwerfen. Das gemeinsame Anliegen von Modernismus, Avantgarde und Kritischer Theorie, das im nächsten Kapitel ausführlicher kommentiert wird, war ein Jenseits der bestehenden Verhältnisse, das bald ästhetische (Proust, Breton), bald politische (Auden, Spender, Aragon, Breton) bald religiöse (Auden, Bernanos) Dimensionen annahm[142]. Im letzten Abschnitt dieses Kapitels soll gezeigt werden, daß dieser kritisch-utopische Impuls, der ohne Sinnsetzung nicht auskommt, nicht nur in der postmodernen Literatur, sondern auch in den mit ihr verwandten poststrukturalistischen Literaturtheorien verlorengeht.

4. Postmoderne als Poststrukturalismus: Iterabilität, Aporie und Intertextualität

Wäre das Präfix »post« die einzige Gemeinsamkeit von Postmoderne und Poststrukturalismus, würde sich ein Kommentar erübrigen. Er ist deshalb sinnvoll, weil das Präfix in beiden Fällen andeutet, daß die Suche nach dem Sinn der Vergangenheit angehört. Während ein postmoderner Schriftsteller wie Werner Schwab sich von Musils aus der Ambivalenz hervorgehenden Frage nach dem wahren Leben ohne Nostalgie verabschiedet, erklären nachstrukturalistische Literaturtheoretiker wie Roland Barthes, Jacques Derrida oder Paul de Man die strukturalistische Suche nach Bedeutungen für illusorisch und schädlich: für eine logozentristische Unart, die sich nur deshalb am Leben erhält, weil sie weiterhin von rationalistischen und hegelianischen Vorurteilen genährt wird. Es sind Vorurteile der Moderne, an

141 H. Hesse, *Der Steppenwolf*, Frankfurt, Suhrkamp, 1972, S. 30.

142 Zu Audens, Spenders und Isherwoods gesellschaftlichem Engagement siehe: S. Hynes, *The Auden Generation. Literature and Politics in England in the 1930s*, London-Boston, Faber & Faber, 1976: Hynes läßt den politisch engagierten, den linken Modernismus Englands in Erscheinung treten.

denen der Modernismus als Selbstkritik der Moderne z.T. noch festhielt, denen aber die Postmoderne keinen Platz mehr einräumen will.

Walter Benjamin läßt erkennen, wie sehr er sowohl der modernen als auch der modernistischen Fragestellung verpflichtet bleibt, wenn er in seinem Essay über den Erzähler Nikolai Lesskow bemerkt: »Der ›Sinn des Lebens‹ ist in der Tat die Mitte, um welche sich der Roman bewegt.«[143] Dieser Satz mag für Proust und noch für Sartre gelten, er gilt nicht mehr für Alain Robbe-Grillet, von dessen Romanen Roland Barthes sagt, daß sie die Dinge und die Menschen in ihrem »Da-Sein«, ihrem »être là«, darstellen, ohne Fragen nach ihrem Jenseits, ihrem Sinn aufzuwerfen.[144] Der späte Barthes, ein Nietzscheaner, der den begrifflichen Logos durch das Spiel und die spielerische Assoziation ersetzt, ist insofern ein Geistesverwandter des *nouveau romancier* als er strukturalistische Begriffe wie System, Bedeutung und Signifikat, die er in den strukturalistischen Phasen seiner Entwicklung gerne verwendete[145], suspendiert und statt dessen das offene, vieldeutige Zusammenspiel der Signifikanten erforscht. Er leistet dadurch einer Partikularisierungstendenz Vorschub, die für die gesamte Postmoderne charakteristisch ist und eng mit den Schlüsselbegriffen *Pluralismus* und *Indifferenz* zusammenhängt.

Im folgenden soll gezeigt werden, wie in Barthes' und Derridas *signifiant*, in Derridas *itérabilité* bzw. *différance*, in J. Hillis Millers *repetition* und G. H. Hartmans *Intertextualität* der postmoderne Hang zu Partikularisierung und Pluralismus zum Ausdruck kommt und die strukturalistische Frage nach dem begrifflich faßbaren und allgemein erkennbaren Sinn ersetzt. Zugleich soll Paul de Mans und Hillis Millers *Aporie*-Begriff den Nexus von Partikularität, Pluralismus und Indifferenz erkennen lassen. In allen Fällen erscheint Nietzsche als der Philosoph, von dem der Anstoß zur Partikularisierung ausging.

Im Anschluß an Georges Bataille stellt Barthes fest, daß die Rhetorik eines Ignatius von Loyola anderen als logisch-begrifflichen Regeln gehorcht und schließt: »Seither haben immer wieder Schriftsteller, zum Beispiel Sade und Nietzsche, die Regeln intellektueller

143 W. Benjamin, *Über Literatur*, Frankfurt, Suhrkamp, 1969, S. 50.

144 R. Barthes, *Essais critiques*, Paris, Seuil, 1964, S. 31.

145 Vgl. R. Barthes, *Die Sprache der Mode*, Frankfurt, Suhrkamp, 1985.

Darlegung verbrannt und übersprungen.«[146] Ausgehend von Nietzsches These, daß die von Metaphysikern inthronisierte Wahrheit lediglich das sie konstituierende »bewegliche Heer von Metaphern, Metonymien, Anthropomorphismen«[147] verdeckt, versucht Barthes immer wieder, einen Blick hinter die begrifflichen Kulissen zu werfen, um herauszufinden, was geschieht, wenn der Mensch darauf verzichtet, sich über die Einmaligkeit der Erscheinungen logozentristisch-identifizierend hinwegzusetzen; wenn er die beiden Behauptungen Nietzsches ernst nimmt: »Jeder Begriff entsteht durch Gleichsetzen des Nichtgleichen. (...) Das Übersehen des Individuellen und Wirklichen gibt uns den Begriff (...).«[148]

Das Ergebnis ist – zumindest im literaturtheoretischen Bereich – eine drastische Aufwertung der Signifikanten und der gesamten Ausdrucksebene im Sinne von Hjelmslev[149]: Nicht seine Begrifflichkeit als eindeutige Aussage und Struktur von Signifikaten macht das Wesen des literarischen oder philosophischen Textes aus, sondern das Zusammenwirken seiner vieldeutigen Signifikanten, die in keiner begrifflich definierbaren, fixierbaren Struktur aufgehen. Von Balzacs Novelle *Sarrasine* heißt es in Barthes' *S/Z*: »Dieser Text ist eine Galaxie von Signifikanten und nicht Struktur von Signifikaten.«[150] Diese Aufwertung der Ausdrucks- oder Signifikantenebene bringt insofern eine radikale Partikularisierung mit sich, als die mitteilbare, verallgemeinerungsfähige und in andere Sprachen übersetzbare Begrifflichkeit des Textes schlicht negiert wird. Barthes geht nicht der Frage nach, die die Strukturalisten von Jakobson bis Greimas beschäftigte[151], wie sich Signifikanten zu Signifikaten, Ausdrucksebene zur Inhaltsebene im Text verhalten, sondern erhebt den Signifikanten als

---

146 R. Barthes, *Kritik und Wahrheit*, Frankfurt, Suhrkamp, 1967, S. 59.

147 F. Nietzsche, »Über Wahrheit und Lüge im außermoralischen Sinn«, in: ders., *Werke* Bd. 5, op. cit., S. 314.

148 Ibid., S. 313.

149 L. Hjelmslev definiert die *Ausdrucksebene* als die Gesamtheit der Signifikanten: L. Hjelmslev, *Prolegomena zu einer Sprachtheorie*, München, Hueber, 1974, S. 59-60.

150 R. Barthes, *S/Z*, Frankfurt, Suhrkamp, 1987, S. 10.

151 Vgl. A. J. Greimas, »Pour une théorie du discours poétique«, in: A. J. Greimas (Hrsg.), *Essais de sémiotique poétique*, Paris, Larousse, 1972, III.1: »L'isomorphisme de l'expression et du contenu«.

phonetische und »sinnfreie« Einheit zur alleinigen Wahrheit-Nichtwahrheit des Textes.

Es ist eine Nichtwahrheit, weil Barthes bewußt Adornos Frage nach dem Wahrheitsgehalt von Kunst und Literatur ausklammert: »Die Instanz des Textes ist nicht die Bedeutung, sondern der Signifikant in der semiotischen und psychoanalytischen Verwendung dieses Terminus (...).«[152] Der psychoanalytische Aspekt ist für Barthes deshalb entscheidend, weil der Text aufgrund seiner Vieldeutigkeit und Offenheit – seiner unabschließbaren *signifiance* – das Verlangen weckt.

Wichtig für den hier entworfenen Zusammenhang ist die Wechselbeziehung zwischen der Partikularität der Signifikanten und der Offenheit oder Pluralität des Textes. Im Gegensatz zum rationalistischen Strukturalisten Greimas, der nach der Hierarchie der Sinnstrukturen (der Isotopien)[153] im Text fragt, im Gegensatz zum hegelianischen Strukturalisten L. Goldmann, der meint, literarische Werke auf Totalitäten als Bedeutungsstrukturen und Weltanschauungen festlegen zu können[154], möchte Barthes erfahren, aus welcher Vielheit ein Text besteht, »de quel pluriel il est fait«: »Dieses neue Vorgehen ist die *Auslegung* (in dem Sinn, den Nietzsche diesem Wort gab). Einen Text interpretieren heißt nicht, ihm einen (...) Sinn geben, heißt vielmehr abschätzen, aus welchem Pluralem er gebildet ist.«[155] Im Gegensatz zu Greimas, der von der »Illusion des Text-›reichtums‹ und der Vielzahl der möglichen Lektüren«[156] spricht, weil er meint, daß nur parzielle oder oberflächliche Analysen den Eindruck einer Textpluralität bestätigen können, insistiert Barthes auf der Pluralität als dem konstituierenden Kernelement: »Das Werk besitzt gleichzeitig mehrere Bedeutungen, und zwar aufgrund seiner Struktur, nicht infolge eines Unvermögens derer, die es lesen.«[157]

---

152 R. Barthes, *Das semiologische Abenteuer*, Frankfurt, Suhrkamp, 1985, S. 11.

153 Vgl. A. J. Greimas, *Strukturale Semantik*, Braunschweig, Vieweg, 1971.

154 Vgl. L. Goldmann, *Der verborgene Gott. Studie über die tragische Weltanschauung in den »Pensées« von Pascal und im Theater Racines*, Frankfurt, Suhrkamp, 1984.

155 R. Barthes, *S/Z*, op. cit., S. 9.

156 A. J. Greimas, *Maupassant. La sémiotique du texte: exercices pratiques*, Paris, Seuil, 1976, S. 33.

157 R. Barthes, *Kritik und Wahrheit*, op. cit., S. 62.

Hier wird deutlich, weshalb Manfred Frank den Poststrukturalismus als »Neostrukturalismus«[158] bezeichnet: Weil Autoren wie Barthes nicht auf den Strukturbegriff verzichten, sondern ihn durch die Ausrichtung auf den Signifikanten und die Hervorhebung der Bedeutungsvielfalt stark *partikularisieren* und *pluralisieren.* In beiden Fällen verstärken sie Tendenzen, die zwar schon im Modernismus – etwa im New Criticism oder im russischen Formalismus – angelegt waren, innerhalb der postmodernen Problematik jedoch extreme Formen annehmen.

Es kommt hinzu, daß Barthes, der in »Le Grain de la voix« von der »Wollust der Laut-Signifikanten der Sprache«[159] spricht und in *Le Plaisir du texte* die erotischen Aspekte der Lektüre hervortreten läßt, nicht nur eine dionysische Ästhetik im Sinne von Nietzsche entfaltet, sondern auch das Körperliche im Sinne von Foucault (vgl. Kap. III) anvisiert. »Der Text wird damit als ein Körper verstanden, der in ein Spiel mit den Körpern von Lesern wie Schreibenden tritt«[160], kommentiert Ottmar Ette diesen Sachverhalt. Kurzum: Die Ausrichtung auf den sprachlichen und den menschlichen Körper (auf Phonetik, Verlangen und Lust) trägt einerseits zu einer besseren Wahrnehmung von Einmaligkeit und Alterität bei, andererseits aber zu einer extremen Partikularisierung von Sprach- und Textbegriff.

Sie kommt besonders kraß bei Jacques Derrida zum Ausdruck, der als »Neostrukturalist« kaum mehr zu verstehen ist, weil sich bei ihm der semiotische Strukturbegriff auflöst. Derridas Stellung zwischen Moderne und Postmoderne, von der im dritten Kapitel ausführlicher die Rede war, soll hier nicht mehr erörtert, sondern seine beiden Schlüsselbegriffe *itérabilité* (*Iterabilität*) und *différance* (*Differänz*) im strukturalistischen und literaturwissenschaftlichen Kontext kommentiert werden. Es wird gezeigt, daß Derrida Barthes' Betrachtungsweise radikalisiert, indem er mit Hilfe eines stark partikularisierten Zeichenbegriffs die Struktur dekonstruiert, gleichsam gegen sich selbst wendet.[161]

---

158 Vgl. M. Frank, *Was ist Neostrukturalismus?*, Frankfurt, Suhrkamp, 1984.

159 R. Barthes, *L'Obvie et l'obtus. Essais critiques III*, Paris, Seuil, 1982, S. 239.

160 O. Ette, *Roland Barthes. Eine intellektuelle Biographie*, Frankfurt, Suhrkamp, 1998, S. 329.

161 Vgl. Vf., »Jacques Derrida«, in: M. Martínez, M Scheffel (Hrsg.), *Klassiker der*

Was bedeutet in diesem konkreten Fall Derridas *allgemeine Strategie der Dekonstruktion*? Sie bedeutet zunächst, wie sich im dritten Kapitel gezeigt hat, eine systematische Subversion der europäischen Metaphysik im Anschluß an Nietzsche und Heidegger: vor allem eine Subversion des Wahrheitsbegriffs als *Sinnpräsenz*. Sie bedeutet konkreter: eine konsequente Zersetzung des semantischen Strukturbegriffs durch eine Überpräzisierung – d.h. Partikularisierung – der Kriterien, die die Konstitution des Strukturbegriffs ermöglichen.

Um das Problem so anschaulich wie möglich darzustellen, sei nun Greimas' rationalistischer Begriff der *Iterativität* (*itérativité*) mit Derridas Begriff der *Iterabilität* (*itérabilité*) verglichen. Der Semiotiker geht von einem hermeneutischen Kohärenzpostulat aus, wenn er behauptet, daß verschiedene Textelemente gemeinsame semantische Merkmale aufweisen und daß es sinnvoll und lohnend ist, die *Wiederholung* oder *Rekurrenz* dieser Merkmale im Text zu untersuchen. Er nennt diese kohärenzbildenden, rekurrierenden Merkmale *kontextuelle Seme* oder *Klasseme* und zeigt in zahlreichen Textanalysen – etwa in seinem Buch über Guy de Maupassants Kurzgeschichte *Deux Amis*[162] –, wie durch Klassem-Rekurrenz semantische Strukturen oder *Isotopien* zustandekommen.

Greimas' Schüler (z.B. Joseph Courtés und Jean-Claude Coquet) haben den Isotopiebegriff später systematisch auf Märchen, Gedichte und Prosatexte angewandt, um die kohärenzstiftende Funktion der Iterativität oder Klassem-Rekurrenz zu untersuchen. François Rastier hat anhand von Mallarmés Gedicht *Salut* eine »Systematik der Isotopien« konstruiert, um den hierarchischen Charakter der semantischen Strukturen zu illustrieren und um nachzuweisen, daß die Isotopie »Schrift« (»écriture«) in diesem Gedicht die Dominante bildet.[163]

Wie wichtig die Iterativität für den Isotopie-Begriff ist, läßt die Definition dieses Begriffs bei Greimas und Courtés erkennen: »(...) Wiederholtes Auftreten von Klassemen auf einer syntagmatischen Achse, die die Homogenität des Diskurses als Aussage gewährleistet«

Literaturtheorie. Von Sigmund Freud bis Judith Butler, München, Beck, 2010, S. 328-333.

162 Vgl. A. J. Greimas, *Maupassant*, op. cit., S. 28-30.

163 F. Rastier, »Systématique des isotopies«, in: A. J. Greimas (Hrsg.), *Essais de sémiotique poétique*, op. cit.

(»itérativité, le long d'une chaîne syntagmatique, de classèmes qui assure au discours-énoncé son homogénéité«).[164] Die Iterativität als wiederholtes Auftreten von semantischen Merkmalen oder Klassemen garantiert also in der strukturalen Semiotik das Zustandekommen der Textkohärenz.

Derridas (und wie sich zeigen wird auch Hillis Millers) poststrukturalistischer Angriff auf den Strukturalismus zielt auf dessen zentralen Begriff der *Wiederholung* oder *Iterativität.* Nicht in einer Auseinandersetzung mit Greimas' strukturaler Semiotik, die er nie unmittelbar kritisiert hat, sondern in einem Kommentar zu Austins Sprechakttheorie, der zahlreiche Kontroversen, vor allem mit John Searle, ausgelöst hat, behauptet Derrida, *daß Wiederholung eines Textelements die Textkohärenz nicht stärkt, sondern zersetzt.* Dadurch stellt er das Grundprinzip der strukturalen Semiotik und der angloamerikanischen Sprechakttheorie in Frage, die in der Ansicht übereinstimmen, daß die Wiederholung eines Zeichens als Rekurrenz oder Iterativität kohärenzbildend wirkt und den Sinn konstituiert, indem sie seine verschiedenen Aspekte hervortreten läßt.

An diesen wesentlichen Gedanken heftet Derrida parasitär seine Kritik, indem er (symmetrisch zum Iterativität-Postulat) die semantische Wiederholung als *Iterabilität* auffaßt: als *ständige Abweichung von vorangegangenen Bedeutungen, d.h. als Sinnverschiebung und Sinnzerfall.* In »Signatur, Ereignis, Kontext«, wo Austins Theorie der Sinnkonstitution zerlegt wird, spricht der Dekonstruktivist von »Einheiten von Iterierbarkeit« (»unités d'itérabilité«)[165], von »Einheiten, die von ihrem inneren oder äußeren Kontext trennbar sind und von sich selbst trennbar sind, sofern die Iterierbarkeit selbst, die ihre Identität konstituiert, es ihnen nie gestattet, eine Identitätseinheit für sich zu sein.«[166] In dieser Passage sind zwei Gedanken wesentlich: der paradoxe Gedanke, daß die *itérabilité*, die für die Sinn- und Identitätszerstörung verantwortlich ist, die Identität der Sinneinheiten bildet; der implizite nominalistische Gedanke, daß Wiederholung als Iterabilität nicht (wie bei Greimas) die Verallgemeinerungsfähigkeit

---

164 A. J. Greimas, J. Courtés, *Sémiotique. Dictionnaire raisonné de la théorie du langage*, Paris, Hachette, 1979, S. 197.

165 J. Derrida, *Marges – de la philosophie*, Paris, Minuit, 1972, S. 378.

166 J. Derrida, *Randgänge der Philosophie*, Wien, Passagen, 1988, S. 301.

der rekurrierenden Bedeutungen und des Gesamtsinnes steigert, sondern den Text immer mehr *partikularisiert* und *pluralisiert*, weil immer neue Abweichungen von der ersten Bedeutung hinzukommen.

In einer Kritik am Thematologen Jean-Pierre Richard versucht Derrida zu zeigen, daß das Wort *pli (Falte)* in Mallarmés Dichtung trotz Wiederholung kein kohärentes Thema bildet, sondern stets neue und widersprüchliche Bedeutungen annimmt, die auf keinen gemeinsamen Nenner zu bringen sind.[167] Übrig bleibt schließlich nur das Partikulare: »Die unbestimmte Rückverweisung eines Signifikanten auf einen Signifikanten«[168] oder *différance*, von der im dritten Kapitel bereits die Rede war.[169]

Sie ist insofern ein Aspekt der Iterabilität, als diese die Begrifflichkeit zersetzt und nichts übrig läßt als den offenen Verweisungszusammenhang von Signifikanten, den Barthes als *signifiance* bezeichnet. Wie Barthes verfährt Derrida in seinen Beschreibungen der Iterabilität nach Nietzsches Maxime: »Das Übersehen des Individuellen gibt uns den Begriff.« Die Poststrukturalisten (als Nominalisten) übersehen das Individuelle keineswegs – vielleicht aber den Begriff.

Wie die Negation des Universellen und des Begriffs zugunsten des Individuellen und Partikularen in der Literaturtheorie aussieht, zeigt der amerikanische Dekonstruktivist J. Hillis Miller in zahlreichen Kommentaren zur amerikanischen Dichtung und zu englischen Romanen des 19. Jahrhunderts. Im Anschluß an Derrida und Deleuze geht er von der These aus, daß die Wiederholung von Zeichen oder Textelementen den Textsinn zerfallen läßt, statt Kohärenz zu stiften.

Wie der Nietzscheaner Gilles Deleuze (vgl. Kap. III) unterscheidet er zwei Arten der Wiederholung: die platonische und die nietzscheanische. Während die platonische Wiederholung weitgehend mit Greimas' rationalistischem Prinzip der *itérativité* übereinstimmt, weil

---

167 Siehe: J. Derrida, *La Dissémination*, Paris, Seuil, 1972, S. 201-318 (»La Double séance«).

168 J. Derrida, *Die Schrift und die Differenz*, Frankfurt, Suhrkamp, 1976, S. 44.

169 Die »Wiederholung« als *différance*, *Iterativität* und *Iterabilität* war Gegenstand einer Diskussion in: *Der unzitierbare Text. Ein Gespräch initiiert von Peter V. Zima und herausgegeben von Alexander Schwarz*, Bern-Berlin-Frankfurt, Peter Lang, 1997.

die Reproduktion eines Zeichens oder Elements als getreue Kopie des Originals erscheint, ist die nietzscheanische Wiederholung ein radikaler Partikularismus: »Die andere, die nietzscheanische Art der Wiederholung geht von einer Welt aus, die auf der Differenz gründet. Jeder Gegenstand, besagt diese Theorie, ist einmalig und unterscheidet sich grundsätzlich von jedem anderen Gegenstand. Ähnlichkeit entsteht vor dem Hintergrund dieser ›disparité du fond‹. Es ist nicht eine Welt von Kopien, sondern von ›simulacra‹, wie Deleuze sagt, oder von Phantasmen.«[170] Theorie wird ein schwieriges Unterfangen, wenn sie diesem extremen Partikularismus nachgibt, der besagt, daß sich jeder Gegenstand »grundsätzlich von jedem anderen« unterscheidet: Wie sollen in diesem Fall Physiker, Chemiker oder Biologen überhaupt klassifizieren? Oder gelten Millers Überlegungen nur für die Literaturtheorie?

In Millers eigenen Analysen zeichnet sich der folgende Widerspruch ab: Miller gruppiert, klassifiziert einerseits Texte und Textelemente, versucht andererseits aber zu beweisen, daß es sich um Pseudoklassifikationen handelt, weil Differenz herrscht und nicht (nur) Identität. Anders als in den Naturwissenschaften, die sich auf empirische Tests verlassen können, um ein Element als Pseudoelement aus einer Klasse auszuschließen, sind Literaturwissenschaftler auf Interpretationen angewiesen, wenn es gilt, zwischen Ähnlichkeit und Disparatheit zu entscheiden. Miller entscheidet sich stets für Disparatheit, obwohl er dem Leser immer wieder vor Augen führt, wie semantische Iterativität Sinn konstituiert. (Die Frage ist: nach welchen *Kriterien* er klassifiziert.)

In einer Analyse von Thomas Hardys Roman *Tess of the d'Urbervilles* zählt er verschiedene rote Elemente auf (»red things«), die im Verlauf der Erzählung in Erscheinung treten und die Klasseme (würde Greimas sagen) *Gewalt, Sexualität* und *literarisches Schreiben* enthalten: »das rote Band in Tess' Haar; ihr Mund (...); die Erdbeere, die zu essen sie Alec zwingt; die Rosen, die ihr Alec gibt und die sie am Kinn verletzen (...); das Papier mit den Blutflecken«[171] usw. Miller erwähnt zahlreiche weitere Einheiten, die hier aus Platz-

---

[170] J. Miller, *Fiction and Repetition. Seven English Novels*, Cambridge (Mass.), Harvard Univ. Press, 1982, S. 6.

[171] Ibid., S. 123.

gründen nicht wiedergegeben werden können. Er geht so weit, daß er von einer »Verflechtung der beiden Formen der Wiederholung«[172] (der platonischen und der nietzscheanischen) in Hardys Roman spricht. Dennoch läßt er das strukturalistische Kohärenzpostulat nicht gelten, weil Wiederholung bei Hardy immer eine Wiederholung mit Differenz sei und: »the difference is as important as the repetition«.[173] Mit diesem Fazit könnte ein gemäßigter Strukturalist ohne weiteres leben: Er würde eben feststellen, daß der Text vieldeutig oder widersprüchlich ist (»pluri-isotop«, würde Greimas sagen) – oder daß Miller parziell oder oberflächlich gelesen hat.

Miller geht es aber nicht um die Entdeckung von Polysemien oder Widersprüchen, die jeder Semiotiker »verkraften« könnte, sondern um den dekonstruktivistischen Gedanken, daß alle Texte (auch die nichtliterarischen) nicht nur widersprüchlich, sondern aporetisch sind: »Jedes Lesen gipfelt in der Erfahrung der Unlesbarkeit des vorliegenden Textes. Dieser Text schwebt zwischen zwei oder mehreren unvereinbaren Lesarten.«[174] Diese »aporetische« Textauffassung stammt vom belgisch-amerikanischen Dekonstruktivisten Paul de Man, dessen Werk – wie sich in Kap. III gezeigt hat – nicht nur eine rhetorische Partikularisierung der theoretischen Begrifflichkeit anvisiert, sondern mit der ästhetischen Aporie einen weiteren Aspekt der postmodernen Indifferenz in Erscheinung treten läßt.

Als Nietzscheaner ist de Man ein Denker der extremen Ambivalenz, die zur »Wesensgleichheit« (Nietzsche: Kap. I), zur Indifferenz tendiert. Wenn de Man – ähnlich wie Nietzsche und Baudelaire – die Wahrheit vom Irrtum abhängig macht und die beiden in einer unverbrüchlichen Einheit koexistieren läßt, so hebt er tendenziell den »wahren« Charakter der Wahrheit auf: »Wenn Wahrheit die Erkenntnis des systematischen Charakters einer bestimmten Art von Irrtum ist, dann wäre sie von der vorgängigen Existenz dieses Irrtums unlösbar abhängig.«[175] Dies bedeutet u.a., daß es aus dekonstruktivi-

---

172 Ibid., S. 127.

173 Ibid., S. 128.

174 J. H. Miller, *Ariadne's Thread. Story Lines*, New Haven-London, Yale Univ. Press, 1992, S. 224.

175 P. de Man, *Allegorien des Lesens*, Frankfurt, Suhrkamp, 1988, S. 48.

stischer Sicht eine vergebliche metaphysische Liebesmüh ist, die Wahrheit (wenn es sie gibt) vom Irrtum trennen zu wollen.

Paul de Mans Textanalysen lassen zumindest in einem Punkt an Klarheit nichts zu wünschen übrig, weil sie dem Leser stets von neuem vor Augen führen, daß es die ästhetische Wahrheit im Sinne von Adornos *Wahrheitsgehalt* nicht geben kann, da in jedem Text zwei gleichermaßen gültige, aber unvereinbare Bedeutungen einander die Waage halten, so daß die Textbedeutung als Kohärenz im strukturalistischen Sinn annulliert und die Frage nach der Wahrheit hinfällig wird.

In *Allegorien des Lesens* kommentiert de Man ein Gedicht von Yeats (*Among Schoolchildren*) und faßt es als Allegorie seiner eigenen Unlesbarkeit auf. Die Fragen, die das Gedicht abschließen, sind nicht zu beantworten, sind unentscheidbar:

O chestnut-tree, great rooted blossomer,
Are you the leaf, the blossom or the bole?
O body swayed to music, O brightening glance,
How can we know the dancer from the dance?

De Man behauptet nun, daß diese Fragen sowohl rhetorisch (es ist unmöglich zu unterscheiden) als auch wörtlich (es ist notwendig zu unterscheiden) gelesen werden können. Der Sinn ist unentscheidbar, aporetisch und das Gedicht, das de Man in seiner Gesamtheit *nicht* analysiert, unlesbar: »Die beiden Lektüren müssen sich in direkter Konfrontation aufeinander beziehen, denn die eine ist genau der Irrtum, der von der anderen denunziert wird und von ihr aufgelöst werden muß. Wir können mit keinem Mittel eine gültige Entscheidung über die Priorität einer der beiden Lektüren über die andere herbeiführen; keine kann ohne die andere existieren.«[176] Die Indifferenz dieser Strategie der Aporie besteht darin, daß die beiden konträren Bedeutungen gleich wahr, gleich gültig sind und dadurch die Frage nach dem Wahrheitsgehalt *ad absurdum* führen.

De Man stört das nicht, weil ihm Theorie nicht als begrifflicher, erkenntnissuchender Diskurs erscheint, sondern als Literatur über

176 Ibid., S. 42.

Literatur, als Rhetorik: »Literatur und Literaturwissenschaft – die Differenz zwischen ihnen ist Trug – ist verurteilt (oder privilegiert), für immer die strengste und folglich am wenigsten verläßliche Sprache zu sein, in deren Begriffen der Mensch sich selber benennt und verwandelt.«[177] Der scheinbar paradoxe Ausdruck »die strengste und folglich am wenigsten verläßliche Sprache« ist keine leere Rhetorik, sondern meint die extreme Partikularisierung, die sowohl bei de Man als auch bei Derrida zu einer nominalistischen Überpräzisierung des sprachlichen Rasters führt. Da diese tendenziell zu einer Aufhebung der Begrifflichkeit in der Rhetorik führt, ist es nicht weiter verwunderlich, daß de Man und andere Dekonstruktivisten die von Adorno bewahrte Differenz zwischen Literatur und Theorie tilgen.

Vor allem Geoffrey H. Hartman zögert nicht, Theorie in einem *intertextuellen Experiment*, das Derridas *Glas* nachempfunden ist, dem literarischen Diskurs anzugleichen. Er spricht von seinen »playful poetics«[178] und orientiert sich an Barthes' nietzscheanischem Spiel mit dem Text. »Is criticism finding its own style at last?«[179] fragt er und nimmt sich vor, dem Criticism, der nicht mit Literaturwissenschaft verwechselt werden sollte, seine Kreativität wiederzugeben (»make criticism creative«)[180], die ihm in der Romantik eigen war, da der Kritiker als erweiterter Autor den kritisierten Text weiterschrieb. Diese mimetische Angleichung ans Literarische ist – wie bei Barthes, Derrida und de Man – ein Aspekt der postmodernen Partikularisierung und ein Abrücken vom modernen und modernistischen Streben nach Begrifflichkeit, nach Verallgemeinerungsfähigkeit.

Im Gegensatz zu »Modernisten« wie Lukács, Adorno oder Goldmann, die mit ihren wahrheitssuchenden Theorien die Hoffnung auf eine bessere Gesellschaft, eine bessere Zukunft verbanden, entfalten die Poststrukturalisten eine bald spielerische, bald tragische (aporetische) Rhetorik, in der die Suche nach Sinn und Wahrheit selbst als sinnlos, als unzeitgemäß erscheint. Sie fällt dem ambivalenten Nexus von Partikularismus, Pluralismus, Toleranz und Indifferenz zum Op-

---

177 Ibid., S. 50.

178 G. H. Hartman, *Beyond Formalism. Critical Essays 1958-1970*, New Haven-London, Yale Univ. Press. 1970, S. 339.

179 G. H. Hartman, *Easy Pieces*, New York, Columbia Univ. Press, 1985, S. 44.

180 Ibid.

fer, auf den auch Peter Tepe aufmerksam macht: »In dieser Hinsicht zeigt der radikale Pluralismus die Tendenz, in Indifferenz zu münden.«[181]

Die Neigung der Poststrukturalisten zu Partikularisierung, unverbindlicher Pluralität und Indifferenz als Austauschbarkeit oder Gleich-Gültigkeit von Bedeutungen ist allerdings nicht aus den von ihnen kommentierten Texten Prousts, Rilkes, Dickens' oder George Eliots ableitbar; denn es ließe sich unschwer zeigen, daß diesen Autoren nichts wichtiger war als der »Sinn«. Sie ist am ehesten noch als eine Antwort auf die postmoderne Problematik zu verstehen, in der die Wertsetzungen, die die modernistische Suche nach Wahrheit und alternativem Leben ermöglichten, ihre Anziehungskraft einbüßen.

---

181 P. Tepe, *Postmoderne / Poststrukturalismus*, Wien, Passagen, 1992, S. 38. Zum Nexus von Indifferenz und Pluralismus siehe auch: J. Moreno, »Indiferente posmodernidad«, in: *Revista Muface* 94, 1988.

V. Von der modernen zur postmodernen Literatur: Ambivalenz, Indifferenz und Ideologie

Es redet trunken die Ferne
Wie von künftigem, großem Glück!

Joseph von Eichendorff
(*Schöne Fremde*)

Sind wir nun glücklich und erholt
im WOLF-gepflegten Garten?

Jürgen Becker
(*Umgebungen*, S. 9)

Schon der Titel kündigt einen *métarécit* an, der nicht nur Lyotard-Lesern suspekt sein wird, sondern auch bei französischen, italienischen und spanischen Lesern Verfremdungseffekte auslösen dürfte, weil die hier vorgeschlagenen Objektkonstruktionen von Modernismus und Postmoderne in den romanischen Kulturen alles andere als selbstverständlich sind. Während der Moderne-Begriff Benjamins und Adornos, der nachhaltig auf die deutschen Debatten eingewirkt hat, in vieler Hinsicht den britischen und amerikanischen Modernismus-Begriffen entspricht, wie Eysteinsson richtig bemerkt[1], nimmt das Wort Modernismus (*modernismo*) in spanischen und lateinamerikanischen Diskussionen zwar verwandte, aber doch abweichende Bedeutungen an (vgl. Kap. I)[2], bezog sich im italienischen Kontext bis vor kurzem vorwiegend auf den religiösen Modernismus[3] und

1 Vgl. A. Eysteinsson, *The Concept of Modernism*, Ithaca-London, Cornell Univ. Press, 1990, S. 40.

2 Vgl. A. Ruiz Abreu, *Modernismo y generación del 98*, México, Ed. Trillas, 1984; E. Rull Fernández, *Modernismo y la generación del 98*, Madrid, Playor, 1984; E. Marini Palmieri, *Modernismo literario hispanoamericano. Carácteres esotéricos en las obras de Darío y Lugones*, Buenos Aires, García Cambeiro, 1989. Vor allem aber: M. C. A. Vidal, *¿Qué es el posmodernismo*?, Alicante, Univ. de Alicante, 1989, darin: »Modernismo ¿versus? posmodernismo«, S. 35-37.

3 Vgl. z.B. G. Gentile, *Modernismo e i rapporti fra religione e filosofia*, Opere complete 35, 1962; C. Marcora, G. Rigamonti (Hrsg.), *Aspetti religiosi e culturali della società lombarda negli anni della crisi modernista (1898-1914)*, Milano, Cairoli, 1979. Wesentlich später aber auch: G. Ferroni, *Dopo la fine. Sulla condizione postuma della letteratura*, Torino, Einaudi, 1996, Kap. III: »Moderno, pos-

scheint im französischen Kulturzusammenhang ganz zu fehlen. Für ihn ist auch die Abwesenheit einer Postmoderne-Diskussion kennzeichnend: Während im englischen Sprachraum unzählige Publikationen stets von neuem diese Diskussion entfachen, sind die wenigen französischsprachigen Beiträge in Québec und nicht in Frankreich entstanden.[4] Auch die italienischen Kommentare zur Postmoderne erscheinen angesichts der anglo-amerikanischen und deutschen Bücherflut als eine *quantité négligeable*, zumal sich nur einige wenige auf die Literatur beziehen.[5]

Dieser Befund bedeutet keineswegs, daß es keine spanische, italienische oder französische Literatur gibt, die man im Rahmen der hier vorgeschlagenen Konstruktion als postmodern bezeichnen könnte; er bestätigt jedoch die immer wieder geäußerte Vermutung, daß sozial- und geisteswissenschaftliche Objektkonstruktionen teils ideologisch, teils kulturbedingt sind.[6] Die Konstruktion, die im vorigen Kapitel entstanden ist, geht einerseits aus einer Variante der Kritischen Theorie, andererseits aus den deutschen und angloamerikanischen Debatten über Moderne, Modernismus und Postmoderne hervor. Insofern ist sie partikular und kann nicht wie physikalische Begriffe (Widerstand, Stromstärke, Spannung) oder Avogadros Aussagen über das Gasvolumen (1811) universal und transkulturell angewandt werden. In China und Korea gilt sie nur in dem Maße, wie europäische und vor allem nordamerikanische Theoreme und Termini

---

tumo e postmoderno«.

4 In diesem Zusammenhang ist die von B. Hovercroft und S. Söderlind erstellte Bibliographie aufschlußreich, die in der von F. Fortier herausgegebenen *Tangence*-Nummer (39) *La fiction postmoderne* erschienen ist: Die meisten Titel stammen aus dem anglo-amerikanischen Bereich, die wenigen französischen Titel aus Québec. Eine wichtige Ausnahme ist (außer Foucault, Derrida, Lyotard et al.): J. Zylberberg (Hrsg.), *Masses et postmodernité*, Paris, Klincksieck, 1986. Das französische Interesse an der Postmoderne scheint zuzunehmen: Vgl. Y. Boisvert, *Le Monde postmoderne. Analyse du discours sur la postmodernité*, Paris, L'Harmattan, 1996 sowie M. Maffesoli, B. Perrier (Hrsg.), *L'Homme postmoderne*, Paris, F. Bourin Editeur, 2012.

5 Vgl. z.B. G. Mazzoni, *Postmoderne e la critica*, Roma, Guerini e Associati, 1988.

6 Vgl.Vf., »Komparatistik als Metatheorie. Zur interkulturellen und interdisziplinären Perspektive der Vergleichenden Literaturwissenschaft«, in: L. Danneberg, F. Vollhardt (Hrsg.), *Wie international ist die Literaturwissenschaft?*, Stuttgart, Metzler, 1996.

von den Intellektuellen dieser Ländern übernommen und angewandt wurden.[7]

Dies ist kein Grund, an Begriffen (Konstruktionen) wie *Modernismus, Postmoderne, Ambivalenz* und *Indifferenz* zu verzweifeln und vor einem scheinbar unabwendbaren Relativismus die Waffen zu strecken. Denn auch Freuds Begriff des Unbewußten, Karl Poppers Konstruktion der »drei Welten«[8] und literaturgeschichtliche Bezeichnungen wie Romantik, Naturalismus, Ästhetizismus oder Expressionismus sind weder wertfrei im ideologiekritischen Sinne noch transkulturell anwendbar. Trotzdem möchten wir sie nicht missen – schon deshalb nicht, weil wir ahnen, daß ihr jähes Verschwinden zu einer Verarmung unserer Streitkultur führen würde. Was täten die kritischen Rationalisten, wenn ihnen nach dem Marxisten auch der Psychoanalytiker als Kontrahent abhanden käme?

Die im vorigen Kapitel entwickelte These, daß im Übergang vom Modernismus zur Postmoderne die Ambivalenz-Problematik allmählich von einer Problematik der Indifferenz abgelöst wird, bedeutet, daß diese in dem hier konstruierten Kontext als Dominante erscheint. Sie bedeutet nicht, daß alle wichtigen zeitgenössischen Werke ausschließlich von der Indifferenz strukturiert werden und daß die Ambiguität des Realismus und die spätmoderne Ambivalenz restlos verschwinden.

Sie sollte auch nicht im Sinne eines unmittelbaren literaturkritischen Werturteils gedeutet werden: Der Gedanke, daß ein Roman wie Robbe-Grillets *Dans le labyrinthe* oder Ransmayrs *Die letzte Welt* vom Prinzip der Indifferenz strukturiert wird, bedeutet nicht, daß er

---

7 Zur chinesischen Darstellung der Postmoderne siehe: Wang Ning, »Constructing Postmodernism: The Chinese Case and its Different Versions«, in: *Canadian Review of Comparative Literature/Revue Canadienne de Littérature Comparée*, März-Juni 1993. Aus Wang Nings Darstellung geht hervor, daß die Postmoderne in erster Linie ein westeuropäisches und nordamerikanisches Phänomen ist: »a cultural phenomenon in the highly-developed capitalist countries or postindustrial societies«. (S. 50) Siehe auch: Choi Moon-gyoo, *(Tal) Hjondaesong gua Munhag ui Ihae ([Post-] Modernität und Literatur)*, Seoul, Minumsa, 1996, dessen Buch sich auf die europäische Moderne-Postmoderne-Diskussion konzentriert.

8 Vgl. K. Popper, *Objective Knowledge. An Evolutionary Approach*, Oxford, the Clarendon Press, 1981 (revised ed.): Kap. III, »Epistemology without a Knowing Subject«.

im Vergleich zu den Romanen des Modernismus minderwertig ist oder eine Verarmung darstellt. Es ist durchaus denkbar, daß ein subtiler Literaturkritiker *Dans le labyrinthe* oder *Die letzte Welt* modernen Romanen wie Thomas Manns *Königliche Hoheit* oder Hermann Hesses *Narziß und Goldmund* vorziehen würde.

Es geht hier aber nicht um Literaturkritik. Auch eine kritische Literaturtheorie, die sich von den Illusionen des positivistischen Objektivismus und der Wertungsfreiheit (M. Weber, H. Albert) emanzipiert hat[9], sollte zunächst eine beschreibende, verstehende und erklärende Funktion erfüllen. Ihr liegt nichts daran, Georg Lukács, Leo Kofler, Terry Eagleton und anderen Marxisten zu folgen, die im Rahmen von präskriptiven Ästhetiken und im Namen eines dogmatisierten Realismus (Lukács, Kofler) oder Modernismus (Eagleton) zeitgenössische Experimente in Bausch und Bogen verdammen.

Es gilt zunächst, mit Croce und Adorno jedes Werk als einmalige Erscheinung und als unwiederholbares Experiment aufzufassen und zu verstehen. Denn Schriftsteller mühen sich nicht ab, um den Realismus und die Postmoderne zu illustrieren, sondern um auf die stets offene Frage zu antworten: Wie kann ich in der gegenwärtigen sprachlichen Situation schreiben? Daß Christoph Ransmayr, Jürgen Becker und Werner Schwab diese Frage ganz anders auffassen und beantworten als Umberto Eco oder John Fowles, ist naheliegend. Literaturtheorie aber, die den ihr innewohnenden Anspruch auf Verallgemeinerungsfähigkeit preisgibt, löst sich in blindem Nominalismus oder Partikularismus auf. Das zeigen die Kritiken an Croce.[10] Deshalb erscheint es – vor allem im soziologischen und historischen Kontext angebracht –, nach der überindividuellen, kollektiven und gattungsmäßigen Bedeutung von Texten zu fragen.

Selbst wenn dieses Fragen nicht unmittelbar den ästhetischen Wert einzelner Werke anvisiert, weil es vorrangig dem Verstehen und dem Erklären verpflichtet ist, ist es dennoch nicht wertfrei. Ästhetische und gesellschaftskritische Werturteile schlagen sich in der se-

---

9 Vgl. Vf., *Ideologie und Theorie. Eine Diskurskritik*, Tübingen, Francke, 1989, Kap. IV: »Ideologie und Wertfreiheit: Von Max Weber zum Kritischen Rationalismus«.

10 Vgl. Vf., *Literarische Ästhetik. Methoden und Modelle der Literaturwissenschaft*, Tübingen, Francke, 1995 (2. Aufl.), Kap. I. 5.

mantischen, syntaktischen und narrativen Anordnung des Diskurses nieder, die im Kritischen Rationalismus anders geartet ist als in der Psychoanalyse, der Dekonstruktion oder der Kritischen Theorie. Der Geschichte der Literatur »von der Ambiguität zur Ambivalenz und von der Ambivalenz zur Indifferenz« liegt ein narratives Schema zugrunde, welches aus dem Kerngedanken der Kritischen Theorie ableitbar ist, daß die spätkapitalistische Gesellschaft sich in eine Wirtschaftsgesellschaft verwandelt, in der die Autonomie der Kultur und der Kulturwerte immer prekärer wird.

Dies bedeutet unter anderem, daß die Postmoderne aus der Sicht des Modernismus oder der Spätmoderne betrachtet und kritisiert wird, und nicht umgekehrt, wie es etwa bei Bauman geschieht (vgl. Kap. II. 1). Denn die Kritische Theorie ist – in allen ihren Varianten – eine spätmoderne Selbstkritik der Moderne, die trotz zahlreicher postmoderner und dekonstruktiver Elemente (Mimesis, Parataxis) weder der Dekonstruktion noch dem postmodernen Denken Lyotards angeglichen werden kann. Die aus ihr ableitbare Erzählung »von der Ambiguität zur Indifferenz« kann folglich nur als spätmoderne (modernistische) Kritik an der Postmoderne gelesen werden. Insofern aber, als die Kritische Theorie zugleich eine radikale und partikularisierende Kritik der Moderne ist, die einige dekonstruktivistische und postmoderne Argumente (Derridas, Lyotards) vorwegnimmt, handelt es sich um eine dialogische Auseinandersetzung mit postmodernen Literaturformen, in der ein Begriff wie Indifferenz eher Skepsis als Ablehnung oder gar Besserwisserei konnotiert. Es wird sich zeigen, daß verschiedene Autoren der Postmoderne wie Christoph Ransmayr, Thomas Bernhard oder Felix de Azúa plastischer als alle Theorien diese Skepsis und die sie begleitende Trauer zum Ausdruck bringen.

1. Moderne Literatur und Ambivalenz: Zwischen Nietzsche und Freud

Möglicherweise ließe sich zeigen, daß die Ambivalenz als dialektische Einheit der Gegensätze ohne Synthese, als Zusammenführung unvereinbarer Werte (*ambo-valor*) und als Zusammenwirken einander entgegengesetzter Regungen (*ambi-valentia*) im psychoanalytischen Sinne das strukturierende Prinzip von Nietzsches Philosophie und Freuds Tiefenpsychologie ist. Im dritten und vierten Kapitel wurde deutlich, daß es Nietzsche als Hegel-Schüler und Hegel-Kritiker immer wieder zu einer Zusammenführung der Gegensätze jenseits der Hegelschen Aufhebung drängt: zu einer *coincidentia oppositorum*, die auf noetischer, ethischer und ästhetischer Ebene eine ungeahnte Sprengkraft entfaltet.

Sie entlädt sich in seinen essayistischen Betrachtungen immer dann, wenn zwei Extreme, die das Alltagsdenken streng voneinander scheidet, jäh verknüpft werden. Von Nietzsches Gedankengang gilt, was Walter Benjamin von der Idee sagt: »Die Darstellung einer Idee kann unter keinen Umständen als geglückt betrachtet werden, solange virtuell der Kreis der in ihr möglichen Extreme nicht abgeschritten ist.«[11] Das ist ein junghegelianischer und modernistischer Gedanke *par excellence*: Erst die Kehrseite der Medaille ermöglicht deren vollständige Erkenntnis, weil Gut und Böse, Vernunft und Unvernunft, Lust und Askese nicht voneinander zu trennen sind. Nur Rationalisten und Metaphysiker bleiben einem Trennungsdenken verhaftet, das auf der Annahme gründet, Rationalismus und Irrationalismus, Liebe und Haß, Moral und Ausschweifung hätten nichts miteinander zu tun.

Bei Nietzsche greifen nicht nur gegensätzliche Termini, sondern ganze semantische Ebenen, die konventionelles Denken auseinanderhalten möchte, ineinander: Wachstum und Niedergang, Wahrheit und Lüge, Misanthropie und Liebe, Lust und Unlust sind unentwirrbar miteinander verwachsen. So sind Zeiten gesellschaftlicher Entfaltung und kulturellen Aufblühens zugleich Zeiten des Niedergangs: »Tatsächlich bringt jedes große Wachstum auch ein ungeheures *Abbröckeln* und *Vergehen* mit sich: das Leiden, die Symptome des Niedergangs *gehören* in die Zeiten ungeheuren Vorwärtsgehens (...).«[12] Wahrheit und Lüge verschmelzen in Nietzsches Diskurs immer wieder zu einer Einheit, etwa wenn es im Anschluß an Heraklit und mit einem Seitenblick auf Plato und Hegel heißt: »Die ›scheinbare‹ Welt ist die einzige: die ›wahre Welt‹ ist nur *hinzugelogen* ...«[13] Während der wahrheitssuchende Philosoph der Lüge überführt wird, wird der

11 W. Benjamin, *Ursprung des deutschen Trauerspiels*, Frankfurt, Suhrkamp, 1972, S. 31.

12 F. Nietzsche, *Werke* Bd. 6 (Hrsg. K. Schlechta), München, Hanser, 1980, S. 625.

13 F. Nietzsche, *Werke* Bd. 4, op. cit., S. 958.

Misanthrop als Liebender erkannt: »Misanthropie ist die Folge einer allzu begehrlichen Menschenliebe und ›Menschenfresserei‹ (...).«[14] Schließlich erfährt der Lustsuchende, daß er möglicherweise bis an sein Lebensende auch das Gegenteil dessen, was er anstrebt, in Kauf nehmen muß: »Wie wenn nun Lust und Unlust so mit einem Stricke zusammengeknüpft wären, daß, wer möglichst viel von der einen haben *will*, auch möglichst viel von der anderen haben *muß* (...).«[15] Solche Überlegungen, die in Nietzsches Werk allenthalben anzutreffen sind, führen mitten in die Welt der Psychoanalyse, wo Liebe und Haß, Eros und Thanatos, Sadismus und Masochismus ambivalente Einheiten bilden.

Schon das Verhältnis zwischen Patient und Analytiker ist ambivalent, weil die *Übertragung* sowohl Liebe als auch Haß involviert: »Übertragung ist *ambivalent*, sie umfaßt positive, zärtliche wie negative, feindselige Einstellungen gegen den Analytiker, der in der Regel an die Stelle eines Elternteils, des Vaters oder der Mutter, gesetzt wird.«[16] Was die Analyse zutage fördert, ist ebenfalls von der Ambivalenz geprägt. Es kann sich beispielsweise zeigen, daß sich die Liebe des Sohnes oder der Tochter zu den Eltern mit Haß vermischen kann, sobald das Kind in ein erotisches Konkurrenzverhältnis zum Vater oder zur Mutter tritt: »Die Verwandlung eines Triebes in sein (materielles) Gegenteil wird nur in einem Falle beobachtet, bei der *Umsetzung von Liebe in Haß*. Da diese beiden besonders häufig gleichzeitig auf dasselbe Objekt gerichtet vorkommen, ergibt diese Koexistenz auch das bedeutsamste Beispiel einer Gefühlsambivalenz.«[17]

Diese definiert Freud im Anschluß an Bleuler[18] als affektives Schwanken zwischen Liebe und Haß und vertritt die für die Zwischenkriegszeit sicherlich ungewöhnliche Ansicht, daß die emotionale Zweigleisigkeit, die die gesamte Kindheit beherrscht, auch später

---

14 F. Nietzsche, *Werke* Bd. 3, op. cit., S. 142.

15 F. Nietzsche, *Werke* Bd. 3, op. cit., S. 45.

16 S. Freud, *Studienausgabe*, Ergänzungsband, Frankfurt, Fischer, 1982, S. 413.

17 S. Freud, *Studienausgabe* Bd. 3, op. cit., S. 95.

18 Vgl. S. Freud, *Studienausgabe* Bd. 3, op. cit., S. 94: »Der Terminus ›Ambivalenz‹ wurde von Bleuler geprägt«, der drei Arten von Ambivalenz unterschied: die affektive, die intellektuelle und die des Willens.

immer wieder zutage tritt und vor allem die Einstellung des Neurotikers prägt: »In den ersten Phasen des Liebeslebens ist offenbar die Ambivalenz das Regelrechte. Bei vielen Menschen bleibt dieser archaische Zug über das ganze Leben erhalten, für die Zwangsneurotiker ist es charakteristisch, daß in ihren Objektbeziehungen Liebe und Haß einander die Waage halten. Auch für die Primitiven dürfen wir das Vorwiegen der Ambivalenz behaupten.«[19]

Der letzte Satz ist deshalb erhellend, weil er andeutet, daß Ambivalenz in Freuds Diskurs nicht einfach ein Aspekt der Sexualität ist, sondern ein strukturierendes Element, das die gesamte Semantik dieses Diskurses beherrscht. Denn Freud dehnt den Ambivalenzbegriff nicht nur auf den Bereich der archaischen, totemistischen Gesellschaften aus[20], sondern wendet ihn auch auf die Religion an. »Es braucht nicht viel analytischen Scharfsinns, um zu erraten, daß Gott und Teufel ursprünglich identisch waren«[21], erklärt er in seiner kurzen Abhandlung »Der Teufel als Vaterersatz«.

Nicht die anthropologische und religionsgeschichtliche Frage nach der Richtigkeit dieser Deutung ist hier entscheidend, sondern die Überlegung, daß Freud – wie Nietzsche – im Rahmen der modernistischen Problematik denkt, in der das Geld, wie Marx sagt, »die Verbrüderung der Unmöglichkeiten« herbeiführt und »das sich Widersprechende zum Kuß« zwingt. (Vgl. Kap. I.)

Im 18. Jahrhundert und noch in der ersten Hälfte des 19. Jahrhunderts, als Jane Austen und Balzac den wahren Charakter ihrer oft zweideutigen Romangestalten aufzudecken vermochten und mit Hegel das Wesen hinter den Erscheinungen erkennen ließen[22], war *Ambiguität*, nicht Ambivalenz, das zentrale Problem. Diese rückte in den Mittelpunkt soziologischer, philosophischer und literarischer Betrachtungen, als es in der entwickelten Marktgesellschaft immer schwieriger wurde, die im kulturellen Bereich definierten Qualitäten als sol-

---

19 S. Freud, *Studienausgabe* Bd. 5, op. cit., S. 284.

20 Vgl.S. Freud, *Studienausgabe* Bd. 10, op. cit., S. 191.

21 S. Freud, *Studienausgabe* Bd. 7, op. cit., S. 301.

22 Zum Problem der *Ambiguität* bei J. Austen und H. de Balzac siehe: Vf., *Roman und Ideologie. Zur Sozialgeschichte des modernen Romans*, München, Fink, 1986, S. 22-25.

che anzuerkennen und den wahren Wert vom Warenwert zu unterscheiden.

Wie dieses Problem als soziales Problem konkret aussieht, zeigt Thomas Mann, wenn er seinen Icherzähler Felix Krull, der zeitweise als Kellner in einem Hotelrestaurant arbeitet, bemerken läßt, daß der kulturell sanktionierte *Gegensatz* zwischen Herr und Diener willkürlich und zufallsbedingt ist, weil ein Rollentausch jederzeit möglich erscheint. Beim Anblick der mondänen Gesellschaft kommt dem Protagonisten der »Gedanke der *Vertauschbarkeit*«: »Den Anzug, die Aufmachung gewechselt, hätten sehr vielfach die Bedienenden ebensogut Herrschaft sein und hätte so mancher von denen, welche, die Zigarette im Mundwinkel, in den tiefen Korbstühlen sich rekelten – den Kellner abgeben können. Es war der reine Zufall, daß es sich umgekehrt verhielt – der Zufall des Reichtums; denn eine Aristokratie des Geldes ist eine vertauschbare Zufallsaristokratie.«[23] Der Gegensatz zwischen Dienern und Herren erscheint dekonstruierbar, weil der »Gedanke der Vertauschbarkeit« die beiden scheinbar unvereinbaren sozialen Rollen der Ambivalenz überantwortet: Der Herr verdankt seine Identität nicht unveräußerlichen kulturellen Qualitäten, sondern dem Tauschwert. Man könnte mit Nietzsche noch einen Schritt über die Ambivalenz hinausgehen und von der realen »Wesensgleichheit« der hier beschriebenen Rollen sprechen: ihrer Vertauschbarkeit als Indifferenz.

Es ist sicherlich Michail M. Bachtins Verdienst, die Ambivalenz, die er mit dem Zusammenbruch der Hierarchien und der Umwertung der Werte im *Karnevalsgeschehen* verknüpft, sowohl in der älteren (Rabelais, Cervantes) als auch in der modernen Literatur in allen Einzelheiten beschrieben zu haben. In seinem *Dostoevskij*-Buch weist er auf die »karnevalistische Ambivalenz«[24] des *Felix-Krull*-Romans hin und spricht im Zusammenhang mit Dostoevskijs Werk von der »tiefen Zweideutigkeit und Vieldeutigkeit jeder Erscheinung«, vom charakterlichen »Zwiespalt« und vom »Widerspruch«.[25] Alle diese Ele-

---

[23] Th. Mann, *Bekenntnisse des Hochstaplers Felix Krull*, Frankfurt, Fischer, 1954, 1974, S. 224-225.

[24] M. M. Bachtin, *Probleme der Poetik Dostoevskijs*, München, Hanser, 1971, S. 141.

[25] Ibid., S. 37.

mente leitet er aus der populären Karnevalstradition ab, die im Spätmittelalter und in der frühen Renaissance ihren Höhepunkt erreicht und später in der modernen Literatur als » Karnevalisierung« (Umkehrung der Hierarchien, Umwertung, Ambivalenz, Maskierung und Polyphonie) fortwirkt. Dostoevskijs Romane werden als Produkte dieser subversiven, weil herrschafts- und monologfeindlichen Überlieferung gedeutet: »Mit ihrem Pathos des Wechsels und der Erneuerungen, die alles äußerlich Feste, Ausgeprägte und Fertige *relativiert*, hat sie [die Karnevalisierung] es Dostoevskij ermöglicht, in die Tiefenschichten des Menschen und der menschlichen Verhältnisse vorzudringen.«[26]

Es ist allerdings nicht ohne weiteres möglich, vom Karneval als Volksfest im spätmittelalterlichen Sinn unmittelbar eine Brücke zum modernen Roman Dostoevskijs oder Thomas Manns zu schlagen. Dies mag ein Grund sein, weshalb sich Bachtin in seiner Erklärung der karnevalistischen Elemente bei Thomas Mann mit einem Hinweis auf den »wesentlichen Einfluß«[27] Dostoevskijs begnügt. Nun hat aber Dostoevskijs von Karnevalisierung, Ambivalenz und Polyphonie geprägter Roman nicht alle modernen Werke beeinflußt, in denen diese Elemente eine wichtige Rolle spielen. Anscheinend handelt es sich um kollektive Kulturphänomene, die nicht auf individuelle Einflüsse reduzierbar sind. Im Anschluß an die Passage aus Thomas Manns *Felix-Krull*-Roman und an das bisher Gesagte sollte Bachtins »Karneval« daher als eine Metapher für Tauschwert und Marktgesetz gelesen werden: Die Umkehrung der Hierarchien erscheint in diesem Kontext – zusammen mit der Ambivalenz und der Maske – als eine Folge der *Vertauschbarkeit*, von der Thomas Manns Icherzähler spricht.

Komplementär zu Bachtins Darstellung der Ambivalenz-Problematik bei Dostoevskij verhalten sich Freuds analytische Bemerkungen zu Dostoevskijs Bisexualität: »Eine stark bisexuelle Anlage wird so zu einer der Bedingungen oder Bekräftigungen der Neurose. Eine solche ist für Dostojewski sicherlich anzunehmen und zeigt sich in existenzmöglicher Form (latente Homosexualität) in der Bedeutung von Männerfreundschaften für sein Leben, in seinem sonderbar zärt-

---

[26] Ibid., S. 188.

[27] Ibid., S. 315.

lichen Verhalten gegen Liebesrivalen und in seinem ausgezeichneten Verständnis für Situationen, die sich nur durch verdrängte Homosexualität erklären, wie viele Beispiele aus seinen Novellen zeigen.«[28] Nicht Freuds psychoanalytische Deutung von Dostoevskijs Einstellung und seinem Werk ist an dieser Stelle wichtig (der biographische Reduktionismus wäre auf jeden Fall zu kritisieren), sondern die Ambivalenz als allgegenwärtiges semantisches Element, das den psychoanalytischen Diskurs strukturiert.

Denn dieses Strukturelement prägt auch die wichtigsten Romane, Novellen und Dramen (vgl. Kap. IV) des Modernismus. Der moderne Roman könnte als ein Text gelesen werden, in dem Nietzsches und Freuds Erkenntnisse über die Verknüpfung unvereinbarer Werte und das Zusammenwirken einander entgegengesetzter Regungen gebündelt und ins Fiktionale projiziert werden.

Nietzscheanisch ist jedenfalls Robert Musils Zeitdiagnose, in der die moderne Literatur als eine von der *coincidentia oppositorum* geprägte Welt erscheint: »Diese Überzeugung von der Übergänglichkeit der menschlichen Erscheinungen ineinander, die tiefere Verwandtschaft der moralischen Gegensätze kann man geradezu als ein Kennzeichen der zeitgenössischen Literatur im Unterschied zu früheren Zeiten ansprechen.«[29] Die Überlegung, daß das Selbstverständnis des Schriftstellers und seine Einschätzung der modernen Literatur als einer Literatur der Ambivalenz der hier vorgeschlagenen Objektkonstruktion entsprechen, beweist zwar nichts, ist aber als Indiz nicht völlig irrelevant, zumal sie von verschiedenen Arbeiten über Nietzsche und Musil bestätigt wird.[30]

Es ist sicherlich kein Zufall, wenn in Musils Roman *Der Mann ohne Eigenschaften*, der auf allen Ebenen von der Ambivalenz durchwirkt ist, die von Freud angesprochene Bisexualität in der Gestalt des Androgynen anthropomorphe Formen annimmt, vor allem in

---

28 S. Freud, *Studienausgabe* Bd. 10, op. cit., S. 277-278.

29 R. Musil, *Gesammelte Werke* Bd. 9, Reinbek, Rowohlt, 1978, S. 1682. Siehe auch die anregende Studie von Estela Cédola, *Borges o la coincidencia de los opuestos*, Buenos Aires, Editorial Universitaria, 1987.

30 Vgl. Ch. Dresler-Brumme, *Nietzsches Philosophie in Musils Roman »Der Mann ohne Eigenschaften«. Eine vergleichende Betrachtung als Beitrag zum Verständnis*, Frankfurt, Athenäum, 1987, S. 91 und 97.

den nachgelassenen Fragmenten, in denen Clarisse als Hermaphrodit auftritt: »Heiser flüsterte Cl(arisse) zurück: ›Ich bin kein Weib Ld (Lindner)!, ich bin der Hermaphrodit!‹ – «[31] In diesem Kontext ist auch Schnitzlers *Traumnovelle* (ursprünglich: »Doppelnovelle«) zu lesen, in der ambivalente Wesen auftreten, die ein Doppelleben zwischen Tag und Traum, zwischen Bewußtsein und Unbewußtem führen.[32]

Die Ambivalenz im psychologischen und psychoanalytischen Sinn erfaßt das Subjekt und läßt dessen Identität problematisch erscheinen. Dies ist eines der Hauptthemen von D. H. Lawrences Roman- und Novellenwerk, das – ähnlich wie Virginia Woolfs Werk – in entscheidenden Momenten die Zersplitterung des denkenden und handelnden Subjekts in den Mittelpunkt der Betrachtungen rückt: »Man or woman is made up of many selves. With one self she loved this gipsy man. With many selves she ignored him or had a distaste for him.«[33] In den folgenden Abschnitten soll gezeigt werden, wie Einheit der Gegensätze, Krise des Subjekts und Krise des Romans zusammenhängen.

Daß das Kunstwerk als solches von dieser destruktiven Einheit und der von ihr ausgehenden Krise des Modernismus erfaßt wird, läßt mit aller Deutlichkeit eine Bemerkung von Manns Erzähler Zeitblom über die Kompositionen seines Freundes Adrian Leverkühn erkennen: »Hitze und Kälte walteten nebeneinander in seinem Werk, und zuweilen, in den genialsten Augenblicken, schlugen sie ineinander (...).«[34] Der Ausdruck »schlugen ineinander« erinnert an Baudelaires und Benjamins »brüske Koinzidenz« und auch daran, daß die literari-

---

31 R. Musil, *Gesammelte Werke* Bd. 5, op. cit., S. 1538.

32 Vgl. A. Schnitzler, *Die Braut. Traumnovelle*, Stuttgart, Reclam, 1976, S. 14: »Zu allem glaubte ich mich bereit; dich, das Kind, meine Zukunft hinzugeben, glaubte ich mich so gut wie entschlossen und zugleich – wirst du es verstehen? – warst du mir teurer als je.«

33 D. H. Lawrence, »The Virgin and the Gipsy«, in: ders., *The Complete Short Novels*, Harmondsworth, Peguin, 1982, S. 541. In diesem Zusammenhang erscheint auch der Mythos des Androgynen bei Virgina Woolf bedeutsam, wie die *Tesi di Laurea* von Milena Reginato zeigt: *L'androgino Orlando ed i miti classici della sessualità*, Università degli Studi di Udine, 1994/95.

34 Th. Mann, *Doktor Faustus*, Frankfurt, Fischer, 1971, 1980, S. 178.

sche Moderne eine Welt des Schocks, der Krise und des Zerfalls ist – nicht nur im avantgardistischen Bereich.

2. Sprachliche Aspekte der Ambivalenz

Die karnevalistische Koinzidenz, die jäh alle Wertordnungen und Hierarchien umstürzt, ist für nahezu alle modernen Romane kennzeichnend. Sie hat u.a. zur Folge, daß die herrschenden Werte, die zumeist die Werte der Herrschenden sind, mit Unwerten verknüpft und diskreditiert werden. Wo das Erhabene und das Triviale, das Hohe und das Niedrige, das Heilige und das Profane, das Edle und das Vulgäre ineinandergehen, miteinander verschmelzen, entsteht eine explosive Mischung, die, wie Bachtin zeigt, zum Lachen reizt. Dabei kommt es oftmals zu einer Art Orientierungslosigkeit, die bewirkt, daß das Subjekt als Aktant (Protagonist), Erzähler oder Leser entscheidungsunfähig wird, weil es sich mit keiner Wertsetzung mehr identifizieren kann.

Diese Orientierungslosigkeit der handelnden Subjekte beherrscht Célines Roman *Voyage au bout de la nuit*, einen stark karnevalisierten Text, dessen Ambivalenzen immer wieder aus der – in Célines Welt verpönten – Vermittlung durch den Tauschwert hervorgehen. Die Bank wird zur Kirche, man beichtet vor dem Dollar: »Wenn die Gläubigen ihre Bank betreten, dürfen sie sich nicht einfach nach Herzenslust bedienen. Durchaus nicht. Sie sprechen mit dem Dollar im Flüsterton durch kleine Gitterfenster durch, sie beichten.« (»Quand les fidèles entrent dans leur Banque, faut pas croire qu'ils peuvent se servir comme ça selon leur caprice. Pas du tout. Ils parlent à Dollar en lui murmurant des choses à travers un petit grillage, ils se confessent quoi.«)[35] Anders als in postmodernen Texten, wo die Karnevalisierung als Folge der Vermittlung achselzuckend oder lachend zur Kenntnis genommen wird, verursacht sie im Modernismus, wo die Suche nach dem wahren Wert, nach Wahrheit und Gerechtigkeit noch ernst genommen wird, eine Art Skandalon.

---

35 L.-F. Céline, *Reise ans Ende der Nacht*, Reinbek, Rowohlt, 1958, 1994, S. 221, (*Voyage au bout de la nuit*, Paris, Gallimard, 1952, S. 248. N.B.: Im folgenden werden französische, italienische, kroatische und spanische Originaltexte ausschließlich aus dem fiktionalen Bereich zitiert.)

Nirgendwo wird es prägnanter dargestellt als in Alberto Moravias Kurzroman *La disubbidienza*, dessen Protagonist Luca auf einem mittelalterlichen Betstuhl vor der Reproduktion einer Madonna Raffaels beten lernt. Hinter dem Heiligen Bild haben Lucas Eltern allerdings – auf gutbürgerliche Art – ihren Safe versteckt, ihren wahren Wert. An dem Tag, als Luca die Camouflage durchschaut, nennt er das Sakrileg beim Namen: »Und ihr, warum habt ihr mich jahrelang vor eurem Geld beten lassen?« (»E voi perché mi avete fatto pregare tanti anni inginocchiato davanti al vostro denaro?«)[36]

Die karnevalistische Ambivalenz des Modernismus hat nicht nur eine destruktive, sondern, wie Célines Text bereits erkennen läßt, auch eine ideologiekritische Wirkung, die bei Autoren wie Jaroslav Hašek und seinem deutschen Erben Bertold Brecht besonders stark ausgeprägt ist. Bei beiden Autoren wird die Religion als herrschende Ideologie karnevalisiert und dabei der Ambivalenz und dem Lachen der Leser überantwortet. In Hašeks satirischem Roman *Die Abenteuer des braven Soldaten Schwejk* erscheint die von Feldkurat Katz, einem jüdischen Konvertiten, zelebrierte Messe als ein karnevalistisches Ereignis, dessen Höhepunkt die Predigt ist, die von den bestraften Soldaten als eine willkommene Unterbrechung des langweiligen Garnisonsarrests begrüßt wird: »Er verstand es, so schön von der unendlichen Gnade Gottes zu faseln und, wenn er schon sehr betrunken war, neue Gebete und eine neue Messe zu ersinnen, seinen eigenen Ritus, etwas noch nie Dagewesenes.«[37]

Analog dazu verhält sich eine Szene aus Brechts *Mutter Courage*, in der klar wird, daß Kaiser, Könige und Päpste den Krieg am Leben erhalten und dafür sorgen, daß er nicht so bald aufhört. Als sich Mutter Courage in einem Gespräch mit dem Feldprediger besorgt zeigt, weil der Krieg jäh enden und der Frieden die von ihr soeben eingekauften Vorräte in unverkäufliche Ware verwandeln könnte, wird sie vom Geistlichen getröstet: »Und dann kann man den Krieg wieder aus dem Dreck ziehn! Aber die Kaiser und Könige und der Papst wird ihm zu Hilf kommen in seiner Not. So hat er im ganzen nix Ernstliches zu fürchten, und ein langes Leben liegt vor

---

36 A. Moravia, *La disubbidienza*, Milano, Bompiani (1945), 1975, S. 35.

37 J. Hašek, *Die Abenteuer des braven Soldaten Schwejk*, Köln-Berlin, Kiepenheuer und Witsch, 1956, S. 75.

ihm.«[38] Während sich bei Hašek das Profane zum Heiligen gesellt, wird bei Brecht die (in der Ideologie) friedensstiftende Religion mit dem Krieg assoziiert.

Die karnevalistische Ambivalenz ist in vieler Hinsicht mit der *Verfremdung* verwandt, die in der modernen Literatur den ideologischen Glauben aufbrechen und für kritische Distanz sorgen soll: nicht nur im Epischen Theater, wo sie oft mit dem distanzierenden Kommentar und der Unterbrechung der Handlung einhergeht, sondern auch in Kafkas *Prozeß*-Roman, wo die ambivalente Figur der Iustitia *zugleich* als Göttin der Jagd erscheint[39], und in Rilkes *Die Aufzeichnungen des Malte Laurids Brigge*, wo das Sterben unerwartet mit der Massenproduktion verknüpft wird: »Dieses ausgezeichnete Hôtel ist sehr alt, schon zu König Chlodwigs Zeiten starb man darin in einigen Betten. Jetzt wird in 559 Betten gestorben. Natürlich fabriksmäßig. Bei so enormer Produktion ist der einzelne Tod nicht so gut ausgeführt, aber darauf kommt es auch nicht an. Die Masse macht es.«[40]

Wichtig ist die Erkenntnis, daß im Modernismus Karnevalisierung und Verfremdung nicht wie in der Postmoderne in Indifferenz ausmünden, sondern in eine Ideologiekritik, die von der Suche nach dem wahren Wert und der authentischen Wertskala begleitet wird. Während bei Hašek die Kritik dem Telos der nationalen Befreiung dient und bei Brecht in einen marxistischen *métarécit* eingebettet ist, mündet sie bei Musil in die Frage nach der Utopie und bei Kafka in die Frage nach dem wahren Leben, dem Gesetz. Bei Proust werden, wie noch zu zeigen sein wird, alle Ambivalenzen und Vieldeutigkeiten überwunden, sobald in der *Wiedergefundenen Zeit* der wahre Gegensatz zwischen Kunst und Leben in Erscheinung tritt, alle Zweifel ausräumt und die Literatur als den eigentlichen Wert (»le Jugement dernier«) bestätigt.

Anders gesagt: Karnevalisierung, Ambivalenz und Vieldeutigkeit werden in der modernen Literatur nicht zum Selbstzweck, sondern

---

38 B. Brecht, *Mutter Courage und ihre Kinder*, Frankfurt, Suhrkamp (1949), 1966, S. 66.

39 F. Kafka, *Der Prozeß*, Frankfurt, Fischer, 1958, 1964, S. 108.

40 R. M. Rilke, *Die Aufzeichnungen des Malte Laurids Brigge*, Frankfurt, Insel (1910), 1982, S. 13.

werden einer ideologisch-metaphysischen Suche untergeordnet, die bei Proust, Brecht, Hašek und dem jungen Sartre die Gestalt einer Teleologie annimmt, oftmals aber zu einer Suche ohne Telos wird (z.B. bei Céline, dem späteren Joyce oder Camus). Bemerkenswert ist die sich hier abzeichnende ideologische Heterogenität des Modernismus, von der später ausführlicher die Rede sein wird: Kafkas »Gesetz« gehört ebenso zu den Utopien moderner Literatur wie Prousts und Mallarmés Kunst, Hašeks nationale Befreiung und Brechts Sozialismus.

Ambivalenz und *Vieldeutigkeit* (*Polysemie*) werden im modernen Text von einem *agnostischen Erzähler* vermittelt, der angesichts der Vielschichtigkeit, Widersprüchlichkeit und Interpretierbarkeit seiner Welt die narrativen Verfahren, die ihm zur Verfügung stehen, als Konstrukte bloßlegt. Besonders charakteristisch für diese *Bloßlegung des Verfahrens*, die schon die russischen Formalisten, vor allem Viktor Šklovskij, faszinierte, ist eine Passage aus Sartres Jugendroman *La Nausée*, in der das Erzählen als solches problematisch erscheint: »Das ist es, worauf die Leute hereinfallen: ein Mensch ist immer ein Geschichtenerzähler, er lebt umgeben von seinen Geschichten und den Geschichten anderer, er sieht alles, was ihm widerfährt, durch sie hindurch, und er versucht sein Leben so zu Leben, als ob er erzählte. – Aber man muß wählen: leben oder erzählen.« (»C'est ce qui dupe les gens: un homme, c'est toujours un conteur d'histoires, il vit entouré de ses histoires et des histoires d'autrui, il voit tout ce qui lui arrive à travers elles; et il cherche à vivre sa vie comme s'il la racontait. – Mais il faut choisir: vivre ou raconter.«)[41] Man versteht in diesem Zusammenhang, weshalb Sartre dem katholischen Realisten François Mauriac vorwirft, daß er seinen Erzähler mit göttlicher Allwissenheit ausstattet und in *Thérèse Desqueyroux* und *La Fin de la nuit* nicht daran denkt, den Erzählerstandpunkt zu relativieren und zu *reflektieren*.[42]

Die spätmoderne Erkenntnis der Relativität und der Kontingenz des Erzählers ist jedoch nicht nur ein ideologiekritischer Segen, weil

---

41 J.-P. Sartre, *Der Ekel*, Reinbek, Rowohlt, 1981, S. 65. (*La Nausée*, *Œuvres romanesques*, Paris, Gallimard, Bibl. de la Pléiade, 1981, S. 48.)

42 Vgl. J.-P. Sartre, »M. François Mauriac et la liberté«, in: ders., *Critiques littéraires* (*Situations*, I), Paris, Gallimard, 1947, S. 69.

sie ideologische Absolutheitsansprüche negiert, sondern zugleich ein noetisches und diskursives Problem, weil sie die Kompetenz des erzählenden Subjekts in Frage stellt. Angesichts einer ambivalenten, sich stets verdoppelnden Wirklichkeit, in der auch das Ich nicht mehr eindeutig bestimmbar ist, so daß Svevos Icherzähler sich fragt »Ero io buono o cattivo?«[43], stellen Autoren wie Proust und Musil die Möglichkeit des Erzählens als Aussagevorgang (*énonciation*) grundsätzlich in Frage. »Soll ich einen Roman daraus machen, eine philosophische Studie, bin ich Romancier?« (»Faut-il en faire un roman, une étude philosophique, suis-je romancier?«)[44], fragt sich Proust in einem seiner nachgelassenen *Cahiers*. Auf analoge Probleme stößt Musil, in dessen Roman *Der Mann ohne Eigenschaften* die Krise des Erzählens zu einem der Hauptthemen wird: »?Paradoxon: den Roman schreiben, den man nicht schreiben kann.«[45]

An anderer Stelle erklärt Musil, weshalb dem modernen Schriftsteller die im Realismus fast selbstverständliche mimetisch-narrative Darstellung der Welt schwerfällt: »Das Problem entsteht natürlich erst mit dem Roman. Im Epos, auch im wirklich epischen Roman, ergibt sich der Charakter aus der Handlung. D.h. die Charaktere waren viel unverrückbarer in die Handlungen eingebettet, weil auch diese viel eindeutiger waren.«[46] Im Rahmen des hier konstruierten Modells könnte Musil sagen, daß im epischen Roman des Realismus die Ambiguität mit Hilfe der Romanpsychologie noch aufgelöst werden konnte; die Ambivalenz hingegen ist unauflösbar, weil die miteinander verknüpften Terme (Gut / Böse, Wahrheit / Lüge) gleich »wahr« sind: d.h. im Modernismus als gleich wahr *erscheinen*. Die realistische Wertskala, die ihre absolute Disjunktion oder Differenz garantierte, ist zerfallen.

Wie sehr der moderne Erzähler diese Wertskala mit *Nostalgie* betrachtet und die absolute, authentische Differenz zu retten sucht, zeigt Prousts *Recherche*, die zugleich als Suche nach der Differenz und dem wahren Wert zu lesen ist. In einer Kritik der mondänen Sa-

---

43 I. Svevo, *La coscienza di Zeno*, Milano, Dall'Oglio, 1938, S. 369.

44 M. Proust, *Le Carnet de 1908*, Paris, Gallimard (*Cahiers Marcel Proust 8*), 1976, S. 61.

45 R. Musil, *Gesammelte Werke* Bd. 7, op. cit., S. 826.

46 R. Musil, *Gesammelte Werke* Bd. 5, op. cit., S. 1941.

longesellschaft, in der es keine klaren, von allen anerkannten qualitativen Gegensätze gibt, fragt der Erzähler nach der Welt der Unterschiede: »le monde des différences«.[47] Es ist eine metaphysische Frage *par excellence*, die trotz aller nietzscheanischen Ambivalenzen, die der Icherzähler mit fast pathologischer Hingabe analysiert, eine metaphysische Antwort erheischt. Der Romancier bleibt sie dem Leser nicht schuldig und erklärt am Ende seiner Suche die Literatur zur einzig wahren Wirklichkeit: »Das wahre Leben, das endlich entdeckte und aufgehellte, das einzige infolgedessen von uns wahrhaft gelebte Leben, ist die Literatur (...).« (»La vraie vie, la vie enfin découverte et éclaircie, la seule vie par conséquent réellement vécue, c'est la littérature (...).«)[48]

Es besteht aber kein Grund, den ästhetischen oder künstlerischen Wert absolut zu *setzen* (im Sinne von Broch)[49] und eine Dichotomie zwischen Literatur und Leben zu postulieren. Denn es genügt, mit Sartre, Bourdieu und indirekt Nietzsche auf die Verwandtschaft von hoher und kommerzieller Kunst hinzuweisen[50], um Prousts ästhetische Differenz in Derridas *différance* aufzulösen und die *Recherche* als postmodernen Roman umzuschreiben, dessen Erzähler der sich abzeichnenden *In-Differenz* nicht länger durch metaphysische Setzungen widerstehen würde. Der Modernismus erscheint hier als ein nostalgischer Versuch, die Ambivalenz, deren Dynamik zur Indifferenz tendiert, metaphysisch-ideologisch zu bändigen.

Während das erzählende Subjekt des Modernismus bestrebt ist, die Ambivalenz durch Setzungen auf der Ebene des Aussagevorgangs (der *énonciation*, Greimas) zu überwinden – etwa in Sartres *La Nausée*, wo der Erzähler ebenfalls zum Schriftsteller wird –, sucht das handelnde Subjekt als *sujet d'énoncé* (Greimas) nach der wahren

---

47 M. Proust, *A la recherche du temps perdu*, Paris, Gallimard, Bibl. de la Pléiade, 1954, Bd. 3, S. 277.

48 M. Proust, *Auf der Suche nach der verlorenen Zeit. Die wiedergefundene Zeit 2*, Frankfurt, Suhrkamp, 1977, S. 308. (*A la recherche du temps perdu*, Bd. 3, op. cit., S. 895.)

49 Vgl. H. Broch, *Die Schlafwandler. Eine Romantrilogie*, Frankfurt, Suhrkamp, 1978, S. 498.

50 Vgl. J.-P. Sartre, »L'Engagement de Mallarmé«, in: *Obliques* 18-19, Sondernummer *Sartre*, 1979, S. 177 und P. Bourdieu, *Die feinen Unterschiede*, Frankfurt, Suhrkamp, 1982, S. 90-94.

politischen, ästhetischen oder religiösen Wertskala. Daß diese Suche angesichts der extremen Ambivalenz zum Scheitern verurteilt ist, so daß der narrative Ablauf problematisch wird und die Erzählung zu zerfallen droht, lassen nicht nur die Paradoxien von Kafkas *Prozeß*-Roman erkennen[51], dessen Protagonist nie endgültig zu entscheiden vermag, ob die helfenden Frauen, vor denen der Geistliche warnt, der Maler Titorelli und der Geistliche selbst als Helfer oder als Widersacher einzuschätzen sind, sondern auch die Aporien der Romane Brochs, Svevos und Musils. In ihnen wird der Handlungsablauf problematisch, und eines der zentralen Theoreme der Narrativik, demzufolge die Handlung aus dem Charakter ableitbar ist (»Le trait de caractère est la cause de l'action«, Todorov)[52], erscheint fragwürdig.

In Brochs *Schlafwandler*-Trilogie will es dem Anarchisten Esch nicht gelingen, die Welt manichäisch im Rahmen eines Schwarz-Weiß-Schemas zu ordnen und sich als handelndes Subjekt zu orientieren; auch nicht an einem schönen Frühlingstag: »Nichts ist eindeutig, dachte Esch voll Zorn, nichts ist eindeutig, nicht einmal an solch schönem Frühlingstag.«[53] Der narrative Handlungsablauf, der von Entscheidung zu Entscheidung eilt, setzt aber Eindeutigkeit der Werte und klare ideologische Gegensätze voraus. Kein Wunder, daß den Ideologen und Metaphysiker Esch, der gegen die skrupellosen Geschäftsleute und das »Sündengeld« wettert, Zorn überkommt, sobald er den Nexus von Ambivalenz und Geldwirtschaft durchschaut: »Zorn gegen das Geschäftswesen erwachte wieder in ihm, Zorn gegen eine Organisation, die unter dem Schein schöner Ordnung, glatter Gänge, schöner glatter Buchungen alle Infamien verbirgt.«[54] Doch auch Eschs platonisch-hegelianischer Versuch, Schein und Sein zu unterscheiden, scheitert: nicht zuletzt an der ambivalenten Gestalt Eduard von Bertrands, die Mandelkow zu Recht für die zentrale Gestalt der Romantrilogie hält[55] und die auf nietzscheanische Art suggeriert, daß der Schein möglicherweise das Sein ist.

---

51 Zum Problem der Paradoxie in Kafkas Werk siehe: A. L. Baum, »Parable as Paradox in Kafka's Erzählungen«, in: *MLN* 91, 1976.

52 T. Todorov, »La Lecture comme construction«, in: *Poétique* 24, 1974, S. 421.

53 H. Broch, *Die Schlafwandler*, op. cit., S. 226.

54 Ibid., S. 244.

55 K. R. Mandelkow, *Hermann Brochs Romantrilogie »Die Schlafwandler«*, Heidel-

Weniger manichäisch als Esch verhalten sich die Protagonisten in Svevos Roman *La coscienza di Zeno*, dessen Held Zeno in den seltenen Augenblicken, in denen er sich zu einer Entscheidung aufrafft, von Zweifeln über seine eigene Motivation geplagt wird. Seinem Freund Guido, den er gleichzeitig liebt und haßt, hilft er, ohne sich über seine eigene Absicht im klaren zu sein: »Ich war fest entschlossen, ihm das Geld zu verschaffen. Ich weiß nicht, ob ich das aus Liebe zu ihm oder aus Liebe zu Ada tun wollte oder vielleicht, um mich der, wenn auch noch so geringen, Verantwortung zu entledigen, die auf mir lastete, weil ich in Guidos Büro gearbeitet hatte.« (»Ero ben deciso di procurargli quel denaro. Naturalmente non so dire se lo facessi per affetto a lui o ad Ada, o forse per liberarmi da quella piccola parte di responsabilità che poteva toccarmi per aver lavorato nel suo ufficio.«)[56]

Diese Passage ist von besonderem Interesse, einerseits, weil sie eine psychische Ambivalenz im Sinne der Psychoanalyse, die Paula Robinson aus Zenos und Guidos homosexueller Veranlagung ableitet[57], zu erkennen gibt, andererseits, weil sie zeigt, daß der moderne Erzähler auf Ambivalenzen mit Musils »Möglichkeitssinn« reagiert: mit Essayismus, hypothetischer Gesinnung und Konstruktivismus.

Alle diese Verfahren werden von der *Ironie* begleitet, die zu den wichtigsten Stilmitteln Svevos, Musils und Pirandellos gehört.[58] So erscheint beispielsweise in Musils großem Roman Diotimas Glaube an ewige Wahrheiten in einem ironischen Licht: »Diotima hätte sich ein Leben ohne ewige Wahrheiten niemals vorzustellen vermocht, aber nun bemerkte sie zu ihrer Verwunderung, daß es jede ewige Wahrheit doppelt und mehrfach gibt.«[59] Auch die Handlungsunfähigkeit des Subjekts und die Stagnation der Erzählung, die den gesamten, von drei Anfängen eingeleiteten Roman[60] prägen und dem

---

berg, Winter, 1962, S. 76.

56 I. Svevo, *Zeno Cosini*, Hamburg, Rowohlt, 1959, S. 388-389. (*La coscienza di Zeno*, Milano, Dall'Oglio, 1938, S. 414)

57 P. Robinson, in: C. Fonda, *Svevo e Freud. Proposta di interpretazione della Coscienza di Zeno*, Ravenna, Longo, 1978, S. 118.

58 Vgl. R. Barilli, *La linea Svevo-Pirandello*, Milano, Mursia, 1981, S. 43-50.

59 R. Musil, *Der Mann ohne Eigenschaften*, in: ders., *Gesammelte Werke* Bd. 1, op. cit., S. 229.

60 Ibid., Kap. 9: »Erster von drei Versuchen, ein bedeutender Mann zu werden«.

Agnostizismus des Erzählers entsprechen, werden mit wohlwollender Ironie kommentiert: »Jedesmal, wenn Diotima sich beinahe schon für eine solche Idee entschieden hätte, mußte sie bemerken, daß es auch etwas Großes wäre, das Gegenteil davon zu verwirklichen.«[61]

Mit einer ähnlichen Ironie relativiert Pirandello die Dogmen der italienischen Gesellschaft, etwa wenn sein Erzähler in *Uno, nessuno e centomila* die Möglichkeit ins Auge faßt, daß sie sich zusammen mit anderen Konventionen in der Hitze eines Nachmittags auflösen könnten: Solange sie sich nicht aufgelöst und das »Urtier« (»bestia originaria«) im Menschen nicht freigesetzt haben, räumt er den braven Bürgern seiner Heimatstadt das Recht ein, ihn im Namen ihrer Konventionen zu verurteilen: »Sie dürfen also verdammen.« (»Potete condannare.«)[62] Wie bei Svevo und Musil lösen auch bei Pirandello Ambivalenz und Ironie den in Konventionen und automatisierten Erzählschemata erstarrten Wirklichkeitssinn auf und verhelfen dem Möglichkeitssinn zum Durchbruch: dem Sinn fürs Essayistische, Hypothetische und Offene; dem Sinn fürs Konstruierbare.

Als Alternative zum unglaubwürdig gewordenen realistisch-mimetischen Erzählschema, das im Ambivalenzzusammenhang zerfällt, entwickeln die Modernisten eine offene, essayistische und parataktische Schreibweise, die nicht mehr dem Kausalgefüge der narrativen Syntax und der anekdotischen Erzählung verpflichtet ist. Zugleich legen sie die Probleme des narrativen Verfahrens bloß, weil sie immer wieder erkennen lassen, daß die Erzählung eine *Konstruktion* und keine mimetische Wiedergabe der Wirklichkeit ist.

Pirandello, der Musils Möglichkeitssinn plastischer inszeniert als Musil selbst, zeigt, daß die Rekonstruktionen der eigenen Person durch den Ich-Erzähler recht wenig mit den Vorstellungen zu tun haben, die seine Bekannten mit seinem Namen verbinden, und sich kaum mit der lächerlichen Phantasiegestalt *Gengè* berühren, die seine Frau Dida für ihren Gemahl hält. Für diesen ist Gengè ein Popanz, der nichts mit seinem Selbstverständnis zu tun hat und lediglich Didas infantil-kleinbürgerliche Bedürfnisse befriedigt: »Sie hat sich ihn

---

61 Ibid., S. 229.

62 L. Pirandello, *Einer, keiner, hunderttausend*, Mindelheim, Sachon, 1986, S. 86. (*Uno, nessuno e centomila*, Milano, Mondadori, 1926, 1985, S. 100.)

konstruiert!« (»Se l'era costruito lei!«)[63], ruft er vorwurfsvoll aus. Es ist im Konstruktivismus allerdings nicht einfach zu entscheiden, welche Konstruktion die richtige, die wirkliche ist: »Denn dieser ihr Gengè existierte, während ich für sie absolut nicht existierte, nie existiert hatte.« (»Perché quel suo Gengè esisteva, mentre io per lei non esistevo affatto, non ero mai esistito.«)[64]

Dem irrtümlich in ein Irrenhaus Eingelieferten fällt es bekanntlich schwer, seine Normalität nachzuweisen. Der schlichte Satz »Ich bin nicht verrückt« wird vom behandelnden Personal als Symptom des Wahnsinns gedeutet (»Das sagen hier alle«) und problemlos in die herrschende Konstruktion eingefügt. Der vom Parteiapparat als wirklichkeitsfremd definierte Dissident muß in der psychiatrischen Klinik abwarten, bis wirkliche Ereignisse die ideologischen Schimären der Nomenklatura auflösen. Also gibt es die Wirklichkeit?[65] Es gibt sie, aber sie ist nur als konstruierte wahrnehmbar[66], wobei allerdings feststeht, daß nicht alle Konstruktionen (Galileos und der Kirche, der Partei und der Dissidenten) gleichwertig sind.

Jedenfalls scheint Pirandello recht zu behalten, wenn er seinen Erzähler ironisch bemerken läßt: »Ach, Sie glauben, man errichte nur Häuser? Ich errichte mich andauernd, und ich errichte Sie, und Sie tun dasselbe.« (»Ah, voi credete che si costruiscano soltanto le case? Io mi costruisco di continuo e vi costruisco, e voi fatte altrettanto.«)[67] Aus den Verwechslungen, die das Gegeneinander dieser Konstruktionen und Masken mit sich bringt, geht Pirandellos *umorismo*[68] hervor, der, wie Wladimir Krysinski richtig bemerkt, die Schiedsrichterrolle der Wirklichkeit, die Cervantes' Ironie noch anerkennt, nicht

---

63 Ibid., S. 53 (S. 61).

64 Ibid.

65 Zu den im Konstruktivismus impliziten Realitätsannahmen siehe: H. J. Wendel, *Moderner Relativismus. Zur Kritik antirealistischer Sichtweisen des Erkenntnisproblems*, Tübingen, Mohr, 1990, S. 190-210.

66 In dieser Hinsicht ist den radikalen Konstruktivisten recht zu geben. Dazu: E. von Glasersfeld, »Abschied von der Objektivität«, in: P. Watzlawick, P. Krieg (Hrsg.), *Das Auge des Betrachters. Beiträge zum Konstruktivismus*, München-Zürich, Piper, 1991, S. 23.

67 L. Pirandello, *Einer, keiner, hunderttausend*, op. cit., S. 51. (*Uno, nessuno e centomila*, op. cit., S. 60.)

68 Zu Pirandellos *umorismo* siehe: S. Bartoli, *Modernità nella novella di Luigi Pirandello e Arthur Schnitzler*, Milano, Marcos y Marcos, 1996, Kap. I. 3.

mehr zuläßt. Dieser Wirklichkeitsverlust weist über die moderne Literatur hinaus in die Postmoderne und den Radikalen Konstruktivismus.[69] Insofern ist Krysinski recht zu geben, wenn er abschließend bemerkt: »Pirandellos Werk erscheint insgesamt als modern und der Postmoderne zugewandt (ouverte sur le post-modernisme).«[70] Es wird sich zeigen, daß diese Aussage auch für andere Autoren des Modernismus –Camus, Moravia, Joyce – gilt.

Wo der Wirklichkeitssinn dem Möglichkeitssinn weicht und die Wirklichkeit in zahlreiche miteinander konkurrierende Konstrukte zerfällt, drängt sich die Frage nach der Art des Konstruierens und dem Konstruktionsvorgang auf. Musil versucht, diese Frage mit einer essayistischen Weltanschauung und einer essayistischen Schreibweise zu beantworten. Von Ulrich heißt es in *Der Mann ohne Eigenschaften*: »Ungefähr wie ein Essay in der Folge seiner Abschnitte ein Ding von vielen Seiten nimmt, ohne es ganz zu erfassen, – denn ein ganz erfaßtes Ding verliert mit einem Male seinen Umfang und schmilzt zu einem Begriff ein – glaubte er, Welt und eigenes Leben am richtigsten ansehen und behandeln zu können.«[71] In dieser Passage kommt nicht nur eine konstruktivistische Gesinnung zum Ausdruck, sondern auch eine Neigung zum Partikularismus, die dem Besonderen und Einmaligen Rechnung trägt und es ablehnt, Erscheinungen im Begrifflichen aufzulösen. Auch sie weist über den Modernismus hinaus: einerseits in die Utopie des anderen Zustandes, die jenseits des Begrifflich-Rationalen liegt, andererseits in die Postmoderne, die, wie sich gezeigt hat, durch eine starke Partikularisierungstendenz gekennzeichnet wird.

Nicht nur der handelnde Ulrich, sondern auch der schreibende Musil geht essayistisch vor, wenn er seinen Roman nicht als syntaktisch-narrative Struktur, sondern als Konstellation von Versuchen konzipiert, die eher paradigmatisch als syntagmatisch miteinander

---

69 Vgl. H. von Foerster, »Das Konstruieren einer Wirklichkeit«, in: P. Watzlawick (Hrsg.), *Die erfundene Wirklichkeit*, München-Zürich, Piper, 1985 (3. Aufl.), S. 40: »Die Umwelt, so wie wir sie wahrnehmen, ist unsere Erfindung.«

70 W. Krysinski, *Le Paradigme inquiet. Pirandello et le champ de la modernité*, Montréal, Préambule, 1989, S. 455.

71 R. Musil, *Der Mann ohne Eigenschaften*, in: ders., *Gesammelte Werke* Bd. 1, op. cit., S. 250.

verknüpft werden. »Woraus bemerkenswerter Weise nichts hervorgeht« lautet der a-syntaktische und a-kausale Titel des ersten Kapitels und kündigt essayistische Textsegmente an, die den Handlungsablauf unterbrechen und mit der Romanhandlung konkurrieren: »Spekulationen in Geist à la baisse und à la hausse« oder: »Von der Koniatowski'schen Kritik des Danielli'schen Satzes zum Sündenfall. Vom Sündenfall zum Gefühlsrätsel der Schwester«. Hier greifen Essayismus, Ironie und paradigmatisches, a-syntaktisches Schreiben, welches auch André Bretons *Nadja* prägt[72], ineinander.

In Joyces *Ulysses*-Roman nimmt diese Verbindung eine postmoderne Gestalt an, weil sie mit extremen Formen der Intertextualität einhergeht. Einige Gespräche zwischen Stephen und Bloom hören sich wie eine Mischung aus Essay und Protokoll an: »Were their views on some points divergent? – Stephen dissented openly from Bloom's views on the importance of dietary and civic help while Bloom dissented tacitly from Stephen's views on the eternal affirmation of the spirit of man in literature.«[73] An Jürgen Becker und den postmodernen Maurice Roche erinnern Joyces Textcollagen, die sich aus historischen Fragmenten, Werbetexten und Noten (»Little Harry Hughes ...«) zusammensetzen und ein Schreiben antizipieren, das keine metaphysischen Ziele jenseits der spielerischen Konstruktion mehr anvisiert.

Über dieses Spiel geht das essayistische, paradigmatische und parataktische Schreiben weit hinaus.[74] Musil und Proust erscheinen Essayismus und Parataxis nicht nur als Lockerungen syntaktischer (hypotaktischer) Zwänge, sondern als Möglichkeiten, zu tieferliegenden Schichten der Person, zu neuen Wahrheiten vorzudringen: »Solange man in Sätzen mit Endpunkt denkt, lassen sich gewisse Dinge nicht sagen – höchstens vage fühlen. Andererseits wäre es möglich, daß man sich so auszudrücken lernt, daß gewisse Perspekti-

---

72 Zum a-syntaktischen Aufbau von Bretons *Nadja* siehe: G. Steinwachs, *Mythologie des Surrealismus oder Die Rückverwandlung von Kultur in Natur*, Neuwied-Berlin, Luchterhand, 1971, Kap. V: »Paradigmatisches Lesen«.

73 J. Joyce, *Ulysses*, Harmondsworth, Penguin (1922), 1971, S. 587.

74 Vgl. Vf., *Essay / Essayismus. Zum theoretischen Potenzial des Essays: Von Montaigne bis zur Postmoderne*, Würzburg, Königshausen und Neumann, 2012, Kap. VII: »Spätmoderner Essayismus als Konstruktivismus und Utopie: Pirandello und Musil«.

ven, die heute noch an der Schwelle des Unbewußten liegen, dann deutlich und verständlich werden.«[75]

Nicht zu übersehen ist hier die Affinität zum Surrealismus André Bretons, der im ersten *Manifest* (1924) u.a. als »Diktat« eines Denkens definiert wird, das sich jeglicher Kontrolle durch Vernunft, Moral und Ästhetik entzieht: »Denk-Diktat ohne jede Kontrolle durch die Vernunft, jenseits jeder ästhetischen oder ethischen Überlegung.« (»Dictée de la pensée, en l'absence de tout contrôle exercé par la raison, en dehors de toute préoccupation esthétique et morale.«)[76] Sowohl bei Musil als auch bei Breton erscheint das Unbewußte als eine der utopischen Komponenten des Modernismus und der Avantgarde, die im Surrealismus mit der revolutionären Utopie einhergeht. »Die utopische Berufung des Surrealismus«, bemerkt Fredric Jameson, »liegt in seinem Versuch, die Ding-Welt einer geschädigten und zerrütteten Industriegesellschaft mit den Mysterien und der Tiefe, den ›magischen‹ (...) Qualitäten eines Unbewußten auszustatten, welches durch diese Dinge hindurch spricht und pulsiert.«[77] Er zeigt, wie sehr die postmoderne Malerei vom »Verlust solcher ideologischen Missionen«[78] geprägt ist und zitiert den postmodernen Architekten Achille Bonito Oliva, der für eine »unbeschwerte *Oberflächlichkeit*«[79] plädiert.

3. Kritik an Wahrheit, System und Subjekt: Kritik der Moderne

Ähnlich wie die Soziologie Durkheims, Simmels, Max Webers und Alfred Webers kann die modernistische Literatur als Reflexion und Kritik der Moderne seit der Aufklärung gelesen werden (vgl. Kap. II). Sowohl den soziologischen als auch den literarischen Modernismus kann man als eine *spätmoderne Selbstkritik der Moderne* auffassen, der ihre eigenen Schlüsselbegriffe wie Wahrheit, System und Subjekt

---

75 R. Musil, *Aus den Tagebüchern*, Frankfurt, Suhrkamp, 1971, S. 19.

76 A. Breton, *Die Manifeste des Surrealismus*, Reinbek, Rowohlt, 1996 (9. Aufl.), S. 26. (*Manifestes du surréalisme*, Paris, Gallimard, »idées«, 1969, S. 37.)

77 F. Jameson, »Postmoderne und Utopie«, in: R. Weimann, H. U. Gumbrecht (Hrsg.), *Postmoderne – globale Differenz*, Frankfurt, Suhrkamp, 1991, S. 99-100.

78 Ibid., S. 100.

79 Ibid., S. 101.

problematisch werden. Insofern als Autoren wie Musil, Kafka, Sartre und vor allem Camus nicht mehr an die (christliche, marxistische) Teleologie, den gesellschaftlichen Fortschritt und die metaphysische Wahrheit glauben können, erscheinen sie, wie Rolf Günter Renner im Zusammenhang mit Musil richtig bemerkt[80], als Vorläufer postmoderner Schriftsteller und Philosophen.

Die Krise der Sprache, die schon in der Zeit Baudelaires und Mallarmés, vor allem aber im zwanzigsten Jahrhundert, Wort-Werte wie »wahr«, »gut«, »böse«, »schön«, »wissenschaftlich« oder »demokratisch« fragwürdig erscheinen läßt, höhlt allmählich den Wahrheitsbegriff aus, den Nietzsche, wie sich gezeigt hat, rhetorisch auflöst. Die Kommerzialisierung aller sprachlichen Bereiche, die ideologischen Auseinandersetzungen, in denen die Bedeutungen der letzten noch unversehrten Wörter bedenkenlos ausgeschlachtet werden, und eine falsche Verwissenschaftlichung des Vokabulars lassen einen modernen Schriftsteller wie Sartre an der Zukunft der Sprache zweifeln: »Führen wir nicht eine Bewegung fort, die die ›unreinen Münder‹, die wir verachten, begannen, treiben wir nicht den Wörtern ihren eigentlichen Sinn aus, und werden wir uns nicht, mitten in der Katastrophe, in einer absoluten Gleichwertigkeit aller Namen wiederfinden und dennoch gezwungen sein zu sprechen?«[81] Der Kurzkommentar des Zynikers könnte lauten: Die Katastrophe ist schon da und heißt Postmoderne. Pynchons Prosa und Werner Schwabs Dramen zeigen, daß der Zyniker trotz des vereinfachenden Gestus nicht ganz unrecht hat.

Jedenfalls wird der Wahrheitsbegriff in der von Sartre so prägnant beschriebenen sprachlichen Situation stark erschüttert und droht zu zerfallen. Sartre selbst bemerkt in einem Kommentar zu Brice Parains Sprachtheorie: »Die Lüge bestünde darin, daß man die Wahrheit kennt und sie ablehnt, ebenso wie das Böse tun eine Ablehnung

---

[80] R. G. Renner, *Die postmoderne Konstellation. Theorie, Text und Kunst im Ausgang der Moderne*, Freiburg, Rombach, 1988, S. 142: »Ohne Zweifel setzt sich Musil mit diesen Bestimmungen von den Orientierungen der klassischen Moderne ab und entwirft Denkmethoden, die bereits das Feld der postmodernen Konstellation vorbereiten.«

[81] J.-P. Sartre, *Der Mensch und die Dinge. Aufsätze zur Literatur 1938-1946*, Reinbek, Rowohlt, 1978, S. 111.

des Guten beinhaltet. Aber es ist ebenso unmöglich, in Parains Welt zu lügen, wie es unmöglich ist, in Claudels Welt das Böse zu tun.«[82] Komplementär zu dieser Einschätzung des Wahren und des Guten verhalten sich Kafkas und Musils Bemerkungen zum Wahrheitsbegriff. Beide Autoren betrachten den Begriff vorwiegend auf pragmatischer Ebene, als zwischenmenschliche Wahrheit: »Geständnis und Lüge ist das Gleiche. Um gestehen zu können, lügt man«[83], erklärt Kafka. Geradezu kafkaesk mutet Musils Kommentar an: »Die wahre Wahrheit zwischen zwei Menschen kann nicht ausgesprochen werden. Jede Anstrengung wird ihr zum Hindernis.«[84]

Nietzscheanisch, weil genetisch-psychologisch verfährt Italo Svevo, wenn er zum Wahrheitsbegriff bemerkt: »Die Wahrheitsliebe kann auf zwei Arten zum Ausdruck kommen: Man kann das Wahre bejahen und es lieben oder das Falsche verneinen und es hassen. Natürlich sind Wahrheit und Unwahrheit austauschbar (naturalmente che vero e falso possono scambiarsi); aber indem man eine Behauptung liebt, die man als wahr bezeichnet, und eine andere haßt, die man als unwahr bezeichnet, kann man beteuern, die Wahrheit zu lieben, und sich dabei täuschen.«[85] Jenseits der metaphysischen Tradition wird hier die Wahrheit als individuelle, subjektive Schimäre aufgefaßt: als kontingente Attitüde, deren Verallgemeinerungsfähigkeit kaum als diskussionswürdig erscheint.

Was für die Wahrheit gilt, gilt im Modernismus, wie Sartres Kommentar zu Parain bereits andeutet, auch für moralische, politische und ästhetische Werte: Autoren wie Sartre, Kafka, Svevo oder Broch halten sie zwar nicht für austauschbar, sind sich aber ihrer Ambivalenz bewußt – sowie der Wahrscheinlichkeit, daß ihre Verallgemeinerungsfähigkeit weiterhin abnehmen wird. Nirgendwo wird – zusammen mit der Ambivalenz – die Partikularisierungstendenz, die alle Wertbereiche der modernen Gesellschaft erfaßt, so klar und umfassend dargestellt wie in Brochs *Schlafwandler*-Trilogie. Die soziale Differenzierung, die die moderne Soziologie von Durkheim und

[82] J.-P. Sartre, *Critiques littéraires (Situations, I)*, op. cit., S. 244.

[83] *Das Kafka-Buch*, Frankfurt, Fischer, 1965, S. 241.

[84] R. Musil, *Aus den Tagebüchern*, op. cit., S. 128.

[85] I. Svevo, *Racconti, Saggi, Pagine sparse (Opere III)*, Milano, Dall'Oglio, 1968, S. 586.

Simmel bis Luhmann systematisch untersucht[86], führt bei Broch zu einem »Zerfall der Werte«, in dessen Verlauf sich die einzelnen Wertbereiche der Gesellschaft verselbständigen und als fensterlose Monaden koexistieren: »Gleich Fremden stehen sie nebeneinander, das ökonomische Wertgebiet eines ›Geschäftemachens an sich‹ neben einem künstlerischen des l'art pour l'art, ein militärisches Wertgebiet neben einem technischen oder einem sportlichen, jedes autonom, jedes ›an sich‹ (...).«[87] Zwischen den einzelnen Wertsystemen herrscht Indifferenz, und Brochs Darstellungen lassen erkennen, daß Indifferenz nicht nur aus der Vermittlung durch den Tauschwert und der ideologischen Zerstörung der Sprache hervorgeht, sondern auch mit der arbeitsteiligen Zersplitterung des Wertsystems und der »Absolutierung« (Broch) der einzelnen Partialsysteme zusammenhängt.

Es ist für die moderne Literatur kennzeichnend, daß sie die Wahrheits- und Wertproblematik nicht einfach ausklammert oder über Bord wirft, wie es in postmodernen Texten geschieht, sondern immer wieder zu ihr zurückkehrt. Nicht nur Broch wirft in seinem essayistischen Roman die Frage nach Wahrheit und Wert auf, sondern auch Proust, der sich schließlich in den ästhetischen Wertbereich zurückzieht. Musil weiß, daß der Individualismus »zu Ende« geht, möchte aber das Wesentliche »hinüberretten«[88], und Thomas Mann stellt schließlich die gesamte Wertproblematik des modernen Romans dar, wenn er seinen Erzähler Zeitblom über Adrian Leverkühn sagen läßt: »Der Glaube an absolute Werte, illusionär wie er immer sei, scheint mir eine Lebensbedingung. Meines Freundes Gaben dagegen maßen sich an Werten, deren Relativität ihm offen zu liegen schien, ohne daß eine Bezugsmöglichkeit sichtbar gewesen wäre, die sie als Werte herabgesetzt hätte. Schlechte Schüler gibt es genug. Adrian

---

86 Vgl. G. Simmel, *Über sociale Differenzierung*, Leipzig, Duncker und Humblot, 1890 sowie: N. Luhmann, *Gesellschaftsstruktur und Semantik. Studien zur Wissenssoziologie der modernen Gesellschaft* Bd. 1, Frankfurt, Suhrkamp, 1980, S. 21: »Wir gehen im weiteren aus von einem Zusammenhang zwischen *Komplexität* und *Systemdifferenzierung*.«

87 H. Broch, *Die Schlafwandler*, op. cit., S. 498.

88 R. Musil, *Der Mann ohne Eigenschaften*, Reinbek, Rowohlt, 1952, S. 1578: »Der Individualismus geht zu Ende. Ulrich liegt nichts daran. Aber das Richtige wäre hinüberzuretten.«

aber bot das singuläre Phänomen des schlechten Schülers *in Primusgestalt.*«[89]

Einerseits werden die »absoluten Werte« als illusionär angezweifelt, andererseits werden sie durch Leverkühns janushafte Gestalt, die synekdochisch als *pars pro toto* des Modernismus aufgefaßt werden könnte, relativiert: Ihm erscheinen die kulturellen Werte ambivalent, weil Markt, Arbeitsteilung und ideologische Konflikte sie in ein Konkurrenzverhältnis zueinander treten lassen, das sich in der Postmoderne dramatisch verschärft.

In einer solchen sozio-linguistischen Situation, in der Bezeichnungen wie »wahr«, »gut«, »gerecht«, »schön«, »demokratisch« oder »wissenschaftlich« mit einer wachsenden Anzahl von Fragezeichen versehen werden, zerfällt nicht nur das Wertsystem, auf dem die Romanerzählung und die Romanhandlung gründen, die vom Gegensatz zwischen Helden und Antihelden leben, sondern auch die Wertskala, die die Grundlage der »großen Metaerzählungen« (Lyotard) bildet. Der Zweifel an narrativen Systemen und Metaerzählungen ist keine Erfindung der Postmoderne, sondern für die Werke zahlreicher Modernisten kennzeichnend, die nicht nur (wie sich gezeigt hat) die Erzählstruktur des traditionellen Romans für unglaubwürdig halten, sondern darüber hinaus die Ansicht vertreten, daß das Erzählen als solches ein Relikt aus metaphysischen Zeiten ist.

Besonders charakteristisch für die *spätmoderne* oder *modernistische* Skepsis den großen Metaerzählungen gegenüber sind Musils Bemerkungen zur Krise des Romans: »Äußerlich ist die gegenwärtige Krise des Romans so in Erscheinung getreten. Wir wollen uns nichts mehr erzählen lassen, betrachten das nur noch als Zeitvertreib. Für das, was bleibt, suchen zwar nicht ›wir‹, aber unsere Fachleute eine neue Gestalt. Das Neue erzählt uns die Zeitung, das gern Gehörte betrachten wir als Kitsch. – Das ist aber nun nicht ganz richtig. Kommunisten und Nationalisten und Katholiken möchten sich sehr gern etwas erzählen lassen. Das Bedürfnis ist sofort wieder da, wo die Ideologie fest ist. Wo der Gegenstand gegeben ist.«[90]

Diese Passage ist deshalb von besonderem Interesse, weil sie die Kritik der anekdotischen Romanerzählung mit einer Kritik der ideo-

---

89 Th. Mann, *Doktor Faustus*, op. cit., S. 48.

90 R. Musil, *Gesammelte Werke* Bd. 8, op. cit., S. 1412.

logisch-metaphysischen Metaerzählung verknüpft, die hier lange vor Lyotard mit Skepsis betrachtet wird. Anregend (nicht nur für Bourdieu-Leser) ist auch die implizite Unterscheidung zwischen einer Intellektuellenkultur, die sich schon in der Zwischenkriegszeit »nichts mehr erzählen lassen« will, und einer von Ideologien dominierten populären Kultur, in der ideologische Erzählungen weiterhin rezipiert werden und wesentlich zur Subjektkonstitution der Gruppe und des Einzelnen beitragen. Es hat sich gezeigt, daß sogar postmoderne Intellektuelle die *métarécits* zwar belächeln, aber durchaus bereit sind, sich unter bestimmten Bedingungen wieder etwas erzählen zu lassen. (Vgl. Kap. II.)

Musils Bemerkungen enthalten nicht nur eine Kritik am realistischen Roman und an der ideologischen Erzählung, sondern stellen auch das Erbe der Moderne in Frage. Der von Broch kommentierte Zerfall des Wertsystems und die aus ihm hervorgehende nietzscheanische Kritik am metaphysischen Wahrheitsbegriff lassen Zweifel an ideologisch und teleologisch strukturierten Heilslehren aufkommen.

Komplementär zu Musils modernistischer Skepsis verhält sich Albert Camus' Zweifel an den Teleologien des Christentums und des Marxismus. Die christliche Teleologie hält Camus, wie sich im dritten Kapitel gezeigt hat, für eine Verfälschung der Botschaft Christi, für Ideologie.[91] Auch dem Hegelianer Marx wirft er vor, die (menschliche) Natur einem »im voraus geschriebenen Bericht«, einem »récit écrit à l'avance« zu unterwerfen: »Für Marx ist die Natur das, was man unterwirft, um der Geschichte zu gehorchen, für Nietzsche das, dem man gehorcht, um die Geschichte zu unterwerfen. Es ist der Unterschied zwischen Christ und Grieche.«[92] Es ist auch der Unterschied zwischen dem Rationalisten Sartre und dem Nietzscheaner Camus, dessen Alternative A. Rühling in wenigen Worten zusammenfaßt: »das in griechischer Tradition stehende naturhaft-statische Weltverhältnis der mittelmeerischen Kultur ›dans sa paresse et son respect du Destin‹.«[93]

Diese nietzscheanische Rückkehr zum mittelmeerischen Denken, zur »pensée de midi« (Camus) ist eine modernistische Kritik an der

---

91 Vgl. A. Camus, *Der Mensch in der Revolte* (1951),Reinbek, Rowohlt, 1980, S. 58.

92 Ibid., S. 67.

93 A. Rühling, *Negativität bei Albert Camus*, Bonn, Bouvier, 1974, S. 231.

Moderne: an ihren christlichen, rationalistischen, marxistischen und faschistischen Diskursen, die die Subjektivität des Einzelnen und der Gruppe (Organisation, Partei) konstituieren und das Subjekt ermächtigen, sich die Natur zu unterwerfen. Obwohl diese Kritik keineswegs für den gesamten Modernismus kennzeichnend ist (Sartre, Brecht und Marinetti würden sie ablehnen), ist sie dennoch eine seiner wichtigsten Komponenten (Kafka, Hesse, Musil, Breton und Baroja würden sie bejahen), weil sie die moderne Subjektivität in Frage stellt.

Autoren wie Camus, Kafka, Musil und Hesse distanzieren sich von der Verstrickung des modernen Subjekts in ein technokratisches Herrschaftswissen, das Rationalismus, Marxismus und Faschismus miteinander verbindet. Dies ist wohl der Grund, weshalb sie den Faschisten, Nationalsozialisten und Marxisten-Leninisten suspekt waren (sind).[94] Ihre Kritik der Moderne ergänzt nicht nur zentrale Argumente der Kritischen Theorie (vgl. Abschn. 4), sondern antizipiert die postmodernen Kritiken Baumans, Lyotards und der Feministinnen.

Die modernistische Kritik an der metaphysischen Metaerzählung und an der Herrschaft des Subjekts ist insofern von einer *globalen Ambivalenz* geprägt, als die Befreiung des Subjekts vom Joch der christlichen oder der säkularisierten *métarécits* Kräfte freisetzt, die der *métarécit* bändigen sollte: die Natur, das Nichtrationale, die Kontingenz, den Zufall und den Traum. Die Befreiung von der metaphysischen Erzählung könnte, wie der Nietzscheaner Camus ahnte, auf eine Unterwerfung unter die Natur und die naturwüchsigen Elemente der Kontingenz, des Unbewußten und des Zufalls hinauslaufen.

Dieses für das abendländische Subjekt prekäre Szenario hat lange vor den Modernisten der Junghegelianer Friedrich Theodor Vischer skizziert, als er Hegel vorwarf, er habe die Natur nicht wirklich aus dem Geist abgeleitet: »Er [Hegel] meint, in seiner Weltvernunft die Natur mit dem Begriff beisammen zu haben, aber er hat ihre scheinbar absolute Spaltung, ihre Diremtion, er hat aus der Idee das ›Anderssein‹ nicht erklärt; daher, weil das Anderssein unerklärt daneben liegen bleibt, fallen sie doch auseinander und ist die Wesensfülle in seiner Vorstellung von der Weltvernunft nur seine ehrliche Vorstel-

---

94 Zum Verhältnis vom Marxismus-Leninismus und Camus' Philosophie siehe: E. Tall, »Camus in the Soviet Union. Some Recent Emigrés Speak«, in: *Comparative Literature Studies* 3, 1979.

lung. Ist also die Natur nicht wirklich abgeleitet, so ist es auch der mit ihr gegebene Zufall nicht, und hieraus folgt zugleich, daß Hegel vom Zufall in der Naturseite des Geistes, also auch vom Traume, geringschätzig wie von allem Zufälligen, nur flüchtig und beiläufig redet.«[95] Diese Passage, die mit der »absoluten Spaltung« und dem »Anderssein« den Zerfall des Hegelschen Systems bei den Junghegelianern und den Anbruch des Modernismus ankündigt, beschreibt wesentliche Elemente der neuen Ära, die aus dem Zerfall des Systems hervorgehen: die Natur, das Andere, den Zufall, den Traum.

Die strukturelle und ideologische Ambivalenz des Modernismus besteht darin, daß einige seiner Autoren diese Zerfallsprodukte »in der Naturseite des Geistes« für Vorboten einer Befreiung des Subjekts halten, während andere Autoren in ihnen tödliche Gefahren erblicken. Während Proust, Camus, Breton und Hesse auf die Herausforderung der naturwüchsigen Kontingenz, des Zufalls und des Traums mit neuen ästhetischen Impulsen und Erkenntnissen reagieren, stellen Sartre, Kafka, der junge Moravia und Miroslav Krleža alle diese Elemente als zu bannende Gefahren dar.

Proust ist insofern ein Vorläufer der Surrealisten, als er – nach Nerval und dem Chateaubriand der *Mémoires d'Outre-Tombe* – dem Zufall eine kreative Rolle im Prozeß der *mémoire involontaire*, der *unwillkürlichen Erinnerung*, zuspricht. Die von der Kontingenz verknüpften Assoziationen erscheinen seinem Icherzähler authentischer als die kausalen Ableitungen, für die der Intellekt verantwortlich ist: »Ich hatte nicht die beiden ungleichen Pflastersteine, an die ich angestoßen war, in jenem Hofe gesucht. Aber gerade die Form eines unentrinnbaren Zufalls, unter der ich dieser Empfindung begegnet war, bedeutete gleichsam eine Gegenprobe auf die Wahrheit der Vergangenheit, die sie wiedererweckte, der Bilder, die sie auslöste (...).« (»Je n'avais pas été chercher les deux pavés inégaux de la cour où j'avais buté. Mais justement la façon fortuite, inévitable, dont la sensation avait été rencontrée, contrôlait la vérité du passé qu'elle ressuscitait, des images qu'elle déclenchait [...].«)[96] Die von Proust entdeckte

95 F. Th. Vischer, »Der Traum. Eine Studie zu der Schrift: Die Traumphantasie von Dr. Johann Volkelt«, in: ders., *Kritische Gänge* Bd. 4, München, Meyer & Jessen, 1922, S. 482.

Wahrheit ist nicht die des Intellekts und der Vernunft, sondern die des Unbewußten: der *mémoire involontaire* und des *instinct artistique* dem der Romancier den Intellekt unterordnet.

Seine Entdeckung wird von den Surrealisten im Anschluß an Baudelaire und Apollinaire radikalisiert, mit dem Freudschen Unbewußten und dem *objet trouvé* verknüpft und als onirisch-ästhetisches Experiment systematisch praktiziert. Entscheidend ist, daß die Surrealisten wie Proust der Ansicht sind, daß die Wahrheit (die authentische Erfahrung) nicht im Alltagsbewußtsein oder in der Sphäre des Intellekts zu finden ist, sondern im Bereich des Unbewußten, des Traums und des *objektiven Zufalls* (*hasard objectif*). Wichtig ist auch, daß sich Breton von den Mechanismen des Unbewußten und des Zufalls die Befreiung des Individuums verspricht. »*Der gefundene Gegenstand*«, schreibt er in *L'Amour fou*, »*erfüllt hier in strenger Entsprechung die gleiche Aufgabe wie der Traum, insofern als er das Gemüt des einzelnen (...) befreit (...).*« (»*La trouvaille d'objet remplit ici rigoureusement le même office que le rêve, en ce sens qu'elle libère l'individu (...).*«)[97] Für Bretons Surrealismus gilt, was Karl Riha über den Dadaismus der Zwischenkriegszeit schreibt: »Offen zu sein für den Zufall, sich dem Zufall zu öffnen, wird daher gerade in diesem Jahrzehnt zu einem entscheidenden Innovationskriterium der Literatur (...).«[98] Die surrealistische *attente mystique* ist nichts anderes als Offenheit für das Zufällige, Kontingente.

Von anderen modernen Autoren wie Svevo, Pirandello und Hesse werden die Einwirkungen des Zufalls auf das Leben der Protagonisten mit Ironie oder *umorismo* kommentiert. Während Svevo – ähnlich wie Musil in *Die Schwärmer* – zeigt, wie der Zufall Zeno mit Augusta vermählt, weil der Held aus Versehen mit Augustas und nicht (wie geplant) mit Adas Fuß unter dem Tisch spielt, leitet in Pirandellos *Uno, nessuno e centomila* die zufällige Entdeckung des Helden, daß er eine schiefe Nase hat, den Zerfall seiner Person in unzählige Subjektkonstruktionen ein. Komplementär dazu erlebt Hes-

---

96 M. Proust, *Die wiedergefundene Zeit 2,* op. cit., S. 285. (*A la recherche du temps perdu 3*, op. cit., S. 87.)

97 A. Breton, *L'Amour fou*, Frankfurt, Suhrkamp, 1994 (6. Aufl.), S. 35. (Paris, Gallimard, 1937, S. 36.)

98 K. Riha, *Prämoderne, Moderne, Postmoderne*, Frankfurt, Suhrkamp, 1995, S. 245.

ses gespaltener Wolf-Mensch Harry Haller – wie der sich verdoppelnde Klein in Hesses Novelle *Klein und Wagner* – in dem von Zufall und Traum beherrschten Magischen Theater seine Befreiung von der Zwangsvorstellung einer einheitlichen Persönlichkeit: »Er hielt mir einen Spiegel vor, wieder sah ich darin die Einheit meiner Person in viele Ichs zerfallen, ihre Zahl schien noch gewachsen zu sein.«[99] Schließlich führt Camus dem Leser vor Augen, daß nicht rationale Überlegungen oder ideologische Grundsätze für menschliches Handeln ausschlaggebend sind, sondern der naturwüchsige Zufall, dem das vermeintlich freie Subjekt zum Opfer fällt: In der fatalen Szene, die den ersten Teil von *L'Etranger* abschließt, erschießt Meursault einen Araber, um der Einwirkung der todbringenden Sonne zu entgehen. »C'était à cause du soleil«[100], erklärt er den staunenden Geschworenen vor Gericht.[101]

Es ist nicht verwunderlich, daß sich Autoren wie Camus, Hesse und Breton im Rahmen des von Vischer skizzierten modernistischen Paradigmas nicht nur von Zufall, Traum und Unbewußtem, sondern von der Natur insgesamt eine Befreiung des Subjekts aus den Zwängen der Zivilisation, aus dem »Unbehagen in der Kultur« (Freud) versprechen. Während Camus sowohl in *L'Etranger* als auch in *La Peste* das asketische Christentum als ideologische Erzählung in Frage stellt, indem er Protagonisten wie Meursault und den Dr. Rieux auftreten läßt, die primär dem Naturgesetz gehorchen, spielt Hesse eine unverdorbene Natur gegen die von Herrschaft und Geld pervertierte Kultur aus: »Solang es noch Marder gab, noch Duft der Urwelt, noch Instinkt und Natur, solange war für einen Dichter die Welt noch möglich, noch schön und verheißungsvoll.«[102] Den Surrealismus, der mit Hesses Werk durch die Ausrichtung auf den Traum und das Unbewußte verwandt ist, deutet Gisela Steinwachs – nicht zu Unrecht – als

99 H. Hesse, *Der Steppenwolf*, Frankfurt, Suhrkamp, 1927, 1972, S. 209.

100 A. Camus, *L'Etranger*, in: ders., *Théâtre, Récits, Nouvelles*, Paris, Gallimard, Bibl. de la Pléiade, 1962, S. 1198.

101 Dazu bemerkt Erich Köhler: »Der Zufall, der in *L'Etranger* den Mord an dem Araber herbeiführt, bezeugt keine andere Notwendigkeit als diejenige des bloß Möglichen, des Absurden selbst. Nicht ursachlos ist dieser Zufall, doch motivlos (...).« (E. Köhler, *Der literarische Zufall, das Mögliche und die Notwendigkeit*, München, Fink, 1973, S. 86.)

102 H. Hesse, *Kurgast*, Frankfurt, Suhrkamp, 1972, S. 53.

einen großangelegten ästhetischen Versuch, Kultur in Natur zu verwandeln.[103] In diesem Kontext erscheint Jauß' These über die »Austreibung der Natur aus der Ästhetik der Moderne«[104] als unzulässige Vereinfachung.

Sie ist insofern berechtigt, als es seit Baudelaire und Huysmans auch moderne Autoren gibt, die nicht Nietzsches Ansicht teilen, daß »die meisten Menschen (...) *zufällig* auf der Welt«[105] sind, sondern danach streben, die Subjektivität aus der Verstrickung in Naturwüchsigkeit und Kontingenz zu retten. Zu ihnen gehört der junge Sartre, der den Surrealisten vorwirft, daß sie das Subjekt dem *hasard objectif* und den Mechanismen des Unbewußten ausliefern: »Es geht darum, zunächst die überkommenen Unterscheidungen zwischen bewußtem und unbewußtem Leben, zwischen Traum und Wachsein zu verwischen. Das bedeutet, daß man die Subjektivität auflöst.«[106]

In *La Nausée* reagiert der Icherzähler auf die Bedrohung durch Natur, Zufall und Unbewußtes im Sinne eines cartesianischen Rationalismus, zu dem sich der Autor selbst zeitweise bekannte. Sein Ideal ist der geometrische Kreis, der alle natürlichen Zufälle der *Existenz* (*existence*) ausschließt: »Ein Kreis ist nicht absurd, er erklärt sich sehr gut aus der Umdrehung einer Geraden um einen ihrer Endpunkte. Aber ein Kreis existiert auch nicht. Diese Wurzel dagegen existierte insofern, als ich sie nicht erklären konnte.« (»Un cercle n'est pas absurde, il s'explique très bien par la rotation d'un segment de droite autour d'une de ses extrémités. Mais aussi un cercle n'existe pas. Cette racine, au contraire, existait dans la mesure où je ne pouvais pas l'expliquer.«)[107]

Als Naturphänomen erscheint die Wurzel in ihrer Zufallsbedingtheit als eine Bedrohung des Subjekts, das sich angesichts der nicht-erklärbaren, opaken Natur zur Sprachlosigkeit – d.h. Subjektlosigkeit oder kontingenter Individualität – verurteilt fühlt. »Les choses

---

103 Vgl. G. Steinwachs, *Mythologie des Surrealismus oder Die Rückverwandlung von Kultur in Natur*, op. cit., S. 21-39.

104 H. R. Jauß, »Ursprünge der Naturfeindschaft in der Ästhetik der Moderne«, in: K. Maurer, W. Wehle (Hrsg.), *Romantik, Aufbruch zur Moderne*, München, Fink, 1991, S. 381.

105 F. Nietzsche, *Werke* Bd. 5, op. cit., S. 327.

106 J.-P. Sartre, *Was ist Literatur?*, Reinbek, Rowohlt, 1958, S. 107.

107 J.-P. Sartre, *Der Ekel*, op. cit., S. 201. (*La Nausée*, op. cit., S. 153.)

se sont délivrées de leurs noms«[108], stellt der Erzähler Roquentin fest. Modernistisch und junghegelianisch ist seine Problematik deshalb, weil er als vernunftbegabtes Wesen entdeckt, daß er – um es mit F. Th. Vischer zu sagen – »die Natur mit dem Begriff nicht beisammen hat«. Auf diese moderne Horrorvision reagiert der Rationalist Sartre mit einem ästhetischen Versuch, die Kontingenz zu bannen: »Der Bösewicht ist die Kontingenz«, »le coupable c'est la contingence«[109], erklärt er später in einem Gespräch über seinen Erstlingsroman.

Wie beim jungen Sartre ist auch bei Kafka die Natur stets angst- und ekelerregend: Die Männer, die K. verhaften, fallen durch »geistige Beschränktheit« und infantil-tierisches Benehmen auf, auf das K. zunächst mit selbstsicherem Rationalismus reagiert. Anfangs gibt er sich noch der Illusion hin, »endlich einem vernünftigen Menschen gegenüberzustehen und über seine Angelegenheit mit ihm sprechen zu können«.[110] Doch diese Zuversicht scheitert an der Naturwüchsigkeit einer Welt, die nichtrationale Tiermenschen besiedeln, deren Sexualität vom Animalischen nicht zu trennen ist. In der Erzählung *Ein Landarzt* wird die Natur als solche (die »Schneewüste«, die »unirdischen Pferde«) dem erzählenden Subjekt zum Verhängnis: »Nackt, dem Froste dieses unglückseligen Zeitalters ausgesetzt, mit irdischem Wagen, unirdischen Pferden, treibe ich alter Mann mich umher.«[111]

Kafkas und Sartres Anliegen faßt Miroslav Krleža zusammen, wenn er seinen Erzähler in *Povratak Filipa Latinovicza* sagen läßt: »Subjekt sein und die Identität des eigenen Subjekts fühlen.« (»Biti subjekt i osjećati identitet subjekta.«)[112] Das ist das eigentliche Problem des Modernismus: Das Subjekt ist neu zu konstituieren, notfalls durch eine schöpferische Tat jenseits der etablierten Kultur.

Diese Tat hat zugleich utopischen und ideologischen Charakter, und Werke des Modernismus unterscheiden sich ganz wesentlich von postmodernen Werken dadurch, daß sie die Frage nach der Befreiung

---

108 J.-P. Sartre, *La Nausée*, op. cit., S. 148.

109 J.-P. Sartre, *Œuvres romanesques*, Paris, Gallimard, Bibl. de la Pléiade, 1981, S. 1699.

110 F. Kafka, *Der Prozeß*, op. cit., S. 13.

111 F. Kafka, *Das Urteil und andere Erzählungen*, Frankfurt, Fischer, 1952, S. 79.

112 M. Krleža, *Povratak Filipa Latinovicza*, Split, Logos, 1932, 1985, S. 36.

des Subjekts mit der Frage nach der Wirklichkeit, dem wahren Leben und der richtigen, der besseren Gesellschaft verknüpfen. Dabei macht die Vielzahl der Antworten, die vom Ästhetizismus bis zum Sozialismus und Faschismus reichen, die Heterogenität der modernistischen Problematik aus.

Während Mallarmé, George, Proust und der junge Sartre die authentische Wirklichkeit in der Sprache des Künstlers suchen, die jenseits von Kommerz und Ideologie wäre, erhoffen sich Brecht und Benjamin vom Epischen Theater eine *prise de conscience* der Massen. Marinetti hingegen schwebt eine technische Utopie vor, die er ästhetisiert und auf die Zielsetzungen des Faschismus ausrichtet.[113] Oftmals schlägt sich diese Heterogenität im Werk eines einzelnen Autors wie Joris-Karl Huysmans nieder, der als Naturalist begann, mit *A Rebours* (1884) einen wesentlichen Beitrag zum Ästhetizismus lieferte, eine Zeitlang dem Satanismus huldigte (*Là-bas*, 1891) und sich schließlich in *Les foules de Lourdes* (1906) dem Katholizismus zuwandte.

Die hier skizzierte Heterogenität der modernistischen Problematik, die auch in den unvereinbaren Naturbegriffen der Autoren zum Ausdruck kommt, hat einerseits zur Folge, daß alle Versuche, den Modernismus als homogene Weltanschauung im Sinne von Hans Bertens[114] oder als Ästhetik darzustellen, vorab zum Scheitern verurteilt sind; sie bedeutet andererseits, daß jedes Werk eine besondere und einmalige Position im modernistischen Koordinatensystem einnimmt, so daß es nur im Gegensatz zu anderen modernen Werken konkret zu bestimmen ist (wie der Naturbegriff zeigt). Diese Erkenntnis sollte jedoch nicht in einen ästhetischen Nominalismus à la Croce ausmünden: Wie die stets einmaligen Schnittpunkte der Geometrie wären die einzelnen Werke unverständlich ohne das Koordinatensystem, dem sie angehören, ohne die Problematik.

---

[113] Vgl. H. Meter, *Apollinaire und der Futurismus*, Rheinfelden, Schäuble, 1977, Kap. II. 4: »F. T. Marinetti: Moderne Technik als psychische Projektion aggressiven Befreiungsdrangs«.

[114] Vgl. H. Bertens, »The Postmodern *Weltanschauung* and its Relation with Modernism: An Introductory Survey«, in: D. W. Fokkema u.a. (Hrsg.), *Approaching Postmodernism*, Amsterdam-Philadelphia, Benjamins, 1986, S. 9-16.

Insgesamt zeigt sich, daß die Ambivalenz moderner Literatur darin besteht, daß sie einerseits als Selbstkritik der Moderne – bei Musil, Broch, Proust, Th. Mann und Joyce – ein raffiniertes sprachliches Instrumentarium bereitstellt, das eine vernichtende Analyse der christlichen, rationalistischen, marxistischen und faschistischen *méta-récits* ermöglicht, andererseits aber dem modernen Utopiebewußtsein verhaftet bleibt, das nach Sinn- und Wertsetzung verlangt.

Ein Postmodernist mit ausgeprägtem Sinn fürs Zeitgemäße könnte nun vorschlagen, man solle doch das kritisch-analytische Instrumentarium des Modernismus beibehalten und den metaphysischen Sinnballast über Bord werfen. Darauf könnte der kritische Theoretiker mit einer Frage antworten: Welche Daseinsberechtigung und welche Langzeitwirkung hat Kritik, wenn ihr der Wahrheitsbegriff abhanden kommt?

4. Modernismus und Kritische Theorie: Epilog I

Vor dem Hintergrund dieser Fragestellung beschloß Adorno die *Negative Dialektik* mit dem bekannten Satz: »Solches Denken ist solidarisch mit Metaphysik im Augenblick ihres Sturzes.«[115] Wo diese Solidarität aufgekündigt wird, etwa in der Dekonstruktion, dort besteht die Gefahr, daß Dialektik wieder zu dem wird, was sie in der Antike ursprünglich war: Sophistik. Dieser Gefahr eingedenk, schrieb Adorno in den *Minima Moralia*: »*Vor Mißbrauch wird gewarnt.* – Die Dialektik ist in der Sophistik entsprungen, ein Verfahren der Diskussion, um dogmatische Behauptungen zu erschüttern und, wie die Staatsanwälte und Komiker es nannten, das mindere Wort zum stärkeren zu machen.«[116] Das mindere Wort muß aber nicht das wahre sein.

Mit Autoren wie Musil, Kafka, Proust und Mallarmé verbindet Adorno die metaphysische und utopische Suche nach Wahrheit und einer wahren Sprache, die das Andere, die Differenz zur verwalteten Kommunikation der Mediengesellschaft, erkennbar macht: die Differenz zu Kommerz, Herrschaft und Ideologie.[117] Einige Sätze aus

---

[115] Th.W. Adorno, *Negative Dialektik*, Frankfurt, Suhrkamp, 1966, S. 398.

[116] Th.W. Adorno, *Minima Moralia*, Frankfurt, Suhrkamp, 1970, S. 330.

[117] Vgl. R. Winter, P. V. Zima, »Adorno als Medienkritiker«, in: R. Winter, P. V. Zima (Hrsg.), *Kritische Theorie heute*, Bielefeld, Transcript, 2007.

Adornos »Rede über Lyrik und Gesellschaft« muten wie Paraphrasen aus Stéphane Mallarmés »Divagation première« an, wo die organisierte Kommunikation als »l'universel *reportage*«[118] der Literatur gegenübergestellt wird. Vom hohen Stil Georges heißt es: »Er wird gewonnen, nicht, indem er etwas an rhetorischen Figuren und Rhythmen sich vorgibt, sondern indem er asketisch ausspart, was immer die Distanz von der vom Kommerz geschändeten Sprache mindern könnte.«[119]

Synekdochisch faßt Adornos Sprachkritik die gesamte Problematik des Modernismus zusammen: dessen kritische Distanz zur bürgerlichen, spätkapitalistischen Gesellschaft, den von Lukács in der *Theorie des Romans* nachgezeichneten Bruch zwischen Subjekt und Objekt, die Suche nach Wahrheit und die utopische Hoffnung auf eine herrschaftsfreie Gesellschaft, die in der Forderung nach einer reinen Sprache zum Ausdruck kommt.[120] Vom lyrischen Subjekt verlangt Adorno: »Es muß sich gleichsam zum Gefäß machen für die Idee einer reinen Sprache. Ihrer Errettung gelten die großen Gedichte Georges.«[121] Dieser Gedanke verbindet ihn nicht nur mit den Lyrikern, sondern auch mit dem Romancier Proust, der in der Schrift eine Alternative zu der vom Tauschprinzip beherrschten Konversation der mondänen Salongesellschaft erblickt.

Mit Proust und Musil wendet sich Adorno gegen alle modernen Formen des Herrschaftsprinzips – vom Rationalismus bis zum Hegelianismus und Marxismus –, wenn er für das Besondere und Singuläre Partei ergreift und versucht, sich ihm mimetisch-essayistisch zu nähern, statt es in systematischen Traktaten zu vereinnahmen. Er beschreibt seinen eigenen Entwurf einer herrschaftsfreien Theorie, wenn er von der *Recherche* sagt: »Eben dagegen, gegen das gewalttätig Unwahre einer subsumierenden, von oben her aufgestülpten Form hat Proust revoltiert.«[122] Dem entspricht fast wörtlich, was Robert

---

118 S. Mallarmé, »Crise de vers«, in: ders., *Œuvres complètes*, Paris, Gallimard, Bibl. de la Pléiade, 1945, S. 368.

119 Th.W. Adorno, *Noten zur Literatur I*, Frankfurt, Suhrkamp, 1969, S. 100-101.

120 Vgl. Vf. »Adorno et la crise du langage«, in: P. V. Zima, *Théorie critique du discours. La discursivité entre Adorno et le postmodernisme*, Paris, L'Harmattan, 2003, S. 50-52.

121 Ibid., S. 101.

122 Th.W. Adorno, »Kleine Proust-Kommentare«, in: ders., *Noten zur Literatur II*,

Musil über die Verstrickung von Philosophie und Herrschaft schreibt: »Er war kein Philosoph, Philosophen sind Gewalttäter, die keine Armee zur Verfügung haben und sich deshalb die Welt in der Weise unterwerfen, daß sie sie in ein System sperren.«[123] Freilich sind hier nicht alle Philosophen – etwa Pascal, Montaigne, Nietzsche oder F. Schlegel – gemeint, sondern die Systematiker der Moderne, die als Erben Platons versuchen, die Wirklichkeit aus der Idee abzuleiten, und mit Hegel und seinen marxistisch-leninistischen Nachfolgern »Umso schlimmer für die Tatsachen!« ausrufen, wenn die Facta den theoretischen Ficta nicht entsprechen wollen.

Wie Musil nimmt sich Adorno als Kritiker moderner Systematik vor, eine essayistische Schreibweise zu entwickeln, die es ihm gestatten soll, sich den Erscheinungen theoretisch zu nähern, ohne ihre Besonderheit zu tilgen. Die Vorzüge des Essays erblickt er – wie Musil und Broch – im »Bewußtsein der Nichtidentität« und »in der Enthaltung von aller Reduktion auf ein Prinzip, im Akzentuieren des Partiellen gegenüber der Totale, im Stückhaften«[124]. In der *Negativen Dialektik* entwickelt er ein »Denken in Modellen«[125] in der Hoffnung, im Modell dem Spezifischen und Einmaligen Rechnung tragen zu können.

Dieser Hang zur Partikularisierung, der nach Steven Best und Douglas Kellner den »postmodernen« Charakter von Adornos Theorie ausmacht[126], wird in der *Ästhetischen Theorie* durch den Parataxis-Gedanken noch verstärkt: Adorno stellt dort selbstkritisch fest, daß auch das Modell dem Besonderen und Einmaligen nicht in jeder Hinsicht gerecht wird und erläutert die parataktische (nicht-hypotaktische, nicht-hierarchische und nicht-kausale) Anordnung

---

Frankfurt, Suhrkamp, 1970, S. 95.

123 R. Musil, *Der Mann ohne Eigenschaften*, in: ders., *Gesammelte Werke* Bd. 1, op. cit., S. 253.

124 Th.W. Adorno, »Der Essay als Form«, in: ders., *Noten zur Literatur I*, op. cit., S. 22.

125 Vgl. Th.W. Adorno, *Negative Dialektik*, op. cit., S. 37.

126 Vgl. S. Best, D. Kellner, »Adorno's Proto-Postmodern Theory«, in: dies., *Postmodern Theory. Critical Interrogations*, London, MacMillan, 1991, S. 232: »He vindicates otherness, difference, and particularity as consistently and brilliantly as any postmodern theorist.« – Die Autoren übersehen allerdings Adornos Kritik des Partikularismus.

seines letzten Werks, wenn er von dessen Darstellungsschwierigkeiten sagt, »daß die einem Buch fast unabdingbare Folge des Erst-Nachher sich mit der Sache als so unverträglich erweist, daß deswegen eine Disposition im traditionellen Sinn, wie ich sie bis jetzt noch verfolgt habe (auch in der *Negativen Dialektik* verfolgte), sich als undurchführbar erweist. Das Buch muß gleichsam konzentrisch in gleichgewichtigen, parataktischen Teilen geschrieben werden, die um einen Mittelpunkt angeordnet sind, den sie durch ihre Konstellation ausdrücken.«[127] Mit dem Wort Konstellation kehrt Adorno zu seiner frühen Sprachtheorie zurück, in der das Benjaminsche Konfigurationsprinzip eine herrschaftsfreie Betrachtung der Erscheinungen ermöglichen sollte.[128]

Die Herrschaftsfreiheit, die auch von Schriftstellern wie Kafka, Musil und Proust angestrebt wird, soll in der Kritischen Theorie zugleich durch mimetische Angleichung an das Objekt erreicht werden, die in der Kunst vorgezeichnet ist. Schon in Horkheimers und Adornos *Dialektik der Aufklärung* wird die Kunst in Übereinstimmung mit Schellings Ästhetik als »Vorbild der Wissenschaft«[129] bezeichnet, und in der *Ästhetischen Theorie* heißt es, »Ratio ohne Mimesis negier(e) sich selbst«.[130] Nur durch die Aufnahme künstlerischer Mimesis könne Theorie ihre eigene Umwandlung in ein Herrschaftsdenken als Technologie verhindern.

Es handelt sich hier, wie leicht zu erkennen ist, um *eine* besondere Position innerhalb der modernistischen oder spätmodernen Problematik, die mit den marxistischen Positionen Brechts oder Lukács', den surrealistischen Positionen Bretons und Aragons sowie mit Sartres rationalistischem Existentialismus kollidiert. Mit diesen Autoren teilen die Vertreter der Kritischen Theorie jedoch den Glauben an einen metaphysischen Wahrheitsbegriff und die metaphysische Hoffnung auf eine Erlösung in der Geschichte – eine Hoffnung, die beim

---

127 Th.W. Adorno, *Ästhetische Theorie* (editorisches Nachwort), Frankfurt, Suhrkamp, 1970, S. 541.

128 Vgl. Th.W. Adorno, *Philosophische Frühschriften*, Frankfurt, Suhrkamp, 1973: »Thesen über die Sprache des Philosophen«, S. 369, wo von der »Konfiguration« als Wahrheitsprinzip die Rede ist.

129 M. Horkheimer, Th.W. Adorno, *Dialektik der Aufklärung*, Amsterdam, Querido, 1947, S. 31.

130 Th.W. Adorno, *Ästhetische Theorie*, op. cit., S. 489.

späten Adorno in Verzweiflung umzuschlagen droht. Dennoch würde er mit Kafka behaupten: »Leben ohne Wahrheit ist unmöglich.«[131]

Sein Festhalten am Wahrheits- und Subjektbegriff ist nicht nur als Beharren auf einem zentralen Wert des liberalen Individualismus zu verstehen, sondern auch als Versuch, im unangepaßten, nichtidentischen Individuum den kritischen Gedanken zu verankern, um sein Überleben zu sichern: »Gegenüber den kollektiven Mächten, die in der gegenwärtigen Welt den Weltgeist usurpieren, kann das Allgemeine und Vernünftige beim isolierten Einzelnen besser überwintern, als bei den stärkeren Bataillonen, welche die Allgemeinheit der Vernunft gehorsam preisgegeben haben.«[132] Diesem Gedanken entspricht das ästhetische Theorem, daß einem kritischen, autonomen Künstler wie Valéry eine Statthalterrolle zufällt: Er erscheint Adorno nicht nur als der isolierte Einzelne, sondern zugleich als der Statthalter des menschlichen Gesamtsubjekts.[133]

Trotz dieser Versuche, das Allgemeine und das Besondere zusammenzuführen, mündet Adornos Streben nach einer Synthese dieser Elemente in eine Aporie: Der einsame Einzelne steht mit seinem kritischen Bewußtsein außerhalb der historischen Prozesse, und die Kritische Theorie, die die Mimesis der Kunst in sich aufnehmen möchte, gerät in Widerspruch zu sich selbst, »weil sie gegen Theorie überhaupt zielen muß«.[134] In diesen Aporien der Theorie macht sich die globale Ambivalenz der Spätmoderne bemerkbar, die aus der nachhegelianischen Unmöglichkeit resultiert, Besonderes und Allgemeines zur Synthese zu bringen. Diese Unmöglichkeit tritt, wie sich im dritten Kapitel bereits gezeigt hat, in der Postmoderne kraß in Erscheinung.

---

131 *Das Kafka-Buch*, op. cit., S. 252.

132 Th.W. Adorno, *Kritik. Kleine Schriften zur Gesellschaft*, Frankfurt, Suhrkamp, 1971, S. 84-85.

133 Dazu: Th.W. Adorno, »Der Artist als Statthalter«, in: ders., *Noten zur Literatur I*, op. cit.

134 W. M. Lüdke, *Anmerkungen zu einer »Logik des Zerfalls«: Adorno-Beckett*, Frankfurt, Suhrkamp, 1981, S. 30.

5. Postmoderne Literatur und Indifferenz: Kritik der Metaphysik

Da die postmoderne Literatur im folgenden immer wieder als eine Radikalisierung des Modernismus dargestellt wird, die extreme Formen der Intertextualität, Karnevalisierung, Verfremdung und Polysemie entwickelt, soll zunächst auf den globalen Bruch hingewiesen werden, der sich im vorigen Abschnitt bereits abzeichnet und der von der – durchaus realen – Kontinuität nicht verdeckt werden sollte. H.-U. Gumbrecht gibt zu bedenken, daß die zeitgenössische Gesellschaft, »sich selbst nicht als eine Epoche verstehen kann«[135], weil ihr das historische Bewußtsein vergangener Epochen fehlt. Dazu ist zweierlei zu sagen: Einerseits sind wir nicht verpflichtet, uns das Selbstverständnis einer Gesellschaft oder Zeit zu eigen zu machen; andererseits steht keineswegs fest, daß alle Befürworter der Postmoderne mit Lyotard in der Ansicht übereinstimmen, daß die Postmoderne keine Epoche ist. Es hat sich gezeigt, daß Autoren wie Harvey, Fokkema, Hutcheon und McHale von der Annahme ausgehen, daß die postmoderne Literatur als historische Innovation zu betrachten ist. Es fragt sich, von wo diese Innovation ihren Ausgang nimmt.

Die allgemeine These lautet bekanntlich, daß es nach dem Zweiten Weltkrieg im Übergang von der modernistischen zur postmodernen Problematik zu einem jetzt erst erkennbaren *shift* von der Ambivalenz zur Indifferenz kommt. Freilich wird diese Verschiebung schon im Modernismus angekündigt, wo die Indifferenz bei Autoren wie Camus und Moravia allmählich zur Dominanten wird. Sie rückt nur deshalb nicht ins Zentrum der Problematik, weil die Autoren des Existentialismus weiterhin nach dem Wert, der Wahrheit und dem Subjekt fragen. Im Rahmen dieser Suche erscheint die Indifferenz immer wieder als *Skandalon* oder als Sünde: Während in Camus' *L'Etranger* die Wertindifferenz des Icherzählers von einem christlich-humanistischen Diskurs, der Meursault zu einem verantwortlichen und strafbaren Subjekt macht, negiert wird, gesteht der Held von Moravias *Gli indifferenti*: »Das ist mein wahres Verbrechen ... ich

[135] H.-U. Gumbrecht, »Die Postmoderne ist (eher) keine Epoche«, in: Ders., R. Weimann (Hrsg.), *Postmoderne – Globale Differenz*, Frankfurt, Suhrkamp, 1991, S. 369.

habe mich der Gleichgültigkeit schuldig gemacht ...« (»Questo è il mio vero delitto ... ho peccato d'indifferenza ...«).[136] An anderer Stelle ist von einem »Albdruck von Gleichgültigkeit«, einem »incubo di indifferenza«[137] die Rede.

Die Schriftsteller der Postmoderne erwachen aus diesem Alptraum. Sie stellen fest, daß es lediglich einer jener modernen und modernistischen Träume war, die aus den von Psychoanalytikern beschriebenen Schuldgefühlen hervorgehen und sich auflösen, sobald der Ballast der Wertsetzungen und der Subjektivität aufgegeben wird. Antiquiert, alteuropäisch oder gar masochistisch kommt ihnen die metaphysische Wertsuche des Modernisten Moravia und seines Helden Michele d'Ardengo vor: »Eine einzige wahrhafte Tat, ein Beweis der Zuverlässigkeit (fede) würde genügen, um Ordnung in das Chaos zu bringen und den richtigen Maßstab für jene Werte zu finden (...).« (»Sarebbe bastato un solo atto sincero, un atto di fede, per fermare questa baraonda e riassestare questi valori nella loro abituale prospettiva [...].«)[138] Die hier fast aufdringlich formulierte Frage nach dem »richtigen Maßstab« wird in der Postmoderne irrelevant.

In diesem Zusammenhang nimmt die allgemeine These eine konkretere Gestalt an, weil klar wird, daß die für den modernen Roman charakteristische Suche nach der wahren Wertskala und dem wahren *Ich* in der Postmoderne endgültig aufgegeben wird. Die gesamte Wertproblematik erscheint Autoren wie Robbe-Grillet, Eco, Jürgen Becker, Thomas Pynchon oder Thomas Bernhard *nebensächlich*, weil das Verlangen nach einer Alternative zur bestehenden Ordnung als Utopie im ursprünglichen Sinn erkannt wird: als *ou topos*, *kein Ort*.

Am Ende von Thomas Bernhards *Auslöschung* stellt der Erzähler fest, daß die Menschen *anderswo* genauso verlogen und widerwärtig sind wie in seiner Heimat; es sind aber mehr: »Die Leute in Rom sind auch nicht anders, noch viel verlogener, aber mit was für einem hohen Intelligenzgrad, dachte ich. Ein paar hundert Menschen genügen einfach nicht, ein paar Millionen müssen es sein, dachte ich, Millio-

---

136 A. Moravia, *Die Gleichgültigen*, Reinbek, Rowohlt, 1963, S. 297. (*Gli indifferenti*, Milano, Bompiani, 1929, 1966, S. 277.)

137 Ibid., S. 90 (S. 84).

138 Ibid., S. 270 (S. 249).

nen Verlogene, nicht nur Hunderte, Millionen Widerwärtige, nicht nur Hunderte.«[139] Nicht der negative Ton ist hier entscheidend, sondern die Austauschbarkeit der Topoi, die zum Verzicht auf die metaphysische Suche des spätmodernen oder modernistischen Romans führt. Daß diese Austauschbarkeit den Gedanken der *Gleichwertigkeit* aufkommen läßt, bestätigt Bernhard, wenn er in einem Interview bemerkt: »Mein Standpunkt ist die Gleichwertigkeit aller Dinge.«[140]

In einem sprachlichen und sozialen Kontext, in dem die Zielsetzungen der großen historischen *métarécits* des Christentums, des Rationalismus und des Marxismus unglaubwürdig werden, wird auch die *quête* des Romans ihres Telos beraubt. Schon in seinem Erstlingsroman, in dem ein Medizinstudent von seinem Ausbildungsarzt beauftragt wird, dessen Bruder, den Kunstmaler Strauch, zu beobachten und alles Wissenswerte über ihn zu berichten, verzichtet Thomas Bernhard auf ein Telos im modernen und modernistischen Sinn. »Doch weder die Erzählfigur noch der Leser«, schreibt Ralf Kock, »erfahren den Grund, warum, zu welchem Zweck und (...) mit welchem Ziel die Beobachtungen gemacht werden sollen.«[141] Ähnliches ließe sich von Alain Robbe-Grillets *Dans le labyrinthe* sagen, einem Nouveau Roman, der als Parodie des modernen Romans gelesen werden könnte, weil sein Erzähler von Szene zu Szene einem ziellos umherirrenden Soldaten folgt, der eine dem Feind preisgegebene, verlassene Stadt durchstreift.

In anderen postmodernen Texten wie John Barths *Lost in the Funhouse* oder Félix de Azúas *Historia de un idiota contada por él mismo*, die hier eine wichtige Rolle spielen werden, wird die modernistische Suche parodiert oder *ad absurdum* geführt. Bei Azúa zeigt sich u.a., daß die verschiedenen erotischen, politischen und ästheti-

---

139 Th. Bernhard, *Auslöschung*, Frankfurt, Suhrkamp, 1986, S. 645.

140 Th. Bernhard, in: *Die Zeit*, 29. Juni 1979, S. 33.

141 R. Kock, *Postmoderne und dekonstruktive Sprachkritik in den frühen Prosatexten Frost, Zerstörung, Watten und Gehen von Thomas Bernhard*, Magisterarbeit, Univ. Münster, 1995, S. 45. Zur Stellung von Thomas Bernhard zwischen Moderne und Postmoderne siehe auch: W. Huntemann, »›Treue zum Scheitern‹. Bernhard, Beckett und die Postmoderne«, in: *Thomas Bernhard, Text und Kritik*, Heft 43, 1991 (3. Aufl.): »Vielmehr erweist sich Bernhards Erzählmodell der Selbstverständigung als zugehörig zum modernen Roman (...).« (S. 54)

schen Wertsetzungen austauschbar, indifferent und daher als Grundlagen der Subjektkonstitution untauglich sind.

Die aus der Ambivalenz hervorgehende modernistische Frage nach Wahrheit, Wert, Wirklichkeit und Subjekt verstummt in der Postmoderne, weil Wertsetzungen wie Kunst, Gerechtigkeit, Sozialismus oder Nächstenliebe, mit deren Hilfe Autoren wie Proust, Sartre, Brecht oder Bernanos eine neue Subjektivität zu begründen suchten, in einer von ideologischen Kämpfen zerrissenen Marktgesellschaft der Indifferenz als Austauschbarkeit zum Opfer fallen.

Wie diese auf sprachlicher Ebene aussieht, schildert André Breton in *Arcane 17*: »Die Wörter, die sie [die Werte] bezeichneten, wie zum Beispiel Recht, Gerechtigkeit, Freiheit, hatten beschränkte, widersprüchliche Bedeutungen angenommen. Ihre Elastizität wurde von beiden Seiten so gut ausgenutzt, daß es gelang, sie auf alles mögliche anzuwenden, bis sie genau das Gegenteil von dem ausdrückten, was sie ursprünglich bedeuteten.«[142] Hier wird gezeigt, wie die Indifferenz aus der Ambivalenz hervorgehen kann, wenn die Zusammenführung der Gegensätze zu einer Dauererscheinung wird. Zugleich wird klar, was Nietzsche in *Jenseits von Gut und Böse* mit der »Wesensgleichheit« der miteinander »verknüpften« und »verhäkelten« guten und bösen Werte meint: Sie sind genetisch miteinander verwandt und werden mit der Zeit (wieder) ununterscheidbar.

Insgesamt wird deutlich, daß die postmoderne Literatur sowohl als Reaktion auf die Moderne (Neuzeit) als auch als Reaktion auf den Modernismus (Spätmoderne) zu lesen ist. Ihre Kritik an der Moderne ist durch ihre Kritik am Modernismus gleichsam vermittelt: Indem die Postmodernen der metaphysisch-ideologischen Suche der Modernisten Proust, Kafka, Moravia oder Thomas Mann eine Absage erteilen, verabschieden sie sich endgültig von der platonischen, christlichen, rationalistischen und hegelianischen Frage nach dem Wesen, die Marxismus und Psychoanalyse aufs engste miteinander verbindet. Auch in dieser Hinsicht erscheinen sie als Erben Nietzsches, der in der *Fröhlichen Wissenschaft* dem platonisch-hegelianischen Wesen den Rücken gekehrt hat.[143]

---

142 A. Breton, *Arcane 17*, Paris, U.G.E., 1965, S. 76.

143 Vgl. F. Nietzsche, *Werke* Bd. 3, op. cit., S. 73.

Angesichts solcher Erkenntnisse werden Marxens und Lukács' Fragen nach dem Wesen, nach den wahren Interessen, die Ideologien verbergen, und nach dem Wesentlich-Typischen in der Kunst ebenso hinfällig wie Freuds tiefenpsychologische Enthüllungen der wahren Absichten und des wahren Charakters. Der literarische Diskurs der Postmoderne ist nicht mehr parallel zum marxistischen (Brecht, Auden) oder psychoanalytischen (Svevo, Hesse, Schnitzler) zu lesen, weil Schnitzlers Heldin, »die sich in ihrem Traum enthüllt hatte als die, die sie war«[144], zusammen mit ihren geheimnisvollen Begleitern die literarische Szene verläßt. Ihr folgen Figuren, deren Sein ihr Schein ist, und die als Paraphrasen marxistischer oder psychoanalytischer Diskurse nicht zu verstehen sind. Daraus folgt aber keineswegs, daß diese Diskurse auf postmoderne Texte nicht angewandt werden können; schließlich werden sie auch auf antike und mittelalterliche Werke appliziert.

6. Sprachliche Aspekte der Indifferenz – oder das Glasperlenspiel

Die Konstruktion einer Problematik, einer Periode oder Epoche kommt ohne Schematisierungen und Übertreibungen nicht aus. Von ihr könnte behauptet werden, was Adorno von Freuds Psychoanalyse sagt: an ihr sei »nichts wahr als ihre Übertreibungen«.[145] Stets wird der Nominalist oder der mit ihm verwandte Dekonstruktivist recht behalten, wenn er daran erinnert, daß ein bestimmtes als postmodern apostrophiertes Merkmal schon in der modernen oder romantischen Literatur vorkommt – möglicherweise schon in Sternes parodistischem *Tristram Shandy* oder gar bei Heliodor. Gegen solchen Nominalismus hilft nur ein Argument: der Hinweis auf den Gesamtkontext, und zwar nicht nur auf den literarischen, sondern auch auf den philosophischen und soziologischen, der hier auch deshalb einbezogen wurde.

So ist beispielsweise der Gedanke, daß Literatur, Philosophie und Wissenschaft die Wirklichkeit nicht mimetisch abbilden, sowohl im Modernismus als auch in der Postmoderne anzutreffen. Insofern kön-

---

144 A. Schnitzler, *Die Braut. Traumnovelle*, Stuttgart, Reclam, 1976, S. 73.

145 Th.W. Adorno, *Minima Moralia*, op. cit., S. 56.

nen beide als kritische Reaktionen auf den Realismus aufgefaßt werden. Diese Gemeinsamkeit hört jedoch auf, sobald man erkennt, daß moderner und postmoderner Konstruktivismus zwei grundverschiedene Funktionen erfüllen: Während die Konstruktion bei Mallarmé und Valéry[146], beim jungen Sartre, bei Musil und Pirandello unauflöslich mit den Überlebenschancen des Subjekts verbunden ist, weist sie bei postmodernen Autoren wie John Barth, John Fowles oder Alain Robbe-Grillet fast ausschließlich auf eine Reflexion der eigenen Partikularität hin, aus der kein Wesen, kein Wahrheitsgehalt, kein allgemeines Gesetz (*une loi*, Proust) abgeleitet werden kann. Der ästhetisch-politische Anspruch des Dichters auf Weltdeutung und Weltverbesserung wird aufgegeben, und Kunst erscheint als Spiel: als Lust am Text.

Diese Lust ist insofern für die Problematik der Indifferenz symptomatisch, als sie keinerlei überindividuelle, gesellschaftliche Bedeutung hat, sondern vom isolierten Autor produziert und von jedem Leser auf seine Art konsumiert wird. Sie ist als *Artistik* im Sinne von Benn aufzufassen: »Artistik ist der Versuch der Kunst, innerhalb des allgemeinen Verfalls der Inhalte sich selber als Inhalt zu erleben und aus diesem Erlebnis einen neuen Stil zu bilden, es ist der Versuch, gegen den allgemeinen Nihilismus der Werte eine neue Transzendenz zu setzen: die Transzendenz der schöpferischen Lust.«[147] Zu dieser These merkt Walter Falk an, daß Autoren des 20. Jahrhunderts immer wieder versucht haben, aus diesem Artistizismus auszubrechen und »der Kunst wieder Inhalte zuzuführen«, indem sie auf Zeiten zurückgriffen, »in denen eine verbindliche Wertordnung bestanden hatte«.[148] Er selbst scheint eher dem Modernisten Hermann Hesse recht zu geben, der in seinem *Glasperlenspiel* die Ansicht vertrete, »daß die Zeit, in der eigentliche Kulturtaten möglich waren, vorüber sei und daß an deren Stelle ein kunstvolles Spiel treten werde, welches die

---

146 Vgl. Vf., *Ästhetische Negation. Das Subjekt, das Schöne und das Erhabene von Mallarmé und Valéry zu Adorno und Lyotard*, Würzburg, Königshausen und Neumann, 2005, Kap. II, III und IV.

147 G. Benn, zit. nach: W. Falk, *Leid und Verwandlung. Rilke, Kafka, Trakl und der Epochenstil des Impressionismus und Expressionismus*, Salzburg, O. Müller, 1961, S. 409.

148 W. Falk, *Leid und Verwandlung*, op. cit., S. 409.

kulturellen Werte der Vergangenheit vergegenwärtigte – auf faszinierende und unverbindliche Weise: das Glasperlenspiel.«[149]

An dieser Stelle sind zwei postmoderne Reaktionen denkbar: Man kann sich als Modernist-Postmodernist (im Sinne von Welsch) dagegen verwahren, daß postmoderne Literatur im Rahmen einer Indifferenz-Problematik als eitles Glasperlenspiel dargestellt wird, und auf kritische Dimensionen von Thomas Bernhards, Christoph Ransmayrs, Italo Calvinos oder Michel Butors Romanen hinweisen. Man kann auch als Postmodernist-Antimodernist und *advocatus diaboli* (im Sinne von Fiedler oder Eco) der Metaphysik im Augenblick ihres Sturzes noch einen Stein nachwerfen und über eine vom Ballast des Wesens befreite Kunst frohlocken: »Schöpferische Lust« und »kunstvolles Spiel« könnten schließlich nur Asketen und humorlose Chefideologen verurteilen.

Die Entgegnung auf diese beiden Einwände kann recht knapp ausfallen: Die kritischen Komponenten der Indifferenz, die vor allem bei Bernhard, Ransmayr, Butor, Felix de Azúa und Werner Schwab stark ausgeprägt sind, werden hier eine wichtige Rolle spielen. Aber angesichts der Verzweiflung, die aus den Texten und Lebensläufen dieser Autoren spricht, will ein Frohlocken über das kunstvolle Spiel der Postmoderne – etwa Ecos, Fowles' oder Süskinds – nicht so recht aufkommen. Im Gegenteil: Ransmayrs und Azúas Darstellung der globalen Wertzerstörung legt die Vermutung nahe, daß das »kunstvolle Spiel« gegenwärtig inmitten von T. S. Eliots *Wasteland* stattfindet.

Daß die Vergangenheit »auf faszinierende und unverbindliche Weise« vergegenwärtigt wird, bestätigt genau 40 Jahre nach Erscheinen des *Glasperlenspiels* (1943) Umberto Eco in seiner *Nachschrift zum »Namen der Rose«* (1983), wo er von der Vergangenheit sagt, sie müsse »auf neue Weise ins Auge gefaßt werden (...): mit Ironie, ohne Unschuld«.[150] Er tut dies, wenn er in *Il nome della Rosa* gleich zu Beginn des Romans die Lektüre einem *Verfremdungseffekt* aussetzt, indem er das Konstruktionsverfahren bloßlegt: »Natürlich, ein Manuskript«, »naturalmente, un manoscritto«. Was folgt, ist das zu-

---

149 Ibid.

150 U. Eco, *Nachschrift zum »Namen der Rose«*, München, DTV, 1987 (8. Aufl.), S. 78.

gleich gelehrte und amüsante Spiel mit einem fiktiven Manuskript (*Le manuscrit de Dom Adson de Melk, traduit en français d'après l'édition de Dom J. Mabillon*), dessen labyrinthischer Erzählung der Leser folgt wie den spannenden Mäandern eines Kriminalromans.

Der Text ist auch als Kriminalroman zu lesen (mit Jorge als Bösewicht), wobei allerdings die Frage nach dem metaphysischen Gegensatz von Gut und Böse im Rahmen der spielerischen Konstruktion zur Bedeutungslosigkeit herabsinkt. Im Gespräch zwischen Guglielmo und dem alten Alinardo da Grottaferrata erscheint der Antichrist (»Ah, der Antichrist ... Er wird bald kommen. Das Jahrtausend ist um, wir erwarten ihn ...« – »Ah, l'Anticristo ... Egli sta per venire, il millennio è scaduto, lo attendiamo«)[151] als negative Instanz in einem narrativen Schema, dessen verschiedene Möglichkeiten systematisch durchgespielt werden. Erzähler und Leser stimmen stillschweigend in der Ansicht überein, daß dieser Instanz nicht einmal die symbolische Funktion zuteil wird, die ihr noch in Th. Manns *Doktor Faustus* zufiel.

Der Roman wird so zu einem Spiel, dem ein Schlagwort wie »Spannung« oder »Mittelalter« hohe Absatzraten sichern soll. Werner Hüllen liest ihn – nicht zu Unrecht – als »erzählte Semiotik« in »sehr konventionelle(r) Form«: »Er erzählt vom Umgang mit Codes. Er interpretiert nicht eine gegebene Welt, sondern interpretiert das Interpretieren.«[152] Das tut Kafka freilich auch, wenn er im *Prozeß*-Roman Josef K. und den Geistlichen die Parabel »Vor dem Gesetz« widersprüchlich auslegen läßt; aber man würde Kafka, der das »Schreiben als Form des Gebetes«[153] auffaßte, grob mißverstehen, wollte man diese Konstruktionen als hermeneutische oder semiotische Spiele deuten.

Wie *Bloßlegung der Konstruktionsverfahren* und *konventionelles* (genießbares) *Erzählen* spielerisch ineinandergreifen können, zeigt auch John Fowles in seinem Roman *The French Lieutenant's Wo-*

---

151 U. Eco, *Der Name der Rose*, München-Wien, Hanser, 1982, S. 202. (*Il nome della rosa*, Milano, Bompiani, 1980, S. 163.)

152 W. Hüllen, »Erzählte Semiotik. Betrachtungen zu Umberto Ecos ›Der Name der Rose‹«, in: R. Haas, Ch. Klein-Braley (Hrsg.), *Literatur im Kontext*, Sankt Augustin, Richarz, 1985, S. 128.

153 *Das Kafka-Buch*, op. cit., S. 241.

man. Sooft sein Icherzähler seine gegenwärtige Erzählsituation zur Sprache bringt, *verfremdet* er sowohl die Erzählung als auch die Handlung und macht dem Leser klar, daß alles nur konstruiert ist: »I risk making Sarah sound like a bigot.« Und: »I cannot say what she might have been in our age (...).«[154]

Auf die Fragen »Who is Sarah?« und »Out of what shadows does she come?«[155], die am Ende des 12. Kapitels auf recht konventionelle Art die Spannung steigern sollen, antwortet der Erzähler-Autor zu Beginn des 13. Kapitels mit einem Verfremdungseffekt, der die Handlung unterbricht und jäh die ganze Konstruktion bloßlegt: »I do not know. This story I am telling is all imagination. If I have pretended until now to know my characters' minds and innermost thoughts, it is because I am writing in (...) a convention universally accepted at the time of my story: that the novelist stands next to God. He may not know all, yet he tries to pretend that he does. But I live in the age of Alain Robbe-Grillet and Roland Barthes; if this is a novel, it cannot be a novel in the modern sense of the word. – So perhaps I am writing a transposed autobiography; perhaps I now live in one of the houses I have brought into the fiction; perhaps Charles is myself disguised. Perhaps it is only a game.«[156]

Für die Abgrenzung von moderner und postmoderner Literatur ist diese Passage von großer Bedeutung: Erstens, weil sie Ecos Forderung nach einer neuen, ironischen und nicht-naiven Aufarbeitung der literarischen Vergangenheit erfüllt; zweitens, weil sie der modernistischen »Bloßlegung des Verfahrens« im Sinne von Šklovskij eine extreme Form gibt; drittens, weil sie sich vom modernen Roman (»novel in the modern sense of the word«) verabschiedet und die *Gattungsgrenzen* in Frage stellt (»perhaps I am trying to pass off essays on you«), und schließlich, weil sie den Spielcharakter des postmodernen Textes zutage treten läßt.

»Der Roman lebt und lebt. / Uns ist das alles ziemlich egal«[157], schreibt Jürgen Becker in den *Rändern.* Angesichts dieser resignierenden Zeitdiagnose kann der postmoderne Roman entweder in

---

154 J. Fowles, *The French Lieutenant's Woman*, London (1969), Picador, 1992, S. 54.
155 Ibid., S. 84.
156 Ibid., S. 85.
157 J. Becker, *Felder, Ränder, Umgebungen*, Frankfurt, Suhrkamp, 1983, S. 141.

eine experimentelle Prosa aufgelöst werden, wie es bei Becker geschieht, oder mit Eco und Fowles als ironisches Spiel mit der Gattung Roman weitergeschrieben werden: ohne Unschuld, ohne Mimesis, ohne Wahrheitsanspruch.

An dieser Stelle wird eine grundsätzliche Verwandtschaft zwischen den konventionellen Erzählungen Ecos und Fowles' und den Sprachexperimenten Beckers, Oswald Wieners, Robbe-Grillets und Barthes' erkennbar. Denn mit Barthes könnten die Romanciers Eco und Fowles sagen: »Nicht die Wahrheit führt meine Hand, sondern das Spiel, die Wahrheit des Spiels.«[158] Die Wahrheit des Spiels aber ist die Indifferenz, die jede Art von ideologisch-metaphysischem Engagement ausschließt, so daß z.B. in Barthes' *Sade, Fourier, Loyola* der Sexualforscher, der Sozialist und der Theologe zu Spielgefährten auf dem Feld des Klassifizierens werden.

Auch John Barth verwandelt Literatur in ein Spiel mit Bedeutungen, an dessen Anfang ein Verfremdungseffekt steht, der die Bloßlegung der Konstruktion zur Folge hat. *Lost in the Funhouse* ist die Geschichte eines unglücklichen Außenseiters, der als kleiner Junge mit seiner Familie ein *Funhouse* besucht und erkennt, daß er verurteilt ist, Schriftsteller zu werden. Gleich zu Beginn der Erzählung erscheint der Text als Konstrukt: »A single straight underline is the manuscript mark for italic type, *which in turn* is the printed equivalent to oral emphasis of words (...).«[159] Einige Seiten weiter heißt es ähnlich wie bei Fowles: »The more closely an author identifies with the narrator, literally or metaphorically, the less advisable it is, as a rule, to use the first person narrative viewpoint.«[160] Der Autor folgt dem eigenen Ratschlag und stellt mit Distanz und Ironie das künstlerische Erwachen des jungen Ambrose dar, der dem Leser als »one of Western Culture's truly great imaginations«[161] vorgestellt wird, als jemand, dessen beredtes Leiden unzählige Menschen inspirieren wird. Schließlich erscheint Ambroses Kunst als Artistik, als Konstruktion von »funhouses«, die mit Prousts ästhetischem Anspruch des *Jugement dernier* nichts mehr zu tun hat: »He wishes he had ne-

---

[158] R. Barthes, *Sade, Fourier, Loyola*, Frankfurt, Suhrkamp, 1974, S. 188.

[159] J. Barth, *Lost in the Funhouse*, New York (1969), Doubleday, 1988, S. 72.

[160] Ibid., S. 77.

[161] Ibid., S. 96.

ver entered the funhouse. But he has. Then he wishes he were dead. But he's not. Therefore he will construct funhouses for others and be their secret operator – though he would rather be among the lovers for whom funhouses are designed.«[162]

Barths Text kann sicherlich nicht als Indiz für die Minderwertigkeit oder Oberflächlichkeit postmoderner Literatur herangezogen werden; er ist in jeder Hinsicht mit Thomas Manns *Tonio Kröger*, thematisch auch mit Prousts *Recherche* vergleichbar[163]. Er läßt aber die Unmöglichkeit von Manns und Prousts Wertsetzungen in einer von der Indifferenz dominierten Problematik erkennen, in der die ironisch-parodistische Verarbeitung des Vergangenen als einziger Ausweg erscheint. Insofern kann man Alan Lindsay nur zustimmen, wenn er Barths Text autoreflexiv, d.h. als Nachdenken des Autors über seine eigene postmoderne Situation, liest: »The text is at the same time about what it means to *be* a postmodern author (...).«[164]

Komplementär zur Bloßlegung der Konstruktion verhält sich im postmodernen Text die *Selbstreflexion des Erzählers* und die *Konkurrenz zwischen verschiedenen Erzählperspektiven.* Während Fowles seinen Roman auf drei verschiedene Arten enden läßt und die Alternativkonstruktionen kommentiert (»But what you must not think is that this is a less plausible ending to their story.«)[165], legt Alain Robbe-Grillet in *Dans le labyrinthe* die Problematik des Erzählens bloß, indem er zunächst auf den fiktionalen Charakter seiner Erzählung hinweist (»Ce récit est une fiction, non un témoignage.«)[166], andererseits seinen Erzähler widersprüchliche Hypothesen über die erfundene Wirklichkeit im Roman konstruieren läßt. Gleich auf der ersten Seite behauptet der Erzähler, der sich in einem Gebäude befindet, daß es draußen regnet (»dehors il pleut«), und einige Zeilen später, daß die Sonne scheint: »Dehors il y a du soleil.«[167]

---

162 Ibid., S. 97.

163 Vgl. Vf., *Der europäische Künstlerroman. Von der romantischen Utopie zur postmodernen Parodie*, Tübingen, Francke, 2008, Kap. VI: »Kunst als *Funhouse*, *Spiel* und *Gimmick*: John Barth, Italo Calvino und Joost Zwagerman«.

164 A. Lindsay, *Death in the Funhouse. John Barth and Poststructuralist Aesthetics*, New York, Peter Lang, 1995, S. 112.

165 J. Fowles, *The French Lieutenant's Woman*, op. cit., S. 398.

166 A. Robbe-Grillet, *Dans le labyrinthe*, Paris, Minuit, 1959, S. 7.

167 Ibid., S. 9.

Dieses kontradiktorische Verfahren, das auch in *Le Voyeur* und viel später in *Topologie d'une cité fantôme* praktiziert wird, wird in Michel Butors *Degrés* insofern radikalisiert, als in diesem Roman drei Erzähler auftreten: Pierre Vernier, Pierre Eller und Henri Jouret. Der Lehrer Vernier nimmt sich vor, ausgehend von einem harten Kern genealogischer Beziehungen in seiner Schulklasse, das gesamte ihn umgebende soziale Milieu erzählerisch zu erfassen. Sein Vorhaben scheitert an der Klassifikation, an der Unmöglichkeit, die Verwandtschaftsgrade (*degrés*) in seiner Klasse eindeutig zu bestimmen, zu rekonstruieren. Bevor er stirbt, delegiert Vernier die Erzählung an seinen Neffen Pierre Eller, der sie wiederum an seinen Onkel Henri Jouret weiterreicht. Doch auch den Nachfolgern gelingt es nicht, die Erzählung abzuschließen: Sie verstricken sich in Widersprüche und in eine *Vieldeutigkeit*, der eine Vielstimmigkeit des Textes (als Du- und als Ich-Erzählung) entspricht, die weit über den narrativen Agnostizismus der Modernisten hinausgeht und als Parodie des Strukturalismus gelesen werden könnte.[168]

Diese gattungsauflösende *Polyphonie*, die als Reaktion auf eine extreme *Polysemie* oder Unbestimmbarkeit der Tatsachen erklärt werden könnte, geht mit einer *Intertextualität* einher, die von der kryptischen Anspielung bis zum wörtlichen (oft fremdsprachigen) Zitat reicht und sich jedem Versuch, den postmodernen Text monologisch zu vereinheitlichen, in den Weg stellt. Intertextualität als Vielstimmigkeit ist möglicherweise – neben dem radikalen Konstruktivismus – das wichtigste Merkmal der literarischen Postmoderne. Autoren wie Thomas Pynchon, Oswald Wiener und Jürgen Becker lassen zahlreiche miteinander konkurrierende Stimmen in ihren Texten erklingen, die vereinheitlichende Interpretationen vorab ausschließen.

Thomas Pynchons *Gravity's Rainbow*, ein gattungsübergreifendes Buch, das eindimensional als epische Verarbeitung des Zweiten Weltkrieges gelesen werden kann, ist ein Geflecht von Anspielungen, Zitaten, amerikanischen Soldatenliedern und Fetzen deutscher Weihnachtslieder: »(...) Where are the joys? Where else but there where the Angels sing new songs and the bells ring out in the court of the

---

[168] Eine Beziehung zwischen der verwissenschaftlichten Fiktion und dem Strukturalismus stellt D. Bougnoux her: »Approches de quelques lieux butoriens«, in: *Butor. Colloque de Cerisy*, Paris, 10/18, 1974, S. 349.

King. *Eia* – strange thousand-year sigh – *eia, wärn wir da!* were we but there ...«[169] An anderer Stelle wird der marxistisch-leninistische *métarécit* in Frage gestellt: »But ever since it became impossible to die for death, we have had a secular version – yours. Die to help History grow to its predestined shape. Die knowing your act will bring a good end a bit closer. Revolutionary suicide, fine. But look: if History's changes *are* inevitable, why not *not* die? Vaslav? If it's going to happen anyway, what does it matter?«[170] Es ist völlig sinnlos, an dieser Stelle Einwände gegen das deterministische Mißverständnis dieser Fragen vorzubringen; denn Pynchons Text ist reine Polyphonie, ein intertextuelles Experiment, in dem keine kritische Dimension im Sinne von Musil oder Sartre erkennbar ist.[171]

Die Gefahr, daß sich Polyphonie und Herrschaftskritik in einen unverbindlichen Pluralismus, d.h. in Indifferenz, auflösen, versuchte der Modernist Bachtin zu bannen, als er von der »Präsenz des Autors und seiner *letzten Sinninstanz*«[172] sprach. Die Tendenz zur extremen Polyphonie und zur Indifferenz, die er schon in Dostoevskijs Werk zu erkennen meinte, quittierte er mit Skepsis und Kritik: »Bachtin wirft hier Dostoevskij vor, er habe die umfassende Exotopie, die Stabilität und Zuverlässigkeit des Autorenbewußtseins, die dem Leser stets die Wahrheitsfindung ermöglichte, in Frage gestellt.«[173]

In der Postmoderne ist diese Stabilität unwiederbringlich dahin, weil die radikale Intertextualität alle miteinander konkurrierenden und kollidierenden Diskurse relativiert, ohne glaubwürdige Alternativen anzubieten. In Jürgen Beckers Prosa werden zwar alle erdenklichen

---

169 Th. Pynchon, *Gravity's Rainbow*, London (1973), Picador, 1975, S. 134.

170 Ibid., S. 701.

171 Dagegen mag man mit W. Fluck einwenden: »Wenn es daher (...) heißt, daß Pynchon schließlich den Sinn jeder Sinnkonstitution bezweifle, da alles im Umfeld zivilisatorischer Entropie doch nur etablierter Ordnung in die Hände spiele, so sind Fragen angebracht.« (W. Fluck, »Literarische Postmoderne und Poststrukturalismus: Thomas Pynchon«, in: K. W. Hempfer [Hrsg.], *Poststrukturalismus – Dekonstruktion – Postmoderne*, Stuttgart, Steiner, 1992, S. 29.) Flucks Hypothese, derzufolge Pynchons Text auf »wirkungsästhetischer Ebene« sinnvoll sein könnte, bleibt ein *acte gratuit*, solange diese Ebene nicht semantisch beschrieben wird.

172 M. M. Bachtin, *Die Ästhetik des Wortes* (Hrsg. R. Grübel), Frankfurt, Suhrkamp, 1979, S. 205.

173 T. Todorov, *Mikhaïl Bakhtine. Le principe dialogique – suivi de Ecrits du Cercle de Bakhtine*, Paris, Seuil, 1981, S. 156.

Rhetoriken, die zur alltäglichen Verdummung beitragen, kritisch relativiert; aber eine umfassende Exotopie wird auch bei Becker nicht sichtbar, ja sie wird gar nicht angestrebt: »Einmal du, einmal ich. Alle auf einmal gilt nicht. Und immer hinten anstellen. Sonst. Opfer müssen schon mal sein. Erst einig sind wir stark. Aus der Reihe wird hier nicht getanzt. Volk ist viel.«[174] Wie Pynchon entdeckt Becker im Marxismus-Leninismus ein dankbares Objekt der Kritik: »Also, diese Ausflüchte ins Private muß man entlarven als die Alibis einer Gesellschaft, die das Private in der Förderung des Eigenheimbaus institutionalisiert und damit einen weiteren Fortschritt in der Eindämmung des allgemeinen Unbehagens auf raffiniert legalistische Weise erzwungen hat. Ganz ernsthaft. Denn wo gedeiht die sozialistische Organisation der Arbeiter und Bauern: im klaren Klima der Mark Brandenburg.«[175] Vor allem das selbstsichere »Denn«, das durch sein offenkundiges *Non Sequitur* parodistisch ausgehöhlt wird, reizt zum Lachen. Aber wo steht der Autor, wenn inmitten von Karnevalsgelächter alle Diskurse scheitern?

Diese metaphysische Frage beantwortet Oswald Wiener in *Die Verbesserung von Mitteleuropa* auf seine Art: »*mein ideal.* ich schreibe für die kommenden klugscheisser; um das milieu dieser ära komplett zu machen.«[176] Er vervollständigt diese Erklärung, wenn er einige Seiten weiter den klugen Leser mit der Sinnfindung beauftragt: »der neunmalweise leser hat wenig schwierigkeit zusammenhang zu erfinden – er tut dies auf eigene rechnung.«[177] In diesen Zeilen kommt neben der Kontingenz und dem unaufhebbaren, zur Indifferenz tendierenden Pluralismus der spielerische und gadgetartige Charakter postmoderner Literatur zum Ausdruck.

Er wird auch von Maurice Roche in *Compact* zur Sprache gebracht, wo der Nouveau Roman im Nachwort als Lesemaschine und *gadget littéraire* aufgefaßt wird: »Die meisten neuen Romane erscheinen tatsächlich als geschlossene Systeme, die zweifellos Fundgruben für strukturale Analysen sind, aber wie präzise und nutzlose

---

[174] J. Becker, *Felder, Ränder, Umgebungen*, op. cit., S. 63.

[175] Ibid., S. 250.

[176] O. Wiener, *Die Verbesserung von Mitteleuropa*, Reinbek, Rowohlt (1965), 1985, S. XXX.

[177] Ibid., S. L.

Maschinen funktionieren oder gar wie richtige literarische Gadgets.«[178] Auch *Compact* (1966), das naturgemäß über den Nouveau Roman hinausgehen soll, in vieler Hinsicht aber Jean Ricardous Experimenten mit einem Nouveau Nouveau Roman ähnelt, ist als intertextuell und polyphon strukturiertes Gadget für Leser konzipiert: als Spiel, als literarisches Kreuzworträtsel.

Möglicherweise erklärt der Spielcharakter der postmodernen Literatur, weshalb der *Leser* als Mitspieler des Autors in den Mittelpunkt des Geschehens rückt: nicht nur in experimentellen Texten wie Oswald Wieners *Verbesserung*, sondern auch in konsumierbaren Romanen wie Fowles' *The French Lieutenant's Woman* oder in dem experimentellen *und* lesbaren Roman von Italo Calvino *Se una notte d'inverno un viaggiatore*. Im Gegensatz zu den meisten Romanen des Modernismus (auch den satirischen), die den Leser vor den Kopf stoßen, engagieren oder nachdenklich stimmen wollen, laden schon die ersten Sätze dieses Romans zu einem Spiel ein. Die Voraussetzung dieses Spiels ist die Bloßlegung der Konstruktion, des Gadgets, und die entspannte Atmosphäre: »Du schickst dich an, den neuen Roman *Wenn ein Reisender in einer Winternacht* von Italo Calvino zu lesen. Entspanne dich. Sammle dich.« (»Stai per cominciare a leggere il nuovo romanzo *Se una notte d'inverno un viaggiatore* di Italo Calvino. Rilassati. Raccogliti.«)[179]

Im Laufe der Erzählung, die sich aus lauter Romananfängen zusammensetzt, wird das Konstruktionsprinzip der Lesemaschine in regelmäßigen Abständen erläutert: »Ich könnte das Ganze in der zweiten Person schreiben: du, Leser ... Ich könnte auch eine Leserin einführen, einen fälschenden Übersetzer und einen alten Schriftsteller, der ein Tagebuch führt wie dieses hier ...« (»Potrei scriverlo tutto in seconda persona: tu Lettore ... Potrei anche farci entrare una Lettrice, un traduttore falsario, un vecchio scrittore che tiene un diario come questo diario ...«)[180] Mit Recht weist Ulrich Schulz-Buschhaus darauf hin, daß die späteren Erzählungen Calvinos »unter dem Einfluß der französischen Strukturalisten ihre Aufmerksamkeit zuneh-

---

178 M. Roche, *Compact*, Paris, 10/18, 1966, S. 168.

179 I. Calvino, *Wenn ein Reisender in einer Winternacht*, München-Wien, Hanser, 1983, S. 7. (*Se una notte d'inverno un viaggiatore*, Torino, Einaudi, 1979, S. 3.)

180 Ibid., S. 237 (S. 197).

mend auf den abenteuerlichen Prozeß der eigenen Konstitution verlegen«.[181] Dies gilt, wie sich gezeigt hat, nicht nur für Calvino, sondern auch für die eher konventionell geschriebenen Romane Ecos und Fowles'. Auch hier erscheint postmoderne Literatur als Artistik im Sinne von Benn.

Es nimmt daher nicht wunder, daß die Rezeptionsästhetik[182] in der gegenwärtigen historischen Situation zum theoretischen Pendant oder Analogon des postmodernen Textes wird. Zwei wesentliche Anliegen verbinden diese Theorie mit der ihr entsprechenden literarischen Praxis: Michel Foucaults These, daß der Autor als Subjekt »tot« ist, weil er nicht länger als sinnstiftende Instanz auftreten kann[183], und der daraus ableitbare Gedanke, daß sich das Augenmerk des Literaturwissenschaftlers nicht auf den Produzenten und die Produktion, sondern auf den Rezipienten und den Rezeptionsprozeß richten sollte. Komplementär dazu verhält sich der zugleich postmoderne und rezeptionsästhetische Gedanke, daß nicht das Fahnden nach Wahrheitsgehalt, Kritik und Subjektivität zu den Aufgaben der Literaturwissenschaft gehört, sondern die Beschreibung der spielerischen Wechselseitigkeit von Text und Leser.

Dem Rezeptionstheoretiker Hans Robert Jauß erscheint Calvinos Roman zunächst als Leseabenteuer: »Der *Viaggiatore* ist als postmoderner ›Roman des Romans‹ ineins ein Spiegel der Lektüre in der Lektüre, dabei aber auch eine Summa aller im Schwang befindlichen Theorien des Lesens, die Calvino als poeta doctus auf das Vergnüglichste zu überbieten weiß.«[184] Nicht die kritische Suche nach Sinn und Wahrheit spornt die Lektüre an, sondern (wie bei Barthes) die

---

181 U. Schulz-Buschhaus, »Versöhnung mit dem Abenteuer. Zum erzählerischen Werk von Italo Calvino«, in: G. Goebel-Schilling, S. A. Sanna, U. Schulz-Buschhaus, *Widerstehen. Anmerkungen zu Calvinos erzählerischem Werk*, Frankfurt, Materialis Vlg., 1990, S. 23.

182 Vgl. Vf., *Texte et société. Perspectives sociocritiques*, Paris, L'Harmattan, 2011, Kap. IV: »L'Institutionnalisation de la lecture dans le roman de Calvino: *Si par une nuit d'hiver un voyageur*«.

183 Vgl. M. Foucault, »Qu'est-ce qu'un auteur?«, in: ders., *Dits et écrits 1954-1988* Bd. 1, Paris, Gallimard, 1994, S. 793.

184 H. R. Jauß, »Italo Calvino: ›Wenn ein Reisender in einer Winternacht‹. Plädoyer für eine postmoderne Ästhetik«, in: ders., *Studien zum Epochenwandel der ästhetischen Moderne*, Frankfurt, Suhrkamp, 1989, S. 281-282.

»Lust am Text«, »die reflektierte Lust am Lesen des Lesens, am Spiel mit aufgedeckten und wieder durchgestrichenen Erwartungen«.[185]

In welchem gesellschaftlichen Kontext es zu einem Verzicht auf Wahrheit und Subjektivität kam, soll im folgenden näher untersucht werden. Es kommt nicht darauf an, das postmoderne Spiel asketisch-autoritär zu verderben, sondern die *Ambivalenz* dieses Spiels hervortreten zu lassen: eine Ambivalenz, die, wie Jauß' Kommentare zeigen, im Indifferenzzusammenhang der Postmoderne nicht mehr wahrnehmbar ist.

7. Jenseits von Wahrheit und Subjekt: Pluralismus, Partikularismus, Indifferenz und Ideologie

Die Kehrseite des postmodernen Spiels wird uns mit aller Brutalität vom spanisch-katalanischen Autor Félix de Azúa und mit größter Subtilität vom Österreicher Christoph Ransmayr vor Augen geführt. Während Azúa in seiner *Historia de un idiota contada por él mismo o El contenido de la felicidad* (1986) eine vorab zum Scheitern verurteilte Suche nach dem wahren Glück schildert und *chemin faisant* die Sinnlosigkeit aller Wertsetzungen diagnostiziert, zeichnet sich in Ransmayrs Roman *Die letzte Welt* (1988) die letzte Metamorphose der Menschheit ab: ihre Rückverwandlung in anorganische Natur.

Azúa, der seine Ich-Erzählung seinen »Vorläufern« Bouvard und Pécuchet widmet (»este libro está dedicado a mis precursores, Bouvard y Pécuchet ...«), läßt seinen Helden, der sich auf die Suche nach dem wahren Glück macht, alle Etappen durchlaufen, die in europäischen Bildungs- und Desillusionsromanen vorkommen: Kindheit, Religion, Sexualität und Erotik, Tod und Kunst. Jede dieser Etappen wird von zwei Erfahrungen eines beschädigten Lebens geprägt: von der Austauschbarkeit aller Empfindungen, Personen, Gedanken und Gegenstände in der Marktgesellschaft und von der extrem destruktiven Wirkung der Herrschaftsmechanismen.

Nach einer als repressiv und glücksfeindlich erlebten katholischen Erziehung, mit der sich schon spanische Modernisten intensiv auseinandersetzten[186], sucht der Ich-Erzähler Zuflucht in der Sexuali-

---

185 Ibid., S. 287.

186 Vgl. P. Baroja, *Camino de perfección. Pasión mística* (1902), New York, Las

tät, in der er – ähnlich wie im Sport – ein rein quantitatives Leistungsspiel zu erkennen meint. Seine um zehn Jahre ältere Partnerin (Frau eines Notars und Geliebte seines Onkels) stellt er sich analog zu einigen Hindu-Gottheiten mit »sechs oder sieben Brüsten, einem halben Dutzend von Hintern und einer unbegrenzten Anzahl von Scheiden« (»hasta seis o siete pechos, media docena de culos y un número ilimitado de vulvas«)[187] vor. Ähnlich wie das Tennisspiel, das man im Idealfall mit vier Armen meistern könnte, erscheint Sexualität als eine langweilige Tätigkeit, deren quantitativer Charakter den Helden an das Geldverdienen erinnert, »zumal das ›Geldverdienen‹ die große metaphysische Ausrede ist, die uns hilft, die unerträglichste Langeweile zu ertragen« (»ya que ›ganar dinero‹ es la gran excusa metafísica que ayuda a soportar los más abrumadores tedios«).[188] Nach dieser Entdeckung verlieren Sexualität und Erotik für die Suche des Helden nach Glück und Erfüllung ihre Bedeutung, weil er feststellen muß, daß sie nicht *wahrheitsfähig* sind. Die Langeweile (*aburrimiento*), von der er immer wieder spricht, ist, wie schon Moravias *noia*, ein Symptom der Indifferenz, die den Gesamtzusammenhang der Erzählung beherrscht.

Ihr fallen auch die wissenschaftlichen und philosophischen Stadien, die der Held auf seiner Suche nach Glück durchläuft, zum Opfer. Anders als in modernistischen Desillusionsromanen, deren Protagonisten anfangs noch an bestimmte Werte glauben, steht bei Azúa die Desillusion *a priori* fest, wie der ironische Erzählerkommentar zu erkennen gibt: »Ich hatte mich vom falschen Glück der Liebe abgewandt, das eine Synthese des Eigenen und des Fremden vortäuscht, um in das philosophische Glück einzudringen, das wirklich alle Widersprüche auflöst oder, wenn es beliebt, auch erhält.« (»Había abandonado la falsa felicidad amorosa, simulación de síntesis de lo propio y lo ajeno, para penetrar en la felicidad filosófica, la que realmente resuelve todas las contradicciones o las mantiene a su gusto.«)[189] Diese parodierende Darstellung der idealistischen, vor allem hegelia-

Américas Publishing Company, 1952.

187 F. de Azúa, *Historia de un idiota contada por él mismo o El contenido de la felicidad*, Barcelona, Anagrama (1986), 1992 (17. Aufl.), S. 29.

188 Ibid., S. 31.

189 F. de Azúa, *Historia de un idiota contada por él mismo*, op. cit., S. 68.

nischen Philosophie deutet bereits an, daß auch sie nicht das Wahre ist.

Azúas Ich-Erzähler wendet sich schließlich der Literatur zu, entdeckt aber, wie die Anordnung seines Diskurses erahnen läßt, daß auch das Wort des Dichters nichtig ist. Was am Ende von Prousts *Recherche* als Quelle des Glücks und der Wahrheit erscheint (Literatur als *Jugement dernier*), wird von Azúas Erzähler dem Nichts überantwortet. Er macht sich Hegels These über das Ende der Kunst zu eigen[190], indem er sie radikalisiert: »DIES IST NICHT DIE ZEIT FÜR DIE KUNST. Sie kommt zu spät.« (»ÉSTE NO ES TIEMPO PARA EL ARTE. Había llegado tarde.«)[191] Die Kunst löst sich in der Gleichwertigkeit und Austauschbarkeit aller Stile auf: »PORQUE TODOS LOS ESTILOS SON BUENOS.«[192]

Im Rahmen der postmodernen Problematik kommt der folgenden Passage eine Schlüsselstellung zu: »Aber in unserem Jahrhundert können romanische Eremitagen, gotische Kathedralen, mesopotamische Zikurats errichtet werden, und allen erscheint das großartig, weil alles wertvoll ist, weil ALLES GLEICHGÜLTIG IST. Diese Besonderheit – daß der Stil ein Problem ist, weil alle Stile gleichwertig sind – ist tatsächlich ein Symptom dessen, was wir als ›Kunst‹ bezeichnen, was aber einen anderen Namen verdient.« (»Pero en nuestro siglo se pueden construir ermitas románicas, catedrales góticas, zigurats mesopotámicos y a todo el mundo le parece estupendo porque todo vale, porque TODO DA LO MISMO. Esa peculiaridad – que el estilo sea un problema porque todos los estilos son equivalentes – es, de hecho, un síntoma de que llamamos ›arte‹ a algo que merece otro nombre.«)[193] Wo alles Kunst sein kann vom Roman bis zur Textcollage und vom Gemälde bis zu rotlackierten Schuhen, die im Museum aufgestellt werden, wird alles gleichwertig,

---

190 Auf Azúas Text trifft M. Cármen África Vidals These zu, daß die Postmoderne aufgehört hat, an die Kunst und das künstlerische Ich zu glauben: »La posmodernidad ha dejado de creer en el arte y en el yo, porque se ha dado cuenta de que es bastante menos presuntuoso aceptar la incoherencia que nos rodea.« (M. C. A. Vidal, *¿Qué es el posmodernismo?*, op. cit., S. 43.)

191 Ibid., S. 101.

192 Ibid.

193 Ibid.

und ästhetische Kriterien werden, wie Baudrillard in seiner *transesthétique* betont (vgl. Kap. II. 6), überflüssig.

Am Ende seiner Suche, die als Parodie der modernistischen Suche zu lesen ist, stellt der Erzähler fest, daß das Glück auch nicht in den Kunstwerken ist, denn diese erscheinen ihm als »veränderliche, überflüssige, unstete und ephemere Gegenstände, die aus dem Nichts emportauchen und wieder darin untergehen, wenn es die Laune einer Handvoll Menschen so will« (»objetos variables, prescindibles, cambiantes y efímeros que surgen de la nada y vuelven a ella por el capricho de un puñado de hombres«).[194]

Komplementär zur Auflösung der ästhetischen Wahrheit (Mallarmés, Prousts, Wildes und Georges) verhält sich die Auflösung des erzählenden und erlebenden Subjekts, das seine Suche im Rückblick als »Erfahrung ohne Sinn und Inhalt« (»experiencia sin sentido ni contenido«)[195] betrachtet und von seiner Welt sagt, sie sei »in heterogene Bruchstücke zerfallen, die willkürlich im Ruinentheater meines Gedächtnisses verstreut sind« (»un mundo hecho pedazos, de imposible recomposición, esparcidos sin orden en el teatro ruinoso de mi memoria«).[196] Es ist die »Vision eines Idioten« (»visión de un idiota«)[197], der sich schließlich eingestehen muß, daß er schreibt, ohne eine bestimmte Absicht zu verfolgen; ohne Grund: »um nicht allein zu sein an jenen endlosen, leeren Tagen« (»por hacerme compañía en días inacabables y vacíos«).[198] Partikularismus und Indifferenz greifen hier ineinander: Das Schreiben wird mit keinem ästhetischen oder metaphysischen Anspruch mehr verknüpft.

Daß Azúa Bouvard und Pécuchet als seine Vorläufer betrachtet, ist sicherlich nicht als Zufall zu bagatellisieren, sondern als Hinweis auf die Bedeutung von Flauberts Roman für die postmoderne Problematik zu deuten. Zwischen Realismus und Modernismus stehend, hat Flaubert als älterer Zeitgenosse Nietzsches nicht nur die Ambivalenz thematisiert, sondern in seinem Spätwerk auch die Indifferenz als Austauschbarkeit und Wesensgleichheit (Nietzsche) antizipiert: »éga-

---

194 Ibid., S. 115.

195 Ibid., S. 119.

196 Ibid., S. 123.

197 Ibid.

198 Ibid., S. 125.

lité de tout, du bien et du mal, du beau et du laid, de l'insignifiant et du caractéristique.«[199] Insofern übertreibt Ulrich Schulz-Buschhaus keineswegs, wenn er von »Flauberts vielgestaltige(r) und multirelational anschließbare(r) Präsenz in einer *longue durée* (post)moderner Literatur«[200] spricht. Hier wird deutlich, daß Verschiebungen innerhalb einer Problematik nur allmählich erfolgen, sich oftmals früh, aber nur sporadisch manifestieren und erst spät als Modernismus oder Postmoderne sichtbar werden, der dialektischen Regel gehorchend: *quidquid latet apparebit*. Die Indifferenz ist, wie Nietzsche ahnte, in der Ambivalenz selbst angelegt.

Das Ergebnis dieser Dialektik prägt auch Christoph Ransmayrs Roman *Die letzte Welt*, der komplementär zu Azúas Erzählung gelesen werden könnte. In einer phantastischen Welt, in der das antike Rom des Augustus auf postmoderne Art in das zeitgenössische Italien der elektronischen Medien transponiert wird, macht sich der Römer Cotta, ein Freund von Ovid, auf die Suche nach dem Dichter, der von den römischen Behörden nach Tomi, eine Siedlung an der Schwarzmeerküste, verbannt wurde. Seine Hoffnung, nicht nur Ovidius Naso, sondern auch dessen von Gerüchten und Geheimnissen umwobene *Metamorphoses* zu finden, geht nicht in Erfüllung, aber Ransmayrs Roman wird unter der Hand zu einer intertextuellen Verwandlung des lateinischen Textes in eine zeitgenössische Prophezeiung.

Obwohl er als Geflecht von Anspielungen und versteckten Zitaten nicht auf diese Prophezeiung reduziert werden kann und als einer der ergreifendsten zeitgenössischen Romane einen ausführlichen Kommentar verdienen würde[201], gehört seine prophetische Geste (als »semantische Geste« im Sinne von Mukařovský) sicherlich zu seinen wichtigsten Aspekten. Echo, im Roman die Vertraute Cottas und seine Geliebte für eine Nacht, berichtet von Ovidius Nasos Vision einer neuen Menschheit, deren Endzustand aus ihrer Herrschsucht,

---

199 G. Flaubert, *Bouvard et Pécuchet*, Paris, Gallimard-Folio, 1979, S. 443.

200 U. Schulz-Buschhaus, *Flaubert. Die Rhetorik des Schweigens und die Poetik des Zitats*, Münster, Lit, 1995, S. 140.

201 Vgl. W. Schmidt-Dengler, »Christoph Ransmayr: *Die letzte Welt* (1988)«, in: ders., *Bruchlinien. Vorlesungen zur österreichischen Literatur 1945-1990*, Salzburg, Residenz, 1996 (2. Aufl.), S. 530: »Es ist unvermeidlich, daß in der Diskussion um Ransmayrs Buch ein Wort fällt: Postmoderne. Und in der Tat besteht ein solcher Postmoderne-Verdacht (...).«

Blödheit und wölfischen Gier hervorgehen werde: »(...) Diese Zukunft habe ihr Naso an einem Wintertag aus dem Feuer gelesen, aus jedem Kiesel ein Ungeheuer! schrie Echo, Menschen aus Stein habe der Verbannte seiner Welt prophezeit. Was aber aus dem Schlick eines an seiner wölfischen Gier, seiner Blödheit und Herrschsucht zugrundegegangenen Geschlechts hervorkriechen werde, das habe Naso die eigentliche und wahre Menschheit genannt, eine Brut von mineralischer Härte, das Herz aus Basalt, die Augen aus Serpentin, ohne Gefühle, ohne eine Sprache der Liebe, aber auch ohne jede Regung des Hasses, des Mitgefühls oder der Trauer, so unnachgiebig, so taub und dauerhaft wie die Felsen dieser Küste.«[202] Diese letzte Metamorphose der Menschheit erinnert einerseits an Moravias Protagonisten, die weder zu Liebe noch zu Haß fähig sind, andererseits an die Welt von Camus' Drama *Le Malentendu*, in der die Sonne »strahlende, aber innen völlig leere Körper entstehen läßt.«[203]

Während Moravia und Camus immer wieder als Vorläufer der literarischen Postmoderne erscheinen, könnte man Ransmayrs Roman auch im Rahmen der modernistischen Problematik lesen: als Cottas Suche nach dem wahren, erlösenden Wort, das der Suchende in Nasos leerem Haus in der Ruinenstadt Trachila aus beschrifteten Granitbruchstücken des verschollenen Dichters zusammensetzt: »ICH HABE EIN WERK VOLLENDET / DAS DEM FEUER STANDHALTEN WIRD / UND DEM EISEN / SELBST DEM ZORN GOTTES UND / DER ALLESVERNICHTENDEN ZEIT / WANN IMMER ER WILL / MAG NUN DER TOD / DER NUR ÜBER MEINEN LEIB / GEWALT HAT / MEIN LEBEN BEENDEN / ABER DURCH DIESES WERK / WERDE ICH FORTDAUERN UND MICH / HOCH ÜBER DIE STERNE EMPORSCHWINGEN UND MEIN NAME / WIRD UNZERSTÖRBAR SEIN.«[204]

Dieses modernistisch-ästhetizistische Projekt wird jedoch am Ende des Romans der Sinnlosigkeit einer alles nivellierenden Zeit überantwortet, die die gesamte Menschheit verschlingt, und zusammen mit ihr das *Gedächtnis*, das als einziges Fortdauer garantieren könnte. Auch Ovids Werk, das sein griechischer Knecht Pythagoras

---

202 Ch. Ransmayr, *Die letzte Welt* (1988), Frankfurt, Fischer, 1995, S. 169-170.

203 A. Camus, *Théâtre, récits, nouvelles*, op. cit., S. 120.

204 Ch. Ransmayr, *Die letzte Welt*, op. cit., S. 51.

aufgezeichnet hatte, wird nichtig: »Daß ein griechischer Knecht seine Erzählungen aufgezeichnet und um jedes seiner Worte ein Denkmal errichtet hatte, war nun ohne Bedeutung und bestenfalls ein Spiel für Verrückte: Bücher verschimmelten, verbrannten, zerfielen zu Asche und Staub; Steinmale kippten als formloser Schutt in die Halden zurück, und selbst in Basalt gemeißelte Zeichen verschwanden unter der Geduld von Schnecken. Die Erfindung der Wirklichkeit bedurfte keiner Aufzeichnungen mehr.«[205] In dieser Endbetrachtung trifft sich Ransmayrs Künstlerroman mit der Künstlergeschichte Azúas, die ebenfalls mit dem Tod der Kunst endet. Im Gegensatz zu Prousts *Recherche* und Sartres *La Nausée*, die die Subjektivität des Künstlers ästhetisch begründen, führen uns Azúas und Ransmayrs Texte deren Nichtigkeit vor Augen: Die ästhetische Erfindung der Wirklichkeit erscheint nun als Zeitvertreib für Narren.[206]

Nicht nur die künstlerische Subjektivität wird nichtig, sondern die Subjektivität schlechthin, deren Verdinglichung in Robbe-Grillets Nouveau Roman *Le Voyeur* ebenso vollkommen ist wie in Patrick Süskinds Bestseller *Das Parfum*. In *Le Voyeur* erscheint der Handelsreisende Mathias, der eine fiktive Insel besucht, um Armbanduhren zu verkaufen, als ein Aktant, dessen Handeln von zwei Impulsen rigoros determiniert wird: vom wirtschaftlichen Profitstreben und von einer pervertierten Sexualität. Obwohl diese beiden Impulse einander teilweise widersprechen (sexuelle Ausschweifungen lenken vom Profitstreben ab), ergänzen sie einander als quantitative Prinzipien, die allen kulturellen (moralischen, politischen, ästhetischen oder metaphysischen) Werten gegenüber indifferent sind. Der quantitativen Phantasie im kommerziellen Bereich, die die Geschwindigkeit mechanisch aufeinanderfolgender Handlungen kalkuliert (»Aufschnappen des Schlosses, Zurückschlagen des Deckels, Weglegen des Notizbuches«; »déclic de la serrure, rotation du couvercle en arrière, déplacement de l'agenda«)[207], entspricht die quantitative Phan-

---

[205] Ibid., S. 287.

[206] Vgl. Vf., *Der europäische Künstlerroman*, op. cit., Kap. VII: »Die andere Postmoderne: Parodie und Revolte bei Azúa, Bernhard und Ransmayr«.

[207] A. Robbe-Grillet, *Der Augenzeuge*, München, Hanser, 1957, S. 153. (*Le Voyeur*, Paris, Minuit, 1955, S. 151.)

tasie im sexuellen Bereich, wo stets von neuem ein Mädchen mit gespreizten, am Erdboden mit Stricken befestigten Beinen erscheint.

Patricia J. Johnson weist darauf hin, daß auch in diesem Fall ein Text von Camus als Vorläufer des Determinismus bei Robbe-Grillet gelesen werden könnte. Wie schon Camus' Renégat (man könnte hinzufügen: wie auch Meursault) ist Mathias »völlig außerstande, dem ihn beherrschenden Impuls zu widerstehen«.[208] Diese Einschätzung gilt auch für den Hauptaktanten von Patrick Süskinds Roman *Das Parfum*, der immer wieder – und nicht zu Unrecht – als postmoderner Roman gedeutet wird.

Im Gegensatz zu Mathias gehorcht der Mädchenmörder Grenouille nicht so sehr dem sexuellen Impuls, sondern seinem raffinierten Geruchssinn, der ihn für seine Karriere als genialer Hersteller unwiderstehlicher Parfums prädestiniert. Daß er Mädchen morden muß, um wie eine Zecke deren Düfte aufzusaugen, die »Zartheit, Kraft, Dauer, Vielfalt und erschreckende, unwiderstehliche Schönheit«[209] ausstrahlen, läßt ihn kalt. Wie Mathias, wie der Renegat und der von Ransmayrs Naso geschilderte Zukunftsmensch nimmt er keine moralischen, künstlerischen oder politischen Werte wahr: »Daß am Anfang dieser Herrlichkeit ein Mord gestanden hatte, war ihm, wenn überhaupt bewußt, vollkommen gleichgültig.«[210]

Grenouille erreicht schließlich sein Ziel, die Menschen durch die geniale Erfindung eines unwiderstehlichen Duftes so in seinen Bann zu schlagen und sich zu unterwerfen, daß sie ihm in einer karnevalistisch-ekstatischen Szene seine Morde verzeihen und ihn als Gott und Herrscher anbeten. Statt den verurteilten und vom Henker schon erwarteten Mörder zu richten, wirft sich das Volk ihm zu Füßen: »Es überkam sie ein mächtiges Gefühl von Zuneigung, von Zärtlichkeit, von toller kindischer Verliebtheit, ja, weiß Gott, von Liebe zu dem kleinen Mördermann, und sie konnten, sie wollten nichts dagegen

---

[208] P. J. Johnson, *Camus et Robbe-Grillet. Structure et techniques narratives dans »Le Renégat« de Camus et »Le Voyeur« de Robbe-Grillet*, Paris, Nizet, 1972, S. 39.

[209] P. Süskind, *Das Parfum. Die Geschichte eines Mörders*, Zürich, Diogenes, 1985, 1994, S. 57.

[210] Ibid., S. 58.

tun.«[211] Der Determinismus erfaßt nicht nur den Hauptaktanten, sondern auch die anderen Protagonisten, die in einer karnevalistischen Szene nur zwei Impulsen folgen: dem Geruch und der Sexualität. »Die Folge war, daß die geplante Hinrichtung eines der verabscheuungswürdigsten Verbrecher seiner Zeit zum größten Bacchanal ausartete, das die Welt seit dem zweiten vorchristlichen Jahrhundert gesehen hatte.«[212] Es folgt eine Beschreibung des Bacchanals, in dessen Verlauf jede Art von Subjektivität im Determinismus zergeht. Dazu bemerkt Judith Ryan: »Süskind entwickelt hier keine neue Vorstellung des menschlichen Subjekts; er parodiert vielmehr eine Reihe von bekannten literarischen Vorstellungen aus Vergangenheit und Gegenwart.«[213]

Parodiert werden auch der Künstlerroman und die Kunst, die auf karnevalistische Art dem Determinismus des Geruchssinns angeglichen werden. Die Musik, die noch Nietzsche für die höchste Kunstform hielt, rückt in unmittelbare Nachbarschaft zum Parfum: »Aber ebenso wie ein musikalisches Kind darauf brennt, ein Orchester aus der Nähe zu sehen oder einmal in der Kirche auf die Empore hinaufzusteigen, zum verborgenen Manual der Orgel, so brannte Grenouille darauf, eine Parfumerie von innen zu sehen (...).«[214] Wie bei Azúa und Ransmayr wird auch hier – lange nach Hegel – zusammen mit dem Tod des Subjekts der Tod der Kunst inszeniert. Bei Süskind verflüchtigt sie sich im lebensnahen Duft.

Der Tod des Subjekts stellt den Roman in Frage, den Goethe seinerzeit als »subjektive Epopee«[215] definiert hat. Eine subjektive Epopee ohne Subjekt muß aporetisch werden und sich auflösen. Dies hat Jürgen Becker früh erkannt und konsequent für die Auflösung der Romangattung plädiert, die zusammen mit der Metaphysik der Subjektivität aus der postmodernen Problematik hinausgedrängt wird: »Erst jenseits des Romans findet das Schreiben den Sinn des Authen-

---

211 Ibid., S. 300.

212 Ibid., S. 303.

213 J. Ryan, »Pastiche und Postmoderne. Patrick Süskinds Roman *Das Parfum*«, in: P. M. Lützeler (Hrsg.), *Spätmoderne und Postmoderne. Beiträge zur deutschsprachigen Gegenwartsliteratur*, Frankfurt, Fischer, 1991, S. 99.

214 P. Süskind, *Das Parfum*, op. cit., S. 89.

215 J. W. Goethe, *Maximen und Reflexionen*, München, DTV, 1968 (2. Aufl.), S. 16.

tischen; erst seine aufgelösten Kategorien entlassen den utopischen Text, der jedem Roman schon eingeschrieben ist.«[216] Dieser Text ist polyphon und von einer extremen Pluralität, die eine einheitliche Sinn- und Subjektkonstitution nicht mehr zuläßt.

Der »Sinn des Authentischen« ist bei Becker eine radikale Intertextualität, der ein plurales, fragmentiertes und dezentriertes Subjekt entspricht, das ebenso ephemer ist wie das schreibende Subjekt in Ransmayrs mythischer Welt. »Er« und »Wir« bezeichnen bei Becker nicht homogene Einheiten, sondern labile, heterogene Sprachprozesse: »Er vervielfältigt sich in die Figuren, die alle er vorgespielt findet. Auf sich selber gestellt, übersieht er sich kaum, hört er alle die Stimmen, die durcheinanderreden in seinen Köpfen. Er in der Mehrzahl sieht, hört und spricht in der Mehrzahl. Das Wort *wir* drückt diesen Sachverhalt ungenau aus (er spricht darum oft immer anders und falsch). Es täuscht einen Verein vor. Die erste Person Mehrzahl ist, vergleichsweise, nur ein Aufenthaltsraum; Gedränge oft, und manchmal leer. Man liegt sich in den Haaren; man geht sich aus dem Weg; man macht sich Komplimente; man befördert sich durch die Türen.«[217] Solche Polyphonie ist mit einer subjektiven Suche und mit dem Roman als »subjektiver Epopee« unvereinbar.

Man könnte freilich mit Peter Härtling einwenden, daß auch Jürgen Beckers Prosa nicht über die Grenzen der Romangattung hinausgeht, weil sie durchaus *als* Roman zu lesen ist.[218] In dem hier konstruierten Kontext erscheint es fruchtbarer, Becker zu folgen und den Niedergang der Romangattung mit der Auflösung der Subjektivität in der postmodernen Literatur zu verknüpfen: Denn subjektlose Romane wie *Le Voyeur* oder *Das Parfum*, die ihre erzählerische Spannung zum Teil dem subjektnegierenden Determinismus verdanken (Mathias und Grenouille als lauernde Raubtiere oder Zecken: Grenouille wird immer wieder mit einer Zecke verglichen), sind keine Romane mehr, sofern man den Roman mit Benjamin, Adorno und Lucien

---

216 J. Becker, »Gegen die Erhaltung des literarischen status quo«, in: L. Kreutzer (Hrsg.), *Über Jürgen Becker*, Frankfurt, Suhrkamp, 1972, S. 19.

217 J. Becker, *Ränder, Felder, Umgebungen*, op. cit., S. 110.

218 Daß letztlich alles als Roman gelesen werden kann, auch der *Duden*, zeigt Luise F. Pusch in *Das Deutsche als Männersprache*, Frankfurt, Suhrkamp, 1984, S. 135: »Das DUDEN-Bedeutungswörterbuch als Trivialroman«.

Goldmann als Sinnsuche, subjektive Form oder oppositionelle Gattung definiert.

Die meisten der hier kommentierten Romane oder Dramen (z.B. Schwabs *Mesalliance*) erheben keinen Anspruch auf Sinnkonstitution oder Wertsetzung. Wie Calvinos *Se una notte d'inverno* oder *Le città invisibili* gestehen sie ihre eigene *Partikularität* ein: als kontingente Konstruktionen, als artistische Formen des Spiels in einer von der Indifferenz dominierten Problematik. In diesem Zusammenhang sind die schon zitierten Sätze von Jürgen Becker zu deuten: »Der Roman lebt und lebt. Uns ist das alles ziemlich egal.« Es ist deshalb egal, weil der Roman keinen Anspruch mehr auf verbindliche Wertsetzung und – als oppositionelle Gattung – auf verallgemeinerungsfähige Gesellschaftskritik erhebt. Im Extremfall gilt Azúas Schlußbemerkung: »escribo sin RAZÓN«, »ich schreibe OHNE GRUND«.

Freilich kann nicht behauptet werden, die gesamte Postmoderne habe auf Kritik verzichtet. Denn unschwer ließe sich das Gegenteil beweisen: nicht nur anhand von Azúas verzweifelter Polemik oder anhand von Beckers radikaler Sprachkritik, sondern auch mit Hinweisen auf die Kritik des viktorianischen Puritanismus in Fowles' *The French Lieutenant's Woman*. Nur ist diese Kritik als reine Negation oder Destruktion (Schwab, Azúa) völlig unverbindlich: im Gegensatz zur negativen Dialektik Adornos, die von bestimmten Wertsetzungen wie Individuum, Subjekt, Autonomie und Wahrheitsgehalt ausgeht, die immer wieder ins Kreuzfeuer postmoderner Polemiken geraten.

Obwohl Brecht einen ganz anderen Standpunkt einnimmt als die Autoren der Kritischen Theorie, veranschaulicht seine Definition des Realismus *einen* modernistischen Kritikbegriff, der im Rahmen der postmodernen Problematik nicht mehr *denkbar* ist. Umso größer ist seine kontrastive Wirkung, die den Verlust der Wertsetzungen und des historischen Standorts in der Postmoderne verdeutlicht: »*Realistisch* heißt: den gesellschaftlichen Kausalkomplex aufdeckend / die herrschenden Gesichtspunkte als die Gesichtspunkte der Herrschenden entlarvend / vom Standpunkt der Klasse aus schreibend, welche für die dringendsten Schwierigkeiten, in denen die menschliche Gesellschaft steckt, die breitesten Lösungen bereit halt / das Moment der Entwicklung betonend / konkret und das Abstrahieren ermöglichend.«[219] Azúa würde im Rahmen der Indifferenz-Problematik mit einem lapidaren Hinweis auf den kommunistischen Arbeiterführer antworten: »heute ein bekannter Stadtplaner im Dienst einer kalifornischen Immobiliengesellschaft« (»hoy conspicuo urbanista al servicio de una inmobiliaria californiana«).[220]

Weil sich die Zeiten so schnell ändern und einen Arbeiterführer in wenigen Jahren in einen Immobilienspekulanten verwandeln können, sind auch historische Metamorphosen als Anachronismen vorstellbar, in denen Antike und Moderne zusammenfallen (Ransmayr) und Individuen, die verschiedenen Epochen angehören, unversehens zu Gesprächspartnern werden. So inszeniert beispielsweise Luis Goytisolo in seinen intertextuellen Experimenten *Investigaciones y conjeturas de Claudio Mendoza* ein Treffen zwischen Marx und Lenin (»El encuentro Marx-Lenin«), an dem auch ein fiktiver Trotzki teilnimmt[221], und E. L. Doctorow läßt in seinem bekannten Roman *Ragtime* Sigmund Freud zusammen mit dem Akrobaten Harry Houdini, der Frauenrechtlerin Emma Goldman und Henry Ford in den USA der Jahrhundertwende auftreten. Zugleich mit dem homogenen Subjekt geht die Möglichkeit verloren, die Geschichte von einem Standort aus als einheitlichen und handlungsorientierten *métarécit* zu erzählen. Aus ästhetischer Sicht erscheint dies nicht nur als Verlust, sondern auch als Gewinn: nämlich der Möglichkeit, Heterogenes intertextuell und dialogisch zusammenzuführen.

Es wäre allerdings leichtsinnig, in der literarischen Postmoderne einseitig eine kollektive Verabschiedung der metaphysischen *métarécits* zu sehen, nur weil unzählige Zeitgenossen so fest an Lyotards *incrédulité* glauben. Schon im zweiten Kapitel wurde klar, daß Indifferenz und dualistische, manichäische Ideologie zusammengehören, weil diese jederzeit gegen jene mobilisiert werden kann. Auch im literarischen Bereich erscheint es deshalb wenig sinnvoll, von einem »Ende der Ideologien« (Bell in den 1960er Jahren) zu sprechen.

Davon zeugen die ökologischen und feministischen Romane Ernest Callenbachs und Marge Piercys, die an das soziologische Phä-

---

219 B. Brecht, *Über Realismus*, Frankfurt, Suhrkamp, 1971, S. 70.

220 F. de Azúa, *Historia de un idiota contada por él mismo*, op. cit., S. 22.

221 L. Goytisolo, *Investigaciones y conjeturas de Claudio Mendoza*, Barcelona, Anagrama, 1985, S. 25-37.

nomen der *sozialen Bewegung* anschließbar sind, das im Sinne von Touraine und Etzioni (Kap. II) nur als Negation der Indifferenz und des Tauschwerts zu verstehen ist. In Callenbachs *Ecotopia Emerging* (1981) bilden die Feinde der ökologischen Ideologie gleich zu Beginn des Romans, einer Mischung aus zeitgeschichtlichem Bericht und Erzählung, eine eindrucksvolle Phalanx: Profitdenken, technokratische Naturbeherrschung, Atomwirtschaft und »patriarchal nation-states«.[222] Die Antwort auf diese Bedrohung ist Callenbachs ökologisch-utopischer Entwurf, der – wie schon sein erster ökologischer Roman *Ecotopia: A Novel about Ecology, People and Politics in 1999* (1975) – eine mit Natur und menschlicher Physis versöhnte Gegenwelt entstehen läßt. *Ecotopia* erscheint am Ende des Romans als Hoffnungsschimmer in einer von Konzernwirtschaft, Ausbeutung und militärischen Konflikten zerstörten Welt: »On the whole, destruction still reigned; surrounded by desolation, Ecotopia seemed a small, precarious island of hope. But its inhabitants had lit a bacon that might yet guide other travelers home.«[223] Vor allem das letzte Wort konnotiert eine affirmative Ideologie, die sich nicht wesentlich vom Image der unversehrten Schwarzwald-Gemeinde anderer Ideologien unterscheidet.

Daß sie – wie die meisten Ideologien, die den Einzelnen und die Gruppe zum Handeln befähigen sollen –, eine dualistische Struktur aufweist, ist Heinz Tschachler in seinem Kommentar zu Callenbachs erstem Roman aufgefallen: »In Verbindung mit dem hypertrophen sozialen Gewissen erinnert das ökologische ›Paradies‹ unweigerlich an die puritanischen Theokratien Neuenglands, ebenso wie an die Tatsache, daß die selbstherrliche Verabsolutierung der eigenen Position (aus der heraus die Dämonisierung des je Anderen nur umso zwingender erfolgt) in Amerika eigentlich immer zum politischen Diskurs gehört hat.«[224] Nicht nur in den USA: Auch in Europa waren und sind ideologische Reaktionen auf Ambiguität, Ambivalenz und Indifferenz stets dualistisch.

---

222 E. Callenbach, *Ecotopia Emerging*, Toronto-New York (1981), Bantam, 1982, S. 2.

223 Ibid., S. 337.

224 H. Tschachler, *Ökologie und Arkadien. Natur und nordamerikanische Kultur der siebziger Jahre*, Frankfurt-Bern-New York-Paris, Peter Lang, 1990, S. 353-354.

Eine dualistische Struktur weist auch Marge Piercys feministisch-ökologischer Roman *Woman on the Edge of Time* auf, in dem ein verweiblichtes und mit der Natur versöhntes Leben den perversen Manipulationen einer psychiatrischen Klinik gegenübergestellt wird. Während Mattapoisett – ähnlich wie Ecotopia – als utopisch-ideale und herrschaftsfreie Alternative zur Dystopie von New York erscheint, schildert die Erzählerin die Verdoppelung ihrer Heldin zwischen diesen zwei Welten, die schließlich zur verzweifelten Auflehnung und Revolte gegen die Manipulationen einer männlich dominierten Psychiatrie führt. Die Heldin Connie ermordet ihre Ärzte: »›I just killed six people‹, she said to the mirror, but she washed her hands because she was terrified of the poison. ›I murdered them dead. Because *they* are the violence-prone‹.«[225]

Obwohl Piercys Roman nicht nur als ideologische Reaktion auf die Indifferenz-Problematik, sondern auch als – durchaus modernistische – Gesellschaftskritik und als postmoderne Revolte gelesen werden könnte, gründet er auf bestimmten feministischen und ökologischen Wertsetzungen, die als Symptome der Ideologisierung erscheinen und im Zusammenhang mit den feministischen und ökologischen Bewegungen zu verstehen sind.

Innerhalb der Indifferenz-Problematik sind ideologische Reaktionen und Revolten im Sinne von Piercy umso wahrscheinlicher, als die meisten Menschen die reine Indifferenz, wie sie etwa bei Becker zum Ausdruck kommt, langfristig nicht ertragen können: »Am liebsten schlafen bis September.« – »Bald wird es gleichgültig sein.« – »Abends erst wieder einige Schnäpse / dann spürt mans nicht so.« – »Faszinierend wird nur das Gesicht der Gleichgültigkeit sein und der Schlaf wird nie seine Zukunft verlieren und bald sagen es die Anderen alles so auch.«[226] Das ist nun keineswegs sicher: Die anderen ziehen möglicherweise die Ideologie dem Schnaps vor und sorgen dafür, daß die großen Metaerzählungen zu neuem Leben erwachen oder daß neue Metaerzählungen auf den Plan treten. Es käme darauf an, zwischen den skeptischen postmodernen Intellektuellen und den zahlreichen »Gläubigen« zu unterscheiden, die den Ideologen folgen.

---

225 M. Piercy, *Woman on the Edge of Time*, London, Women's Press (1979), 1983, S. 375.

226 J. Becker, *Ränder, Felder, Umgebungen*, op. cit., S. 136, 173, 191, 212.

Wiederum zeigt sich, daß die literarische Postmoderne eine komplexe und heterogene Problematik ist, in der die Ideologie nicht so sehr der Ambivalenz (die nicht verschwindet), sondern der Indifferenz Widerstand leistet. In diesem Kontext könnten mindestens vier Textmodelle konstruiert werden, die für die Problematik charakteristisch sind, im vierten Kapitel bereits erwähnt und hier kommentiert wurden: 1. der Text als radikales Sprachexperiment, das dem Leser in spielerisch-kritischer Absicht als kontingentes, partikulares Konstrukt angeboten wird (Butor, Robbe-Grillet, M. Roche, Becker, Calvino, Wiener, Pynchon); 2. der lesbare – neorealistische, neoromantische oder neomodernistische – Text mit konventionellem Erzählmuster (Eco, Fowles, Süskind, Ransmayr, der »neue« Robbe-Grillet); 3. der ideologisch-utopische Text der neuen (feministischen, ökologischen) Bewegungen (Piercy, Callenbach); 4. der Text der destruktiven Revolte (W. Schwab, Azúa, Th. Bernhard, Ransmayr).

Dieser Entwurf einer stets unvollständigen Typologie soll nicht mehr sein als eine erste Orientierungshilfe in der dynamischen, polymorphen und offenen, weil zukunftsträchtigen Problematik der literarischen Postmoderne. Im Zusammenhang mit dem bisher Gesagten ist aus der Typologie folgendes herauszulesen: 1. Die Problematik ist heterogen wie die des Modernismus und kann nicht auf eine Poetik oder Ästhetik festgelegt werden: sicherlich nicht auf den Slogan einer »lesbaren, populären, nachavantgardistischen Literatur«. Denn Calvino, Azúa, Pynchon, Schwab, Becker oder Ransmayr, die von den meisten Literaturwissenschaftlern der Postmoderne zugerechnet werden, sind nicht »populärer« als Hesse, Brecht, Thomas Mann oder Moravia. Es kommt hinzu, daß unsere Gesellschaft zu heterogen ist, als daß man von einer homogenen Ästhetik des Volkes, die es in der Zeit Rabelais' oder Lope de Vegas gegeben haben mag, sprechen könnte. 2. Die vier Texttypen sind nicht auf andere Kunstformen – Architektur, Musik, Malerei – anwendbar, so daß es notwendig erscheint, die postmoderne Problematik in diesen Bereichen *ad hoc, ad obiectum constituendum* zu rekonstruieren, um sie anschließend auf kohärente und konkrete Art mit der literarischen Problematik verknüpfen zu können. Mit pauschalen gattungsübergreifenden Aussagen, wie sie bei David Harvey oder Burghart Schmidt gang und gebe sind, ist es nicht getan.[227] 3. Die Autoren und ihre Werke gehen in den einzelnen Typen nicht auf, so daß die Typologie – wie alle anderen Typologien – leicht zu dekonstruieren wäre. War es schon im Modernismus unmöglich, die ehemaligen Naturalisten Huysmans oder Svevo global mit dem Ästhetizismus oder dem modernistischen Experiment zu identifizieren, so ist es auch in der Postmoderne unmöglich, einen Autor wie Robbe-Grillet oder Calvino auf *eine* Position festzulegen. Innerhalb der postmodernen Problematik, in der Indifferenz und Ideologie eine *dialektische Einheit* bilden, ist das Oszillieren zwischen den beiden Polen die Norm und eine ideologische »Bekehrung« à la Huysmans nie auszuschließen: Der experimentierende Autor von heute kann der »ökotopische«, feministische oder sozialistische Autor von morgen sein.

Die Darstellung der beiden Problematiken sollte schließlich zeigen, daß es nicht gelingen kann, Modernismus und Postmoderne anhand von rein formalen oder ästhetischen Kriterien voneinander zu unterscheiden. Versucht man es dennoch, wird man mit Dieter Borchmeyer zugeben müssen: »Die meisten vermeintlich essentiellen Distinktiva der Postmoderne lassen sich überdies in der Geschichte der literarischen Moderne unseres Jahrhunderts selber nachweisen.«[228] Borchmeyer fügt hinzu, daß sich Ecos Parodie-, Montage- und Zitatverfahren von denen Thomas Manns kaum unterscheiden. Das mag sein; *ein* Unterschied besteht jedoch darin, daß Ecos Roman in seiner Gesamtheit als spielerisches Zitat einer (im Sinne von Bekker) verbrauchten Gattung zu lesen ist, während in Manns *Doktor Faustus* Europas gesamtes Wertsystem auf dem Spiel steht: »›Ich

---

227 So schreibt etwa D. Harvey: »High modernist art, architecture, literature, etc. became establishment arts and practices (...).« (D. Harvey, *The Condition of Postmodernity*, Oxford, Blackwell, 1990, 1995, S. 35.) Auf ähnliche Pauschalurteile stößt man bei B. Schmidt, der ebenfalls alle Kunstformen über einen Leisten schlägt: »In der Literatur müßte man von neuer Innerlichkeit, neuem Mythos (BRD) und neuem Symbolismus (Frankreich), auch neuem Realismus (USA) sprechen.« (B. Schmidt, *Postmoderne – Strategien des Vergessens*, Frankfurt, Suhrkamp, 1994, S. 42.) Gegen Verallgemeinerungen dieser Art ist kein Kraut gewachsen, weil sie sich als Leerformeln gegen konkrete Kritik immunisieren. Wo gibt es *keine* neuen Mythen, *keinen* neuen Realismus?

228 D. Borchmeyer, »Postmoderne«, in: D. Borchmeyer, V. Žmegač (Hrsg.), *Moderne Literatur in Grundbegriffen*, Frankfurt, Athenäum, 1987, S. 312.

verstehe dich, Lieber, nicht ganz. Was willst du zurücknehmen?‹ ›Die Neunte Symphonie‹, erwiderte er. Und dann kam nichts mehr, wie ich auch wartete.«[229] Maurice Roches und Oswald Wieners Intertextualität ist nicht mit Manns Zitat zu vergleichen, weil sie von einem polyphonen, subjektlosen Text zeugt. Erst im sprachlichen, historischen und gesellschaftlichen Gesamtzusammenhang treten die »essentiellen Distinktiva« zutage. Allen zeitgenössischen Trends zum trotz wäre hier an Hegels bekannten Satz zu erinnern: »Das Wahre ist das Ganze«.

8. Postmoderne Literatur, Dekonstruktion und Pragmatismus: Epilog II

In Adornos *Minima Moralia* wurde Hegels Einsicht in Wahrheit und Wesen mit dem lapidaren Satz »Das Ganze ist das Unwahre« zurückgenommen. Seither war unter Dekonstruktivisten wie G. H. Hartman pauschal von einem »negative thinking« die Rede, das die Verwandtschaft zwischen Dekonstruktion und negativer Dialektik zum Ausdruck bringen sollte.[230] Derlei Pauschalurteile setzen sich indessen über die Tatsache hinweg, daß Adorno nie versucht hat, das Denken der Kontingenz zu überantworten und den ästhetischen Sinn schlicht zu negieren. In den *Minima Moralia* heißt es auch: »Die Verleugnung der objektiven Wahrheit durch den Rekurs aufs Subjekt schließt dessen eigene Negation ein: kein Maß bleibt fürs Maß aller Dinge, es verfällt der Kontingenz und wird zur Unwahrheit.«[231] Sosehr eine Reduktion des Singulären auf den Begriff zu meiden ist, sosehr ist darauf zu achten, daß begriffliche Wahrheit nicht dem Singulär-Kontingenten ausgeliefert wird.

Komplementär dazu wird in der *Ästhetischen Theorie* die Sinnegation moderner Werke als sinnvoll, d.h. als bedeutsam für Gesellschafts- und Ideologiekritik dargestellt: »Die sinnlosen oder sinnfremden Werke des obersten Formniveaus sind darum mehr als bloß sinnlos, weil ihnen Gehalt in der Negation des Sinns zuwächst.«[232] Es

---

229 Th. Mann, *Doktor Faustus*, op. cit., S. 477.

230 Zur Kritik an dieser Pauschalbezeichnung siehe: Vf., *Die Dekonstruktion. Einführung und Kritik*, Tübingen, Francke, 1994, S. 173.

231 Th.W. Adorno, *Minima Moralia*, op. cit., S. 75-76.

232 Th.W. Adorno, *Ästhetische Theorie*, op. cit., S. 231.

geht um den Wahrheitsgehalt, und Adorno setzt hartnäckig die moderne Suche nach Sinn fort, wenn er hinzufügt: »Alles hängt daran, ob der Negation des Sinns im Kunstwerk Sinn innewohnt oder ob sie der Gegebenheit sich anpaßt (...).«[233]

So sehen die Dekonstruktivisten es nicht: Ihnen wird Sinnegation zu schlichter Sinnzerstörung, die sie mit Nietzsches Kritik der Metaphysik verbinden. Im letzten Abschnitt des vorigen Kapitels wurde bereits klar, daß die akribische Beschreibung der semantischen Aporie und des Sinnzerfalls das zentrale Element des dekonstruktivistischen Spiels ist. Es gilt zu zeigen, daß Sinn eine Illusion ist, die zergeht, sobald der Text unter die dekonstruktivistische Lupe genommen wird. »Der dekonstruktivistische Kritiker«, erklärt J. Hillis Miller, »versucht (...), das nichtlogische Element in dem von ihm untersuchten System zu finden, den Faden im Text, der alles auflassen wird, oder den lockeren Stein, der das ganze Gebäude zum Einsturz bringt. (...) Dekonstruktion ist keine Demontage einer Textstruktur, sondern Vorführung der Tatsache, daß diese sich selbst schon demontiert hat.«[234] Anders als im Modernismus und in der Kritischen Theorie geht es hier also nicht um die Negation ideologischer Sinnsetzungen, die auf einen Wahrheitsgehalt hindeutet, sondern um Sinnegation *tout court*.

Analog dazu wären die Texte Robbe-Grillets, Butors, Jürgen Beckers, Werner Schwabs und Maurice Roches zu lesen, in denen die Kritik an Ideologien, gesellschaftlichen Normen und tradierten literarischen Formen im Nichts ausmündet. Claude Simons *La Route des Flandres* endet mit einer Vision der Welt als eines verlassenen, unbewohnbaren Gebäudes, das der Inkohärenz und der zerstörerischen Wirkung der Zeit überantwortet wird: »wie ein verlassenes, unbrauchbares, dem zusammenhanglosen, fahrlässigen, unpersönlichen, zerstörerischen Wirken der Zeit preisgegebenes Gebäude« (»une bâtisse abandonnée, inutilisable, livrée à l'incohérent, nonchalant, impersonnel et destructeur travail du temps«).[235] Dieses Bild wird

---

233 Ibid.

234 J. H. Miller, *Theory Now and Then*, New York-London, Harvester-Wheatsheaf, 1991, S. 126.

235 Cl. Simon, *Die Straße in Flandern*, München-Zürich, Piper, 1985 (3. Aufl.), S. 302. (*La Route des Flandres*, Paris, Minuit, 1960, S. 314.)

von Ransmayrs Endzeitvision einer versteinerten Menschheit und von Azúas Darstellungen des gesellschaftlichen und subjektiven Todes ergänzt.

Ergänzt wird es auch von Paul de Mans Interpretationstheorie, die der Dekonstruktivist nicht als Spiel im Sinne von Barthes auffaßt, sondern als Zerstörung. Das Ziel dieser Zerstörung, die durchaus auch Ideologeme und Dogmen kritisch zersetzt, ist nicht Adornos Wahrheitsgehalt, sondern Azúas, Schwabs und Ransmayrs Tod. Paul de Man bemerkt im Anschluß an Nietzsche: »Die Weisheit des Textes ist selbstzerstörerisch (Kunst ist wahr, aber die Wahrheit tötet sich selbst), doch diese Selbstzerstörung wird durch eine unendliche Folge rhetorischer Umkehrungen verschoben (...).«[236] Mit ein wenig Zynismus könnte man hier von einem Tod auf Raten sprechen: Der Tod der Wahrheit soll nicht zu schnell erfolgen, damit der Spaß an der Dekonstruktion noch eine Weile währt. »Zerstören, ohne sich anzupatzen«, würde Werner Schwab sagen.

Innerhalb der Indifferenzproblematik erscheint der Tod des Sinnes und der Wahrheit als durch den Tauschwert vermittelt. So faßt es jedenfalls im Anschluß an Heidegger und Baudrillard Gianni Vattimo auf, wenn er feststellt: »Auf diese Weise ist der Nihilismus die Reduktion von Sein auf Tauschwert.«[237]

Die dekonstruktivistische Sinn- und Wahrheitsnegation wird, wie die eingangs zitierten Bemerkungen aus *Minima Moralia* anschaulich zeigen, durch die *Kontingenz*theorie des Pragmatismus ergänzt und konkretisiert. Wie die postmoderne Literatur, die spielerisch dekonstruiert oder revoltierend zerstört, ohne allgemeingültige Einsichten (Wahrheitsgehalte) vermitteln zu wollen, bringt der Pragmatist Gedanken hervor in der Hoffnung, daß sie anderen gefallen und von ihnen aufgegriffen werden. Er strebt weder Allgemeingültigkeit noch Verallgemeinerungsfähigkeit an. Richard Rorty sieht das so: »Der Unterschied zwischen Genie und Phantasie ist nicht der Unterschied zwischen Prägungen, die eine Verbindung zu etwas Universellem, einer vorgängigen Realität dort draußen in der Welt oder tief im Inneren des Selbst herstellen, und anderen, denen das nicht gelingt. Es ist vielmehr der Unterschied zwischen Idiosynkrasien, die zufällig bei

236 P. de Man, *Allegorien des Lesens*, Frankfurt, Suhrkamp, 1988, S. 159.

237 G. Vattimo, *Das Ende der Moderne*, Stuttgart, Reclam, 1990, S. 25.

anderen Menschen auf fruchtbaren Boden fallen – zufällig wegen der Kontingenzen einer historischen Situation, eines besonderen Bedürfnisses, das eine bestimmte Gemeinschaft zufällig zu einer bestimmten Zeit hat –, und anderen, die das nicht tun.«[238] Zufälliger, kontingenter geht es nicht mehr.

Wird die im dritten Kapitel bereits kommentierte Behauptung Rortys mitberücksichtigt, »daß es keine Probleme gibt, die die Generationen zu einer einzigen Art namens ›Menschheit‹ zusammenbinden«[239], so ergibt sich ein extrem partikularistischer Wahrheitsbegriff, der sogar das universelle Anliegen des kollektiven Überlebens inmitten von Umweltzerstörung unberücksichtigt läßt. Dieser Partikularismus entspricht jedoch dem einer postmodernen Literatur, deren Autoren z.T. *expressis verbis* auf die ästhetische Suche nach verallgemeinerungsfähigen Werten verzichtet haben.

Obwohl Oswald Wieners *Die Verbesserung von Mitteleuropa* nicht denotativ als philosophischer Text zu lesen ist, konnotieren einige Sätze aus diesem Werk den Diskurs des Pragmatismus, der von Wiener allerdings zusammen mit dem Wahrheitsbegrtiff als »gescheitert« verabschiedet wird: »wahrheit ist ein element der gesellschaft, kniffe der politischen anästhesie; wirklichkeit ist privat, die prothese des individuums. die ärmlichkeit dieser beiden begriffe.«[240] Ihre Ärmlichkeit hängt mit der von Sartre, Camus und den Surrealisten beobachteten Tatsache zusammen, daß der Alltag von kommerziellen Diskursen und rivalisierenden Ideologien beherrscht wird, von denen ein jeder und eine jede mit *seiner/ihrer* Wahrheit oder Wirklichkeit auf die anderen einschlägt, so daß Wahrheits- und Wirklichkeitsbegriffe im Indifferenzzusammenhang schließlich austauschbar werden. In diesem Zusammenhang könnte auch K.'s verzweifelter Ausruf »Die Lüge wird zur Weltordnung gemacht!«[241] bald obsolet erscheinen. Denn wo es keinen verbindlichen Wahrheitsbegriff gibt, dort wird es zunehmend schwieriger, die Lüge oder das falsche Bewußtsein zu bezeichnen.

---

238 R. Rorty, *Kontingenz, Ironie und Solidarität*, Frankfurt, Suhrkamp, 1992, S. 74-75.

239 Ibid., S. 47.

240 O. Wiener, *Die Verbesserung von Mitteleuropa*, op. cit., S. XXXIV.

241 F. Kafka, *Der Prozeß*, op. cit., S. 160.

VI. Dialogische Theorie: Zwischen Universalismus und Partikularismus

Einig zu sein, ist göttlich und gut; woher ist die Sucht denn
Unter den Menschen, daß nur Einer und Eines nur sei?

Friedrich Hölderlin

Im Anschluß an das dritte und fünfte Kapitel geht es hier um zwei komplementäre Fragen: Wie kann eine kritische Theorie der Gesellschaft in nachmoderner Zeit aussehen, und wie verhält sie sich innerhalb der postmodernen Problematik zu anderen Theorien? Nach dem bisher Gesagten ist es naheliegend, daß eine solche Theorie nicht universalistisch Wahrheiten verkünden kann, sondern eine dialogische Form annehmen wird, die es ihr gestattet, Besonderes und Allgemeines, Eigenes und Fremdes miteinander zu vermitteln. Sie soll einen dritten Weg weisen zwischen der Skylla eines modernen oder spätmodernen Universalismus, der in Habermas' »idealer Sprechsituation« zum Ausdruck kommt, und der Charybdis eines postmodernen Partikularismus im Sinne von Lyotard.

Habermas, der als erster der Kritischen Theorie eine dialogische Wende gab, ist indes recht zu geben, wenn er bemerkt: »Die postempiristische Wissenschaftstheorie hat gute Gründe dafür beigebracht, daß der schwankende Boden des rational motivierten Einverständnisses unter Argumentationsteilnehmern unser einziges Fundament ist – in Fragen der Physik nicht weniger als in Fragen der Moral.«[1]

Wichtig ist, daß es ein Fundament gibt, so daß der im vorigen Kapitel problematisierte Wahrheitsbegriff weder einem indifferenten Pluralismus noch einem extremen Partikularismus geopfert werden muß. Im folgenden soll gezeigt werden, daß Wahrheit nicht monologisch-universalistisch dekretiert werden, sondern eine dialogische Gestalt annehmen sollte, die sowohl Universelles (Verallgemeinerungsfähiges) als auch Partikulares verkörpert. Auf die dialektische Verknüpfung dieser beiden Aspekte menschlichen Denkens kommt

---

1 J. Habermas, *Vorstudien und Ergänzungen zur Theorie des kommunikativen Handelns*, Frankfurt, Suhrkamp, 1986 (2. Aufl.), S. 504.

es an sowie auf die Erkenntnis, daß das Allgemeine stets aus dem Besonderen hervorgeht, ohne auf dieses Besondere reduzierbar zu sein. Die Ableitbarkeit bestimmter Theorien und Theoreme aus besonderen – liberalen, konservativen oder marxistischen – Ideologien sagt nichts über ihre Verallgemeinerungsfähigkeit (Konsensfähigkeit) und Brauchbarkeit aus.

Die Dialektik von Besonderem und Allgemeinem wird insofern zur Triebfeder des theoretischen Dialogs, als die Gesprächspartner, die nicht vorab allgemeingültigen Sprachregeln unterworfen werden dürfen, die Möglichkeit haben, im Verlauf der wissenschaftlichen Kommunikation die Partikularität ihrer stets ideologischen Positionen zu erkennen, sowie die Notwendigkeit, über diese Partikularität hinauszugehen: nicht nur um dialogfähig zu bleiben, sondern um den eigenen theoretischen Diskurs zu nuancieren und neuen Problemen zu öffnen.

Da sich immer wieder gezeigt hat, daß innerhalb der postmodernen Problematik Bewegungen und Ideologien aller Art manichäisch auf Pluralismus, Toleranz und Indifferenz reagieren, soll in einem ersten Schritt die Stellung der Theorie zwischen den beiden Extremen »Ideologie« und »Indifferenz« näher untersucht werden. Die Position des Theoretikers ist insofern prekär, als er einerseits ohne ideologische Wertsetzungen nicht auskommt, andererseits aber einen Sturz in den ideologischen Dogmatismus meiden muß. Ihm wird die Indifferenz als Gewähr für Relativität und Pluralismus zum wichtigen Orientierungspunkt, weil sie ihm hilft, das eigene ideologische Gehäuse zu sprengen und zu erkennen, daß die soziale Wirklichkeit nur im Plural zu haben ist: Jeder Politiker, jeder Theoretiker konstruiert sie anders. Auch hier wird klar, daß sowohl Ideologie als auch Indifferenz nur als ambivalente Einheiten, nicht jedoch als Positiva oder Negativa (»Ideologie ist gut, Indifferenz ist schlecht« oder umgekehrt) zu verstehen sind.

1. Theorie zwischen Ideologie und Indifferenz – oder: »Engagement und Distanzierung«

Keine Theorie kommt ohne ein ideologisches Engagement aus: Marxens *parti pris* für das Proletariat und seine Revolution ist die Triebfeder der Marxschen Theorie; ohne den Glauben an das Individuum, die offene Gesellschaft und die kritische Diskussion hätte Karl R. Popper seinen Kritischen Rationalismus nicht entwickeln können; ohne seine Sympathien für die Minderheiten, die Fremden und Ausgegrenzten hätte Lyotard sein philosophisches Werk nicht entworfen. Jede philosophische oder sozialwissenschaftliche Theorie geht aus einer Ideologie hervor, sofern diese allgemein als *Gruppensprache oder Soziolekt definiert wird, dem bestimmte Wertsetzungen, semantische Gegensätze, lexikalische Einheiten und narrative Abläufe (vom Kapitalismus zum Sozialismus, von der Moderne zur Postmoderne) zugrunde liegen.* Der Nachweis, daß eine bestimmte Theorie aus einer Ideologie hervorgeht – etwa der Kritische Rationalismus aus dem liberalen Individualismus – mag erhellend sein, sagt aber wenig über den Wert der Theorie aus und taugt nicht zu deren Widerlegung.

Ein Theoretiker zerstört seine Theorie nicht, wird nicht zum Ideologen, indem er einen besonderen – liberalen, konservativen, sozialistischen oder feministischen – Standpunkt einnimmt. Er zerstört sie im Diskurs, sobald er als für den Ablauf verantwortliches Aussagesubjekt den semantischen Unterschied zum manichäischen Gegensatz, zum Dualismus werden läßt, seine Rede als semantisch-narrative Konstruktion mit der Wirklichkeit identifiziert (verwechselt) und dadurch Gegenentwürfe und Gegenargumente monologisch ausgrenzt. Damit ist komplementär zur Ideologie im allgemeinen Sinn – als Wertsystem und Soziolekt – Ideologie im restriktiven oder negativen Sinn definiert: Sie ist ein *dualistischer Diskurs, der vom Aussagesubjekt implizit oder explizit monologisch mit der Wirklichkeit identifiziert wird.*

Ein Vergleich der beiden Definitionen läßt zunächst die Unvermeidlichkeit der Ideologie im allgemeinen Sinn erkennen: Ohne marxistisches Engagement wären viele Zusammenhänge der kapitalistischen Gesellschaft undurchschaut geblieben, ohne feministische Kritik lägen zahlreiche Aspekte einer gesellschaftlich vermittelten Geschlechtlichkeit im Dunkeln. Zugleich führt er uns vor Augen, daß Ideologie als falsches Bewußtsein ein sprachliches, diskursives Problem ist, mit dem sich der Theoretiker unablässig auseinandersetzen muß.

Er wird dazu – wenn er Theoretiker ist oder sein will – von seinem eigenen Diskurs angehalten, der als ideologischer (»engagierter«) Diskurs stets zu Dualismus, Identitätsdenken und Monolog tendiert: Schließlich geht es darum, bestimmte liberale, konservative, sozialistische oder feministische Wertsetzungen zu verteidigen. Der Theoretiker lehnt es jedoch ab, sich von seinen eigenen Wertsetzungen, von seinem ideologischen Engagement blenden zu lassen. Er denkt ambivalent, selbstironisch, distanziert und nimmt sich mit Robert Musil vor: »Einen Klerikalen so darstellen, daß neben ihm auch ein Bolschewik getroffen ist. Einen Trottel so darstellen, daß der Autor plötzlich fühlt: das bin ich ja zum Teil selbst.«[2]

Eine selbstironische Distanzierung dieser Art ist nicht in allen gesellschaftlichen Lagen möglich. Sie ist schwer vorstellbar in einer stark politisierten Situation, in der ein liberaler Philosoph gezwungen ist, im Untergrund vorzutragen und nach jedem zweiten Satz innezuhalten, um rechtzeitig die Schritte der Geheimpolizei im Treppenhaus zu hören. Dazu bemerkt Norbert Elias, der das Begriffspaar »Engagement« und »Distanzierung« in die Diskussion eingebracht hat: »Die Kernfrage ist, ob es gelingen kann, sich in einer Situation, in der Menschen als Gruppen auf vielen Ebenen ernste Gefahren füreinander darstellen, zu einer distanzierteren, adäquateren und autonomeren Form des Nachdenkens über soziale Ereignisse voranzuarbeiten.«[3] Möglicherweise gelingt es in einer von Indifferenz und Pluralismus dominierten Postmoderne, in der die Geheimpolizei sich auf Wirtschaftskriminalität und Korruption konzentriert und sich nicht mehr vorstellen kann, daß der im spärlich beleuchteten Keller gehaltene Vortrag eines Dissidenten die Behörden in Aufregung versetzen konnte.

Jedenfalls erscheint nun Indifferenz als wirksames Korrektiv des ideologischen Engagements, das Theorie einerseits mit Leben erfüllt, sie andererseits durch Dualismus, Identifizierung und Monologisierung zerstören kann. Indifferenz und Pluralismus ermöglichen es dem Theoretiker, sein ideologisch-theoretisches Engagement als eines unter vielen zu erleben und gleichsam »von außen« zu betrachten: »La pensée du dehors«[4], würde der Ideologiekritiker Foucault sagen.

---

2 R. Musil, *Der Mann ohne Eigenschaften*, Reinbek, Rowohlt, 1952, S. 1603.

3 N. Elias, *Engagement und Distanzierung*, Frankfurt, Suhrkamp, 1983, S. 58.

4 Vgl. M. Foucault, *La Pensée du dehors*, Paris, Fata Morgana, 1986.

Dadurch kommt es zu einer Relativierung des eigenen Standpunkts, die eine reflexive Einstellung zum Diskurs erleichtert.

Reflexivität bedeutet in diesem Fall konkret: Wahrnehmung der semantischen, syntaktischen und narrativen Verfahren meines Diskurses (z.B.: »von der Ambivalenz zur Indifferenz«), die aus bestimmten Wertentscheidungen, Selektionen und Klassifikationen hervorgehen und andere Verfahren (semantische, narrative Optionen) ausschließen. Sie kann dazu führen, daß der partikulare und kontingente Charakter des eigenen Diskurses erkannt wird, der nun als ein mögliches *Konstrukt* der Wirklichkeit erscheint, nicht als mit dieser identisch. Diese reflexive und konstruktivistische Einstellung zum Diskurs ist zugleich *genetisch*: Das reflektierende Aussagesubjekt geht der *Entstehungsgeschichte* seines Diskurses nach und erkennt dadurch die historische, soziale und sprachliche Bedingtheit (Kontingenz) seines Konstrukts.

Das reflexiv-genetische Bewußtsein kann eine dialogische Einstellung entstehen lassen, die das monologische, identifizierende Denken hinter sich läßt und manichäische Sprachmuster sowohl im semantischen als auch im narrativen Bereich in Frage stellt. Hermeneutik und analytische Philosophie, Marxismus und Kritischer Rationalismus, Moderne und Postmoderne erscheinen nicht als absolute Gegensätze oder als ewig verfeindete Aktanten (Helden und Widersacher), sondern als ambivalente Instanzen, deren Gegensätzlichkeit jederzeit aufhebbar ist. Werden Hermeneutik und analytische Philosophie von Habermas nicht zusammengeführt? Ist dem Marxismus und dem Kritischen Rationalismus nicht ein Fortschrittsglaube gemeinsam, der sie in die Klasse der »modernen Theorien« eingehen läßt? Ist die Postmoderne (seit der Romantik) nicht die kritische Kehrseite, die Selbstkritik der Moderne?

Obwohl derlei Fragen nicht bejaht werden müssen, weil sie nur Konstruktionsmöglichkeiten suggerieren, lassen sie den illusorischen, ideologischen Charakter des Dualismus erkennen: Er schließt die Ambivalenz als dialektische Einheit der Gegensätze aus und behauptet zumindest implizit, daß Sozialismus und Faschismus, Rationalismus und Mythos, Ausschweifung und Askese nichts miteinander zu tun haben. Er sperrt sich gegen Musils dialektische Einsicht, daß Mussolinis ambivalente Gestalt die Extreme in einer für Ideologen unerträglichen *coincidentia oppositorum* zusammenfallen läßt: »Zum ideologischen Durcheinander der Zeit und seiner großen Bedeutung vgl. den Werdegang Mussolinis in D. N. R. Mai 1924. Er oszilliert tatsächlich zwischen den verschiedenen Polen.«[5]

Der Kritischen Theorie bleibt in der entwickelten Marktgesellschaft nichts anderes übrig, als den Standpunkt der ironischen Ambivalenz einzunehmen und zwischen dem Extrem des ideologischen Dogmatismus und dem Extrem der Indifferenz als radikaler Austauschbarkeit aller Wertsetzungen dialektisch zu vermitteln. Denn sie entgeht der ideologischen Versuchung (Dualismus, Identitätsdenken, Monolog) nur, indem sie sich dem Pol der Indifferenz nähert und sich als austauschbare Theorie ironisch-pluralistisch relativiert; dem nivellierenden Tauschgesetz der Indifferenz kann sie aber nur entgehen, wenn sie – mit Adorno, Horkheimer und Habermas – an Werten wie Subjektivität, Autonomie, Ironie, Reflexivität und Dialog festhält.

Ohne dieses ideologische Moment würde sie sich unwiderruflich dem Tauschmechanismus ausliefern, der den postmodernen Theoretiker sagen läßt: »Der Postmodernist mag seine privaten Ansichten haben, aber er sieht keinen Grund, sie den Ansichten anderer vorzuziehen.«[6] Wenn ich aber jederzeit die Ansichten meines Nachbarn übernehmen kann, weil ich meine Ansichten seinen Ansichten nicht vorziehe, erscheint es wenig sinnvoll, von »meinen« Ansichten zu sprechen: Es gibt dann freischwebende Ansichten, die sich durch beliebige Individuen artikulieren (was in der Mediengesellschaft auch in zunehmendem Maße geschieht).

Das ideologische Festhalten an bestimmten Erkenntnissen, Wertsetzungen und »Ansichten« verhindert nicht den Dialog, sondern macht eine reflexive Theorie, deren Subjekt sich seiner eigenen Partikularität und Kontingenz bewußt ist, erst dialogfähig. Diese Behauptung ist nicht so sehr eine Apologie der Wertsetzung und der Subjektivität, sondern eine Erklärung des Dialogs: Ein Gesprächspartner, der keinen Grund sieht, seine Ansichten meinen Ansichten vorzuziehen, ist für mich nicht interessant. Anregend ist hingegen das Gespräch mit jemandem, der zwar um die Partikularität und Kontingenz seines

---

5 R. Musil, *Gesammelte Werke* Bd. 7, Reinbek, Rowohlt, 1978, S. 904.

6 D. W. Fokkema, *Literary History, Modernism, and Postmodernism*, Amsterdam-Philadelphia, J. Benjamins, 1984, S. 40-41.

Diskurses weiß und auch bereit ist, diesen Diskurs von Zeit zu Zeit ironisch zu relativieren, der aber leidenschaftlich an seinen Wertsetzungen und theoretischen Prämissen festhält. Denn nur in diesem Fall kann ich sicher sein, daß sein Interesse genuin, seine Kritik ernst gemeint ist.

Ist er Dekonstruktivist, so suche ich das Gespräch mit ihm *als Dekonstruktivisten*, weil ich erfahren möchte, wie *er* das Verhältnis von Dekonstruktion und Kritischer Theorie einschätzt und ob er Habermas' Ansicht teilt, daß der späte Adorno ein Vorläufer des Poststrukturalismus ist. Ist er kritischer Rationalist, erwarte ich, daß er an seinem Diskurs (seinen Ansichten) festhält und erläutert, in welchen Punkten die Ideologiebegriffe des Kritischen Rationalismus und der Kritischen Theorie übereinstimmen und in welchen Punkten sie voneinander abweichen.[7] Im folgenden Abschnitt soll gezeigt werden, unter welchen Bedingungen ein Dialog zwischen heterogenen Theorien möglich ist und welche theoretischen Ergebnisse er zeitigen kann.

Mit Norbert Elias ließe sich sagen, daß wir von unserem philosophischen oder wissenschaftlichen Gesprächspartner sowohl *Engagement* als auch *Distanzierung* erwarten: Wir erwarten einerseits, daß er seinen Standort und seine Wertsetzungen ernst nimmt und sie mit den besten und subtilsten Argumenten verteidigt; wir erwarten andererseits, daß er die Ambivalenzen, Übertreibungen und Irrtümer seiner theoretischen Tradition kennt und imstande ist, sie ironisch zu kommentieren. Das globale Festhalten an der Kritischen Theorie wird mich nicht daran hindern, im Gespräch mit einem kritischen Rationalisten die Negativität von Adornos Dialektik in Frage zu stellen, und Habermas' Behauptung, wir müßten die ideale Sprechsituation »kontrafaktisch unterstellen«, mit Hans Albert zu kritisieren.[8]

---

[7] Zu diesem Problem siehe: Vf., *Ideologie und Theorie. Eine Diskurskritik*, Tübingen, Francke, 1989, Kap. IV und XII.

[8] Vgl. H. Albert, *Transzendentale Träumereien. Karl Otto Apels Sprachspiele und sein hermeneutischer Gott*, Hamburg, Hoffmann und Campe, 1975, S. 147. Wie in der dialogischen Theorie wird auch bei Hans Albert kein transzendentales, sondern ein *reales Subjekt* eingesetzt: Es geht darum, »das Erkenntnissubjekt als *reales* Subjekt aufzufassen, dessen Möglichkeiten mit allen zur Verfügung stehenden Mitteln zu untersuchen sind«.

Anders gesagt: Die Triebfeder des Dialogs ist nicht nur »wissenschaftliche Neugier« ganz allgemein, sondern das für die Geistes- und Sozialwissenschaften spezifische Interesse für die *Alterität des Anderen.* Dieses war auch das Hauptanliegen von Michail M. Bachtins Theorie des Dialogs, in der der Andere zum Hauptbezugspunkt des Subjekts wird: Ohne ihn als kontingentes, historisches Wesen kann sich das Subjekt nicht artikulieren, nicht bilden.[9] Ich brauche den Anderen als Adressaten, um meinen Diskurs entwickeln zu können; und ich brauche nicht nur die Zustimmung und den Konsens des Gleichartigen, sondern auch den Dissens des Andersartigen, des Fremden. Im folgenden soll die Dialektik von Konsens und Dissens in einem soziosemiotischen Kontext näher betrachtet werden. Alterität und Dissens sind demnach nicht als Störfaktoren zu betrachten – wie es bei Habermas tendenziell geschieht –, sondern als vitale Impulse, ohne die Theorien zu Sterilität und Tod verurteilt sind: Nichts reizt so zum Nachdenken wie der fundierte, klare und subtile Dissens des Andersdenkenden.

Insgesamt wird deutlich, daß die Theorie nicht nur von der Ideologie, sondern auch von der marktbedingten Indifferenz ermöglicht wird, die relativiert und pluralisiert. Es fragt sich daher, wie Kritische Theorie, die – ähnlich dem Individualismus und der ästhetischen Autonomie – ihre Existenz teilweise dem Markt und seinen Gesetzen verdankt, die Marktgesellschaft radikal kritisieren soll, zumal der reale Sozialismus ihr nie als Alternative erschien. Es wäre zwar möglich, auf diese Frage abermals mit Adornos und Horkheimers Negativität zu antworten; aber diese Antwort befriedigt nicht mehr. Es erscheint sinnvoller und ehrlicher, die Frage zu wiederholen und selbstkritisch offen zu lassen.

2. Der theoretische Dialog: Sprache, Soziolekt, Diskurs

Es hat sich gezeigt, daß Verständigung oder Kommunikation innerhalb der postmodernen Problematik auf zwei gegensätzliche Arten betrachtet werden kann: universalistisch (»modern«) und partikulari-

---

9 Vgl. M. M. Bachtin, *Die Ästhetik des Wortes* (Hrsg. R. Grübel), Frankfurt, Suhrkamp, 1979, S. 174-175: »Der Sprecher ist bestrebt, sein Wort mit seinem spezifischen Horizont am fremden Horizont des Verstehenden zu orientieren und tritt in ein dialogisches Verhältnis zu den Momenten dieses Horizonts.«

stisch (»postmodern«). Die Gegenüberstellung von Habermas' Universalpragmatik und Lyotards Paralogie hat die Unzulänglichkeiten beider Modelle zutage treten lassen: Während der Universalismus dazu neigt, die Besonderheiten, *die die Subjekte zu dem machen, was sie sind*, zu vernachlässigen oder einzuebnen, werden sie vom Partikularismus in den Mittelpunkt der Betrachtung gerückt. Dabei werden *alle Gemeinsamkeiten als kommunizierbare Universalien* ausgeblendet. Im folgenden soll anhand eines Vergleichs von Poppers rationalistischer Kritik des *framework* und Lyotards Theorie der radikalen Heterogenität vor allem der sprachliche Aspekt der Problematik beleuchtet und in der Darstellung des interdiskursiven Dialogs ausführlicher analysiert werden.

Im Grunde geht es wieder um Edward Sapirs und Benjamins Lee Whorfs bekannte These, derzufolge unsere kollektiven Sprachgewohnheiten unsere Wirklichkeitsauffassung prägen: »Tatsache ist, daß die ›wirkliche Welt‹ weitgehend unbewußt auf den sprachlichen Gewohnheiten der Gruppe errichtet wird.«[10] Diese in vieler Hinsicht plausible Annahme hat weitreichende Folgen: 1. Es gibt keine objektive Wirklichkeit, die alle Subjekte unvermittelt wahrnehmen. 2. Was als Wirklichkeit bezeichnet wird, ist eine Konstruktion, die auf den Gepflogenheiten und Regelsystemen einer Sprachgemeinschaft gründet. 3. Dies bedeutet, daß es nicht eine, sondern verschiedene (konstruierte) Wirklichkeiten gibt. 4. Der Konstruktcharakter dieser Wirklichkeiten ist den Angehörigen der verschiedenen Sprachgemeinschaften nicht bewußt: Sie sprechen von *der* Wirklichkeit und wundern sich, daß ihre Nachbarn von dieser Wirklichkeit anders sprechen.

In dem hier entworfenen Zusammenhang nimmt die Sapir-Whorf-These eine konkretere Form an und besagt, daß der ideologische und theoretische Soziolekt (das Ensemble von Soziolekten), in dessen *Rahmen* wir denken, sprechen und handeln, unsere vorkonstruierte[11] Wirklichkeit ist, die wir teils von anderen übernehmen,

---

[10] E. Sapir, B. L. Whorf, »The Relation of Habitual Thought and Behaviour to Language«, in: ders., *Language, Thought and Reality*, Cambridge (Mass.), The M.I.T. Press, 1956, S. 134.

[11] Zum Theorem des *préconstruit* siehe: P. Henry, »Constructions relatives et articulations discursives«, in: *Langages* 37, März, 1975. Zum Konstruktionsvorgang im

teils mitgestalten: Bachtins (Medvedevs, Vološinovs) Theorie des Dialogs wird hier zum Ausgangspunkt einer soziosemiotischen oder textsoziologischen Theorie der Dialogizität oder Interdiskursivität. Wir denken und sprechen also innerhalb bestimmter Rahmen oder *frameworks*, und die Frage, der auch Wolfgang Welsch in einem philosophischen Kontext nachgeht, lautet, ob es zwischen diesen *frameworks* »Übergänge« (s. weiter unten) gibt oder nicht.

Dem kritischen Rationalisten Karl R. Popper, dessen Ausdrucksweise an Klarheit nichts zu wünschen übrig läßt, erscheint die gesamte hier skizzierte Fragestellung als hermeneutisch-dialektischer Obskurantismus. Er lehnt sie in einer Kritik an Thomas S. Kuhns Paradigmabegriff als Pseudoproblem rundweg ab. Kuhn macht einen weiteren Aspekt der Soziolekt- oder Framework-Problematik sichtbar, wenn er das naturwissenschaftliche *Paradigma* u.a. als relativ homogenen Sprachgebrauch einer Wissenschaftlergemeinschaft auffaßt, der die Wirklichkeitsauffassung dieser Gemeinschaft prägt: »Die Vertreter verschiedener Theorien (oder verschiedener Paradigmen im weiteren Sinne) sprechen verschiedene Sprachen – Sprachen, die verschiedene kognitive Positionen ausdrücken, die auf verschiedene Welten passen.«[12] Mit dieser Auffassung kann sich der Rationalist Popper nicht anfreunden, weil ihm deren partikularisierende Tendenz nicht geheuer ist: »Es ist nur ein Dogma – ein gefährliches Dogma –, daß die verschiedenen Frameworks unübersetzbaren Sprachen gleichen.«[13] Um seinem Argument Nachdruck zu verleihen, fügt Popper hinzu, daß grundverschiedene Sprachen wie Englisch, Hopi oder Chinesisch lernbar und ineinander übersetzbar sind.

Dieses rationalistische Argument klingt durchaus plausibel, weil es unseren Alltagserfahrungen, d.h. unserem *common sense* entspricht: Unsere Texte werden ins Chinesische, ins Koreanische oder ins Japanische übersetzt, und wir wissen oder hoffen, daß trotz einiger ärgerlicher Mißverständnisse oder unvermeidlicher Sinnverschie-

---

soziosemiotischen Kontext siehe vor allem: E. Landowski, *La Société réfléchie*, Paris, Seuil, 1989, S. 221: »Le sujet sémiotique compétent *fait être* du sens.«

12 T. S. Kuhn, *Die Entstehung des Neuen. Studien zur Struktur der Wissenschaftsgeschichte*, Frankfurt, Suhrkamp, 1978, S. 45.

13 K. R. Popper, »Normal Science and its Dangers«, in: I. Lakatos, A. Musgrave (Hrsg.), *Criticism and the Growth of Knowledge*, Cambridge, Univ. Press, 1970, S. 56.

bungen die wesentlichen Gedanken wiedergegeben werden. Immerhin wird Roland Barthes – trotz einiger Übersetzungsfehler – auch in Japan verstanden und in diesem Land nicht etwa als dogmatischer Marxist, kritischer Rationalist oder konservativer Hermeneutiker rezipiert. Es ist aber keineswegs sicher, daß eine Übersetzung dem Original entspricht, wie der Rationalist anzunehmen scheint: Die deutschen Derrida-Übersetzungen entsprechen den französischen Originalen mitnichten.[14] Deshalb ist den Dekonstruktivisten und den Postmodernisten zumindest teilweise recht zu geben, wenn sie an der Übersetzbarkeit zweifeln oder gar mit Derrida und de Man behaupten, die Übersetzung sei zwar notwendig, aber unmöglich.[15] Schließlich ist bekannt, daß die Übersetzungen lyrischer Texte alles andere als wortgetreue Wiedergaben sind: Es sind zumeist Nachdichtungen, die neue Texte entstehen lassen, wie schon Benedetto Croce wußte.[16] Im Anschluß an solche Überlegungen will das rationalistische Argument nicht mehr so recht überzeugen.

Entscheidend ist jedoch, daß bei Popper ausschließlich von natürlichen Sprachen wie Englisch, Chinesisch und Hopi die Rede ist. Jede dieser Sprachen setzt sich aber aus zahlreichen Gruppensprachen oder Soziolekten zusammen, die im Gegensatz zu der natürlichen Sprache, in der prinzipiell alle Ideologien, Theorien und Fachsprachen ausdrückbar sind, besondere Standpunkte und Interessen artikulieren. Innerhalb der deutschen Sprache lassen sich die Fachsprachen der Physiker, Marketing-Experten oder Soziologen nicht ineinander übersetzen. Sie können bestenfalls mit Hilfe der natürlichen Sprache (s. weiter unten) kommentiert und erläutert werden.

Dies bedeutet konkret, daß ideologische, philosophische und wissenschaftliche Soziolekte und deren Diskurse[17] nicht ohne weite-

---

14 Siehe die Kritik des Verfassers an einigen falsch übersetzten Passagen in: Vf., *Literarische Ästhetik. Methoden und Modelle der Literaturwissenschaft*, Tübingen, Francke, 1995 (2. Aufl.), S. 334.

15 Vgl. J. Derrida, »Des Tours de Babel«, in: ders., *Psyché. Inventions de l'autre*, Paris, Galilée, 1987; P. de Man, *The Resistance to Theory*, Minneapolis, Univ. of Minnesota Press, 1986, S. 91.

16 Vgl. B. Croce, *Estetica come scienza dell'espressione e linguistica generale*, Bari, Laterza, 1973 (12. Aufl.), S. 76: Croce spricht von einer »neuen Ausdrucksform«, einer »nuova espressione«.

17 Im Rahmen eines ideologischen oder wissenschaftlichen Soziolekts (des sozialde-

res ineinander übertragbar sind, weil sie partikulare Interessen und Erkenntnisinteressen ausdrücken, die einander *teilweise* widersprechen oder gar inkommensurabel sind. Popper, der universalistisch-unbekümmert auf der These beharrt, daß der gute Wille des Einzelnen als Grundlage der Verständigung völlig ausreicht, illustriert *malgré lui* das von ihm negierte Problem, wenn er proklamiert: »Der einzige Weg, der den Sozialwissenschaftlern offensteht, besteht darin, alles verbale Feuerwerk zu vergessen und die praktischen Probleme unserer Zeit mit Hilfe jener theoretischen Methoden zu behandeln, die im Grunde allen Wissenschaften gemeinsam sind: mit Hilfe der Methode von Versuch und Irrtum, der Methode der Erfindung von Hypothesen, die sich praktisch überprüfen lassen, und mit Hilfe ihrer praktischen Überprüfung.«[18]

Popper würden Dekonstruktivisten und Postmodernisten (ähnlich wie die im Zitat kritisierten Wissenssoziologen) als Pseudotheoretiker erscheinen, die fasziniert auf das verbale Feuerwerk starren und dabei das Wesentliche vergessen: die Logik der Argumentation, die kritische Überprüfung von Hypothesen. Seine eigene Argumentation zeigt indessen, daß er sich dezisionistisch und irrational über die Tatsache hinwegsetzt, daß nicht alle philosophischen und wissenschaftlichen Sprachen seiner »Methode der Erfindung von Hypothesen« und »ihrer praktischen Überprüfung« folgen, sondern hermeneutische, phänomenologische, ethnomethodologische oder dialektische Argumentationsmuster konstruieren, die Popper nicht dialogisch als Alternativen anerkennt, sondern als »verbales Feuerwerk« in den Bereich sinnloser Rhetorik relegiert.

Es nimmt nicht wunder, daß Lyotard auf diesen rationalistischen Universalismus, der das Partikulare irrational tilgt, mit extremen Gegenargumenten reagiert: »Es gibt in der Wissenschaft keine allgemeine Metasprache, in die alle anderen übertragen und in der sie bewertet werden können.«[19] Es gilt daher, den Prätentionen des metasprachli-

---

mokratischen, des liberalen oder des psychoanalytischen) können beliebig viele Diskurse als semantisch-narrative Strukturen generiert werden. Der Soziolekt ist im Alltag nur als unendliche Anzahl von verwandten Diskursen präsent.

18 K. R. Popper, *Falsche Propheten. Hegel, Marx und die Folgen*, Bern-München, Francke, 1958, S. 272.

19 J.-F. Lyotard, *Das postmoderne Wissen. Ein Bericht*, Graz-Wien, Passagen, 1986, S. 185-186.

chen Universalismus entgegenzutreten und den *Widerstreit* mit seinen Ungerechtigkeiten, seinen *torts* aufzudecken: »témoigner du différend«.[20]

Aus dieser Sicht erscheint die von Popper vorgeschlagene universalistische Lösung als ein *tort par excellence*: Popper verlangt von allen »Sprachspielen« (im Sinne von Wittgenstein und Lyotard), daß sie sich der Metasprache des Kritischen Rationalismus unterordnen und deren theoretische Kriterien anerkennen: Hypothesenbildung, Überprüfung, Falsifizierbarkeit. Da er es nur *implizit* verlangt, weil er das Problem der Heterogenität und des Widerstreits nicht reflektiert, kann sein Diskurs in diesem einen Punkt als ideologisch im restriktiven Sinne bezeichnet werden: Er setzt sich als »der einzige Weg« (s.o.) monologisch der Wirklichkeit gleich und schließt heterogene, abweichende Betrachtungsweisen aus.

Wolfgang Welsch würde Poppers Vorschlag, den Kritischen Rationalismus als Universalsprache durchzusetzen mit dem treffenden Ausdruck »Majorisierung« in Frage stellen: Als Majorisierung erscheint ihm jeder Versuch, eine Sprache als *lingua maior* zum umfassenden Regelsystem zu machen. Als Alternative schlägt er im Anschluß an Lyotard ein Denken vor, das die Alterität, Partikularität und Eigenlogik der miteinander konkurrierenden Sprachen berücksichtigt: »Die vernünftige Betrachtung fördert vielmehr die Eigenlogik der jeweiligen Argumentationen zutage und hält dazu an, ihr Rechnung zu tragen. Sie tritt allen Übergriffen, Majorisierungen oder gar Totalisierungen entgegen.«[21]

In seiner Kritik an Lyotard stellt Welsch allerdings dessen Postulat der absoluten Heterogenität in Frage und strebt eine philosophische Position an, die einerseits die Verschiedenheit der Sprachen (Denkformen) wahrnimmt, andererseits erkennt, daß es *Übergänge* und Verflechtungen zwischen ihnen gibt: »Allein die Übergangstätigkeit der Vernunft vermag zielsicher zwischen der Skylla der Atomisierung und der Charybdis der Majorisierung hindurchzuführen.

---

[20] J.-F. Lyotard, in: *Témoigner du différend. Quand phraser ne se peut*, Paris, Osiris, 1989, S. 119.

[21] W. Welsch, *Vernunft. Die zeitgenössische Vernunftkritik und das Konzept der transversalen Vernunft*, Frankfurt, Suhrkamp, 1996, S. 877.

Alles kommt darauf an, diese Übergangstätigkeit der Vernunft in ihrer Eigenart zu erkennen (...).«[22]

Demnach wäre Welschs Position als eine dialektische, modern-postmoderne Synthese von Universalismus und Partikularismus darstellbar: als *transversale Vernunft* (Welsch), die, der Besonderheiten und Eigengesetzlichkeiten der verschiedenen Sprachen und Theorien eingedenk, um Übergänge zwischen den heterogenen Welten bemüht ist. Sie entspricht Welschs soziohistorischer These, derzufolge die Postmoderne kein Bruch mit der Moderne ist, sondern deren Radikalisierung und Erfüllung.

Welschs Hauptproblem scheint in seiner Einstellung zum Pluralismus und in seiner Ausblendung oder Bagatellisierung der Indifferenz zu liegen, wie sich schon im zweiten Kapitel gezeigt hat. Von der transversalen Vernunft sagt er, sie sei »ob ihrer Reinheit und Leere ortlos«[23] und unterscheide sich von allen »majorisierenden« Vernunftarten (von Plato über Hegel bis Popper) dadurch, daß sie »nicht über den Rationalitäten steht und die Rationalitäten gleichsam von oben herab betrachtet, sondern daß sie sich *inmitten* der Sphäre der Rationalität bewegt und Sicht nicht durch Überblick, sondern durch *Übergänge*, durch vielfältige Bewegungen zwischen den Rationalitäten gewinnt, ohne daß ihre Übergänge je zur Metaposition einer archimedischen Systematik gerinnen würden.«[24]

Die transversale Vernunft erscheint hier als eine Funktion des radikalen Pluralismus und der Austauschbarkeit der Positionen: Wo nicht eindeutig festgestellt werden kann, daß eine Position einer anderen vorzuziehen sei, muß sich Vernunft mit einer Vermittlerfunktion begnügen, die der Shuttle-Diplomatie der UNO-Beamten gar nicht unähnlich ist. Schließlich versuchen auch sie, mit bescheidensten Mitteln ein Gespräch zustande zu bringen. Als *pensiero debole* (Vattimo) wird nun auch die Vernunft zu dieser positionslosen Shuttle-Bewegung verurteilt.

Allerdings scheint diese Art von Transversalität nicht Welschs *ultima ratio* zu sein, weil er, wie alle seine Schriften zeigen, von Vernunft wesentlich mehr verlangt als nur Vermittlung und Über-

---

22 Ibid., S. 755.

23 Ibid., S. 700.

24 Ibid., S. 760-761.

gangsversuche: nämlich *Kritik*. Er kritisiert nicht nur die Majorisierungsversuche des Idealismus, sondern auch den extremen Partikularismus Lyotards. Kritik (griech. *krinein*, entscheiden urteilen) setzt aber einen kritischen *Standpunkt* voraus, der es uns gestattet, die Relevanzkriterien *unseres* Diskurses und die von ihnen ableitbaren Klassifikationen und Definitionen[25] auf andere Diskurse *anzuwenden* – ob es deren Aussagesubjekten gefällt oder nicht. Kurzum: *keine Kritik ohne Majorisierung*. Wenn Welsch Hegel, Lyotard oder Koslowski kritisiert, wird sein Diskurs *nolens volens* zum majorisierenden Metadiskurs.

Er müßte das Verhältnis von Transversalität und Kritik klären: Wenn Kritik aus diskurssemiotischen Gründen Majorisierung beinhaltet und die transversale Vernunft eine kritische Vernunft ist (sein will), kann sie sich nicht mit der Suche nach Übergängen begnügen, sondern muß einen Standpunkt einnehmen, der *kein* archimedischer Punkt sein muß. Dieser Standpunkt kann jedoch nicht der *des* Pluralismus oder *der* Vielfalt sein, weil Pluralismus in jedem ideologischen Diskurs etwas anderes bedeutet: wie die Kontroverse zwischen den Postmodernisten Koslowski und Welsch zeigt.[26] (Es hat auch wenig Sinn, einen wahren von einem falschen Pluralismus zu unterscheiden, da der falsche immer der der anderen ist.)

Ist nun innerhalb der nachmodernen Problematik – oder schon jenseits von ihr – eine Alternative zur transversalen Vernunft denkbar, die das majorisierende Moment der Kritik gleichsam mitdenkt und es nicht bei der Vielzahl der Positionen bewenden läßt? Es wird sicherlich mehrere Alternativen geben, aber eine von ihnen ist der *kritische, der interdiskursive Dialog*. Dieser gründet, wie schon angedeutet, auf Bachtins Gedanken, daß mein Diskurs ohne die intertextuelle[27] Auseinandersetzung mit dem anderen Wort nicht zustande

---

[25] Zur konstituierenden Funktion der Relevanzkriterien und Taxonomien im Diskurs siehe: Vf., *Ideologie und Theorie*, op. cit., Kap. VII.

[26] Vgl. W. Welsch, »Postmoderne oder ästhetisches Denken – gegen seine Mißverständnisse verteidigt«, in: G. Eifler, O. Saame (Hrsg.), *Postmoderne, Anbruch einer neuen Epoche? Eine interdisziplinäre Erörterung*, Wien, Passagen, 1990, S. 247. (Die postmoderne Problematik läßt konservative Reaktionen durchaus zu, wie Etzionis Moralismus zeigt. Schon deshalb kann Koslowskis Konservatismus nicht als »pseudopostmodern« aus der Problematik ausgeschlossen werden.)

[27] Zum Verhältnis von Alterität und Intertextualität bei Bachtin siehe: J. Kristeva,

käme und daß er sich ohne diese Auseinandersetzung nicht entfalten könnte. Anders, mit den kritischen Rationalisten ausgedrückt: Ich bin auf die Kritik der anderen angewiesen, wenn ich nicht als Theoretiker in den eigenen Vorurteilen ersticken will (Kritik als Sauerstoff der Theorie).

Vorurteile sind sowohl im theoretischen als auch im politischen Bereich nicht nur individuell, sondern auch kollektiv bedingt, wie das rationalistische Vorurteil von der restlosen Transparenz der Sprache und das komplementäre romantische Vorurteil von deren ewiger Dunkelheit[28] erkennen lassen. Oftmals entstehen ideologische Vorurteile innerhalb von Wissenschaftlergruppen – innerhalb von deren Soziolekten – und werden dort aus sozialpsychologischen und institutionellen Gründen gegen Kritik immunisiert.

Ein extremes Beispiel ist die These der Althusser-Gruppe, daß zwischen Marxens Frühwerk und seinem Spätwerk (*Das Kapital*) ein epistemologischer Schnitt verläuft, der eine humanistische Ideologie von einer potentiell reinen Wissenschaftlichkeit trennt, die sich allerdings erst mit Hilfe einer gründlichen Exegese des Spätwerks artikulieren kann.[29] Daß andere Wissenschaftlergruppen (darunter auch viele Marxisten) von dieser These keineswegs überzeugt waren, schien die Althusserianer nicht zu stören. Der soziale Hermetismus ihrer Gruppe bewahrte sie vor kritischen Auseinandersetzungen, die den Konsens hätten sprengen können. (An kritischen Schriften fehlte es keineswegs; sie wurden aber innerhalb des Soziolekts als humanistische Mißverständnisse bagatellisiert.)[30]

Es soll nun nicht behauptet werden (hier lauert ein mögliches Mißverständnis), *intersubjektive Kritik* innerhalb einer Wissenschaftlergruppe sei trivial oder unwichtig und führe zu nichts. Sowohl in den Natur- als auch in den Sozialwissenschaften ist diese Kritik die Regel und bildet zusammen mit der empirischen Forschung den Motor wissenschaftlicher Entwicklung. Innerhalb der Kritischen Theorie

---

»Le Mot le dialogue et le roman«, in: dies., *Semeiotiké. Recherches pour une sémanalyse*, Paris, Seuil, 1969, S. 144.

28 Zur These über die Dunkelheit der Sprache siehe: F. Schlegel, »Über die Unverständlichkeit«, in: ders., *Kritische Ausgabe* Bd. 3, Paderborn, Schöningh, 1967, S. 364.

29 Vgl. L. Althusser u.a., *Das Kapital lesen* (2 Bde.), Reinbek, Rowohlt, 1972.

30 Vgl. L. Althusser, *Réponse à John Lewis*, Paris, Maspero, 1973, S. 26-31.

kann intersubjektive Kritik u.a. dazu beitragen, Texte von Adorno, Benjamin, Horkheimer oder Habermas besser zu verstehen; d.h. sie dient (wie auch in anderen Gruppen und Soziolekten) dem Selbstverständnis der Theorie. Freilich ermöglicht sie auch ein besseres Verständnis gesellschaftlicher und kultureller Veränderungen sowie die kritische Rezeption anderer Theorien.

Intersubjektivität innerhalb einer Wissenschaftlergruppe (etwa innerhalb der Kritischen Theorie oder des Kritischen Rationalismus) hat jedoch auch eine dysfunktionale Kehrseite, weil sie aufgrund der von allen Beteiligten akzeptierten Wertsetzungen dazu neigt, eine bestehende Doxa laufend zu bestätigen, zu konsolidieren. So wurde innerhalb der Kritischen Theorie der Kritische Rationalismus hartnäckig als Positivismus karikiert.[31] Dabei wurde übersehen, daß er strenggenommen nur als Kritik des traditionellen Positivismus zu verstehen ist.[32] Im Kritischen Rationalismus selbst wurde das Falsifizierbarkeitspostulat keiner radikalen Kritik ausgesetzt, und die seit Otto Neurath immer lauter werdenden »externen« Kritiken wurden selten zur Kenntnis genommen.[33] Intersubjektivität als Verfestigung ideologischer und wissenschaftlicher Doxa ist folglich nicht nur ein Charakteristikum der Althusser-Gruppe, sondern kennzeichnet alle theoretischen Soziolekte, deren unentbehrliches ideologisches Engagement stets zu Dogmatisierung und Monolog tendiert.

Das Gehäuse des Monologs kann noch am ehesten durch *interdiskursiven Dialog*, durch interdiskursive Kritik aufgebrochen wer-

---

31 Vgl. Th.W. Adorno u.a., *Der Positivismusstreit in der deutschen Soziologie*, Darmstadt-Neuwied, Luchterhand, 1972.

32 Vgl. H. Albert, *Traktat über kritische Vernunft*, Tübingen, Mohr-Siebeck, 1980, S. 58-79.

33 Vgl. O. Neurath, »Pseudorationalismus der Falsifikation«, in: ders., *Gesammelte philosophische und methodologische Schriften* Bd. 2 (Hrsg. R. Haller, H. Rutte), Wien, Hölder-Pichler-Tempsky, 1981, S. 638-639: »Wo Popper an die Stelle der ›Verifikation‹ die ›Bewährung‹ einer Theorie treten läßt, lassen wir an die Stelle der ›Falsifikation‹ die ›*Erschütterung*‹ einer Theorie treten (...).« – »Denn wir kennen ja den Schnitt nicht, der die ›falsifizierbaren‹ Theorien von den ›unfalsifizierbaren‹ trennen soll.« (Es kommt hinzu, daß »Falsifizierbarkeit« von der Terminologie eines Soziolekts abhängt: Kritische Rationalisten würden es in der Regel ablehnen, Aussagen über das *Unbewußte* [Freud] oder den *Mehrwert* [Marx] als überprüfbare Aussagen zu akzeptieren.) Vgl. auch: F. Fistetti, *Neurath contro Popper. Otto Neurath riscoperto,* Bari, Dedalo, 1985, S. 51.

den: d.h. durch eine *Auseinandersetzung zwischen ideologisch und theoretisch heterogenen Soziolekten und ihren Diskursen.* Aus dialogischer Sicht erscheinen sowohl Poppers Universalismus als auch Lyotards Partikularismus als unproduktiv und steril: Während Popper die Heterogenität der Soziolekte und ihrer Diskurse nicht wahrhaben will und das Framework als Mythos rationalistisch-irrational negiert, betrachtet Lyotard die Heterogenität der sozialen Sprachen (Sprachspiele, Diskursgattungen) als der Weisheit letzten Schluß.

Im Gegensatz dazu ist der interdiskursive Dialog ein Versuch, aus der Not eine Tugend und *aus dem Hindernis des Framework eine kritische Produktivkraft* zu machen: Die Auseinandersetzung mit dem anderen, dem fremden Soziolekt soll die kollektiven und individuellen Vorurteile aufbrechen, die meinem Diskurs innewohnen und von der intersubjektiven Kritik innerhalb des Soziolekts (der Kritischen Theorie) nicht berührt werden. Sie trägt wesentlich zu Selbstreflexion und Distanzierung bei, ohne das Engagement in Frage zu stellen.

So verschiedene Theoretiker wie der Durkheim-Schüler Maurice Halbwachs und der Wissenssoziologe Karl Mannheim wußten, daß Verständigung zwischen Gruppen und Weltanschauungen ganz andere Probleme mit sich bringt als Verständigung innerhalb von Gruppen. In einem Aufsatz, der den Titel »Psychologie collective du raisonnement« trägt, bemerkt Halbwachs im Jahre 1938: »Auf diesem Wege sind ebenso viele verschiedene Logiken entstanden, von denen eine jede nur innerhalb der Gruppe Gültigkeit hat, die sich auf sie beruft und die sie hervorgebracht hat.«[34] Im Gegensatz zu Lyotard schränkt der spätmoderne Soziologe diesen Partikularismus wieder ein, wenn er hinzufügt: »Alle diese Teillogiken haben freilich einen und denselben Ursprung.«[35] Leider geht Halbwachs nicht der Frage nach, unter welchen Bedingungen und wie diese verschiedenen Gruppensysteme (hier: Soziolekte) miteinander kommunizieren könnten.

Mit ihr befaßt sich ausführlich Karl Mannheim, der – wahrscheinlich als erster – systematisch Kommunikation innerhalb eines kollektiven Systems (einer *Aspektstruktur*, wie er sagt) von Kommunikation zwischen kollektiven Systemen oder Aspektstrukturen unter-

---

34 M. Halbwachs, *Classes sociales et morphologie*, Paris, Minuit, 1972, S. 150.
35 Ibid., S. 151.

scheidet. Es lohnt sich, die einschlägige Passage vollständig wiederzugeben, weil sie das hier angesprochene Problem auf sehr prägnante Art zusammenfaßt: »Im Falle des seinsverbundenen Denkens wird Objektivität nur etwas Anderes und Neues bedeuten: a) einmal die Tatsache, daß sofern man im selben System, in derselben Aspektstruktur steht, man gerade auf Grund der Einheitlichkeit der vorgegebenen Begriffs- und Kategorialapparatur mit Hilfe einer hier möglichen eindeutigen Diskutierbarkeit zu eindeutigen Ergebnissen kommen kann und alles davon Abweichende als Irrtum auszumerzen in der Lage ist, b) daß wenn man aber in verschiedenen Aspektstrukturen steht, die ›Objektivität‹ nur auf Umwegen herstellbar ist, indem man nämlich hier das in beiden Aspektstrukturen richtig, aber verschieden Gesehene aus der Strukturdifferenz der beiden Sichtmodi zu verstehen bestrebt ist und sich um eine Formel der Umrechenbarkeit und Übersetzbarkeit dieser verschiedenen perspektivischen Sichten ineinander bemüht.«[36]

Hätte Lyotard Mannheims Text gekannt (Mannheim wird in Frankreich leider kaum diskutiert), wäre er möglicherweise auf den Gedanken gekommen, daß die Heterogenität der Diskurse nicht der Weisheit letzter Schluß ist. Hätte Welsch ihn zur Kenntnis genommen, hätte er seine Vorstellung vom Übergang u.U. konkretisieren können. Denn Mannheims Analyse enthält mindestens zwei wichtige und immer noch aktuelle Gedanken: das »richtig, aber verschieden Gesehene« und das Problem der »Umrechenbarkeit und Übersetzbarkeit«.

Zunächst stellt sich die grundsätzliche Frage, *ob* und *wie* heterogene Terminologien (d.h. Diskurse und indirekt Soziolekte) ineinander übersetzt werden können. Der Wissenssoziologe und Hermeneutiker nimmt an, daß eine solche Übersetzung prinzipiell möglich ist. Postmodernisten wie Lyotard und Dekonstruktivisten wie Derrida hingegen sind anderer Meinung: Dem partikularistischen Trend folgend, gehen sie davon aus, daß jede Übersetzung aus einer natürlichen Sprache in eine andere, aus einer Gruppensprache in eine andere Sinnverschiebungen nach sich zieht, die es uns verbieten, von Äquivalenten oder Synonymen zu sprechen. »Hjelmslevs *Inhalt* ist nicht

[36] K. Mannheim, *Ideologie und Utopie* (6. Aufl.), Frankfurt, Schulte-Bulmke, 1978, S. 258.

Morris' *Designatum*, und dieses ist nicht Saussures *signifié*«, würden sie sagen und vorsorglich hinzufügen, daß diese Begriffe in völlig heterogenen Kontexten entstanden sind und einander möglicherweise sogar widersprechen. Paradoxerweise würden ihnen die sie perhorreszierenden und von ihnen perhorreszierten analytischen Philosophen in diesem Punkt recht geben.

Kritische Theorie sollte sich weder von der Zeichenspalterei der Dekonstruktivisten noch vom Nominalismus der Analytiker blenden lassen und von zwei widersprüchlichen, aber komplementären Überlegungen ausgehen, von denen die erste von Wolfgang Dressler auf textlinguistischer Ebene klar formuliert wird: »Eine vollständige, eindeutige (...) Übersetzungsäquivalenz gibt es nicht, und damit auch keine vollständige Übersetzbarkeit, denn nicht einmal im Rahmen derselben Sprache ist vollständige Synonymie sprachlicher Ausdrükke (beliebiger Länge) möglich.«[37] Was für die natürliche Sprache, auf die sich Dressler bezieht, gilt, gilt in diesem Fall auch für Soziolekte: Es wäre eine vergebliche rationalistische Liebesmüh, die Äquivalenz von *Inhalt*, *Designatum* und *signifié* nachweisen zu wollen. Statt dessen sollte die komplementäre Überlegung in die Diskussion eingebracht werden: daß ein sinnvoller Vergleich stets Heterogenes, nicht Identisches zum Gegenstand hat und daß die gemeinsame Begrifflichkeit (Greimas würde vom gemeinsamen *Sem* oder *Klassem* sprechen)[38] die Gegenüberstellung von *Inhalt*, *Designatum* und *signifié* lohnend macht (nämlich der begriffliche Aspekt des Zeichens).

Schon hier wird deutlich, daß Übersetzung jeder Art ein Prozeß ist, der seine Dynamik aus dem Spannungsverhältnis von Äquivalenz und Inkommensurabilität bezieht und der erlahmt, sobald eines der beiden Extreme eliminiert wird. Die Gemeinsamkeit, die die Grundlage dieses Prozesses bildet, ist in der *natürlichen Sprache* angelegt, die Jurij Lotman als das *primäre modellierende System* auffaßt: Im

---

37 W. Dressler, »Der Beitrag der Textlinguistik zur Übersetzungswissenschaft«, in: V. Kapp (Hrsg.), *Übersetzer und Dolmetscher. Theoretische Grundlagen, Ausbildung, Berufspraxis*, Heidelberg, Quelle und Meyer, 1974, S. 62.

38 Zur Definition des Sems als Oberbegriff oder als Klassem, das eine semantische Klasse konstituiert, siehe: A. J. Greimas, J. Courtés, *Sémiotique. Dictionnaire raisonné de la théorie du langage*, Paris, Hachette, 1979, S. 36: *Classèmes*: »les sèmes contextuels, c'est-à-dire ceux qui sont récurrents dans le discours et en garantissent l'isotopie.«

Rahmen dieses Systems legen wir unsere Relevanzkriterien fest, klassifizieren und definieren wir. Innerhalb und mit Hilfe der natürlichen Sprache konstruieren wir anhand bestimmter Klassifikationen, Definitionen und Konnotationen Objekte wie Demokratie, Kunst, Arbeit, Freizeit, Glück und Unglück. Viele von uns wundern sich, daß diese Objekte in anderen Sprachen und Kulturen ganz anders konstruiert werden.

Aber schon der Übergang von einem *Soziolekt* zu einem anderen innerhalb der eigenen Sprache kann zu einer Kollision der Konstruktionen und Definitionen führen: Bekanntlich stellen sich Marxisten und vor allem Marxisten-Leninisten unter Demokratie etwas ganz anderes vor als Vertreter des Liberalismus. Adornos negativer Kunstauffassung liegt eine ganz andere Konstruktion zugrunde als der populären Ästhetik postmoderner Autoren wie Eco, Barth oder Leslie Fiedler, die auch im deutschen Sprachraum ihre Anhänger hat.

Wenn nun ein an sich vieldeutiger Signifikant innerhalb eines Sprachbereichs (einer Kultur) verschiedene, z.T. widersprüchliche Bedeutungen annehmen kann, so hängt dies damit zusammen, daß er von verschiedenen Soziolekten (Marxismus, Kritische Theorie, Konstruktivismus, Feminismus) aufgenommen und in Übereinstimmung mit spezifischen Gruppeninteressen »umfunktioniert«, neu definiert wird. So ist es zu erklären, daß Diskussionsteilnehmer als Sprecher verschiedener Soziolekte einander immer wieder mit Fragen konfrontieren wie: »Was verstehst du unter Demokratie, Kunst, Wissenschaft, Freiheit, Diskurs?«. Die Eindeutigkeit dieser Vokabeln wird von der natürlichen Sprache als primärem modellierendem System nicht gewährleistet, weil sich diese Sprache nur in Soziolekten und Diskursen manifestiert.

Diese können mit Jurij Lotman als *sekundäre modellierende Systeme* aufgefaßt werden, die vom primären System der natürlichen Sprache ableitbar sind: »Sekundäre modellierende Systeme stellen Strukturen dar, denen die natürliche Sprache zugrunde liegt. Im weiteren jedoch erhält das System eine ergänzende, sekundäre Struktur des ideologischen, ethischen, künstlerischen oder irgendeines anderen Typus.«[39] Innerhalb eines ideologischen, theoretischen oder literari-

[39] J. Lotman, *Die Struktur des künstlerischen Textes*, Frankfurt, Suhrkamp,1973, S. 64.

schen Sekundärsystems machen die dem primären Sprachsystem entnommenen Zeichen einen Bedeutungswandel durch, weil sie in semantische und narrative Strukturen eingefügt werden, die für den *Soziolekt* einer Gruppe oder den *Idiolekt* eines einzelnen Autors spezifisch sind.

Während das Lexem »Kosmopolitismus« in liberalen Soziolekten mit positiven Konnotationen versehen und häufig als Antonym zu »Nationalismus« (»Chauvinismus«) verstanden wird, nimmt es im Marxismus-Leninismus eine pejorative Bedeutung an, weil es eine Begleiterscheinung des Imperialismus bezeichnet und im semantischen Gegensatz zu dem positiv konnotierten »Internationalismus« steht. Bei Habermas nimmt das Lexem »Diskurs« (wie sich im dritten Kapitel gezeigt hat) eine ganz andere Bedeutung an als bei Greimas, Lyotard oder im vorliegenden Text: Es bezeichnet ein Metagespräch und nicht eine semantisch-narrative Struktur oder eine rhetorische Form. Lexeme wie »Gesetz« oder »Abendland« nehmen bei Autoren wie Kafka oder Trakl aufgrund neuer semantischer Bedingungen neue »idiolektale« Bedeutungen an, die nur im Kontext des Einzelwerks näher bestimmt werden können.[40]

In diesem Zusammenhang soll die Frage nach der dialogischen Beziehung zwischen Soziolekten neu gestellt werden. Aus semiotischer Sicht erscheint das Problem der Übersetzbarkeit von Termini nicht mehr als unüberwindliche Hürde: Die gemeinsame Begrifflichkeit, die Wörter (Lexeme) verschiedener Soziolekte miteinander verbindet, ist in der Semantik der natürlichen Sprache angelegt, so daß angenommen werden kann, daß die theoretischen Soziolekte als sekundäre Systeme über das primäre System miteinander in Verbindung stehen oder zueinander in Beziehung gesetzt werden können. Ein Lexem wie »Kunst« nimmt zwar in Luhmanns Systemtheorie, im Formalismus, im Marxismus oder in der Kritischen Theorie ganz besondere, z.T. widersprüchliche Bedeutungen an. Allen diesen Bedeutungen ist jedoch die primäre Begrifflichkeit der natürlichen Sprache gemeinsam: Kunst als kulturelles Produkt, als ästhetische Er-

---

[40] Zum Begriff des Idiolekts (des persönlichen oder individuellen Sprachgebrauchs) vgl. U. Eco, *Einführung in die Semiotik*, München, Fink, 1972, S. 151: »Als Idiolekt wird der *private und individuelle Code eines einzigen Sprechers* definiert.«

scheinung, d.h. als Nicht-Natur, Nicht-Wirtschaft, Nicht-Religion, Nicht-Politik usw.

Für Dissens bleibt weiterhin genügend Spielraum; wichtig ist jedoch die Erkenntnis, daß Soziolekte als sekundäre Systeme nicht hermetische Welten sind, weil sie stets aus dem ihnen gemeinsamen primären System der natürlichen Sprache hervorgehen. Daher ist auch Hermeneutikern wie Karl-Otto Apel recht zu geben, wenn sie von der These ausgehen, daß die natürliche Sprache unsere letzte Meta- und Verständigungssprache ist.[41] Dies bestätigen alle Nachschlagewerke der Soziologie, Psychoanalyse und Semiotik, in denen Fachsprachen als Soziolekte mit Hilfe der natürlichen Sprache erläutert werden.[42]

Daß die natürliche Verwandtschaft von Fach- oder Spezialsprachen vorausgesetzt wird, läßt Paul Lorenzens prägnante Darstellung des interdiskursiven Dialogs, des Dialogs zwischen *Orthosprachen*, wie er sagt, erkennen: »*Erstens* können die ermittelten exemplarischen und terminologischen Bestimmungen genügend Anhalt dafür geben, ein Wort (oder einen Satz) des Autors als synonym mit gewissen Ausdrücken der eigenen Orthosprache (...) einzusetzen. Das wäre der Fall einer *Übersetzbarkeit* in die eigene Orthosprache.«[43] Solche Übersetzbarkeit oder »Synonymie« ist nicht zufallsbedingt, sondern darauf zurückzuführen, daß Orthosprachen als sekundäre Systeme in das primäre Sprachsystem eingebettet sind.

»*Zweitens*«, fährt Lorenzen fort, »kann der Vergleich der Autorenorthosprache mit der eigenen ergeben, daß die erstere gewisse Termini (also begriffliche Unterscheidungen) hat, die dem eigenen systematischen Nachdenken bisher entgangen waren. Dann kann man den Text nicht in seine eigene Sprache übersetzen, man kann aber

---

41 Vgl. K.-O. Apel, *Transformation der Philosophie* Bd. 2. *Das Apriori der Kommunikationsgemeinschaft*, Frankfurt, Suhrkamp, 1976, S. 341-343.

42 Sowohl *Sémiotique*, das weiter oben zitierte Werk von Greimas und Courtés, als auch J. Laplanches und J.-B. Pontalis' *Das Vokabular der Psychoanalyse*, Frankfurt, Suhrkamp, 1973 sind auf Wörter, Redewendungen und Figuren der natürlichen Sprache angewiesen: »Verdrängung (...): Operation, wodurch das Subjekt versucht, mit einem Trieb zusammenhängende Vorstellungen (Gedanken, Bilder, Erinnerungen) in das Unbewußte zurückzustoßen oder dort festzuhalten.«

43 P. Lorenzen, *Konstruktive Wissenschaftstheorie*, Frankfurt, Suhrkamp, 1974, S. 118.

seine eigene Sprache durch die neuen Unterscheidungen des Textes erweitern.«[44] Auch in diesem Fall kann angenommen werden, daß eine solche Erweiterung nur vor dem semantischen Hintergrund der natürlichen Sprache möglich ist: Die latente Präsenz des primären Systems in den miteinander kommunizierenden sekundären Systemen bewirkt, daß die von Lyotard als Normalfall vorausgesetzte radikale Heterogenität eher ein Ausnahmefall ist.

»*Drittens*«, schließt Lorenzen, »kann der Versuch einer Übersetzung in die eigene Orthosprache oder deren Erweiterung durch Termini des Textes zu Widersprüchen führen. Dann müssen das eigene Denken und die Resultate des Autors noch einmal systematisch überprüft werden.«[45] Und gerade darum geht es im interdiskursiven Dialog: *Es gilt, die Grenzen des eigenen und des fremden Soziolekts und Idiolekts abzustecken und gegebenenfalls zu überschreiten.* Damit wird der zweite, von Mannheim in die Diskussion eingebrachte Gedanke angesprochen: »das in beiden Aspektstrukturen richtig, aber verschieden Gesehene aus der Strukturdifferenz der beiden Sichtmodi zu verstehen«.

Die Auseinandersetzung zwischen zwei ideologisch heterogenen theoretischen Soziolekten ist als dialektischer Prozeß von Konsens und Dissens aufzufassen, in dem die eigene Theorie abwechselnd bestätigt, modifiziert, erweitert und widerlegt wird. Angesichts des mir fremden theoretischen Engagements (des Systemtheoretikers, des kritischen Rationalisten, des Dekonstruktivisten) werde ich ständig zur Überprüfung einzelner Theoreme und meines gesamten Standorts (Aspektstruktur, würde Mannheim sagen) gezwungen. Mein Diskurs, meine Relevanzkriterien und Klassifikationen erscheinen mir nicht mehr als die einzig möglichen, als mit der Wirklichkeit identisch, weil ich von meinen Diskussionspartnern dazu angehalten werde, mit Luhmann zu bedenken, »was man (...) gewinnen würde, wenn man beim Beobachten eines Beobachters immer die Frage stellen würde, durch welche Unterscheidungen er eigentlich beobachtet«.[46] Man ge-

---

44 Ibid.

45 Ibid.

46 N. Luhmann, »Wie lassen sich latente Strukturen beobachten?«, in: P. Watzlawick, P. Krieg (Hrsg.), *Das Auge des Betrachters. Beiträge zum Konstruktivismus*, München, Piper, 1991, S. 70.

winnt einiges: nämlich die Einsicht in die nicht explizierten Relevanzkriterien des eigenen und des fremden Diskurses, die darüber entscheiden, was das Diskurssubjekt wahrnimmt und was nicht oder was »im Beobachten latent bleiben muß«[47], wie Luhmann sagt. Mit anderen Worten: Das Gespräch mit dem Anderen macht mir (ähnlich wie das Erlernen einer Fremdsprache) eine neue Wirklichkeit zugänglich: *Die Wirklichkeit als Konstrukt des Anderen.*

Dessen Dissens, der als kritisch-destruktives Element dafür sorgt, daß kollektive und individuelle Dogmen aufgebrochen werden, schließt jedoch den Konsens keineswegs aus. Und dieser *interdiskursive Konsens zwischen heterogenen Soziolekten* hat weitaus größeren Erkenntniswert als der Konsens *innerhalb* eines Soziolekts (einer Gruppe), der aus gemeinsamen Vorurteilen, jahrzehntelanger Routine und kollektiver Phantasielosigkeit (man denke an den Marxismus-Leninismus, aber nicht nur an ihn!) hervorgehen *kann.*

Welsch argumentiert allzu sehr im Bann von Lyotards Partikularismus, wenn er schreibt: »Der Dissens ist keineswegs das Ziel (wie Lyotard übertreibend behauptet hatte). Aber in Situationen effektiven Dissenses ist in der Tat nicht Konsens, sondern Dissenserklärung das letzte Ziel.«[48] Ebensogut könnte man behaupten, in einer Diskussion sei die Frage, nicht die Antwort das letzte Ziel: Der kritische Dialog bewegt sich nicht auf ein letztes Ziel zu, sondern ist ein unabschließbarer Erkenntnisprozeß, in dem Konsens und Dissens einander die Waage halten – ähnlich wie Frage und Antwort im Alltagsgespräch. Entscheidend ist jedoch, daß der Konsens zwischen heterogenen Soziolekten *inmitten von Dissens und Kritik zustande kommt.*

Weshalb ist er interessant? Zu welchen Ergebnissen kann er führen? Er kann gemeinsame Erkenntnisse oder *interdiskursive Theoreme* hervorbringen, denen Relevanzkriterien (»Unterscheidungen«, »Beobachtungen«, Luhmann) heterogener Wissenschaftlergruppen zugrunde liegen. Ein Beispiel ist das Objekt »Ideologie«, das sowohl in der Kritischen Theorie als auch im Kritischen Rationalismus als *dualistische Rede* konstruiert wird, die sich *monologisch* mit der

---

47 Ibid.

48 W. Welsch, *Unsere postmoderne Moderne* (3. Aufl.), Weinheim, VCH-Verlag, 1991, S. 306.

Wirklichkeit *identifiziert* und gegen kritische Einwände anderer Diskurse *immunisiert*.[49]

Während nun innerhalb einer dialektisch denkenden Gruppe diese Erkenntnis zufriedenes Nicken auslöst, weil jeder aus früheren Gesprächen weiß, daß die einzige Alternative zum ideologischen Manichäismus die Dialektik ist, folgt in einem interdiskursiven (interkollektiven) Gespräch mit kritischen Rationalisten der Dissens: Sie fassen den ideologischen Dualismus anders auf, weil ihnen nicht Ambivalenz und Dialektik als Alternativen erscheinen, sondern Abstufung, analytische Kritik und konsequenter Fallibilismus. Sie muß der Dialektiker keineswegs akzeptieren, zumal er anhand von gründlichen Textanalysen zeigen kann, wie ideologischer Dualismus von einer ironischen Vereinigung der Gegensätze aufgelöst wird[50]; er muß aber erkennen, daß die konsensfähigen Theoreme, die die gemeinsame Objektkonstruktion »Ideologie« ausmachen, von Dissens umgeben sind. Jenseits dieser Konstruktion erscheint ihm »Ideologie« als ein neues, als kritisch-rationalistisches Phänomen, das ihn zum Nachdenken anspornt und u.U. veranlaßt, »das eigene Denken und die Resultate des Autors noch einmal systematisch« zu überprüfen oder »seine eigene Sprache durch die neuen Unterscheidungen zu erweitern«, wie Paul Lorenzen sagt (s.o.). (Ähnliches ließe sich von den im ersten und vierten Kapitel miteinander verglichenen Konstruktionen der Moderne oder der Postmoderne sagen.)

Entscheidend ist, daß der kritische Rationalist *seinen Standpunkt* zugleich offensiv und selbstreflexiv (möglichst auch selbstironisch) vertritt: nicht daß er bereit ist, mit mir die Rollen zu tauschen (Ha-

---

49 Vgl. K. Salamuns Merkmalanalyse der »Ideologie« in: K. Salamun, *Ideologie und Aufklärung*, Wien-Köln-Graz, Böhlau, 1988, S. 105: »1. Wieweit lassen sich an Ideologien Tendenzen zu einer starren und dogmatischen bipolaren Deutung der sozialen Realität erkennen (...)? – 2. Bis zu welchem Grad sind in politischen Weltanschauungen Tendenzen zur Bildung von Feind-Stereotypen zu beobachten (...)? – 3. Wieweit finden sich in Ideologien Tendenzen zu einem dogmatischen Behaupten absolut wahrer Einsichten und Grundprinzipien (...)? – 4. Wieweit sind in Ideologien Tendenzen zur Immunisierung von ideologischen Kernannahmen gegenüber Kritik ausgeprägt (...)? – 5. In welchem Ausmaß sind im Rahmen von Ideologien Wertprämissen offen als solche deklariert und in welchem Ausmaß sind sie als gleichsam selbstverständliche Tatsachen getarnt (...)?«

50 Zum Nexus von Ironie, Ambivalenz und Dialektik siehe: Vf., *Ideologie und Theorie*, op. cit., Kap. X.

bermas) oder nach »Übergängen« (Welsch) zwischen den Soziolekten zu suchen. Die Unabhängigkeit und Alterität seiner Kritik zwingt mich, meine eigene Position und die Grenzen des erzielten Konsenses zu überdenken. Dieser Konsens aber ist nicht einfach ein »Übergang« (im Sinne eines *pensiero debole*), sondern eine gemeinsame Objektkonstruktion, der klar formulierbare interdiskursive Theoreme zugrunde liegen (*Dualismus, Monolog, Immunisierung* usw.).

Interdiskursivität in diesem Sinne kann auf weitere heterogene Soziolekte ausgedehnt werden. Im vorliegenden Fall könnte die *Strukturanalyse* der »Ideologie« durch Untersuchungen über die ideologische *Funktion* in der zeitgenössischen Gesellschaft ergänzt werden. Dabei könnte sich herausstellen, daß Luhmanns systemtheoretische These über die anhaltende Wirkung von Ideologien von kritischen Theoretikern, kritischen Rationalisten, Marxisten und konservativen Politologen bestätigt wird: »Ideologien erweisen sich Tag für Tag als lebenskräftig: Von einem Ende des ideologischen Zeitalters kann keine Rede sein. Richtig ist nur, daß der ideologische Eifer erlahmt (weil er nicht mehr benötigt wird) und durch eine routinierte Pflege ideologischer Orientierungen ersetzt wird.«[51]

Kritische Rationalisten und kritische Theoretiker würden dieses Theorem wahrscheinlich mit der Einschränkung bestätigen, daß der ideologische Eifer nur in bestimmten sozialen Situationen und dort nur scheinbar erlahmt. Sie könnten sich auf den eher konservativen Politologen Karl-Dietrich Bracher berufen, der feststellt: »Das Bedürfnis nach Weltanschauungen, die Anfälligkeit für den Gebrauch und Mißbrauch politischer Ideologien wird gerade im Augenblick der neuen dramatisierten Fortschrittsbrechungen spürbar und mobilisierbar.«[52] In einem ganz anderen – marxistischen – Kontext wird diese Ansicht von István Mészáros bestätigt, der in *The Power of Ideology* postmoderne »›supra-ideological‹ claims«[53] zurückweist und von

---

51 N. Luhmann, »Wahrheit und Ideologie. Vorschläge zur Wiederaufnahme der Diskussion« (1962), in: H.-J. Lieber (Hrsg.), *Ideologie-Wissenschaft-Gesellschaft*, Darmstadt, Wiss. Buchgesellschaft, 1976, S. 53.

52 K. D. Bracher, *Zeit der Ideologien. Eine Geschichte politischen Denkens im 20. Jahrhundert*, Stuttgart, DVA, 1982, S. 18.

53 I. Mészáros, *The Power of Ideology*, London, Harvester-Wheatsheaf, 1989, S. 58. (Man achte auch auf die diachrone Dimension dieser Aussagen. Von 1962 bis 1989 wird die These über die Lebensfähigkeit von Ideologien in verschiedenen

»the vital active role which ideology plays in the social reproduction process«[54] spricht.

Dem dialogisch motivierten Diskussionsteilnehmer drängt sich die Frage auf, mit welchen Argumenten das gemeinsame Theorem *Lebensfähigkeit der Ideologie* plausibel gemacht wird. Es mag genügen, auf die *Heterogenität* dieser Argumente hinzuweisen, die vom Klassengegensatz (Mészáros) bis zum Modernisierungsprozeß (Bracher) und dem systemischen Rechtfertigungsdruck (Luhmann) reichen. Sie sind nicht auf einen Nenner zu bringen, zumal Luhmann Modernisierung ganz anders auffaßt als Bracher oder Mészáros. Aber gerade diese Heterogenität macht die Stärke des interdiskursiven Theorems und der nun möglichen gemeinsamen Objektkonstruktion »Funktion der Ideologie« aus. Eine Erkenntnis, die aus so verschiedenen Quellen gespeist wird, kann nicht das Vorurteil eines Einzelnen oder eines selbstzufriedenen Kollektivs sein.[55]

Sie ist keine Wahrheit im Sinne der Metaphysik; aber sie ist ein *Wahrheitsmoment* im unabschließbaren Erkenntnisprozeß des kritischen Dialogs. An einem solchen Wahrheitsmoment hält ein Theoretiker gegen modische Trends und kommerzialisierte *sweeping statements* fest: zumal er weiß, daß Daniel Bells vielzitierte Aussagen über das Ende der Ideologien vom Autor selbst widerrufen wurden.[56] Allerdings haben diese Aussagen, wie sich im zweiten Kapitel (etwa im Zusammenhang mit Baudrillard) gezeigt hat, auf die Postmoderne-Diskussion nachhaltig eingewirkt. Dies ist schließlich der Grund, weshalb Lyotard vom »Ende der Metaerzählungen« sprechen und dabei seinen eigenen postmodernen *métarécit* entfalten kann: eine partikularistische Ideologie der Heterogenität. Man sollte nicht versuchen, im Rahmen dieser Ideologie zu denken, sondern Luhmanns Frage nachgehen, »durch welche Unterscheidungen (Lyotard) eigentlich beobachtet« und welche Funktion sein Diskurs in der postmodernen Problematik erfüllt.

Kontexten wiederholt und umformuliert.)

54 Ibid.

55 Vgl. Vf., *Was ist Theorie? Theoriebegriff und Dialogische Theorie in den Kultur- und Sozialwissenschaften*, Tübingen-Basel, Francke, 2004, Kap. XIII: »Der interdiskursive Dialog: Theorie«.

56 Vgl. D. Bell, *Die Zukunft der westlichen Welt. Kultur und Technologie im Widerstreit*, Frankfurt, Fischer, 1976, S. 78.

3. Schlußbetrachtung: Das Besondere und das Allgemeine in nachmoderner Zeit

Wie sich Lyotards Diskurs innerhalb der postmodernen Problematik auf sozialphilosophischer, erkenntnistheoretischer und ethischer Ebene gegen den als repressiv empfundenen modernen Universalismus wendet, sollte im dritten Kapitel verdeutlicht werden. Mit seiner Partikularisierungstendenz setzt er sich anarchisch gegen ein System zur Wehr, das alles normiert oder nivelliert und das total zu werden droht. Die extreme Partikularisierung trägt indessen zur Stärkung der Systemdominante, des Tauschprinzips, bei: Die gegeneinander abgeschotteten Partikularismen erscheinen als unverbindlich, austauschbar. Wenn unzählige Gruppen, jede auf ihre Art, die einzig wahre Lehre verkünden und einander unablässig widersprechen, werden sie mir gleichgültig. Der amerikanische Pluralismus, der dem Prinzip verpflichtet ist »jedem seine Wahrheit« (solange er nicht versucht, sie dem anderen aufzuzwingen), bestätigt die Nichtigkeit partikularistischer Wahrheitsansprüche im Indifferenzzusammenhang.

Die Einmaligkeit des europäischen Marxismus bestand darin, daß er, auf die spontane Übereinstimmung von Besonderem und Allgemeinem hoffend, das Menschenrecht verkündete. Das Proletariat als Auflösung des Klassengedankens und aller Klassengegensätze sollte es verwirklichen. Dieser historische Entwurf scheiterte nicht nur deshalb, weil der flexible Kapitalismus[57] im Bereich sozio-ökonomischer Morphologie dem realen Sozialismus haushoch überlegen war, sondern auch deshalb, weil sich im offiziellen Marxismus-Leninismus das verhängnisvolle Hegelsche Prinzip durchsetzte, demzufolge die Belange der Allgemeinheit partikularen Anliegen (des Einzelnen) stets vorzuziehen seien: *in dubio pro imperio*. Adorno formuliert es so: »Philosophie hat, nach dem geschichtlichen Stande, ihr wahres Interesse dort, wo Hegel, einig mit der Tradition, sein Desinteressement bekundete: beim Begriffslosen, Einzelnen und Besonderen; bei dem, was seit Platon als vergänglich und unerheblich abgefertigt wurde und worauf Hegel das Etikett der faulen Existenz klebte.«[58]

---

57 Flexibel ist der Kapitalismus auch desahalb, weil er in seiner Spätphase flexible Individuen hervorbringt. Vgl. dazu: R. Sennett, *Der flexible Mensch. Die Kultur des neuen Kapitalismus*, München, Siedler-Goldmann, 2000 (7. Aufl.).

58 Th.W. Adorno, *Negative Dialektik*, Frankfurt, Suhrkamp, 1966, S. 17-18.

Nach dem Zusammenbruch des realen Sozialismus wurden viele – wenn auch zu vorgerückter Stunde – dieses Zusammenhangs gewahr und ergriffen Partei fürs Partikulare und Ephemere.

Daß dieses postmoderne *parti pris* die herrschenden Zustände eher bestätigt als in Frage stellt, sollte hier dargetan werden. Als Alternative zeichnet sich ein dialektisches, spätmodernes Denken der Ambivalenz ab, das das historisch und sozial Partikulare mit dem Anspruch auf Verallgemeinerungsfähigkeit und Wahrheit verknüpft: Im interdiskursiven Dialog sollen die Extreme, die im Bruch zwischen universalistischer Moderne und partikularistischer Postmoderne auseinandertreten, zusammengeführt werden. Die Alterität des Anderen soll nicht länger als ein zu negierendes oder aufzulösendes Hindernis, sondern als Möglichkeit der Selbstentfaltung[59] und der gemeinsamen Wahrheitssuche wahrgenommen werden. Wo die Alterität uneingeschränkt anerkannt wird, muß auch der eigene Standpunkt nicht bis zur Bedeutungslosigkeit relativiert und pluralisiert werden: Schließlich hat der Andere ein ethisches und theoretisches Interesse daran, daß ich diesen Standpunkt ernsthaft vertrete, weil ich für ihn der Andere bin.

Dialogische Theorie kennt weder einen systematischen Abschluß noch endgültige Erkenntnisse; an den von ihr ermittelten Wahrheitsmomenten hält sie jedoch bis auf weiteres fest: erstens, weil auch Andersdenkende an ihnen festhalten und zweitens, weil sie einen Pluralismus der Indifferenz ablehnt, dem alle Wertsetzungen, Ideologien und Theorien gleich viel wert sind.[60] Sie weiß um ihren historischen Standort und daher auch um die Möglichkeit, daß einer neuen Epoche die gesamte hier skizzierte Ideologie-Problematik obsolet erscheinen könnte. Daß diese nachideologische Zeit noch nicht angebrochen ist, sollte gezeigt werden.

Es bleibt zu hoffen, daß die hier interdiskursiv verteidigte These über die Lebensfähigkeit von Ideologien nicht zusätzlich von der Entwicklung der europäischen Gesellschaft bestätigt wird: nämlich

---

[59] Vgl. dazu Vf., *Theorie des Subjekts. Subjektivität und Identität zwischen Moderne und Postmoderne*, Tübingen-Basel, Francke, 2010 (3. Aufl.), Kap.V: »Theorie des Subjekts: Für eine dialogische Subjektivität«.

[60] Zur Frage nach der Gleichwertigkeit von Ideologien siehe: Vf., *Ideologie und Theorie*, op. cit., Kap. VIII. 3.

durch einen Rückfall in nationalen Partikularismus und Chauvinismus. Als wirtschaftlich und politisch privilegierter Einwohner des europäischen Zentrums sollte man nicht dem bequemen Irrglauben verfallen, nationalistische Fehden könnten nur noch Völker an der südöstlichen Peripherie des Kontinents oder am Kaukasus austragen. Wer mit einem schottischen, französischen, flämischen oder wallonischen Nationalisten spricht, wird eines Besseren belehrt. Mögen feministische, sozialistische, christliche und grüne Bewegungen noch so sehr in das demokratische System integriert sein: Der Nationalismus könnte unversehens zu einer Bedrohung dieses Systems werden.

Obwohl die kritischen Intellektuellen Europas sich dieser Gefahr durchaus bewußt sind, scheinen sie für den europäischen Integrationsprozeß, der sie als einziger bannen könnte, wenig übrig zu haben. Während Marxisten und Vertreter der Kritischen Theorie nicht zu Unrecht daran erinnern, daß die Triebfeder des Einheitsstrebens die kapitalistische Konzernwirtschaft ist, nehmen postmoderne Denker wie Guattari und Lyotard das europäische Projekt kaum zur Kenntnis. Ihnen sind die (von Nationalismus und Chauvinismus akut bedrohten) Außenseiter der Gesellschaft wichtiger: wie schon dem Marxisten Lucien Goldmann, als er sich eingestehen mußte, daß die *nouvelle classe ouvrière*, von der er sich eine Erneuerung des revolutionären Impetus versprochen hatte, nicht existierte.[61]

Der europäische Integrationsprozeß ist aber Wirklichkeit; und er ist nicht auf die Konsolidierung und Expansion der Konzernwirtschaft reduzierbar, weil er kulturkritische und ideologiekritische Aspekte aufweist, die von den Intellektuellen Europas in dieser Form noch nicht angesprochen wurden. Sie könnten jedoch entscheidend dazu beitragen, daß das zur Zeit noch vorherrschende monologische (einsprachige, nationale) Denken allmählich durch ein dialogisches Bewußtsein und eine *polyphone Identität* überlagert wird. Denn das Zustandekommen eines europäischen Bundesstaates setzt die Entstehung multikultureller und mehrsprachiger Institutionen voraus, die die Struktur der (nationalistischen) Ideologie als Dualismus, Monolog und Identitätsdenken grundsätzlich in Frage stellen.

---

[61] Vgl. L. Goldmann, *Marxisme et sciences humaines*, Paris, Gallimard, 1970, S. 13-15.

Dieses dialogische und kritische Potential des europäischen Projekts wird selten zur Sprache gebracht. Sollte es sich entfalten, so könnten in Europa – anders als in den USA (die auf institutioneller Ebene rigoros einsprachig sind), der früheren Sowjetunion, China oder Japan – zum ersten Mal in der Geschichte ein genuin polyphones Staatswesen und eine in jeder Hinsicht europäische Gesellschaft entstehen, in der die Synthese von Einheit und Vielstimmigkeit kein Problem mehr wäre. In einer kulturellen, sprachlichen und ideologischen Polyphonie dieser Art wäre nicht nur der nationalistische Monolog zur Atrophie verurteilt; auch der Frage nach einem – von Soziologen wie Beck und Touraine geforderten – alternativen Gesellschaftssystem könnte gelebte Dialogizität zum Durchbruch verhelfen.

Solche Perspektiven werden von europäischen Intellektuellen wie Eric J. Hobsbawm kaum wahrgenommen: »Man weiß nicht mehr genau, was man mit einer europäischen Geschichte anfangen soll in einer nicht mehr eurozentrischen Welt«[62], sagt er. Als ob die Europäer auf Gedeih und Verderb mit dem »Eurozentrismus« (was immer das auch sein mag) verbunden wären: Zeichnen sich nicht gerade jenseits einer »eurozentrischen« Welt Möglichkeiten eines neuen, dialogischen Staatswesens ab, das eine noch nie dagewesene Dynamik entfalten könnte?

Autoren wie Hans Magnus Enzensberger, die innerhalb der postmodernen Problematik schreiben, nehmen – wie die Philosophen – nur die Partikularismen wahr, nicht das *kritische Potential einer polyphonen Einheit, eines mehrstimmigen Wir*. Enzensbergers Buch *Ach Europa!*, dem der Gedanke an eine gemeinsame Zukunft der Europäer völlig fehlt, wird von Paul Michael Lützeler als postmoderne Fiktion gelesen: »Die dreiste Behauptung sei gewagt, daß in Enzensbergers Beobachtungen und Reflexionen sich eine postmoderne Sicht (im Sinne von Matei Calinescu, Ihab Hassan, Linda Hutcheon, Jean-François Lyotard und Wolfgang Welsch) bemerkbar macht, die sich in Abgrenzung von der Position der Modernisten so umschreiben läßt: statt Verfallenheit ans große Allgemeine eine Schwäche für das Besondere, statt der Verliebtheit in Abstrakta die Nähe zum Konkreten, statt Eröffnung von Totalitätsperspektiven der Blick aufs Lokale

[62] J. Hobsbawm, in: *Die Zeit* 41, 4. Oktober 1996.

und Regionale, statt monistischer Herleitungen und dogmatischer Erklärungen eine Pluralität von Deutungsversuchen, statt europäischer Unifikationsperspektiven Strategien nationaler und regionaler Diversifizierung (...).«[63]

An solchen Strategien fehlt es – wie die Ereignisse in Irland, Belgien, der ehemaligen Tschechoslowakei und dem zerfallenen Jugoslawien zeigen – beileibe nicht. Es kommt hinzu, daß die Stärkung regionaler (friulanischer, katalanischer, baskischer und bretonischer) Identitäten eines der Hauptanliegen europäischer Politik ist. Die Gefahr besteht jedoch darin, daß der von postmodernen Denkern kultivierte Partikularismus den erstarkenden Nationalismen Auftrieb gibt: Gegen die Indifferenz der »Brüsseler Technokraten« sollen die eigenen Wurzeln (*roots*: in Großbritannien ein beliebtes Ideologem) und Idiosynkrasien ausgespielt werden. »Ach Europa!«, rufen die Nationalisten verächtlich aus, weil sie die europäische Bürokratie für einen unnatürlichen Wasserkopf halten: als ob es in Paris und London nie Bürokratien gegeben hätte. Darin sind sie sich mit dem Schriftsteller einig: »Enzensbergers Ablehnung des Brüssel-Europas ist entschieden.«[64] Es gibt aber kein anderes; und die Alternative ist nicht ein authentisches Europa der schönen Seelen, sondern ein Rückfall in den monologischen Nationalismus, der als Spaltpilz wirken und die Abhängigkeit Europas von den USA festschreiben würde.[65]

In dieser Situation ist der kritische Intellektuelle keineswegs dazu verurteilt, das »Brüssel-Europa« entweder zu verherrlichen oder zu verdammen. Er sollte bedenken, was für Tocqueville eine Selbstverständlichkeit war: daß Politik von Ambivalenzen und Widersprüchen durchwirkt ist, die der Manichäer nie verstehen wird.[66] Die erste europäische Universität in Florenz-Fiesole ist ebenso ein Ergebnis eu-

---

63 P. M. Lützeler, *Die Schriftsteller und Europa. Von der Romantik bis zur Gegenwart*, München, Piper, 1992, S. 479-480.

64 Ibid., S. 481.

65 Diejenigen, die »Europa« vorwiegend unter dem wirtschaftlich-finanziellen Aspekt sehen, sollten sich fragen, wie lange sich die 28 Länder der EU noch 28 Außenministerien, 28 Verteidigungsministerien und unzählige Botschaften im Ausland werden leisten können.

66 Tocqueville waren stets beide Aspekte der Französischen Revolution von 1789 gegenwärtig, der destruktive und der kreative: »Qu'a-t-elle détruit? Qu'a-t-elle créé?« – fragt er in *L'Ancien régime et la révolution*, Paris, Gallimard, 1952, S. 61.

ropäischer Politik wie die Verschwendung von Subventionsgeldern (zumeist auf nationaler Ebene). Das kritische Potential, das der europäische Einigungsprozeß noch birgt, sollte trotz dieser Antinomien und Verwerfungen wahrgenommen und entfaltet werden, solange die knapp werdende Zeit noch reicht: War nicht eine Stärkung der europäischen Institutionen vorgesehen? Waren nicht weitere europäische Schulen, Kulturzentren, Universitäten vor allem in mehrsprachigen Grenzregionen geplant? Ist eine systematische wirtschaftliche, technologische und institutionelle Hilfe für die Ukraine, Weißrußland und Rußland nicht integraler Bestandteil des Einigungsprozesses? Adornos bekanntes Pauschalurteil »Das Ganze ist das Unwahre«[67] ist unhaltbar, weil es die kritischen Impulse verdeckt, die von der Wirklichkeit ausgehen, und letztlich in den hier kritisierten Partikularismus mündet.

Erst wenn der Intellektuelle sich an den scheinbar trivialen Gedanken gewöhnt, daß es irgendwo zwischen Revolution und Resignation eine widersprüchliche und konfliktreiche Wirklichkeit gibt, die von mehr oder weniger kompetenten und korrumpierbaren Menschen gestaltet wird, kann er in Enzensbergers postmodernem Titel ein Komma ergänzen: Ach, Europa! – Solange dieses Aha- oder Eureka-Erlebnis nicht völlig auszuschließen ist, besteht noch Hoffnung, daß das europäische Projekt als Einheit von Besonderem und Allgemeinem, von Region, Nation und Föderation, mit Hilfe der Intellektuellen schneller verwirklicht wird und jenseits des Gegensatzes von Moderne und Postmoderne, jenseits von Indifferenz und Ideologie eine neue Gestalt annimmt.

---

[67] Th.W. Adorno, *Minima Moralia*, Frankfurt, Suhrkamp, 1970, S. 57.

Bibliographie

In dieser Bibliographie werden einschlägige Titel aufgeführt, die sich unmittelbar mit den Themen »Moderne«, »Modernismus« und »Postmoderne« befassen oder für diese Themen von Bedeutung sind und bei der Entstehung dieses Buches eine Rolle spielten. Aus Platzgründen werden weder die Werke postmoderner Autoren (z.B. Baudrillards, Lyotards, Rortys und Vattimos) noch Kommentare zu diesen Werken, die im Text oder in den Anmerkungen zitiert werden, aufgeführt. Eine umfangreiche Bibliographie zum Thema »Postmoderne« wurde von Deborah Madsen veröffentlicht: *Postmodernism. A Bibliography, 1926-1994* (Postmodern Studies 12), Amsterdam, Rodopi, 1995 (662 S.). In Übereinstimmung mit der Buchstruktur wurde die Bibliographie in vier Bereiche eingeteilt: 1. Interdisziplinäre Studien und Sammelbände; 2. Soziologie und Politologie; 3. Philosophie und Ästhetik; 4. Literaturwissenschaft. Sie wurde anläßlich der dritten Auflage wieder ergänzt

1. Interdisziplinäre Studien und Sammelbände

Alber, J., Fludernik, M. (Hrsg.), *Moderne / Postmoderne*, Trier, Wiss. Verlag Trier, 2003.

Ankersmit, F., Kibédi-Varga, A. (Hrsg.), *Akademische beschouwingen over het postmodernisme*, Amsterdam, Noordhollandse Uitgeversmaatschappij, 1993.

Bertens, H., *The Idea of the Postmodern*, London-New York, Routledge, 1995.

Bohrer, K. H. (Hrsg.), *Mythos und Moderne. Begriff und Bild einer Rekonstruktion*, Frankfurt, Suhrkamp, 1983.

Boisvert, Y., *Le Monde postmoderne. Analyse du discours sur la postmodernité*, Paris, L'Harmattan, 1996.

Connor, S., *Postmodernist Culture. An Introduction to Theories of the Contemporary*, Oxford, Blackwell, 1989.

Dowson, J., Earnshaw, S. (Hrsg.), *Postmodern Subjects / Postmodern Texts*, Amsterdam-Atlanta, Rodopi, 1995.

Eifler, G., Saame, O. (Hrsg.), *Postmoderne. Anbruch einer neuen Epoche? Eine interdisziplinäre Erörterung*, Wien, Passagen, 1990.

Eysteinsson, A., Liska, V. (Hrsg.), *Modernism* (2 Bde), Amsterdam-Atlanta, J. Benjamins, 2007.

Harvey, D., *The Condition of Postmodernity*, Oxford, Blackwell, 1990.

Hermand, J., *Postmodern Pluralism and Concepts of Totality*, New York-Bern-Paris, Peter Lang, 1995.

Huyssen, A., Scherpe, K. R. (Hrsg.), *Postmoderne. Zeichen eines kultu--rellen Wandels*, Reinbek, Rowohlt, 1986.

Kamper, D., Reijen, W. van (Hrsg.), *Die unvollendete Vernunft: Moderne versus Postmoderne*, Frankfurt, Suhrkamp, 1987.

Kaplan, E. A. (Hrsg.), *Postmodernism and its Discontents. Theories, Practices*, London-New York, Verso, 1988.

Kemper, P. (Hrsg.), *»Postmoderne« oder der Kampf um die Zukunft*, Frankfurt, Fischer, 1988.

Le Rider, J. Raulet, G. (Hrsg.); *Verabschiedung der (Post-)Moderne? Eine interdisziplinäre Debatte*, Tübingen, Narr, 1987.

Picó, J. (Hrsg.), *Modernidad y postmodernidad*, Madrid, Alianza, 1988.

Postmodernism, Sondernummer von: *Theory, Culture, and Society* Bd. 5, Nr. 2-3, 1988.

Renner, R. G., *Die postmoderne Konstellation. Theorie, Text und Kunst im Ausgang der Moderne*, Freiburg, Rombach, 1988.

Schmidt, B., *Postmoderne – Strategien des Vergessens*, Frankfurt, Suhrkamp, 1994 (4. Aufl.).

Silverman, H. J. (Hrsg.), *Postmodernism – Philosophy and the Arts*, New York-London, Routledge, 1990.

Stierstorfer, K. (Hrsg.), *Beyond Postmodernism. Reassessments in Literature, Theory, Culture*, Berlin-New York, De Gruyter, 2003.

Tew, P., Murray, A. (Hrsg.), *The Modernism Handbook*, London-New York, Continuum, 2009.

Toulmin, S., *Kosmopolis. Die unerkannten Aufgaben der Moderne*, Frankfurt, Suhrkamp, 1994.

Umbral, F., *Guía de la postmodernidad*, Madrid, Ed. Temas de Hoy, 1987.

Waugh, P. (Hrsg.), *Postmodernism. A Reader*, London-New York, Edward Arnold, 1992.

Weimann, R., Gumbrecht, H. U. (Hrsg.), *Postmoderne – globale Differenz*, Frankfurt, Suhrkamp, 1991.

Welsch, W., *Unsere postmoderne Moderne*, Weinheim, VCH, 1991 (3. Aufl.).

Welsch, W. (Hrsg.), *Wege aus der Moderne. Schlüsseltexte der Postmoderne-Diskussion*, Weinheim, VCH, 1988.

2. Soziologie und Politologie

Arac, J. (Hrsg.), *Postmodernism and Politics*, Manchester, Univ. Press, 1986.

Aronowitz, S., »Postmodernism and Politics«, in: *Social Text* 18, 1987.

Baudrillard, J., *L'Echange impossible*, Paris, Galilée, 1999.

Bauman, Z., *Legislators and Interpreters: On Modernity, Postmodernity and the Intellectuals*, Ithaca, Cornell Univ. Press, Cambridge, Polity, 1987.

Bauman, Z., *Moderne und Ambivalenz. Das Ende der Eindeutigkeit*, Frankfurt, Fischer, 1995.

Bauman, Z., *Intimations of Postmodernity*, London-New York, Routledge, 1992.

Bauman, Z., *Postmodernity and its Discontents*, Oxford, Blackwell, 1997.

Bauman, Z., *Liquid Modernity*, Oxford, Polity-Blackwell, 2000.

Beck, U., *Risikogesellschaft. Auf dem Weg in eine andere Moderne*, Frankfurt, Suhrkamp, 1986.

Beck, U., *Gegengifte. Die organisierte Unverantwortlichkeit*, Frankfurt, Suhrkamp, 1988.

Beck, U., *Weltrisikogesellschaft. Auf der Suche nach der verlorenen Sicherheit*, Frankfurt, Suhrkamp, 2007.

Bell, D., »Kapitalismus und Kultur. Vom Ende des Modernismus«, in: *Der Monat* 288, 1983.

Bell, D., *Die nachindustrielle Gesellschaft*, Frankfurt-New York, Campus, 1989.

Benhabib, S., Cornell, D., *Feminism as Critique. Essays on the Politics of Gender in Late-Capitalist Societies*, Cambridge-Oxford, Polity-Blackwell, 1987.

Berger, P. L., Berger, B., Kellner, H., *Das Unbehagen in der Modernität*, Frankfurt-New York, Campus, 1975.

Best, S., Kellner, D., *The Postmodern Adventure. Science, Technology, and Cultural Studies at the Third Millennium*, New York-London, The Guildford Press, 2001.

Beyme, K. von, »Postmoderne und politische Theorie«, in: *Politische Vierteljahresschrift (PVS)* 2, 1989.

Boyne, R., Rattansi, A. (Hrsg.), *Postmodernism and Society*, London, Macmillan, 1990.

Callinicos, A., *Against Postmodernism. A Marxist Critique*, Cambridge, Polity, 1989.

Dickens, D. R., Fontana A. (Hrsg.), *Postmodernism and Social Inquiry*, London, UCL-Press, 1994.

Douzinas, C., Goodrich, P., Hachamovitch, Y., *Politics, Postmodernity and Critical Legal Studies. The Legality of the Contingent*, London-New York, Routledge, 1994.

Endreß, M. (Hrsg.), *Karl Mannheims Analyse der Moderne*, Opladen, Leske und Budrich, 2000.

Etzioni, A., *The Active Society. A Theory of Social and Political Processes*, London, Collier-Macmillan, New York, The Free Press, 1968.

Etzioni, A., *The Spirit of Community. Rights, Responsibilities and the Communitarian Agenda*, London, Fontana Press, 1995.

Featherstone, M., *Consumer Culture and Postmodernism*, London, Sage, 1991.

Fechner, F., *Politik und Postmoderne. Postmodernisierung als Demokratisierung?*, Wien, Passagen, 1990.

Fern Haber, H., *Beyond Postmodern Politics*, New York-London, Routledge, 1994.

Fraser, N., Nicholson, L., »Social Criticism without Philosophy: An Encounter between Feminism and Postmodernism«, in: *Theory, Culture, and Society (Postmodernism)* Bd. 5, Nr. 2-3, 1988.

Galli, C. (Hrsg.), *Logiche e crisi della modernità*, Bologna, Il Mulino, 1991.

Gehlen, A., »Über kulturelle Kristallisation«, in: W. Welsch (Hrsg.), *Wege aus der Moderne*, Weinheim, VCH-Verlag, 1988.

Giddens, A., *The Consequences of Modernity*, Cambridge, Polity, 1990.

Giddens, A., *Modernity and Self-Identity. Self and Society in the Late Modern Age*, Cambridge, Polity, 1991.

Gneuss, Ch., Kocka, J. (Hrsg.), *Max Weber. Ein Symposion*, München, DTV, 1988, darin: »Max Weber und das Projekt der Moderne. Eine Diskussion mit Dieter Henrich, Claus Offe und Wolfgang Schluchter«.

Goodall, P., *High Culture, Popular Culture. The Long Debate*, St. Leonards (NSW), Allen & Unwin, 1995, darin vor allem: »Postmodernism and Cultural Populism«.

Gouldner, A. W., *The Dialectic of Ideology and Technology*, New York, Oxford Univ. Press, 1982.

Hennen, M., »Zur Betriebsfähigkeit postmoderner Sozialentwürfe«, in: G. Eifler, O. Saame (Hrsg.), *Postmoderne. Anbruch einer neuen Epoche? Eine interdisziplinäre Erörterung*, Wien, Passagen, 1990.

Hermand, J. (Hrsg.), *Postmodern Pluralism and Concepts of Totality. The Twenty-Fourth Wisconsin Workshop*, New York-Bern-Paris, Peter Lang, 1995.

Hutcheon, L., *The Politics of Postmodernism*, London-New York, Routledge, 1989.

Jameson, F., »Ideologische Positionen in der Postmodernismus-Debatte«, in: *Das Argument* Bd. 28, Heft 155, 1986.

Jameson, F., »Postmoderne – zur Logik der Kultur im Spätkapitalismus«, in: A. Huyssen, K. R. Scherpe (Hrsg.), *Postmoderne. Zeichen eines kulturellen Wandels*, Reinbek, Rowohlt, 1986.

Jameson, F., »Marxism and Postmodernism«, in: *New Left Review* 176, 1989.

Jameson, F., *Postmodernism, or, the Cultural Logic of Late Capitalism*, Durham (North Carolina), Duke Univ. Press, 1991.

Jameson, F., *The Cultural Turn. Selected Writings on the Postmodern, 1983-1998*, London-New York, Verso, 1998.

Koslowski, P., Spaemann, R., Löw, R. (Hrsg.), *Moderne oder Postmoderne?*, Weinheim, VCH, 1986.

Koslowski, P., *Die postmoderne Kultur. Gesellschaftlich-kulturelle Konsequenzen der technischen Entwicklung*, München, Beck, 1988.

Koslowski, P., *Wirtschaft als Kultur. Wirtschaftskultur und Wirtschaftsethik in der Postmoderne*, Wien, Passagen, 1989.

Lasch, Ch., *The Culture of Narcissism*, New York, Norton, 1979.

Lash, S., *Sociology of Postmodernism*, London-New York, Routledge, 1990.

Lefebvre, H., *Einführung in die Modernität. Zwölf Präludien*, Frankfurt, Suhrkamp, 1978.

Le Rider, J., Raulet, G. (Hrsg.), *Verabschiedung der (Post-)Moderne? Eine interdisziplinäre Debatte*, Tübingen, Narr, 1987, darin vor allem: J. Séguy, »Moderne, Rationalisierung, ›Entzauberung der Welt‹ bei Max Weber« sowie P. Ladrière, »Die rationalisierende Funktion der religiösen Ethik in Webers Theorie der Moderne« und F.-A. Isambert, »Sinnleere der Welt und Sinn des gesellschaftlichen Handelns nach Max Weber«.

Lipovetsky, G., *L'Ere du vide. Essais sur l'individualisme contemporain*, Paris, Gallimard (1983), 1993 (Neuausgabe).

Lucas, D., *Crise des valeurs éducatives et postmodernité*, Paris, L'Harmattan, 2009.

Maffesoli, M., Perrier, B., *L'Homme postmoderne*, Paris, F. Bourin Editeur, 2012.

McGowan, J., *Postmodernism and its Critics*, Ithaca-London, Cornell-Univ. Press, 1991, darin vor allem: Kap. 4, »Positive Freedom and the Recovery of the Political«.

Miller, T., *The Well-Tempered Self. Citizenship, Culture, and the Postmodern Subject*, Baltimore-London, The Johns Hopkins Univ. Press, 1993.

Mills, C. W., *The Sociological Imagination*, Oxford, Univ. Press, 1959.

Mongardini, C., Maniscalco, M. L. (Hrsg.), *Moderno e postmoderno. Crisi e identità di una cultura e ruolo della sociologia*, Roma, Bulzoni, 1989.

Münch, R., *Die Kultur der Moderne* Bd. 1. *Ihre Grundlagen und ihre Entwicklung in England und Amerika*, Frankfurt, Suhrkamp, 1986.

Münch, R., *Die Kultur der Moderne* Bd. 2. *Ihre Entwicklung in Frankreich und Deutschland*, Frankfurt, Suhrkamp, 1986.

Münch, R., *Die Struktur der Moderne. Grundmuster und differentielle Gestaltung des institutionellen Aufbaus der modernen Gesellschaften*, Frankfurt, Suhrkamp, 1992.

Nicholson, L. J. (Hrsg.), *Feminism / Postmodernism*, New York, Routledge, 1990.

Niethammer, L., *Posthistoire. Ist die Geschichte zu Ende?*, Reinbek, Rowohlt, 1989.

O'Neill, J., »Religion and Postmodernism: The Durkheimian Bond in Bell and Jameson«, in: *Theory, Culture, and Society (Postmodernism)*, Bd. 5, Nr. 2-3, 1988.
O'Neill, J., *The Poverty of Postmodernism*, London-New York, Routledge, 1995.
Rosenau., P. M., *Postmodernism and the Social Sciences*, Princeton, Univ. Press, 1991.
Ross, A. (Hrsg.), *Universal Abandon? The Politics of Postmodernism*, Edinburgh, Univ. Press, 1989.
Ryan, M., *Marxism and Deconstruction. A Critical Articulation*, Baltimore-London, The Johns Hopkins Univ. Press, 1982.
Ryan, M., »Postmodern Politics«, in: *Theory, Culture, and Society* 5, 1988.
Ryan, M., *Politics and Culture: Working Hypotheses for a Post-Revolutionary Society*, London, Macmillan, 1989.
Smart, B., *Modern Conditions, Postmodern Controversies*, London-New York, Routledge, 1992.
Smith, D., *Zygmunt Bauman. Prophet of Postmodernity*, Cambridge, Polity, 1999.
Tenbruck, F. H., *Die kulturellen Grundlagen der Gesellschaft. Der Fall der Moderne*, Opladen, Westdeutscher Verlag, 1990 (2. Aufl.).
Toulmin, S., *Kosmopolis. Die unerkannten Aufgaben der Moderne*, Frankfurt, Suhrkamp, 1991.
Touraine, A., *La Société post-industrielle*, Paris, Denoël, 1969.
Touraine, A., *Critique de la modernité*, Paris, Fayard, 1992.
Touraine, A., *La Fin des sociétés*, Paris, Seuil, 2013.
Vattimo, G., *Die transparente Gesellschaft*, Wien, Passagen, 1992.
Vester, H.-G., »Modernismus und Postmodernismus – Intellektuelle Spielereien?«, in: *Soziale Welt* 1, 1985.
Von Beyme, K., »Postmoderne und politische Theorie«, in: *Politische Vierteljahresschrift* (PVS) 2, 1989.
Von Beyme, K., *Theorie der Politik im 20. Jahrhundert. Von der Moderne zur Postmoderne*, Frankfurt, Suhrakmp, 2007 (4. Aufl.).
White, H. »The Politics of Historical Interpretations: Discipline and De-Sublimation«, in: *Critical Inquiry* 9, 1982.
Wilms, B., »Postmoderne und Politik«, in: *Der Staat* 3, 1989.

Yeatman, A., *Postmodern Revisionings of the Political*, New York-London, Routledge, 1994.

Zimmerli, W. Ch. (Hrsg.), *Technologisches Zeitalter oder Postmodene?*, München, Piper, 1988.

Zylberberg, J. (Hrsg.), *Masses et postmodernité*, Paris, Klincksieck, 1986.

3. Philosophie und Ästhetik

Bauman, Z., *Postmodern Ethics*, Oxford, Blackwell, 1993.

Benhabib, S.,»Epistemologies of Postmodernism«, in: *New German Critique* 33, 1984.

Berman, M., *All That is Solid Melts into Air*, New York, Simon & Schuster, 1982.

Best, S., Kellner, D., *Postmodern Theory. Critical Interrogations*, London, Macmillan, 1991.

Buci-Glucksmann, Ch., »La Postmodernité«, in: *Magazine Littéraire*, Dezember, 1985.

Burgin, V., *The End of Art Theory. Criticism and Postmodernity*, London, Macmillan, 1986.

Caravetta, P., »On Gianni Vattimo's Postmodern Hermeneutics«, in: *Theory, Culture, and Society* 2-3, 1988.

Crowther, P., *Critical Aesthetics and Postmodernism*, Oxford, Clarendon Press (1993), 2000.

Davis, D., *Artculture: Essays on the Postmodern*, New York, Harper & Row, 1977.

Déotte, J.-L., »Die politisch-philosophische Situation: Die Postmoderne«, in: *Zeitschrift für Literaturwissenschaft und Linguistik* 97, 1995.

Dews, P. »Adorno, Post-Structuralism, and the Critique of Identity«, in: *New Left Review* 157, 1986.

Dews, P., *Logics of Disintegration*, London, Verso, 1987.

Eagleton, T., *The Illusions of Postmodernism*, Oxford, Blackwell, 1996.

Ebeling, H., *Das Subjekt in der Moderne. Rekonstruktion der Philosophie im Zeitalter der Zerstörung*, Reinbek, Rowohlt, 1993.

Foster, H. (Hrsg.), *The Anti-Aesthetic: Essays on Postmodern Culture*, Seattle, Bay Press, 1983.

Flax, J. *Thinking Fragments: Psychoanalysis, Feminism, and Postmodernism in the Contemporay West*, Berkeley, Univ. of California Press, 1990.

Foster, H. (Hrsg.), *The Anti-Aesthetic: Essays on Postmodern Culture*, Seattle, Bay Press, 1983.

Frank, M., *Die Unhintergehbarkeit von Individualität. Reflexion über Subjekt, Person und Individuum aus Anlaß ihrer ›postmodernen‹ Toterklärung*, Frankfurt, Suhrkamp, 1986.

Frank, M., Raulet, G., van Reijen, W. (Hrsg.), *Die Frage nach dem Subjekt*, Frankfurt, Suhrkamp, 1988.

Frank, M., *Die Grenzen der Verständigung. Ein Geistergespräch zwischen Lyotard und Habermas*, Frankfurt, Suhrkamp, 1988.

Gaggi, S., *Modern/Postmodern: A Study in Twentieth Century Arts and Ideas*, Philadelphia, Univ. Press, 1989.

Gane, M., *Baudrillard: Critical and Fatal Theory*, New York-London, Routledge, 1991.

Gargani, A. (Hrsg.), *La crisi del soggetto. Esplorazione e ricerca del sé nella cultura austriaca contemporanea*, Firenze, S.E.S., 1985.

Garvin, H. (Hrsg.), *Romanticism, Modernism, Postmodernism*, Lewisburg, Bucknell Univ. Press, 1980.

Griffin, D. R., *Spirituality and Science: Postmodern Visions*, Albany, State Univ. of New York Press, 1988.

Griffin, D. R., *The Re-enchantment of Science: Postmodern Proposals*, Albany, State Univ. of New York Press, 1988.

Habermas, J., *Der philosophische Diskurs der Moderne. Zwölf Vorlesungen*, Frankfurt, Suhrkamp, 1985 (2. Aufl.).

Habermas, J., *Die Moderne – ein unvollendetes Projekt. Philosophisch-politische Aufsätze 1977-1990*, Leipzig, Reclam, 1990.

Harland, R., *Superstructuralism: The Philosophy of Structuralism and Post-Structuralism*, London, Methuen, 1987.

Hekman, S., *Gender and Knowledge: Elements of a Postmodern Feminism*, Boston, Northeastern Univ. Press, 1990.

Hoesterey, I., *Zeitgeist in Babel: The Postmodernist Controversy*, Bloomington, Indiana Univ. Press, 1986.

Homer, S., *Fredric Jameson. Marxism, Hermeneutics, Postmodernism*, Cambridge, Polity, 1998.

Jay, M., »The Morals of Genealogy: Or is there a Post-Structuralist Ethics?«, in: *The Cambridge Review* Bd. 110, Nr. 2305, 1989.

Krammer Maynard, U., *Performing Postmodernity*, New York-Bern-Paris, Peter Lang, 1995.

Kellner, D., *Critical Theory, Marxism, and Modernity*, Cambridge-Baltimore, Polity Press-Johns Hopkins Univ. Press, 1989.

Kellner, D., *Jean Baudrillard: From Marxism to Postmodernism and Beyond*, Cambridge, Polity, 1989.

Kellner, D. (Hrsg.), *Postmodernism / Jameson / Critique*, Washington, Maisonneuve Press, 1989.

Kroker, A., Cook, D., *The Postmodern Scene. Excremental Culture and Hyper-Aesthetics*, New York, Saint Martin's Press, 1986.

Lang, B., »Postmodernism in Philosophy: Nostalgia for the Future, Waiting for the Past«, in: *New Literary History* 18, 1986.

Lefebvre, H., *Einführung in die Modernität. Zwölf Präludien*, Frankfurt, Suhrkamp, 1978.

Lunn, E., *Marxism and Modernism: An Historical Study of Lukács, Brecht, Benjamin, and Adorno*, Berkeley, Univ. of California Press, 1982.

Levin, D. M. *The Opening of Vision: Nihilism and the Post-Modern Situation*, London, Routledge and Kegan Paul, 1987.

Lyotard, J.-F., *Das postmoderne Wissen*, Graz-Wien, Böhlau-Passagen, 1986.

Lyotard, J.-F., *Moralités postmodernes*, Paris, Galilée, 1993.

Lyotard, J.-F., *Postmoderne für Kinder. Briefe aus den Jahren 1982-1985*, Wien, Passagen, 1996.

Meschonnic, H., *Modernité modernité*, Paris, Verdier, 1988, darin vor allem: »Philosophie du postmoderne ou philosophie du nuage« und »La perte du sens«.

Milot, P., *La Camera obscura du postmodernisme*, Montréal, l'Hexagone, 1988.

Norris, Ch., *What's Wrong with Postmodernism. Critical Theory and the End of Philosophy*, London-New York, Harvester-Wheatsheaf, 1990.

Norris, Ch., *The Truth about Postmodernism*, Oxford, Blackwell, 1993.

Norris, Ch., *Deconstruction and the ›Unfinished Project of Modernity‹*, London, Athlone, 2000.

Palmer, R. E., »The Postmodernity of Heidegger«, in: *Boundary* 2-4, 1976.

Palmer, R. E., »Postmodernity and Hermeneutics«, in: *Boundary* 2, 5/2, 1977.

Palmer, R. E., »Expostulations on the Postmodern Turn«, in: *Krisis* 2, 1984.

Raulet, G., »From Modernity as One-Way Street to Postmodernity as Dead End«, in: *New German Critique* 33, 1984.

Raulet, G., »Marxism and the Post-Modern Condition«, in: *Telos* 67, 1986.

Reijen, W. van, *Die authentische Kritik der Moderne*, München, Fink, 1994.

Reijen, W. van, »Tested to the Breaking Point: Postmodernity in Modernity«, in: W. van Reijen, W. G. Weststeijn (Hrsg.), Amsterdam-Atlanta, Rodopi, 2000.

Rorty, R., »Habermas and Lyotard on Postmodernity«, in: *Praxis International* 4/1, 1984.

Rorty, R., »Le Cosmopolitisme sans émancipation (en réponse à Jean-François Lyotard)«, in: *Critique* 456, 1985.

Rorty, R. »Philosophy and Post-Modernism«, in: *The Cambridge Review* Bd. 110, Nr. 2305, 1989.

Sadler, T., *Nietzsche: Truth and Redemption: Critique of the Postmodernist Nietzsche*, London, Athlone, 1995.

Schiwy, G., *Poststrukturalismus und ›Neue Philosophen‹*, Reinbek, Rowohlt, 1985.

Silverman, H. J., Welton, D. (Hrsg.), *Postmodernism and Continental Philosophy*, Albany, State Univ. of New York Press, 1988.

Silverman, H. J. (Hrsg.), *Postmodernism – Philosophy and the Arts*, London-New York, Routledge, 1990, darin vor allem: H. J. Silverman, »Introduction. The Philosophy of Postmodernism«, J. O'Neill, »Postmodernism and (Post-)Marxism« sowie D. Olkowski-Laetz, »A Postmodern Language in Art«.

Smith, H., *Beyond the Post-Modern Mind*, New York, Crossroad, 1982.

Tabbi, J., *The Postmodern Sublime. Technology and American Writing from Mailer to Cyberpunk*, Ithaca-London, Cornell Univ. Press, 1995.

Trachtenberg, S. (Hrsg.), *The Postmodern Moment. A Handbook of Contemporary Innovation in the Arts*, Westport-London, Greenwood Press, 1985.

Vattimo, G., *Das Ende der Moderne*, Stuttgart, Reclam, 1990.

Wallis, B. (Hrsg.), *Art after Modernism: Rethinking Representation*, Boston, Godine, 1984.

Watson, S., »Jürgen Habermas und Jean-François Lyotard: Post-Modernism and the Crisis of Rationality«, in: *Philosophy and Social Criticism* 10, 1984.

Weber, S., »›Postmoderne‹ und ›Poststrukturalismus‹. Versuch, eine Umgebung zu benennen«, in: *Ästhetik und Kommunikation* 63, 1986.

Wellmer, A., *Zur Dialektik von Moderne und Postmoderne*, Frankfurt, Suhrkamp, 1993 (5. Aufl.).

Welsch, W. »Postmoderne und Postmetaphysik. Eine Konfrontation von Lyotard und Heidegger, in: *Philosophisches Jahrbuch* 92/1, 1985.

Welsch, W., »Heterogenität, Widerstreit und Vernunft. Zu Jean-François Lyotards philosophischer Konzeption von Postmoderne«, in: *Philosophische Rundschau* 34, 1987.

Welsch, W., »Vielheit ohne Einheit? Zum gegenwärtigen Spektrum der philosophischen Diskussion um die Postmoderne«, in: *Philosophisches Jahrbuch* 94, 1987.

Welsch, W., Pries, Ch. (Hrsg.), *Ästhetik im Widerstreit. Interventionen zum Werk von Jean-François Lyotard*, Weinheim, VCH-Verlag, 1991.

Welsch, W., *Vernunft. Die zeitgenössische Vernunftkritik und das Konzept der transversalen Vernunft*, Frankfurt, Suhrkamp, 1996.

Zima, P. V., *Die Dekonstruktion. Einführung und Kritik*, Tübingen, Francke, 1994, Kap. VII. 5: »Epilog: Dekonstruktion zwischen Moderne und Postmoderne«.

Zima, P. V., *Ästhetische Negation. Das Subjekt, das Schöne und das Erhabene von Mallarmé und Valéry zu Adorno und Lyotard*, Würzburg, Königshausen und Neumann, 2005.

Zima, P. V., *Theorie des Subjekts. Subjektivität und Identität zwischen Moderne und Postmoderne*, Tübingen, Francke, 2010 (3. Aufl.).

Arac, J., *Critical Genealogies: Historical Situations for Postmodern Literary Studies*, New York, Columbia Univ. Press, 1987.

Azam, G., *El modernismo desde dentro*, Barcelona, Anthropos, 1989.

Ballesteros, J., *Postmodernidad: decandencia o resistencia*, Madrid, Tecnos, 1989.

Barilli, R., *La linea Svevo-Pirandello*, Milano, Mursia, 1981.

Barth, J., »The Literature of Exhaustion«, in: Atlantic Monthly 220, 1967.

Barth, J., »The Literature of Replenishment. Postmodernist Fiction«, in: *Atlantic Monthly* 245, 1980.

Barzun, J., *Classic, Romantic and Modern*, Chicago-London, Univ. of Chicago Press, 1943.

Benamou, M., Caramello, Ch. (Hrsg.), *Performance in Postmodern Culture*, Madison (Wis.), Coda Press, 1977.

Beekman, K., »Die Legitimation des Plagiats bei Avantgardisten und Postmodernisten«, in: K. Beekman, R. Grüttemeier (Hrsg.), *Instrument Zitat. Über den literarhistorischen und institutionellen Nutzen von Zitaten und Zitieren*, Amsterdam-Atlanta, Rodopi, 2000.

Bennington, G., »The Question of Post-Modernism«, in: *ICA Documents (London)* 4-5, 1986.

Berger, A., Moser, G. E., (Hrsg.), *Jenseits des Diskurses. Literatur und Sprache in der Postmoderne*, Wien, Passagen, 1994.

Blau, H., *The Eye of the Prey: Subversions of the Postmodern*, Bloomington, Indiana Univ. Press, 1987.

Borchmeyer, D., Žmegač, V. (Hrsg.), *Moderne Literatur in Grundbegriffen*, Frankfurt, Athenäum, 1987.

Bradbury, M., McFarlane, J. (Hrsg.), *Modernism 1890-1930*, Sussex-New Jersey, Harvester Press-Humanities Press, 1978.

Bond, E., »Notizen zur Postmoderne«, in: ders., *Jacketts. September. Zwei Stücke. Notizen zur Postmoderne*, Frankfurt, Suhrkamp, 1996.

Buccheri, M., Costa, E., *Italo Svevo tra moderno e postmoderno*, Ravenna, A. Longo, 1995.

Bürger, Ch., Bürger, P. (Hrsg.), *Postmoderne: Alltag, Allegorie und Avantgarde*, Frankfurt, Suhrkamp, 1987.

Calinescu, M., Fokkema, D. W. (Hrsg.), *Exploring Postmodernism*, Amsterdam-Philadelphia, J. Benjamins, 1987.

Calinescu, M., *Faces of Modernity: Avant-Garde, Decadence, Kitsch*, Bloomington-London, Indiana Univ. Press, 1977.

Carl-Schurz-Haus (Hrsg.), *Die Postmoderne – Ende der Avantgarde oder Neubeginn? Essays*, Freiburg, Edition Isele, 1991.

Cappuccio, E., (Hrsg.), *Duchamp dopo Duchamp*, Siracusa, Tema Celeste Ed., 1993.

Chabot, C. B., »The Problem of Postmodern«, in: *Etudes françaises* 20, 2, 1984.

Chvatík, K., »Postmoderna jako sebekritika moderny«, in: *Tvar* 7, 1996.

Collins, J., *Uncommon Cultures. Popular Culture and Post-Modernism*, New York-London, Routledge, 1989.

Couturier, M. (Hrsg.), *Representation and Performance in Postmodern Fiction*, Montpellier, Delta (Univ. Paul Valéry), 1983.

Davidson, M., »Languages of Post-Modernism«, in: *Chicago Review* 27, 1975.

D'Haen, T., Bertens, H., *Postmodern Fiction in Europe and the Americas*, Amsterdam-Antwerpen, Rodopi-Restant, 1988.

Eagleton, T., »Capitalism, Modernism, Postmodernism«, in: ders., *Against the Grain*, London, Verso, 1986.

Eco, U., *Nachschrift zum »Namen der Rose«*, München, Hanser, 1984.

Ellrodt, R. (Hrsg.), *Genèse de la conscience moderne. Etudes sur le développement de la conscience de soi dans les littératures du monde occidental*, Paris, PUF, 1983.

Ette, O., *Roland Barthes. Eine intellektuelle Biographie*, Frankfurt, Suhrkamp, 1998.

Ette, O., »*Tres fines de siglo*. (Teil II). Der Modernismo und die Heterogenität von Moderne und Postmoderne«, in: *Iberoromania* 50, 1999.

Eysteinsson, A., *The Concept of Modernism*, Ithaca-London, Cornell Univ. Press, 1990.

Falck, C., *Myth, Truth, and Literature: Towards a True Post-Modernism*, Cambridge, Univ. Press, 1989.

Faulkner, P., *Modernism*, London, Methuen, 1977.

Ferroni, G., *Dopo la fine. Sulla condizione postuma della letteratura*, Torino, Einaudi, 1996.

Fiedler, L. A., »Überquert die Grenze, schließt den Graben! Über die Postmoderne«, in: W. Welsch (Hrsg.), *Wege aus der Moderne.*

Schlüsseltexte der Postmoderne-Diskussion, Weinheim, VCH-Verlag, 1988.

Fischer-Lichte, E., Schwind, K. (Hrsg.), *Avantgarde und Postmoderne. Prozesse struktureller und funktionaler Veränderungen*, Tübingen, Stauffenburg, 1991.

Flaker, A., *Poetika osporavanja. Avangarda i književna ljevica*, Zagreb, Školska Knjiga, 1982.

Fokkema, D. W., *Literary History, Modernism, and Postmodernism.* (*The Harvard University Erasmus Lectures*, Spring 1983), Amsterdam-Philadelphia, J. Benjamins, 1984.

Fokkema, D. W., Bertens, H. (Hrsg.), *Approaching Postmodernism*, Amsterdam-Philadelphia, J. Benjamins, 1986.

Fokkema, D. W., Calinescu, M. (Hrsg.), *Exploring Postmodernism*, Amsterdam, Benjamins, 1988.

Fortier, F. (Hrsg.), *La Fiction postmoderne*, Tangence 39 (Québec), 1993.

Frisby, D., *Fragments of Modernity. Theories of Modernity in the Work of Simmel, Kracauer und Benjamin*, Oxford, Blackwell, 1985.

Gablik, S., *Has Modernism Failed?*, London, Thames and Hudson, 1986.

Giles, S. (Hrsg.), *Theorizing Modernism. Essays in Critical Theory*, London-New York, Routledge, 1993.

Gillespie, G., *Proust, Mann, Joyce in the Modernist Context*, Washington DC, The Catholic University of America Press, 2003.

Gillespie, G., *Echoland. Readings from Humanism to Postmodernism*, Brüssel-Bern-Berlin, Peter Lang, 2006.

Gottdiener, M., *Postmodern Semiotics. Material Culture and the Forms of Postmodern Life*, Oxford-Cambridge (Mass.), Blackwell, 1995.

Graff, G., *Literature against itself: Literary Ideas in Modern Society*, Chicago, Univ. Press, 1979.

Grimminger, R., Murašov, J., Stückrath, J. (Hrsg.), *Literarische Moderne. Europäische Literatur im 19. und 20. Jahrhundert*, Reinbek, Rowohlt, 1995.

Grübel, R., »Zitate ohne Ende? Intertextualität und Interdiskursivität der russischen Postmoderne«, in: K. Beekman, R. Grüttemeier (Hrsg.), *Instrument Zitat. Über den literarhistorischen und institutionellen Nutzen von Zitaten und Zitieren*, Amsterdam-Atlanta, Rodopi, 2000.

Gullón, R. (Hrsg.), *El modernismo visto por los modernistas*, Barcelona, Editorial Labor, 1980.

Harbers, H. (Hrsg.), *Postmoderne Literatur in deutscher Sprache: Eine Ästhetik des Widerstands?*, Amsterdam-Atlanta, Rodopi, 2000.

Hassan, I., *The Dismemberment of Orpheus. Toward a Postmodern Literature*, New York, Oxford Univ. Press, 1971.

Hassan, I., Hassan, S. (Hrsg.), *Innovation / Renovation. New Perspectives on the Humanities*, Madison-London, Univ. of Wisconsin Press, 1983.

Hassan, I., *The Postmodern Turn. Essays in Postmodern Theory and Culture*, Columbus, Ohio Univ. Press, 1987.

Hempfer, K. W. (Hrsg.), *Poststrukturalismus-Dekonstruktion-Postmoderne*, Stuttgart, F. Steiner, 1992.

Hoek, L. H., »Indifférence, outrance et participation, dispositifs postmodernistes«, in: A. Kibédi Varga (Hrsg.), *Littérature et postmodernité*, Groningen, CRIN 14, 1986.

Howe, I., »Mass Society and Post-Modern Fiction«, in: *Partisan Review* 26, 1959.

Hutcheon, L., *A Poetics of Postmodernism. History, Theory, Fiction*, London-New York, Routledge, 1988.

Japp, U., »Kontroverse Daten der Modernität«, in: W. Haug, W. Barner (Hrsg.), *Ethische contra ästhetische Legitimation von Literatur. Traditionalismus und Modernismus: Kontroversen um den Avantgardismus*, Tübingen, Niemeyer, 1986.

Jardine, A., *Gynesis: Configurations de la femme et de la modernité*, Paris, PUF, 1991.

Jauß, H. R., *Studien zum Epochenwandel der ästhetischen Moderne*, Frankfurt, Suhrkamp, 1989.

Kaplan, A. (Hrsg.), *Postmodernism and its Discontents. Theories, Practices*, London-New York, Verso, 1988.

Kaye, P., *Dostoevsky and English Modernism 1900-1930*, Cambridge, Univ. Press, 1999.

Kibédi Varga, A. (Hrsg.), *Littérature et postmodernité*, Groningen, CRIN 14, 1986.

Kime Scott, B., *Refiguring Modernism. The Women of 1928*, Bloomington-Indianapolis, Indiana Univ. Press, 1995 (darin vor allem Kap. 4: »Midwives of Modernism«).

Kock, R., *Postmoderne und dekonstruktive Sprachkritik in den frühen Prosatexten Frost, Zerstörung, Watten und Gehen von Thomas Bernhard*, Magisterarbeit, Univ. Münster, 1995.

Krauss, R., *The Originality of the Avant-Garde and Other Modernist Myths*, Cambridge (Mass.)-London, The MIT Press, 1985.

Kristeva, J., »Postmodernism?«, in: *Bucknell Review*, 25, 1980.

Krysinski, W., *Le Paradigme inquiet. Pirandello et le champ de la modernité*, Montréal, Préambule, 1989.

Larrissy, E. (Hrsg.), *Romanticism and Postmodernism*, Cambridge, Univ. Press, 1999.

Lawson; H., *Reflexivity: The Post-Modern Predicament*, La Salle, Ind., Open Court, 1985.

Leenhardt, J., »La Querelle des modernes et des post-modernes«, in: *Futur antérieur (»Le Texte et son dehors«)*, Juni 1992.

Lewis, P., *Modernism, Nationalism, and the Novel*, Cambridge, Univ. Press, 2000.

Lindsay, A., *Death in the Funhouse. John Barth and Poststructuralist Aesthetics*, New York-Bern-Paris, Peter Lang, 1995.

Lodge, D., *The Modes of Modern Writing: Metaphor, Metonymy, and the Typology of Modern Literature*, London, Edward Arnold, 1977.

Lützeler, P. M. (Hrsg.), *Spätmoderne und Postmoderne. Beiträge zur deutschsprachigen Gegenwartsliteratur*, Frankfurt, Fischer, 1991.

Malmgren, C. D., *Fictional Space in the Modernist and Postmodernist American Novel*, Lewisburg, Oh., Bucknell Univ. Press, 1985.

McCaffery, L., »On Modern and Postmodern Poetry«, in: *Contemporary Literature* 4, 1985.

McCaffery, L. (Hrsg.), *Post-Modern Fiction: A Biobibliographical Guide*, Westport (Conn.), Greenwood Press, 1986.

McHale, B., *Postmodernist Fiction*, London-New York, Methuen, 1987.

McHale, *Constructing Postmodernism*, London-New York, Routledge, 1992.

Marini Palmieri, E., *Modernismo literario hispanoamericano. Carácteres esotéricos en las obras de Darío y Lugones*, Buenos Aires, García Cambeiro, 1989.

Marshall, B. K., *Teaching the Postmodern. Fiction and Theory*, New York-London, Routledge, 1992.

Maurer, K., Wehle, W. (Hrsg.), *Romantik, Aufbruch zur Moderne*, München, Fink, 1991.

Mazzani, G., *Postmoderno e la critica*, Roma, Guerini e Associati, 1988.

Mazzaro, J., *Postmodern American Poetry*, Urbana, Univ. of Illinois Press, 1980.

Michaud, G. »Récits postmodernes?«, in: *Etudes françaises* 3, 1985.

Moreno, J., »Indiferente posmodernidad«, in: *Revista Muface* 94, 1988.

Morrissette, B., »Post-Modern Generative Fiction: Novel and Film«, in: *Critical Inquiry* 2, 1975.

Murphet, J., *Multimedia Modernism. Literature and the Anglo-American Avantgarde*, Cambridge, Univ. Press, 2009.

Nägele, R., »Modernism and Postmodernism: The Margins of Articulation«, in: *Studies in Twentieth Century Literature* 5, 1980.

Neumann, G. (Hrsg.), *Poststrukturalismus. Herausforderung an die Literaturwissenschaft*, Stuttgart, Metzler, 1997.

Newman, Ch., *The Post-Modern Aura. The Act of Fiction in an Age of Inflation*, Evanston, Northwestern Univ. Press, 1985.

Nicholls, P., *Modernisms. A Literary Guide*, London, Macmillan, 1995.

Paterson, J. M., *Moments postmodernes dans le roman québécois*, Ottawa, Presses de l'Univ. d'Ottawa, 1990.

Poblet, F., *Contra la modernidad*, Madrid, Ed. Libertarias, 1985.

Porter, M., *Modernism*, Oxford, Univ. Press, 1994.

Postmoderna – Nova epoha ili zabluda, Zagreb, Naprijed, 1988.

Quinones, R. J., *Mapping Literary Modernism. Time and Development*, Princeton, Univ. Press, 1985.

Riha, K., *Prämoderne, Moderne, Postmoderne*, Frankfurt, Suhrkamp, 1995.

Ruiz Abreu, A., *Modernismo y generación del 98*, México, Ed. Trillas, 1984.

Rull Fernández, E., *Modernismo y la generación del 98*, Madrid, Playor, 1984.

Sandler, I., »Modernism, Revisionism, Pluralism, and Postmodernism«, in: *Art Journal* 40, 1980.

Schulz-Buschhaus, U., »Postavanguardismo, non contra-avanguardismo. Intervista a Ulrich Schulz-Buschhaus«, in: V. Spinazzola (Hrsg.), *Tirature '94*, Milano, Baldini e Castaldi, 1994.

Schulz-Buschhaus, U., »Critica e recupero dei generi – Considerazioni sul ›Moderno‹ e sul ›Postmoderno‹«, in: *Problemi* 101, 1995.
Schulz-Buschhaus, U., Stierle, K. (Hrsg.), *Projekte des Romans nach der Moderne (Romanistisches Kolloquium 8)*, München, Fink, 1997.
Schwartz, S., *The Matrix of Modernism: Pound, Eliot and Early 20th Century Thought*, Princeton, Univ. Press, 1985.
Simard, R., *Postmodern Drama: Contemporary Playwrights in America and Britain*, Landham, Univ. Press of America, 1984.
Spanos, W., *Postmodern Literary Hermeneutics*, Bloomington, Indiana Univ. Press, 1982.
Spanos, W., *Repetitions: The Postmodern Occasion in Literature and Culture*, Baton Rouge, Louisiana State, 1987.
Sterner, G., *Modernismos*, Barcelona, Labor, 1982.
Subirats, E., *La crisis de las vanguardias y la cultura moderna*, Madrid, Ed. Libertarias, 1984.
Surette, L., *The Birth of Modernism. Ezra Pound, T. S. Eliot, W. B. Yeats, and the Occult*, Montreal-London-Buffalo, McGill-Queen's Univ. Press, 1993.
Taylor, B., *Modernism, Postmodernism, Realism: A Critical Perspective for Art*, Winchester, Winchester School of Art Press, 1987.
Tepe, P., *Postmoderne / Poststrukturalismus*, Wien, Passagen, 1992.
Tew, P., Murray, A., *The Modernism Handbook*, London-New York, Continuum, 2009.
Thiher, A., *Words in Reflection: Modern Language Theory and Postmodern Fiction*, Chicago, Univ. Press, 1984.
Tono Martínez, J., *La polémica de la posmodernidad*, Madrid, Ed. Temas de Hoy, 1987.
Vidal, M. C. A., *¿Qué es el posmodernismo?*, Alicante, Univ. de Alicante, 1989.
Wang Ning, »Constructing Postmodernism: The Chinese Case and its Different Versions«, in: *Canadian Review of Comparative Literature / Revue Canadienne de Littérature Comparée*, März / Juni, 1993.
Waugh, P., *Practising Postmodernism. Reading Modernism*, London-New York, Edward Arnold, 1992.
Weightman, J., *The Concept of the Avant-Garde: Exploration in Modernism*, Illinois, Library Press, 1973.

Wilde, A., *Horizons of Assent: Modernism, Postmodernism, and the Ironic Imagination*, Baltimore-London, The Johns Hopkins Univ. Press. 1981.

Williams, R., *The Politics of Modernism. Against the New Conformists*, London, Verso, 1989.

Wunberg, G., Dietrich, S. (Hrsg.), *Die literarische Moderne. Dokumente zum Selbstverständnis der Literatur um die Jahrhundertwende*, Freiburg, Rombach, 1998.

Zavala, I. M., »Bakhtin versus the Postmodern«, in: *Sociocriticism* 8, 1988.

Zima, P. V., »Contingency and Construction: From Mimesis to Postmodernism«, in: *Literator* 2, 1997.

Zima, P. V., »Diskurse der Negativität: Von Mallarmé und Valéry zu Adorno und Lyotard. Konstruktion und Krise des Subjekts zwischen Moderne und Postmoderne«, in: *Arcardia* 2, 1998.

Zima, P. V., »Vers une construction du postmoderne«, in: *Neohelicon* 1, 1998.

Zima, P. V., »Les Périodes littéraires comme problématiques sociales: modernité et postmodernité«, in: *Sincronie* 5, 1999.

Zima, P. V., »Zitat – Intertextualität – Subjektivität. Zum Funktionswandel des literarischen Zitats zwischen Moderne und Postmoderne«, in: K. Beekman, R. Grüttemeier (Hrsg.), *Instrument Zitat. Über den literarhistorischen und institutionellen Nutzen von Zitaten und Zitieren*, Amsterdam-Atlanta, Rodopi, 2000.

Zima, P. V., *Das literarische Subjekt. Zwischen Spätmoderne und Postmoderne*, Tübingen, Francke, 2001.

Zima, P. V., *Der europäische Künstlerroman. Von der romantischen Utopie zur postmodernen Parodie*, Tübingen, Francke, 2008.

Zima, P. V., *Essay / Essayismus. Zum theoretischen Potenzial des Essays: Von Montaigne bis zur Postmoderne*, Würzburg, Königshausen und Neumann, 2012.

Žmegač, V., *Težišta modernizma. Od Baudelairea do ekspresionizma*, Zagreb, SNL, 1986.

Zurbrugg, N., *The Parameters of Postmodernism*, Carbondale-Edwardsville, Southern Illinois Univ. Press, 1993.

Personenregister